U0485472

北京文物与考古系列丛书
北京市考古研究院田野考古报告（第59号）
大兴国际机场报告（一）

大兴东庄营考古发掘报告

北京市考古研究院　编著

科学出版社
北　京

内 容 简 介

本书是北京新机场南航基地机务维修设施项目的考古发掘报告。东庄营墓地是2017年9~11月为配合北京新机场南航基地机务维修设施项目而进行的考古发掘，发掘面积2600平方米，清理明、清时期墓葬228座，出土了陶、瓷、银、铜、骨器等随葬器物。墓葬形制和随葬器物时代特点鲜明，为北京地区明清时期墓葬考古学研究提供了新资料，对了解永定河流域的历史文化与社会发展具有重要意义。

本书可供从事考古、文物、历史研究的学者及高等院校相关专业的师生阅读和参考。

图书在版编目（CIP）数据

大兴东庄营考古发掘报告 / 北京市考古研究院编著. 北京：科学出版社，2024.7. --（北京文物与考古系列丛书）（北京市考古研究院田野考古报告）（大兴国际机场报告）. -- ISBN 978-7-03-079148-1

Ⅰ. K872.135

中国国家版本馆CIP数据核字第2024RR5564号

责任编辑：王　蕾 / 责任校对：邹慧卿
责任印制：肖　兴 / 封面设计：美光设计制版有限公司

科学出版社 出版
北京东黄城根北街16号
邮政编码：100717
http://www.sciencep.com
北京汇瑞嘉合文化发展有限公司印刷
科学出版社发行　各地新华书店经销

*

2024年7月第　一　版　开本：889×1194　1/16
2024年7月第一次印刷　印张：29　插页：51
字数：1 000 000
定价：428.00元
（如有印装质量问题，我社负责调换）

目　　录

第一章　绪论 ………………………………………………………………………… 1

　　第一节　地理环境与历史概况 ………………………………………………… 1
　　　一、地理环境 ………………………………………………………………… 1
　　　二、历史沿革 ………………………………………………………………… 2
　　　三、文化资源 ………………………………………………………………… 3
　　第二节　墓地概况与发掘经过 ………………………………………………… 3
　　第三节　资料整理与报告编排 ………………………………………………… 4

第二章　墓葬介绍 …………………………………………………………………… 5

　　　一、M1 ……………………………………………………………………… 5
　　　二、M2 ……………………………………………………………………… 7
　　　三、M3 ……………………………………………………………………… 8
　　　四、M4 ……………………………………………………………………… 9
　　　五、M5 ……………………………………………………………………… 12
　　　六、M6 ……………………………………………………………………… 13
　　　七、M7 ……………………………………………………………………… 15
　　　八、M8 ……………………………………………………………………… 17
　　　九、M9 ……………………………………………………………………… 18
　　　一〇、M10 …………………………………………………………………… 19
　　　一一、M11 …………………………………………………………………… 21
　　　一二、M12 …………………………………………………………………… 22
　　　一三、M13 …………………………………………………………………… 24
　　　一四、M14 …………………………………………………………………… 26
　　　一五、M15 …………………………………………………………………… 27
　　　一六、M16 …………………………………………………………………… 29

一七、M17 ··· 30
一八、M18 ··· 31
一九、M19 ··· 33
二〇、M20 ··· 35
二一、M21 ··· 37
二二、M22 ··· 39
二三、M23 ··· 40
二四、M24 ··· 41
二五、M25 ··· 43
二六、M26 ··· 44
二七、M27 ··· 46
二八、M28 ··· 48
二九、M29 ··· 49
三〇、M30 ··· 51
三一、M31 ··· 52
三二、M32 ··· 53
三三、M33 ··· 55
三四、M34 ··· 56
三五、M35 ··· 60
三六、M36 ··· 63
三七、M37 ··· 64
三八、M38 ··· 66
三九、M39 ··· 67
四〇、M40 ··· 69
四一、M41 ··· 70
四二、M42 ··· 72
四三、M43 ··· 74
四四、M44 ··· 76
四五、M45 ··· 78
四六、M46 ··· 80
四七、M47 ··· 82
四八、M48 ··· 83
四九、M49 ··· 84
五〇、M50 ··· 85
五一、M51 ··· 89

五二、M52	90
五三、M53	92
五四、M54	94
五五、M55	95
五六、M56	97
五七、M57	99
五八、M58	101
五九、M59	103
六〇、M60	104
六一、M61	106
六二、M62	107
六三、M63	107
六四、M64	108
六五、M65	109
六六、M66	110
六七、M67	111
六八、M68	113
六九、M69	116
七〇、M70	118
七一、M71	120
七二、M72	123
七三、M73	126
七四、M74	127
七五、M75	129
七六、M76	130
七七、M77	131
七八、M78	133
七九、M79	134
八〇、M80	135
八一、M81	137
八二、M82	139
八三、M83	140
八四、M84	142
八五、M85	144
八六、M86	145

八七、M87 ·· 147
八八、M88 ·· 149
八九、M89 ·· 151
九〇、M90 ·· 153
九一、M91 ·· 154
九二、M92 ·· 155
九三、M93 ·· 157
九四、M94 ·· 159
九五、M95 ·· 160
九六、M96 ·· 163
九七、M97 ·· 165
九八、M98 ·· 166
九九、M99 ·· 168
一〇〇、M100 ··· 169
一〇一、M101 ··· 172
一〇二、M102 ··· 174
一〇三、M103 ··· 175
一〇四、M104 ··· 177
一〇五、M105 ··· 178
一〇六、M106 ··· 179
一〇七、M107 ··· 180
一〇八、M108 ··· 182
一〇九、M109 ··· 184
一一〇、M110 ··· 187
一一一、M111 ··· 188
一一二、M112 ··· 191
一一三、M113 ··· 193
一一四、M114 ··· 195
一一五、M115 ··· 196
一一六、M116 ··· 198
一一七、M117 ··· 200
一一八、M118 ··· 201
一一九、M119 ··· 203
一二〇、M120 ··· 204
一二一、M121 ··· 206

一二二、M122	208
一二三、M123	210
一二四、M124	212
一二五、M125	214
一二六、M126	215
一二七、M127	217
一二八、M128	219
一二九、M129	221
一三〇、M130	223
一三一、M131	225
一三二、M132	226
一三三、M133	228
一三四、M134	230
一三五、M135	234
一三六、M136	237
一三七、M137	239
一三八、M138	241
一三九、M139	244
一四〇、M140	245
一四一、M141	246
一四二、M142	247
一四三、M143	249
一四四、M144	251
一四五、M145	252
一四六、M146	253
一四七、M147	255
一四八、M148	257
一四九、M149	259
一五〇、M150	261
一五一、M151	263
一五二、M152	265
一五三、M153	268
一五四、M154	270
一五五、M155	271
一五六、M156	273

一五七、M157	275
一五八、M158	276
一五九、M159	277
一六〇、M160	278
一六一、M161	280
一六二、M162	282
一六三、M163	284
一六四、M164	286
一六五、M165	287
一六六、M166	289
一六七、M167	290
一六八、M168	292
一六九、M169	294
一七〇、M170	295
一七一、M171	297
一七二、M172	298
一七三、M173	300
一七四、M174	301
一七五、M175	302
一七六、M176	304
一七七、M177	306
一七八、M178	309
一七九、M179	311
一八〇、M180	313
一八一、M181	315
一八二、M182	317
一八三、M183	319
一八四、M184	320
一八五、M185	322
一八六、M186	324
一八七、M187	325
一八八、M188	326
一八九、M189	328
一九〇、M190	329
一九一、M191	330

一九二、M192	332
一九三、M193	333
一九四、M194	335
一九五、M195	336
一九六、M196	338
一九七、M197	340
一九八、M198	342
一九九、M199	343
二〇〇、M200	345
二〇一、M201	347
二〇二、M202	348
二〇三、M203	350
二〇四、M204	352
二〇五、M205	354
二〇六、M206	355
二〇七、M207	356
二〇八、M208	358
二〇九、M209	360
二一〇、M210	361
二一一、M211	363
二一二、M212	365
二一三、M213	367
二一四、M214	368
二一五、M215	370
二一六、M216	372
二一七、M217	374
二一八、M218	376
二一九、M219	377
二二〇、M220	378
二二一、M221	381
二二二、M222	383
二二三、M223	384
二二四、M224	385
二二五、M225	386
二二六、M226	388

二二七、M227 ……………………………………………………………………………… 389

　　二二八、M228 ……………………………………………………………………………… 391

第三章　初步研究 …………………………………………………………………………………… 393

　第一节　墓葬形制分析 ……………………………………………………………………………… 393

　　一、明代墓葬 ………………………………………………………………………………………… 393

　　二、清代墓葬 ………………………………………………………………………………………… 393

　第二节　随葬器物分析 ……………………………………………………………………………… 395

　　一、陶器 ……………………………………………………………………………………………… 395

　　二、瓷器 ……………………………………………………………………………………………… 395

　　三、银器 ……………………………………………………………………………………………… 398

　　四、铜器 ……………………………………………………………………………………………… 402

　　五、其他 ……………………………………………………………………………………………… 402

　　六、铜钱 ……………………………………………………………………………………………… 403

　第三节　墓地文化内涵分析 ………………………………………………………………………… 404

附表 ……… 406

后记 ……… 433

插图目录

图一　发掘区位置示意图 ……………………………………………………… 4
图二　发掘区墓葬分布图 ……………………………………………………… 插页
图三　M1平、剖面图 …………………………………………………………… 6
图四　M1出土银饰（M1∶1） …………………………………………………… 6
图五　M2平、剖面图 …………………………………………………………… 7
图六　M3平、剖面图 …………………………………………………………… 8
图七　M3出土铜钱（拓片） …………………………………………………… 9
图八　M4平、剖面图 …………………………………………………………… 10
图九　M4出土器物 ……………………………………………………………… 11
图一〇　M5平、剖面图 ………………………………………………………… 12
图一一　M5出土铜钱（拓片） ………………………………………………… 13
图一二　M6平、剖面图 ………………………………………………………… 14
图一三　M6出土铜钱（拓片） ………………………………………………… 15
图一四　M7平、剖面图 ………………………………………………………… 16
图一五　M7出土乾隆通宝（M7∶1）（拓片） ………………………………… 16
图一六　M8平、剖面图 ………………………………………………………… 17
图一七　M8出土瓷碗（M8∶1） ……………………………………………… 18
图一八　M9平、剖面图 ………………………………………………………… 19
图一九　M10平、剖面图 ……………………………………………………… 20
图二〇　M10出土器物 ………………………………………………………… 21
图二一　M11平、剖面图 ……………………………………………………… 22
图二二　M12平、剖面图 ……………………………………………………… 23
图二三　M12出土康熙通宝（M12∶1）（拓片） ……………………………… 23
图二四　M13平、剖面图 ……………………………………………………… 24
图二五　M13出土器物 ………………………………………………………… 25
图二六　M14平、剖面图 ……………………………………………………… 26

图二七	M14出土顺治通宝（M14：1-1）（拓片）	27
图二八	M15平、剖面图	28
图二九	M15出土器物	28
图三〇	M16平、剖面图	29
图三一	M16出土康熙通宝（M16：1-1）（拓片）	30
图三二	M17平、剖面图	31
图三三	M18平、剖面图	32
图三四	M18出土银器	33
图三五	M19平、剖面图	34
图三六	M19出土乾隆通宝（拓片）	35
图三七	M20平、剖面图	36
图三八	M20出土器物	37
图三九	M21平、剖面图	38
图四〇	M21出土器物	38
图四一	M22平、剖面图	39
图四二	M23平、剖面图	40
图四三	M23出土瓷罐（M23：1）	41
图四四	M24平、剖面图	42
图四五	M24出土顺治通宝（M24：1）（拓片）	42
图四六	M25平、剖面图	43
图四七	M25出土康熙通宝（M25：1-1）（拓片）	44
图四八	M26平、剖面图	45
图四九	M26出土器物	46
图五〇	M27平、剖面图	47
图五一	M27出土器物	47
图五二	M28平、剖面图	48
图五三	M28出土嘉庆通宝（M28：1）（拓片）	49
图五四	M29平、剖面图	50
图五五	M29出土银簪	50
图五六	M30平、剖面图	51
图五七	M30出土瓷罐（M30：1）	52
图五八	M31平、剖面图	53
图五九	M32平、剖面图	54
图六〇	M32出土器物	55
图六一	M33平、剖面图	56

图六二	M34平、剖面图	57
图六三	M34出土器物	58
图六四	M34出土器物	59
图六五	M35平、剖面图	60
图六六	M35出土银器	61
图六七	M35出土铜钱（拓片）	62
图六八	M36平、剖面图	63
图六九	M36出土瓷碗（M36：1）	64
图七〇	M37平、剖面图	65
图七一	M37出土银器	65
图七二	M38平、剖面图	66
图七三	M38出土乾隆通宝（M38：1）（拓片）	67
图七四	M39平、剖面图	68
图七五	M39出土器物	68
图七六	M40平、剖面图	69
图七七	M40出土铜钱（拓片）	70
图七八	M41平、剖面图	71
图七九	M41出土瓷器	72
图八〇	M42平、剖面图	73
图八一	M42出土铜钱（拓片）	74
图八二	M43平、剖面图	75
图八三	M43出土器物	75
图八四	M44平、剖面图	77
图八五	M44出土铜钱（拓片）	78
图八六	M45平、剖面图	79
图八七	M45出土铜钱（拓片）	80
图八八	M46平、剖面图	81
图八九	M46出土瓷碗（M46：1）	81
图九〇	M47平、剖面图	82
图九一	M48平、剖面图	83
图九二	M49平、剖面图	84
图九三	M50平、剖面图	86
图九四	M50出土器物	87
图九五	M50出土铜钱（拓片）	88
图九六	M51平、剖面图	89

图九七	M51出土银簪	90
图九八	M52平、剖面图	91
图九九	M52出土器物	92
图一〇〇	M53平、剖面图	93
图一〇一	M53出土器物	94
图一〇二	M54平、剖面图	95
图一〇三	M55平、剖面图	96
图一〇四	M55出土康熙通宝（M55：1）（拓片）	97
图一〇五	M56平、剖面图	98
图一〇六	M56出土银簪	99
图一〇七	M57平、剖面图	100
图一〇八	M57出土乾隆通宝（拓片）	100
图一〇九	M58平、剖面图	101
图一一〇	M58出土器物	102
图一一一	M59平、剖面图	103
图一一二	M59出土银簪（M59：1）	104
图一一三	M60平、剖面图	105
图一一四	M60出土器物	105
图一一五	M61平、剖面图	106
图一一六	M62平、剖面图	107
图一一七	M63平、剖面图	108
图一一八	M64平、剖面图	109
图一一九	M65平、剖面图	110
图一二〇	M66平、剖面图	111
图一二一	M67平、剖面图	112
图一二二	M68平、剖面图	113
图一二三	M68出土器物	115
图一二四	M69平、剖面图	116
图一二五	M69出土器物	117
图一二六	M70平、剖面图	118
图一二七	M70出土器物	119
图一二八	M71平、剖面图	121
图一二九	M71出土器物	122
图一三〇	M72平、剖面图	123
图一三一	M72出土银器	125

图一三二	M72出土铜钱（拓片）	125
图一三三	M73平、剖面图	126
图一三四	M73出土银器	127
图一三五	M74平、剖面图	128
图一三六	M74出土铜钱（拓片）	128
图一三七	M75平、剖面图	129
图一三八	M76平、剖面图	130
图一三九	M76出土铜钱（拓片）	131
图一四〇	M77平、剖面图	132
图一四一	M77出土乾隆通宝（M77：1）（拓片）	132
图一四二	M78平、剖面图	133
图一四三	M78出土器物	134
图一四四	M79平、剖面图	135
图一四五	M80平、剖面图	136
图一四六	M80出土器物	137
图一四七	M81平、剖面图	138
图一四八	M81出土铜钱（拓片）	138
图一四九	M82平、剖面图	139
图一五〇	M82出土铜钱（拓片）	140
图一五一	M83平、剖面图	141
图一五二	M83出土银簪	142
图一五三	M84平、剖面图	143
图一五四	M84出土乾隆通宝（M84：1）（拓片）	143
图一五五	M85平、剖面图	144
图一五六	M85出土康熙通宝（M85：1）（拓片）	144
图一五七	M86平、剖面图	145
图一五八	M86出土器物	146
图一五九	M87平、剖面图	147
图一六〇	M87出土器物	148
图一六一	M88平、剖面图	150
图一六二	M88出土乾隆通宝（M88：1-1）（拓片）	150
图一六三	M89平、剖面图	151
图一六四	M89出土器物	152
图一六五	M90平、剖面图	153
图一六六	M91平、剖面图	154

图一六七	M91出土康熙通宝（M91：1）（拓片）	155
图一六八	M92平、剖面图	156
图一六九	M92出土铜钱（拓片）	157
图一七〇	M93平、剖面图	158
图一七一	M93出土铜钱（拓片）	158
图一七二	M94平、剖面图	159
图一七三	M94出土器物	160
图一七四	M95平、剖面图	161
图一七五	M95出土器物	162
图一七六	M96平、剖面图	163
图一七七	M96出土器物	164
图一七八	M97平、剖面图	165
图一七九	M98平、剖面图	166
图一八〇	M98出土器物	167
图一八一	M99平、剖面图	168
图一八二	M99出土银簪	169
图一八三	M100平、剖面图	170
图一八四	M100出土器物	171
图一八五	M101平、剖面图	172
图一八六	M101出土器物	173
图一八七	M102平、剖面图	174
图一八八	M102出土铜钱（拓片）	175
图一八九	M103平、剖面图	176
图一九〇	M103出土铜钱（拓片）	176
图一九一	M104平、剖面图	177
图一九二	M104出土万历通宝（M104：1）（拓片）	177
图一九三	M105平、剖面图	178
图一九四	M105出土陶盆（M105：1）	179
图一九五	M106平、剖面图	179
图一九六	M107平、剖面图	181
图一九七	M107出土器物	182
图一九八	M108平、剖面图	183
图一九九	M108出土银耳环（M108：1）	183
图二〇〇	M109平、剖面图	185
图二〇一	M109出土器物	186

图二〇二	M110平、剖面图	187
图二〇三	M111平、剖面图	189
图二〇四	M111出土瓷罐（M111：1）	189
图二〇五	M111出土铜钱（拓片）	190
图二〇六	M112平、剖面图	191
图二〇七	M112出土瓷罐（M112：1）	192
图二〇八	M112出土铜钱（拓片）	192
图二〇九	M113平、剖面图	194
图二一〇	M113出土瓷罐	195
图二一一	M113出土铜钱（拓片）	195
图二一二	M114平、剖面图	196
图二一三	M115平、剖面图	197
图二一四	M115出土器物	198
图二一五	M116平、剖面图	199
图二一六	M116出土器物	199
图二一七	M117平、剖面图	200
图二一八	M117出土康熙通宝（M117：1-1）（拓片）	201
图二一九	M118平、剖面图	202
图二二〇	M118出土铜钱（拓片）	202
图二二一	M119平、剖面图	203
图二二二	M120平、剖面图	204
图二二三	M120出土铜钱（拓片）	205
图二二四	M121平、剖面图	206
图二二五	M121出土器物	207
图二二六	M122平、剖面图	209
图二二七	M122出土器物	210
图二二八	M123平、剖面图	211
图二二九	M123出土铜钱（拓片）	212
图二三〇	M124平、剖面图	213
图二三一	M124出土银耳环（M124：1）	213
图二三二	M125平、剖面图	214
图二三三	M125出土器物	215
图二三四	M126平、剖面图	216
图二三五	M126出土器物	217
图二三六	M127平、剖面图	218

图二三七	M127出土器物	218
图二三八	M128平、剖面图	219
图二三九	M128出土器物	220
图二四〇	M129平、剖面图	222
图二四一	M129出土器物	223
图二四二	M130平、剖面图	224
图二四三	M130出土铜钱（拓片）	224
图二四四	M131平、剖面图	225
图二四五	M131出土银簪	226
图二四六	M132平、剖面图	227
图二四七	M132出土铜钱（拓片）	227
图二四八	M133平、剖面图	228
图二四九	M133出土器物	229
图二五〇	M134平、剖面图	231
图二五一	M134出土银簪	232
图二五二	M134出土器物	233
图二五三	M135平、剖面图	234
图二五四	M135出土银器	235
图二五五	M135出土铜钱（拓片）	236
图二五六	M136平、剖面图	238
图二五七	M136出土乾隆通宝（M136∶1）（拓片）	238
图二五八	M137平、剖面图	240
图二五九	M137出土器物	241
图二六〇	M138平、剖面图	242
图二六一	M138出土器物	243
图二六二	M139平、剖面图	244
图二六三	M139出土铜钱（拓片）	245
图二六四	M140平、剖面图	246
图二六五	M141平、剖面图	247
图二六六	M142平、剖面图	248
图二六七	M142出土器物	249
图二六八	M143平、剖面图	250
图二六九	M143出土器物	251
图二七〇	M144平、剖面图	252
图二七一	M145平、剖面图	253

图二七二	M146平、剖面图	254
图二七三	M146出土器物	255
图二七四	M147平、剖面图	256
图二七五	M147出土铜钱（拓片）	257
图二七六	M148平、剖面图	258
图二七七	M148出土器物	258
图二七八	M149平、剖面图	260
图二七九	M149出土器物	261
图二八〇	M150平、剖面图	262
图二八一	M150出土器物	263
图二八二	M151平、剖面图	264
图二八三	M151出土器物	265
图二八四	M152平、剖面图	266
图二八五	M152出土器物	267
图二八六	M153平、剖面图	269
图二八七	M153出土器物	269
图二八八	M154平、剖面图	270
图二八九	M154出土器物	271
图二九〇	M155平、剖面图	272
图二九一	M155出土器物	273
图二九二	M156平、剖面图	274
图二九三	M156出土瓷碗（M156：1）	274
图二九四	M157平、剖面图	275
图二九五	M158平、剖面图	276
图二九六	M158出土瓷碗（M158：1）	276
图二九七	M159平、剖面图	277
图二九八	M159出土瓷碗（M159：1）	278
图二九九	M160平、剖面图	279
图三〇〇	M160出土器物	280
图三〇一	M161平、剖面图	281
图三〇二	M161出土器物	282
图三〇三	M162平、剖面图	283
图三〇四	M162出土器物	284
图三〇五	M163平、剖面图	285
图三〇六	M164平、剖面图	286

图三〇七	M165平、剖面图	287
图三〇八	M165出土器物	288
图三〇九	M166平、剖面图	289
图三一〇	M166出土铜钱（拓片）	290
图三一一	M167平、剖面图	291
图三一二	M167出土器物	292
图三一三	M168平、剖面图	293
图三一四	M168出土铜钱（拓片）	293
图三一五	M169平、剖面图	294
图三一六	M169出土银簪	295
图三一七	M170平、剖面图	296
图三一八	M170出土银簪（M170：1）	296
图三一九	M171平、剖面图	297
图三二〇	M171出土康熙通宝（M171：1）（拓片）	298
图三二一	M172平、剖面图	299
图三二二	M172出土器物	300
图三二三	M173平、剖面图	300
图三二四	M174平、剖面图	301
图三二五	M174出土瓷碗	302
图三二六	M175平、剖面图	303
图三二七	M175出土铜钱（拓片）	304
图三二八	M176平、剖面图	305
图三二九	M176出土器物	307
图三三〇	M177平、剖面图	308
图三三一	M177出土器物	309
图三三二	M178平、剖面图	310
图三三三	M178出土器物	311
图三三四	M179平、剖面图	312
图三三五	M179出土瓷罐	313
图三三六	M180平、剖面图	314
图三三七	M180出土器物	315
图三三八	M181平、剖面图	316
图三三九	M181出土器物	317
图三四〇	M182平、剖面图	318
图三四一	M182出土器物	318

图三四二	M183平、剖面图	319
图三四三	M184平、剖面图	320
图三四四	M184出土器物	321
图三四五	M185平、剖面图	322
图三四六	M185出土铜钱（拓片）	323
图三四七	M186平、剖面图	324
图三四八	M186出土铜钱（拓片）	325
图三四九	M187平、剖面图	326
图三五〇	M188平、剖面图	327
图三五一	M188出土康熙通宝（M188∶1）（拓片）	327
图三五二	M189平、剖面图	328
图三五三	M189出土器物	329
图三五四	M190平、剖面图	330
图三五五	M191平、剖面图	331
图三五六	M191出土铜钱（拓片）	331
图三五七	M192平、剖面图	332
图三五八	M192出土器物	333
图三五九	M193平、剖面图	334
图三六〇	M193出土顺治通宝（M193∶1-1）（拓片）	334
图三六一	M194平、剖面图	335
图三六二	M194出土器物	336
图三六三	M195平、剖面图	337
图三六四	M195出土器物	338
图三六五	M196平、剖面图	339
图三六六	M196出土器物	340
图三六七	M197平、剖面图	341
图三六八	M197出土瓷罐（M197∶1）	342
图三六九	M198平、剖面图	343
图三七〇	M199平、剖面图	344
图三七一	M199出土铜钱（拓片）	345
图三七二	M200平、剖面图	346
图三七三	M200出土铜钱（拓片）	346
图三七四	M201平、剖面图	347
图三七五	M201出土银簪	348
图三七六	M202平、剖面图	349

图三七七	M202出土银簪	350
图三七八	M203平、剖面图	351
图三七九	M203出土铜钱（拓片）	352
图三八〇	M204平、剖面图	353
图三八一	M204出土器物	353
图三八二	M205平、剖面图	354
图三八三	M205出土银簪	354
图三八四	M206平、剖面图	355
图三八五	M206出土铜钱（拓片）	356
图三八六	M207平、剖面图	357
图三八七	M207出土康熙通宝（M207：1）（拓片）	357
图三八八	M208平、剖面图	358
图三八九	M208出土器物	359
图三九〇	M209平、剖面图	360
图三九一	M209出土嘉庆通宝（M209：1-1）（拓片）	361
图三九二	M210平、剖面图	362
图三九三	M210出土铜钱（拓片）	362
图三九四	M211平、剖面图	363
图三九五	M211出土器物	364
图三九六	M212平、剖面图	365
图三九七	M212出土器物	366
图三九八	M213平、剖面图	367
图三九九	M214平、剖面图	368
图四〇〇	M214出土器物	369
图四〇一	M215平、剖面图	370
图四〇二	M215出土器物	371
图四〇三	M216平、剖面图	372
图四〇四	M216出土器物	373
图四〇五	M217平、剖面图	374
图四〇六	M217出土器物	375
图四〇七	M218平、剖面图	376
图四〇八	M219平、剖面图	377
图四〇九	M219出土器物	378
图四一〇	M220平、剖面图	379
图四一一	M220出土铜钱（拓片）	380

图四一二	M221平、剖面图	382
图四一三	M221出土器物	382
图四一四	M222平、剖面图	383
图四一五	M223平、剖面图	384
图四一六	M224平、剖面图	385
图四一七	M225平、剖面图	386
图四一八	M225出土器物	387
图四一九	M226平、剖面图	388
图四二〇	M227平、剖面图	389
图四二一	M227出土器物	390
图四二二	M228平、剖面图	391
图四二三	M228出土铜钱（拓片）	392

图版目录

图版一　　发掘前地貌、专家验收
图版二　　墓葬整体
图版三　　M1、M3
图版四　　M5、M7
图版五　　M13、M15
图版六　　M17、M21
图版七　　M23、M26
图版八　　M28、M29
图版九　　M31、M39
图版一〇　M40、M42
图版一一　M44、M45
图版一二　M49、M50
图版一三　M51、M52
图版一四　M53、M54
图版一五　M55、M58
图版一六　M63、M67
图版一七　M73、M74
图版一八　M77、M80
图版一九　M83、M84
图版二〇　M86、M87
图版二一　M88、M89
图版二二　M92、M93
图版二三　M94、M107
图版二四　M109、M114
图版二五　M116、M118
图版二六　M119、M125

图版二七　M126、M128
图版二八　M129、M134
图版二九　M136、M137
图版三〇　M146、M153
图版三一　M154、M155
图版三二　M167、M168
图版三三　M171、M172
图版三四　M175、M178
图版三五　M181、M182
图版三六　M188、M191
图版三七　M194、M199
图版三八　M201、M202
图版三九　M214、M219
图版四〇　M223、M224
图版四一　M225、M227
图版四二　M20、M39、M87、M105、M122出土陶器
图版四三　M150、M152、M153、M161、M181出土陶器、釉陶器
图版四四　M4、M13、M15、M23出土瓷罐
图版四五　M26、M30、M78、M94、M111、M112出土瓷罐
图版四六　M113、M115、M116、M126出土瓷罐
图版四七　M126、M129、M167、M172、M176出土瓷罐
图版四八　M176、M177、M179、M180出土瓷罐
图版四九　M181、M182、M189、M192、M194出土瓷罐
图版五〇　M196、M197、M208、M219出土瓷罐
图版五一　M46、M60出土瓷碗
图版五二　M8、M36、M41、M156出土瓷碗
图版五三　M34、M41、M50出土瓷器
图版五四　M43、M69、M122、M127、M137、M155出土瓷碗
图版五五　M154、M158、M159、M174出土瓷碗
图版五六　M174、M178、M180、M204出土瓷碗
图版五七　M10、M13、M18、M20出土银簪
图版五八　M21、M29、M32、M34出土银簪
图版五九　M34出土银簪
图版六〇　M35、M37、M50出土银簪
图版六一　M51、M53、M56出土银簪

图版六二	M58、M68出土银簪
图版六三	M69~M71出土银簪
图版六四	M72、M73、M83、M86、M87、M89出土银簪
图版六五	M89、M95、M96出土银簪
图版六六	M96、M98、M99出土银簪
图版六七	M99、M100、M107、M121出土银簪
图版六八	M121、M122、M125出土银簪
图版六九	M127~M129出土银簪
图版七〇	M129、M131、M133、M134出土银簪
图版七一	M134出土银簪
图版七二	M134出土银饰件
图版七三	M135、M137、M138、M142出土银器
图版七四	M143、M146、M149出土银簪
图版七五	M149、M151出土银簪
图版七六	M152、M153出土银簪
图版七七	M155、M160、M162出土银簪
图版七八	M169、M170、M176、M184出土银簪
图版七九	M184、M201、M202出土银簪
图版八〇	M204、M205、M214出土银簪
图版八一	M216、M217、M221、M225出土银簪
图版八二	M18、M27、M34、M35、M37、M50出土银耳环
图版八三	M68、M70、M72、M73、M80出土银耳环
图版八四	M108、M109、M124、M127出土银耳环
图版八五	M128、M134、M135、M162出土银耳环
图版八六	M167、M216、M217出土银耳环
图版八七	M68、M128、M134、M142出土银戒指
图版八八	M142、M143、M184出土银戒指
图版八九	M101、M143、M152、M215出土银器
图版九〇	M1、M53、M80、M225出土银饰
图版九一	M32、M39、M43、M78、M192出土铜器
图版九二	M58、M86、M148出土器物
图版九三	M27、M86、M155出土骨簪
图版九四	M134出土镇墓石
图版九五	M1、M2、M17、M26、M28、M30出土板瓦
图版九六	M38~M40、M49、M51、M55出土板瓦

图版九七　M59、M67、M71、M73、M74出土板瓦

图版九八　M76、M79、M86、M88、M94、M97出土板瓦

图版九九　M98、M104、M109、M116、M118、M120出土板瓦

图版一〇〇　M189、M192、M198、M201、M224、M227出土板瓦

第一章 绪 论

第一节 地理环境与历史概况

一、地理环境[①]

大兴区位于北京市南部，距北京市区约13千米，是北京的南大门。东北与通州区接壤，西与房山区以永定河相隔，南临河北省廊坊市、涿州市等，北接丰台区、朝阳区，是首都重要的农副食品生产供应基地、高新技术产业基地。全区地处北纬39°26′~39°50″，东经116°13′~116°43′。全区南北长42.7千米，东西宽45千米，总面积1036.33平方千米。截至2022年，大兴区常住人口181.6万人，汉族占总人口的96%。区政府驻兴丰街道。

大兴区地处永定河洪冲积平原，地势自西北向东南缓倾，地面高程14~45米，坡降0.5‰~1‰。大部分地区海拔14~52米。地势上属于华北底层区。土壤主要有风沙土、褐土、潮土、水稻土、沼泽土5种土类。永定河为西、南边界河流。境内还有天堂河、龙河、凉水河、凤河、新凤河等10余条河流，自西北向东南流经全境。因受永定河决口及河床摆动影响，全境分为三个地貌单元。北部属永定河洪冲积扇下缘，泉线及扇缘洼地；东部凤河沿岸地势较高，为冲积平原带状微高地；西部、西南部为永定河洪冲积形成的条状沙带，东南部沙带尚残存少量风积沙丘，西部沿永定河一线属现代河漫滩，自北而南沉积物质由粗变细，堤外缘洼地多盐碱土。全区土壤分布与地貌类型明显一致，近河多沙壤土，向东沉积物质由粗变细，沙壤土、轻壤土呈与地形坡向一致的带状交错分布，区域土壤熟化程度较高。

大兴区地处华北平原北部，属暖温带半湿润大陆性季风气候，冬春季少降水、多风、干旱，夏秋多雨，且时有雷雨大风夹带冰雹天气出现。全境为平原，西、南边界有永定河，属地上河流，历史上经常泛滥成灾。全区地处Ⅷ度、Ⅶ度高地震烈度地区，且受多种气象灾害影响，存在诸多产生突发事件的自然因素。

[①] 北京市大兴区地方志编纂委员会：《北京市大兴区志》，线装书局，2019年。

大兴区主要矿产资源有地下水砂石、黏土、泥炭、石油、天然气、地热。地下水每年补给量3.72亿立方米，可采量每年约为28亿立方米，蓄水层含有丰富的地下水，矿化度低，极宜饮用。由于永定河多次改道，砂石沉积面积广，储量丰富，现永定河道砂石蕴藏量达10亿立方米。黏土储量451万立方米。泥炭为平原洼地湖沼形泥炭，含腐殖酸3.34%，储量69万吨。区境南部位于地热带内，面积约470平方千米。含有一定储量的石油和天然气。

大兴区生物资源丰富。野生植物有木本类、禾本类、草本类、藤本类、蕈类及其他水生植物计150余种。野生动物有兽类、禽类、水生类、两栖类、爬行类及昆虫类等120余种。大兴区粮食蔬菜产量充足，形成了以粮食为基础、瓜果蔬菜为主的新的产业格局，是北京地区主要的农业生产基地之一。

二、历史沿革[①]

大兴区历史悠久，为中国最早建制县之一。最早前身为古蓟县，以建于蓟城地区而得名。蓟县当为先秦之县，为春秋战国时期燕国所建。秦王政二十三年（公元前224年），秦于蓟城地区置广阳郡，蓟县属之。自汉至隋唐五代，蓟县之建制始终存在。

西汉时期，蓟县相继隶属燕国、燕郡、广阳郡、广阳国。王莽新朝时期（8~23年），蓟县一度改名伐戎县，隶属广有郡，王莽新朝覆灭后恢复蓟县名。东汉时期，蓟县相继隶属广阳国、广阳郡、上谷郡、广阳郡。

三国时期，蓟县属魏之幽州燕郡、燕国。西晋、东晋、南北朝、隋、唐、五代各朝，蓟县相继隶属燕国、燕郡、幽州、范阳郡等。辽会同元年（938年），蓟县改名蓟北县，隶属幽都府；辽开泰元年（1012年），蓟北县改名析津县，隶属析津府，为辽南京府郭京县。宋宣和五年至七年（1123~1125年），析津县归宋，隶属燕山府。

金贞元二年（1154年），析津县更名大兴县，隶属大兴府，为金中都依郭县。元至元九年（1272年）中都改为大都，大兴县为元大都府郭赤县，隶属大都路。明代初期，大兴县隶属北平府。

明朝、清朝在北京设置大兴县，为附廓的两赤县之一。明永乐元年（1403年），北平府改为顺天府，大兴属之。明永乐十九年（1421年），明迁都北京，大兴为依郭京县。清代，大兴仍为依郭京县，隶属顺天府。元明清三代为"天下首邑"。

民国时期，1914年10月顺天府改为京兆地方，大兴属之。1928年划归河北省，并将县治由北京城内迁至黄村。1928年6月，大兴县划归河北省，9月定为特等县。1929年1月，旋即降为二等县。至1937年"七七事变"前，隶属河北省第三专区。1943年10月，中共领导的大宛安永固涿良办事处成立。1944年2月更名平南办事处，同年9月设置平南县。1945年3月，平南县

[①] 大兴县志编纂委员会：《大兴县志》，北京出版社，2002年。

建制撤销，分设大兴县和涿良宛县。1949年8月，大兴县划归河北省通县专区。1949年10月中华人民共和国成立后，大兴县仍隶属通县专区。1958年3月，大兴县划归北京市并将原属北京市南苑区的旧宫、亦庄、瀛海、西红门等地划归大兴改为区建制。1960年1月，恢复县建制。2001年1月9日，国务院批准撤销大兴县，设立大兴区，以原大兴县的行政区域为大兴区的行政区域，区人民政府驻黄村镇。2001年3月2日，经国务院批准，撤销大兴县，设立大兴区，以原大兴县的行政区域为大兴区的行政区域，大兴区人民政府驻兴政街。在原黄村镇行政区域内设立兴丰街道办事处、林校路街道办事处和清源街道办事处，同时保留黄村镇建制，其余行政区划不变。2002年，大兴区辖3个街道、14个镇，包括兴丰街道、林校路街道、清源街道，黄村镇、西红门镇、旧宫镇、青云店镇、采育镇、安定镇、礼贤镇、榆垡镇、庞各庄镇、北臧村镇、魏善庄镇、长子营镇、瀛海镇、亦庄镇。

三、文化资源

大兴区有多处历史文化遗产，体现了大兴区丰厚的历史、文化积淀。至2015年，大兴区内有重点文物保护单位21处，其中市级2处，即团河行宫遗址、无碍禅师塔；区级19处，即双柳树昆仑石、晾鹰台、宁佑庙碑、德寿寺碑、东白塔清真寺、薛营清真寺、恭勤夫人谢氏墓、芦城石狮、永定河神祠遗址、礼贤清真寺、钟音家族墓、西红门清真寺、芦城城墙遗址、求贤坝、黄村火神庙、蔡辛庄菩萨庙、狼各庄清真寺、萨公墓碑、受缘寺遗址。大兴区文物普查166项，市级埋藏区4项。

第二节　墓地概况与发掘经过

榆垡镇位于北京市大兴区最南端，东与河北省廊坊市广阳区接壤，北临庞各庄镇，东北接礼贤镇，南部隔永定河与河北省涿州市、固安县相望，镇域面积136平方千米。明万历二十年（1592年），宛平县在榆垡设镇，为宛平县"八大重镇"之一。

东庄营墓葬发掘区位于大兴区榆垡镇东庄营村东，东邻魏石路，南邻榆南路，北为机场建设用地，西为在建道路（图一）。

为配合北京新机场南航基地机务维修设施项目工程建设，做好工程区地下文物的保护工作，2017年7~8月，北京市文物研究所（现北京市考古研究院）组织考古工作人员对该工程占地范围开展了全面的考古勘探，明确了墓葬的空间分布和大致年代，为随即进行的田野发掘提供了依据（图版一，1）。2017年9~10月，北京市文物研究所对墓地进行正式发掘，发掘领队为张智勇，参加人员有北京市文物研究所技工安喜林、黄星及河北省文物考古研究所技工刘敬伟、张晓丽等。考古发掘结束后，组织专家进行验收（图版一，2）。

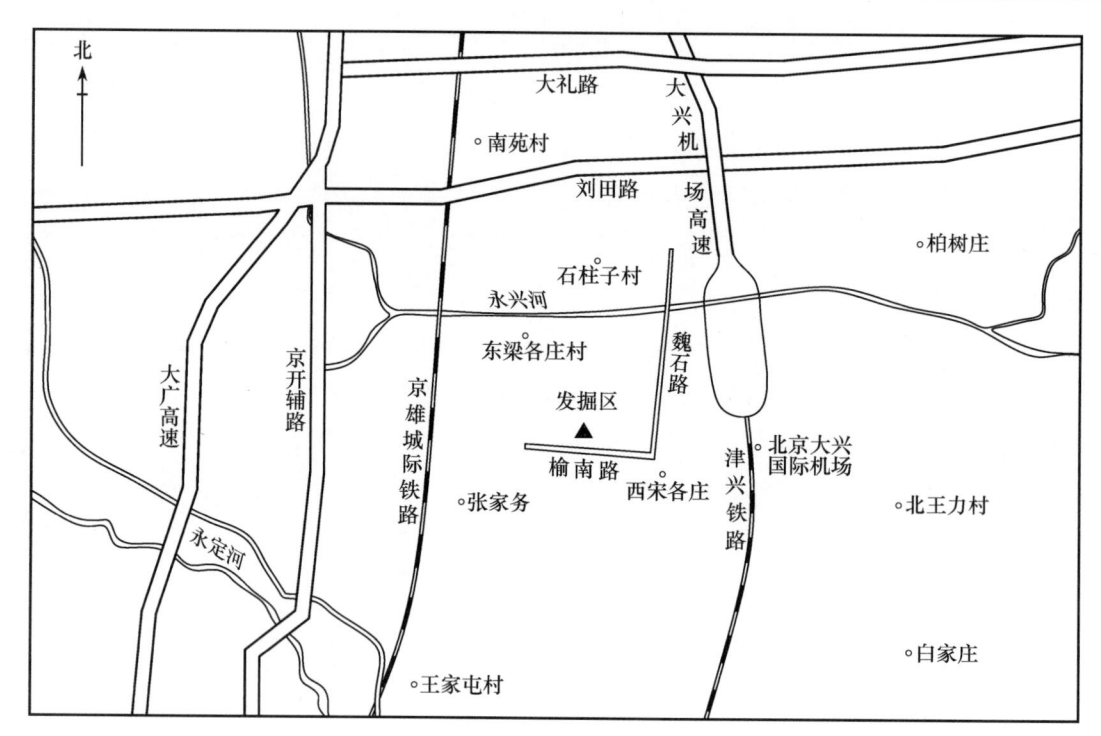

图一　发掘区位置示意图

此次考古发掘面积为2600平方米，共清理明、清时期墓葬228座（图二；图版二）。出土了陶器、瓷器、银器、铜器、骨器、玛瑙器、石器等各类随葬器物。

本次考古发掘工作，得到了北京市文物局、原北京市文物研究所各部门、北京新机场南航基地机务维修设施项目建设单位等的协助和支持，特此致谢。

第三节　资料整理与报告编排

东庄营墓地发掘报告整理主要分两个阶段进行：第一阶段为2022年1~6月，进行出土器物的修复、绘图及排版工作。第二阶段为2023年2~8月，进行出土器物摄影及线图核对、报告文字的梳理工作。室内整理工作由张智勇主持，参加人员有安喜林、刘晓贺、张志伟、张晨、赵博安、林玥、赵夏锋。

报告的编排分为正文、附录两个部分。正文部分第一章为绪论，对墓地的地理环境、历史沿革、发掘经过等相关情况进行简单的归纳概括。第二章为墓葬介绍，对本次发掘的墓葬按编号顺序分别进行详述。第三章为初步研究，对该批墓葬进行初步分析，对墓葬出土的典型器物进行类型学分析，对墓地文化内涵进行初步探讨。附录部分主要为墓葬登记表、铜钱统计表。

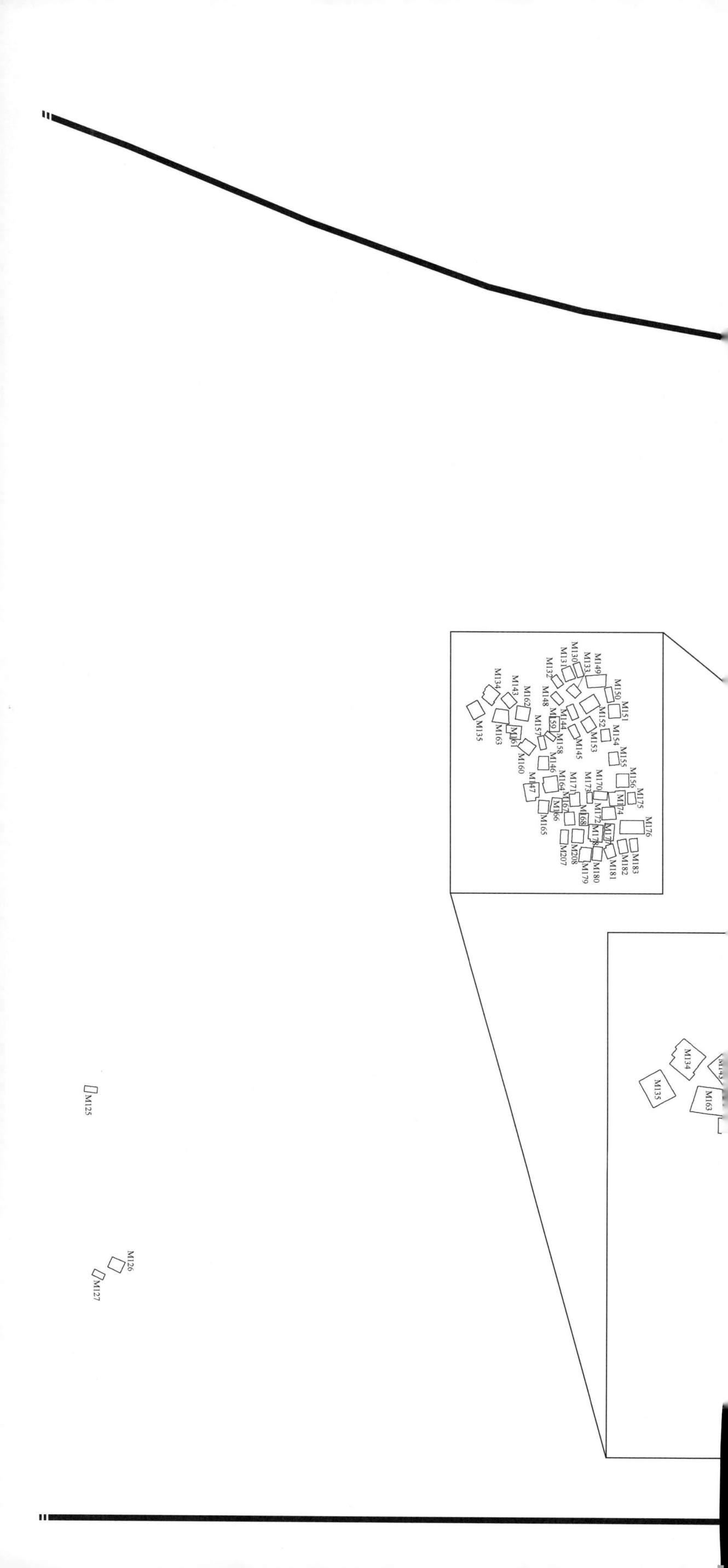

M149
M150 M151
M130 M133 M156 M175
M131 M152 M154 M155
M132 M144 M153 M176
M134 M148 M145 M170 M174
M143 M162 M158 M159 M172 M173 M183
M157 M146 M168 M171 M182
M161 M160 M147 M164 M167 M178 M181
M163 M166 M177 M180
M135 M165 M207 M208 M179

M134
M143
M135 M163

M125

M126
M127

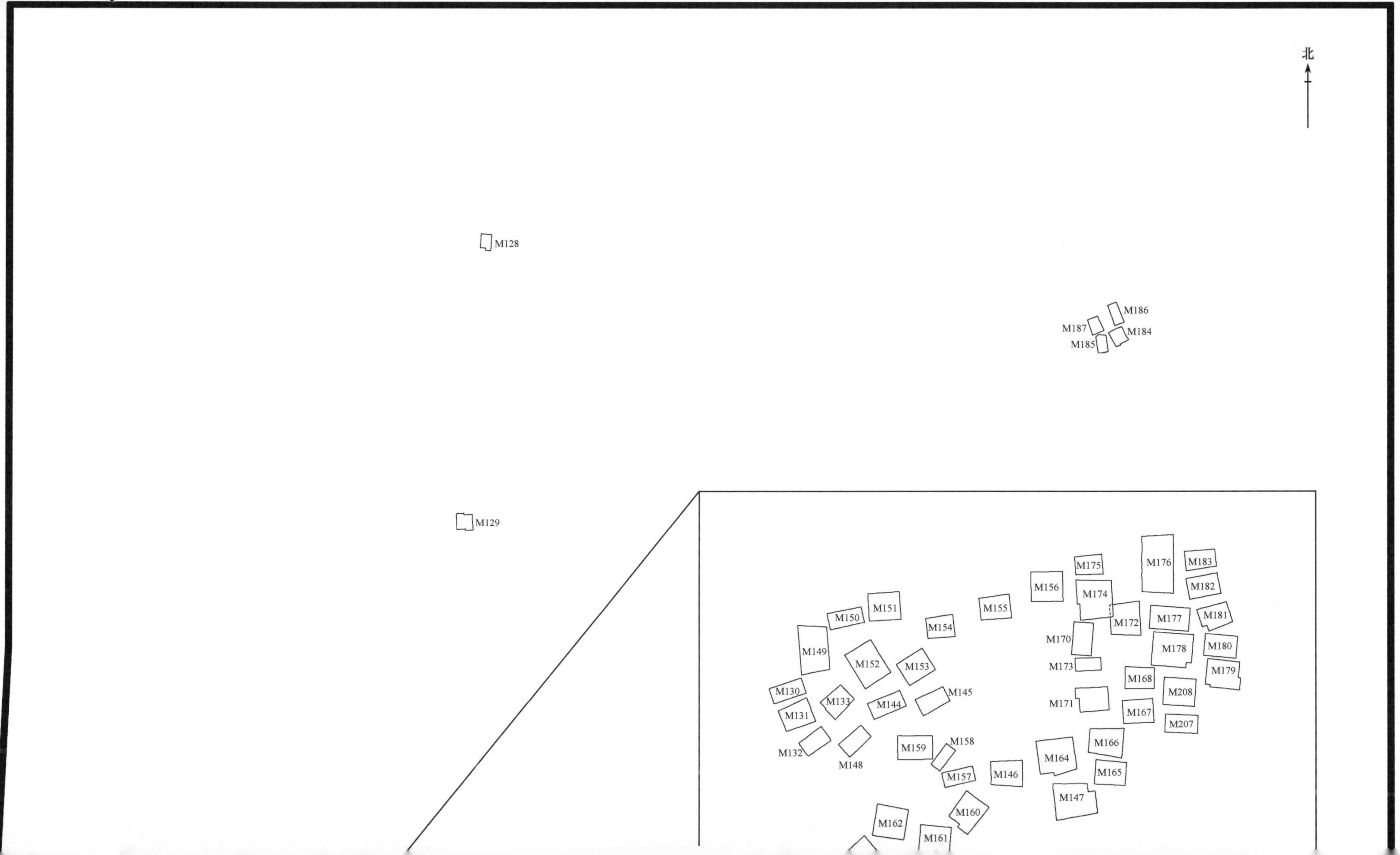
北
M128
M129
M186
M187
M184
M185
M175
M176
M183
M156
M174
M182
M155
M151
M150
M172
M177
M181
M154
M149
M170
M178
M180
M152
M153
M173
M179
M168
M208
M130
M145
M133
M144
M171
M167
M131
M207
M132
M148
M159
M158
M166
M164
M157
M146
M165
M147
M160
M162
M161

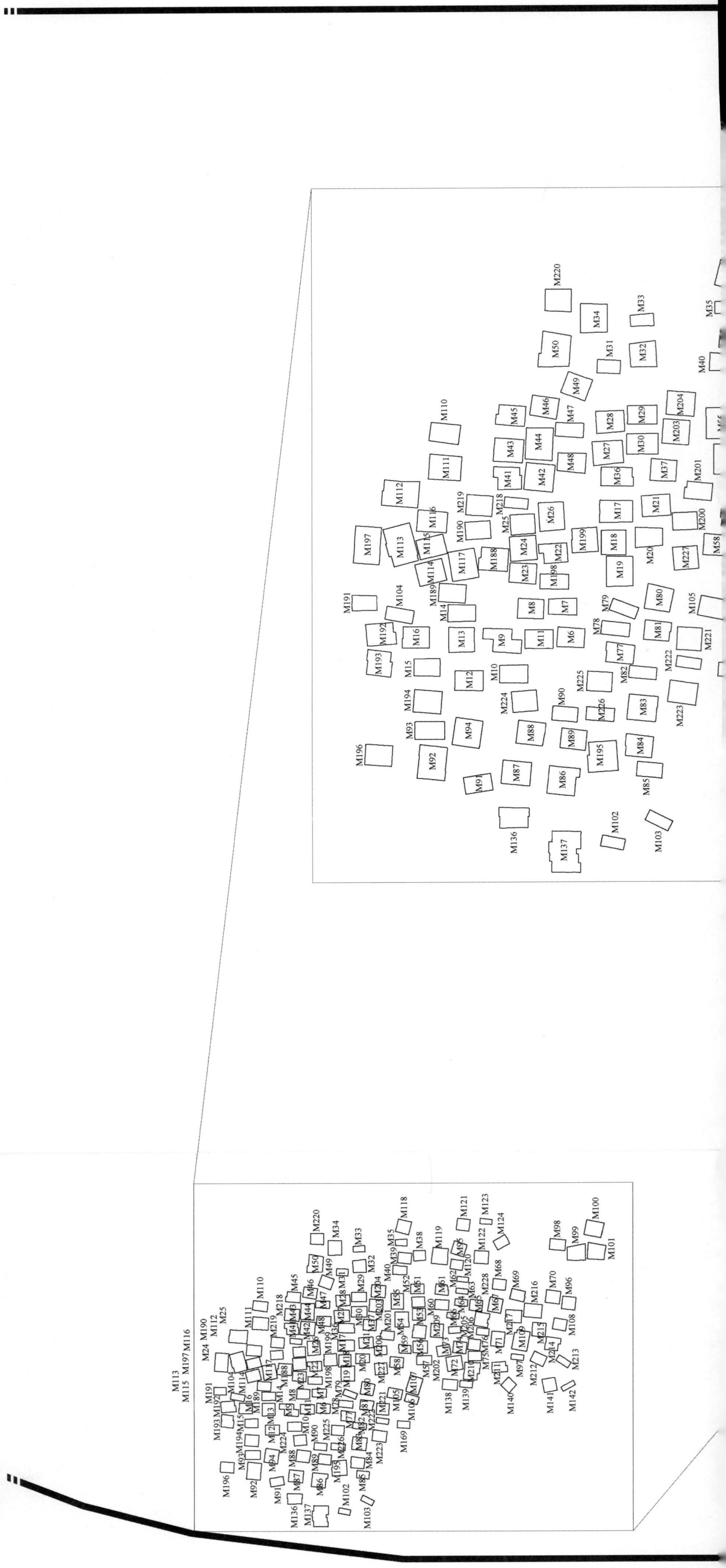

图二 发掘区墓葬分布图

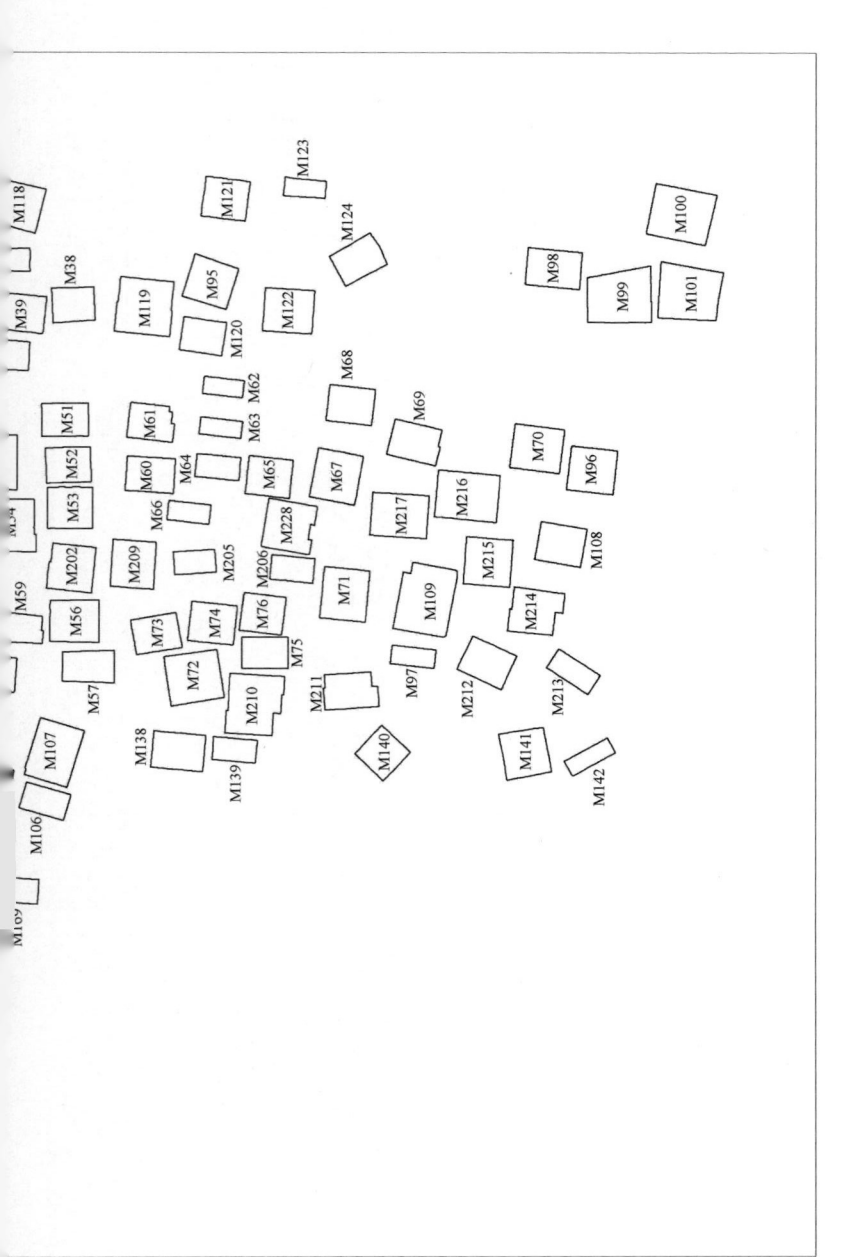

第二章 墓葬介绍

一、M1

1. 墓葬形制

该墓位于发掘区西南部，北邻M2。开口于第1层下，南北向，方向4°。

墓平面呈不规则形，竖穴土圹三棺合葬墓。墓口距地表深0.3米，墓底距地表深1.08~1.14米。墓圹南北长2.6~2.72、东西宽2.83、深0.78~0.84米。内填花土，土质松软。内置三棺，中、西棺棺木已朽。东棺长1.92、宽0.44~0.52、残高0.24米，棺板厚0.02米；棺内骨架保存稍好，头移位向西，面向上，仰身直肢，为男性。中棺痕长1.92、宽0.5~0.52米；棺内骨架保存较好，头向北，面向上，胸椎骨上方放置长20、宽16~18、厚1厘米的板瓦1块（图版九五，1），正面书朱砂字符，仰身直肢，为女性。西棺痕长1.74、宽0.41~0.51米；棺内骨架保存较差，头向北，面向西，头骨下方放置长28、宽14、厚5厘米的青砖1块，仰身直肢，为女性（图三；图版三，1）。

2. 随葬品

西棺内头骨左侧出土银饰1件。

银饰　1件。M1:1，残，扁平圆形齿轮状，一端焊接椭圆形环，中部穿三股银丝盘绕。高3.6厘米（图四；图版九〇，1）。

图三　M1平、剖面图
1. 银饰

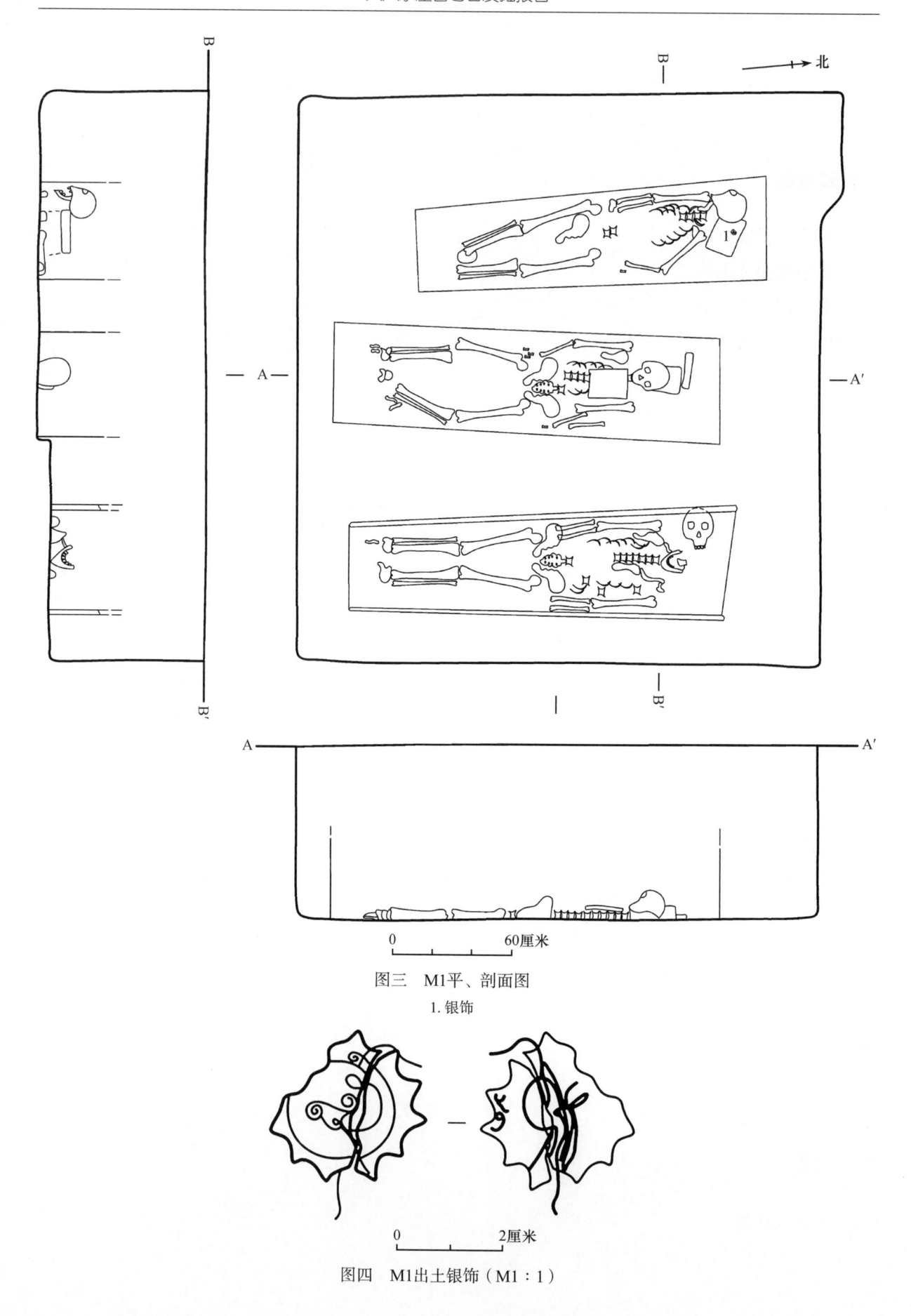

0　　　　2厘米

图四　M1出土银饰（M1∶1）

二、M2

1. 墓葬形制

该墓位于发掘区西南部，东邻M3。开口于第1层下，南北向，方向0°。

墓平面呈不规则形，竖穴土圹三棺合葬墓。墓口距地表深0.3米，墓底距地表深1~1.32米。墓圹南北长3.3~3.4、东西宽2.48~2.6、深0.7~1.02米。内填花土，土质松软。内置三棺，东、西棺棺木已朽。东棺痕长2.1、宽0.46~0.5米；棺内未发现葬具及骨架，葬式、性别不明。中棺长1.7、宽0.32~0.45、残高0.26米，棺板厚0.02米；棺内骨架保存稍差，头移位向东，面向上，胸椎骨上方放置长20、宽16~20、厚1厘米的板瓦1块（图版九五，2），仰身直肢，为男性。西棺痕长1.44、宽0.32~0.42米；棺内骨架保存较差，头移位向东，面向南，胸椎骨上方放置长20、宽16~20、厚1厘米的板瓦1块，仰身直肢，为女性（图五）。

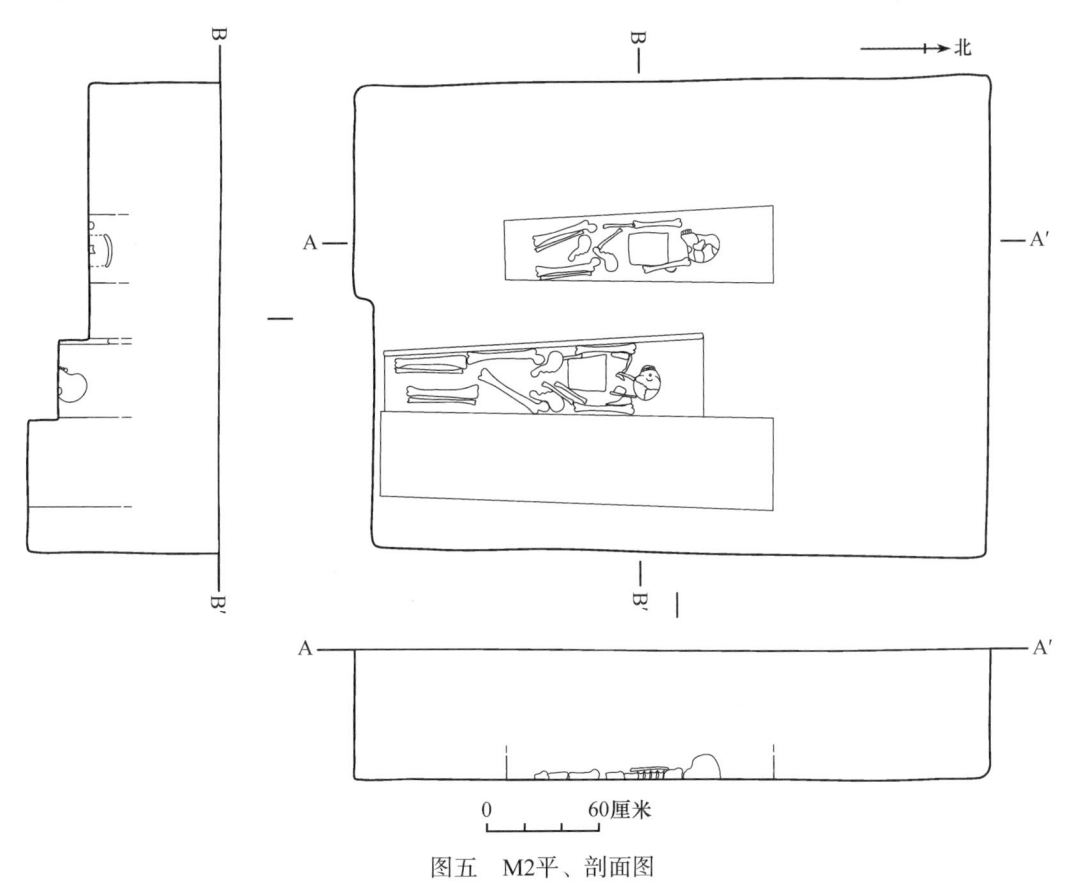

图五 M2平、剖面图

2. 随葬品

未发现随葬品。

三、M3

1. 墓葬形制

该墓位于发掘区西南部，西邻M2。开口于第1层下，南北向，方向353°。

墓平面呈不规则形，竖穴土圹双棺合葬墓。墓口距地表深0.3米，墓底距地表深1.42～1.52米。墓圹南北长2.84～2.9、东西宽1.84～1.96、深1.12～1.22米。内填花土，土质松软。内置双棺，残存棺木。东棺长1.99、宽0.57、残高0.52米，棺板厚0.02～0.04米；棺内骨架保存较好，头移位向西，面向北，仰身直肢，为男性。西棺长2.12、宽0.53～0.56、残高0.42米，棺板厚0.02米；棺内骨架保存较差，头移位向西北，面向东北，仰身直肢，为女性（图六；图版三，2）。

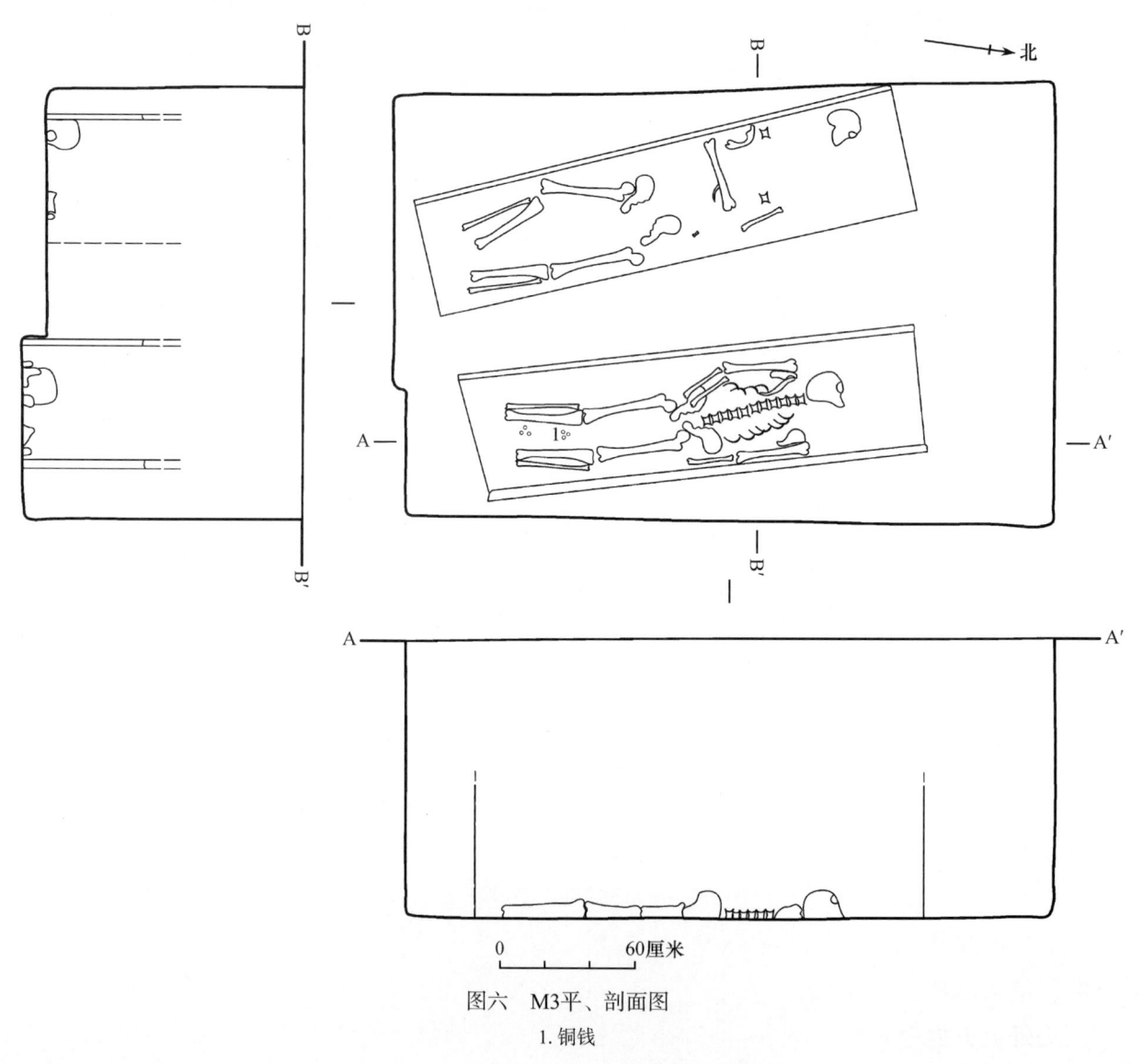

图六 M3平、剖面图
1. 铜钱

2. 随葬品

东棺内下肢骨内侧下部出土铜钱6枚，有康熙通宝、乾隆通宝。

康熙通宝　2枚。标本M3：1-1，平钱，圆形，方穿，正背面郭缘较宽，正面楷书"康熙通宝"四字，直读，背穿左右为满文"宝泉"局名。钱径2.68、穿径0.56、郭厚0.1厘米（图七，1）。

乾隆通宝　4枚。平钱，圆形，方穿，正背面郭缘略宽，正面楷书"乾隆通寶"四字，直读。标本M3：1-2，背穿左右为满文"宝泉"局名。钱径2.51、穿径0.6、郭厚0.1厘米（图七，2）。标本M3：1-3，背穿左右为满文"宝源"局名。钱径2.3、穿径0.6、郭厚0.12厘米（图七，3）。

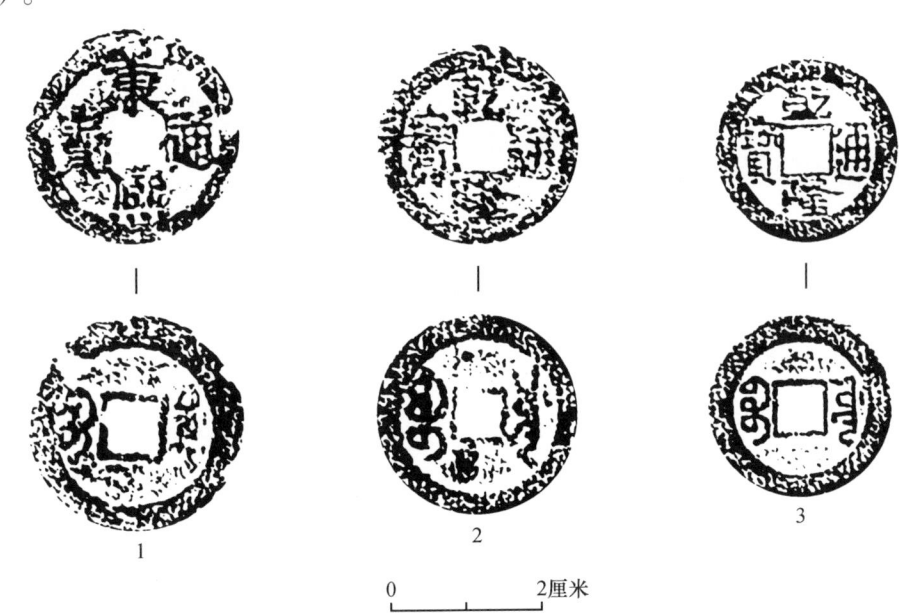

图七　M3出土铜钱（拓片）
1.康熙通宝（M3：1-1）　2、3.乾隆通宝（M3：1-2、M3：1-3）

四、M4

1. 墓葬形制

该墓位于发掘区西南部，西邻M3。开口于第1层下，南北向，方向354°。

墓平面呈不规则形，竖穴土圹双棺合葬墓。墓口距地表深0.3米，墓底距地表深1.4～1.42米。墓圹南北长2.2～2.9、东西宽2.55～2.86、深1.1～1.12米。内填花土，土质松软。内置双棺，棺木已朽。东棺痕长1.86、宽0.43～0.52米；棺内骨架保存较差，头移位向西，面向上，头骨上方放置长38、宽14、厚8厘米的土坯1块，仰身直肢，为男性。西棺痕长1.9、宽0.53～0.82米；棺内骨架保存较好，头移位向北，面向东，仰身直肢，为女性（图八）。

图八　M4平、剖面图
1、2.瓷罐　3.铜钱

2. 随葬品

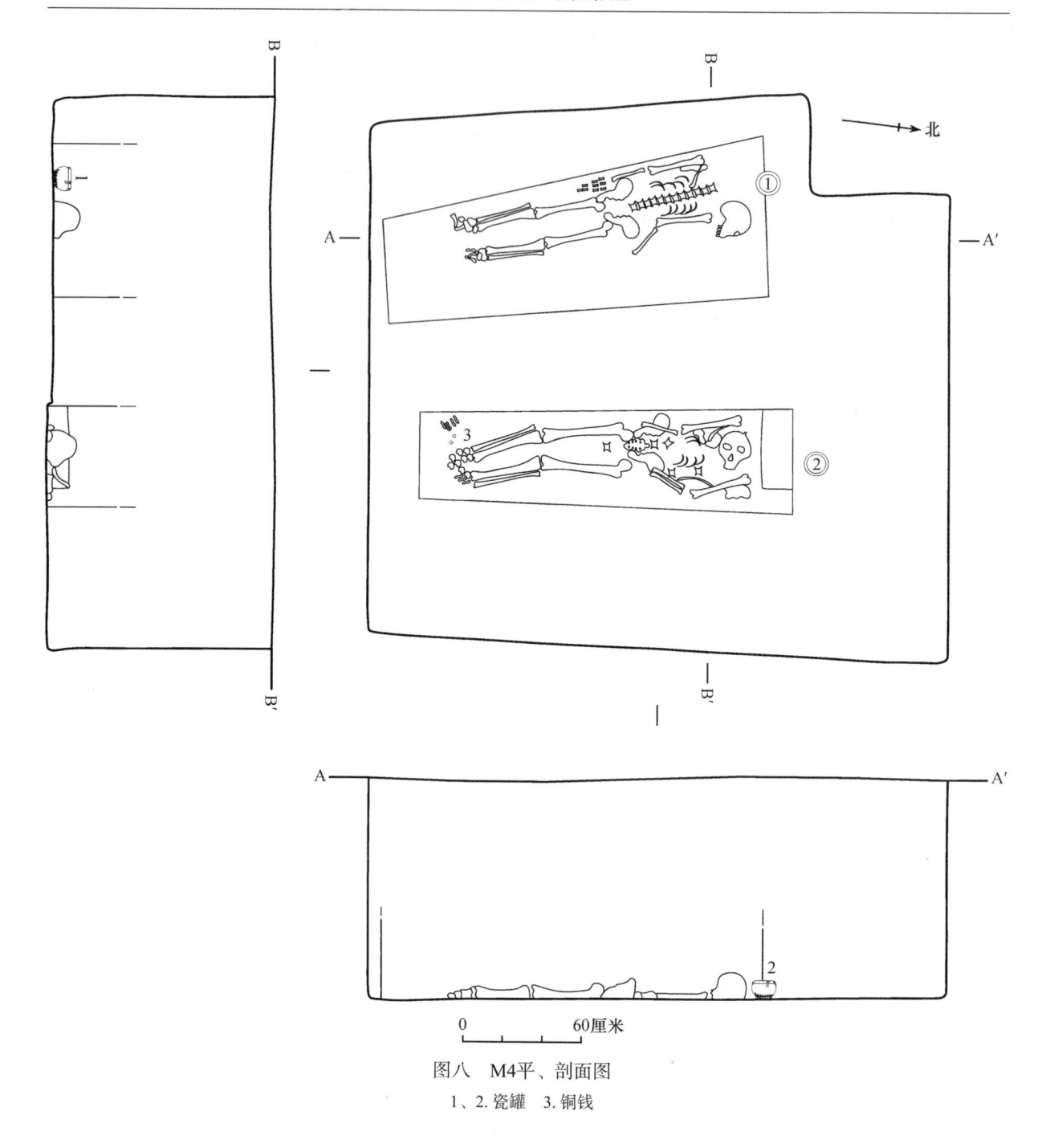

东棺外前方出土瓷罐1件，棺内左下肢骨外侧下部出土铜钱2枚；西棺外右前方出土瓷罐1件。

瓷罐　2件。M4：1，近直口，方圆唇，斜领，溜肩，圆弧腹，圈足，领、肩部置对称四系。灰褐色胎，体施黑色釉，下腹部及足底无釉。手轮兼制，口沿有凹槽。口径9、腹径12、底径7.6、高9厘米（图九，1；图版四四，1）。M4：2，侈口，方圆唇，矮领，圆肩，弧腹，下腹弧收，矮圈足。灰褐色胎，体内外施黑色釉，下腹部及足底无釉。轮制，内壁留有轮旋痕迹。口径9.5、腹径12、底径6.1、高8厘米（图九，2；图版四四，2）。

铜钱　2枚。有道光通宝、光绪通宝。

道光通宝　1枚。M4：3-1，平钱，圆形，方穿，正背面郭缘略宽，正面楷书"道光通寳"四字，直读，背穿左右为满文"宝泉"局名。钱径2.21、穿径0.65、郭厚0.15厘米（图九，3）。

光绪通宝　1枚。M4：3-2，平钱，圆形，方穿，正背面郭缘略宽，正面楷书"光绪通寳"四字，直读，背穿左右为满文"宝泉"局名。钱径2.5、穿径0.55、郭厚0.15厘米（图九，4）。

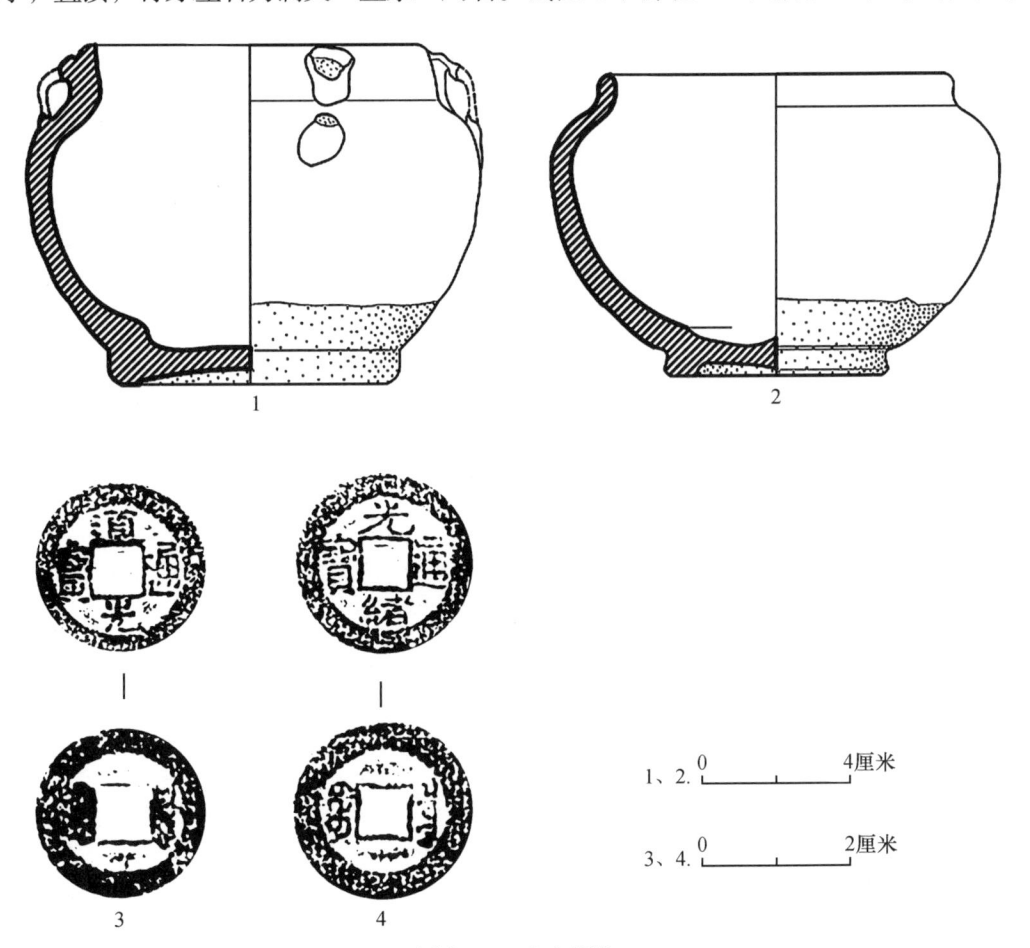

图九　M4出土器物

1、2. 瓷罐（M4：1、M4：2）　3. 道光通宝（M4：3-1）　4. 光绪通宝（M4：3-2）

五、M5

1. 墓葬形制

该墓位于发掘区西南部，北邻M4。开口于第1层下，南北向，方向356°。

墓平面呈不规则形，竖穴土圹双棺合葬墓。墓口距地表深0.3米，墓底距地表深1.2~1.22米。墓圹南北长2.46~2.71、东西宽2.59~2.82、深0.9~0.92米。内填花土，土质松软。内置双棺，棺木已朽。东棺痕长2.05、宽0.43~0.56米；棺内骨架保存较好，头向北，面向东，仰身直肢，为男性。西棺痕长1.92、宽0.42~0.58米；棺内骨架保存较差，头移位向西北，面向上，侧身屈肢，为女性（图一○；图版四，1）。

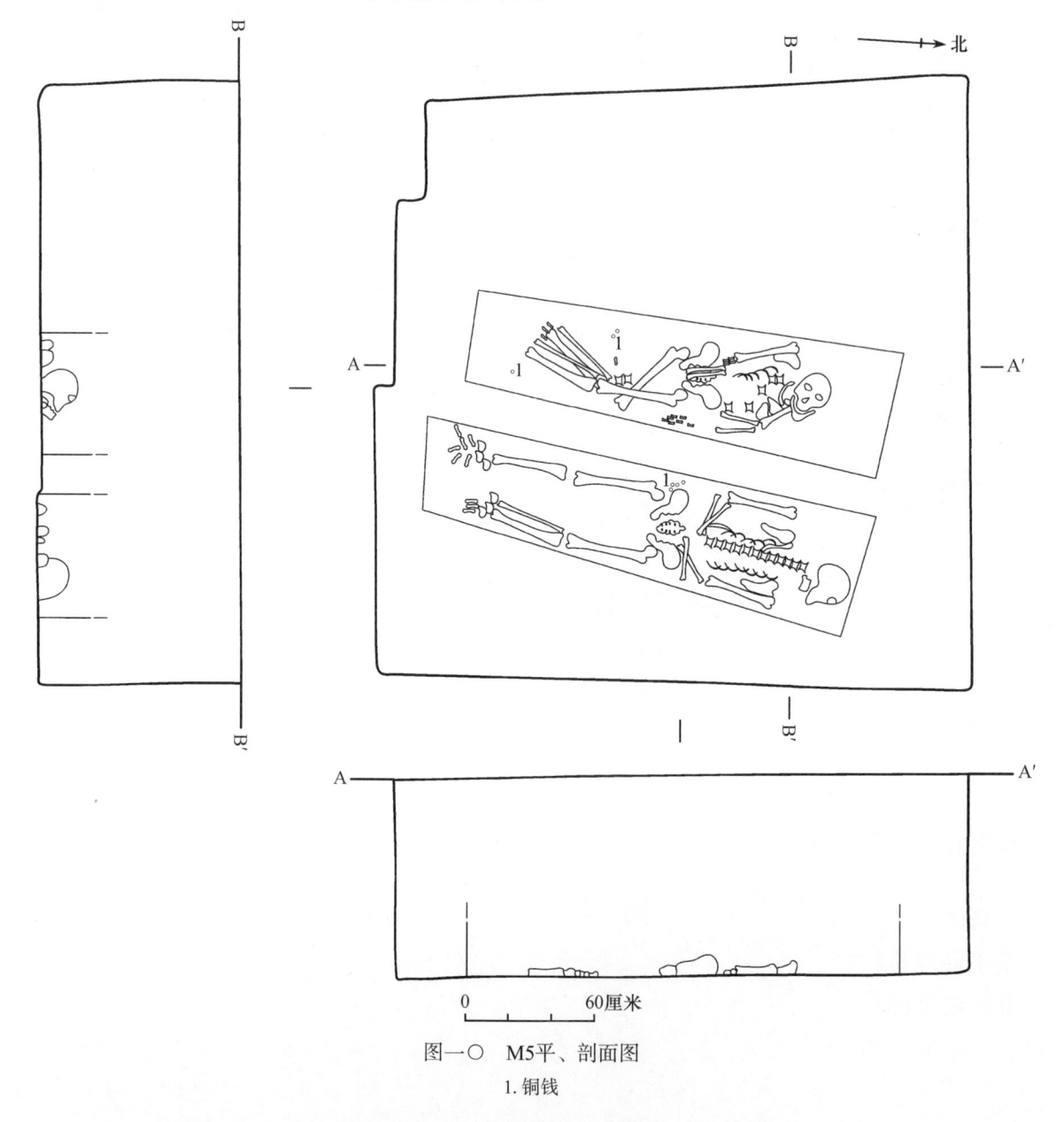

图一○ M5平、剖面图
1. 铜钱

2. 随葬品

东棺内右盆骨右侧出土铜钱4枚；西棺内下肢骨两侧出土铜钱3枚。

铜钱　7枚。有康熙通宝、道光通宝。

康熙通宝　4枚。平钱，圆形，方穿，正面楷书"康熙通寶"四字，直读。标本M5∶1-1，正背面郭缘较宽，背穿左为满文"临"字，右楷书一"臨"字。钱径3.12、穿径0.62、郭厚0.11厘米（图一一，1）。标本M5∶1-2，正背面郭缘略宽，背穿左右为满文"宝泉"局名。钱径2.3、穿径0.61、郭厚0.1厘米（图一一，2）。

道光通宝　3枚。平钱，圆形，方穿，正面楷书"道光通寶"四字，直读，背穿左右为满文"宝泉"局名。标本M5∶1-3，正背面郭缘较宽。钱径3.25、穿径0.65、郭厚0.15厘米（图一一，3）。标本M5∶1-4，正背面郭缘略窄。钱径2.31、穿径0.65、郭厚0.15厘米（图一一，4）。

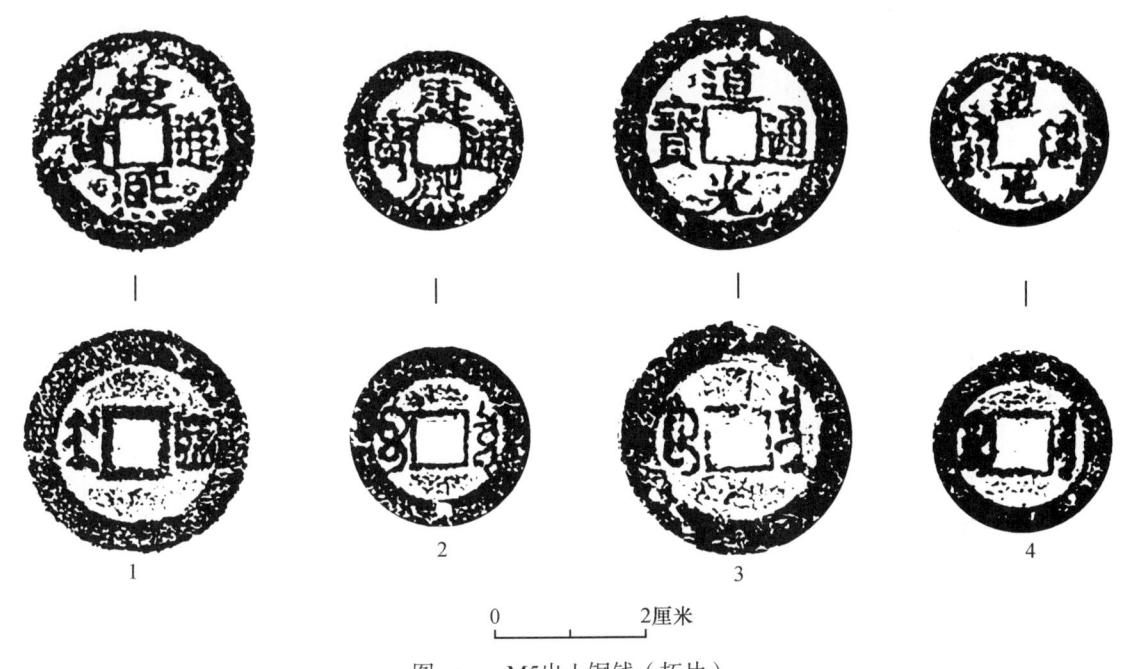

图一一　M5出土铜钱（拓片）

1、2.康熙通宝（M5∶1-1、M5∶1-2）　3、4.道光通宝（M5∶1-3、M5∶1-4）

六、M6

1. 墓葬形制

该墓位于发掘区西南部，北邻M11。开口于第1层下，南北向，方向4°。

墓平面略呈梯形，竖穴土圹双棺合葬墓。墓口距地表深0.3米，墓底距地表深0.84～0.9米。墓圹南北长2.41、东西宽1.7～1.76、深0.54～0.6米。内填花土，土质松软。内置双棺，棺木已朽。东棺痕长1.7、宽0.5～0.63米；棺内骨架保存稍差，头向北，面向东，头骨下方放置长32、宽15、厚6厘米的土坯1块，左上肢骨上方放置长18、宽19～20、厚1厘米的板瓦1块，侧身屈肢，为男性。西棺痕长1.6、宽0.44～0.59米；棺内骨架保存较差，头向北，面向东，头骨下方放置长40、宽14、厚6厘米的土坯1块，上方放置长24、宽17～19、厚1厘米的板瓦1块，侧身屈肢，为女性（图一二）。

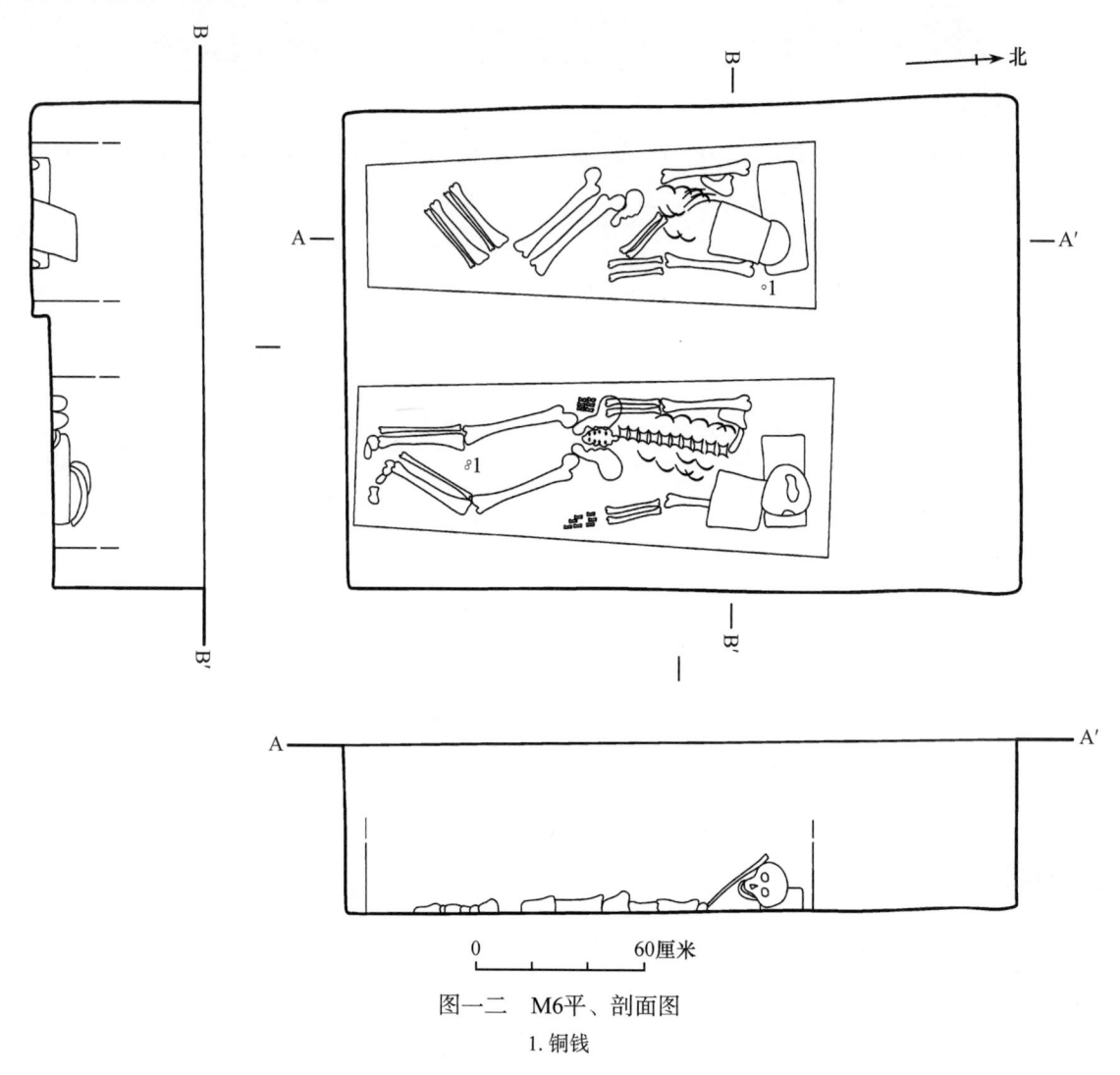

图一二　M6平、剖面图
1.铜钱

2. 随葬品

东棺内右下肢骨内侧中部出土铜钱2枚；西棺内头骨左侧出土铜钱1枚。

铜钱　3枚。有康熙通宝、雍正通宝、嘉庆通宝。

康熙通宝　1枚。M6:1-1，平钱，圆形，方穿，正背面郭缘较宽，正面楷书"康熙通寶"四字，直读，背穿左右为满文"宝泉"局名。钱径2.8、穿径0.7、郭厚0.12厘米（图一三，1）。

雍正通宝　1枚。M6:1-2，平钱，圆形，方穿，正背面郭缘较宽，正面楷书"雍正通寶"四字，直读，背穿左右为满文"宝泉"局名。钱径2.79、穿径0.64、郭厚0.11厘米（图一三，2）。

嘉庆通宝　1枚。M6：1-3，平钱，圆形，方穿，正背面郭缘稍窄，正面楷书"嘉慶通寶"四字，直读，背穿左右为满文"宝泉"局名。钱径2.49、穿径0.65、郭厚0.12厘米（图一三，3）。

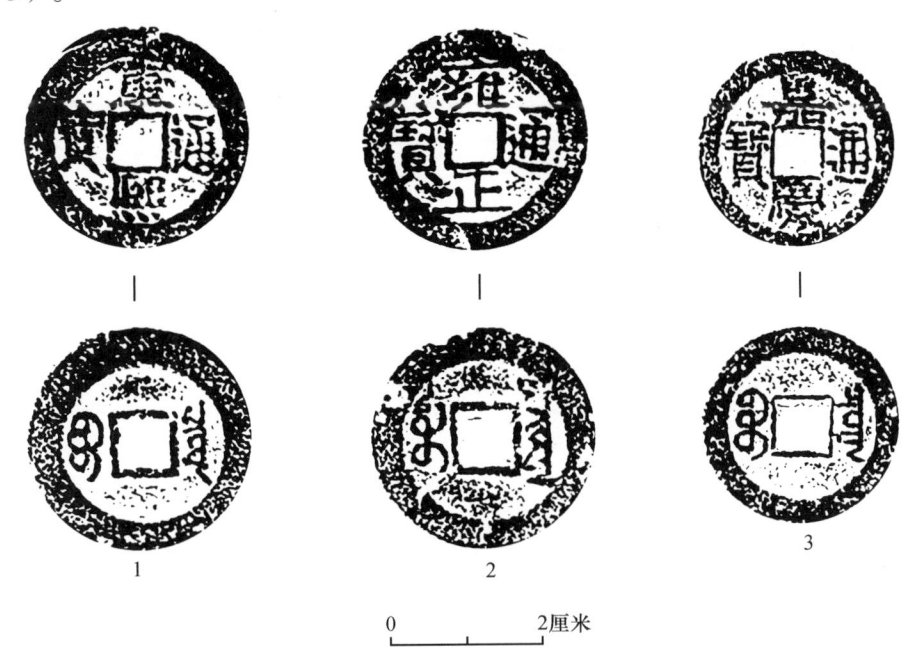

图一三　M6出土铜钱（拓片）
1. 康熙通宝（M6：1-1）　2. 雍正通宝（M6：1-2）　3. 嘉庆通宝（M6：1-3）

七、M7

1. 墓葬形制

该墓位于发掘区西南部，北邻M8。开口于第1层下，南北向，方向1°。

墓平面呈梯形，竖穴土圹双棺合葬墓。墓口距地表深0.3米，墓底距地表深0.84～0.88米。墓圹南北长2.5、东西宽1.36～1.5、深0.54～0.58米。内填花土，土质松软。内置双棺，棺木已朽。东棺痕长1.76、宽0.42～0.62米；棺内骨架保存较好，头向北，面向西，胸椎骨上方放置长22、宽13～15、厚1厘米的板瓦1块，仰身直肢，为男性。西棺痕长1.75、宽0.41～0.46米；棺内骨架保存稍差，头移位向上，面向西南，胸椎骨上方放置长23、宽16～18、厚1厘米的板瓦1块，仰身直肢，为女性（图一四；图版四，2）。

2. 随葬品

西棺内下肢骨内侧上部出土铜钱1枚。

乾隆通宝　1枚。M7：1，平钱，圆形，方穿，正背面郭缘较宽，正面楷书"乾隆通寶"四字，直读，背穿左右为满文"宝源"局名。钱径2.48、穿径0.61、郭厚0.12厘米（图一五）。

图一四　M7平、剖面图
1. 铜钱

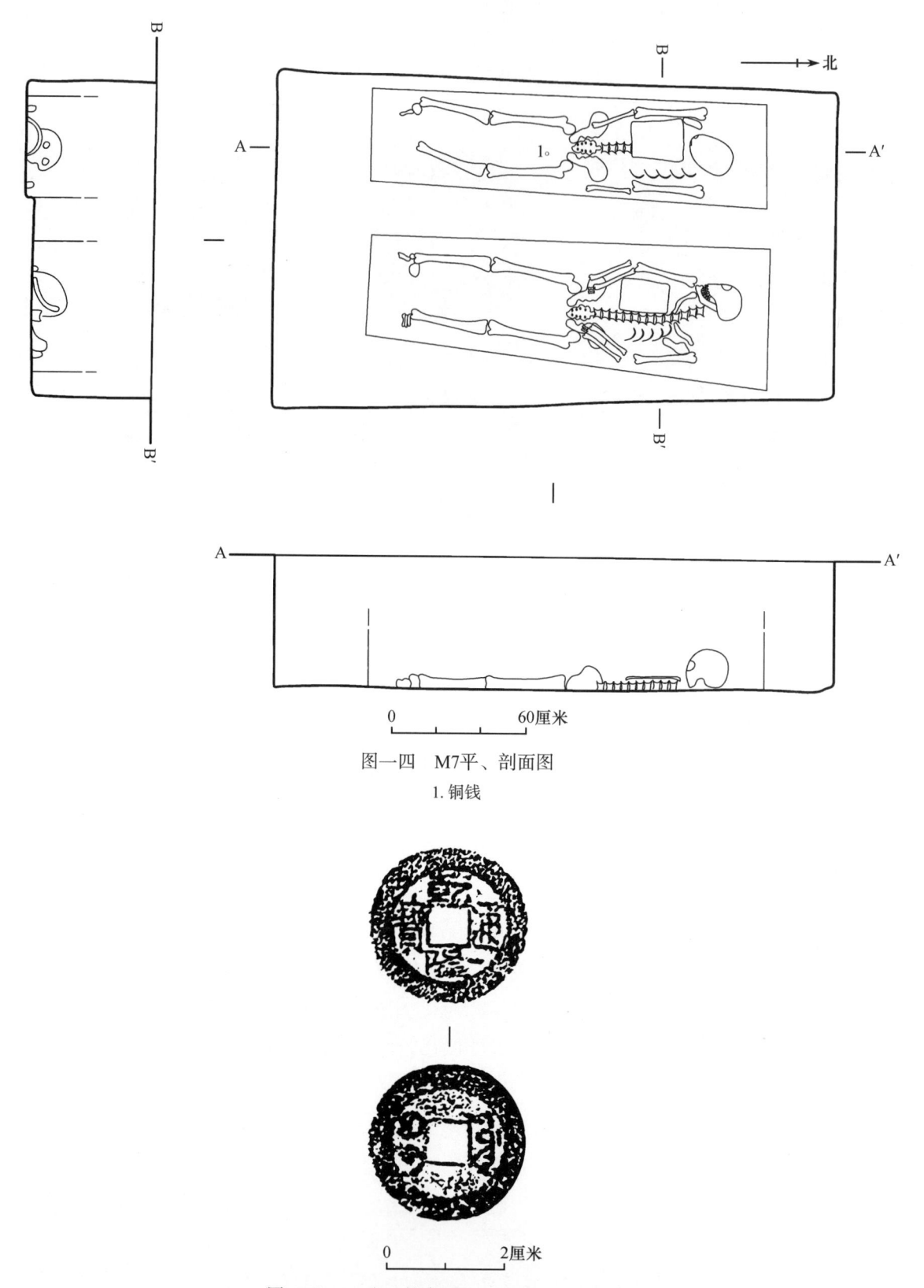

图一五　M7出土乾隆通宝（M7∶1）（拓片）

八、M8

1. 墓葬形制

该墓位于发掘区西南部，南邻M7。开口于第1层下，南北向，方向4°。

墓平面呈梯形，竖穴土圹双棺合葬墓。墓口距地表深0.3米，墓底距地表深0.82~0.92米。墓圹南北长2.31、东西宽1.7~1.78、深0.52~0.62米。内填花土，土质松软。内置双棺，棺木已朽。东棺痕长1.8、宽0.45~0.64米；棺内骨架保存稍差，头向东，面向南，盆骨上方放置长21、宽17~18、厚1厘米的板瓦1块，仰身直肢，为男性。西棺痕长1.81、宽0.46~0.58米；棺内骨架保存较差，头移位向东南，面向西南，棺内北侧放置长41、宽18、厚6厘米的土坯1块，仰身直肢，为女性（图一六）。

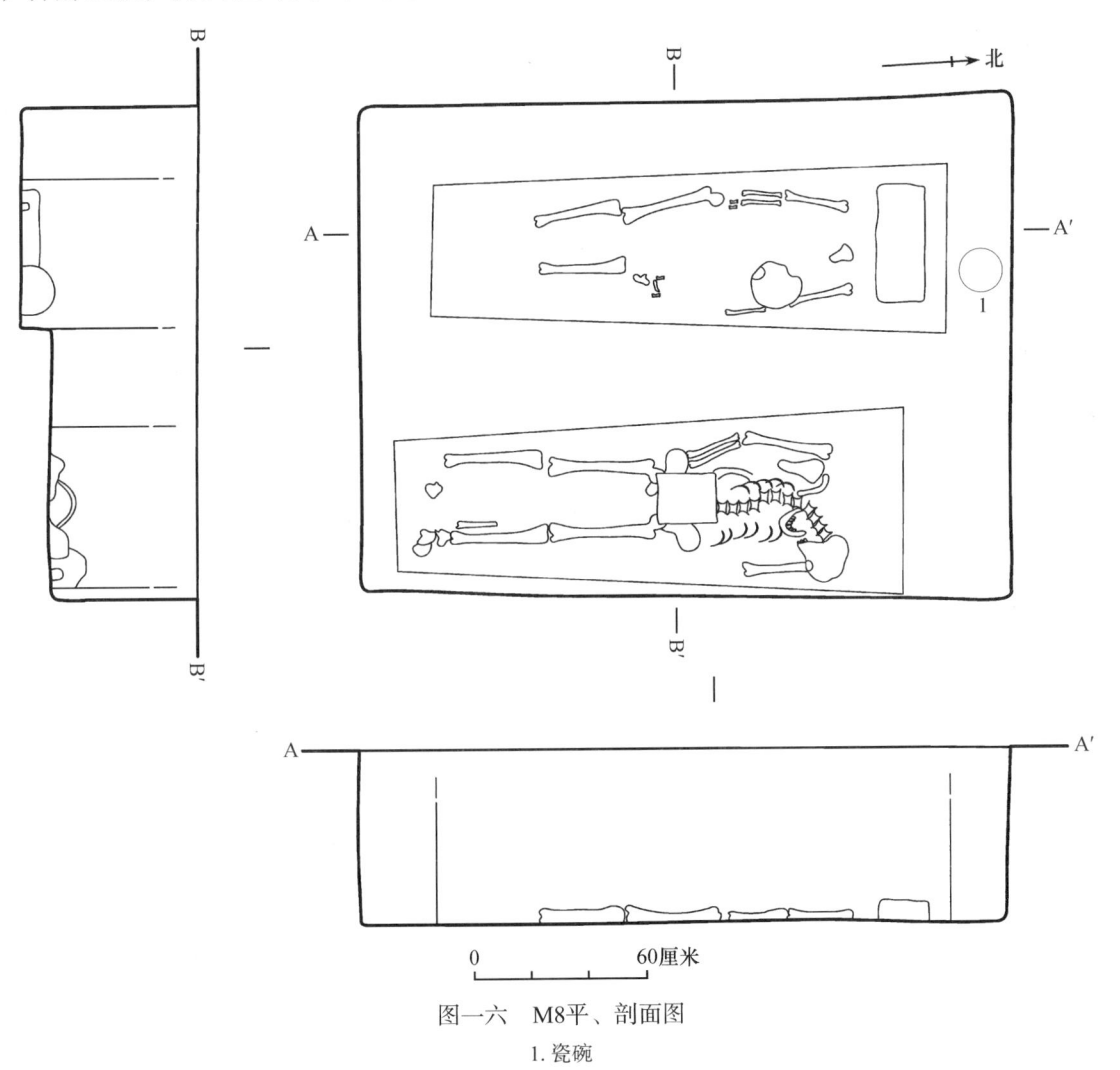

图一六 M8平、剖面图
1.瓷碗

2. 随葬品

西棺外左前方出土瓷碗1件。

瓷碗　1件。M8：1，敞口，方唇，浅弧腹，矮圈足。灰褐色胎，体施青色釉，圈足无釉。底内部饰两周不规则弦纹，中部一花押款。轮制。口径15、底径7.1、高7.1厘米（图一七；图版五二，1）。

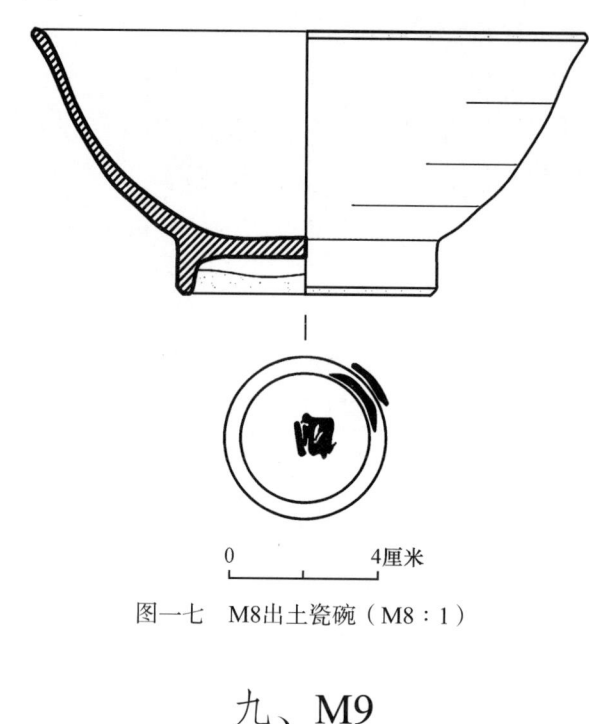

图一七　M8出土瓷碗（M8：1）

九、M9

1. 墓葬形制

该墓位于发掘区西南部，南邻M11。开口于第1层下，南北向，方向3°。

墓平面呈不规则形，竖穴土圹双棺合葬墓。墓口距地表深0.3米，墓底距地表深0.9~1米。墓圹南北长2.52~3.47、东西宽0.93~2.13、深0.6~0.7米。内填花土，土质松软。内置双棺，棺木已朽。东棺痕长2、宽0.5~0.54米；棺内骨架保存稍好，头向北，面向东，仰身直肢，为男性。西棺痕长1.92、宽0.52~0.58米；棺内骨架保存较差，头移位向东北，面向下，侧身屈肢，为女性（图一八）。

2. 随葬品

未发现随葬品。

图一八　M9平、剖面图

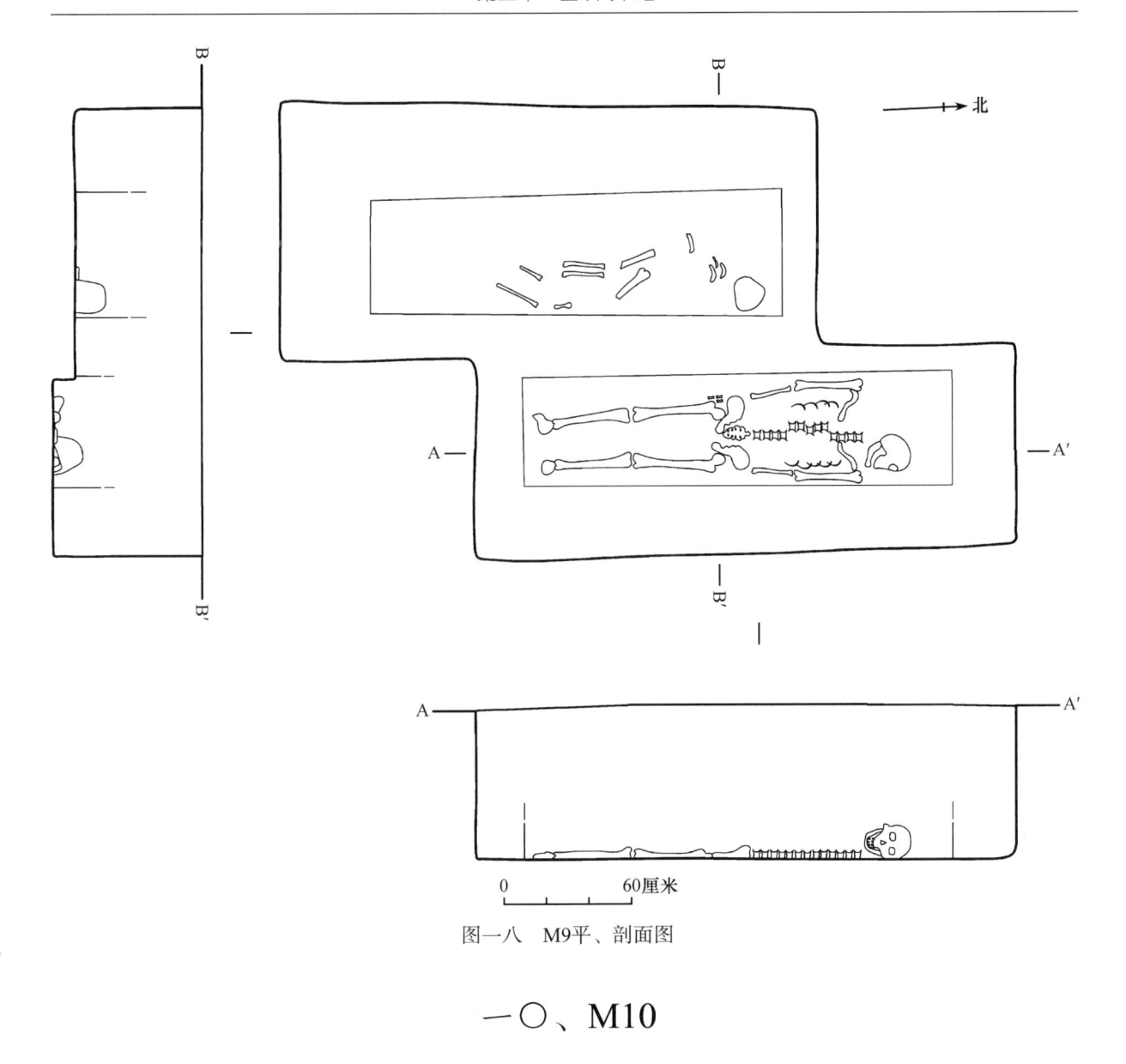

一〇、M10

1. 墓葬形制

该墓位于发掘区西南部，北邻M12。开口于第1层下，南北向，方向3°。

墓平面呈梯形，竖穴土圹双棺合葬墓。墓口距地表深0.3米，墓底距地表深1.02～1.1米。墓圹南北长2.5、东西宽1.56～1.64、深0.72～0.8米。内填花土，土质松软。内置双棺，棺木已朽。东棺痕长1.84、宽0.45～0.56米；棺内骨架保存稍好，头向东北，面向上，仰身直肢，为男性。西棺痕长1.64、宽0.58～0.75米；棺内骨架保存稍差，头向北，面向上，侧身屈肢，为女性（图一九）。

图一九　M10平、剖面图
1、2. 银簪　3. 铜钱

2. 随葬品

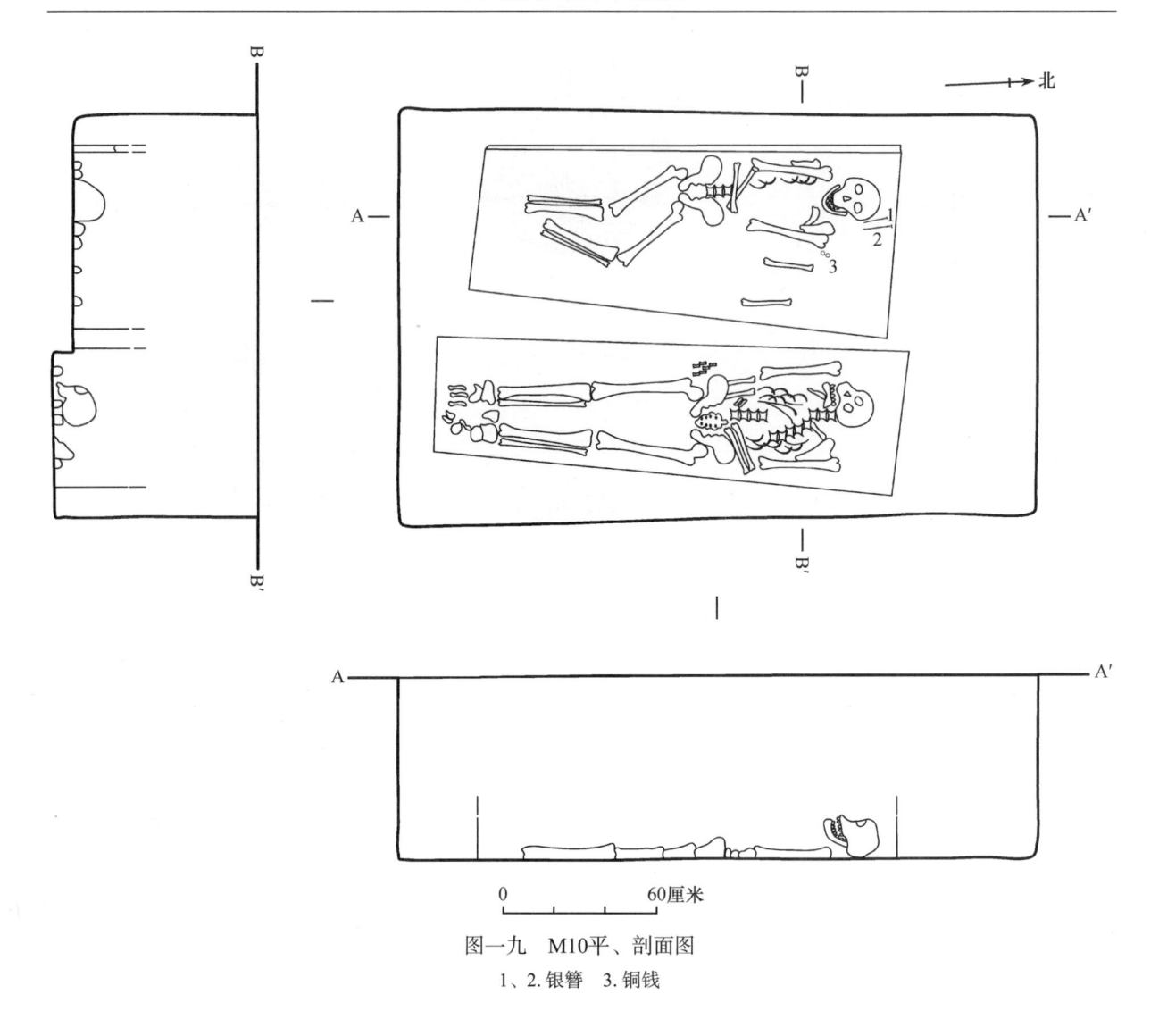

西棺内头骨左上方出土银簪2件，左上肢骨外侧上方出土铜钱2枚。

银簪　2件。M10∶1，簪首呈扁平水滴形，体呈圆锥状，末端残。残长9.5厘米（图二〇，1；图版五七，1）。M10∶2，簪首呈扁平花朵状，体呈圆锥状。通长11.3厘米（图二〇，2；图版五七，2）。

铜钱　2枚。有康熙通宝、嘉庆通宝。

康熙通宝　1枚。M10∶3-1，平钱，圆形，方穿，正背面郭缘较宽，正面楷书"康熙通寶"四字，直读，背穿左右为满文"宝泉"局名。钱径2.8、穿径0.6、郭厚0.1厘米（图二〇，3）。

嘉庆通宝　1枚。M10∶3-2，平钱，圆形，方穿，正背面郭缘稍窄，正面楷书"嘉慶通寶"四字，直读，背穿左右为满文"宝泉"局名。钱径2.55、穿径0.6、郭厚0.12厘米（图二〇，4）。

图二〇　M10出土器物

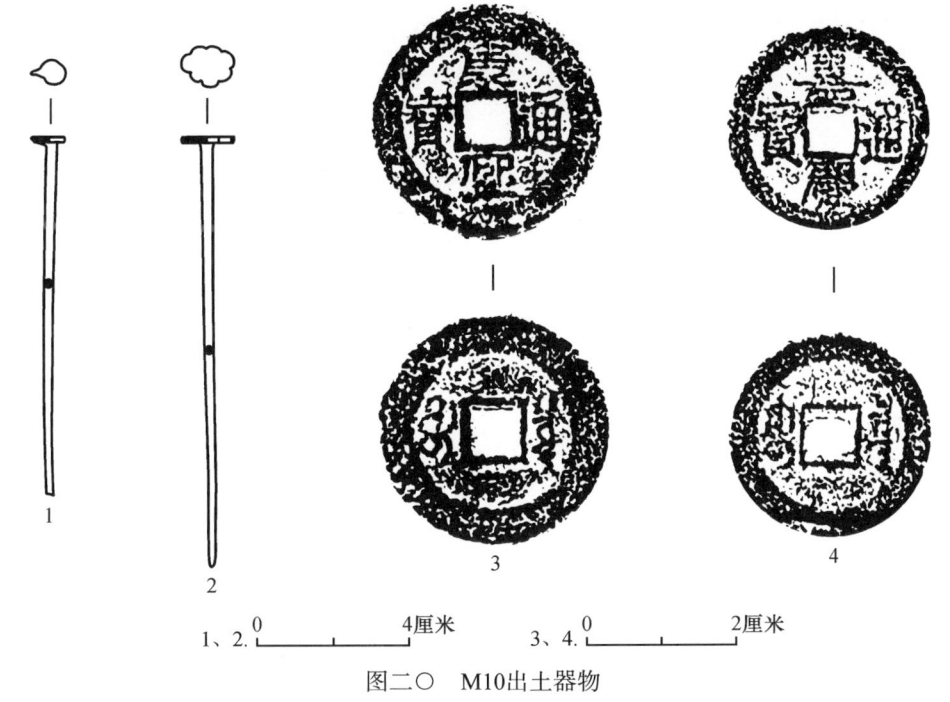

1、2. 银簪（M10：1、M10：2）　3. 康熙通宝（M10：3-1）　4. 嘉庆通宝（M10：3-2）

一一、M11

1. 墓葬形制

该墓位于发掘区西南部，北邻M9。开口于第1层下，南北向，方向3°。

墓平面呈梯形，竖穴土圹双棺合葬墓。墓口距地表深0.3米，墓底距地表深0.92～0.96米。墓圹南北长2.5、东西宽1.66～1.68、深0.62～0.66米。内填花土，土质松软。内置双棺，棺木已朽。东棺痕长1.8、宽0.5～0.6米；棺内骨架保存稍差，头移位向西北，面向下，胸椎骨上方放置长23、宽16～20、厚1厘米的板瓦1块，仰身直肢，为男性。西棺痕长1.94、宽0.47～0.51米；棺内骨架保存稍差，头向东北，面向东南，胸椎骨上方放置长20、宽12～16、厚1厘米的板瓦1块，仰身直肢，为女性（图二一）。

2. 随葬品

未发现随葬品。

图二一　M11平、剖面图

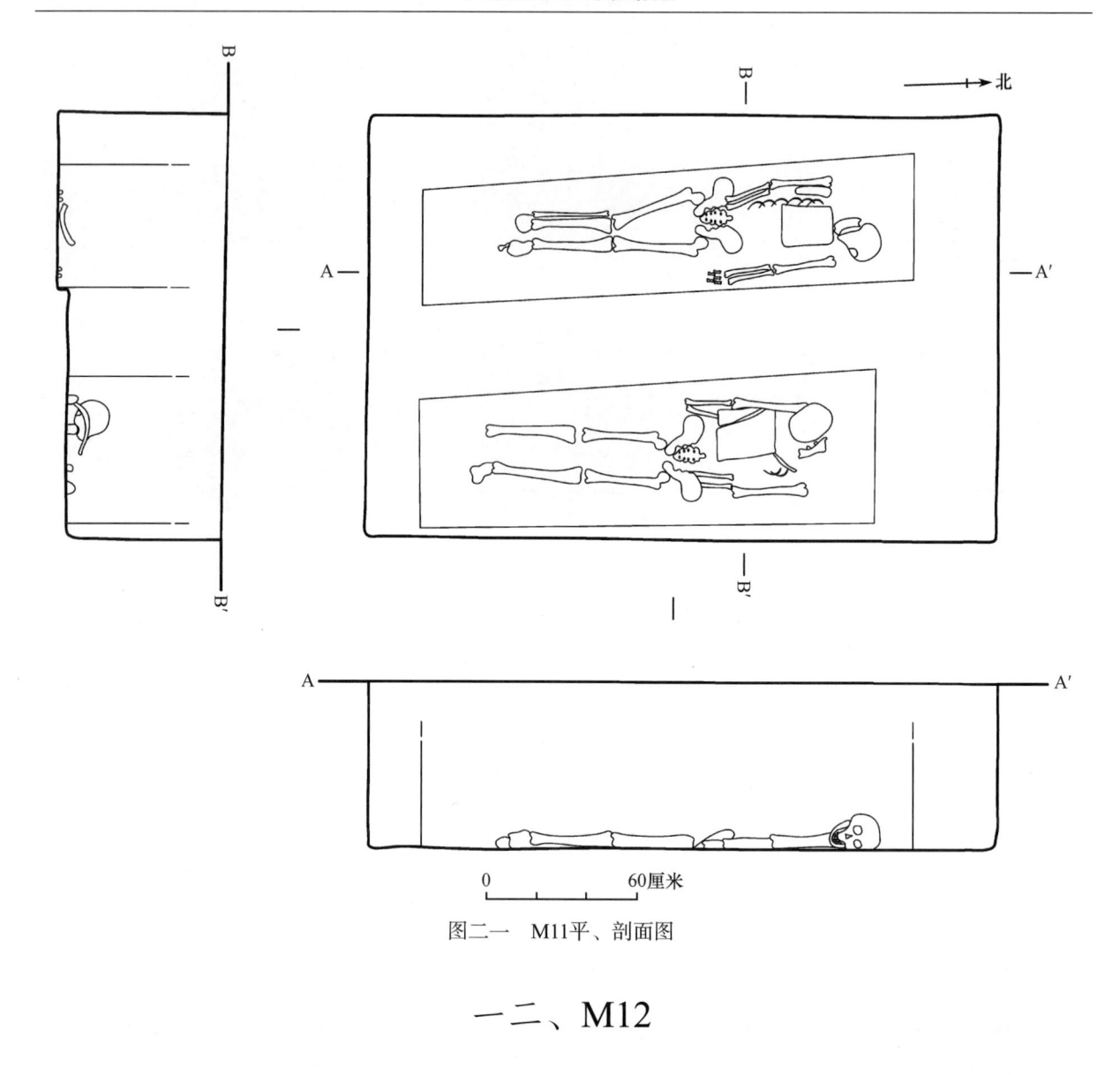

一二、M12

1. 墓葬形制

该墓位于发掘区西南部，南邻M10。开口于第1层下，南北向，方向3°。

墓平面呈梯形，竖穴土圹双棺合葬墓。墓口距地表深0.3米，墓底距地表深1.06～1.52米。墓圹南北长2.53、东西宽1.74～1.8、深0.76～1.22米。内填花土，土质松软。内置双棺，棺木已朽。东棺痕长1.88、宽0.51～0.58米；棺内骨架保存较好，头向北，面向上，仰身直肢，为男性。西棺痕长1.83、宽0.52～0.6米；棺内骨架保存较差，头移位向北，面向下，葬式不明，为女性（图二二）。

图二二　M12平、剖面图
1.铜钱

2. 随葬品

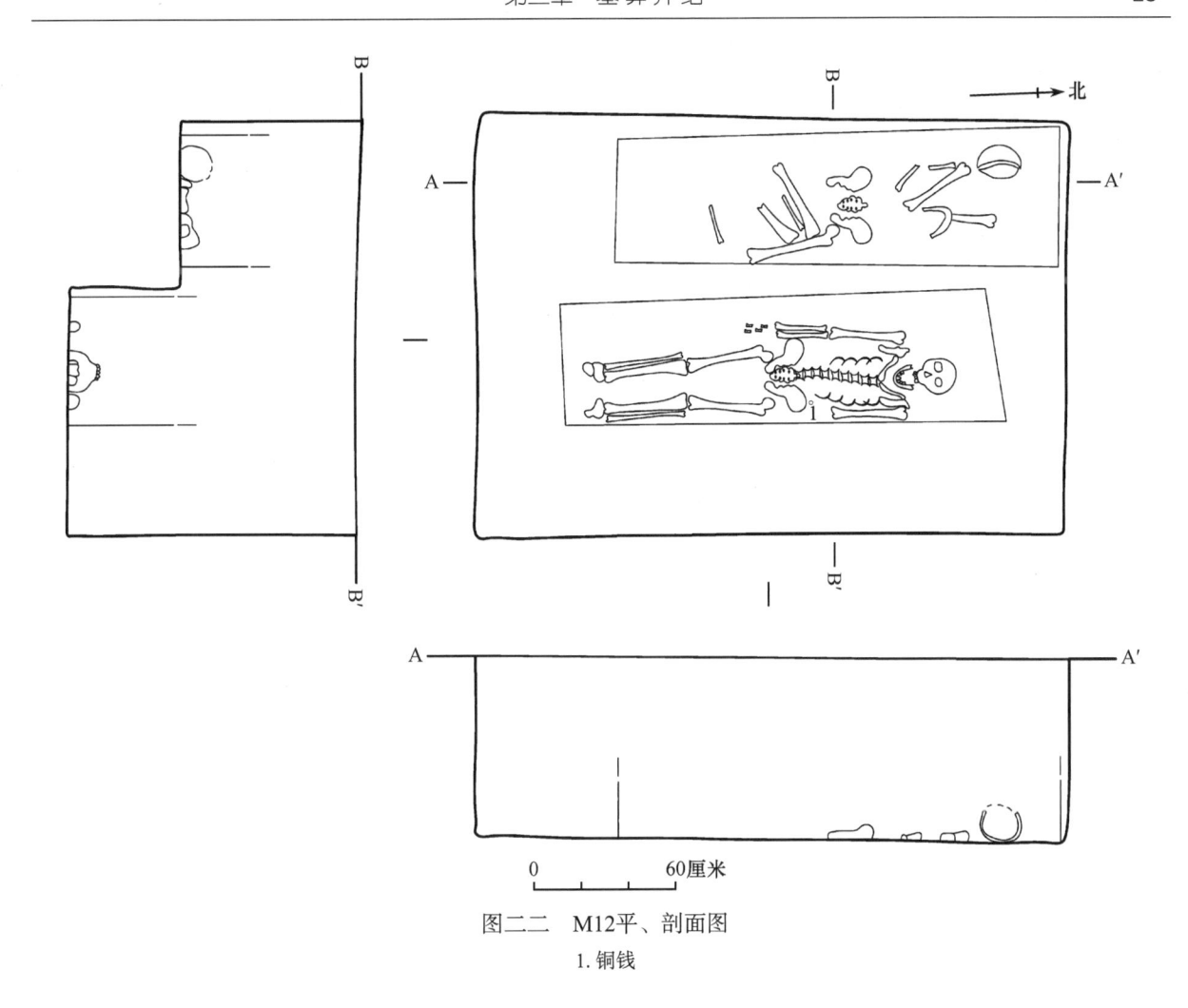

东棺内左盆骨上方出土铜钱1枚。

康熙通宝　1枚。M12:1，平钱，圆形，方穿，正背面郭缘略宽，正面楷书"康熙通寳"四字，直读，背穿左右为满文"宝泉"局名。钱径2.35、穿径0.55、郭厚0.05厘米（图二三）。

图二三　M12出土康熙通宝（M12:1）（拓片）

一三、M13

1. 墓葬形制

该墓位于发掘区西南部，东邻M14。开口于第1层下，南北向，方向359°。

墓平面呈梯形，竖穴土圹双棺合葬墓。墓口距地表深0.3米，墓底距地表深0.86～1.22米。墓圹南北长2.28、东西宽2.15～2.25、深0.56～0.92米。内填花土，土质松软。内置双棺，棺木已朽。东棺痕长1.91、宽0.51～0.56米；棺内骨架保存稍差，头移位向东，面向上，胸椎骨上方放置长21、宽18～20、厚1厘米的板瓦1块，仰身直肢，为男性。西棺痕长1.65、宽0.61～0.8米；棺内骨架保存稍差，头向北，面向上，胸椎骨上方放置长24、宽16～19、厚1厘米的板瓦1块，仰身屈肢，为女性（图二四；图版五，1）。

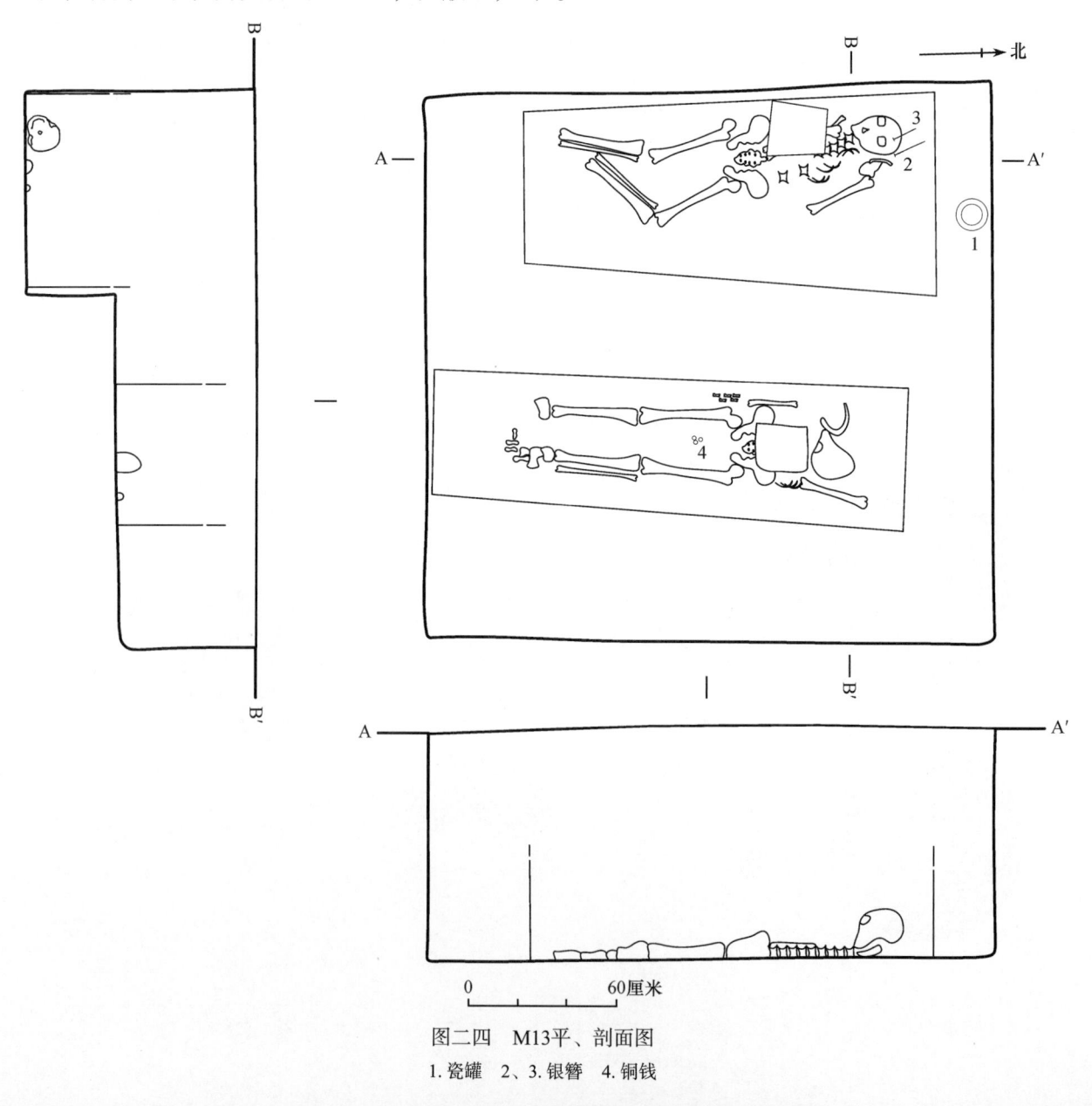

图二四 M13平、剖面图
1. 瓷罐 2、3. 银簪 4. 铜钱

2. 随葬品

东棺内下肢骨内侧上部出土铜钱3枚；西棺外左前方出土瓷罐1件，棺内头骨上方出土银簪2件。

瓷罐　1件。M13：1，敛口，方圆唇，矮领，圆肩，鼓腹，圈足。灰褐色胎，腹上部及内壁施黑色釉，唇部、下腹及足底部无釉。轮制。口径8.4、腹径12.9、底径8.3、高8.2厘米（图二五，1；图版四四，3）。

银簪　2件。簪首呈扁平花瓣形，上部錾刻花卉纹，体呈圆锥状。M13：2，残长13.6厘米（图二五，2；图版五七，3）。M13：3，残长10厘米（图二五，3；图版五七，4）。

铜钱　3枚。有康熙通宝、乾隆通宝、嘉庆通宝。

康熙通宝　1枚。M13：4-1，平钱，圆形，方穿，正背面郭缘较宽，正面楷书"康熙通寶"四字，直读，背穿左右为满文"宝泉"局名。钱径3、穿径0.6、郭厚0.1厘米（图二五，4）。

乾隆通宝　1枚。M13：4-2，平钱，圆形，方穿，正背面郭缘较宽，正面楷书"乾隆通寶"四字，直读，背穿左右为满文"宝泉"局名。钱径2.45、穿径0.6、郭厚0.12厘米（图二五，5）。

嘉庆通宝　1枚。M13：4-3，平钱，圆形，方穿，正背面郭缘略宽，正面楷书"嘉慶

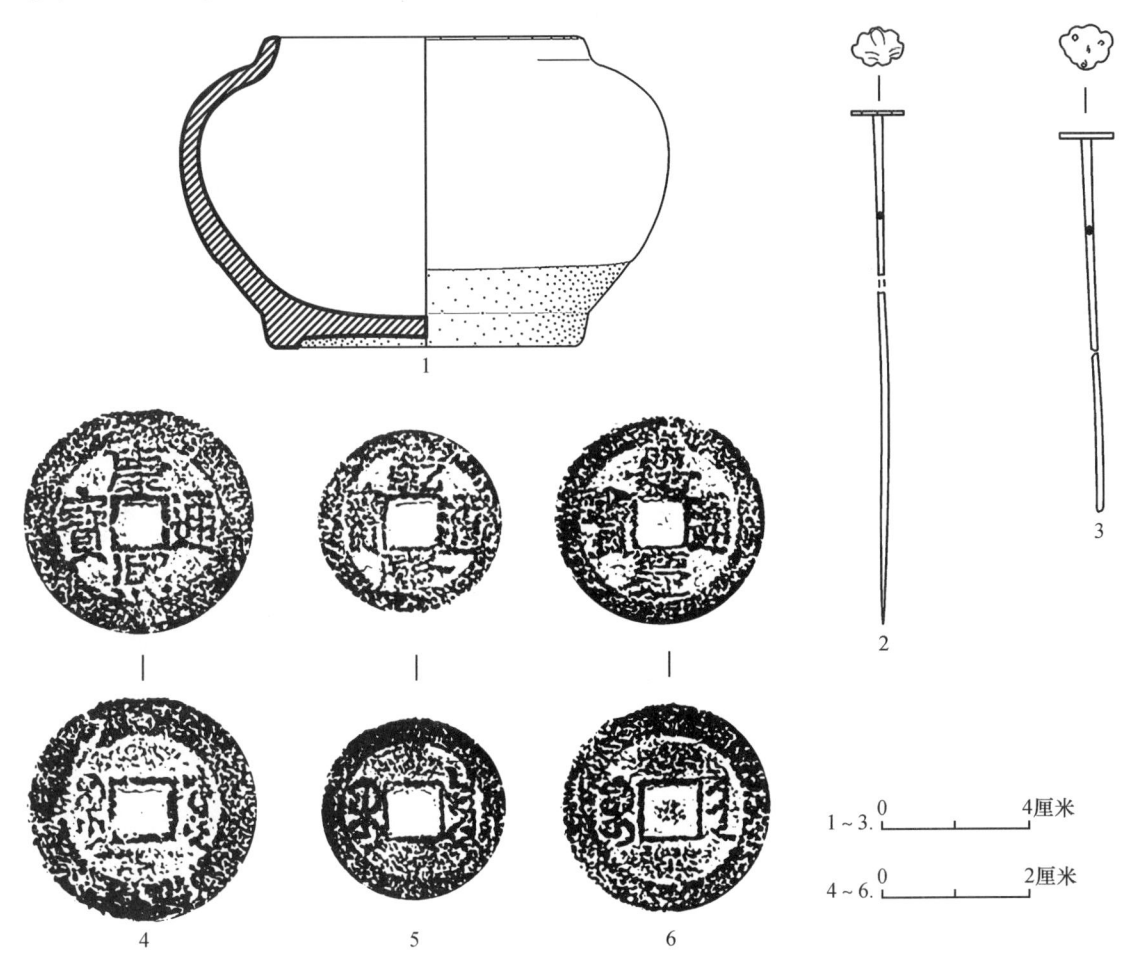

图二五　M13出土器物

1.瓷罐（M13：1）　2、3.银簪（M13：2、M13：3）　4.康熙通宝（M13：4-1）　5.乾隆通宝（M13：4-2）
6.嘉庆通宝（M13：4-3）

通寶"四字，直读，背穿左右为满文"宝晋"局名。钱径2.8、穿径0.6、郭厚0.1厘米（图二五，6）。

一四、M14

1. 墓葬形制

该墓位于发掘区西南部，西邻M13。开口于第1层下，南北向，方向357°。

墓平面呈梯形，竖穴土圹双棺合葬墓。墓口距地表深0.3米，墓底距地表深1.24～1.32米。墓圹南北长2.47、东西宽1.42～1.53、深0.94～1.02米。内填花土，土质松软。内置双棺，棺木已朽。东棺痕长1.78、宽0.45～0.58米；棺内骨架保存稍差，头移位向东北，面向上，仰身直肢，为男性。西棺痕长1.92、宽0.49～0.6米；棺内骨架保存稍好，头向北，面向上，仰身直肢，为女性（图二六）。

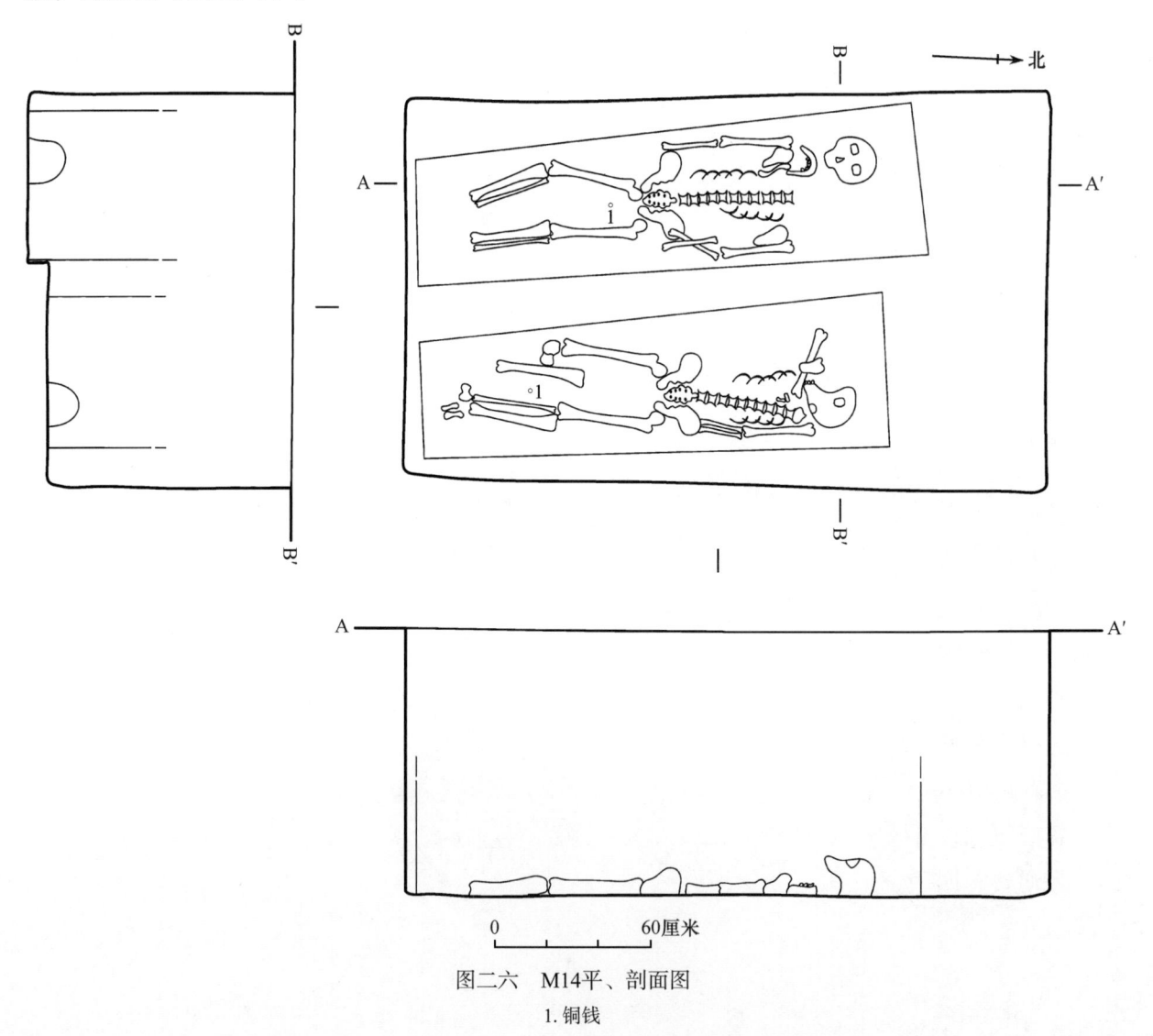

图二六　M14平、剖面图
1. 铜钱

2. 随葬品

东棺内下肢骨内侧下部出土铜钱1枚；西棺内下肢骨内侧上部出土铜钱1枚。

顺治通宝　2枚。标本M14：1-1，平钱，圆形，方穿，正背面郭缘略宽，正面楷书"顺治通寳"四字，直读，背穿左右为满文"宝泉"局名。钱径2.65、穿径0.65、郭厚0.11厘米（图二七）。

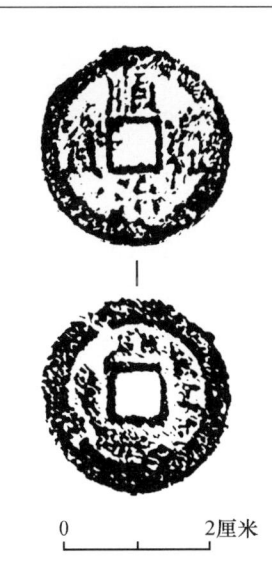

图二七　M14出土顺治通宝（M14：1-1）（拓片）

一五、M15

1. 墓葬形制

该墓位于发掘区西南部，东邻M16。开口于第1层下，南北向，方向356°。

墓平面呈梯形，竖穴土圹双棺合葬墓。墓口距地表深0.3米，墓底距地表深0.84～0.92米。墓圹南北长2.3、东西宽1.5～1.58、深0.54～0.62米。内填花土，土质松软。内置双棺，棺木已朽。东棺痕长1.74、宽0.42～0.58米；棺内骨架保存稍好，头竖立向上，面向南，头骨下方放置长42、宽16、厚6厘米的土坯1块，仰身直肢，为男性。西棺痕长1.9、宽0.48～0.58米；棺内骨架保存稍好，头向北，面向上，仰身直肢，为女性（图二八；图版五，2）。

2. 随葬品

东棺外左前方出土瓷罐1件，棺内左下肢骨内、外侧上部出土铜钱3枚；西棺外前方出土瓷罐1件。

瓷罐　2件。M15：1，敛口，方圆唇，斜领，溜肩，弧腹，圈足，领、肩部置对称倒鼻形双系。缸胎，腹上部及内壁施酱色釉，唇部、口沿内壁、下腹部及足底无釉。手轮兼制。口径8.3、腹径11.4、底径6.5、高11厘米（图二九，1；图版四四，4）。M15：2，敛口，方圆唇，斜领，折肩，弧腹，圈足。灰褐色胎，腹上部及内壁施酱黑色釉，唇部、下腹及足底无釉。轮制，内壁留有轮旋痕迹。口径9.5、腹径14.2、底径8、高10.7厘米（图二九，2；图版四四，5）。

乾隆通宝　3枚。标本M15：3-1，小平钱，圆形，方穿，正背面郭缘略窄，正面楷书"乾隆通寳"四字，直读，背穿左右为满文"宝泉"局名。钱径2.2、穿径0.65、郭厚0.11厘米（图二九，3）。

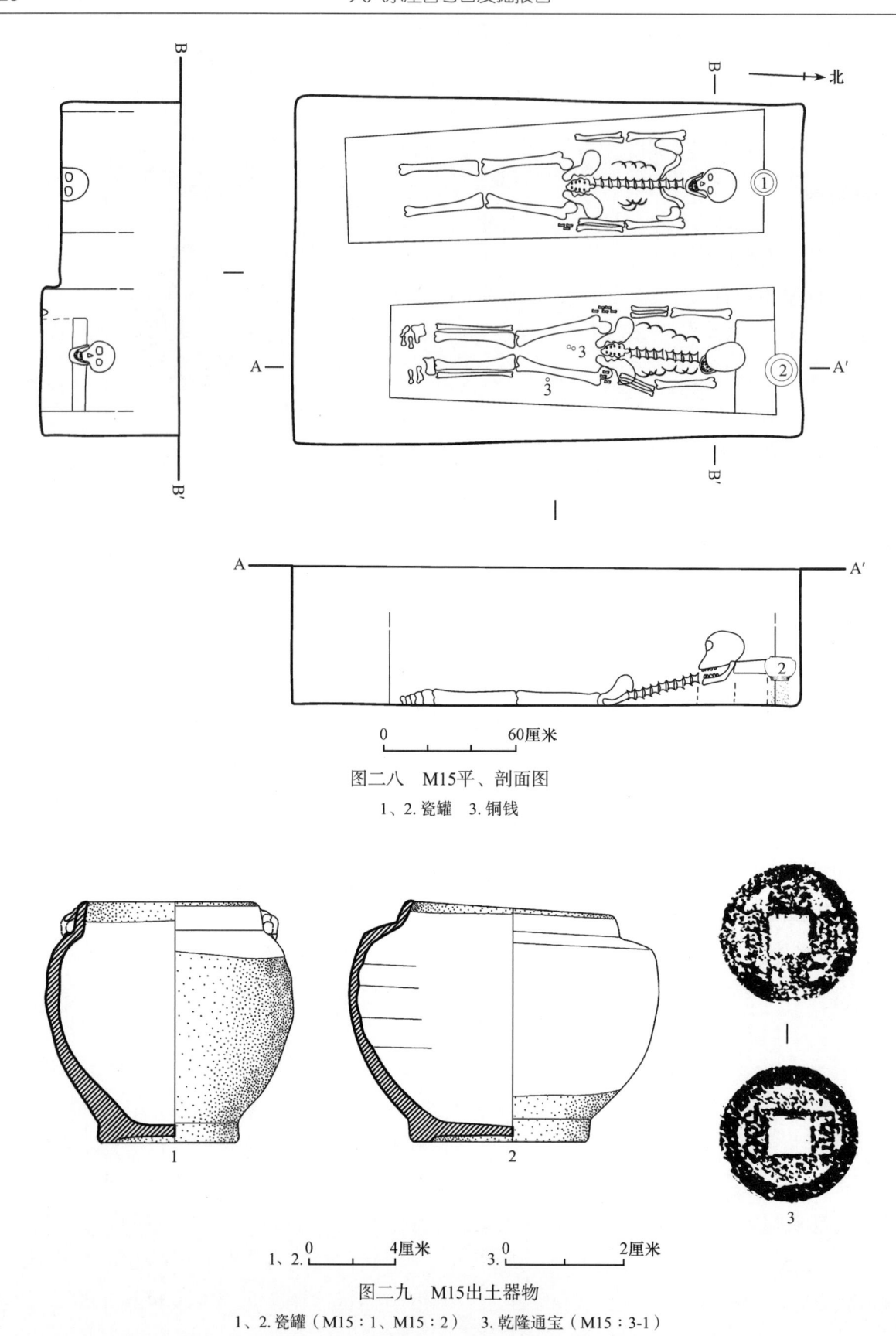

图二八　M15平、剖面图
1、2. 瓷罐　3. 铜钱

图二九　M15出土器物
1、2. 瓷罐（M15：1、M15：2）　3. 乾隆通宝（M15：3-1）

一六、M16

1. 墓葬形制

该墓位于发掘区西南部，西邻M15。开口于第1层下，南北向，方向357°。

墓平面呈不规则形，竖穴土圹双棺合葬墓。墓口距地表深0.3米，墓底距地表深0.98~1.32米。墓圹南北长2.3~2.4、东西宽1.9、深0.68~1.02米。内填花土，土质松软。内置双棺，棺木已朽。东棺痕长1.8、宽0.38~0.58米；棺内骨架保存稍好，头移位向东北，面向上，头骨下方放置长52、宽20、厚6厘米的土坯1块，仰身屈肢，为男性。西棺痕长1.8、宽0.6~0.7米；棺内骨架保存稍差，头移位向东北，面向东南，仰身直肢，为女性（图三〇）。

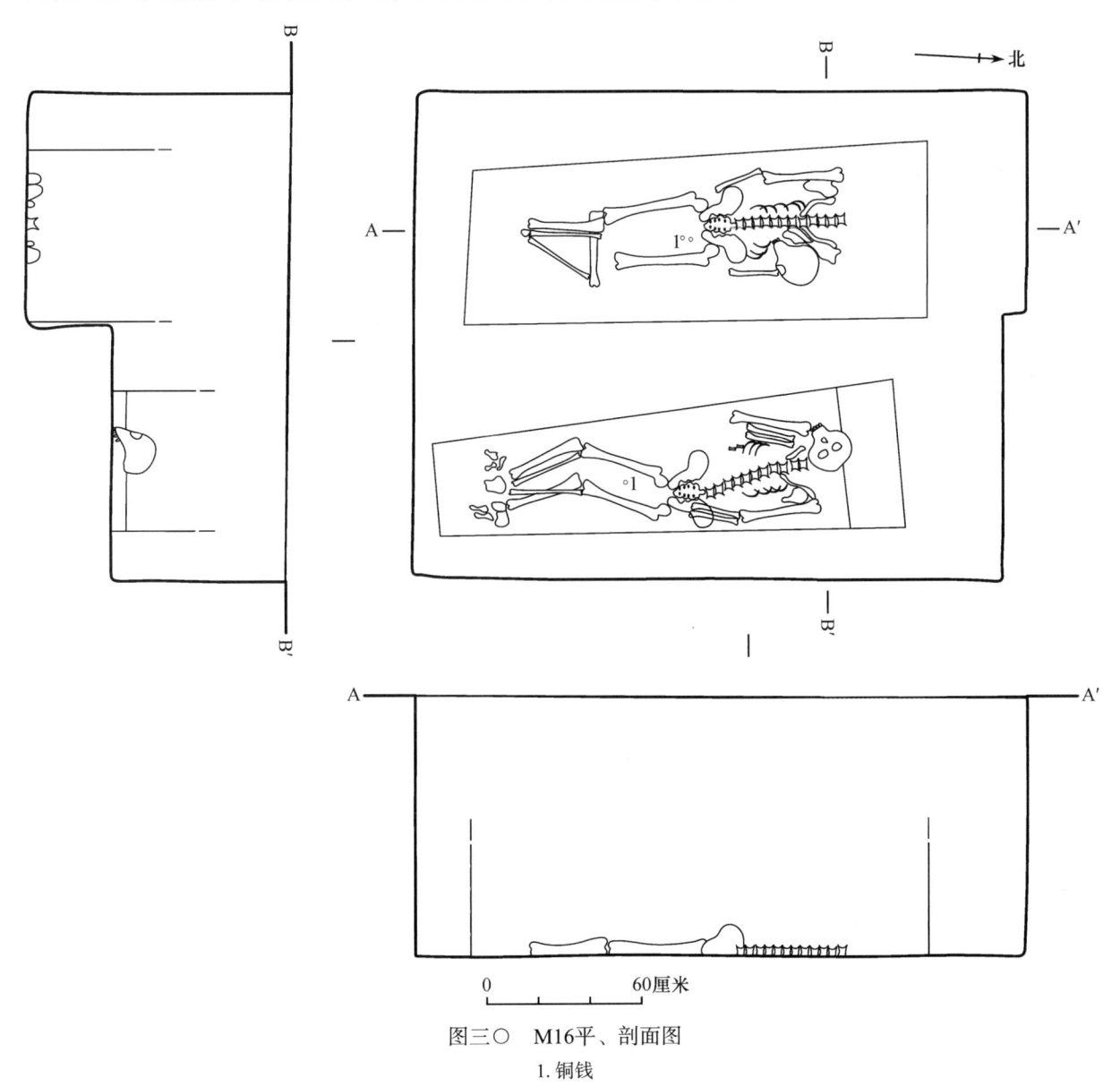

图三〇 M16平、剖面图
1. 铜钱

2. 随葬品

东棺内下肢骨内侧上部出土铜钱1枚；西棺内左下肢骨内侧上部出土铜钱2枚。

康熙通宝　3枚。标本M16：1-1，平钱，圆形，方穿，正背面郭缘较宽，正面楷书"康熙通寶"四字，直读，背穿左右为满文"宝泉"局名。钱径2.31、穿径0.55、郭厚0.11厘米（图三一）。

图三一　M16出土康熙通宝（M16：1-1）（拓片）

一七、M17

1. 墓葬形制

该墓位于发掘区西南部，西邻M18。开口于第1层下，南北向，方向358°。

墓平面呈梯形，竖穴土圹双棺合葬墓。墓口距地表深0.3米，墓底距地表深1.42~1.46米。墓圹南北长2.91、东西宽1.92~2、深1.12~1.16米。内填花土，土质松软。内置双棺，棺木已朽。东棺痕长1.88、宽0.56~0.6米；棺内骨架保存较好，头向北，面向西，仰身直肢，为男性。西棺痕长1.74、宽0.56~0.6米；棺内骨架保存稍好，头向北，面向上，头骨上方放置长40、宽12、厚6厘米的土坯1块，胸骨上方放置长18、宽16~17、厚1厘米的板瓦1块（图版九五，3），仰身直肢，为女性（图三二；图版六，1）。

2. 随葬品

未发现随葬品。

图三二 M17平、剖面图

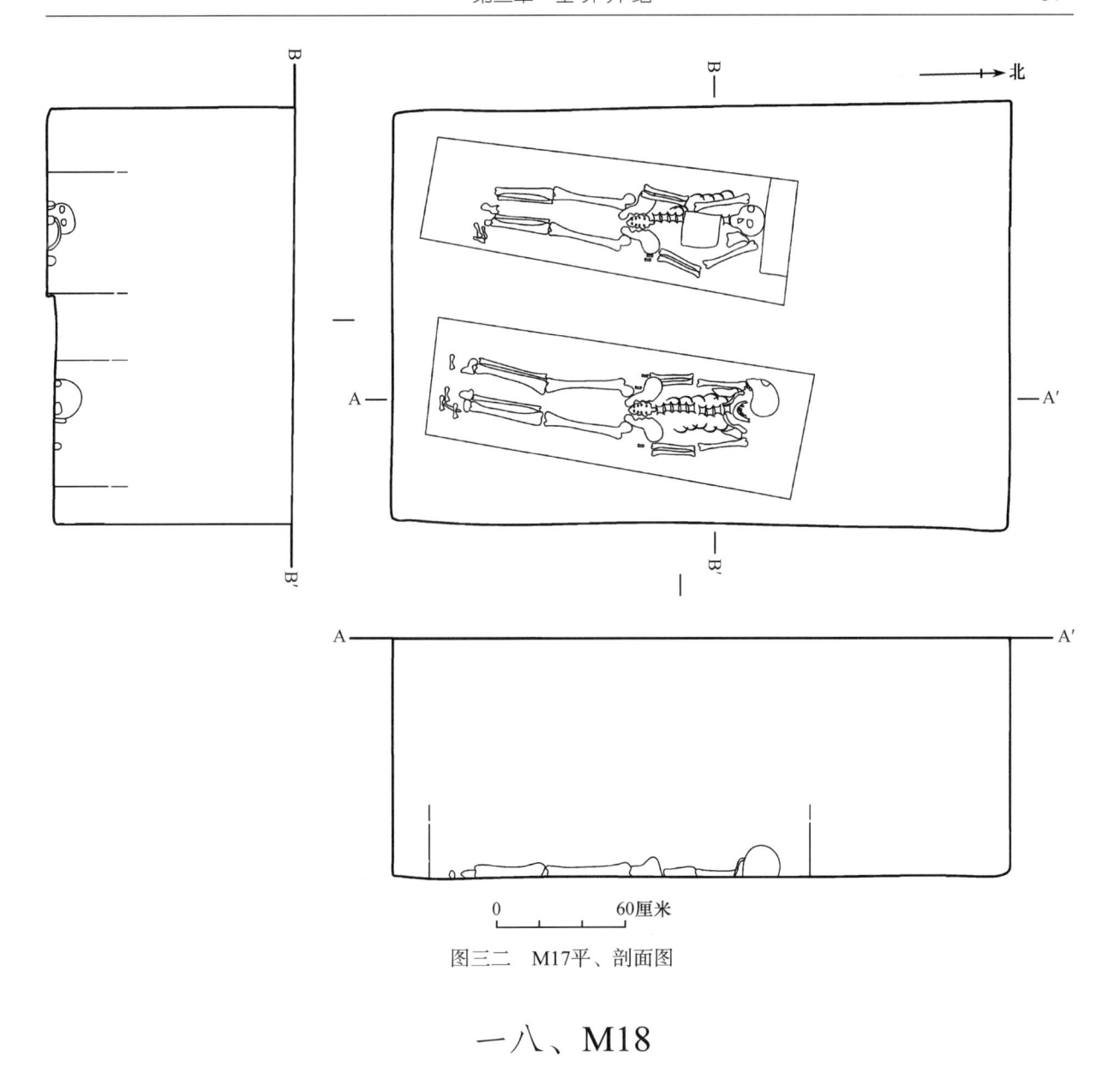

一八、M18

1. 墓葬形制

该墓位于发掘区西南部，西邻M19。开口于第1层下，南北向，方向8°。

墓平面呈梯形，竖穴土圹双棺合葬墓。墓口距地表深0.3米，墓底距地表深1.4～1.42米。墓圹南北长2.2、东西宽2.16～2.2、深1.1～1.12米。内填花土，土质松软。内置双棺，棺木已朽。东棺痕长1.88、宽0.54～0.58米；棺内骨架保存稍好，头向北，面向西，头骨下方放置长42、宽18、厚12厘米的土坯1块，仰身屈肢，为男性。西棺痕长1.66、宽0.5～0.62米；棺内骨架保存稍差，头移位向西，面向北，仰身屈肢，为女性（图三三）。

图三三　M18平、剖面图
1. 银簪　2. 银耳环

2. 随葬品

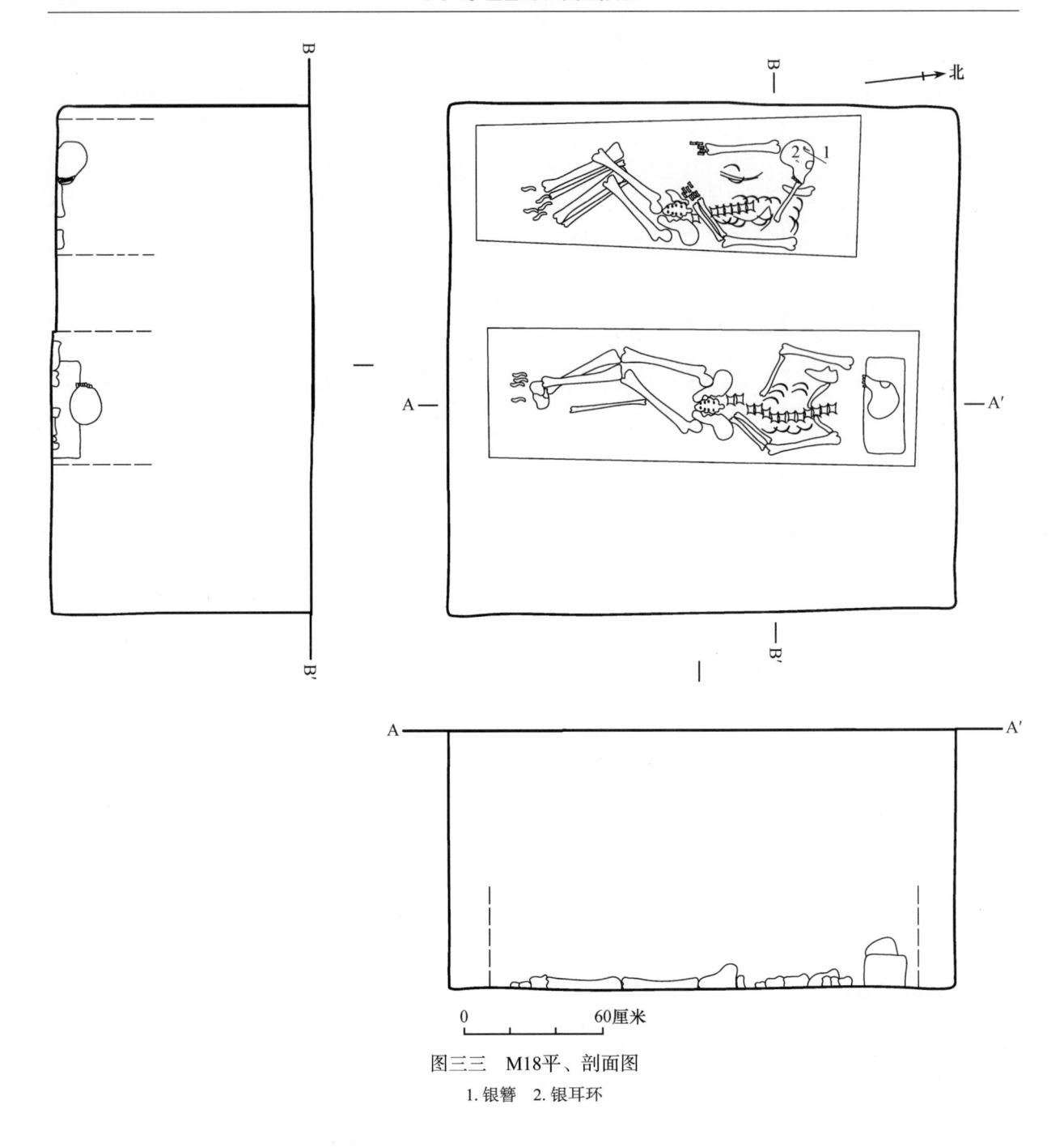

西棺内头骨上方出土银簪1件、银耳环1件。

银簪　1件。M18：1，残，簪首呈花朵状，花蕊包珠，珠子缺失，体呈圆锥状。残长12.2

厘米（图三四，1；图版五七，5）。

银耳环　1件。M18：2，残，体呈"S"形，一端尖锐呈钩状，一端花朵状。通高2.5厘米（图三四，2；图版八二，1）。

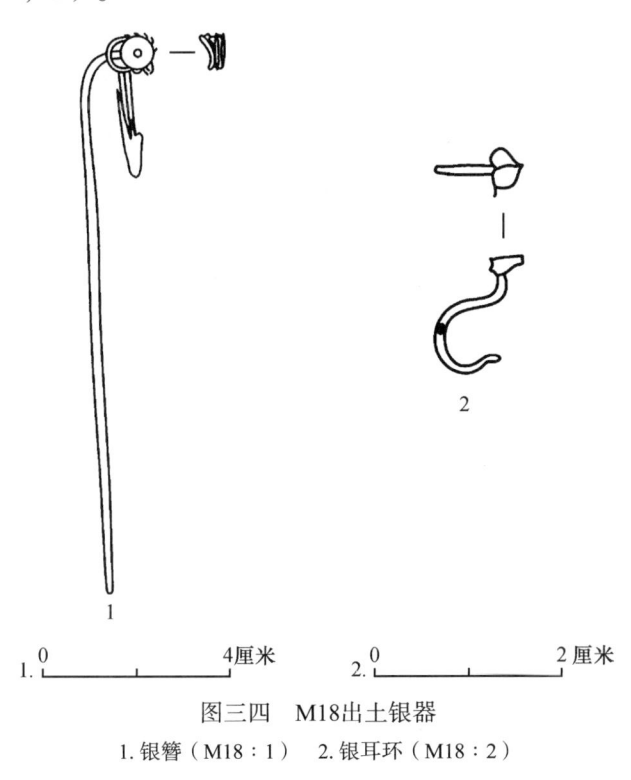

图三四　M18出土银器
1. 银簪（M18：1）　2. 银耳环（M18：2）

一九、M19

1. 墓葬形制

该墓位于发掘区西南部，东邻M18。开口于第1层下，南北向，方向5°。

墓平面呈梯形，竖穴土圹双棺合葬墓。墓口距地表深0.3米，墓底距地表深1.38～1.42米。墓圹南北长2.38、东西宽2.72～3.02、深1.08～1.12米。内填花土，土质松软。内置双棺，棺木已朽。东棺痕长1.96、宽0.54～0.62米；棺内骨架保存较差，头移位向北，面向东，仰身直肢，为男性。西棺痕长1.72、宽0.53～0.62米；棺内骨架保存稍差，头移位向北，面向上，头骨下方放置长54、宽14～18、厚6厘米的土坯1块，仰身直肢，为女性（图三五）。

图三五　M19平、剖面图
1. 铜钱

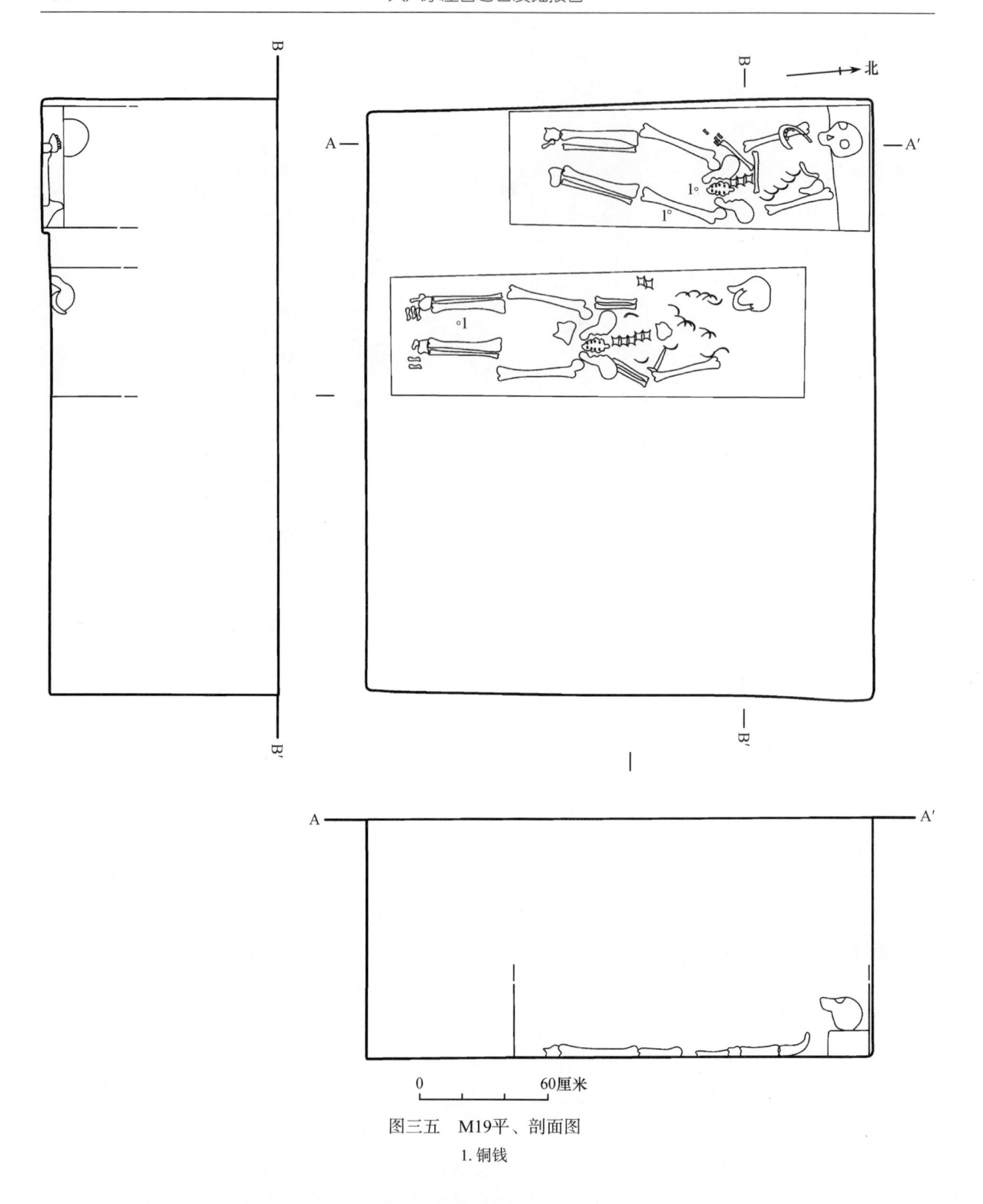

2. 随葬品

东棺内下肢骨内侧下部出土铜钱1枚；西棺内左下肢骨内、外侧上部出土铜钱2枚。

乾隆通宝　3枚。平钱，圆形，方穿，正背面郭缘略宽，正面楷书"乾隆通寳"四字，直读。标本M19∶1-1，背穿左右为满文"宝泉"局名。钱径2.5、穿径0.65、郭厚0.1厘米（图三六，1）。标本M19∶1-2，背穿左右为满文"宝源"局名。钱径2.35、穿径0.61、郭厚0.1厘米（图三六，2）。

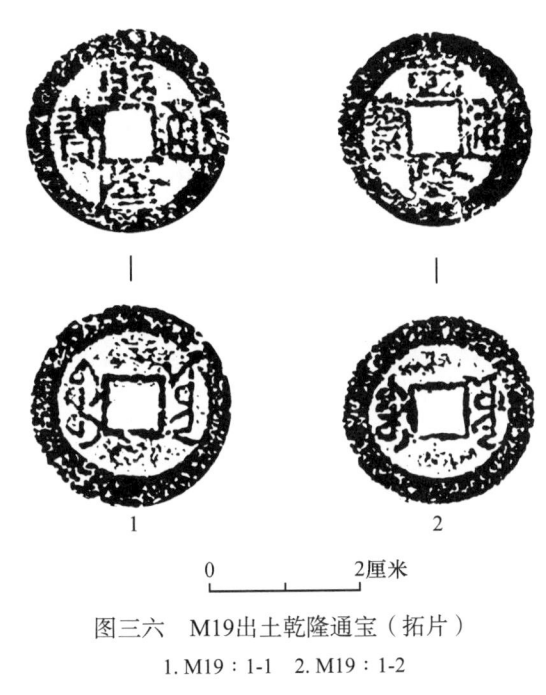

图三六　M19出土乾隆通宝（拓片）
1. M19∶1-1　2. M19∶1-2

二〇、M20

1. 墓葬形制

该墓位于发掘区西南部，东邻M21。开口于第1层下，南北向，方向5°。

墓平面呈梯形，竖穴土圹双棺合葬墓。墓口距地表深0.3米，墓底距地表深0.64～1.08米。墓圹南北长2.43、东西宽1.51～1.79、深0.34～0.78米。内填花土，土质松软。内置双棺，棺木已朽。东棺痕长1.78、宽0.5～0.62米；棺内骨架保存较好，头向北，面向东，仰身屈肢，为男性。西棺痕长1.74、宽0.4～0.6米；棺内骨架保存稍好，头向北，面向上，仰身屈肢，为女性（图三七）。

图三七　M20平、剖面图
1.砂壶　2.银簪　3.铜钱

2. 随葬品

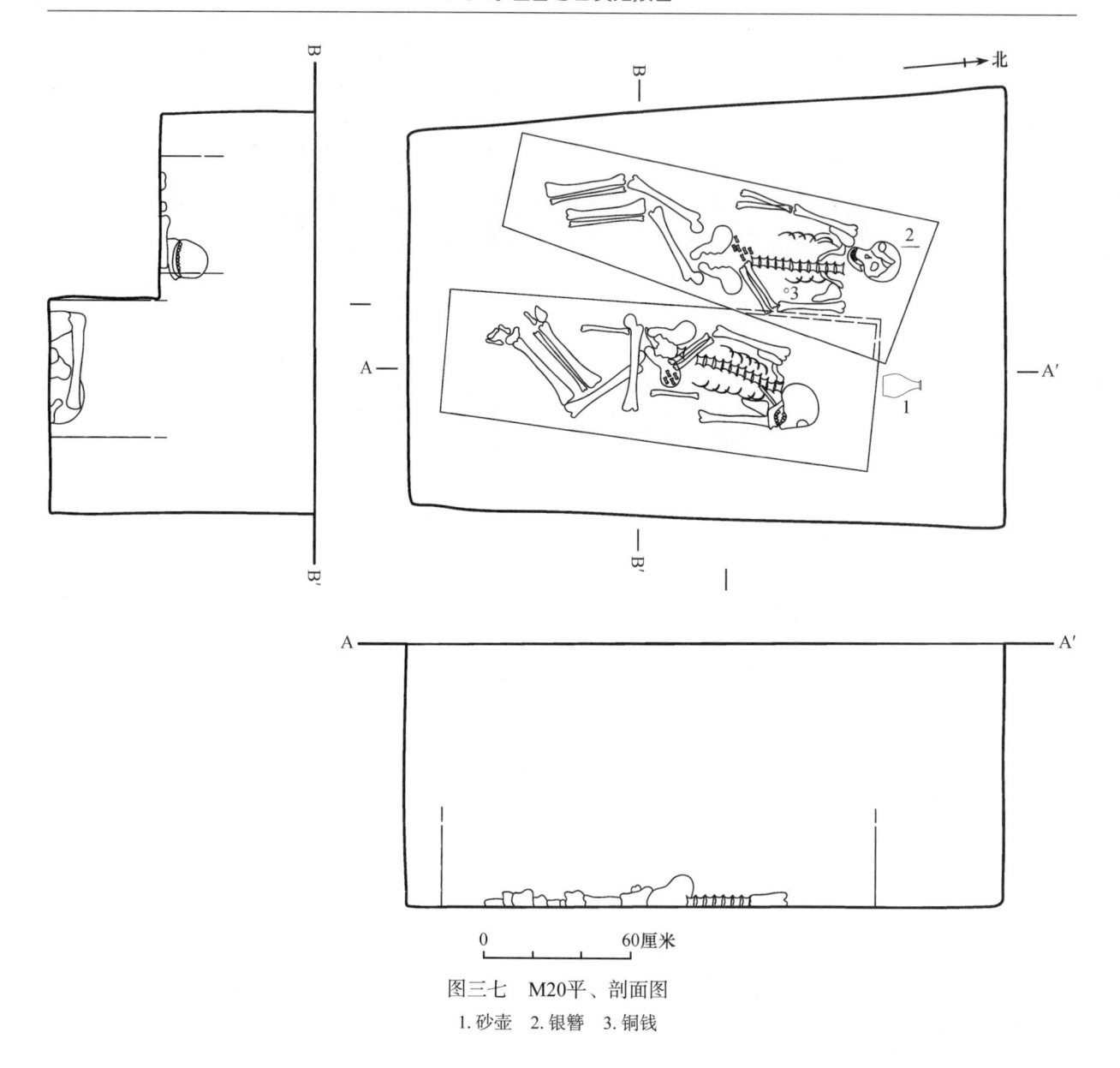

东棺外前方出土砂壶1件；西棺内头骨右上方出土银簪1件，左上肢骨内侧中部出土铜钱1枚。

砂壶　1件。M20：1，盘口，方圆唇，长束颈，斜肩，斜腹微弧，平底内凹。胎质较薄，体呈深灰色。轮制。口径4、腹径9.5、底径7.8、高15.5厘米（图三八，1；图版四二，1）。

银簪　1件。M20：2，耳勺形首，下部呈节状，体呈四棱锥状，末端残，通体鎏金。残长7.5厘米（图三八，2；图版五七，6）。

康熙通宝　1枚。M20：3，平钱，圆形，方穿，正背面郭缘略宽，正面楷书"康熙通寶"四字，直读，背穿左右为满文"宝泉"局名。钱径2.3、穿径0.55、郭厚0.11厘米（图三八，3）。

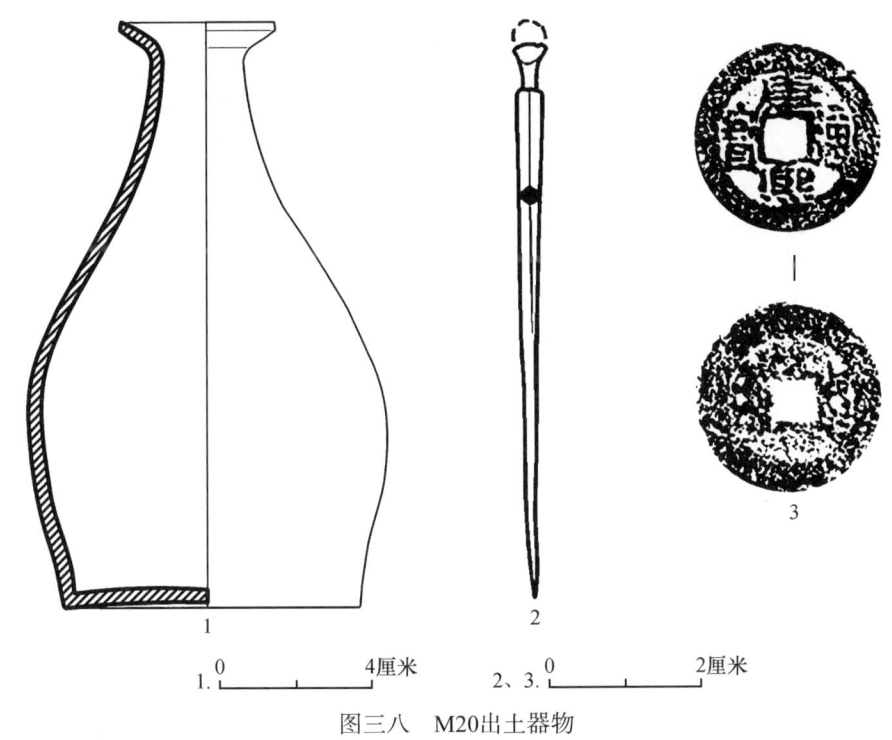

图三八　M20出土器物
1. 砂壶（M20∶1）　2. 银簪（M20∶2）　3. 康熙通宝（M20∶3）

二一、M21

1. 墓葬形制

该墓位于发掘区西南部，西邻M20。开口于第1层下，南北向，方向358°。

墓平面呈长方形，竖穴土圹双棺合葬墓。墓口距地表深0.3米，墓底距地表深1.28～1.62米。墓圹南北长2.52、东西宽1.9、深0.98～1.32米。内填花土，土质松软。内置双棺，棺木已朽。东棺痕长2、宽0.64米；棺内骨架保存稍好，头向北，面向东，侧身屈肢，为男性。西棺痕长2、宽0.52～0.6米；棺内骨架保存稍差，头向北，面残向下，头骨右侧放置长24、宽16～20、厚1厘米的板瓦1块，侧身屈肢，为女性（图三九；图版六，2）。

2. 随葬品

东棺内左下肢骨外侧上部出土铜钱2枚；西棺内头骨右上方出土银簪1件。

银簪　1件。M21∶1，簪首呈扁平花瓣状，中部凸起呈圆环形，内镶嵌"福"字纹，簪体弯曲呈圆锥状。通长9.6厘米（图四○，1；图版五八，1）。

铜钱　2枚。有嘉庆通宝、光绪通宝。

嘉庆通宝　1枚。M21∶2-1，平钱，圆形，方穿，正背面郭缘略宽，正面楷书"嘉慶通寳"四字，直读，背穿左右为满文"宝泉"局名。钱径2.35、穿径0.59、郭厚0.12厘米（图四○，2）。

光绪通宝　1枚。M21∶2-2，平钱，圆形，方穿，正背面郭缘略宽，正面楷书"光緒通寳"四字，直读，背穿左右为满文"宝泉"局名。钱径2.3、穿径0.6、郭厚0.15厘米（图四○，3）。

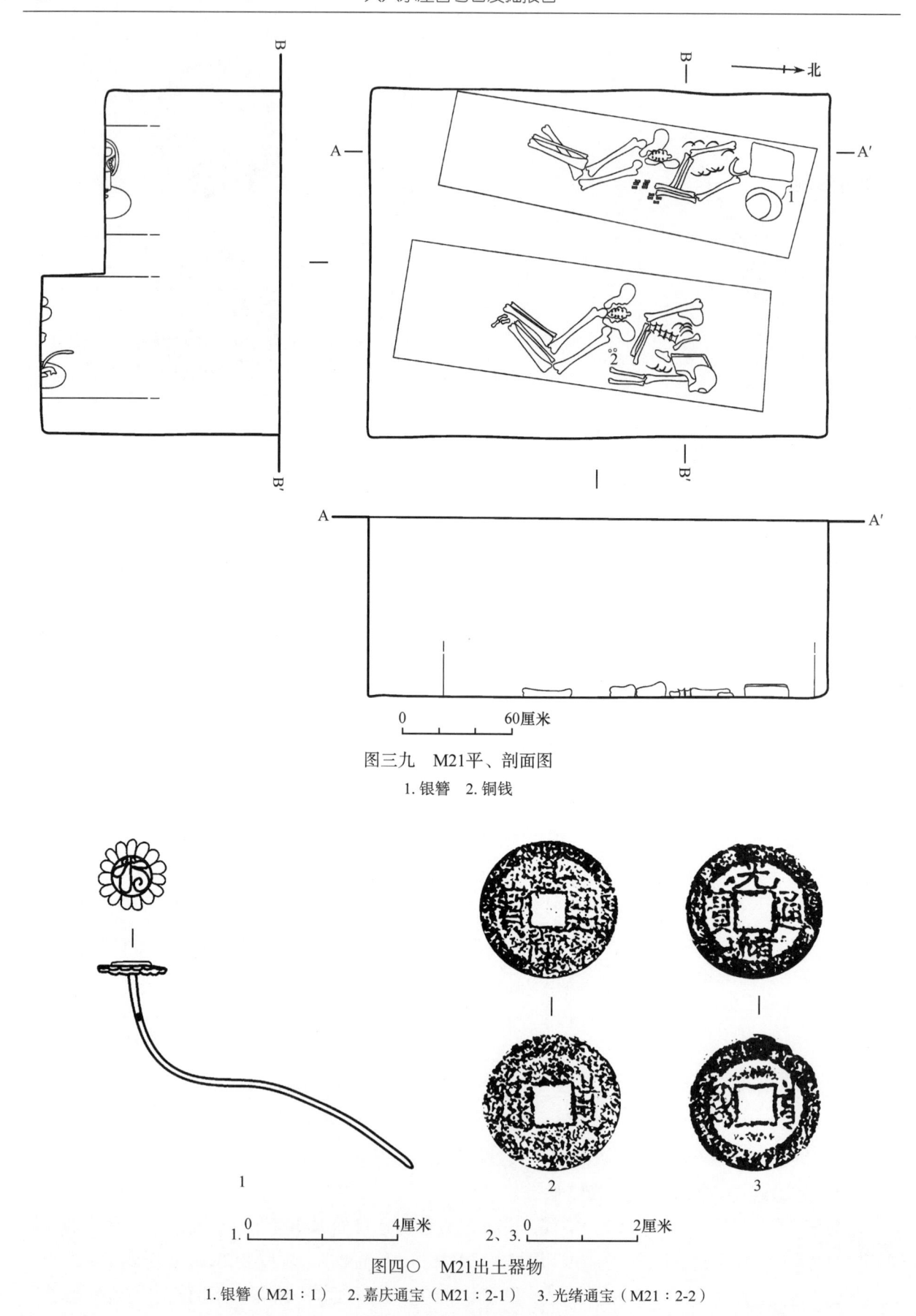

图三九　M21平、剖面图
1. 银簪　2. 铜钱

图四〇　M21出土器物
1. 银簪（M21∶1）　2. 嘉庆通宝（M21∶2-1）　3. 光绪通宝（M21∶2-2）

二二、M22

1. 墓葬形制

该墓位于发掘区西南部，东邻M26。开口于第1层下，南北向，方向355°。

墓平面呈不规则形，竖穴土圹双棺合葬墓。墓口距地表深0.3米，墓底距地表深1.32米。墓圹南北长2.09~2.51、东西宽0.79~1.72、深1.02米。内填花土，土质松软。内置双棺，棺木已朽。东棺痕长1.73、宽0.51~0.54米；棺内骨架保存稍差，头向北，面向西，侧身屈肢，为男性。西棺痕长1.59、宽0.3~0.56米；棺内骨架保存较差，头向北，面残向下，侧身屈肢，为女性（图四一）。

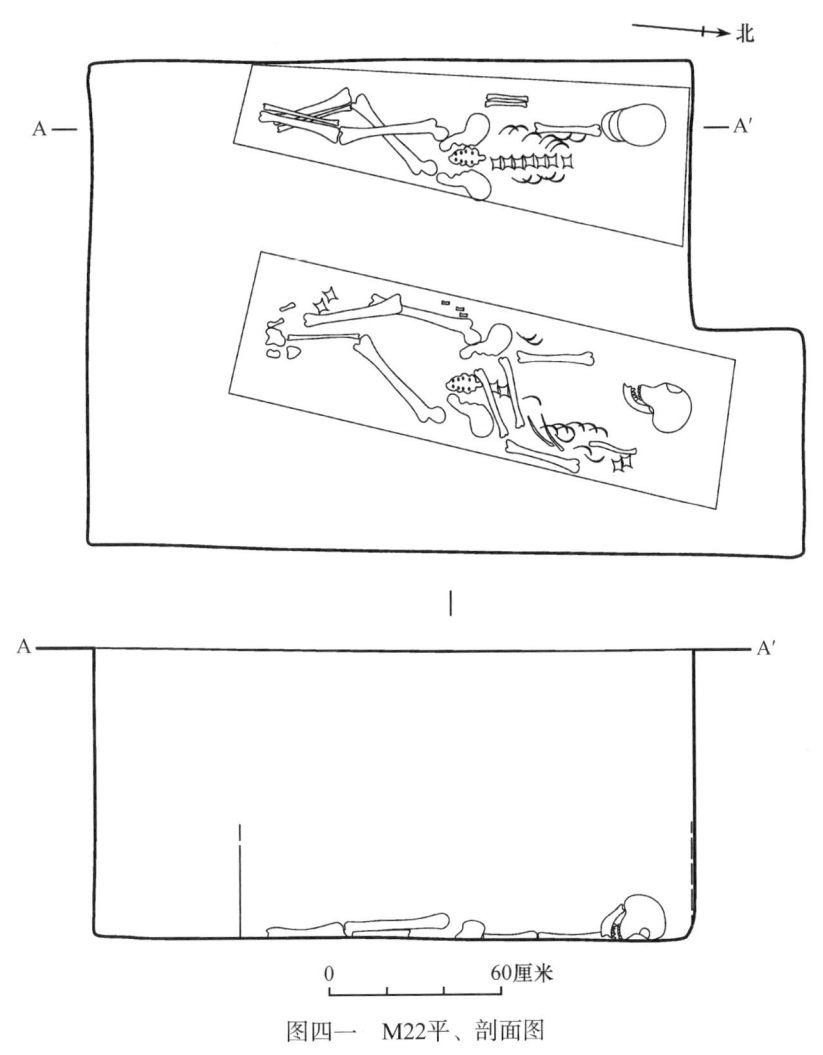

图四一 M22平、剖面图

2. 随葬品

未发现随葬品。

二三、M23

1. 墓葬形制

该墓位于发掘区西南部，东邻M24。开口于第1层下，南北向，方向5°。

墓平面呈梯形，竖穴土圹双棺合葬墓。墓口距地表深0.3米，墓底距地表深1.3米。墓圹南北长2.4、东西宽1.72～1.8、深1米。内填花土，土质松软。内置双棺，棺木已朽。东棺痕长1.77、宽0.44～0.46米；棺内骨架保存较好，头向北，面向西，仰身屈肢，为男性。西棺痕长1.7、宽0.36～0.61米；棺内骨架保存稍差，头移位向北，面向上，胸椎骨上方放置长22、宽18～19、厚1厘米的板瓦1块，仰身屈肢，为女性（图四二；图版七，1）。

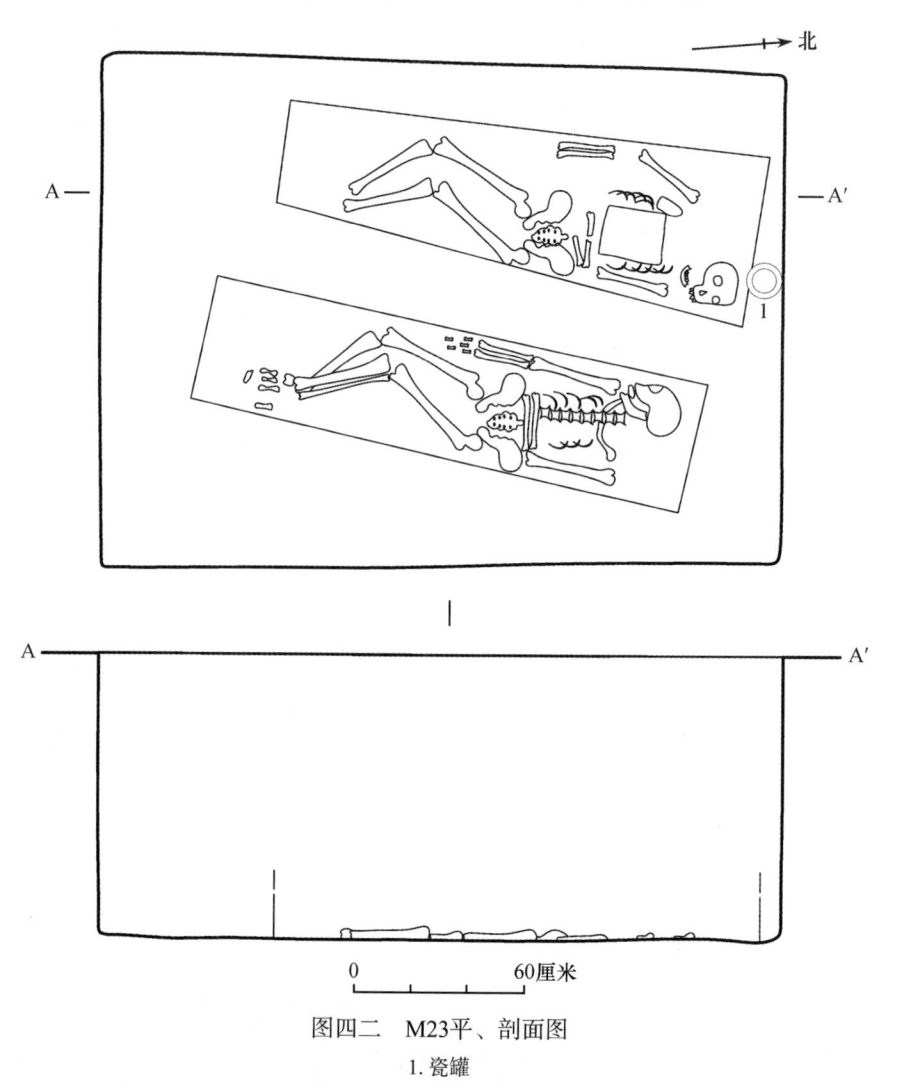

图四二　M23平、剖面图
1.瓷罐

2. 随葬品

西棺外左前方出土瓷罐1件。

瓷罐　1件。M23:1，敛口，方圆唇，矮领，圆肩，鼓腹，圈足。灰褐色胎，腹上部及内壁施黑色釉，唇部、下腹及足底部无釉。轮制。口径8.7、腹径12.4、底径8.3、高8.6厘米（图四三；图版四四，6）。

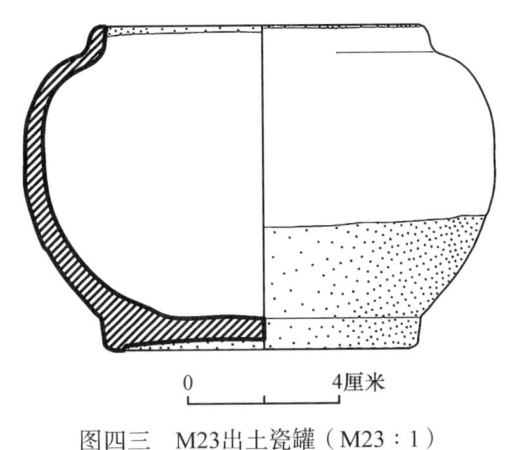

图四三　M23出土瓷罐（M23:1）

二四、M24

1. 墓葬形制

该墓位于发掘区西南部，东邻M25。开口于第1层下，南北向，方向357°。

墓平面呈长方形，竖穴土圹双棺合葬墓。墓口距地表深0.3米，墓底距地表深1.5~1.7米。墓圹南北长2.5、东西宽2.26~2.3、深1.2~1.4米。内填花土，土质松软。内置双棺，棺木已朽。东棺痕长1.9、宽0.5~0.59米；棺内骨架保存稍差，头移位向西，面向上，仰身直肢，为男性。西棺痕长2.06、宽0.48~0.57米；棺内骨架保存较差，头移位向北，面向上，头骨左上方放置长28、宽12~20、厚12厘米的土坯1块，仰身屈肢，为女性（图四四）。

2. 随葬品

东棺内左下肢骨外侧中部出土铜钱1枚。

顺治通宝　1枚。M24:1，平钱，圆形，方穿，正背面郭缘较宽，正面楷书"顺治通寶"四字，直读，背穿右为楷书"户"字。钱径2.55、穿径0.64、郭厚0.11厘米（图四五）。

图四四　M24平、剖面图
1. 铜钱

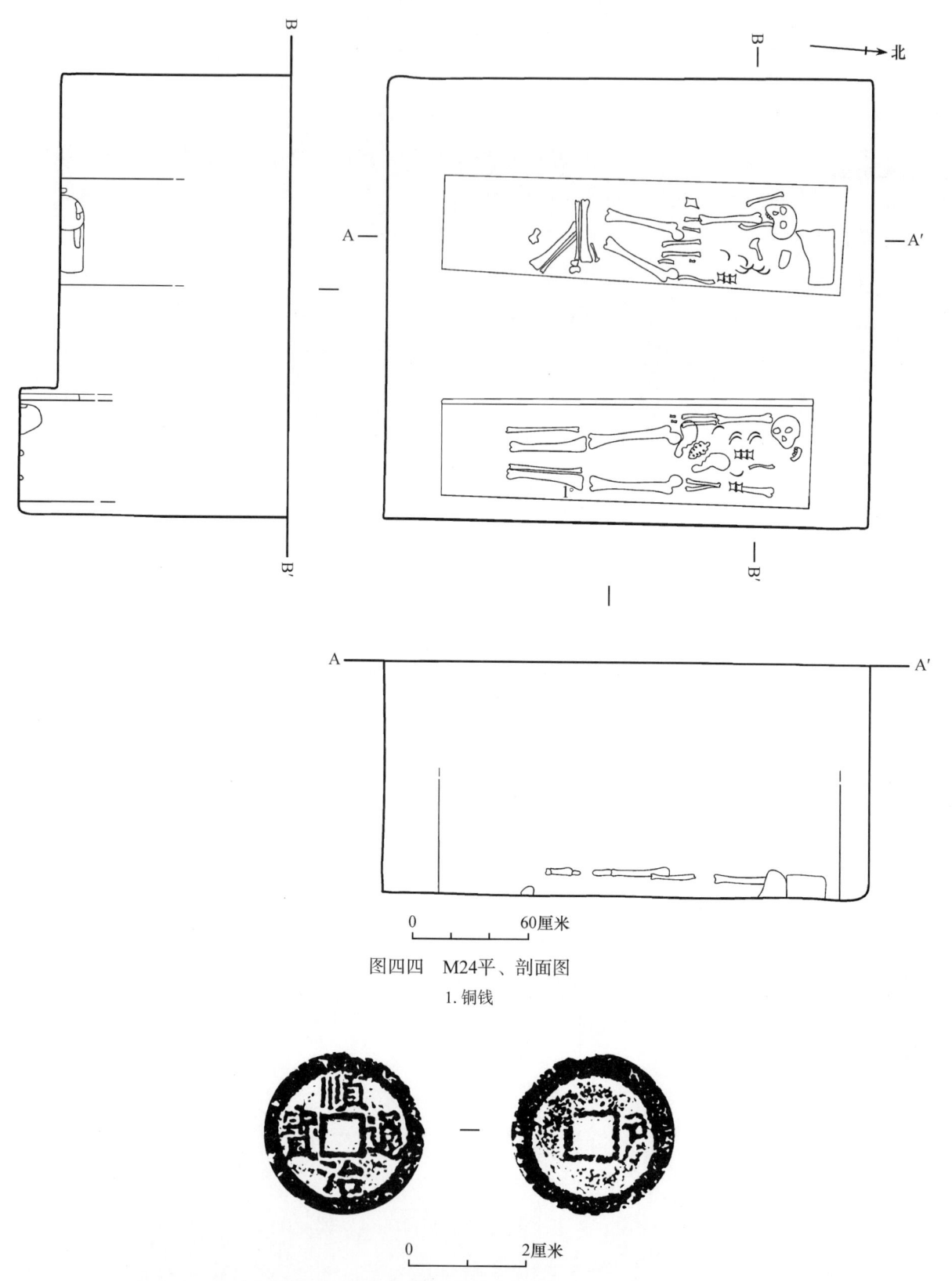

图四五　M24出土顺治通宝（M24∶1）（拓片）

二五、M25

1. 墓葬形制

该墓位于发掘区西南部，西邻M24。开口于第1层下，南北向，方向358°。

墓平面呈长方形，竖穴土圹双棺合葬墓。墓口距地表深0.3米，墓底距地表深1.4~1.5米。墓圹南北长2.18、东西宽1.76~1.8、深1.1~1.2米。内填花土，土质松软。内置双棺，棺木已朽。东棺痕长1.65、宽0.5~0.51米；棺内骨架保存较差，头移位向北，面向上，仰身直肢，为男性。西棺长1.86、宽0.42~0.53米，棺板残高0.18、厚0.04米；棺内骨架保存较差，头移位向北，面向上，头骨上方放置长36、宽8~12、厚8厘米的土坯1块，仰身屈肢，为女性（图四六）。

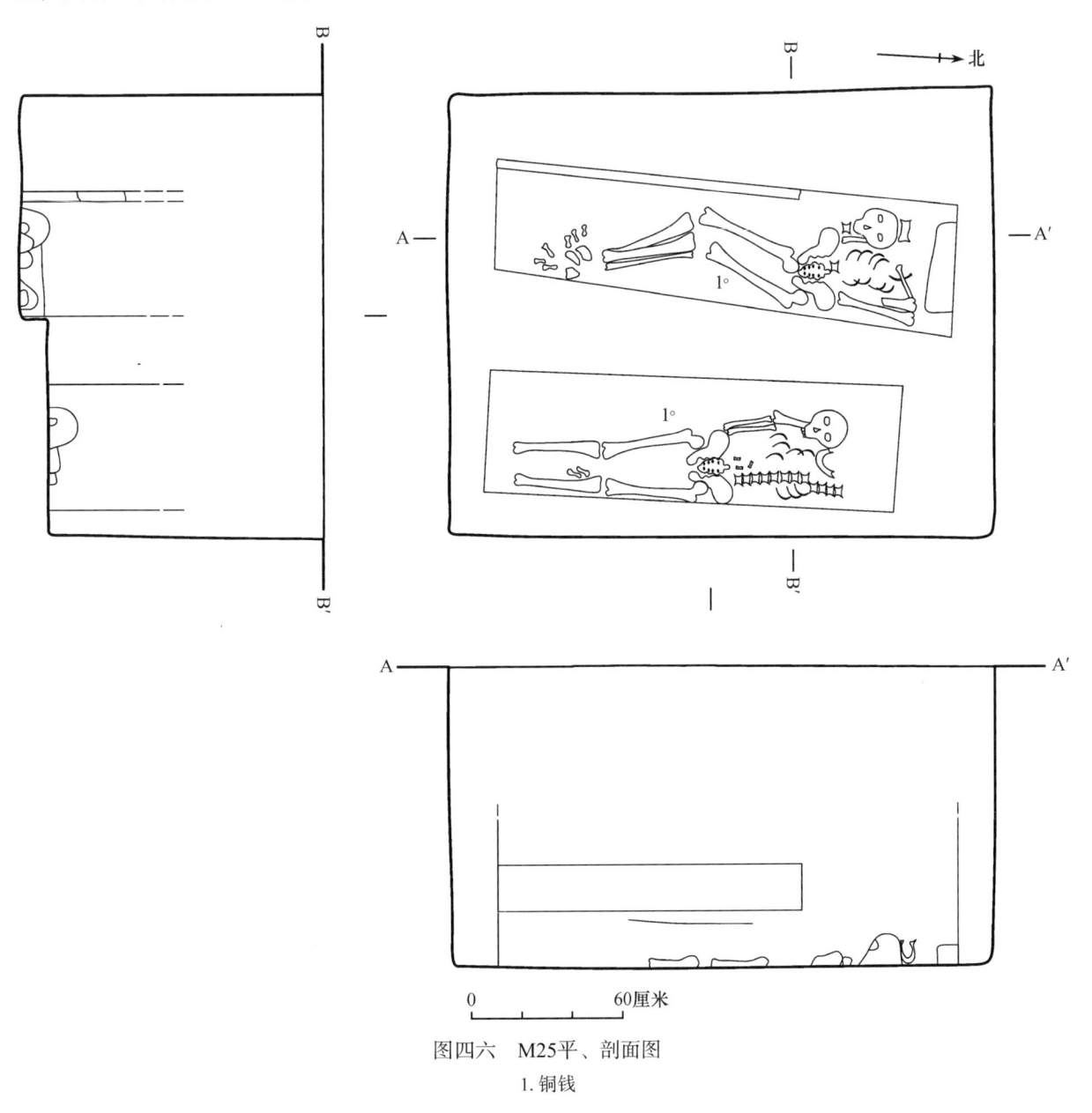

图四六 M25平、剖面图
1.铜钱

2. 随葬品

东棺内右下肢骨外侧上部出土铜钱1枚；西棺内左下肢骨外侧中部出土铜钱1枚。

康熙通宝　2枚。标本M25：1-1，平钱，圆形，方穿，正背面郭缘较宽，正面楷书"康熙通寶"四字，直读，背穿左右为满文"宝泉"局名。钱径2.74、穿径0.72、郭厚0.11厘米（图四七）。

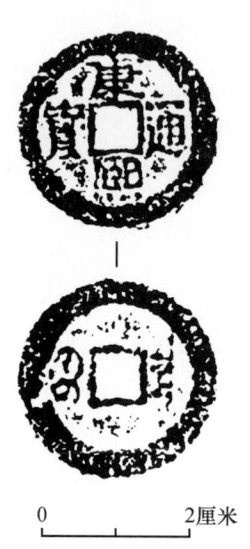

图四七　M25出土康熙通宝（M25：1-1）（拓片）

二六、M26

1. 墓葬形制

该墓位于发掘区西南部，北邻M25。开口于第1层下，南北向，方向358°。

墓平面呈梯形，竖穴土圹双棺合葬墓。墓口距地表深0.3米，墓底距地表深1.5米。墓圹南北长2.22、东西宽2.47～2.56、深1.2米。内填花土，土质松软。内置双棺，棺木已朽。东棺痕长1.82、宽0.5～0.53米；棺内骨架保存稍差，头移位向西，面向上，胸椎骨上方放置长18、宽17～19、厚1厘米的板瓦1块（图版九五，4），仰身直肢，为男性。西棺痕长1.9、宽0.6～0.8米；棺内骨架保存稍差，头向北，面向东，盆骨上方放置长18、宽17～19、厚1厘米的板瓦1块，仰身直肢，为女性（图四八；图版七，2）。

2. 随葬品

东棺内下肢骨内侧上部出土铜钱2枚；西棺内头骨上方出土瓷罐1件，右下肢骨内侧下部出土铜钱2枚。

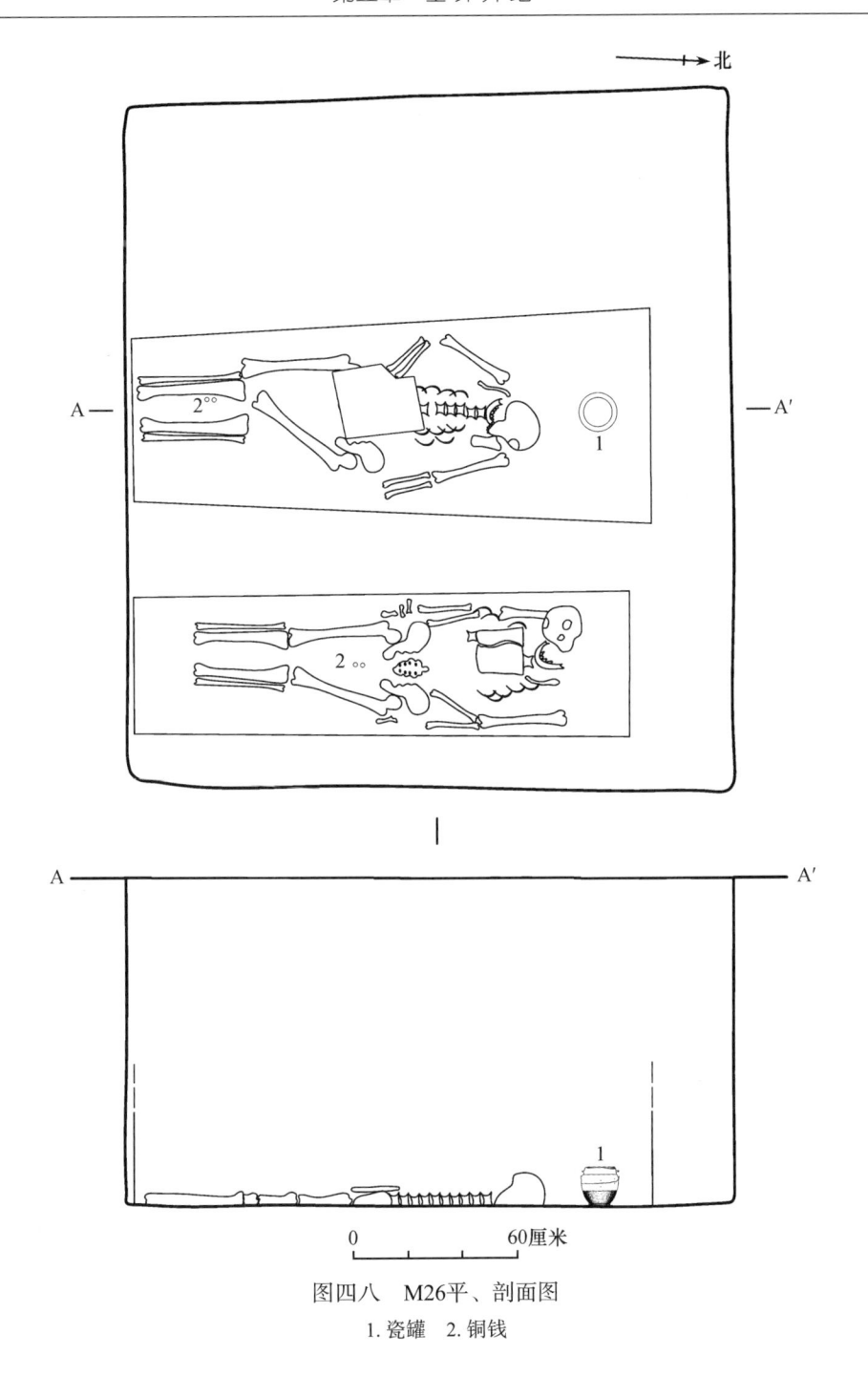

图四八　M26平、剖面图
1. 瓷罐　2. 铜钱

瓷罐　1件。M26：1，敛口，方圆唇，高领，折肩，弧腹，矮圈足，领、肩部置对称双系。缸胎，腹上部及内壁施黑色釉，唇部、口沿内壁、下腹部及足底无釉。手轮兼制，腹部留有五处钜钉痕迹。口径10.8、腹径13.7、底径7.9、高14厘米（图四九，1；图版四五，1）。

康熙通宝　4枚。平钱，圆形，方穿，正背面郭缘较宽，正面楷书"康熙通寶"四字，直读。标本M26：2-1，背穿左右为满文"宝泉"局名。钱径2.56、穿径0.6、郭厚0.11厘米（图四九，2）。标本M26：2-2，背穿左右为满文"宝源"局名。钱径3.04、穿径0.7、郭厚0.1厘米（图四九，3）。

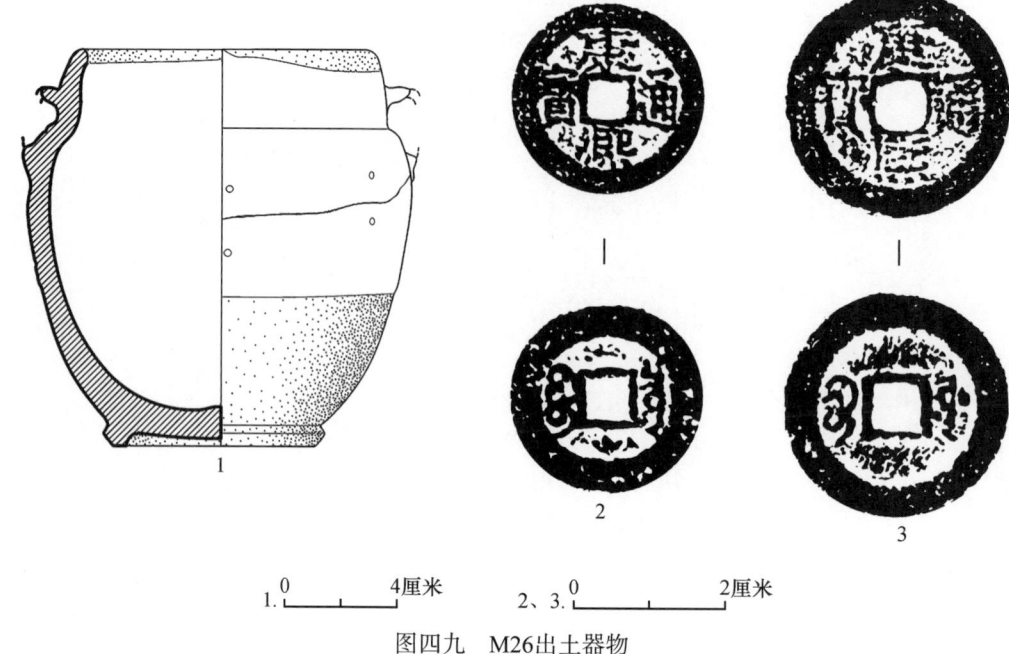

图四九　M26出土器物
1. 瓷罐（M26∶1）　2、3. 康熙通宝（M26∶2-1、M26∶2-2）

二七、M27

1. 墓葬形制

该墓位于发掘区西南部，东邻M28。开口于第1层下，南北向，方向356°。

墓平面呈梯形，竖穴土圹双棺合葬墓。墓口距地表深0.3米，墓底距地表深1.24～1.42米。墓圹南北长2.68、东西宽1.98～2.17、深0.94～1.12米。内填花土，土质松软。内置双棺，棺木已朽。东棺痕长1.79、宽0.43～0.55米；棺内骨架保存稍差，头向北，面残向上，盆骨上方放置长18、宽16～17、厚1厘米的板瓦1块，仰身直肢，为男性。西棺痕长1.6、宽0.43～0.47米；棺内骨架保存稍差，头向西北，面向上，仰身屈肢，为女性（图五〇）。

2. 随葬品

西棺内头骨左侧出土银耳环1件、骨簪2件。

银耳环　1件。M27∶1，体呈"S"形，一端尖锐呈钩状，另一端半球状。残高3.48厘米（图五一，1；图版八二，2）。

骨簪　2件。首残，体呈圆锥状，末端残。M27∶2，残长5.6厘米（图五一，2；图版九三，1）。M27∶3，残长2.9厘米（图五一，3；图版九三，2）。

第二章　墓葬介绍

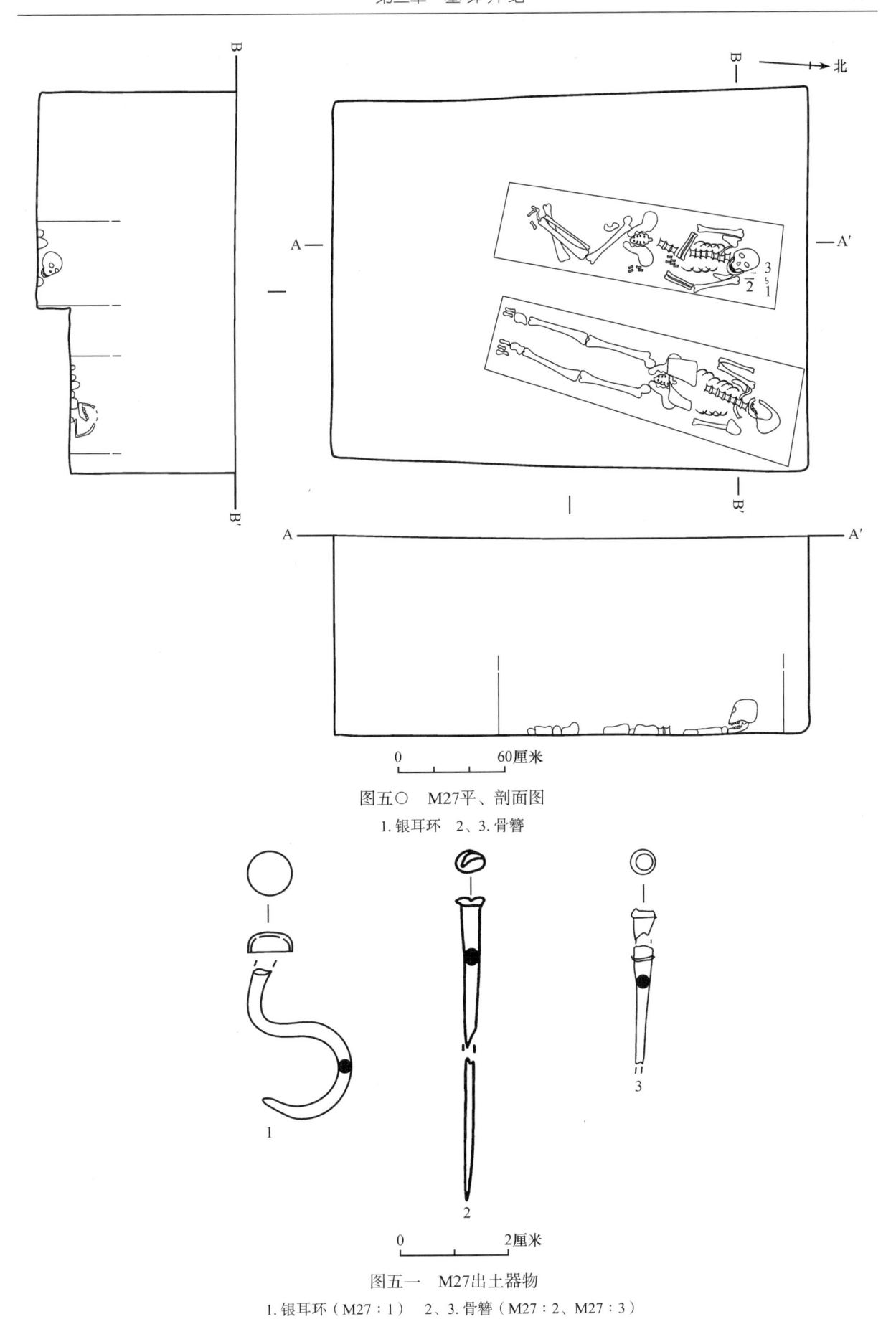

0　　60厘米

图五〇　M27平、剖面图
1.银耳环　2、3.骨簪

0　　2厘米

图五一　M27出土器物
1.银耳环（M27∶1）　2、3.骨簪（M27∶2、M27∶3）

二八、M28

1. 墓葬形制

该墓位于发掘区西南部，西邻M27。开口于第1层下，南北向，方向0°。

墓平面呈梯形，竖穴土圹双棺合葬墓。墓口距地表深0.3米，墓底距地表深1.34～1.52米。墓圹南北长2.5、东西宽1.87～2、深1.04～1.22米。内填花土，土质松软。内置双棺，棺木已朽。东棺痕长1.86、宽0.5～0.6米；棺内骨架保存稍差，头移位向西，面向南，胸椎骨上方放置长18、宽16～17、厚1厘米的板瓦1块（图版九五，5），仰身直肢，为男性。西棺痕长2.1、宽0.52～0.6米；棺内骨架保存稍差，头移位向西，面向北，仰身屈肢，为女性（图五二；图版八，1）。

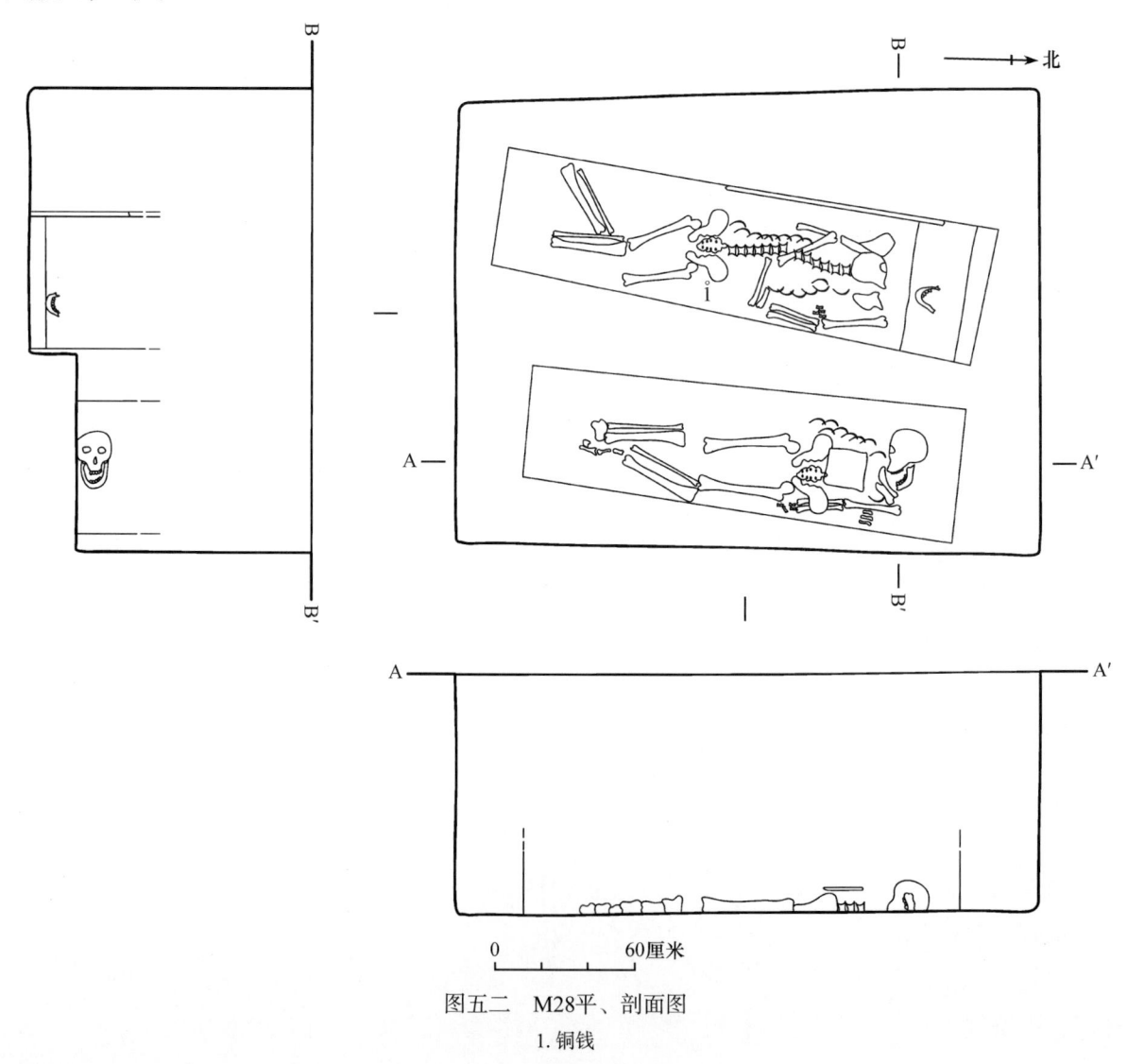

图五二 M28平、剖面图
1. 铜钱

2. 随葬品

西棺内左盆骨左侧出土铜钱1枚。

嘉庆通宝　1枚。M28：1，平钱，圆形，方穿，正背面郭缘略窄，正面楷书"嘉慶通寳"四字，直读，背穿左右为满文"宝泉"局名。钱径2.3、穿径0.6、郭厚0.15厘米（图五三）。

图五三　M28出土嘉庆通宝（M28：1）（拓片）

二九、M29

1. 墓葬形制

该墓位于发掘区西南部，西邻M30。开口于第1层下，南北向，方向359°。

墓平面呈梯形，竖穴土圹双棺合葬墓。墓口距地表深0.3米，墓底距地表深1.32～1.42米。墓圹南北长2.62、东西宽1.65～1.7、深1.02～1.12米。内填花土，土质松软。内置双棺，棺木已朽。东棺痕长1.96、宽0.52～0.62米；棺内骨架保存稍差，头移位向东北，面向上，仰身直肢，为男性。西棺痕长1.86、宽0.55～0.68米；棺内骨架保存稍差，头向上，面向南，头骨及胸椎骨上方放置长22、宽20、厚1厘米的板瓦1块，仰身直肢，为女性（图五四；图版八，2）。

2. 随葬品

西棺内头骨右侧出土银簪2件。

银簪　2件。M29：1，簪首呈花朵状，花蕊包珠，珠子缺失，伞状托，体呈圆锥状，簪体残。残长2.2厘米（图五五，1；图版五八，2）。M29：2，簪首扁平呈花瓣状，中部凸起呈圆环形，内镶嵌"福"字纹，簪体残。簪首直径1.7厘米（图五五，2；图版五八，3）。

图五四　M29平、剖面图
1、2.银簪

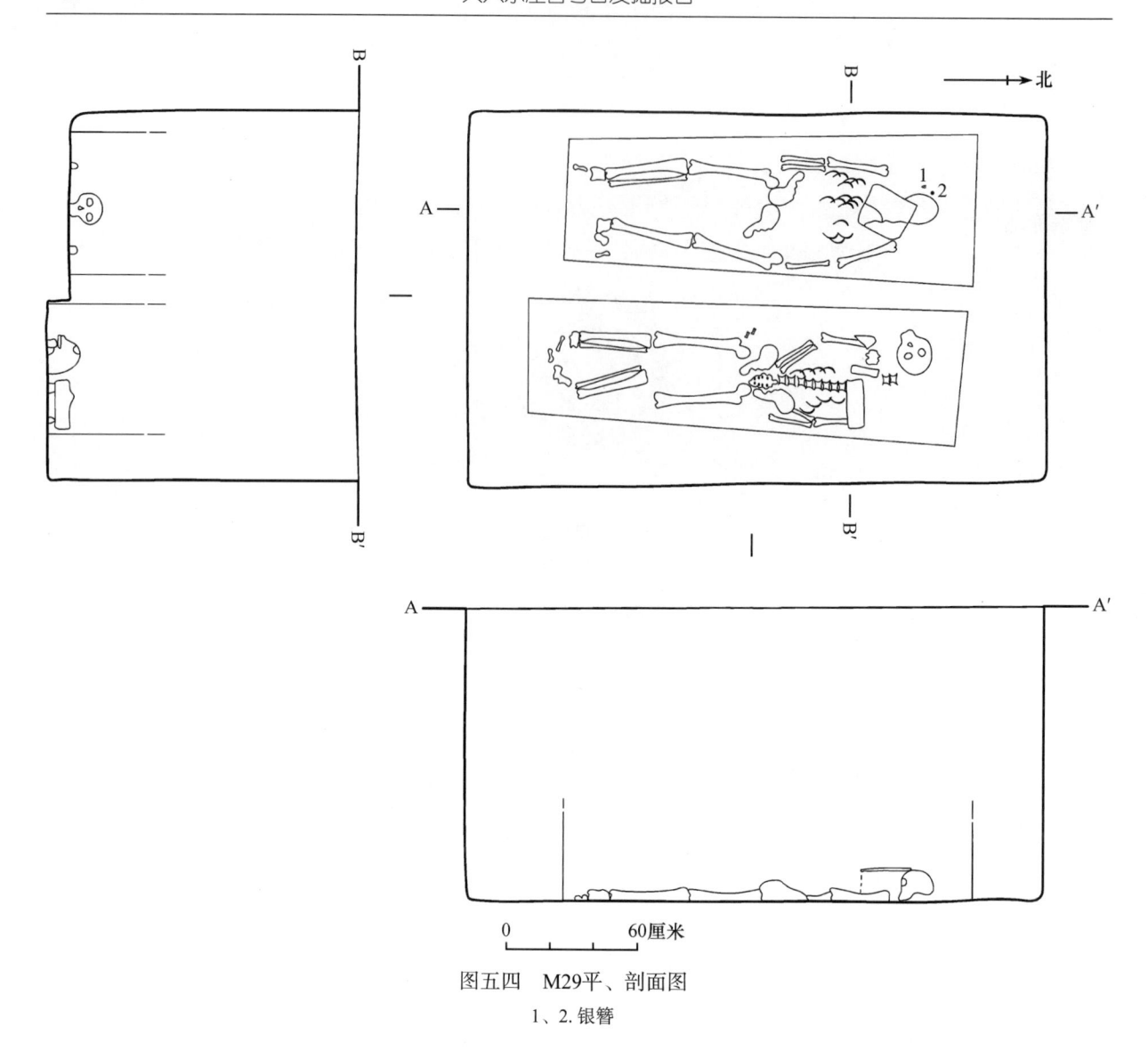

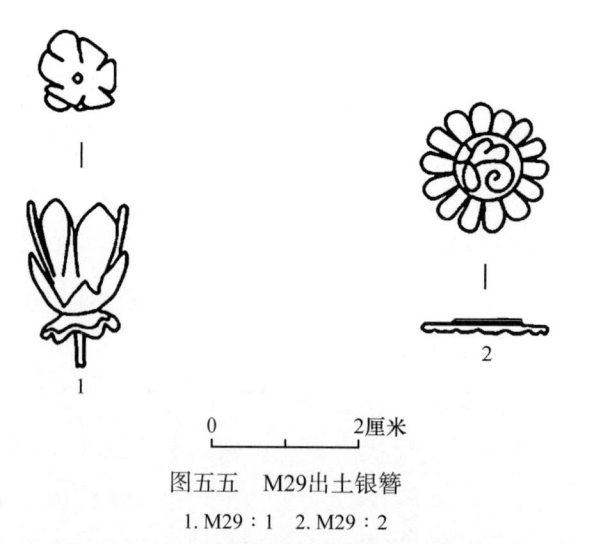

图五五　M29出土银簪
1. M29∶1　2. M29∶2

三〇、M30

1. 墓葬形制

该墓位于发掘区西南部，东邻M29。开口于第1层下，南北向，方向3°。

墓平面呈长方形，竖穴土圹单棺墓。墓口距地表深0.3米，墓底距地表深1.02~1.12米。墓圹南北长2.79、东西宽1.83、深0.72~0.82米。内填花土，土质松软。内置单棺，棺木已朽。棺痕长1.8、宽0.6~0.7米；棺内骨架保存稍好，头向北，面向西，头骨下方放置长38、宽14、厚10厘米的土坯1块，胸骨上方放置长22、宽20、厚2厘米的板瓦1块（图版九五，6），仰身直肢，为男性（图五六）。

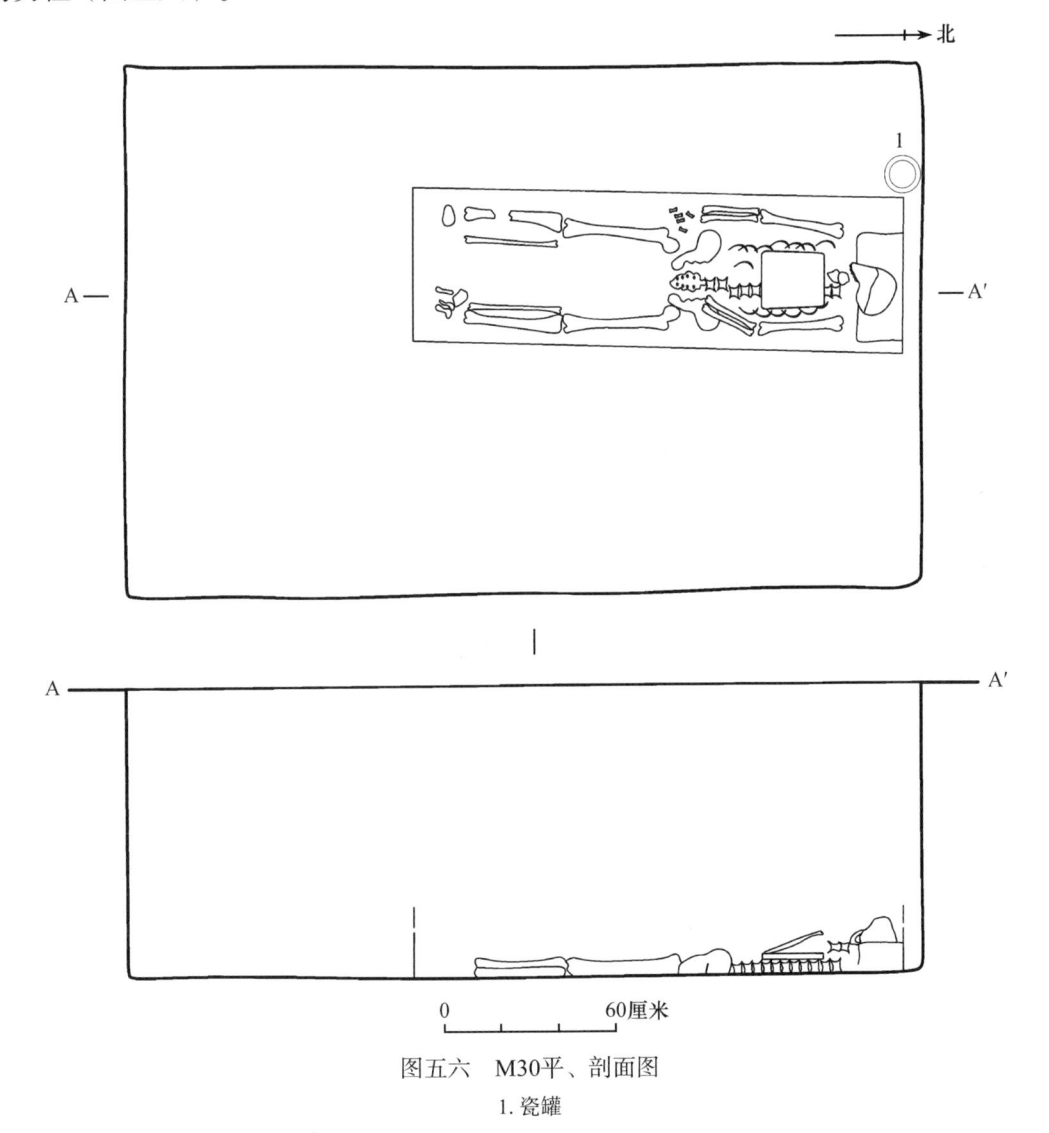

图五六　M30平、剖面图
1. 瓷罐

2. 随葬品

棺外右前方出土瓷罐1件。

瓷罐　1件。M30：1，敛口，方圆唇，矮领，圆肩，弧腹，圈足。灰褐色胎，腹上部及内壁施黑色釉，唇部、下腹及足底无釉。轮制，内壁留有轮旋痕迹。口径9.6、腹径12.8、底径7.9、高7.8厘米（图五七；图版四五，2）。

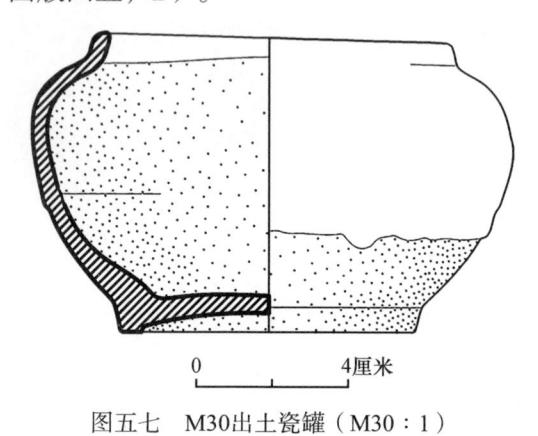

图五七　M30出土瓷罐（M30：1）

三一、M31

1. 墓葬形制

该墓位于发掘区西南部，南邻M32。开口于第1层下，南北向，方向5°。

墓平面呈梯形，竖穴土圹单棺墓。墓口距地表深0.3米，墓底距地表深1.88米。墓圹南北长2.06、东西宽1.18~1.2、深1.58米。内填花土，土质松软。内置单棺，棺木已朽。棺痕长1.96、宽0.53~0.6米；棺内骨架保存较好，头向北，面向东，盆骨上方放置长22、宽18~21、厚1厘米的板瓦1块，仰身直肢，为男性（图五八；图版九，1）。

2. 随葬品

未发现随葬品。

图五八　M31平、剖面图

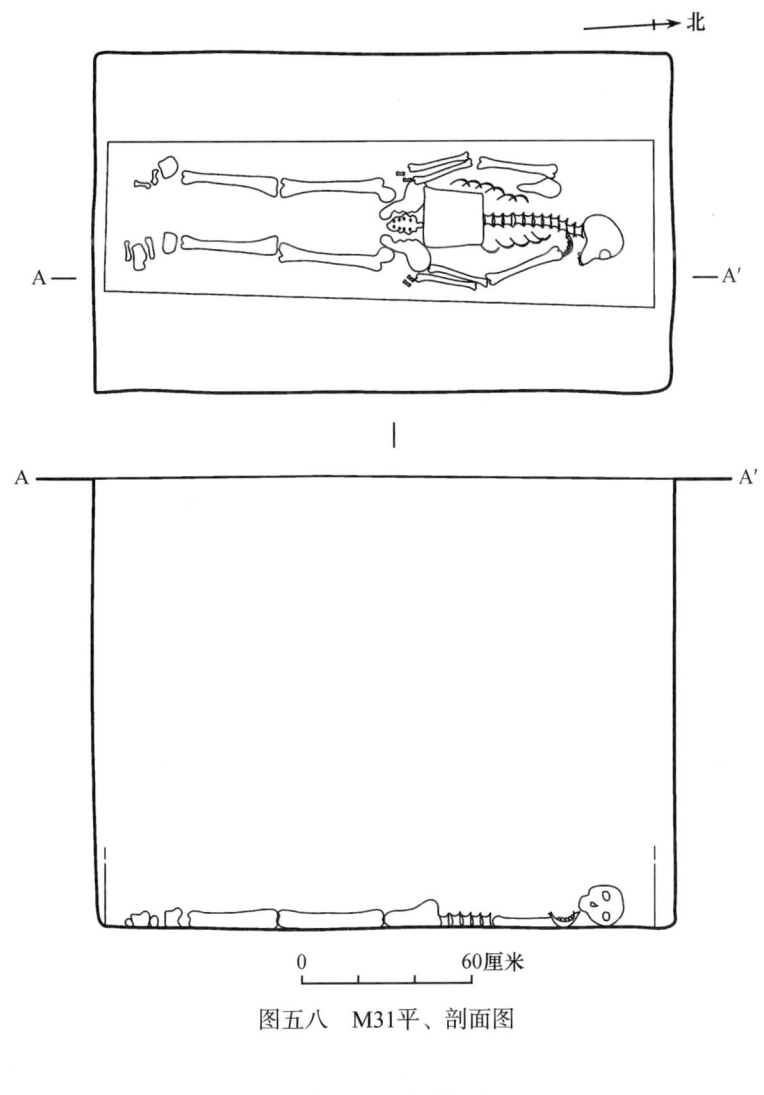

三二、M32

1. 墓葬形制

该墓位于发掘区西南部，东邻M33。开口于第1层下，南北向，方向356°。

墓平面呈梯形，竖穴土圹双棺合葬墓。墓口距地表深0.3米，墓底距地表深1.32～1.42米。墓圹南北长2.33、东西宽2.03～2.3、深1.02～1.12米。内填花土，土质松软。内置双棺，棺木已朽。东棺痕长1.75、宽0.42～0.58米；棺内骨架保存较差，头移位向北，面向上，头骨下方放置长52、宽34、厚10厘米的土坯1块，胸椎骨上方放置长10、宽14～16、厚1厘米的板瓦1块，仰身直肢，为男性。西棺痕长1.63、宽0.42～0.5米；棺内骨架保存较好，头向西北，面向上，头骨下方放置长46、宽24、厚6厘米的土坯1块，仰身直肢，为女性（图五九）。

图五九　M32平、剖面图
1、2.银簪　3、4.铜扣

2. 随葬品

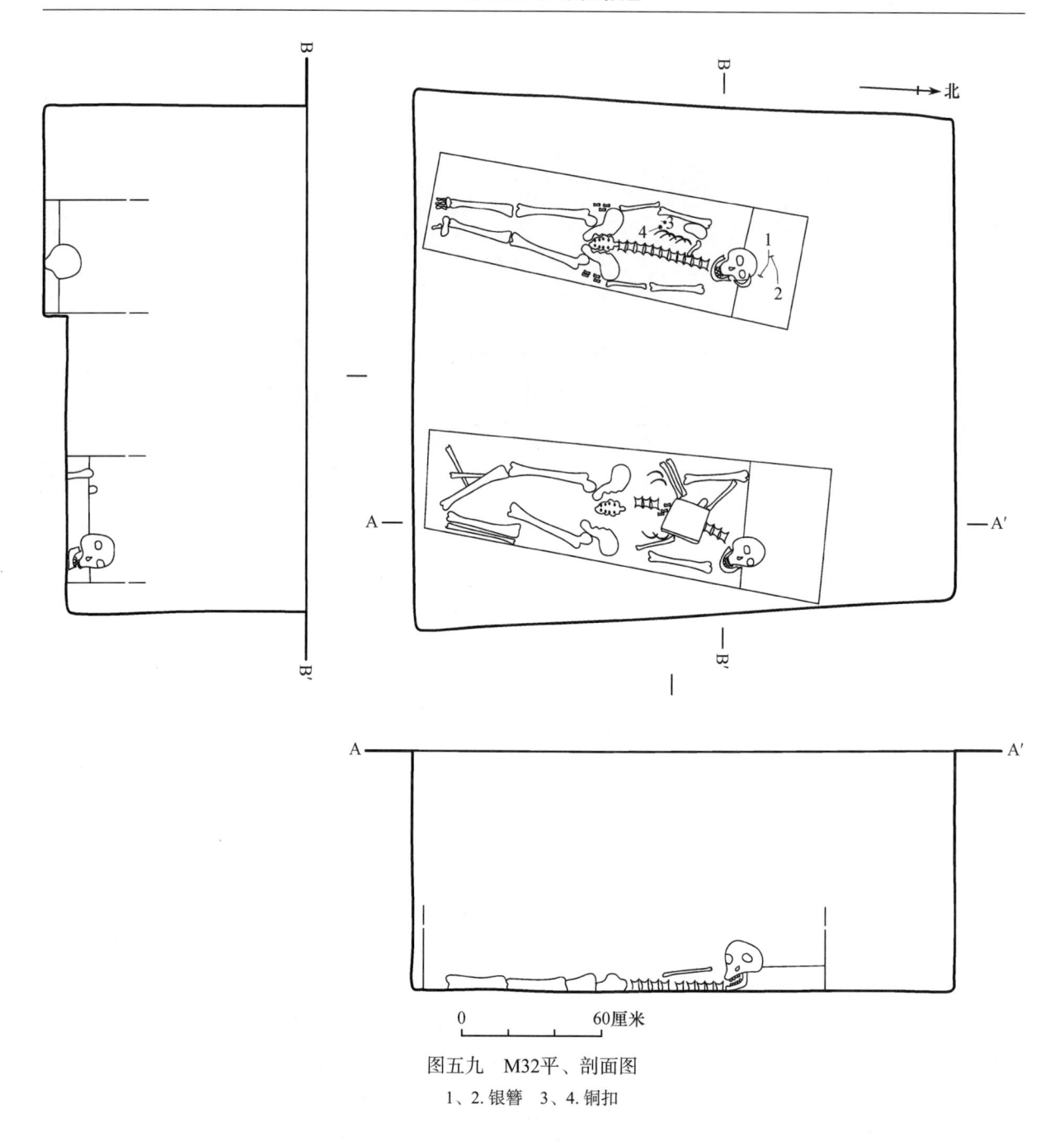

西棺内头骨上方出土银簪2件，右肋骨右侧中部出土铜扣2件。

银簪　2件。M32：1，簪首呈扁平花瓣状，中部凸起呈圆环形，内镶嵌"福"字纹，体呈圆锥状。通长12厘米（图六〇，1；图版五八，4）。M32：2，簪首呈扁平花瓣状，中部凸起呈圆环形，内镶嵌"寿"字纹，体呈圆锥状。通长12厘米（图六〇，2）。

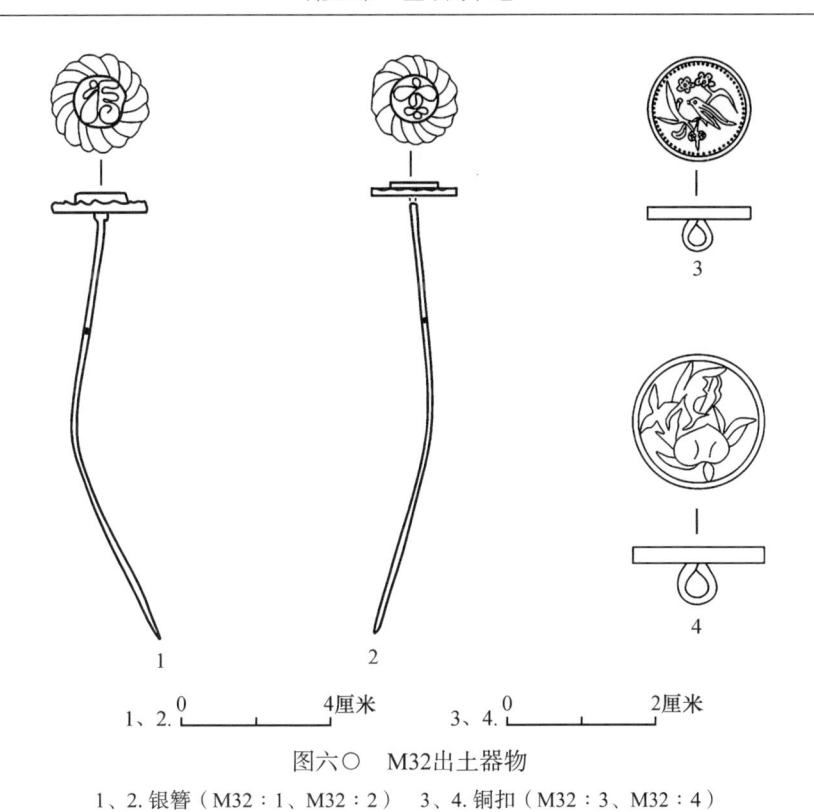

图六〇　M32出土器物
1、2. 银簪（M32：1、M32：2）　3、4. 铜扣（M32：3、M32：4）

铜扣　2件。M32：3，上部扁平呈圆饼状，下部焊接椭圆形环，面周圆珠纹内饰喜上枝头纹。直径1.4、厚0.17、通高0.6厘米（图六〇，3；图版九一，1）。M32：4，上部扁平呈圆饼状，下部焊接椭圆形环，面饰桃枝纹。直径1.8、厚0.2、通高0.76厘米（图六〇，4；图版九一，2）。

三三、M33

1. 墓葬形制

该墓位于发掘区西南部，西邻M32。开口于第1层下，南北向，方向356°。

墓平面呈梯形，竖穴土圹单棺墓。墓口距地表深0.3米，墓底距地表深1.02~1.12米。墓圹南北长2.08、东西宽1~1.11、深0.72~0.82米。内填花土，土质松软。内置单棺，棺木已朽。棺痕长1.98、宽0.76~0.84米；棺内骨架保存稍好，头移位向上，面向南，仰身直肢，为男性（图六一）。

2. 随葬品

未发现随葬品。

图六一　M33平、剖面图

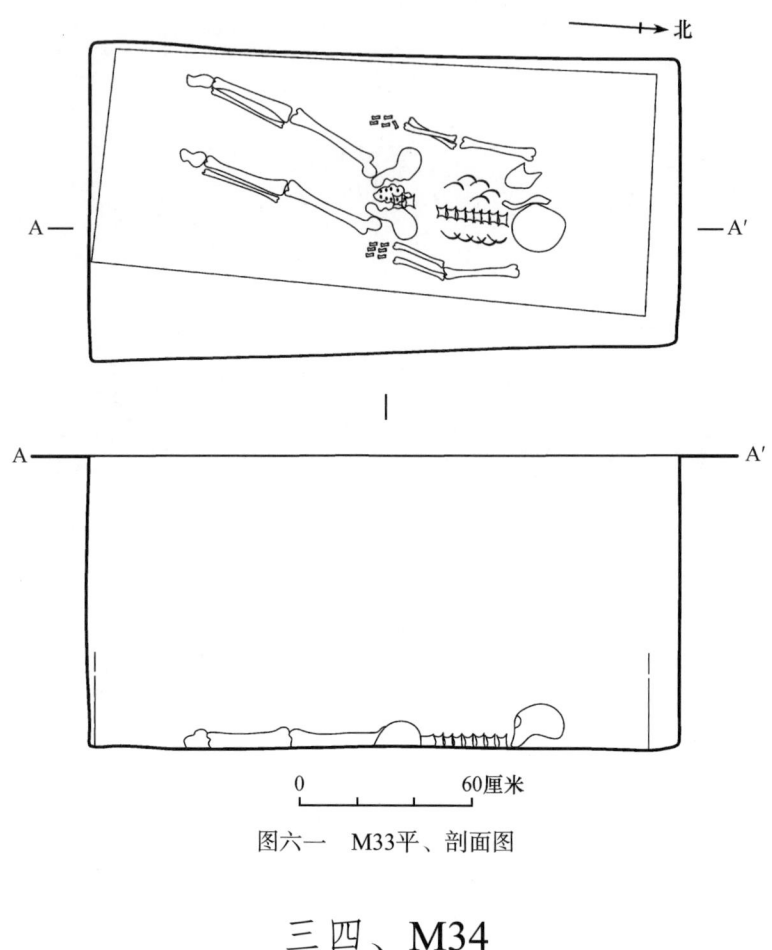

三四、M34

1. 墓葬形制

该墓位于发掘区西南部，西邻M31。开口于第1层下，南北向，方向2°。

墓平面呈梯形，竖穴土圹三棺合葬墓。墓口距地表深0.3米，墓底距地表深1.56~1.68米。墓圹南北长2.4、东西宽2.47~2.59、深1.26~1.38米。内填花土，土质松软。内置三棺，棺木已朽。东棺长1.86、宽0.54~0.66米；棺内骨架保存稍差，头移位向东南，面向东北，头骨下方放置长36、宽17、厚6厘米的土坯1块，胸骨上方放置长19、宽15~17、厚1厘米的板瓦1块，仰身直肢，为男性。中棺痕长1.94、宽0.53~0.63米；棺内骨架保存较差，头移位向东北，面向西北，仰身直肢，为女性。西棺痕长2.02、宽0.53~0.72米；棺内骨架保存较好，头向北，面向西北，头骨下方放置长40、宽16、厚6厘米的土坯1块，胸椎骨上方放置长20、宽15~17、厚1厘米的板瓦1块，仰身直肢，为女性（图六二）。

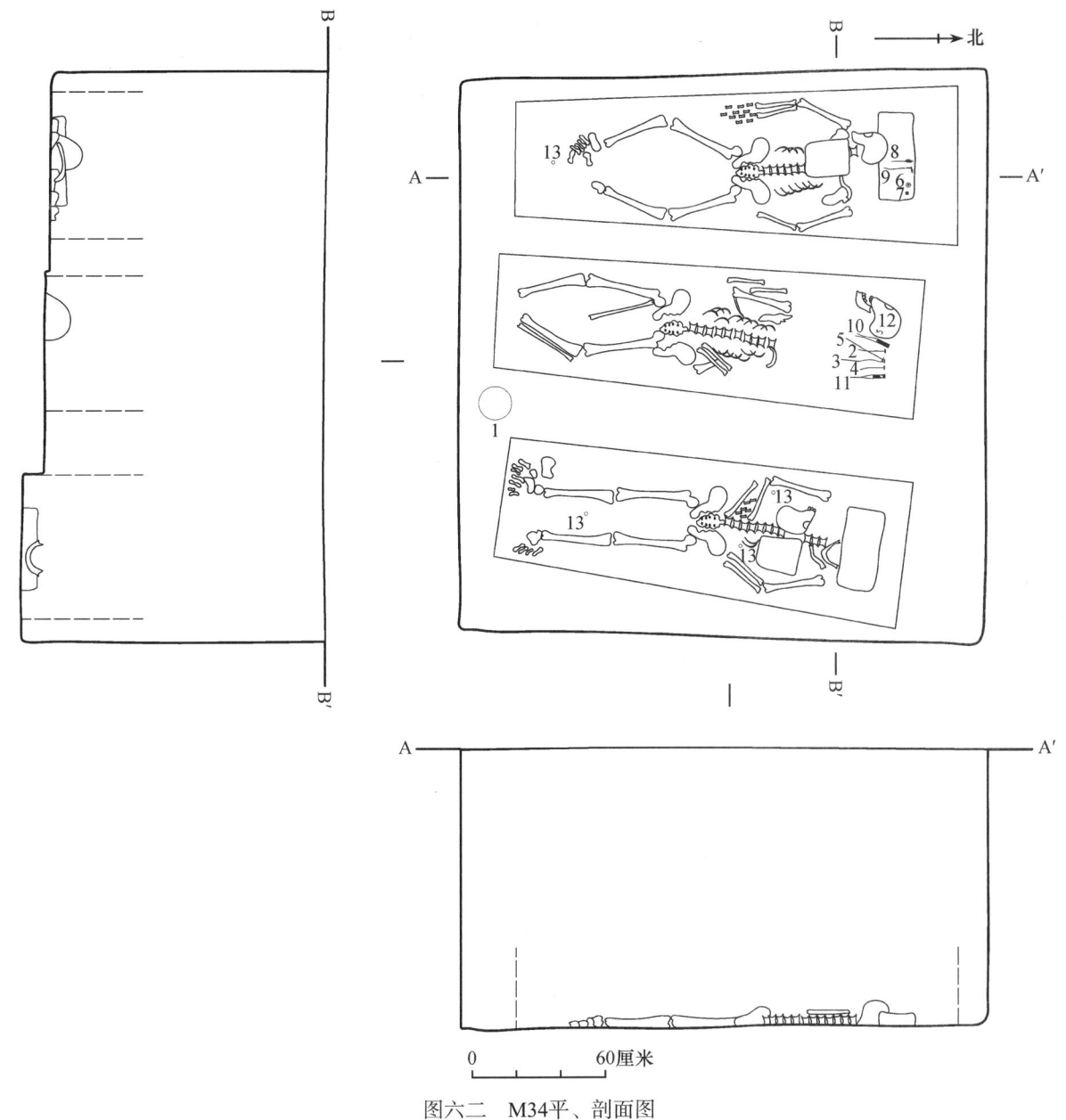

图六二　M34平、剖面图
1.瓷碗　2~9.银簪　10、11.银钗　12.银耳环　13.铜钱

2. 随葬品

东棺外右下方出土瓷碗1件，左上肢骨内侧下部、右上肢骨内侧中部及下肢骨内侧下部出土铜钱3枚；中棺内头骨左侧出土银簪4件、银钗2件、银耳环1件；西棺内头骨左上方出土银簪4件，右下肢骨下部出土铜钱1枚。

瓷碗　1件。M34：1，敞口，沿外撇，尖圆唇，斜弧腹，下腹折收，矮圈足，内涩底。灰褐色粗胎，体施酱黄色釉，下腹及足底无釉。轮制。口径14.9、底径5.4、高5.5厘米（图六三，1；图版五三，3）。

图六三　M34出土器物

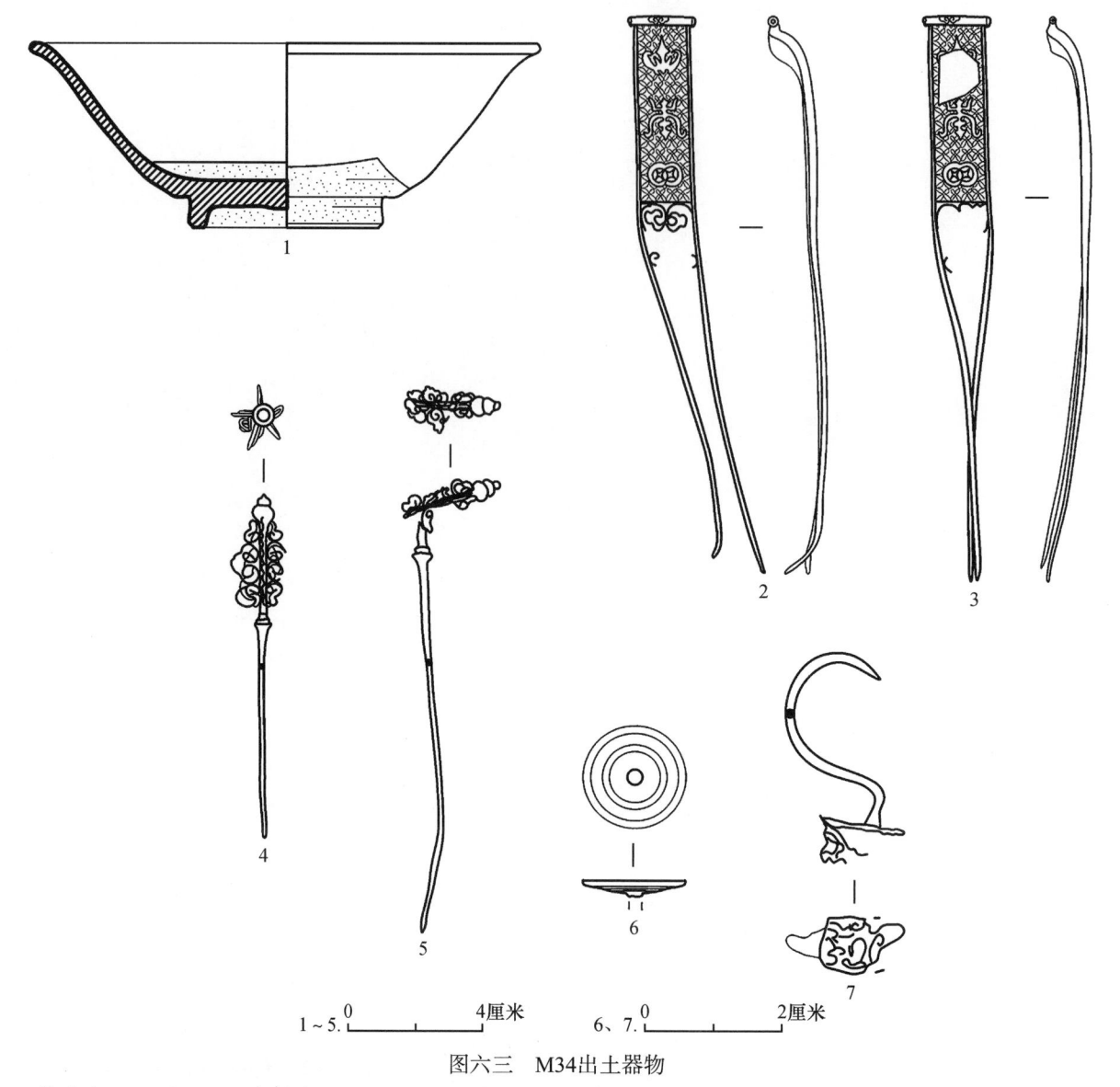

1.瓷碗（M34∶1）　2、3.银钗（M34∶10、M34∶11）　4~6.银簪（M34∶8、M34∶9、M34∶7）　7.银耳环（M34∶12）

银簪　8件。M34∶2~M34∶4，形制相同。簪首呈扁平花瓣状，中部凸起呈圆环形，内镶嵌"福"字纹，体呈圆锥状。M34∶2，通长13厘米（图六四，1；图版五八，5）。M34∶3，背面錾刻"天成"二字。通长12.4厘米（图六四，2；图版五八，6）。M34∶4，通长11.7厘米（图六四，3；图版五九，1）。M34∶5，簪首呈扁平花瓣状，中部凸起呈圆环形，内镶嵌"寿"字纹，体呈圆锥状。通长11.9厘米（图六四，4；图版五九，2）。M34∶6，簪首呈扁平圆形，中部凸起呈圆饼状，顶部錾刻"寿"字纹，体残。残长0.53厘米（图六四，5；图版五九，3）。M34∶7，簪首呈圆帽状，体残。残长0.23厘米（图六三，6；图版五九，4）。M34∶8，九连环禅杖形，顶呈葫芦状，体呈圆锥状，末端残，通体鎏金。残长10厘米（图六三，4；图版五九，5）。M34∶9，九连环禅杖形，顶呈葫芦状，体呈圆锥状。通长13.2厘米（图六三，5；图版五九，6）。

图六四 M34出土器物

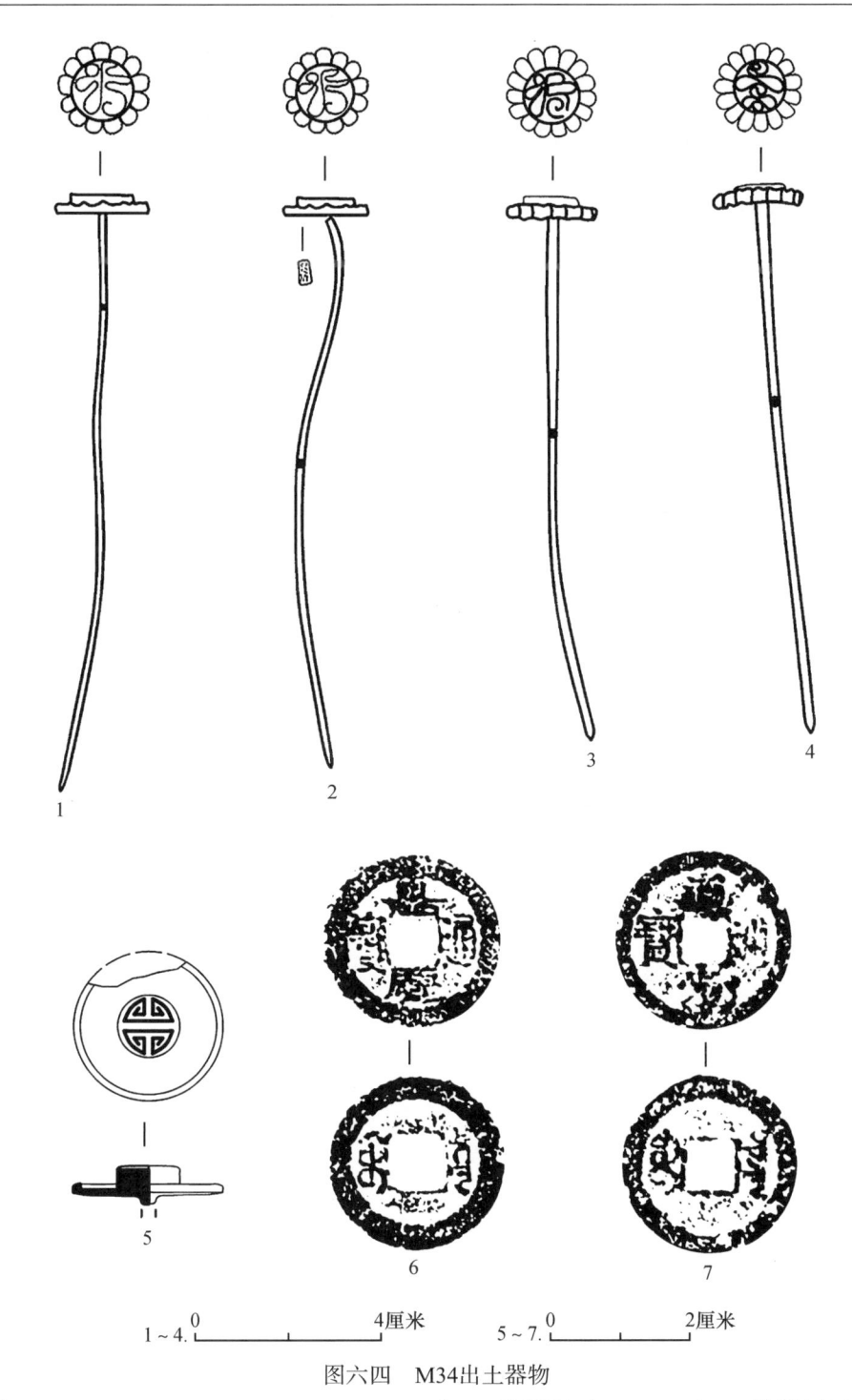

1~5. 银簪（M34∶2、M34∶3、M34∶4、M34∶5、M34∶6） 6. 嘉庆通宝（M34∶13-1） 7. 道光通宝（M34∶13-2）

银钗 2件。首呈方棱形，向后弯曲，饰蝙蝠纹，两侧扁平呈长方形，饰掐丝镂空连环钱纹，上端饰蝙蝠纹，中部饰"寿"字纹，下端饰一组钱文；体呈"U"形，上部饰如意首纹，下部圆锥状。M34∶10，通长16.2、宽1.6厘米（图六三，2）。M34∶11，通长16.5、宽1.6厘米（图六三，3）。

银耳环　1件。M34：12，残，呈"S"形，一端尖锐呈钩状，另一端呈花朵状。通高3.3厘米（图六三，7；图版八二，3）。

铜钱　4枚。有嘉庆通宝、道光通宝。

嘉庆通宝　3枚。标本M34：13-1，平钱，圆形，方穿，正背面郭缘略窄，正面楷书"嘉慶通寶"四字，直读，背穿左右为满文"宝泉"局名。钱径2.3、穿径0.7、郭厚0.15厘米（图六四，6）。

道光通宝　1枚。M34：13-2，平钱，圆形，方穿，正背面郭缘略窄，正面楷书"道光通寶"四字，直读，背穿左右为满文"宝泉"局名。钱径2.39、穿径0.71、郭厚0.11厘米（图六四，7）。

三五、M35

1. 墓葬形制

该墓位于发掘区西南部，西邻M39。开口于第1层下，南北向，方向2°。

墓平面呈梯形，竖穴土圹单棺墓。墓口距地表深0.3米，墓底距地表深0.58米。墓圹南北长2.05、东西宽1.03~1.11、深0.28米。内填花土，土质松软。内置单棺，棺木已朽。棺痕长1.86、宽0.52~0.6米；棺内骨架保存较好，头向北，面向东，仰身直肢，为女性（图六五）。

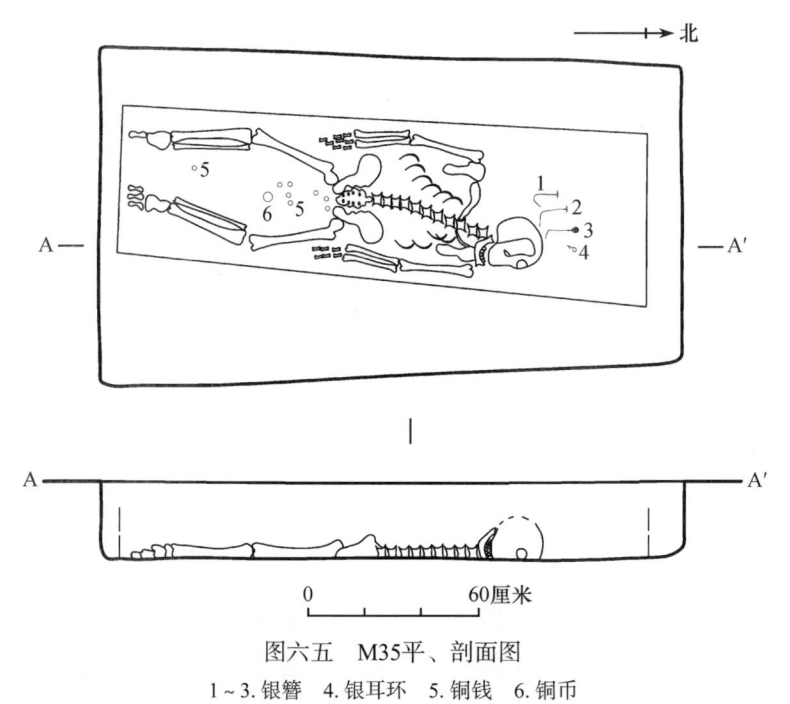

图六五　M35平、剖面图
1~3. 银簪　4. 银耳环　5. 铜钱　6. 铜币

2. 随葬品

棺内头骨上方出土银簪3件、银耳环1件，下肢骨内侧出土铜钱8枚、铜币1枚。

银簪　3件。M35：1、M35：2，形制相同。簪首呈扁平花瓣状，中部凸起呈圆环形，内镶嵌"福"字纹，体呈圆锥状。M35：1，通长8.5厘米（图六六，1；图版六〇，1）。M35：2，通长9.5厘米（图六六，2；图版六〇，2）。M35：3，簪首呈镂空花球状，体呈圆锥形。通长11.7厘米（图六六，3；图版六〇，3）。

银耳环　1件。M35：4，呈"S"形，一端尖锐呈钩状，另一端为圆饼状。通高3.3厘米（图六六，4；图版八二，4）。

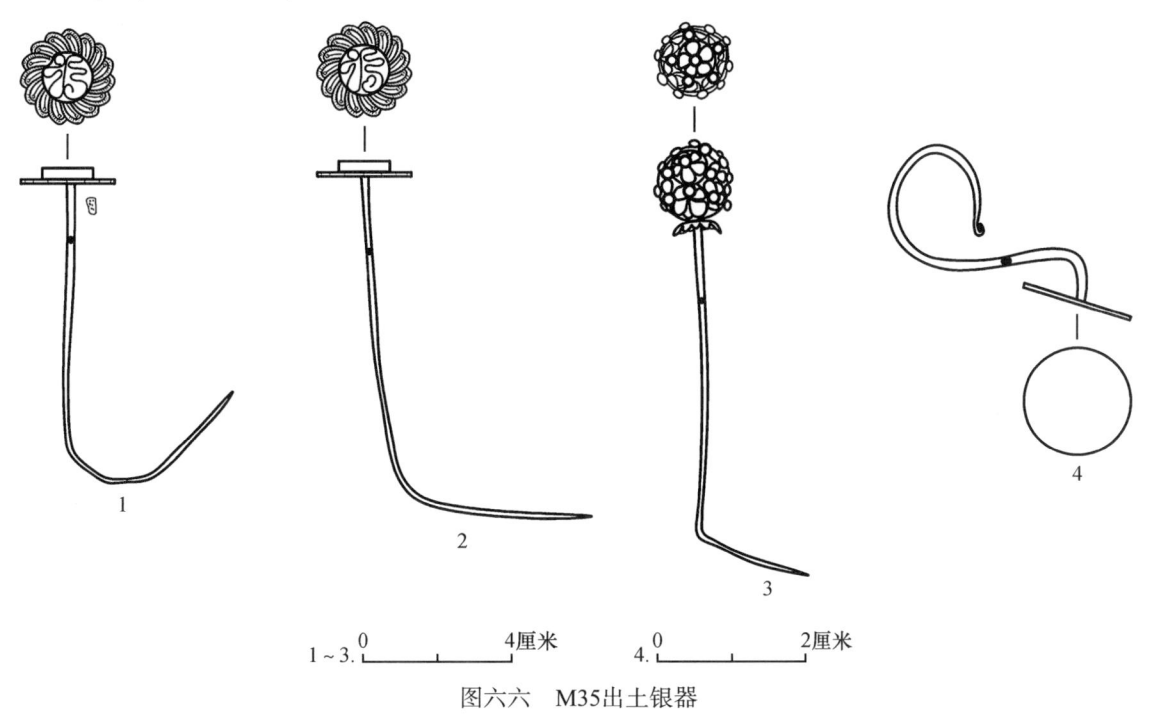

图六六　M35出土银器
1~3.银簪（M35：1、M35：2、M35：3）　4.银耳环（M35：4）

铜钱　8枚。有乾隆通宝、道光通宝、光绪通宝。

乾隆通宝　2枚。平钱，圆形，方穿，正面楷书"乾隆通寶"四字，直读，背穿左右为满文"宝泉"局名。M35：5-1，正背面郭缘较宽。钱径2.45、穿径0.65、郭厚0.15厘米（图六七，1）。M35：5-2，小平钱，正背面郭缘较窄。钱径1.79、穿径0.65、郭厚0.05厘米（图六七，2）。

道光通宝　1枚。M35：5-3，小平钱，圆形，方穿，正背面郭缘较窄，正面楷书"道光通寶"四字，直读，背穿左右为满文"宝泉"局名。钱径1.67、穿径0.65、郭厚0.1厘米（图六七，3）。

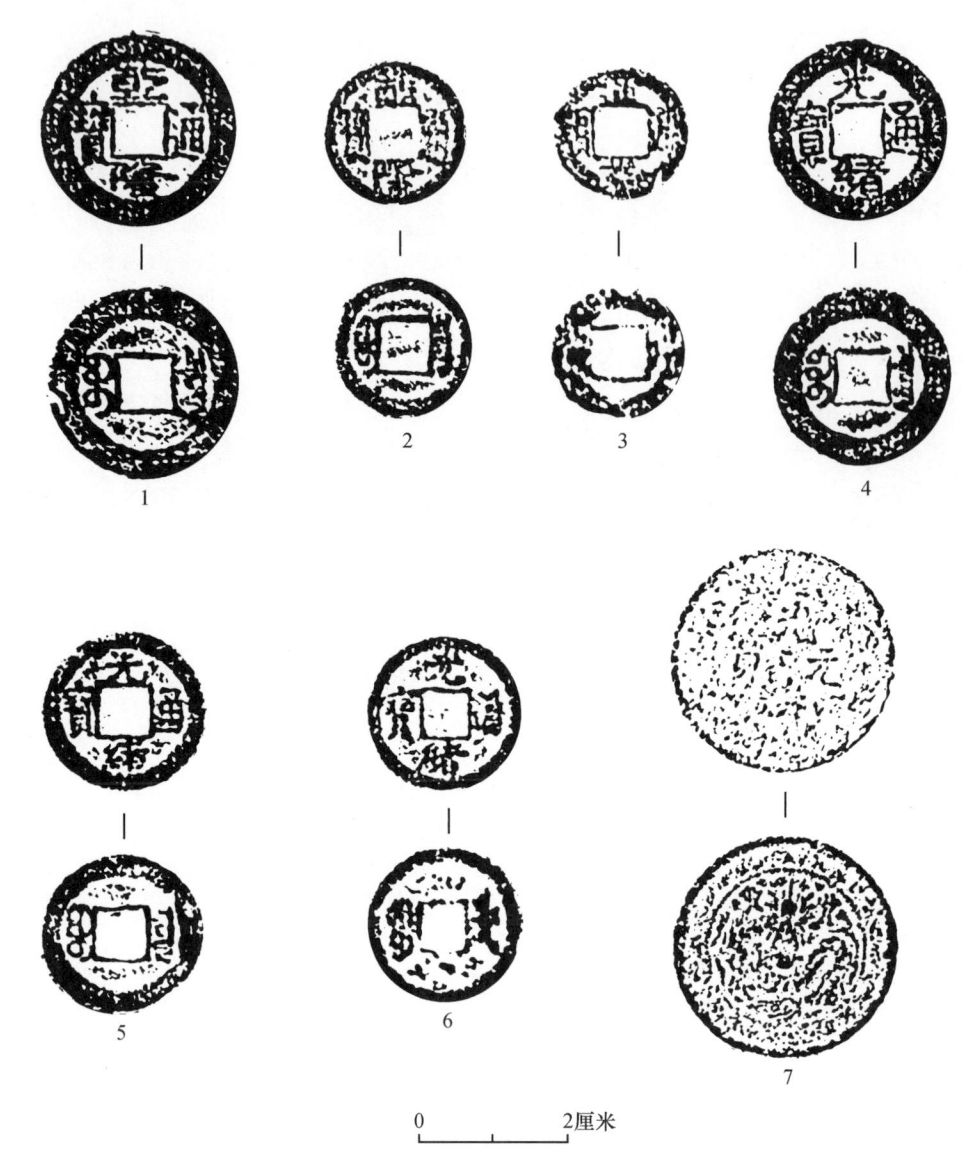

图六七　M35出土铜钱（拓片）

1、2. 乾隆通宝（M35：5-1、M35：5-2）　3. 道光通宝（M35：5-3）　4~6. 光绪通宝（M35：5-4、M35：5-5、M35：5-6）
7. 光绪元宝（M35：6）

光绪通宝　5枚。平钱，圆形，方穿，正面楷书"光緒通寶"四字，直读。标本M35：5-4，正背面郭缘略宽，背穿左右为满文"宝泉"局名。钱径2.28、穿径0.6、郭厚0.12厘米（图六七，4）。标本M35：5-5，小平钱，正背面郭缘略宽，背穿左右为满文"宝泉"局名。钱径2、穿径0.64、郭厚0.09厘米（图六七，5）。标本M35：5-6，小平钱，正背面郭缘较窄，背穿左右为满文"宝源"局名。钱径2、穿径0.6、郭厚0.06厘米（图六七，6）。

光绪元宝　1枚。M35：6，大平钱，圆形，正背面郭缘较窄，正面楷书"光緒元寶"四字，直读，背面铸蟠龙戏火珠纹。钱径2.75、郭厚0.15厘米（图六七，7）。

三六、M36

1. 墓葬形制

该墓位于发掘区西南部，东邻M27。开口于第1层下，南北向，方向1°。

墓平面呈不规则形，竖穴土圹双棺合葬墓。墓口距地表深0.3米，墓底距地表深1.22~1.42米。墓圹南北长2.76~2.88、东西宽1.64、深0.92~1.12米。内填花土，土质松软。内置双棺，东棺棺木已朽。东棺痕长1.94、宽0.58~0.64米；棺内骨架保存较差，仅存零碎人骨，上方放置长21、宽14~18、厚1厘米的板瓦1块，葬式、性别不明。西棺长2.1、宽0.52~0.64、残高0.24米，棺板厚0.02米；棺内骨架保存稍好，头移位向西，面向下，仰身直肢，为女性（图六八）。

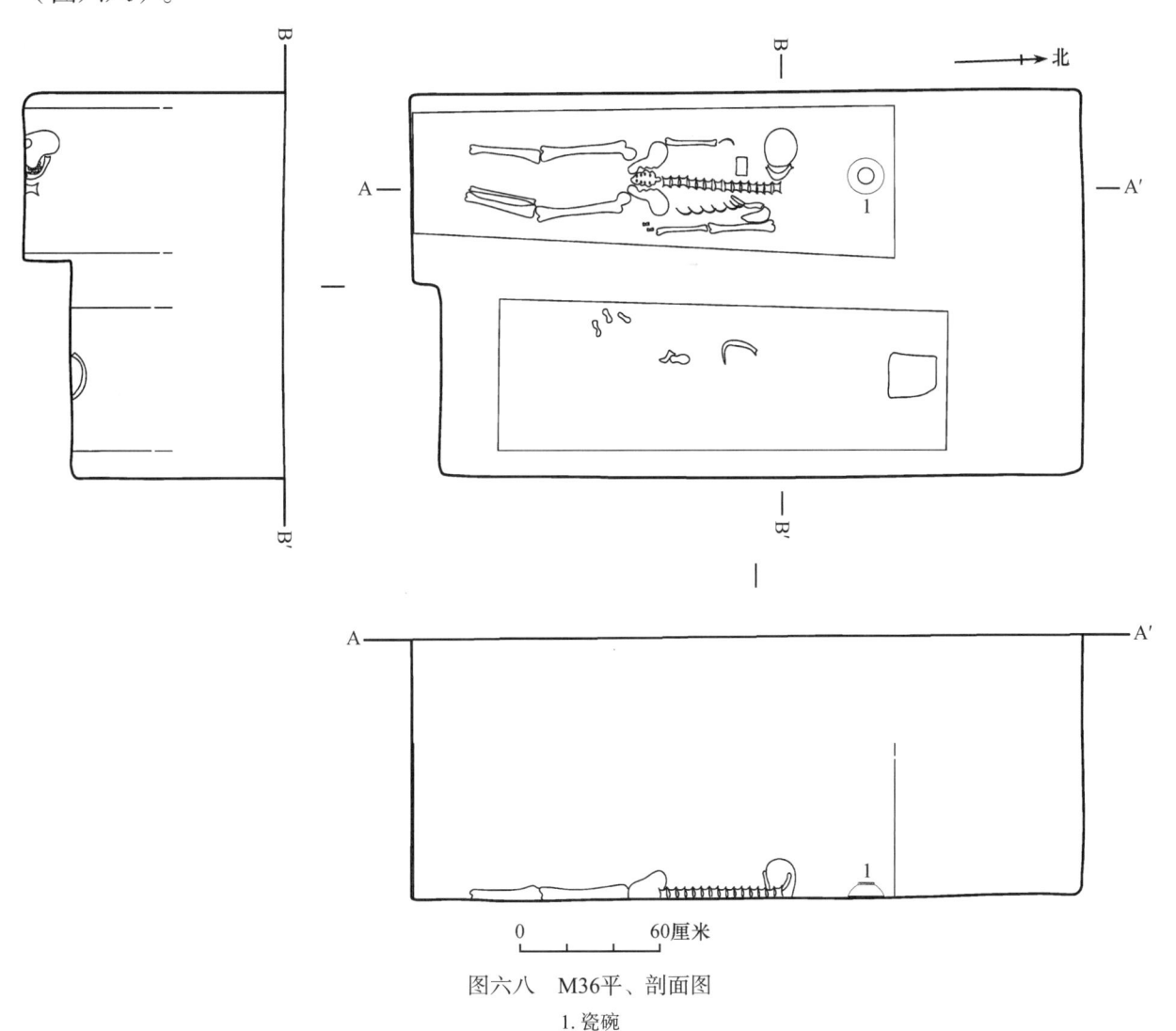

图六八 M36平、剖面图
1. 瓷碗

2. 随葬品

西棺内头骨上方出土瓷碗1件。

瓷碗　1件。M36:1，敞口，方唇，浅弧腹，矮圈足。灰褐色胎，体施青色釉，圈足无釉。轮制。口径15.1、底径6.8、高6.1厘米（图六九；图版五二，2）。

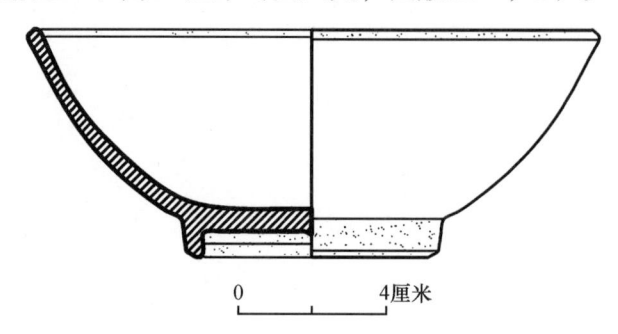

图六九　M36出土瓷碗（M36:1）

三七、M37

1. 墓葬形制

该墓位于发掘区西南部，西邻M21。开口于第1层下，南北向，方向3°。

墓平面呈梯形，竖穴土圹双棺合葬墓。墓口距地表深0.3米，墓底距地表深1.32～1.52米。墓圹南北长2.28、东西宽1.81～1.93、深1.02～1.22米。内填花土，土质松软。内置双棺，棺木已朽。东棺痕长1.92、宽0.52～0.58米；棺内骨架保存较差，头移位向北，面向西，仰身直肢，为男性。西棺痕长1.8、宽0.58～0.66米；棺内骨架保存较差，头向北，面向西，仰身直肢，为女性（图七〇）。

2. 随葬品

西棺内头骨下方出土银簪2件，头骨上方出土银耳环1件。

银簪　2件。簪首呈花朵状，花蕊包珠，珠子缺失，体上部弯曲呈扁条状，下部圆锥状，通体鎏金。M37:1，通长11.2厘米（图七一，1；图版六〇，4）。M37:2，通长9.1厘米（图七一，2；图版六〇，5）。

银耳环　1件。M37:3，呈"S"形，一端尖锐呈钩状，另一端为半球状。通长2.6厘米（图七一，3；图版八二，5）。

第二章 墓葬介绍

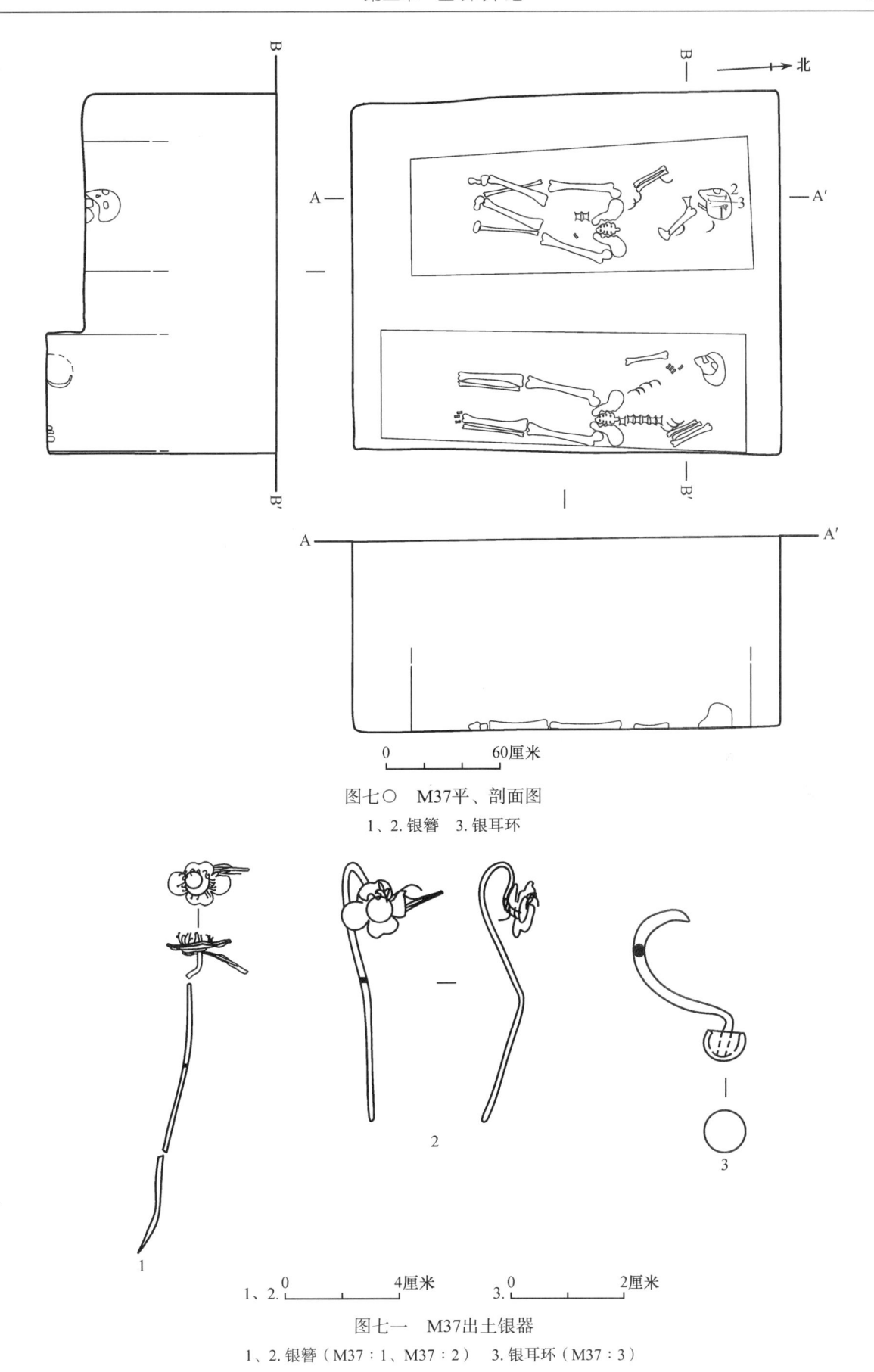

图七〇 M37平、剖面图
1、2. 银簪 3. 银耳环

图七一 M37出土银器
1、2. 银簪（M37:1、M37:2） 3. 银耳环（M37:3）

三八、M38

1. 墓葬形制

该墓位于发掘区西南部，北邻M39。开口于第1层下，南北向，方向359°。

墓平面呈梯形，竖穴土圹单棺墓。墓口距地表深0.3米，墓底距地表深1.1米。墓圹南北长2.28、东西宽1.81~1.94、深0.8米。内填花土，土质松软。内置单棺，棺木已朽。棺痕长1.77、宽0.54~0.56米；棺内骨架保存稍好，头向北，面向上，胸椎骨上方放置长18、宽15~16、厚1厘米的板瓦1块（图版九六，1），仰身直肢，为男性（图七二）。

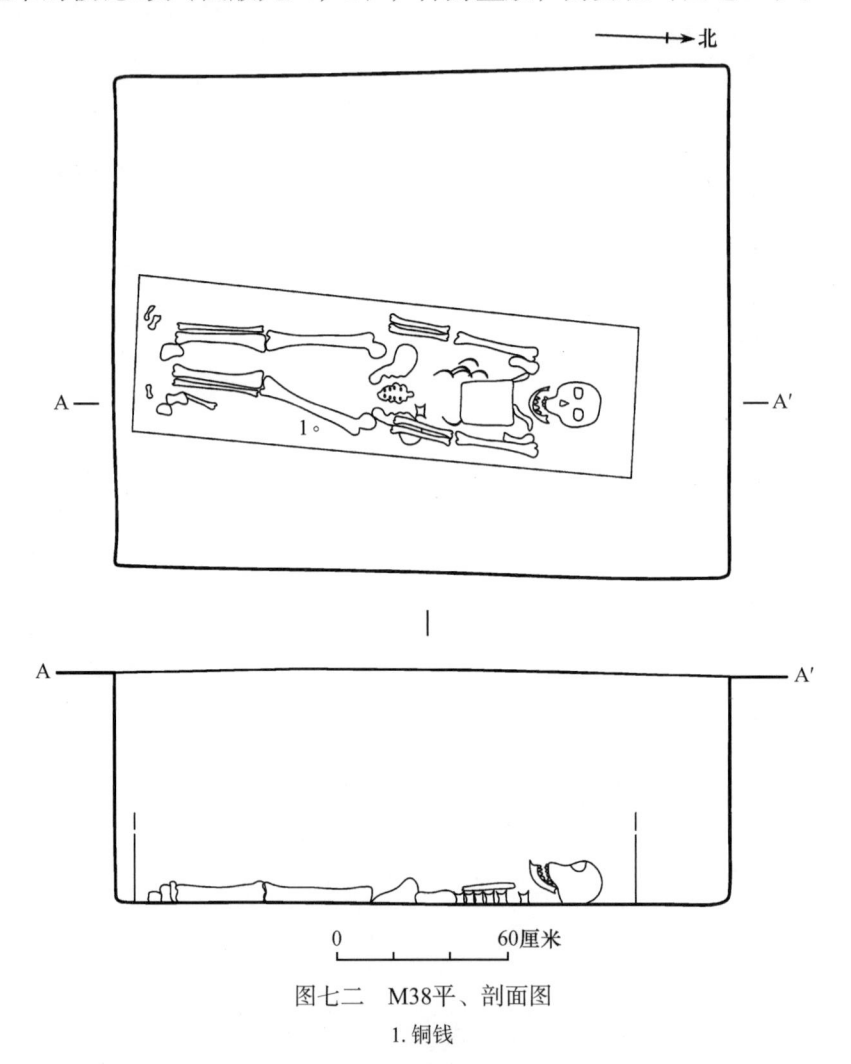

图七二　M38平、剖面图
1. 铜钱

2. 随葬品

棺内左下肢骨外侧上部出土铜钱1枚。

乾隆通宝　1枚。M38：1，平钱，圆形，方穿，正背面郭缘略窄，正面楷书"乾隆通寶"四字，直读，背穿左右为满文"宝泉"局名。钱径2.31、穿径0.6、郭厚0.15厘米（图七三）。

图七三　M38出土乾隆通宝（M38：1）（拓片）

三九、M39

1. 墓葬形制

该墓位于发掘区西南部，南邻M38。开口于第1层下，南北向，方向5°。

墓平面呈梯形，竖穴土圹双棺合葬墓。墓口距地表深0.3米，墓底距地表深1.16～1.3米。墓圹南北长2.39、东西宽1.7～1.8、深0.86～1米。内填花土，土质松软。内置双棺，棺木已朽。东棺痕长1.84、宽0.5米；棺内骨架保存较好，头向北，面向上，头骨右侧放置长14～16、宽10、厚1厘米的板瓦1块（图版九六，2），仰身直肢，为男性。西棺痕长1.8、宽0.46～0.6米；棺内骨架保存较好，头向上，面向南，头骨左侧放置长20、宽20、厚1厘米的板瓦1块，仰身直肢，为女性（图七四；图版九，2）。

2. 随葬品

东棺内下肢骨内侧下部出土铜环1件；西棺外前方出土陶罐1件。

陶罐　1件。M39：1，泥质灰陶。侈口，平沿，矮领，溜肩，斜腹微弧，平底，肩及腹部置对称倒鼻形双系。手轮兼制，体留有轮旋痕迹。口径12.4、腹径13、底径8.2、高11厘米（图七五，1；图版四二，2）。

铜环　1件。M39：2，圆环形。直径3.1厘米（图七五，2；图版九一，3）。

·68·　　　　　　　　　　　　　　　　　　大兴东庄营考古发掘报告

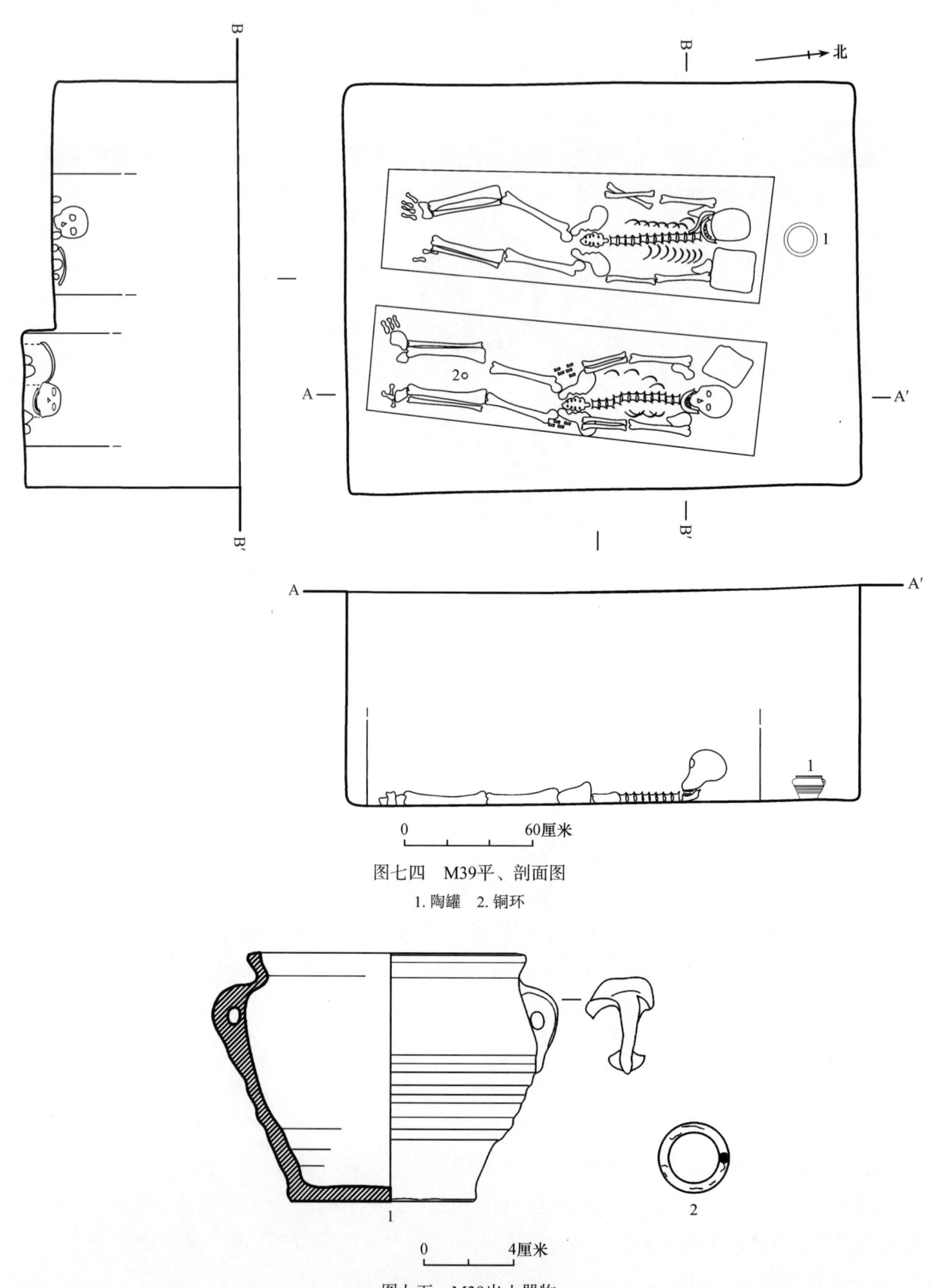

图七四　M39平、剖面图
1. 陶罐　2. 铜环

图七五　M39出土器物
1. 陶罐（M39:1）　2. 铜环（M39:2）

四〇、M40

1. 墓葬形制

该墓位于发掘区西南部，东邻M39。开口于第1层下，南北向，方向2°。

墓平面呈梯形，竖穴土圹双棺合葬墓。墓口距地表深0.3米，墓底距地表深1.24~1.4米。墓圹南北长2.47、东西宽1.43~1.62、深0.94~1.1米。内填花土，土质松软。内置双棺，棺木已朽。东棺痕长1.98、宽0.58~0.64米；棺内骨架保存较好，头向北，面向上，腰椎骨上方放置长18、宽16~18、厚1厘米的板瓦1块（图版九六，3），仰身直肢，为男性。西棺痕长1.81、宽0.44~0.56米；棺内骨架保存稍差，头向北，面向东，盆骨上方放置长20、宽16~18、厚1厘米的板瓦1块，仰身直肢，为女性（图七六；图版一〇，1）。

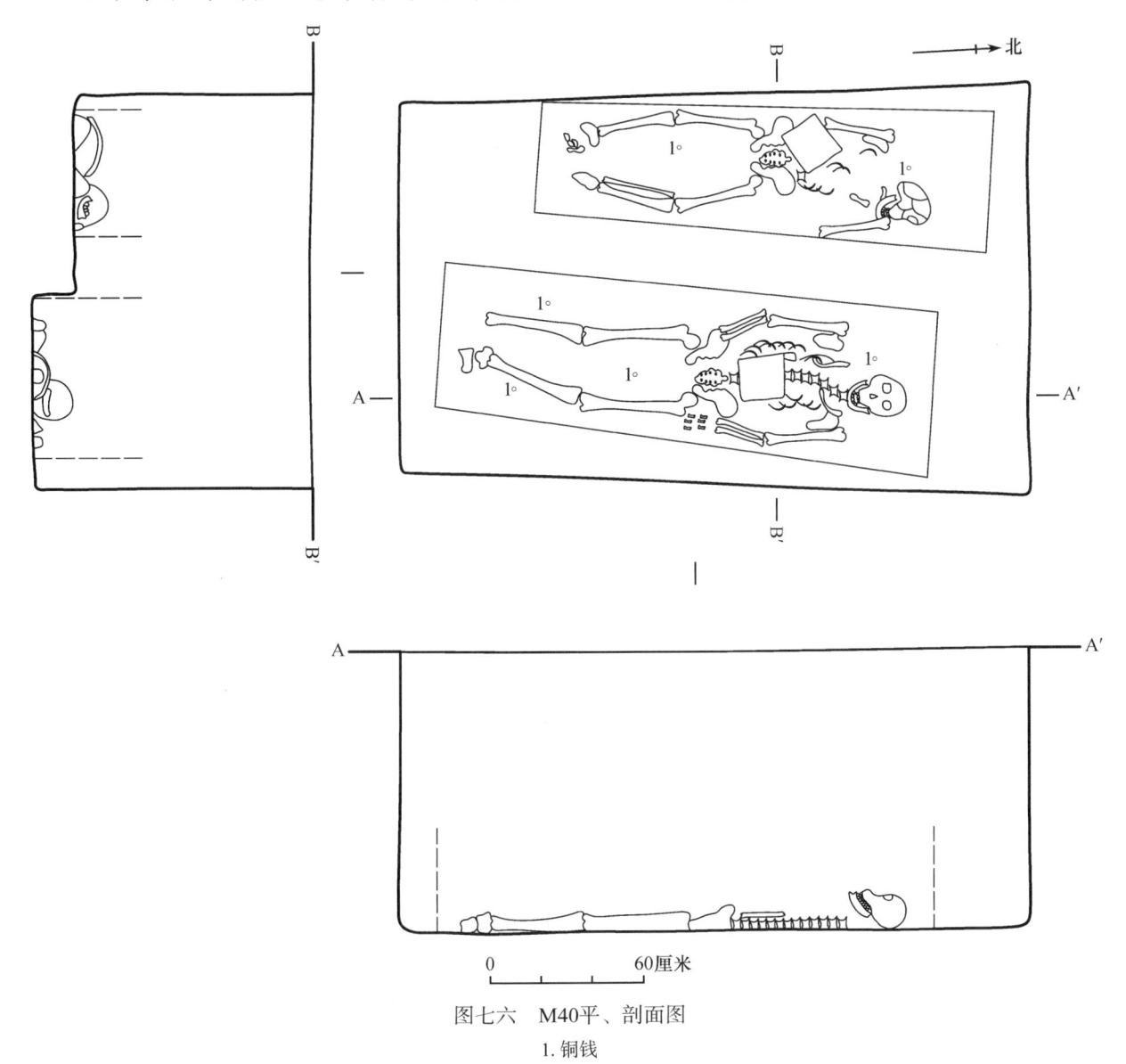

图七六　M40平、剖面图
1. 铜钱

2. 随葬品

东棺内头骨右侧及下肢骨内、外侧出土铜钱4枚；西棺内头骨右侧及右下肢骨内侧中部出土铜钱2枚。

铜钱　6枚。有嘉庆通宝、道光通宝。

嘉庆通宝　3枚。标本M40∶1-1，平钱，圆形，方穿，正背面郭缘较宽，正面楷书"嘉慶通寶"四字，直读，背穿左右为满文"宝泉"局名。钱径2.55、穿径0.58、郭厚0.14厘米（图七七，1）。

道光通宝　3枚。标本M40∶1-2，平钱，圆形，方穿，正背面郭缘略宽，正面楷书"道光通寶"四字，直读，背穿左右为满文"宝泉"局名。钱径2.31、穿径0.62、郭厚0.18厘米（图七七，2）。

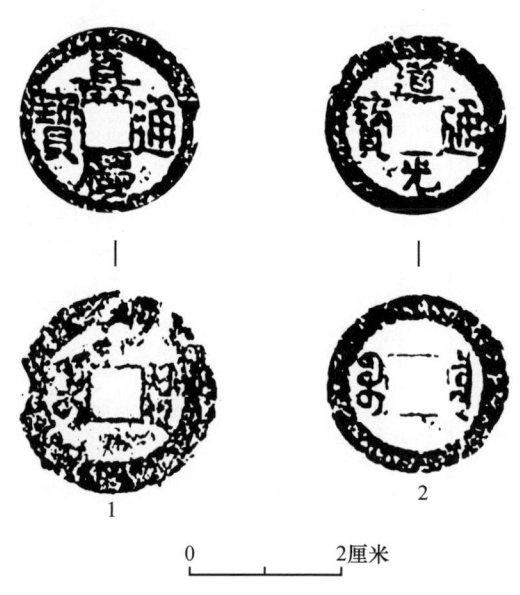

图七七　M40出土铜钱（拓片）
1. 嘉庆通宝（M40∶1-1）　2. 道光通宝（M40∶1-2）

四一、M41

1. 墓葬形制

该墓位于发掘区西南部，东邻M43。开口于第1层下，南北向，方向2°。

墓平面呈不规则形，竖穴土圹双棺合葬墓。墓口距地表深0.3米，墓底距地表深1.44米。墓圹南北长2.1~2.52、东西宽1.95~2、深1.14米。内填花土，土质松软。内置双棺，棺木已朽。东棺痕长1.68、宽0.5~0.6米；棺内骨架保存较差，头向北，面向东，仰身屈肢，为男性。西棺痕长1.7、宽0.62~0.66米；棺内骨架保存较差，头向西北，面向西南，仰身屈肢，为女性（图七八）。

图七八　M41平、剖面图
1、2.瓷盖　3.瓷碗

2. 随葬品

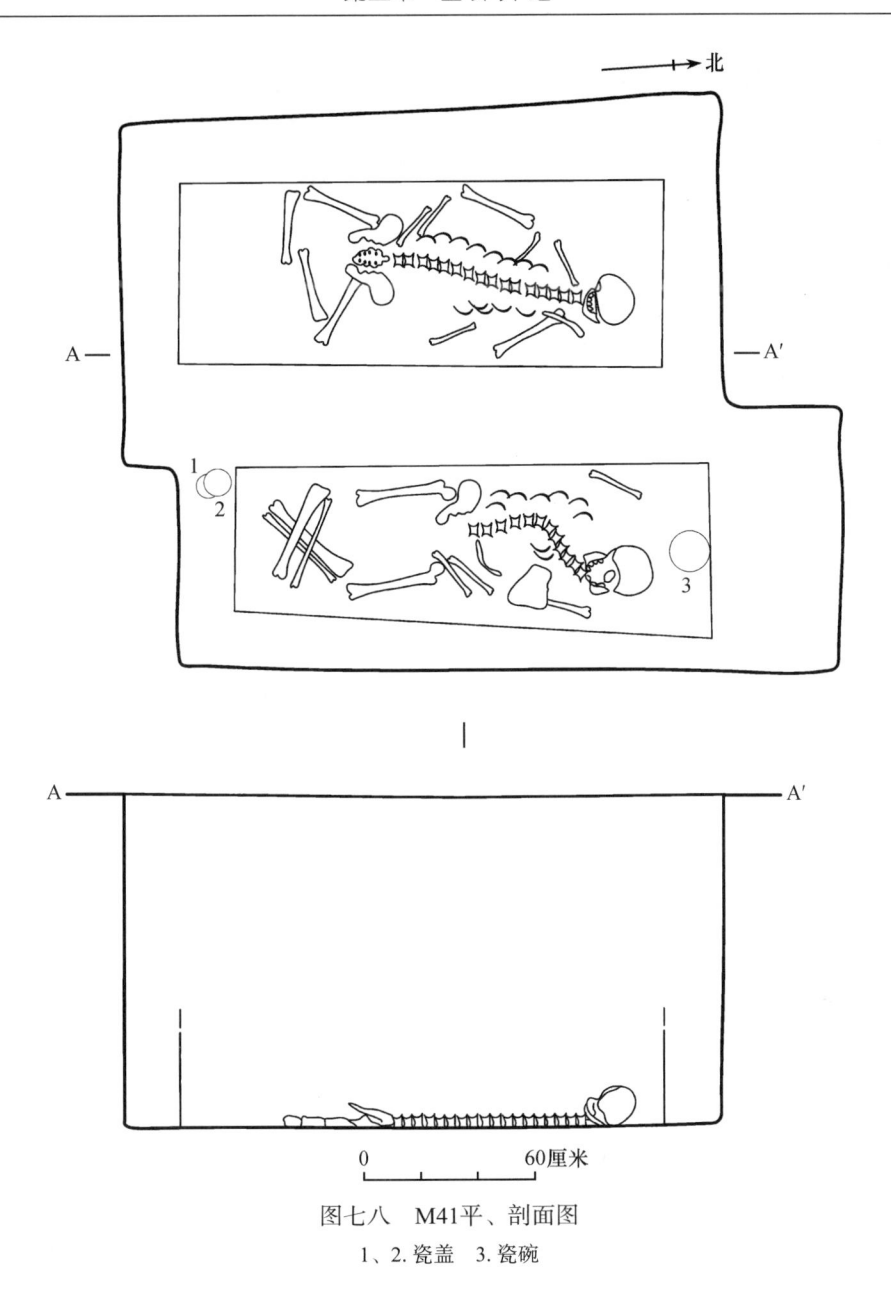

东棺内头骨上方出土瓷碗1件，棺外右下方出土瓷盖2件。

瓷盖　2件。M41：1，蘑菇状，敛口，宽平沿，盖沿方圆唇，外壁施酱色釉，口沿及内壁无釉。直径9.5、口径7.1、高2.5厘米（图七九，2；图版五三，1）。M41：2，蘑菇状，敛口，宽平沿，盖沿圆唇，外壁施黑色釉，口沿及内壁无釉。直径8.6、口径6.7、高2.2厘米（图七九，3；图版五三，2）。

瓷碗　1件。M41：3，敞口，方唇，浅弧腹，矮圈足。灰褐色胎，体施青色釉，圈足无釉。轮制。口径14.2、底径6.6、高5.9厘米（图七九，1；图版五二，3）。

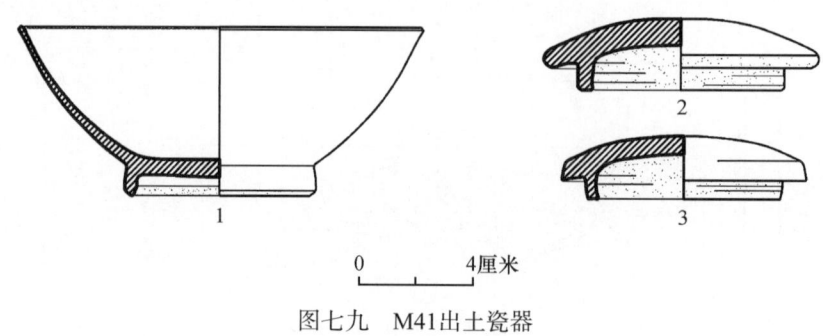

图七九　M41出土瓷器
1. 瓷碗（M41:3）　2、3. 瓷盖（M41:1、M41:2）

四二、M42

1. 墓葬形制

该墓位于发掘区西南部，北邻M41。开口于第1层下，南北向，方向2°。

墓平面呈长方形，竖穴土圹双棺合葬墓。墓口距地表深0.3米，墓底距地表深1.6米。墓圹南北长2.58、东西宽2.39、深1.3米。内填花土，土质松软。内置双棺，棺木已朽。东棺痕长1.96、宽0.56～0.6米；棺内骨架保存稍差，头向北，面向西，仰身直肢，为男性。西棺痕长1.9、宽0.54～0.64米；棺内骨架保存较差，头向北，面向上，仰身直肢，为女性（图八〇；图版一〇，2）。

2. 随葬品

东棺内下肢骨内侧上部出土铜钱1枚、铜币1枚。

道光通宝　1枚。M42:1，平钱，圆形，方穿，正背面郭缘略窄，正面楷书"道光通寶"四字，直读，背穿左右为满文"宝泉"局名。钱径2.25、穿径0.6、郭厚0.11厘米（图八一，1）。

光绪元宝　1枚。M42:2，大平钱，圆形，正背面郭缘较窄，正面珠圈内楷书"光緒元寶"四字，直读，背面珠圈内铸蟠龙戏火珠纹。钱径2.75、郭厚0.12厘米（图八一，2）。

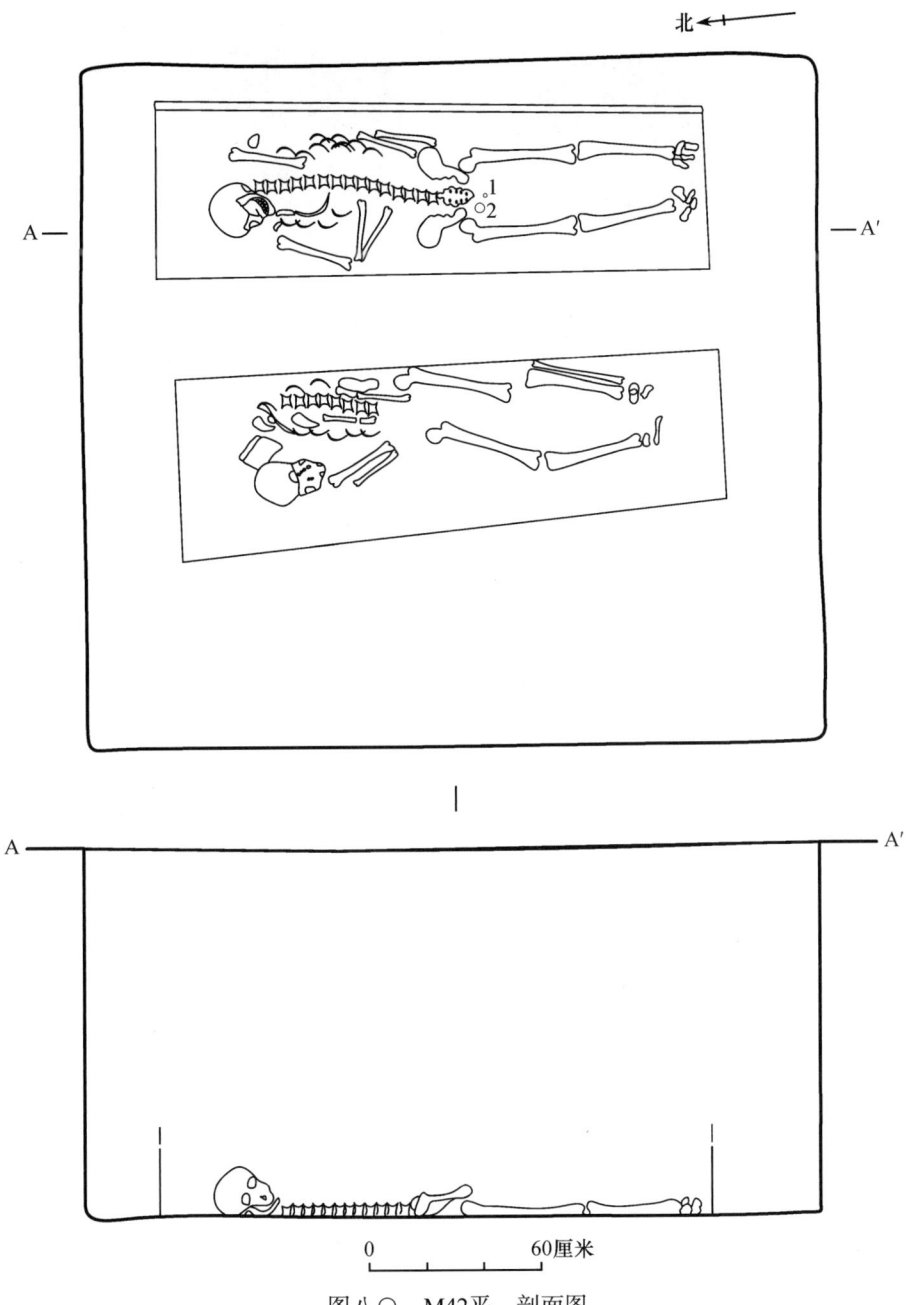

图八〇　M42平、剖面图
1. 铜钱　2. 铜币

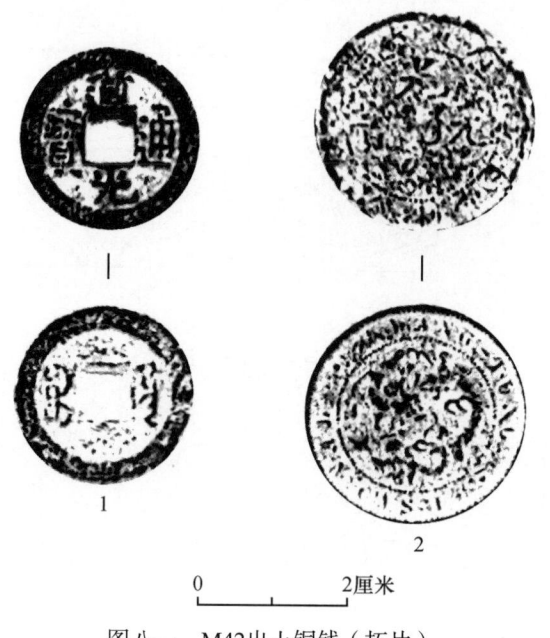

图八一　M42出土铜钱（拓片）
1. 道光通宝（M42∶1）　2. 光绪元宝（M42∶2）

四三、M43

1. 墓葬形制

该墓位于发掘区西南部，南邻M44。开口于第1层下，南北向，方向2°。

墓平面呈长方形，竖穴土圹双棺合葬墓。墓口距地表深0.3米，墓底距地表深1.82米。墓圹南北长2.6、东西宽2.11、深1.52米。内填花土，土质松软。内置双棺，棺木已朽。东棺痕长2.08、宽0.6～0.7米；棺内骨架保存较差，头向北，面向西，仰身屈肢，为男性。西棺痕长2.04、宽0.48～0.61米；棺内骨架保存较差，头移位向北，面向下，仰身直肢，为女性（图八二）。

2. 随葬品

东、西棺外下方中部出土瓷碗1件，西棺内左上肢骨上部出土铜戒指1件。

瓷碗　1件。M43∶1，敞口，沿外撇，尖圆唇，斜弧腹，下腹折收，矮圈足，内涩底。灰褐色粗胎，上腹部施黑色釉，下腹部及内壁施乳白色釉，圈足无釉。轮制。口径16.4、底径6.8、高7.7厘米（图八三，1；图版五四，1）。

铜戒指　1件。M43∶2，圆环形，戒面呈扁鼓状。直径1.7、宽0.8厘米（图八三，2；图版九一，4）。

第二章　墓葬介绍

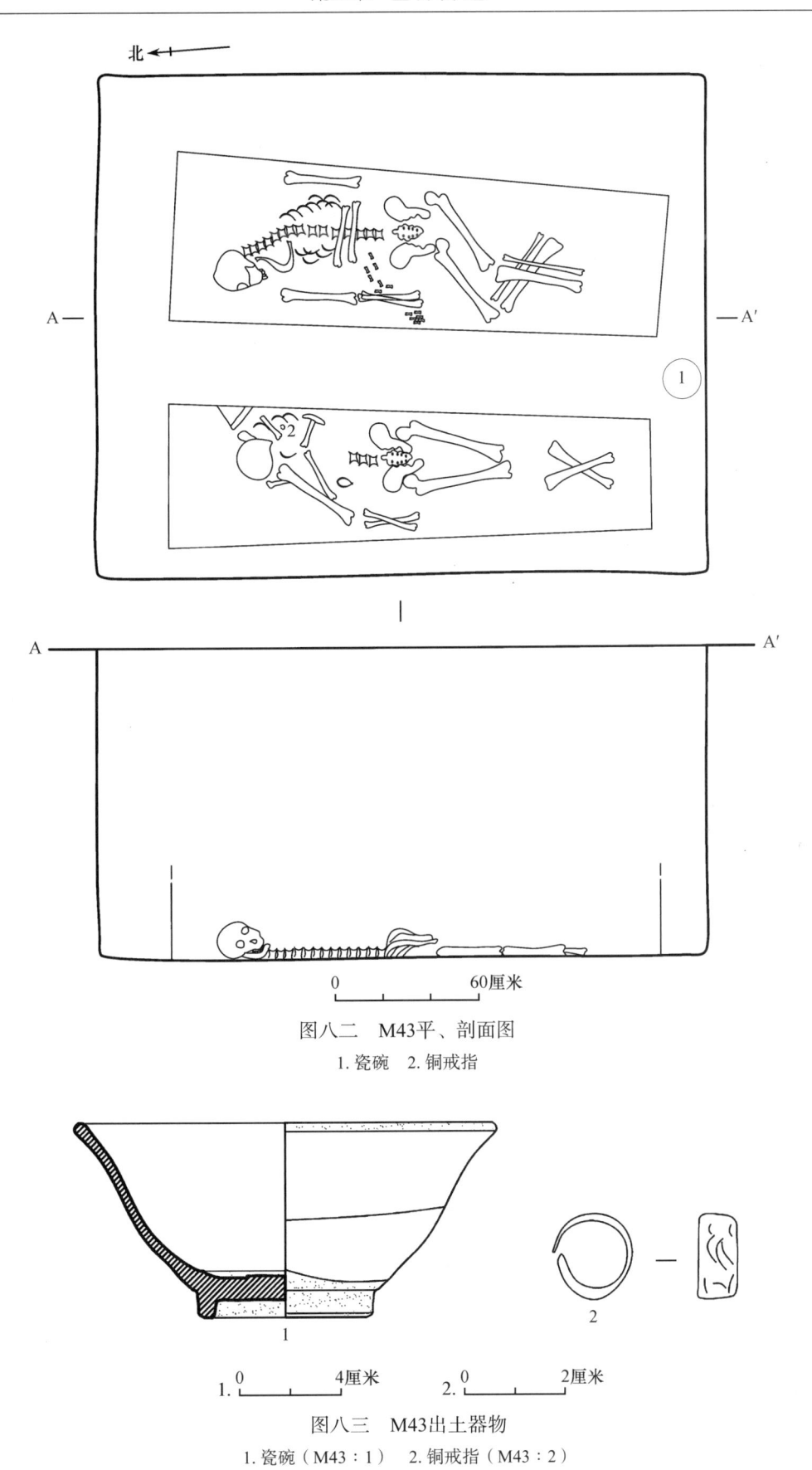

图八二　M43平、剖面图
1. 瓷碗　2. 铜戒指

图八三　M43出土器物
1. 瓷碗（M43∶1）　2. 铜戒指（M43∶2）

四四、M44

1. 墓葬形制

该墓位于发掘区西南部，北邻M43。开口于第1层下，南北向，方向2°。

墓平面呈梯形，竖穴土圹三棺合葬墓。墓口距地表深0.3米，墓底距地表深1.78米。墓圹南北长2.38、东西宽2.82~2.95、深1.48米。内填花土，土质松软。内置三棺，棺木已朽。东棺痕长1.94、宽0.6~0.66米；棺内骨架保存稍差，头向北，面向上，胸椎骨上方放置长20、宽18~22、厚1厘米的板瓦1块，仰身直肢，为男性。中棺痕长1.7、宽0.54~0.7米；棺内骨架保存较差，头移位向西，面向北，仰身直肢，为女性。西棺痕长1.8、宽0.54~0.6米；棺内骨架保存较好，头向北，面向上，胸椎骨上方放置长22、宽18~20、厚1厘米的板瓦1块，仰身直肢，为女性（图八四；图版一一，1）。

2. 随葬品

东棺内头骨左上方出土铜钱1枚、铜币2枚；中棺内头骨上方及下肢骨内外侧上部出土铜钱6枚。

铜钱　7枚。有康熙通宝、咸丰通宝、光绪通宝。

康熙通宝　5枚。标本M44∶1-1，平钱，圆形，方穿，正背面郭缘略宽，正面楷书"康熙通寶"四字，直读，背穿左右为满文"宝泉"局名。钱径2.45、穿径0.55、郭厚0.1厘米（图八五，1）。

咸丰通宝　1枚。M44∶1-2，平钱，圆形，方穿，正背面郭缘稍窄，正面楷书"咸豐通寶"四字，直读，背穿左右为满文"宝泉"局名。钱径2.3、穿径0.7、郭厚0.15厘米（图八五，2）。

光绪通宝　1枚。M44∶1-3，平钱，圆形，方穿，正背面郭缘略宽，正面楷书"光緒通寶"四字，直读，背穿左右为满文"宝泉"局名。钱径2.2、穿径0.6、郭厚0.15厘米（图八五，3）。

光绪元宝　2枚。标本M44∶2-1，大平钱，圆形，正背面郭缘较窄，正面楷书"光緒元寶"四字，直读，背面铸蟠龙戏火珠纹。钱径3.2、郭厚0.15厘米（图八五，4）。

第二章 墓葬介绍

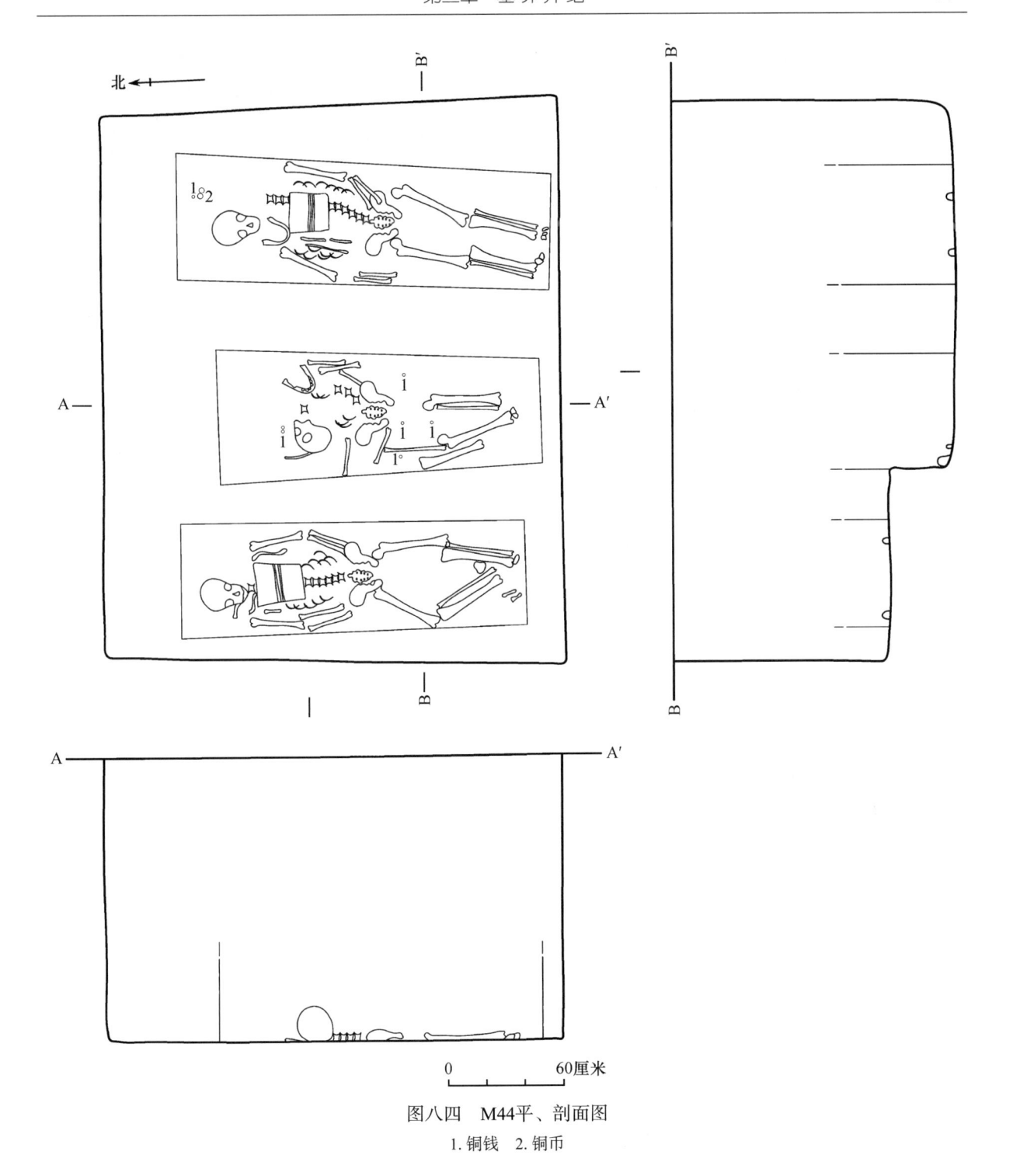

0　　　60厘米

图八四　M44平、剖面图
1. 铜钱　2. 铜币

图八五　M44出土铜钱（拓片）

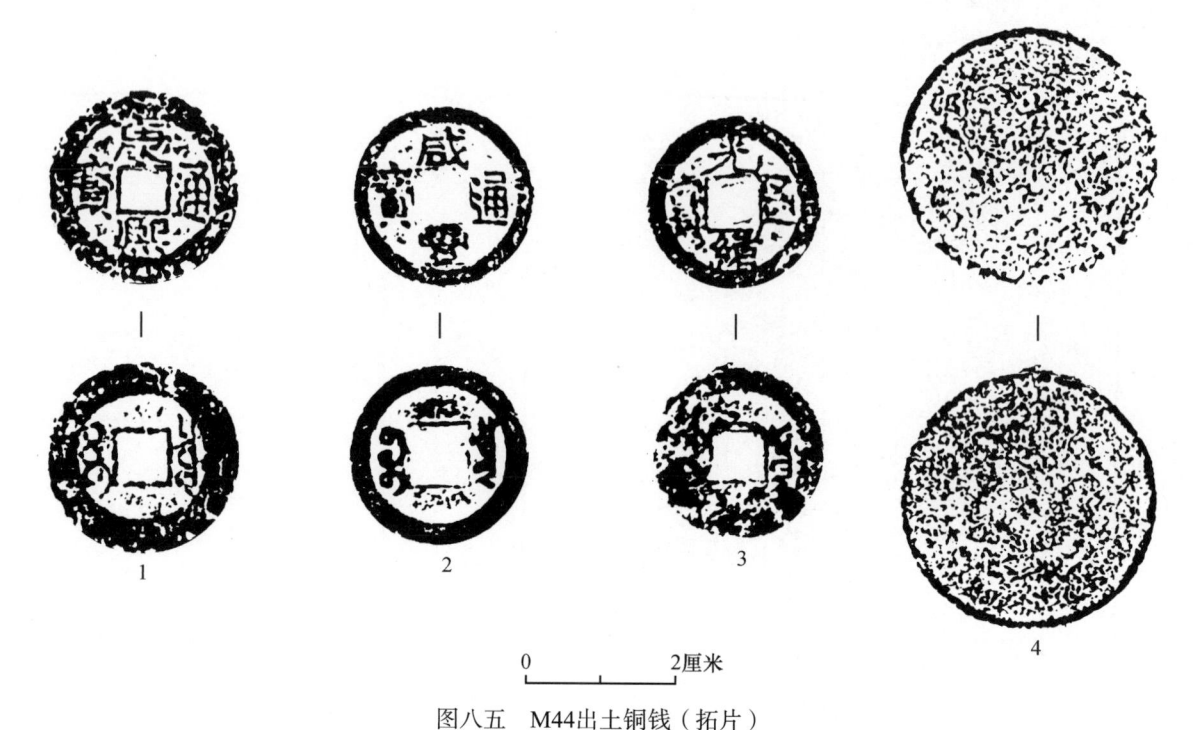

1. 康熙通宝（M44：1-1）　2. 咸丰通宝（M44：1-2）　3. 光绪通宝（M44：1-3）　4. 光绪元宝（M44：2-1）

四五、M45

1. 墓葬形制

该墓位于发掘区西南部，南邻M46。开口于第1层下，南北向，方向3°。

墓平面呈不规则形，竖穴土圹双棺合葬墓。墓口距地表深0.3米，墓底距地表深1.1～1.52米。墓圹南北长2.4～2.6、东西宽1.8、深0.8～1.22米。内填花土，土质松软。内置双棺，棺木已朽。东棺痕长1.8、宽0.5～0.65米；棺内骨架保存稍好，头向北，面向西，腰椎骨左上方放置长20、宽18～20、厚1厘米的板瓦1块，仰身直肢，为男性。西棺痕长1.62、宽0.42～0.56米；棺内骨架保存较差，头移位向东北，面向下，右上肢骨外侧放置长20、宽18～20、厚1厘米的板瓦1块，侧身屈肢，为女性（图八六；图版一一，2）。

2. 随葬品

西棺内下肢骨内侧上部出土铜钱5枚、铜币3枚。

康熙通宝　3枚。标本M45：1-1，平钱，圆形，方穿，正背面郭缘较宽，正面楷书"康熙通寳"四字，直读，背穿左右为满文"宝泉"局名。钱径2.4、穿径0.5、郭厚0.15厘米（图八七，1）。

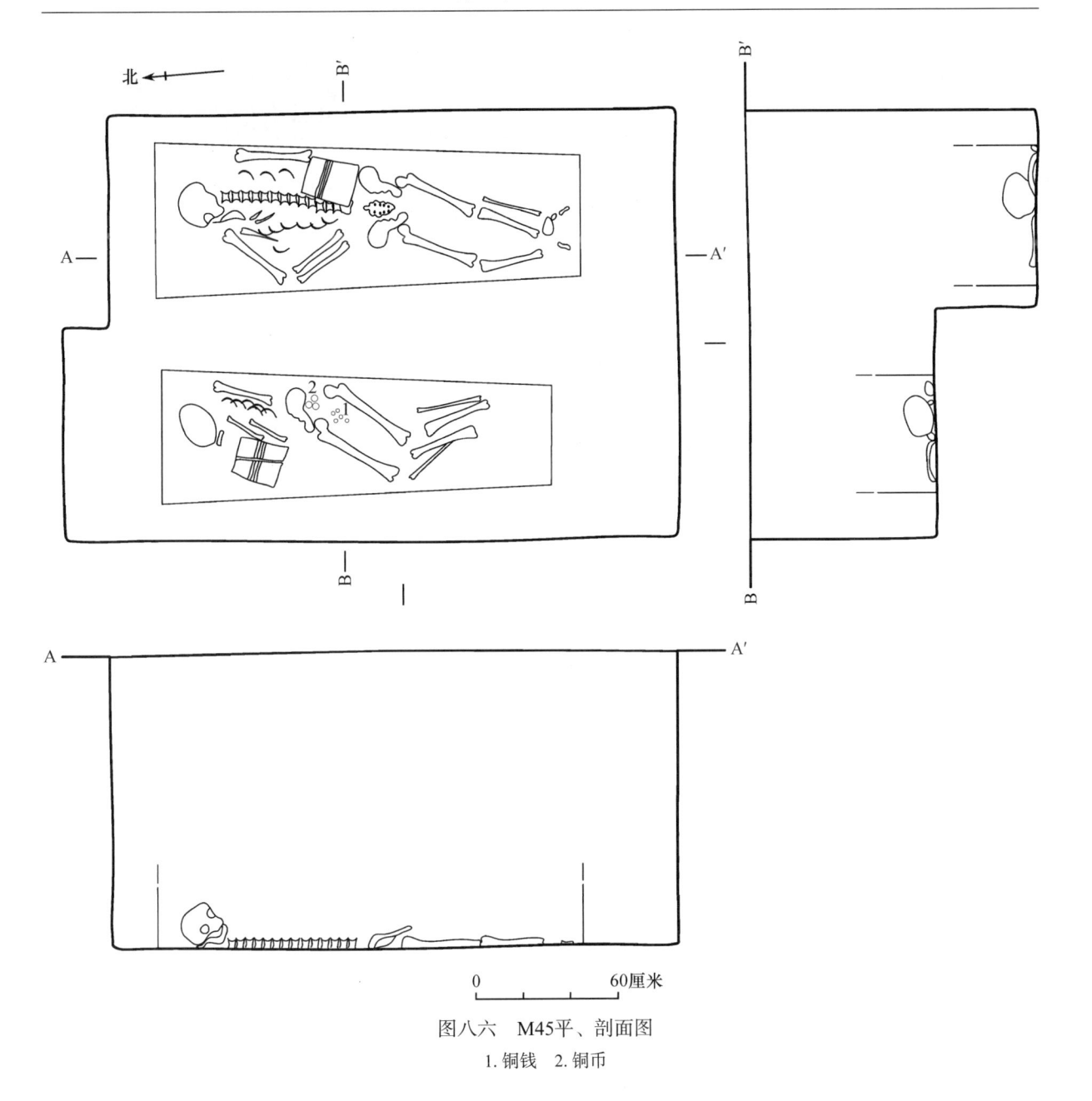

图八六 M45平、剖面图
1. 铜钱 2. 铜币

光绪通宝　2枚。标本M45:1-2，平钱，圆形，方穿，正背面郭缘较宽，正面楷书"光绪通寶"四字，直读，背穿左右为满文"宝泉"局名。钱径2.25、穿径0.55、郭厚0.1厘米（图八七，2）。

大清铜币　3枚。标本M45:2-1，大平钱，圆形，正背面郭缘较窄，正面珠圈内楷书"大清铜幣"四字，直读，背面铸蟠龙戏火珠纹。钱径2.8、郭厚0.15厘米（图八七，3）。

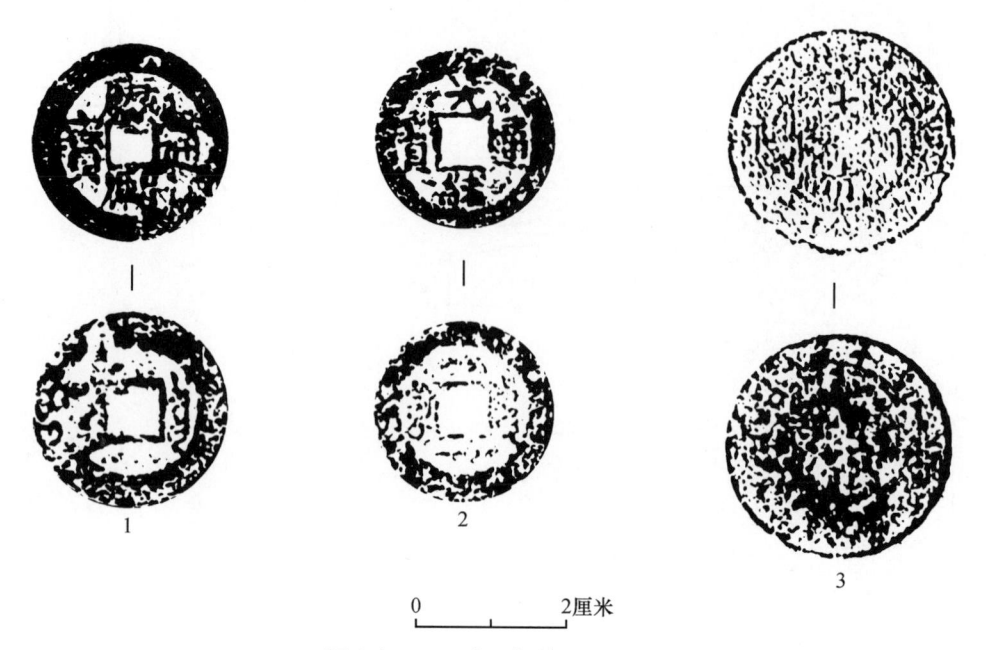

图八七　M45出土铜钱（拓片）

1. 康熙通宝（M45：1-1）　2. 光绪通宝（M45：1-2）　3. 大清铜币（M45：2-1）

四六、M46

1. 墓葬形制

该墓位于发掘区西南部，北邻M45。开口于第1层下，南北向，方向5°。

墓平面呈梯形，竖穴土圹双棺合葬墓。墓口距地表深0.3米，墓底距地表深1.4～1.5米。墓圹南北长2.41、东西宽1.8～1.86、深1.1～1.2米。内填花土，土质松软。内置双棺，棺木已朽。东棺痕长1.78、宽0.5～0.6米；棺内骨架保存稍好，头向西北，面向西南，右上肢骨上方放置长22、宽16～18、厚1厘米的板瓦1块，仰身直肢，为男性。西棺痕长1.8、宽0.6～0.8米；棺内骨架保存较差，头移位向北，面向下，腰椎骨上方放置长24、宽18～20、厚1厘米的板瓦1块，仰身直肢，为女性（图八八）。

2. 随葬品

东棺外前方出土瓷碗1件。

瓷碗　1件。M46：1，敞口，沿外撇，尖圆唇，深弧腹，矮圈足。灰褐色粗胎，体施青色釉，足底无釉。口沿及内壁饰两周弦纹，外腹部饰四组缠枝莲纹，内底饰一组折枝莲纹，底中部饰两周不规则弦纹。轮制。口径13.3、底径6.3、高7.4厘米（图八九；图版五一，1）。

第二章 墓葬介绍

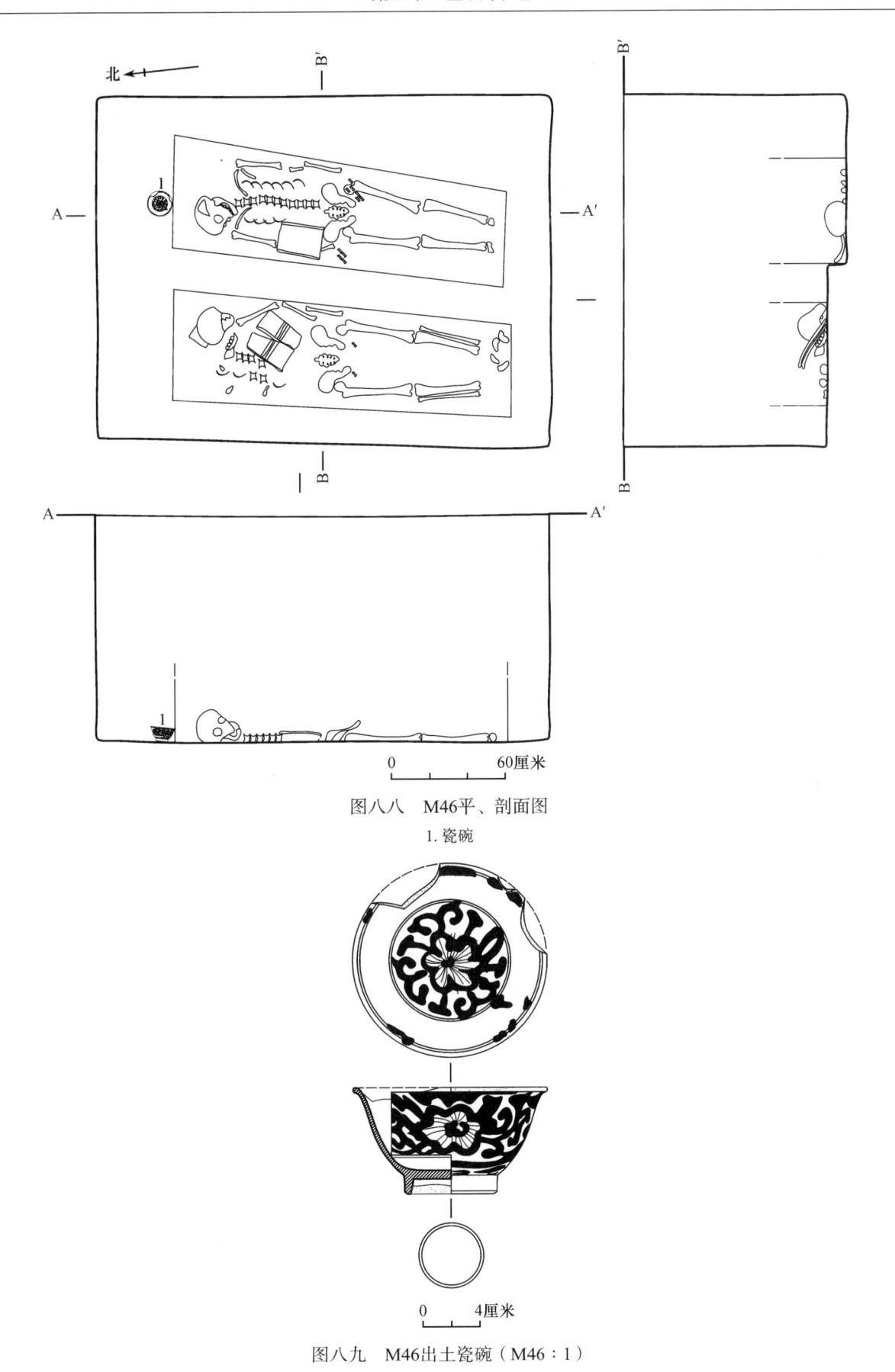

图八八 M46平、剖面图
1.瓷碗

图八九 M46出土瓷碗（M46∶1）

四七、M47

1. 墓葬形制

该墓位于发掘区西南部，北邻M44。开口于第1层下，南北向，方向5°。

墓平面呈梯形，竖穴土圹单棺墓。墓口距地表深0.3米，墓底距地表深1.4米。墓圹南北长2.5、东西宽1.21~1.3、深1.1米。内填花土，土质松软。内置单棺，棺木已朽。棺痕长1.89、宽0.53~0.55米；棺内骨架保存较差，仅存头骨及小腿骨，头移位向北，面向下，葬式、性别不明（图九〇）。

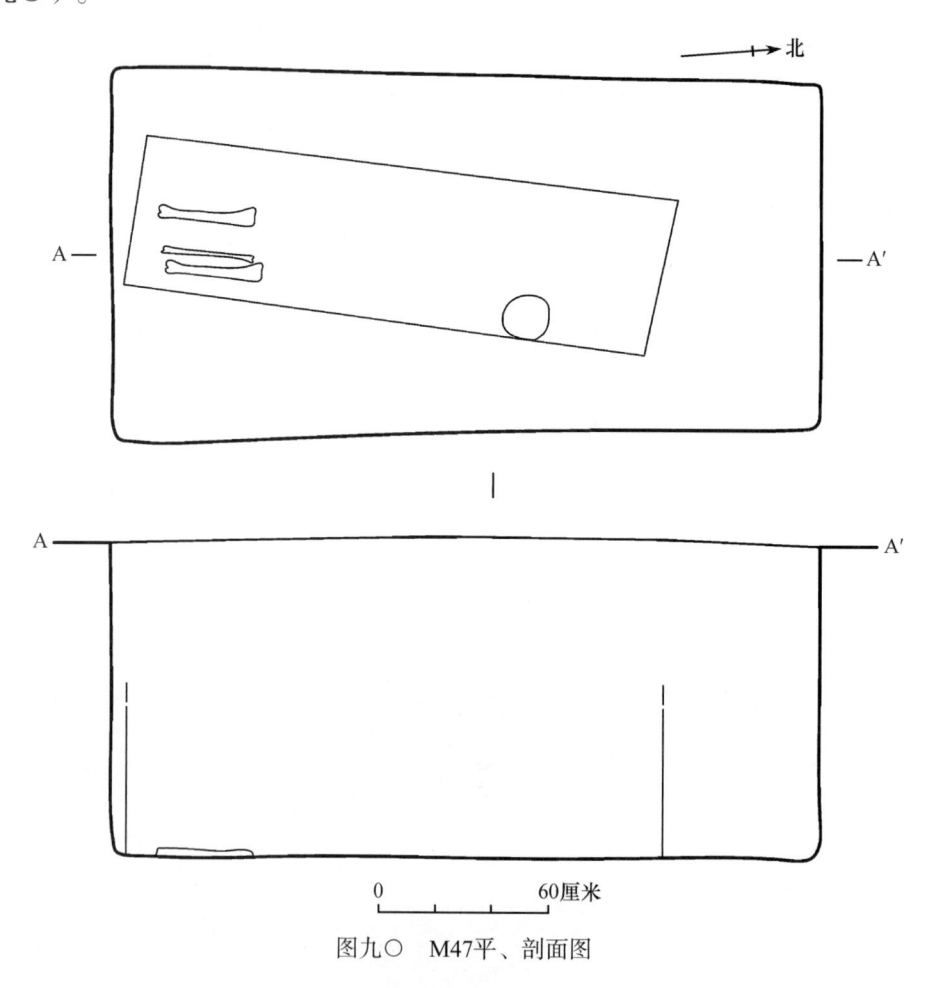

图九〇 M47平、剖面图

2. 随葬品

未发现随葬品。

四八、M48

1. 墓葬形制

该墓位于发掘区西南部，东邻M47。开口于第1层下，南北向，方向4°。

墓平面呈梯形，竖穴土圹双棺合葬墓。墓口距地表深0.3米，墓底距地表深1.4米。墓圹南北长2.5、东西宽1.58~1.75、深1.1米。内填花土，土质松软。内置双棺，棺木已朽。东棺痕长1.94、宽0.47~0.55米；棺内骨架保存较差，头向北，面向西，仰身直肢，为男性。西棺痕长1.98、宽0.49~0.5米；棺内骨架保存较差，头移位向上，面向南，仰身直肢，为女性（图九一）。

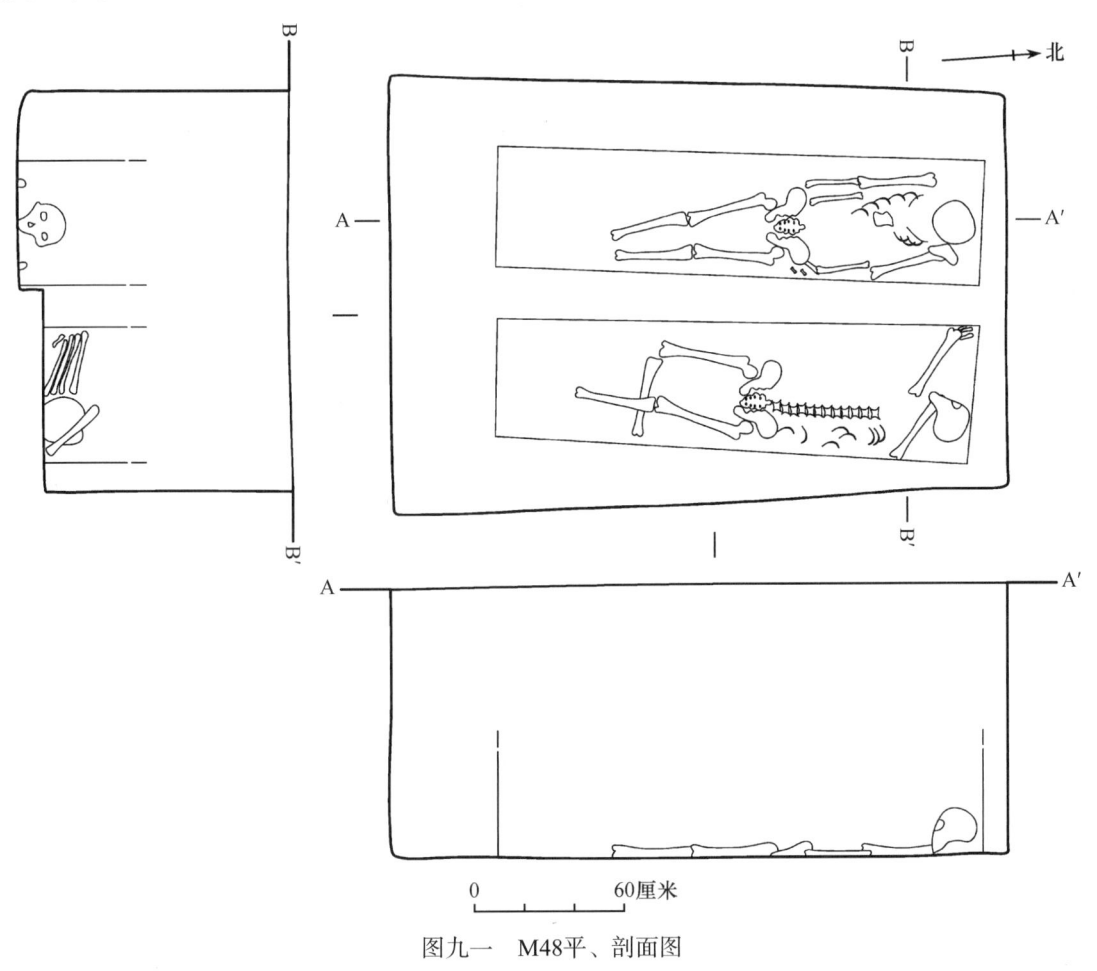

图九一 M48平、剖面图

2. 随葬品

未发现随葬品。

四九、M49

1. 墓葬形制

该墓位于发掘区西南部，西邻M47。开口于第1层下，南北向，方向15°。

墓平面呈长方形，竖穴土圹双棺合葬墓。墓口距地表深0.3米，墓底距地表深1.6~2.06米。墓圹南北长2.28、东西宽2、深1.3~1.76米。内填花土，土质松软。内置双棺，棺木已朽。东棺痕长1.72、宽0.61~0.68米；棺内骨架保存较差，头移位向东北，面向下，胸椎骨左侧放置长20、宽16~18、厚1厘米的板瓦1块（图版九六，4），仰身直肢，为男性。西棺痕长1.92、宽0.5~0.6米；棺内骨架保存较差，头向北，面向东，盆骨及头骨上方放置长20、宽16~18、厚1厘米的板瓦2块，仰身直肢，为女性（图九二；图版一二，1）。

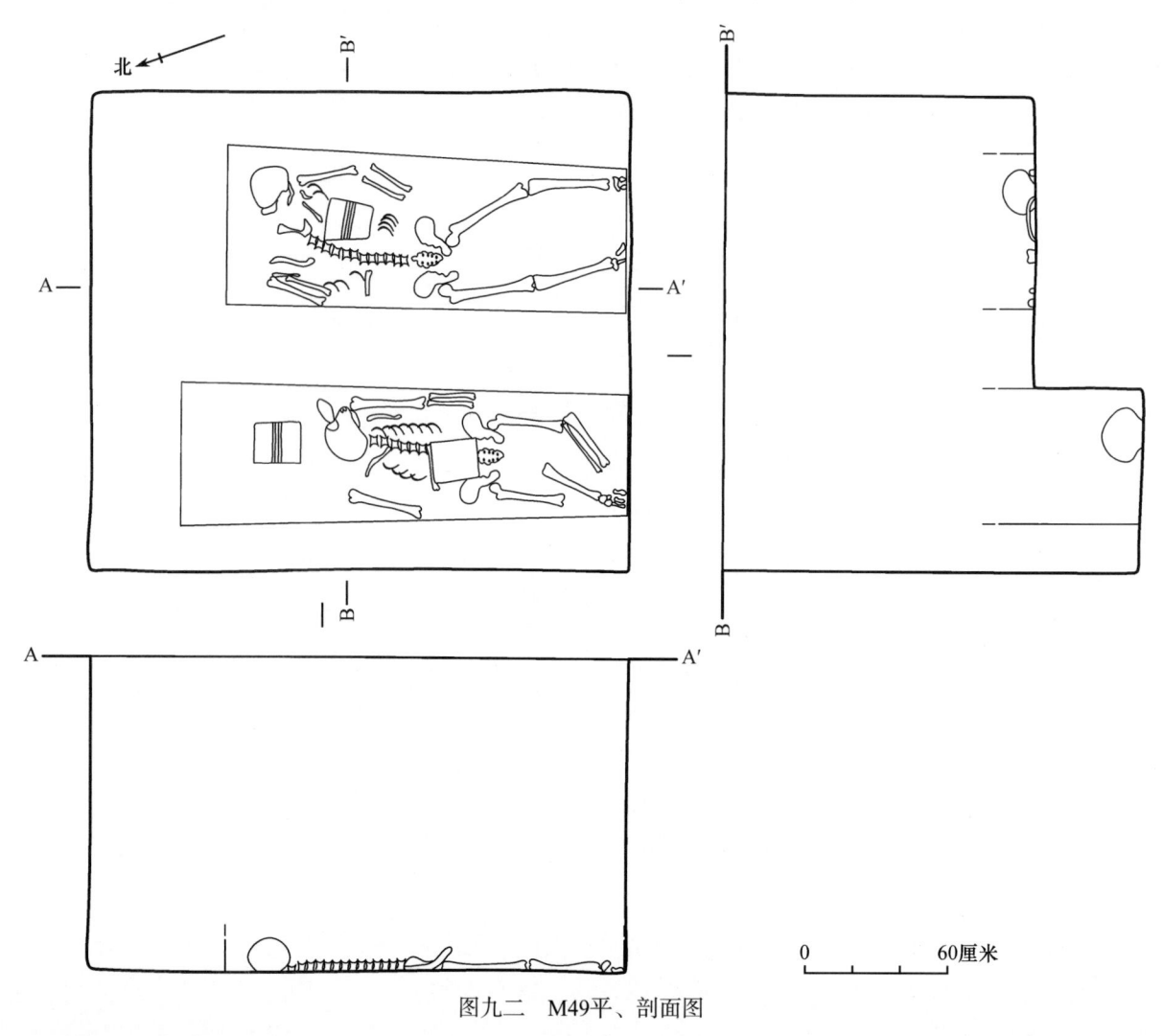

图九二　M49平、剖面图

2. 随葬品

未发现随葬品。

五〇、M50

1. 墓葬形制

该墓位于发掘区西南部，东邻M220。开口于第1层下，南北向，方向13°。

墓平面呈不规则形，竖穴土圹三棺合葬墓。墓口距地表深0.3米，墓底距地表深1.75～1.85米。墓圹南北长2.53～2.73、东西宽2.67～3.19、深1.45～1.55米。内填花土，土质松软。内置三棺，棺木已朽。东棺痕长2、宽0.5～0.6米；棺内骨架保存较好，头向北，面向东，仰身直肢，为男性。中棺痕长1.78、宽0.5～0.6米；棺内骨架保存较差，头移位向西，面向北，胸椎骨上方放置长20、宽16～18、厚1厘米的板瓦1块，仰身直肢，为女性。西棺痕长1.9、宽0.54～0.6米；棺内骨架保存稍差，头向北，面移位向下，胸椎骨上方放置长20、宽16～18、厚1厘米的板瓦1块，仰身直肢，为女性（图九三；图版一二，2）。

2. 随葬品

东棺外右下方出土瓷碗1件，棺内头骨右侧出土铜钱7枚；西棺内头骨左侧出土银簪1件、银耳环1件、铜币2枚。

瓷碗　1件。M50：1，敞口，沿外撇，尖圆唇，斜弧腹，下腹折收，矮圈足，内涩底。灰褐色粗胎，体施酱黄色釉，下腹及足底无釉。轮制。口径15.5、底径5.7、高5.8厘米（图九四，1；图版五三，4）。

银簪　1件。M50：2，首扁平呈花瓣状，中部凸起呈圆环形，内镶嵌"福"字纹，背面錾刻"敦裕王"三字，体呈圆锥状。通长12.3厘米（图九四，2；图版六〇，6）。

银耳环　1件。M50：3，呈"S"形，一端尖锐呈钩状，另一端为花朵状。通高2.9厘米（图九四，3；图版八二，6）。

铜钱　7枚。有元丰通宝、康熙通宝、嘉庆通宝、光绪通宝、宽永通宝。

元丰通宝　1枚。M50：4-1，平钱，圆形，方穿，正背面郭缘略窄，正面行书"元豐通寶"四字，旋读。钱径2.53、穿径0.62、郭厚0.11厘米（图九五，1）。

康熙通宝　1枚。M50：4-2，平钱，圆形，方穿，正背面郭缘较宽，正面楷书"康熙通寶"四字，直读，背穿左右为满文"宝泉"局名。钱径2.76、穿径0.6、郭厚0.11厘米（图九五，2）。

嘉庆通宝　1枚。M50：4-3，平钱，圆形，方穿，正背面郭缘略宽，正面楷书"嘉慶通寶"四字，直读，背穿左右为满文"宝源"局名。钱径2.29、穿径0.6、郭厚0.14厘米（图九五，3）。

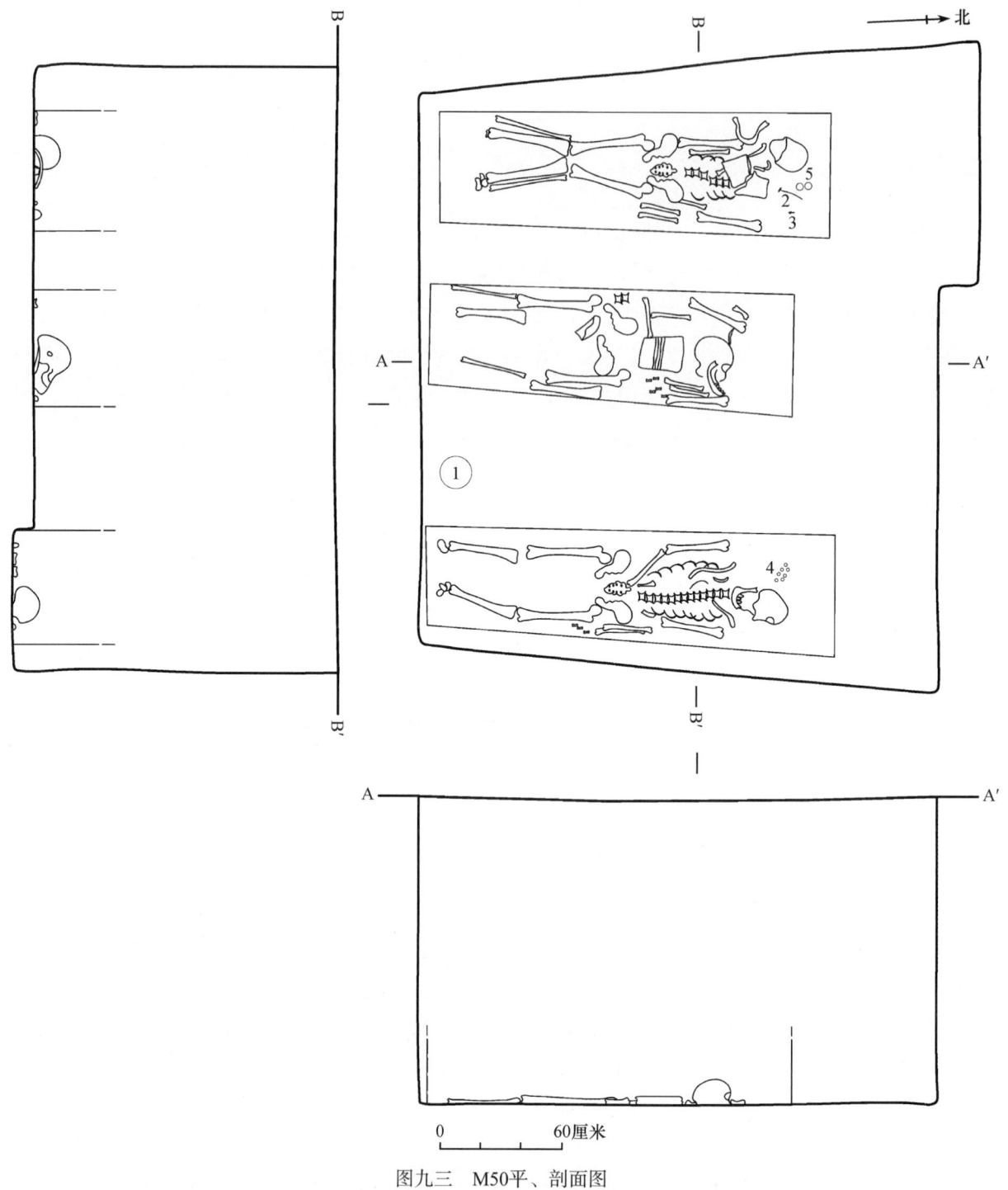

图九三　M50平、剖面图
1. 瓷碗　2. 银簪　3. 银耳环　4. 铜钱　5. 铜币

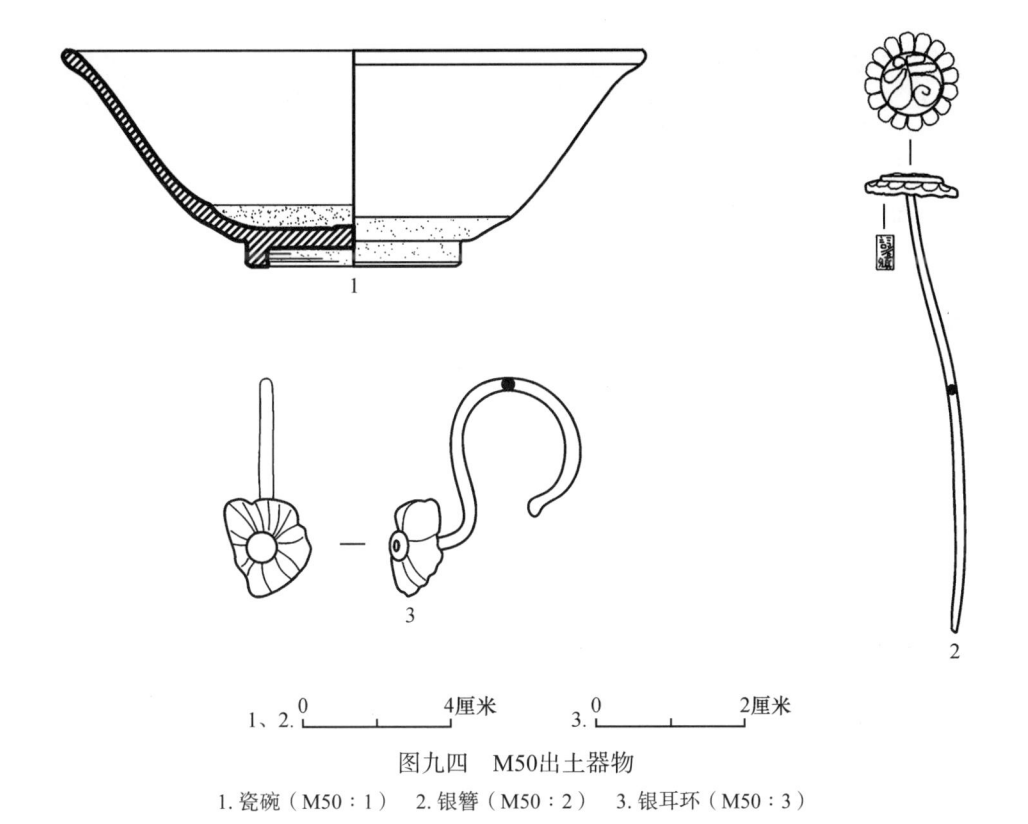

图九四　M50出土器物
1. 瓷碗（M50∶1）　2. 银簪（M50∶2）　3. 银耳环（M50∶3）

光绪通宝　1枚。M50∶4-4，平钱，圆形，方穿，正背面郭缘略宽，正面楷书"光緒通寶"四字，直读，背穿左右为满文"宝泉"局名。钱径2.2、穿径0.55、郭厚0.18厘米（图九五，4）。

宽永通宝　3枚。标本M50∶4-5，平钱，圆形，方穿，正背面郭缘较窄，正面楷书"寬永通寶"四字，直读。钱径2.45、穿径0.7、郭厚0.1厘米（图九五，5）。

铜币　2枚。有光绪元宝、大清铜币。

光绪元宝　1枚。M50∶5-1，大平钱，圆形，正背面郭缘较窄，正面楷书"光緒元寶"四字，直读，背面铸蟠龙戏火珠纹。钱径3.48、郭厚0.1厘米（图九五，6）。

大清铜币　1枚。M50∶5-2，大平钱，圆形，正背面齿缘较窄，正面楷书"大清銅幣"四字，直读，背面铸蟠龙戏火珠纹。钱径3.61、郭厚0.1厘米（图九五，7）。

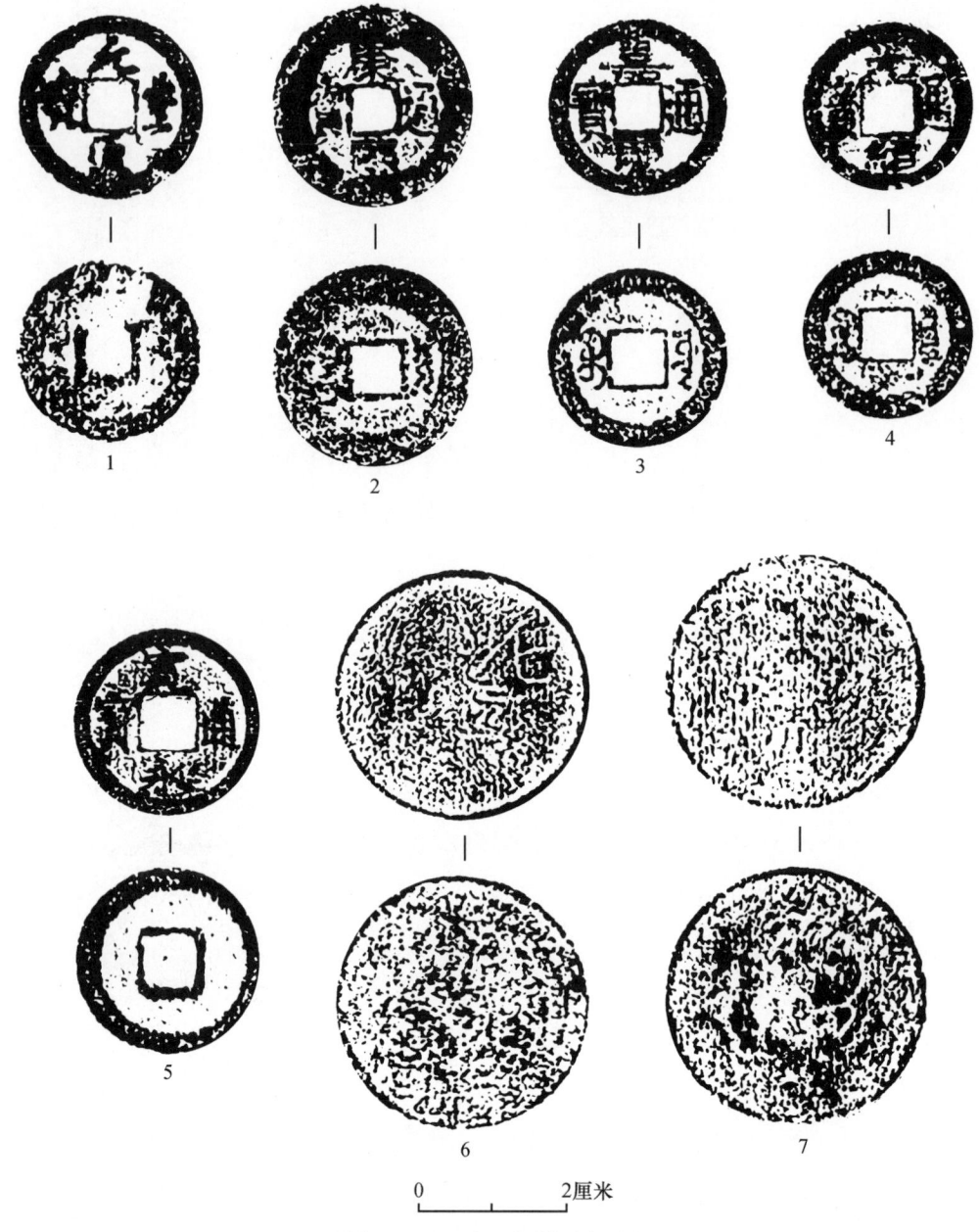

图九五 M50出土铜钱（拓片）

1. 元丰通宝（M50∶4-1） 2. 康熙通宝（M50∶4-2） 3. 嘉庆通宝（M50∶4-3） 4. 光绪通宝（M50∶4-4）
5. 宽永通宝（M50∶4-5） 6. 光绪元宝（M50∶5-1） 7. 大清铜币（M50∶5-2）

五一、M51

1. 墓葬形制

该墓位于发掘区西南部，西邻M52。开口于第1层下，南北向，方向0°。

墓平面呈长方形，竖穴土圹双棺合葬墓。墓口距地表深0.3米，墓底距地表深1.4~1.5米。墓圹南北长2.4、东西宽1.7、深1.1~1.2米。内填花土，土质松软。内置双棺，棺木已朽。东棺痕长1.9、宽0.5~0.6米；棺内骨架保存较好，头向北，面向上，头骨左侧放置长20、宽16~18、厚1厘米的板瓦1块（图版九六，5），仰身直肢，为男性。西棺痕长1.9、宽0.5~0.6米；棺内骨架保存较好，头移位向北，面向上，左侧盆骨上方放置长18、宽18~20、厚1厘米的板瓦1块，仰身直肢，为女性（图九六；图版一三，1）。

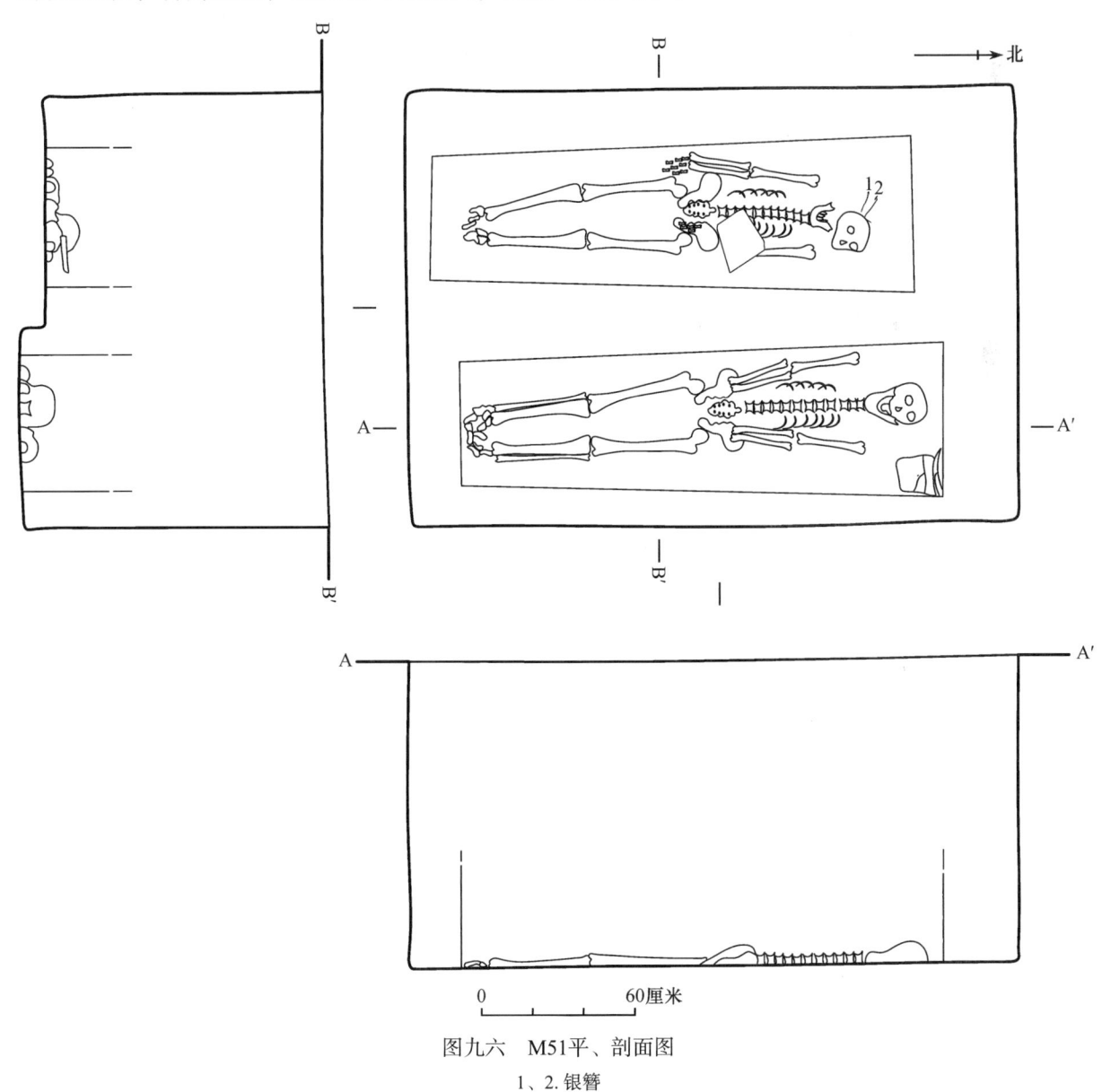

图九六 M51平、剖面图
1、2. 银簪

2. 随葬品

西棺内头骨右上方出土银簪2件。

银簪　2件。M51：1，簪首残，呈圆骨朵形，体呈圆锥状。残长8.3厘米（图九七，1）。M51：2，簪首呈扁平花瓣状，中部凸起呈圆环形，内镶嵌"寿"字纹，体呈圆锥状。通长9.8厘米（图九七，2；图版六一，1）。

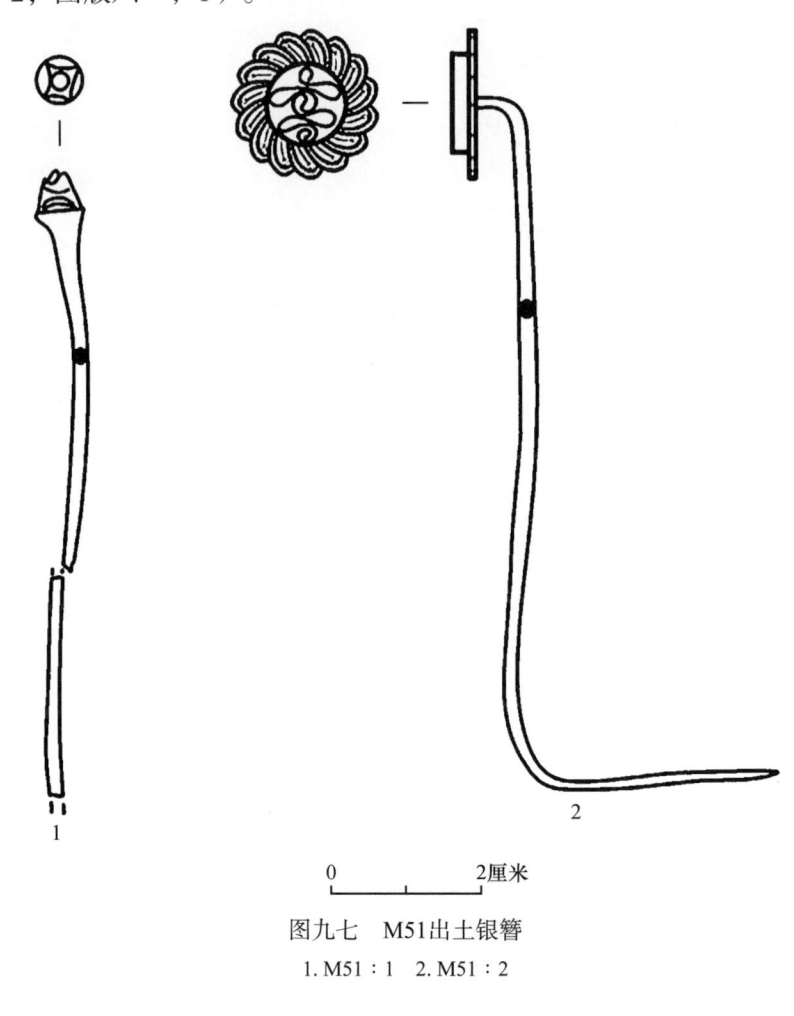

图九七　M51出土银簪
1. M51：1　2. M51：2

五二、M52

1. 墓葬形制

该墓位于发掘区西南部，西邻M53。开口于第1层下，南北向，方向5°。

墓平面呈长方形，竖穴土圹双棺合葬墓。墓口距地表深0.3米，墓底距地表深1.2～1.3米。墓圹南北长2.3、东西宽1.8、深0.9～1米。内填花土，土质松软。内置双棺，棺木已朽。东棺痕长1.9、宽0.5～0.6米；棺内骨架保存较好，头移位向北，面向上，仰身直肢，为男性。西棺痕长1.9、宽0.54~0.6米；棺内骨架保存稍好，头向北，面向西，胸椎骨上方放置长18、宽20~22、厚1厘米的板瓦1块，仰身直肢，为女性（图九八；图版一三，2）。

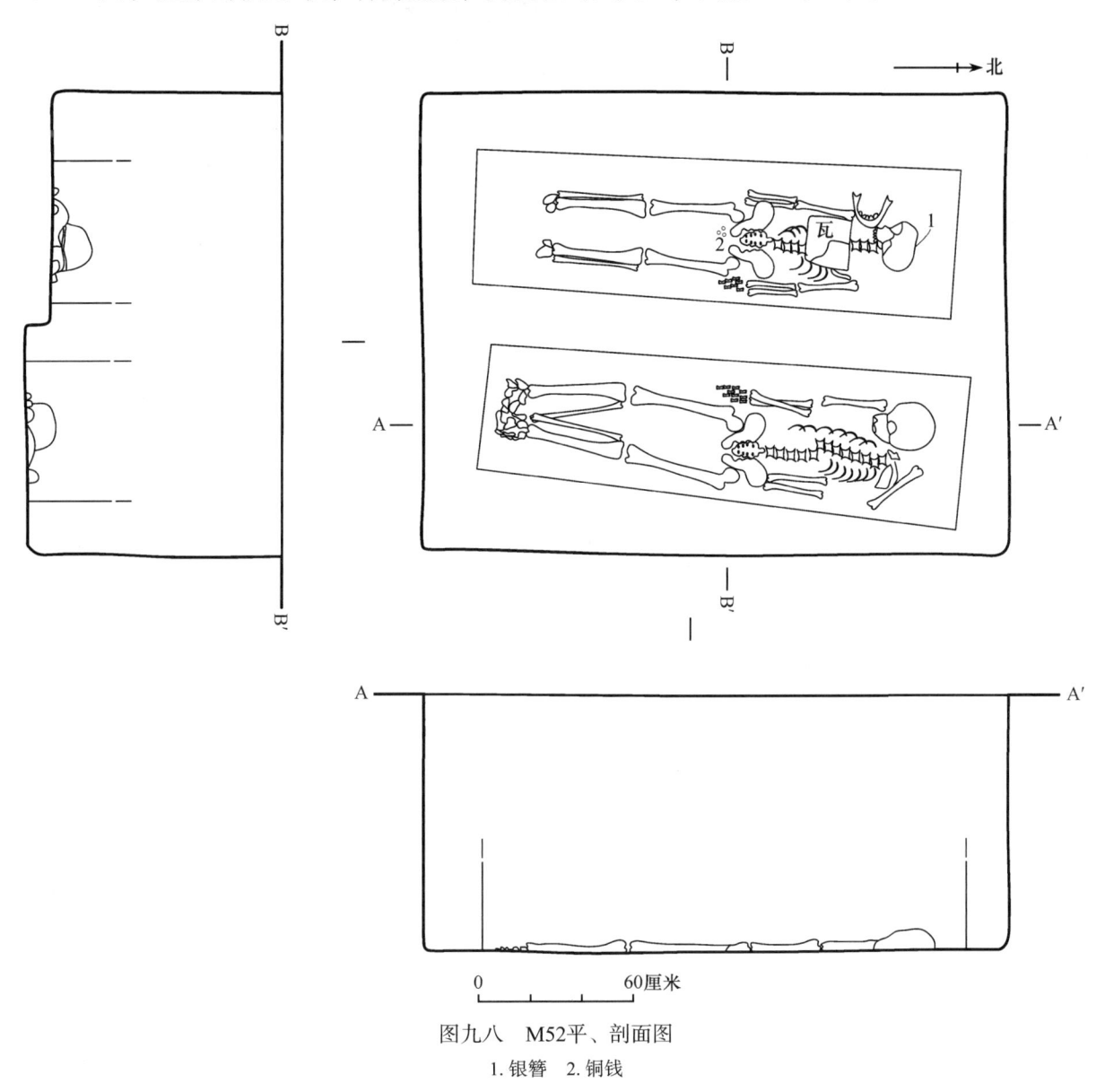

图九八　M52平、剖面图
1. 银簪　2. 铜钱

2. 随葬品

西棺内头骨上方出土银簪1件，右下肢骨内侧上部出土铜钱3枚。

银簪　1件。M52：1，簪首残，体呈圆锥状。残长8.4厘米（图九九，1）。

嘉庆通宝　3枚。标本M52：2-1，平钱，圆形，方穿，正背面郭缘略宽，正面楷书"嘉慶通寶"四字，直读，背穿左右为满文"宝泉"局名。钱径2.32、穿径0.61、郭厚0.15厘米（图九九，2）。

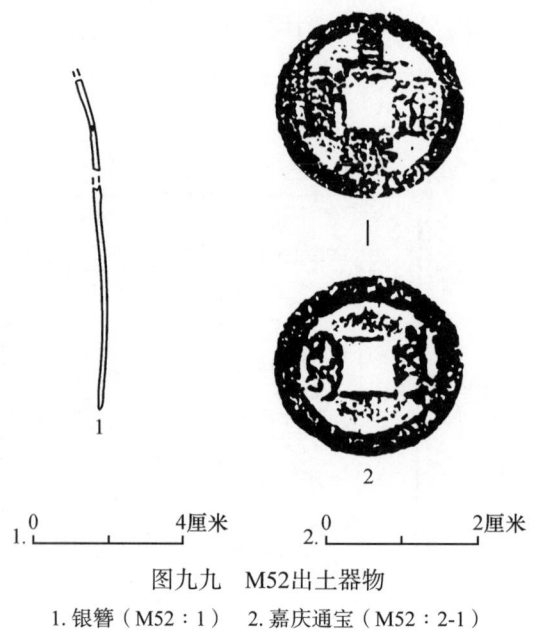

图九九　M52出土器物
1. 银簪（M52：1）　2. 嘉庆通宝（M52：2-1）

五三、M53

1. 墓葬形制

该墓位于发掘区西南部，东邻M52。开口于第1层下，南北向，方向5°。

墓平面呈长方形，竖穴土圹双棺合葬墓。墓口距地表深0.3米，墓底距地表深1.1~1.2米。墓圹南北长2.3、东西宽2.1、深0.8~0.9米。内填花土，土质松软。内置双棺，棺木已朽。东棺痕长1.9、宽0.5~0.6米；棺内骨架保存较好，头向北，面向西，胸椎骨上方放置长20、宽18~20、厚1厘米的板瓦1块，仰身直肢，为男性。西棺痕长1.8、宽0.54~0.6米；棺内骨架保存较好，头向西北，面向东北，头骨上方放置长22、宽18~22、厚1厘米的板瓦1块，仰身屈肢，为女性（图一〇〇；图版一四，1）。

2. 随葬品

东棺内下肢骨内侧上部出土铜钱1枚；西棺内头骨右上方出土银簪2件、银饰1件。

银簪　2件。M53：1，簪首呈扁平花瓣状，中部凸起呈圆环形，内镶嵌"福"字纹，体呈圆锥状。通长8.7厘米（图一〇一，1；图版六一，2）。M53：2，残，簪首锤揲两层，掐丝焊接呈圆形，体呈圆锥状。残长4.9厘米（图一〇一，2；图版六一，3）。

银饰　1件。M53：3，体扁平，呈弧角星状。直径3.14厘米（图一〇一，3；图版九〇，2）。

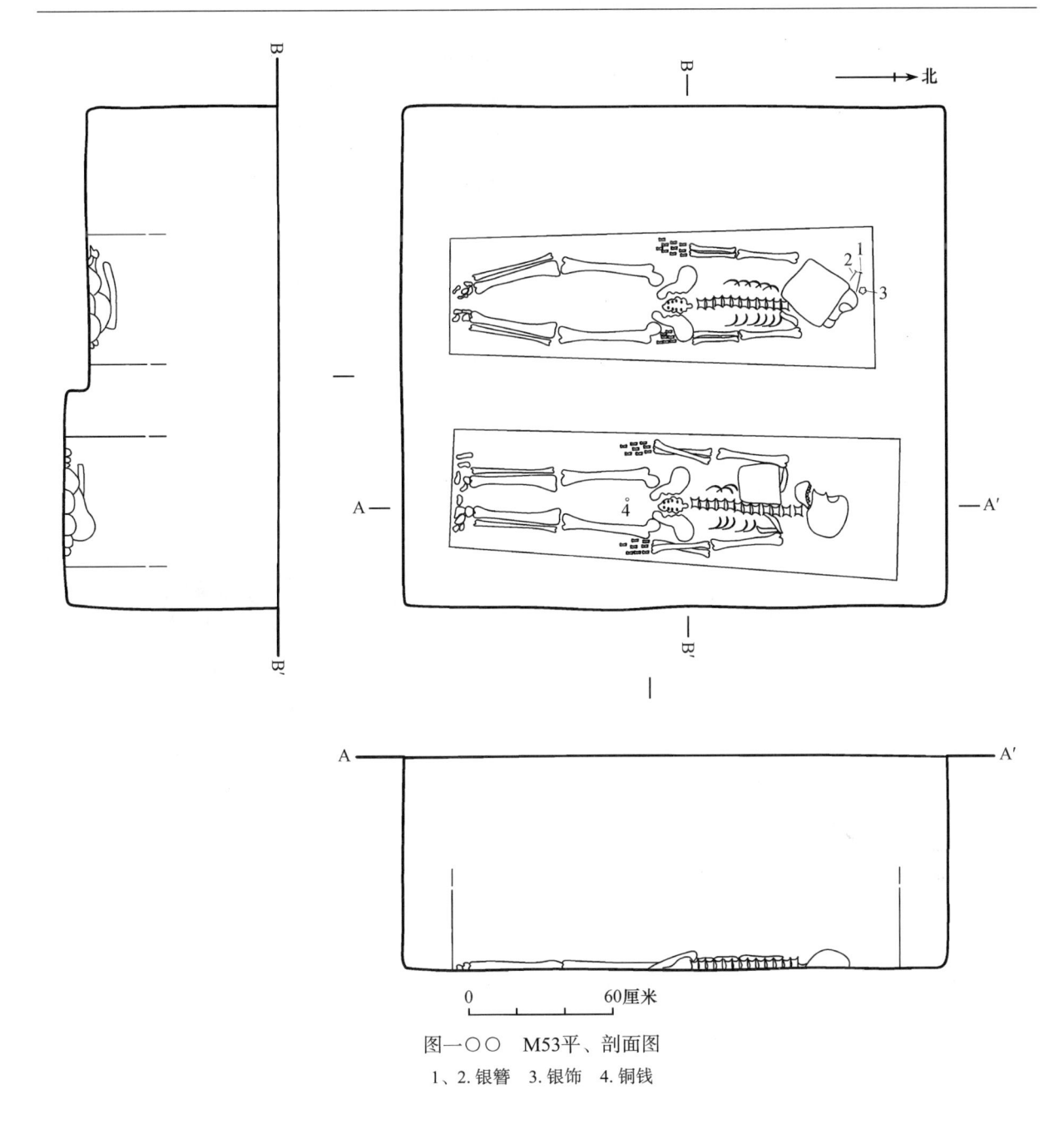

图一〇〇　M53平、剖面图
1、2.银簪　3.银饰　4.铜钱

康熙通宝　1枚。M53：4，大平钱，圆形，方穿，正背面郭缘较宽，正面楷书"康熙通寶"四字，直读，背穿左右为满文"宝源"局名。钱径2.75、穿径0.6、郭厚0.15厘米（图一〇一，4）。

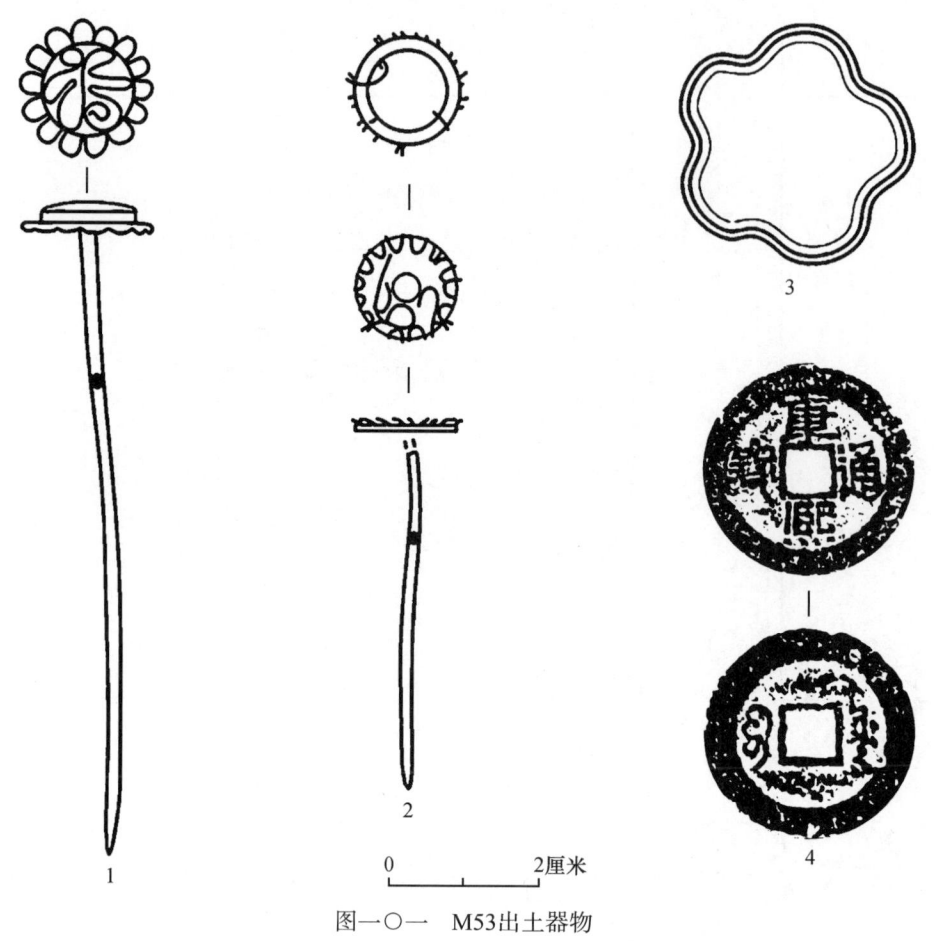

图一○一 M53出土器物
1、2. 银簪（M53：1、M53：2） 3. 银饰（M53：3） 4. 康熙通宝（M53：4）

五四、M54

1. 墓葬形制

该墓位于发掘区西南部，东邻M55。开口于第1层下，南北向，方向5°。

墓平面呈不规则形，竖穴土圹三棺合葬墓。墓口距地表深0.3米，墓底距地表深1.1～1.3米。墓圹南北长2.39～2.48、东西宽2.67、深0.8～1米。内填花土，土质松软。内置三棺，棺木已朽。东棺痕长2、宽0.5～0.6米；棺内骨架保存较好，头向北，面向上，头骨上方放置长20、宽18～20、厚1厘米的板瓦1块，仰身直肢，为女性。中棺痕长2、宽0.5～0.6米；棺内骨架保存较好，头向北，面向东，仰身屈肢，为女性。西棺痕长2、宽0.5～0.6米；棺内骨架保存稍好，头移位向北，面向西，仰身直肢，为男性（图一○二；图版一四，2）。

2. 随葬品

未发现随葬品。

图一〇二　M54平、剖面图

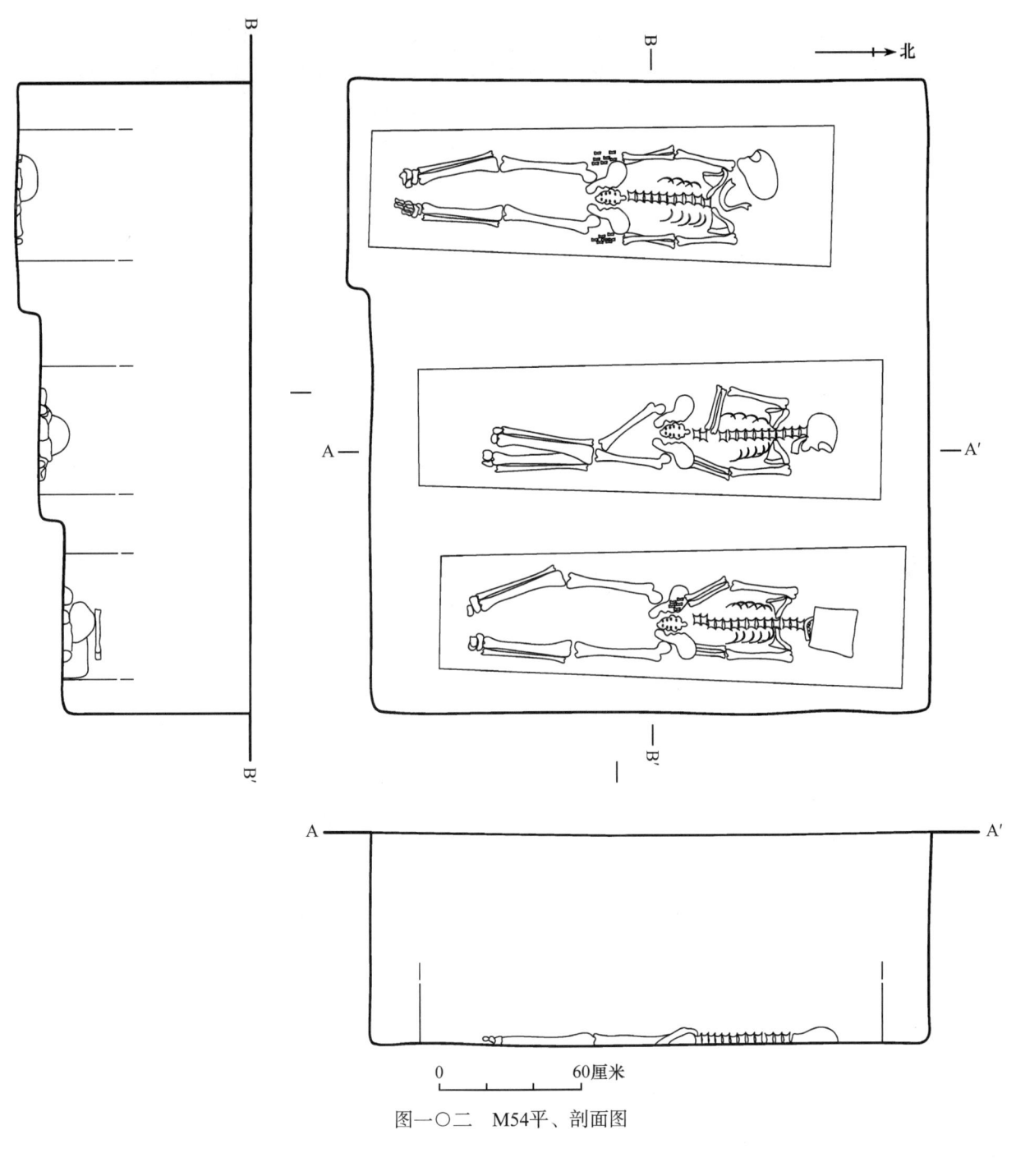

五五、M55

1. 墓葬形制

　　该墓位于发掘区西南部，西邻M54。开口于第1层下，南北向，方向5°。

　　墓平面呈长方形，竖穴土圹三棺合葬墓。墓口距地表深0.3米，墓底距地表深1.6～1.7米。墓圹南北长2.2、东西宽2.8、深1.3～1.4米。内填花土，土质松软。内置三棺，棺木已朽。东棺痕长1.8、宽0.5~0.6米；棺内骨架保存稍差，头移位向东，面向北，仰身直肢，为男性。中棺痕长1.9、宽0.5~0.6米；棺内骨架保存稍差，头向北，面向上，头骨上方放置长20、宽18~20、厚1厘米的板瓦1块，仰身屈肢，为女性。西棺痕长1.8、宽0.5~0.6米；棺内骨架保存稍好，头向北，面向上，头骨上方放置长20、宽18~20、厚1厘米的板瓦1块（图版九六，6），侧身屈肢，为女性（图一〇三；图版一五，1）。

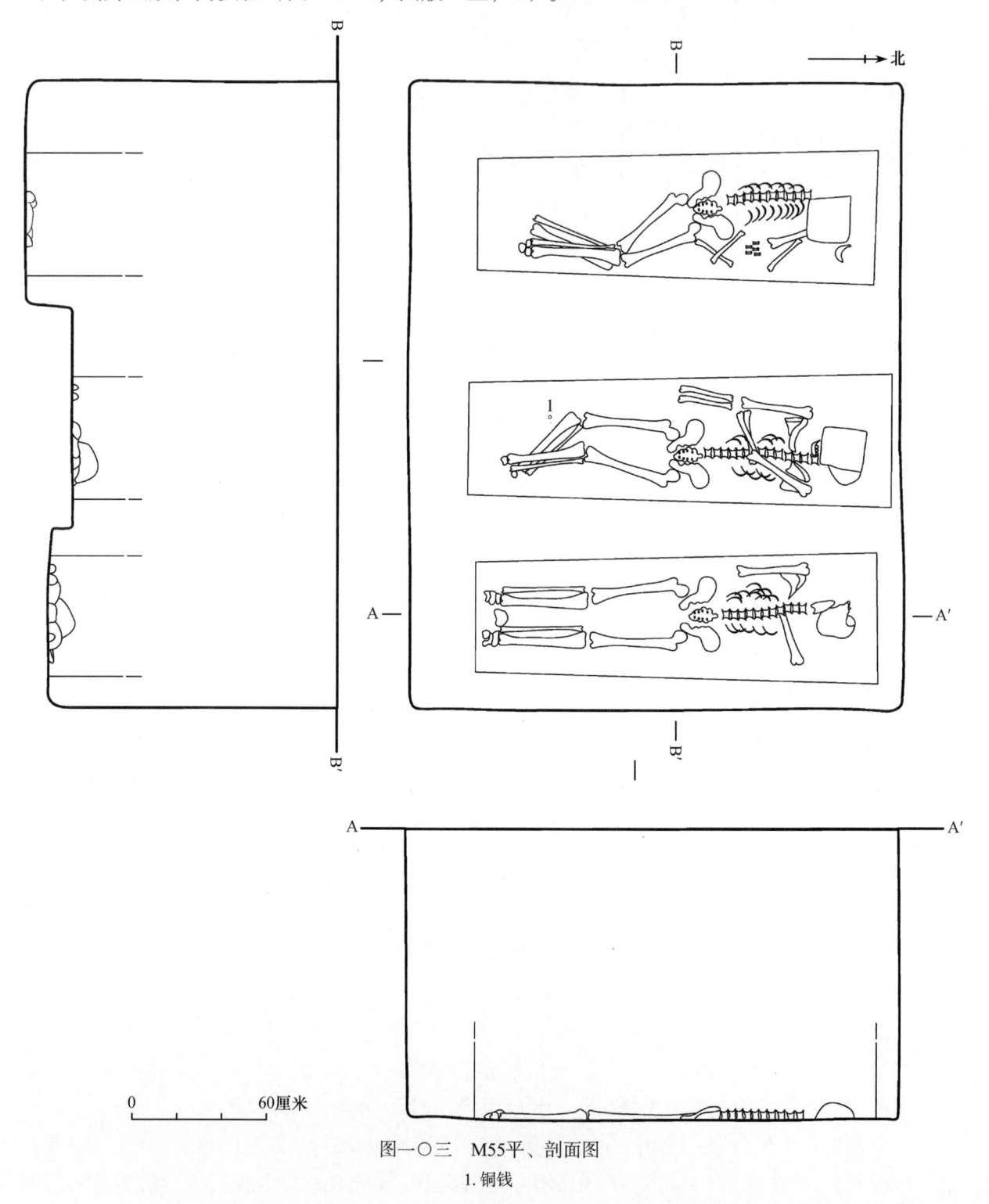

图一〇三　M55平、剖面图
1. 铜钱

2. 随葬品

中棺内右下肢骨外侧下部出土铜钱1枚。

康熙通宝　1枚。M55：1，大平钱，圆形，方穿，正背面郭缘较宽，正面楷书"康熙通寶"四字，直读，背穿左右为满文"宝源"局名。钱径2.79、穿径0.6、郭厚0.1厘米（图一〇四）。

图一〇四　M55出土康熙通宝（M55：1）（拓片）

五六、M56

1. 墓葬形制

该墓位于发掘区西南部，西邻M57。开口于第1层下，南北向，方向356°。

墓平面呈梯形，竖穴土圹双棺合葬墓。墓口距地表深0.3米，墓底距地表深1.1～1.2米。墓圹南北长2.5、东西宽2.09～2.18、深0.8～0.9米。内填花土，土质松软。内置双棺，棺木已朽。东棺痕长1.76、宽0.5～0.6米；棺内骨架保存较好，头向北，面向上，仰身直肢，为男性。西棺痕长1.66、宽0.38～0.56米；棺内骨架保存较差，头移位向东，面向南，胸椎骨上方放置长16、宽14～16、厚1厘米的板瓦1块，仰身直肢，为女性（图一〇五）。

图一〇五　M56平、剖面图
1~4.银簪

2. 随葬品

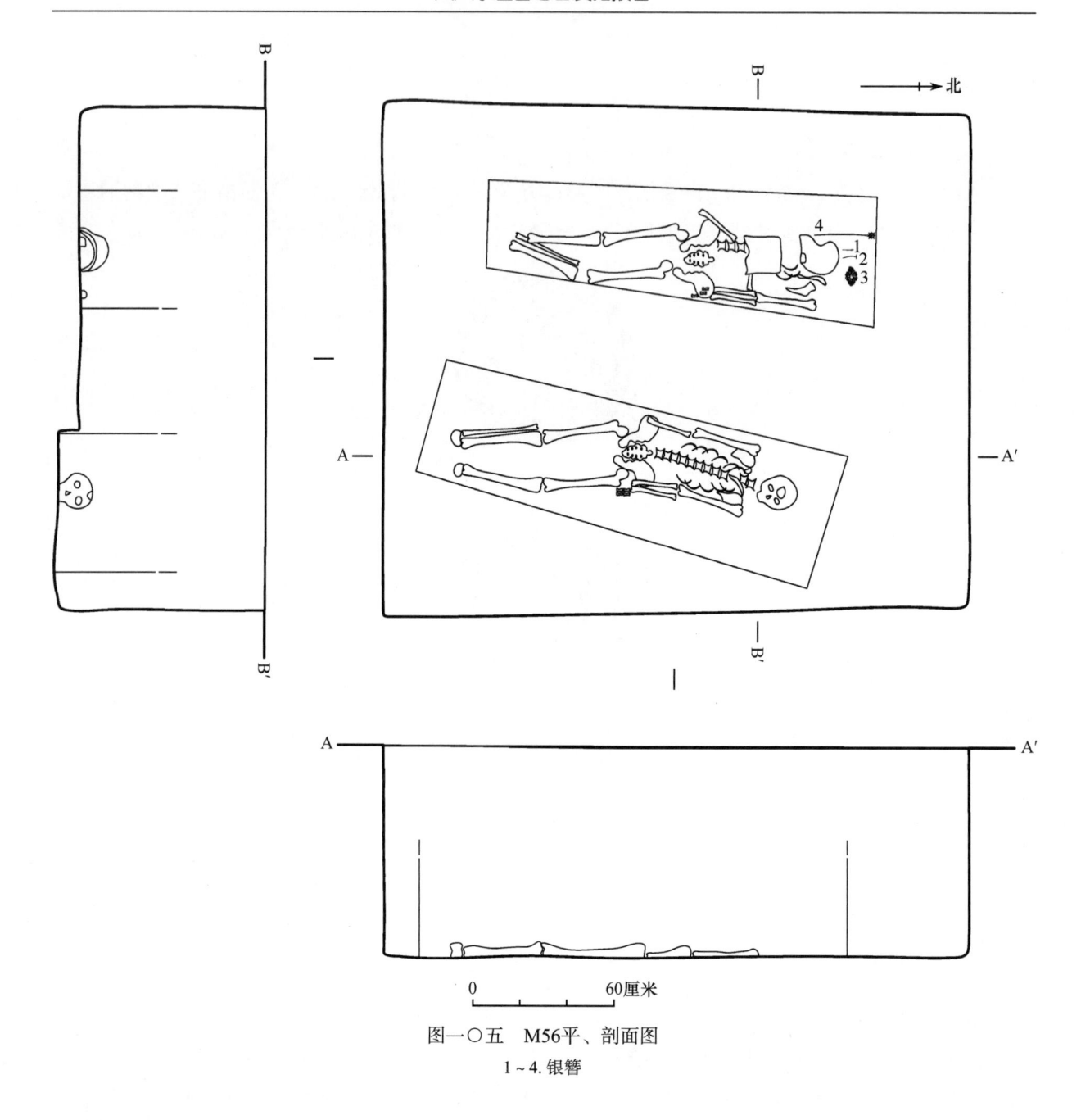

西棺内头骨上方出土银簪4件。

银簪　4件。M56：1，簪首残，呈葫芦形，体呈圆锥状。残长4.8厘米（图一〇六，1）。M56：2，簪首呈扁平花瓣状，中部凸起呈圆环形，内镶嵌"福"字纹，体呈圆锥形。残长5.8厘米（图一〇六，2；图版六一，4）。M56：3，簪首呈扁平梅花瓣状，圆珠纹衬底，体残。残长4厘米（图一〇六，3；图版六一，5）。M56：4，簪首呈镂空六面方球状，下部节状，体呈圆锥形。通长12.8厘米（图一〇六，4；图版六一，6）。

图一〇六　M56出土银簪
1. M56∶1　2. M56∶2　3. M56∶3　4. M56∶4

五七、M57

1. 墓葬形制

该墓位于发掘区西南部，东邻M56。开口于第1层下，南北向，方向356°。

墓平面呈梯形，竖穴土圹单棺墓。墓口距地表深0.3米，墓底距地表深1米。墓圹南北长2.66、东西宽1.53~1.71、深0.7米。内填花土，土质松软。内置单棺，棺木已朽。棺痕长1.78、宽0.48~0.49米；棺内骨架保存稍好，头移位向东北，面向下，头骨下方放置长48、宽19、厚6厘米的土坯1块，仰身直肢，为男性（图一〇七）。

图一〇七　M57平、剖面图
1. 铜钱

2. 随葬品

棺内下肢骨内侧下部出土铜钱2枚。

乾隆通宝　2枚。平钱，圆形，方穿，正面楷书"乾隆通寶"四字，直读，背穿左右为满文"宝泉"局名。M57：1-1，正背面郭缘略宽。钱径2.5、穿径0.58、郭厚0.1厘米（图一〇八，1）。M57：1-2，小平钱，正背面郭缘略窄。钱径2.32、穿径0.7、郭厚0.12厘米（图一〇八，2）。

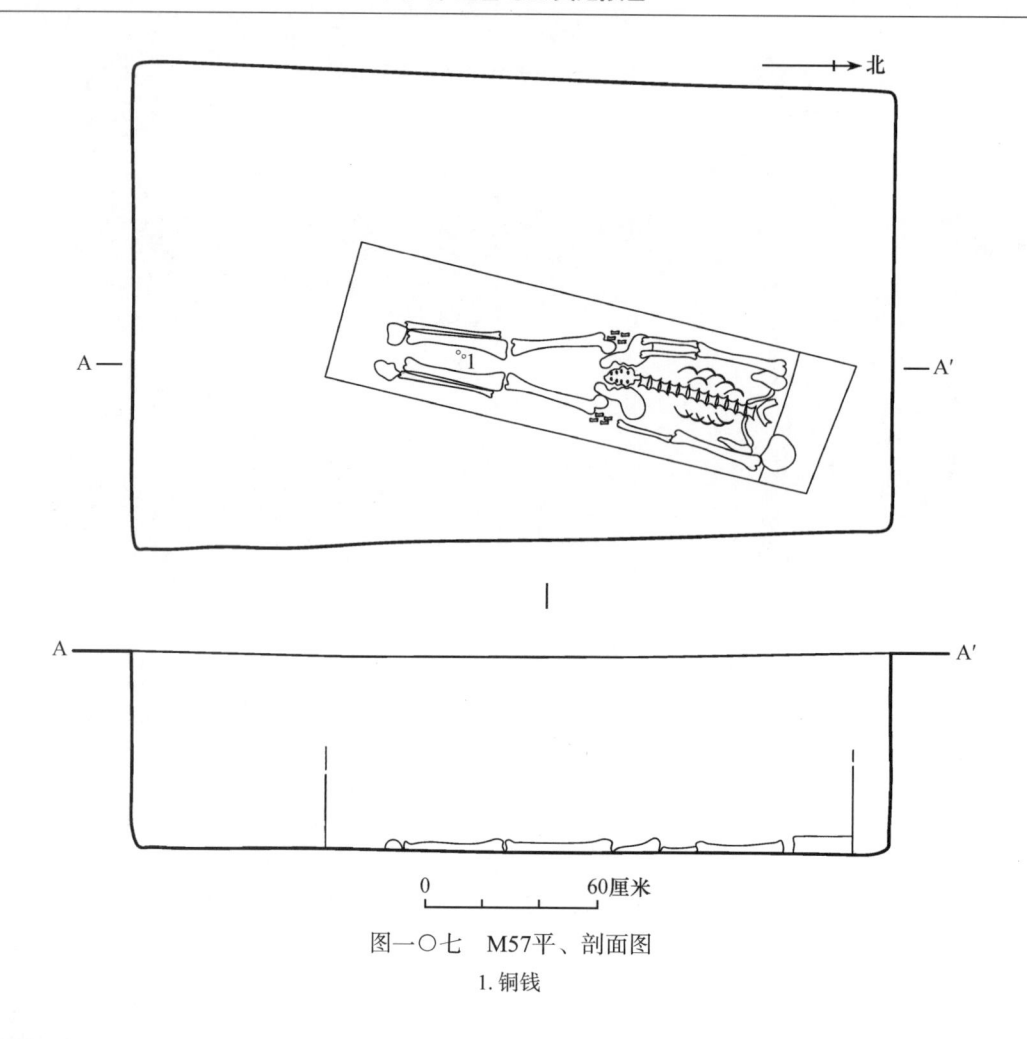

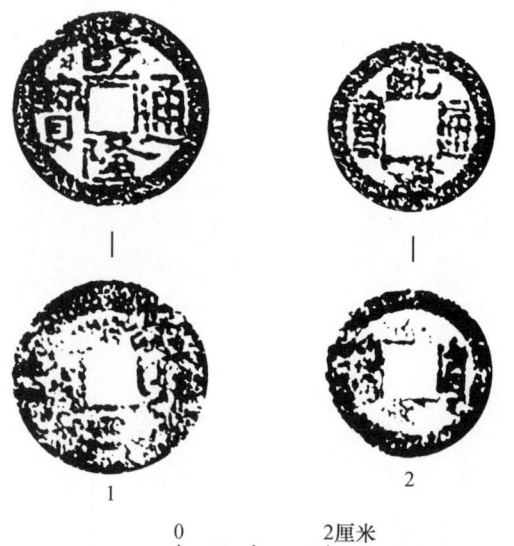

图一〇八　M57出土乾隆通宝（拓片）
1. M57：1-1　2. M57：1-2

五八、M58

1. 墓葬形制

该墓位于发掘区西南部，北邻M227。开口于第1层下，南北向，方向5°。

墓平面呈梯形，竖穴土圹双棺合葬墓。墓口距地表深0.3米，墓底距地表深1.1～1.2米。墓圹南北长2.42、东西宽1.81～1.93、深0.8～0.9米。内填花土，土质松软。内置双棺，棺木已朽。东棺痕长1.9、宽0.41～0.57米；棺内骨架保存较好，头移位向北，面向东，左上肢骨上方放置长20、宽18～20、厚1厘米的板瓦1块，仰身直肢，为男性。西棺痕长1.88、宽0.49～0.58米；棺内骨架保存较好，头向北，面向上，头骨上方放置长17、宽14～16、厚1厘米的板瓦1块，仰身直肢，为女性（图一〇九；图版一五，2）。

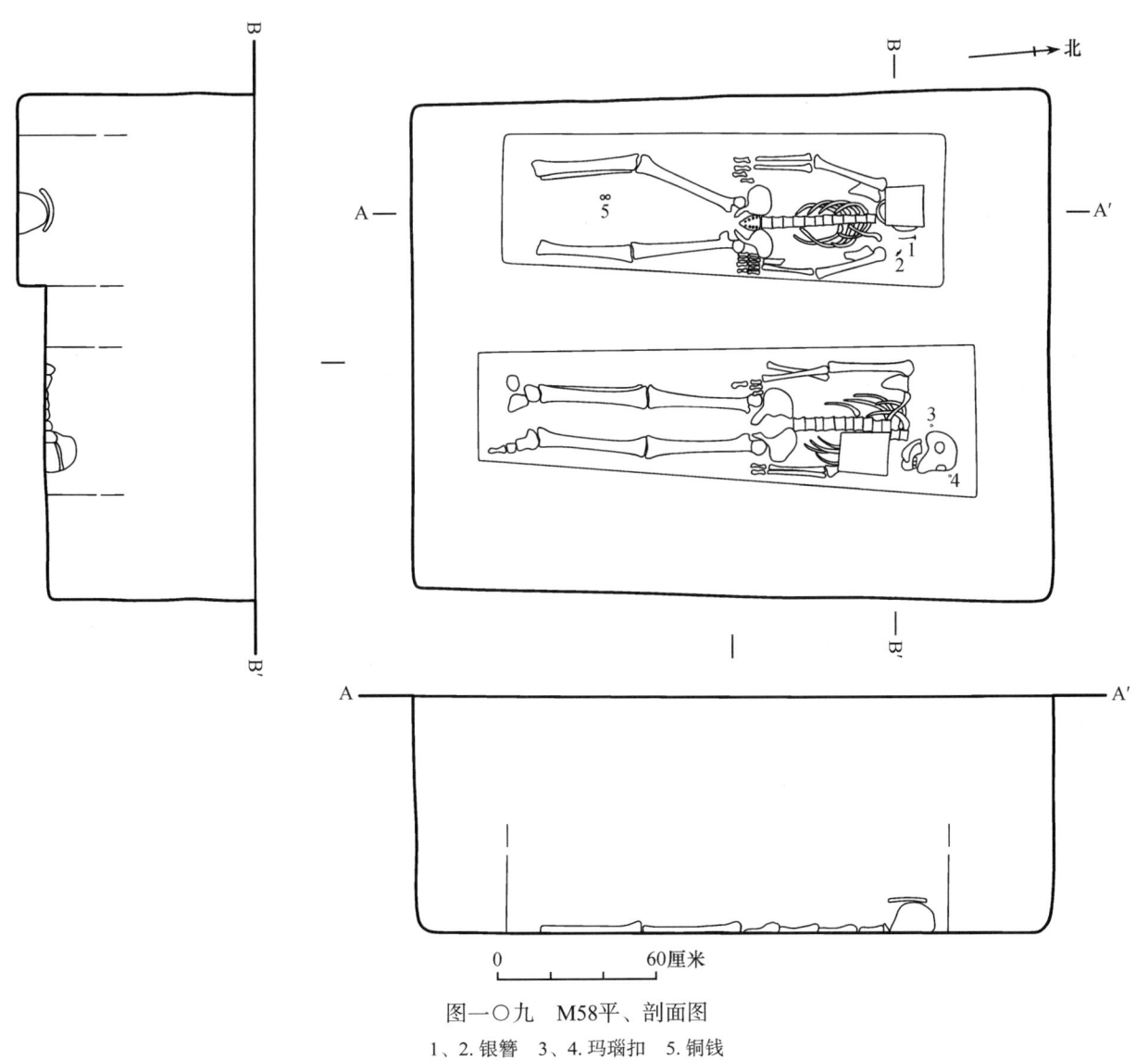

图一〇九 M58平、剖面图
1、2. 银簪 3、4. 玛瑙扣 5. 铜钱

2. 随葬品

东棺内头骨两侧出土玛瑙扣2件；西棺内头骨左侧出土银簪2件，右下肢骨内侧下部出土铜钱2枚。

银簪　2件。M58∶1，簪首呈扁平花瓣状，中部凸起呈圆环形，内镶嵌"福"字纹，体呈圆锥状，末端残。残长6.9厘米（图一一〇，1；图版六二，1）。M58∶2，九连环禅杖形，顶呈葫芦状，体残。残长3厘米（图一一〇，2）。

玛瑙扣　2件。呈"8"字形，球形纽，上接椭圆穿孔。M58∶3，通高0.9厘米（图一一〇，3；图版九二，1）。M58∶4，通高0.9厘米（图一一〇，4；图版九二，1）。

铜钱　2枚。有顺治通宝、雍正通宝。

顺治通宝　1枚。M58∶5-1，大平钱，圆形，方穿，正背面郭缘较宽，正面楷书"顺治通寶"四字，直读，背穿左为满文"同"字，右为楷书"同"字。钱径2.75、穿径0.65、郭厚0.12厘米（图一一〇，5）。

雍正通宝　1枚。M58∶5-2，大平钱，圆形，方穿，正背面郭缘较宽，正面楷书"雍正通寶"四字，直读，背穿左右为满文"宝泉"局名。钱径2.7、穿径0.58、郭厚0.12厘米（图一一〇，6）。

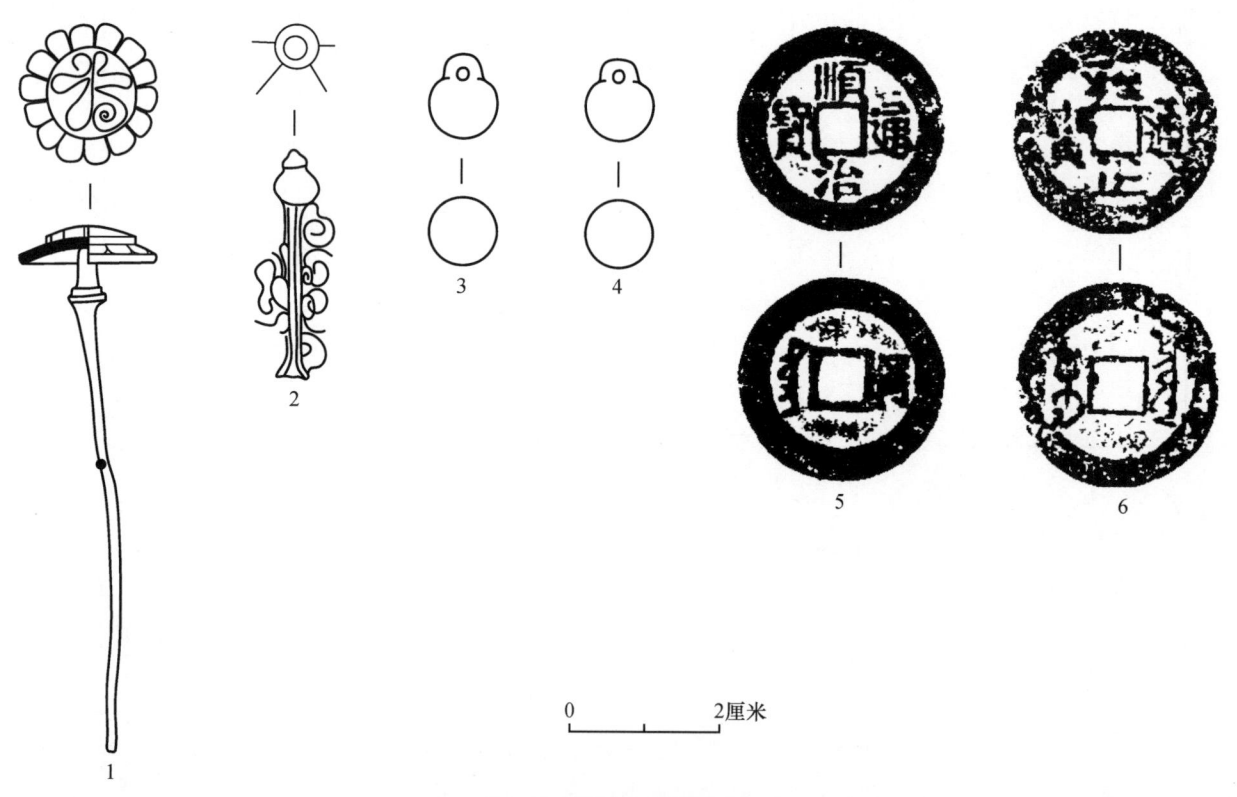

图一一〇　M58出土器物

1、2.银簪（M58∶1、M58∶2）　3、4.玛瑙扣（M58∶3、M58∶4）　5.顺治通宝（M58∶5-1）　6.雍正通宝（M58∶5-2）

五九、M59

1. 墓葬形制

该墓位于发掘区西南部，南邻M56。开口于第1层下，南北向，方向3°。

墓平面呈不规则形，竖穴土圹双棺合葬墓。墓口距地表深0.3米，墓底距地表深1.1~1.38米。墓圹南北长2.19、东西宽0.69~1.57、深0.8~1.08米。内填花土，土质松软。内置双棺，棺木已朽。东棺痕长1.85、宽0.44~0.62米；棺内骨架保存较好，头向东北，面向上，胸椎骨上方放置长20、宽14~16、厚1厘米的板瓦1块（图版九七，1），仰身直肢，为男性。西棺痕长1.94、宽0.53~0.69米；棺内骨架保存较差，头移位向北，面向西，仰身直肢，为女性（图一一一）。

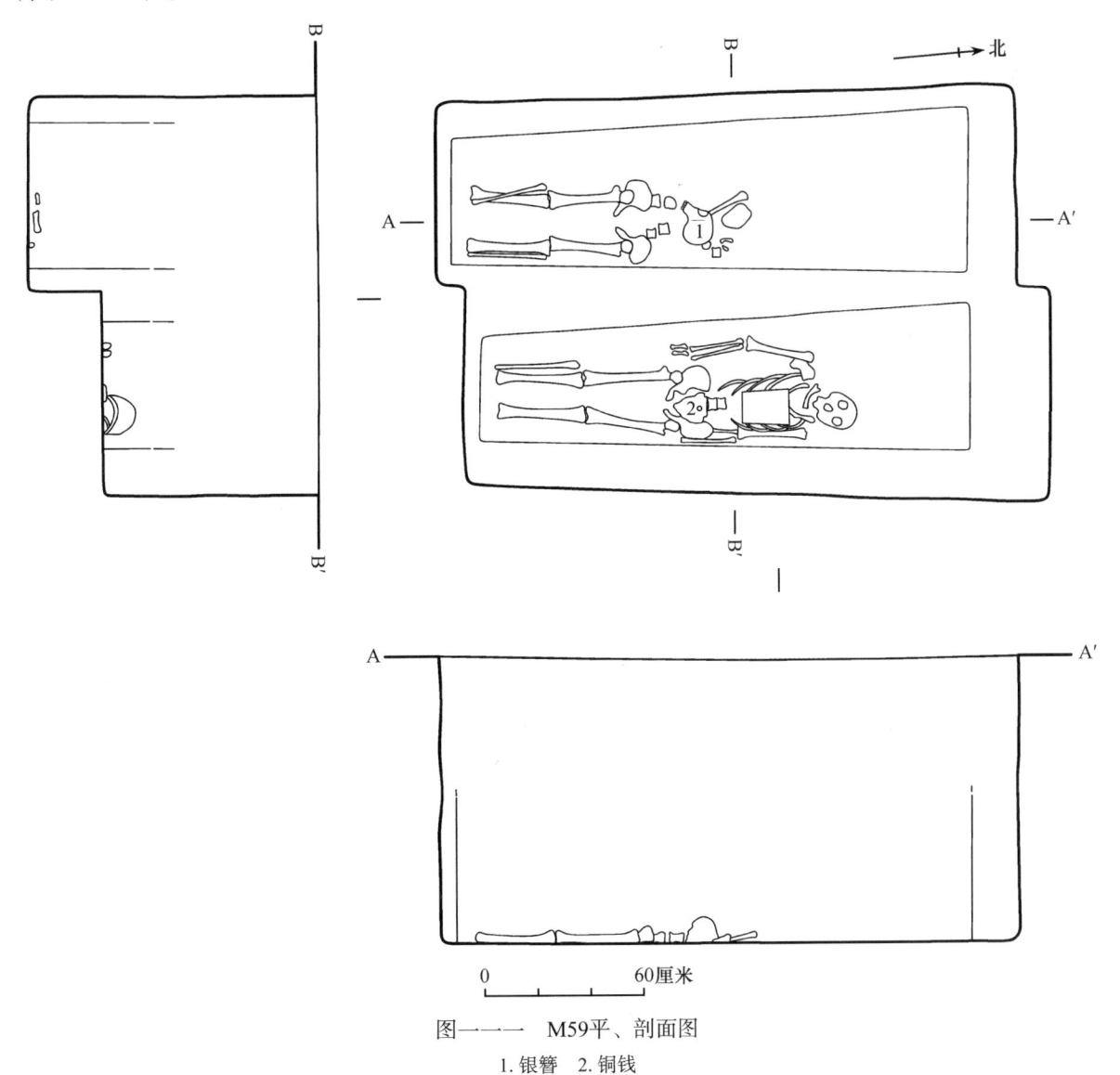

图一一一　M59平、剖面图

1. 银簪　2. 铜钱

图一一二　M59出土银簪（M59∶1）

2. 随葬品

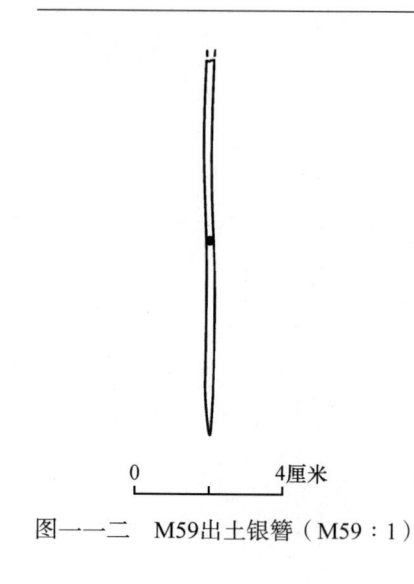

东棺内尾骨上方出土铜钱1枚；西棺内头骨上方出土银簪1件。

银簪　1件。M59∶1，簪首残，体呈圆锥状。残长10.1厘米（图一一二）。

铜钱　1枚。M59∶2，锈蚀严重，字迹不清。

六〇、M60

1. 墓葬形制

该墓位于发掘区西南部，东邻M61。开口于第1层下，南北向，方向3°。

墓平面呈长方形，竖穴土圹双棺合葬墓。墓口距地表深0.3米，墓底距地表深1.3~1.52米。墓圹南北长2.5、东西宽1.8、深1~1.22米。内填花土，土质松软。内置双棺，棺木已朽。东棺痕长2、宽0.5~0.6米；棺内骨架保存稍好，头向北，面向东，仰身直肢，为男性。西棺痕长2、宽0.6~0.7米；棺内骨架保存稍差，头移位向东，面向北，仰身直肢，为女性（图一一三）。

2. 随葬品

东棺内右肋骨内侧中部出土铜钱1枚；西棺内头骨左上方出土瓷碗1件。

瓷碗　1件。M60∶1，敞口，方圆唇，深弧腹，矮圈足，中部一花押款。体施青色釉，外腹部饰三组粉彩折枝花卉纹，下腹部饰粉彩莲瓣纹，内底饰一组粉彩折枝花卉纹。轮制，腹部留有七处钜钉痕。口径11.8、底径5.6、高6.1厘米（图一一四，1；图版五一，2）。

嘉庆通宝　1枚。M60∶2，平钱，圆形，方穿，正背面郭缘稍窄，正面楷书"嘉慶通寶"四字，直读，背穿左右为满文"宝泉"局名。钱径2.25、穿径0.71、郭厚0.1厘米（图一一四，2）。

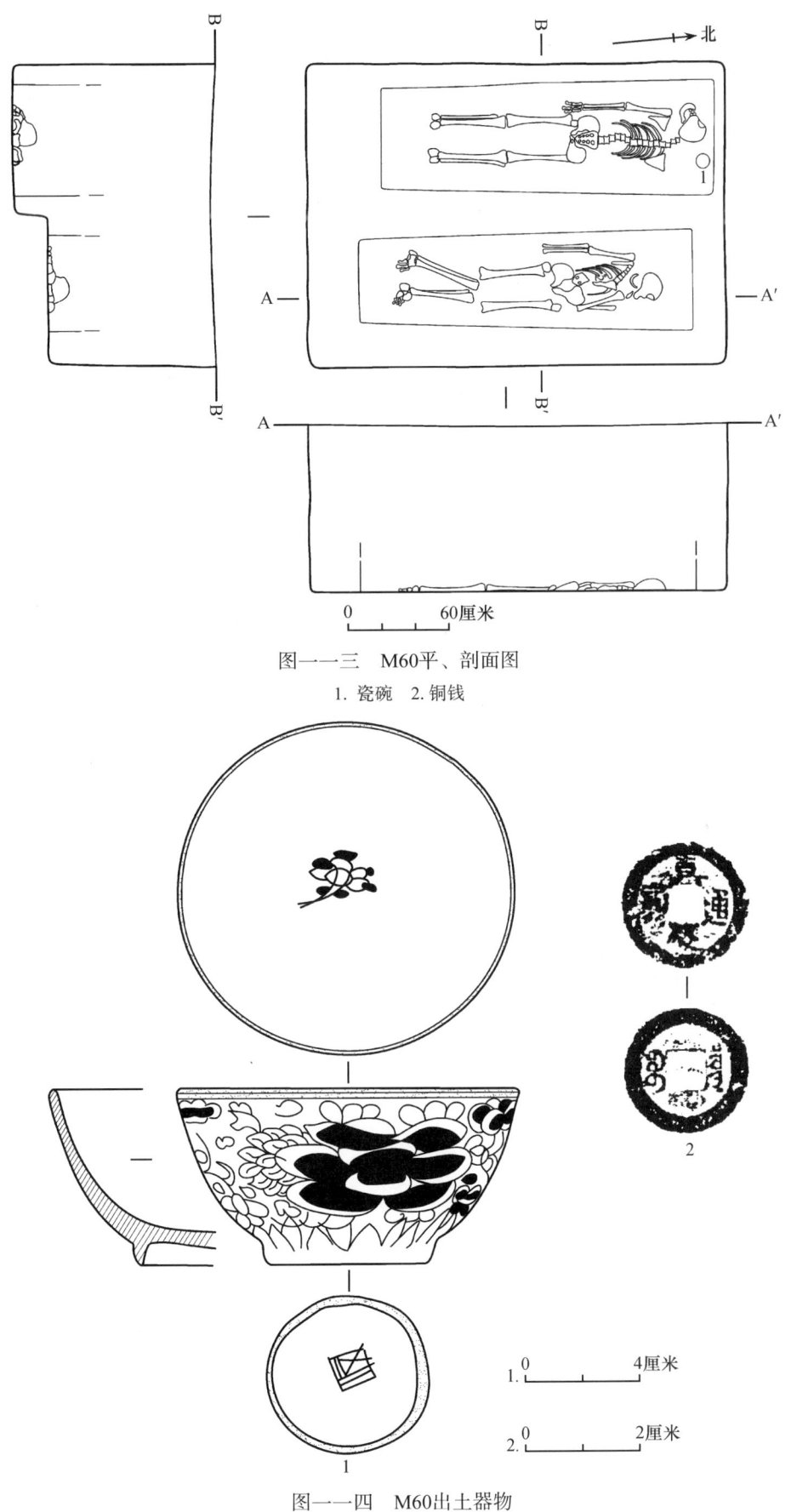

图一一三　M60平、剖面图
1. 瓷碗　2. 铜钱

图一一四　M60出土器物
1. 瓷碗（M60∶1）　2. 嘉庆通宝（M60∶2）

六一、M61

1. 墓葬形制

该墓位于发掘区西南部，西邻M60。开口于第1层下，南北向，方向5°。

墓平面呈不规则形，竖穴土圹双棺合葬墓。墓口距地表深0.3米，墓底距地表深1.4~1.54米。墓圹南北长2.02~2.4、东西宽0.97~1.85、深1.1~1.24米。内填花土，土质松软。内置双棺，棺木已朽。东棺痕长1.76、宽0.5~0.6米；棺内骨架保存较好，头向北，面向上，胸椎骨上方放置长18、宽18~22、厚1厘米的板瓦1块，仰身直肢，为男性。西棺痕长1.68、宽0.5~0.6米；棺内骨架保存较差，头移位向东，面向南，仰身直肢，为女性（图一一五）。

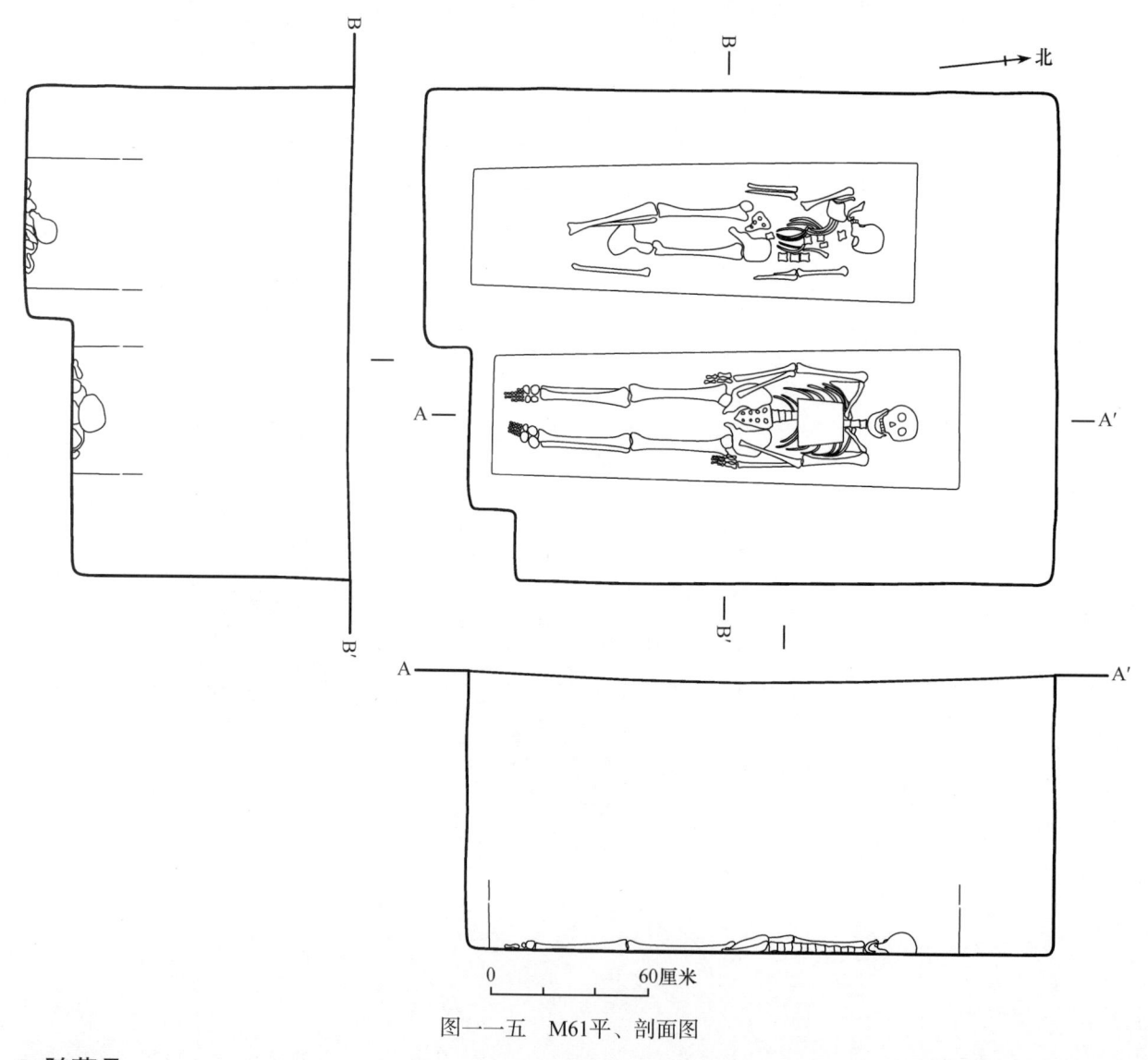

图一一五 M61平、剖面图

2. 随葬品

未发现随葬品。

六二、M62

1. 墓葬形制

该墓位于发掘区西南部，西邻M63。开口于第1层下，南北向，方向5°。

墓平面呈长方形，竖穴土圹单棺墓。墓口距地表深0.3米，墓底距地表深0.9米。墓圹南北长2.1、东西宽0.88~0.9、深0.6米。内填花土，土质松软。内置单棺，棺木已朽。棺痕长1.9、宽0.5~0.6米；棺内骨架保存较好，头向东北，面向西北，仰身直肢，为男性（图一一六）。

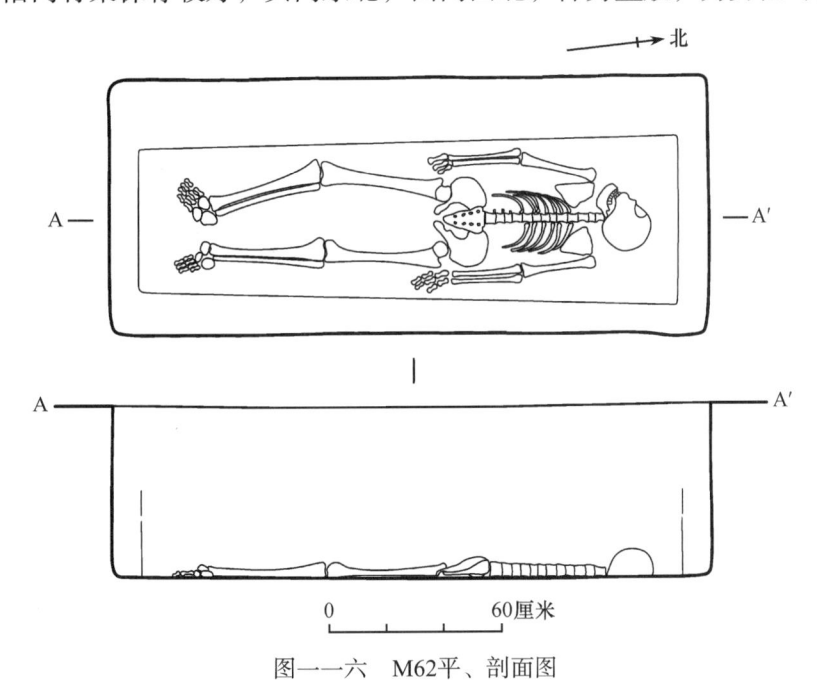

图一一六 M62平、剖面图

2. 随葬品

未发现随葬品。

六三、M63

1. 墓葬形制

该墓位于发掘区西南部，东邻M62。开口于第1层下，南北向，方向5°。

墓平面呈长方形，竖穴土圹单棺墓。墓口距地表深0.3米，墓底距地表深1.1米。墓圹南北长2.2、东西宽0.9、深0.8米。内填花土，土质松软。内置单棺，棺木已朽。棺痕长1.9、宽0.54~0.6米；棺内骨架保存较好，头向北，面向西，仰身直肢，为男性（图一一七；图版一六，1）。

图一一七　M63平、剖面图

2. 随葬品

未发现随葬品。

六四、M64

1. 墓葬形制

该墓位于发掘区西南部，东邻M63。开口于第1层下，南北向，方向5°。

墓平面呈长方形，竖穴土圹单棺墓。墓口距地表深0.3米，墓底距地表深1.2米。墓圹南北长2.3、东西宽1.2、深0.9米。内填花土，土质松软。内置单棺，棺木已朽。棺痕长1.9、宽0.62～0.7米；棺内骨架保存较好，头移位向东，面向南，仰身直肢，为男性（图一一八）。

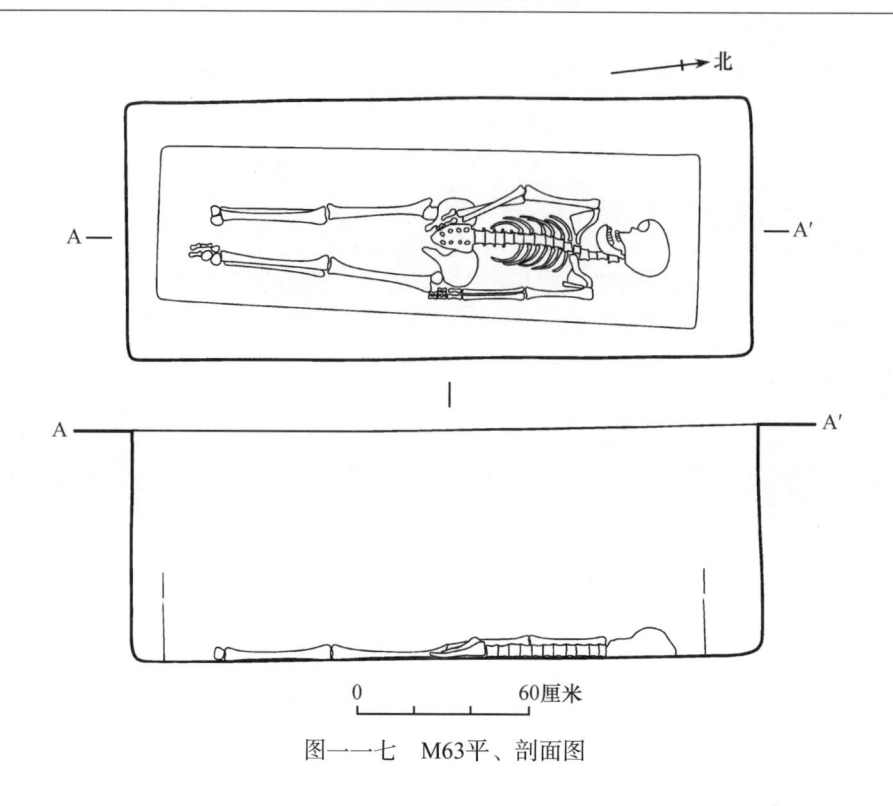

2. 随葬品

未发现随葬品。

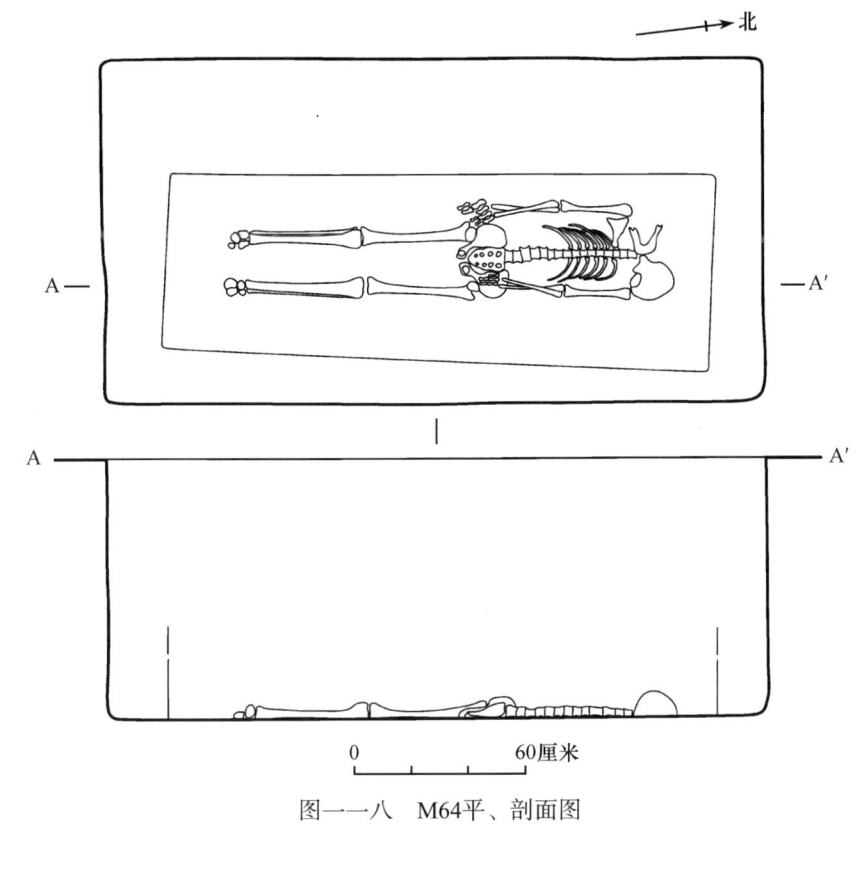

图一一八　M64平、剖面图

六五、M65

1. 墓葬形制

该墓位于发掘区西南部,北邻M64。开口于第1层下,南北向,方向5°。

墓平面呈长方形,竖穴土圹双棺合葬墓。墓口距地表深0.3米,墓底距地表深1.5～1.6米。墓圹南北长2.3、东西宽2、深1.2～1.3米。内填花土,土质松软。内置双棺,棺木已朽。东棺痕长1.9、宽0.5～0.6米;棺内骨架保存较好,头移位向西,面向上,仰身屈肢,为男性。西棺痕长1.9、宽0.5～0.6米;棺内骨架保存较好,头向北,面向上,仰身直肢,为女性（图一一九）。

2. 随葬品

未发现随葬品。

图一一九　M65平、剖面图

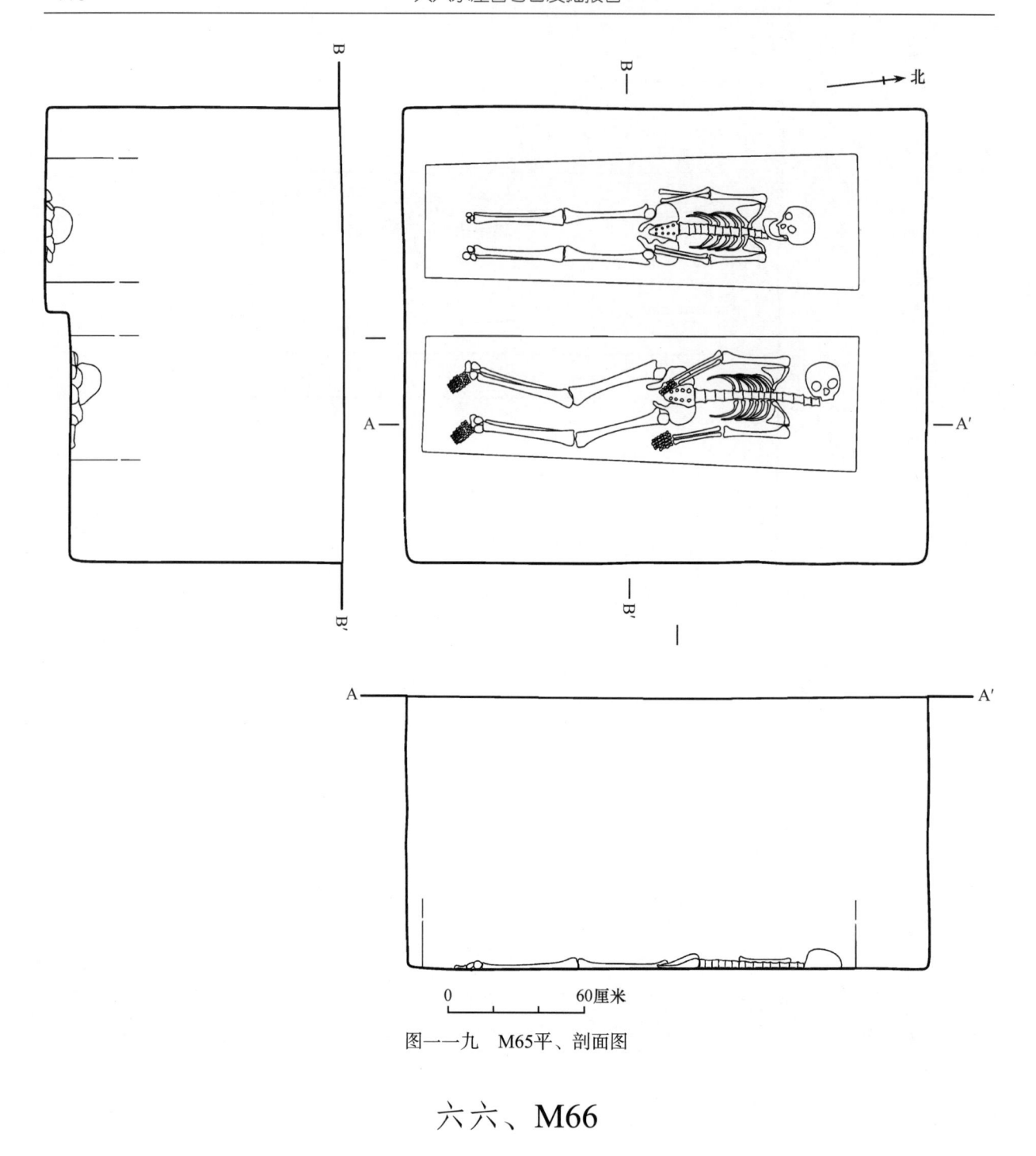

六六、M66

1. 墓葬形制

该墓位于发掘区西南部，西邻M205。开口于第1层下，南北向，方向5°。

墓平面呈长方形，竖穴土圹单棺墓。墓口距地表深0.3米，墓底距地表深1.4米。墓圹南北长2.2、东西宽1、深1.1米。内填花土，土质松软。内置单棺，棺木已朽。棺痕长1.9、宽0.5～0.6米；棺内骨架保存较好，头移位向东，面向北，仰身直肢，为男性（图一二〇）。

图一二〇　M66平、剖面图

2. 随葬品

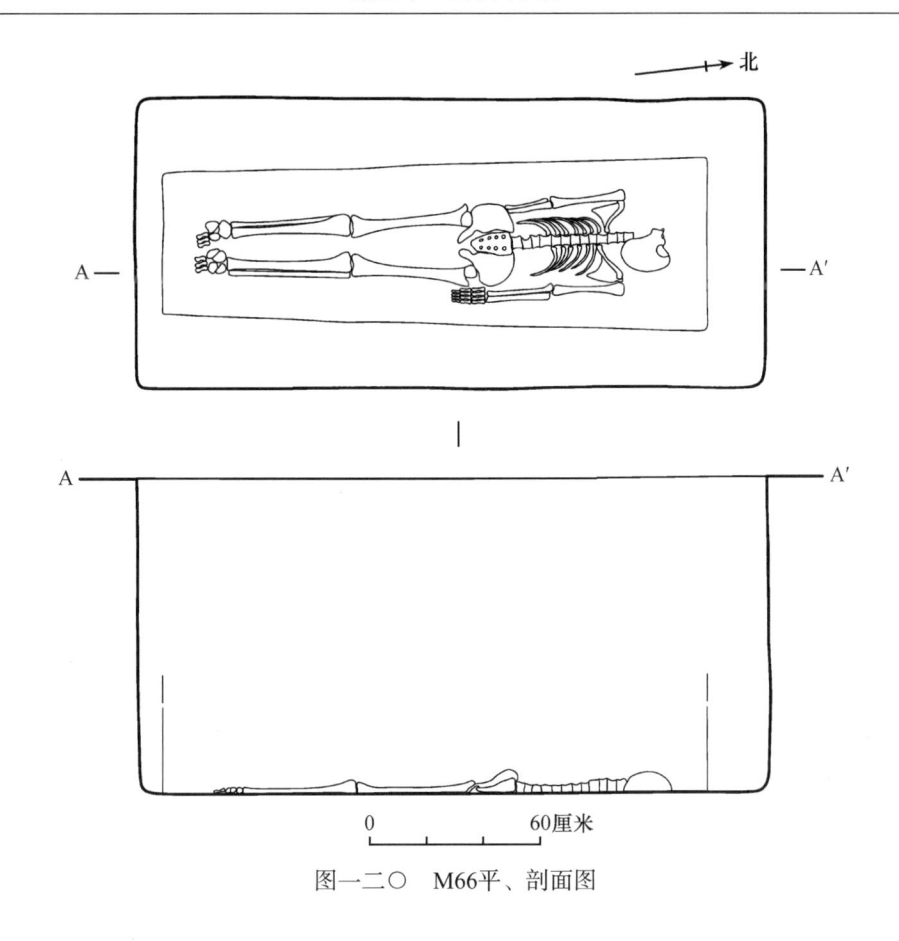

未发现随葬品。

六七、M67

1. 墓葬形制

该墓位于发掘区西南部，北邻M65。开口于第1层下，南北向，方向10°。

墓平面呈长方形，竖穴土圹三棺合葬墓。墓口距地表深0.3米，墓底距地表深1.2～1.3米。墓圹南北长2.4、东西宽2.6、深0.9～1米。内填花土，土质松软。内置三棺，棺木已朽。东棺痕长1.9、宽0.5～0.6米；棺内骨架保存较好，头向北，面向西，胸椎骨上方放置长20、宽16～20、厚1厘米的板瓦1块，仰身直肢，为男性。中棺痕长1.9、宽0.5～0.6米；棺内骨架保存较差，头移位向东，面向上，胸椎骨上方放置长16、宽14～18、厚1厘米的板瓦1块（图版九七，2），仰身直肢，为女性。西棺痕长1.9、宽0.5～0.6米；棺内骨架保存较好，头移位向东，面向南，胸椎骨上方放置长18、宽16～20、厚1厘米的板瓦1块（图版九七，3），仰身直肢，为女性（图一二一；图版一六，2）。

图一二一　M67平、剖面图

2. 随葬品

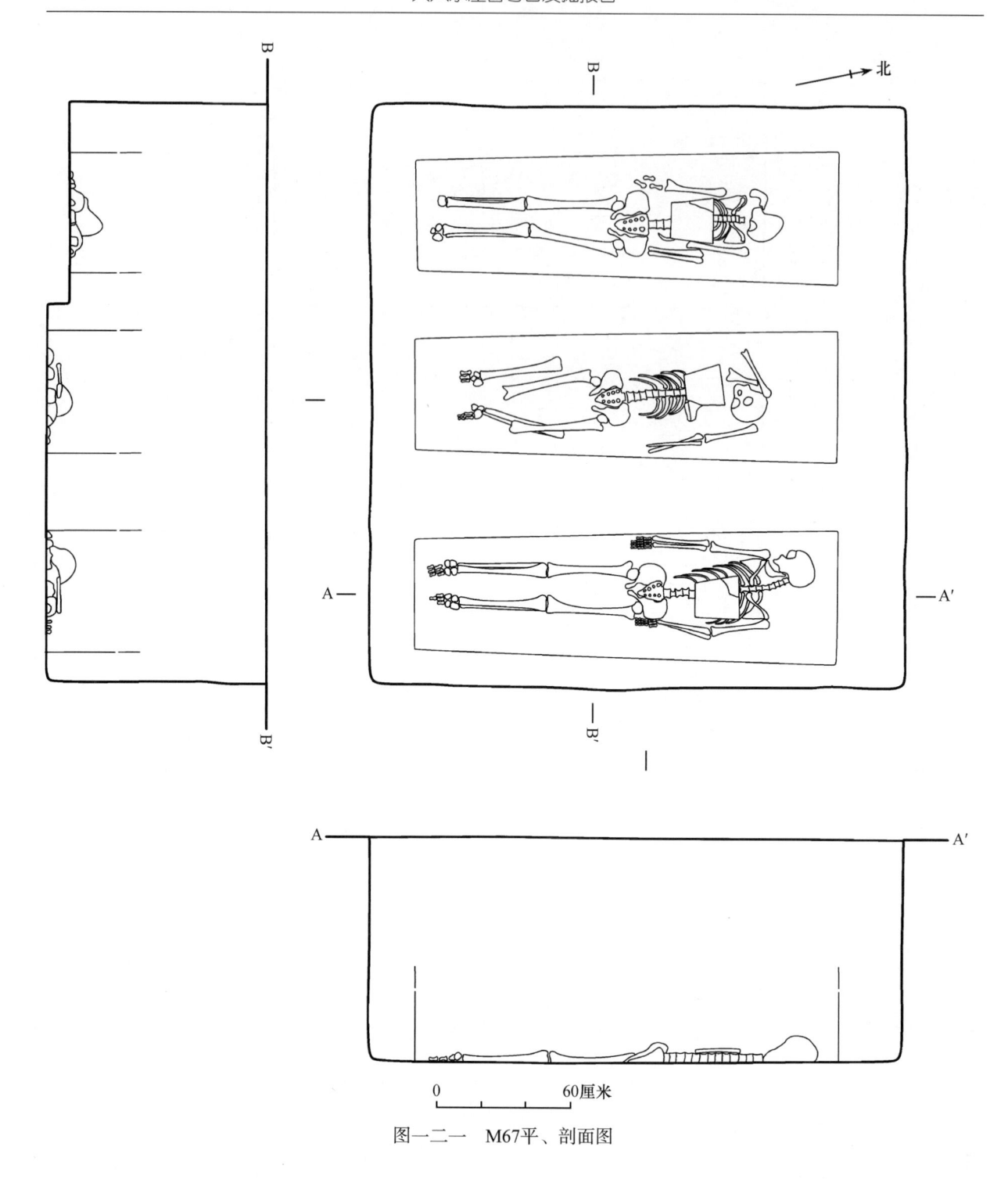

未发现随葬品。

六八、M68

1. 墓葬形制

该墓位于发掘区西南部，西邻M67。开口于第1层下，南北向，方向5°。

墓平面呈长方形，竖穴土圹双棺合葬墓。墓口距地表深0.3米，墓底距地表深0.7~0.8米。墓圹南北长2.4、东西宽1.9、深0.4~0.5米。内填花土，土质松软。内置双棺，棺木已朽。东棺痕长2、宽0.5~0.6米；棺内骨架保存较好，头向东北，面向东南，仰身直肢，为男性。西棺痕长2、宽0.5~0.6米；棺内骨架保存稍好，头移位向东，面向南，仰身直肢，为女性（图一二二）。

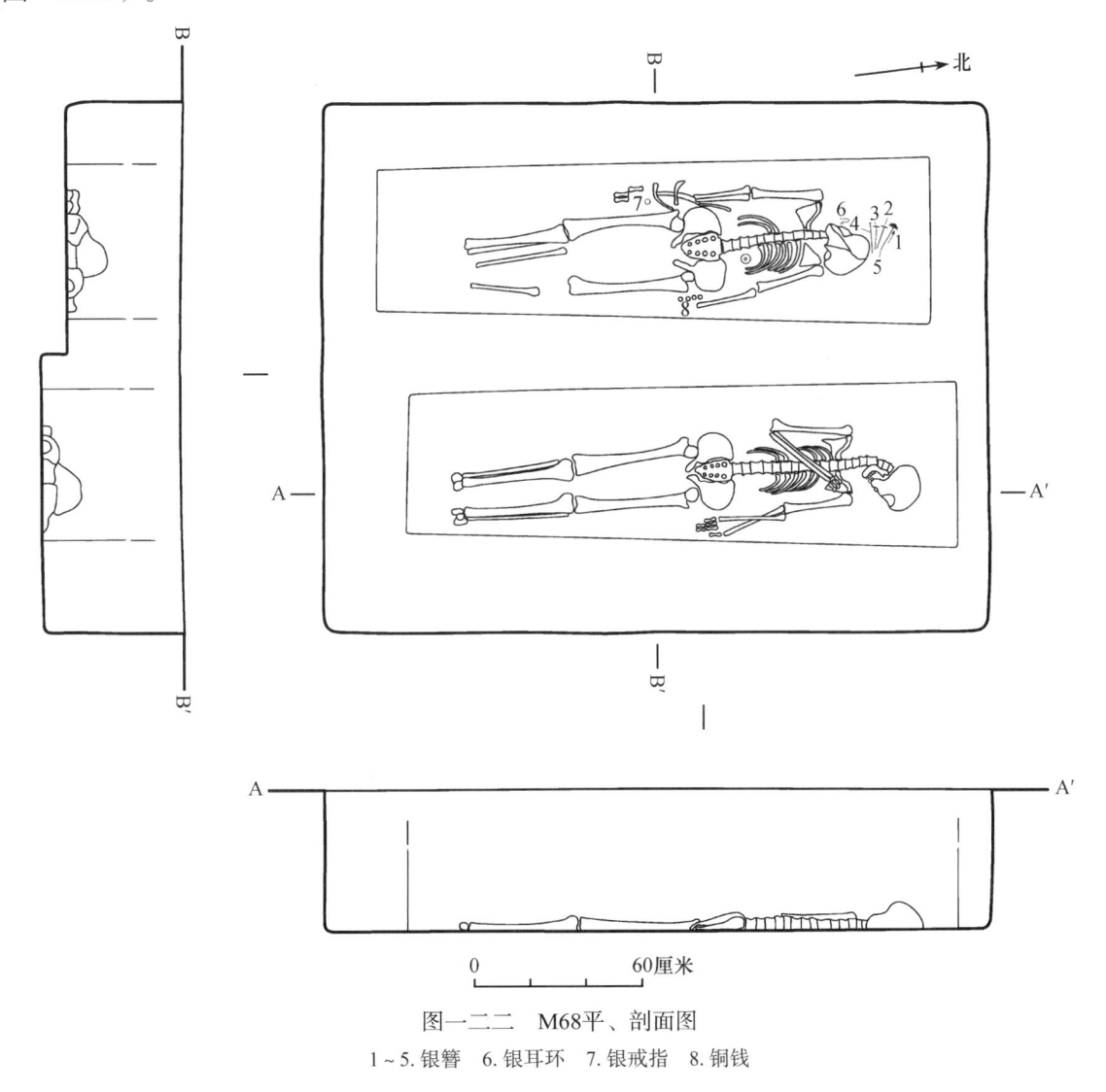

图一二二 M68平、剖面图
1~5.银簪 6.银耳环 7.银戒指 8.铜钱

2. 随葬品

西棺内头骨上方出土银簪5件、银耳环1件，右上肢骨下部出土银戒指1件，左上肢骨内侧下部出土铜钱4枚。

银簪　5件。M68：1，九连环禅杖形，顶呈葫芦状，体呈圆柱锥状，末端残，通体鎏金。残长10.4厘米（图一二三，1；图版六二，2）。M68：2，簪首呈扁平花瓣状，中部凸起呈圆环形，内镶嵌"寿"字纹，体呈圆锥状，背面錾刻"足紋"二字。通长8.3厘米（图一二三，2；图版六二，3）。M68：3，簪首呈扁平花瓣状，中部凸起呈圆环形，内镶嵌"福"字纹，体呈圆锥状，背面錾刻"玉興""足紋"四字。通长8.5厘米（图一二三，3；图版六二，4）。M68：4，簪首呈扁平椭圆形，体呈圆锥状。通长10.9厘米（图一二三，4；图版六二，5）。M68：5，簪首呈花朵状，花蕊包珠，梅花朵形托，体呈圆锥状。通长10.7厘米（图一二三，5；图版六二，6）。

银耳环　1件。M68：6，呈"S"形，一端尖锐呈钩状，另一端圆饼状。通高3.3厘米（图一二三，6；图版八三，1）。

银戒指　1件。M68：7，圆形，形体宽扁，戒面中部镂铸蝙蝠纹，一端刻划梅花纹，背面錾刻"德回"二字。直径1.98、宽1.5厘米（图一二三，7；图版八七，1）。

铜钱　4枚。有道光通宝、咸丰通宝、光绪通宝。

道光通宝　1枚。M68：8-1，平钱，圆形，方穿，正背面郭缘略宽，正面楷书"道光通寶"四字，直读，背穿左右为满文"宝泉"局名。钱径2.15、穿径0.7、郭厚0.1厘米（图一二三，8）。

咸丰通宝　1枚。M68：8-2，平钱，圆形，方穿，正背面郭缘稍窄，正面楷书"咸豐通寶"四字，直读，背穿左右为满文"宝泉"局名。钱径2.28、穿径0.55、郭厚0.15厘米（图一二三，9）。

光绪通宝　2枚。平钱，圆形，方穿，正面楷书"光緒通寶"四字，直读。M68：8-3，正背面郭缘略宽，背穿左右为满文"宝源"局名。钱径2.2、穿径0.6、郭厚0.11厘米（图一二三，10）。M68：8-4，小平钱，正背面郭缘较窄，背穿左右为满文"宝泉"局名。钱径1.75、穿径0.65、郭厚0.11厘米（图一二三，11）。

图一二三　M68出土器物

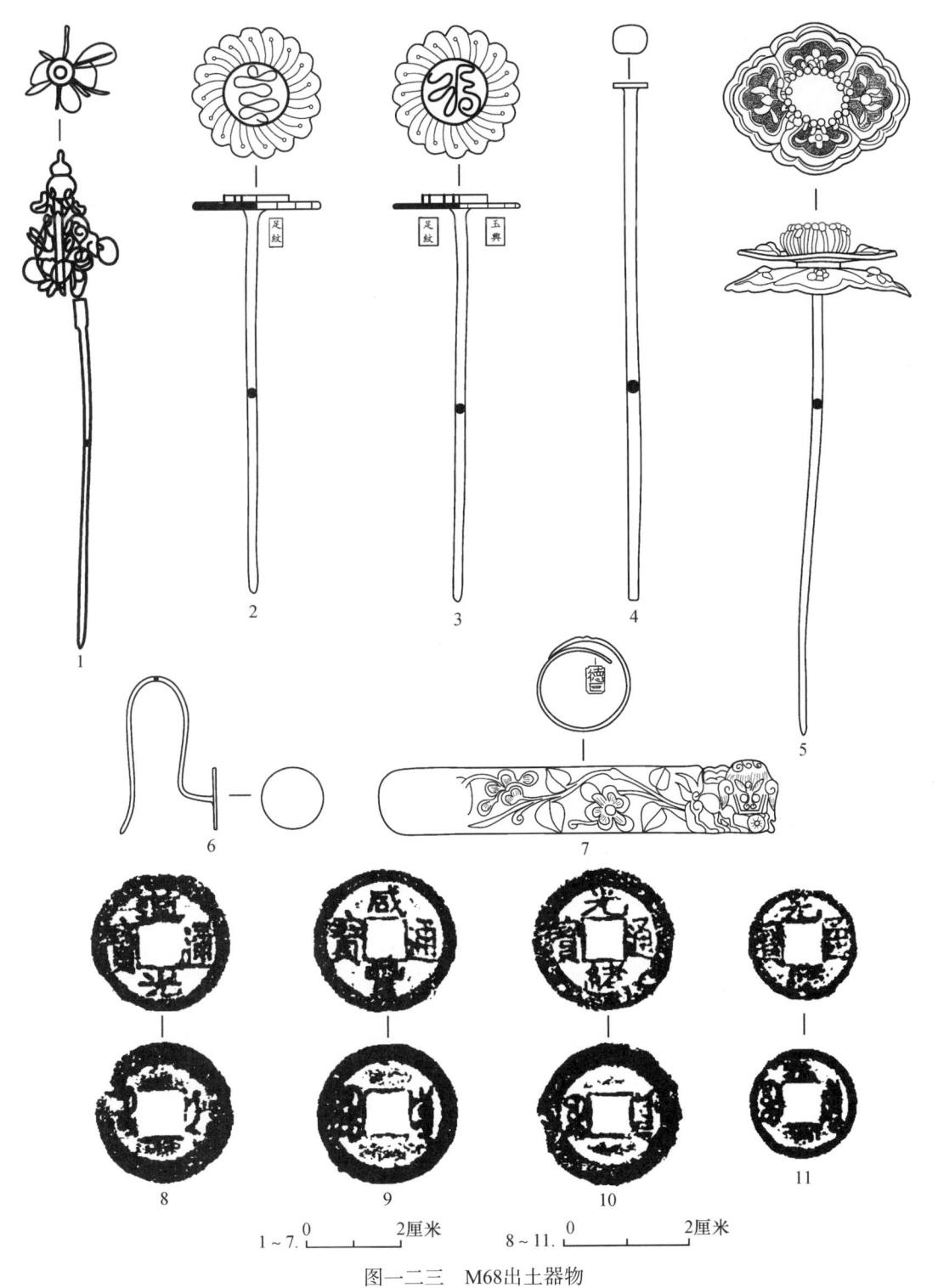

1~5. 银簪（M68：1、M68：2、M68：3、M68：4、M68：5）　6. 银耳环（M68：6）　7. 银戒指（M68：7）
8. 道光通宝（M68：8-1）　9. 咸丰通宝（M68：8-2）　10、11. 光绪通宝（M68：8-3、M68：8-4）

六九、M69

1. 墓葬形制

该墓位于发掘区西南部，西邻M217。开口于第1层下，南北向，方向10°。

墓平面呈不规则形，竖穴土圹双棺合葬墓。墓口距地表深0.3米，墓底距地表深1.1米。墓圹南北长2.5~2.62、东西宽1.9、深0.8米。内填花土，土质松软。内置双棺，棺木已朽。东棺痕长2、宽0.5~0.6米；棺内骨架保存较好，头向北，面向东，仰身直肢，为男性。西棺痕长1.9、宽0.5~0.6米；棺内骨架保存较好，头向北，面向上，仰身直肢，为女性（图一二四）。

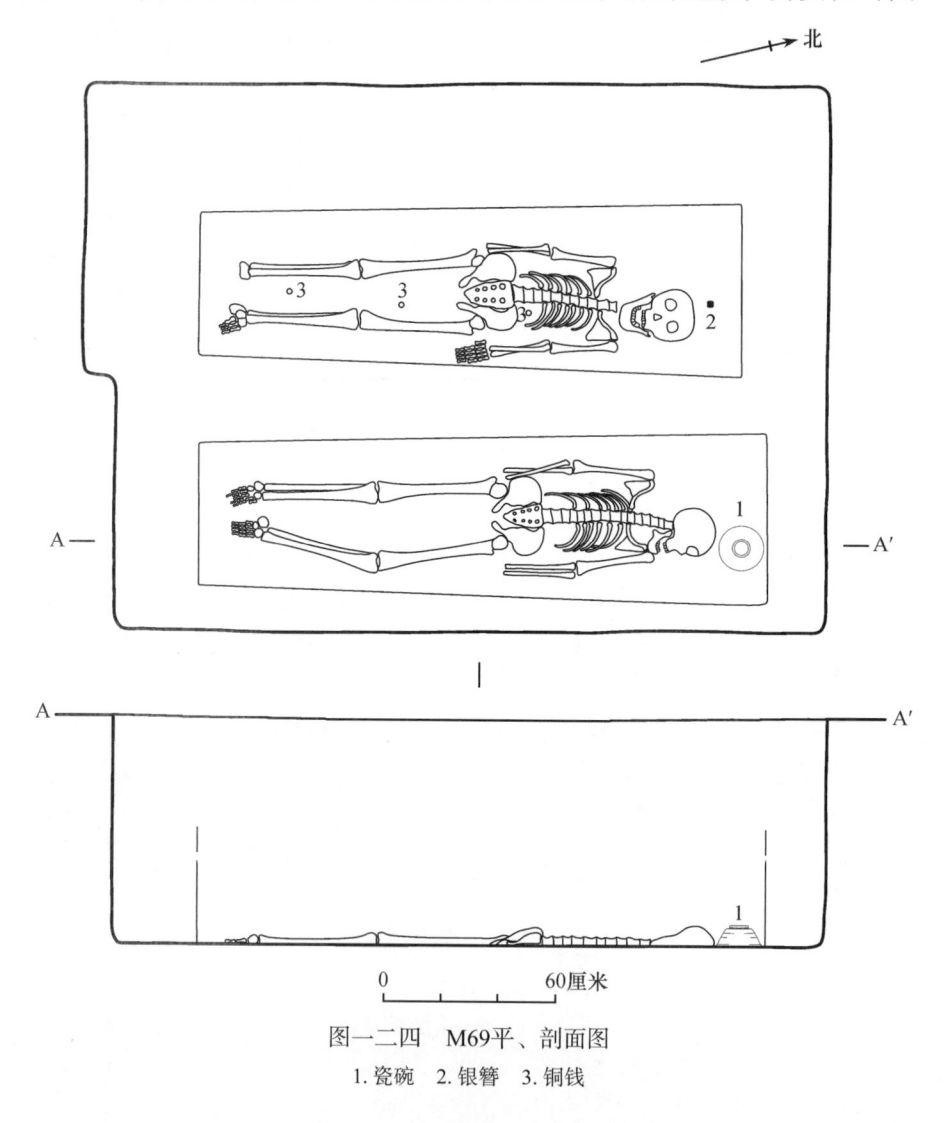

图一二四 M69平、剖面图
1.瓷碗 2.银簪 3.铜钱

2. 随葬品

东棺内头骨左上方出土瓷碗1件；西棺内头骨上方出土银簪1件，左肋骨内侧下部及下肢骨内侧中部出土铜钱3枚。

瓷碗　1件。M69：1，敞口，沿外撇，方圆唇，斜弧腹，下腹折收，矮圈足，内涩底。灰褐色粗胎，体施黑色釉，内壁施灰白色釉，足底无釉。轮制。口径15.8、底径6、高7.4厘米（图一二五，1；图版五四，2）。

银簪　1件。M69：2，近方形首，四角内凹，四周錾刻"卍"字纹，中部饰花卉纹，圆珠纹衬底，体残。残长0.35厘米（图一二五，2；图版六三，1）。

铜钱　3枚。有乾隆通宝、嘉庆通宝、光绪通宝。

乾隆通宝　1枚。M69：3-1，平钱，圆形，方穿，正背面郭缘略宽，正面楷书"乾隆通寳"四字，直读，背穿左右为满文"宝源"局名。钱径2.2、穿径0.55、郭厚0.15厘米（图一二五，3）。

嘉庆通宝　1枚。M69：3-2，平钱，圆形，方穿，正背面郭缘略宽，正面楷书"嘉慶通寳"四字，直读，背穿左右为满文"宝蘇"局名。钱径2.49、穿径0.65、郭厚0.15厘米（图一二五，4）。

光绪通宝　1枚。M69：3-3，平钱，圆形，方穿，正背面郭缘略宽，正面楷书"光緖通寳"四字，直读，背穿左右为满文"宝泉"局名。钱径2.2、穿径0.55、郭厚0.11厘米（图一二五，5）。

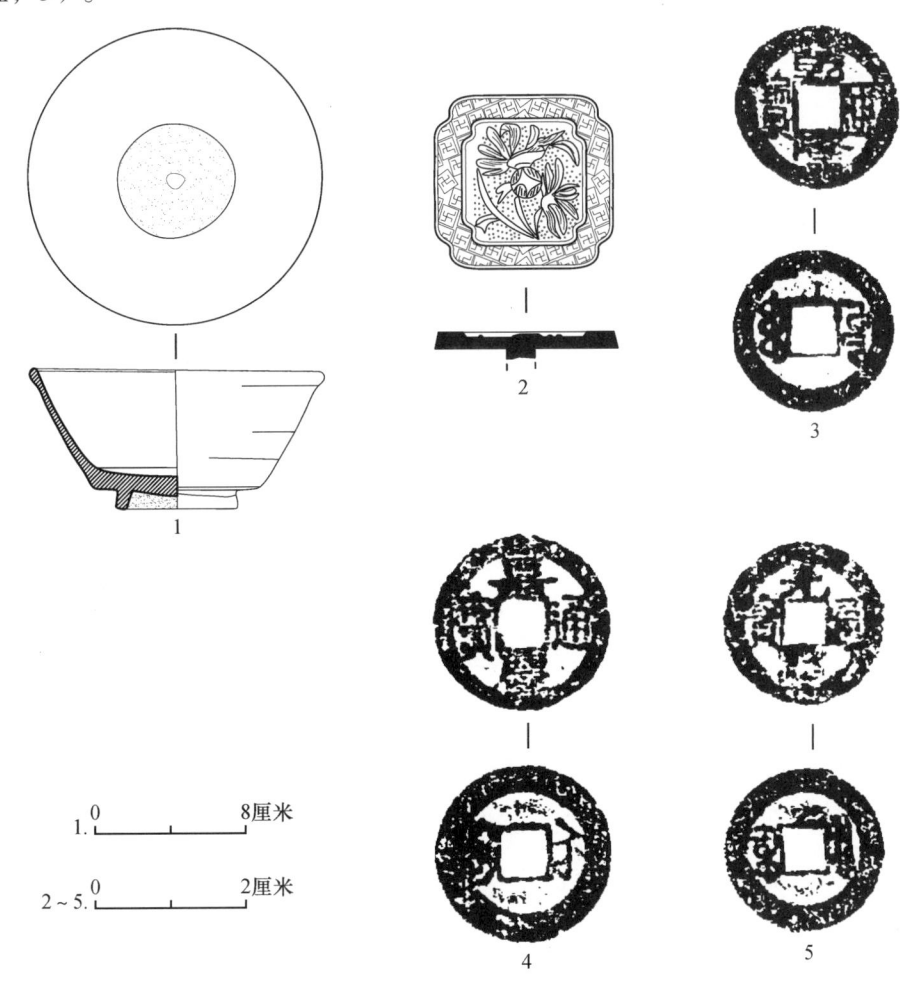

图一二五　M69出土器物

1. 瓷碗（M69：1）　2. 银簪（M69：2）　3. 乾隆通宝（M69：3-1）　4. 嘉庆通宝（M69：3-2）　5. 光绪通宝（M69：3-3）

七〇、M70

1. 墓葬形制

该墓位于发掘区西南部，南邻M96。开口于第1层下，南北向，方向5°。

墓平面呈长方形，竖穴土圹双棺合葬墓。墓口距地表深0.3米，墓底距地表深1米。墓圹南北长2.6、东西宽2.29~2.3、深0.7米。内填花土，土质松软。内置双棺，棺木已朽。东棺痕长2、宽0.5~0.6米；棺内骨架保存较好，头移位向东，面向南，仰身直肢，为男性。西棺痕长2、宽0.52~0.6米；棺内骨架保存较好，头向北，面向上，仰身直肢，为女性（图一二六）。

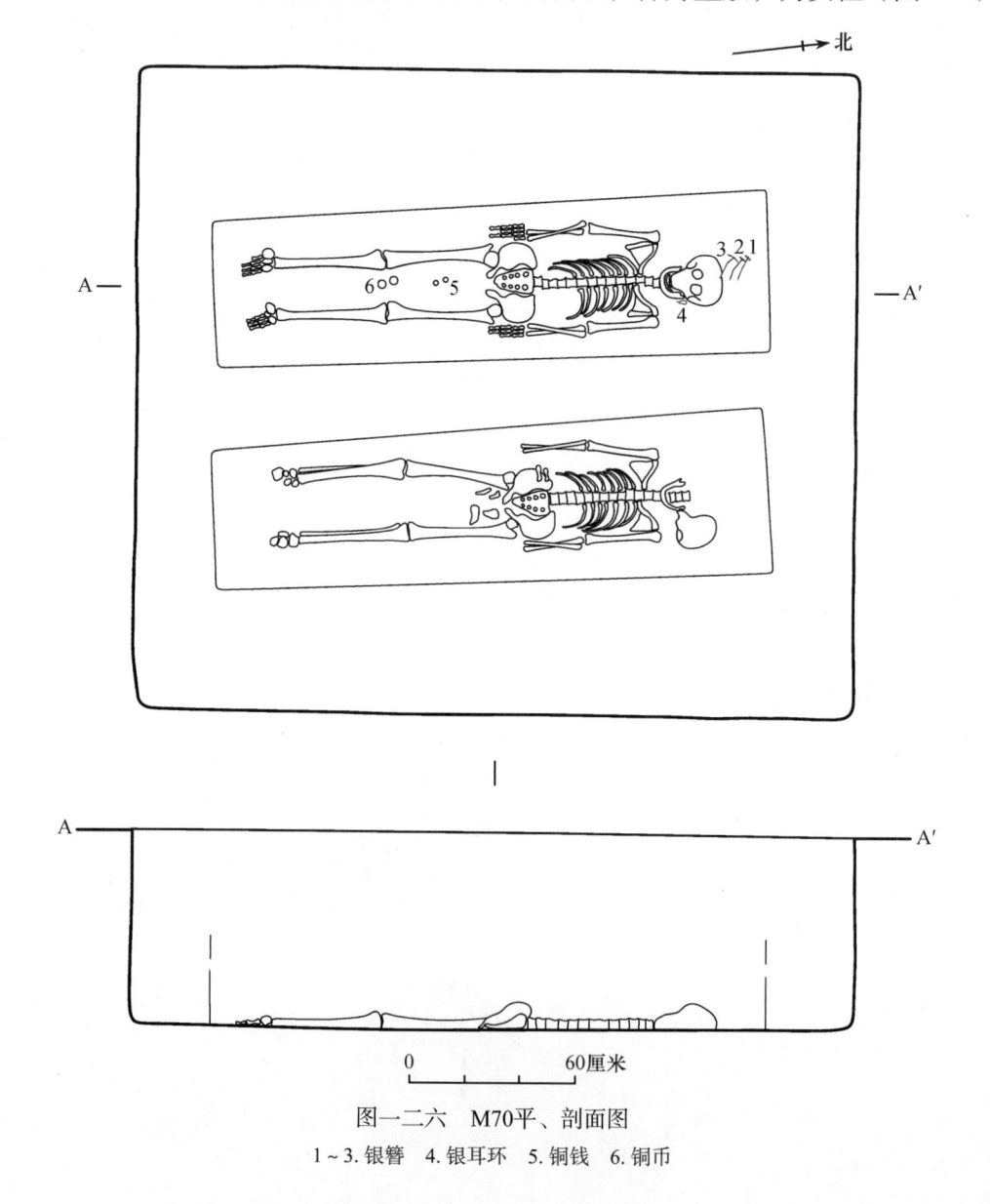

图一二六　M70平、剖面图
1~3.银簪　4.银耳环　5.铜钱　6.铜币

2. 随葬品

西棺内头骨上方出土银簪3件，头骨左侧出土银耳环1件，下肢骨内侧上部出土铜钱2枚，铜币2枚。

银簪　3件。M70：1、M70：2，形制相同。簪首呈伞状，中部饰梅花纹，圆珠纹衬底，体呈圆锥状，通体鎏金。M70：1，通长8.7厘米（图一二七，1；图版六三，2）。M70：2，通长9厘米（图一二七，2；图版六三，3）。M70：3，簪首呈蝶状，镂铸菊花纹，体呈圆锥状，通体鎏金。通长9.1厘米（图一二七，3；图版六三，4）。

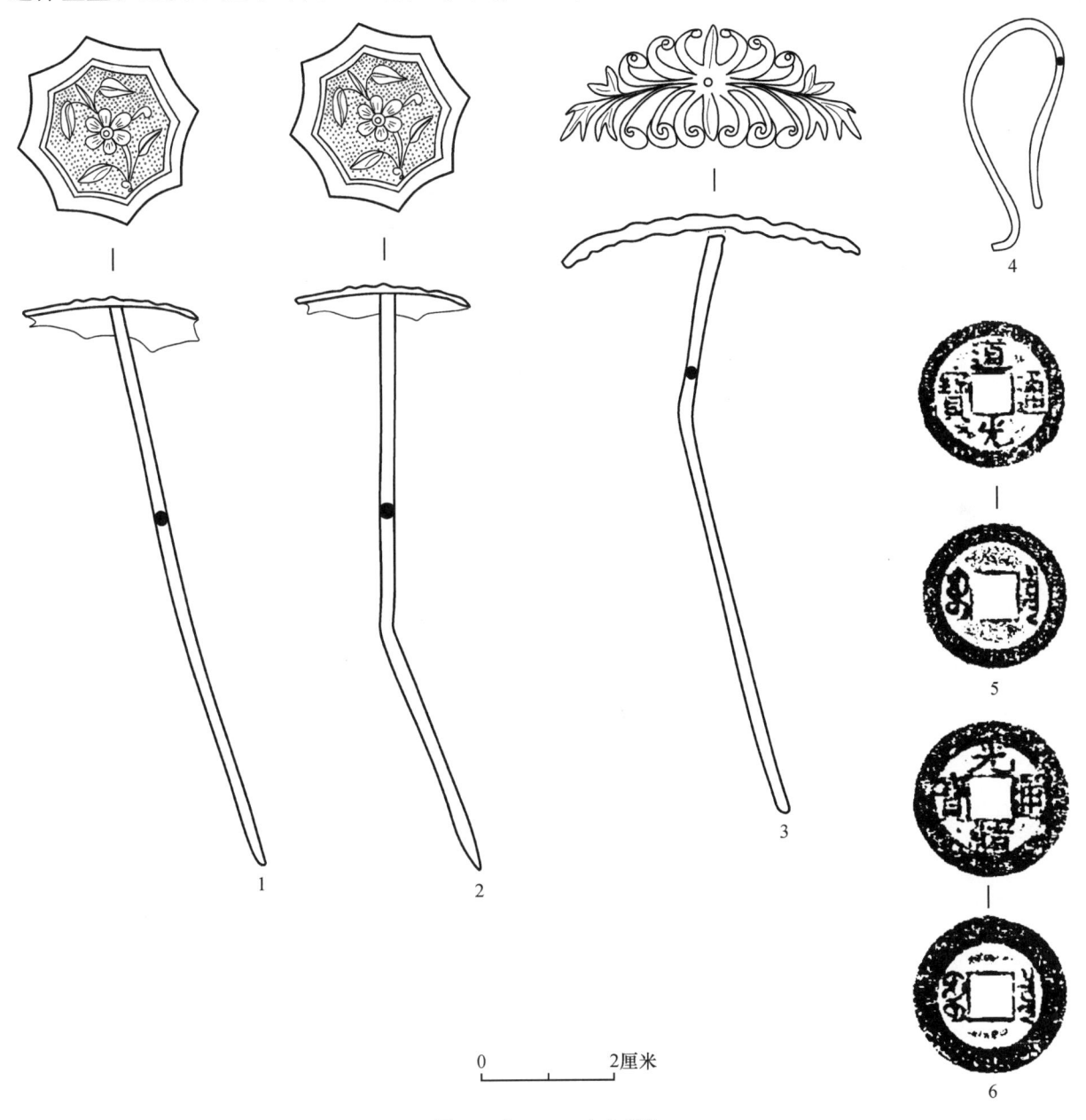

图一二七　M70出土器物

1~3.银簪（M70：1、M70：2、M70：3）　4.银耳环（M70：4）　5.道光通宝（M70：5-1）　6.光绪通宝（M70：5-2）

银耳环　1件。M70：4，呈"S"形，一端尖锐呈钩状，另一端残。残高3.4厘米（图一二七，4；图版八三，2）。

铜钱　2枚。有道光通宝、光绪通宝。

道光通宝　1枚。M70：5-1，平钱，圆形，方穿，正背面郭缘略宽，正面楷书"道光通寶"四字，直读，背穿左右为满文"宝泉"局名。钱径2.25、穿径0.59、郭厚0.12厘米（图一二七，5）。

光绪通宝　1枚。M70：5-2，平钱，圆形，方穿，正背面郭缘较宽，正面楷书"光緒通寶"四字，直读，背穿左右为满文"宝泉"局名。钱径2.4、穿径0.6、郭厚0.15厘米（图一二七，6）。

大清铜币　2枚。标本M70：6-1，大平钱，圆形，正背面齿缘较窄，正面珠圈内楷书"大清銅幣"四字，对读，左右楷书"丁未"二字，背面铸蟠龙戏火珠纹。钱径3.3、郭厚0.1厘米。

七一、M71

1. 墓葬形制

该墓位于发掘区西南部，南邻M109。开口于第1层下，南北向，方向5°。

墓平面呈长方形，竖穴土圹三棺合葬墓。墓口距地表深0.3米，墓底距地表深1.2～1.3米。墓圹南北长2.4、东西宽2.68～2.69、深0.9～1米。内填花土，土质松软。内置三棺，棺木已朽。东棺痕长1.9、宽0.6～0.7米；棺内骨架保存较好，头移位向北，面向东，头骨上方放置长20、宽16～18、厚1厘米的板瓦1块（图版九七，4），仰身直肢，为男性。中棺痕长1.9、宽0.5～0.6米；棺内骨架保存较好，头向北，面向上，胸椎骨上方放置长20、宽18～20、厚1厘米的板瓦1块，仰身直肢，为女性。西棺痕长1.9、宽0.5～0.6米；棺内骨架保存较差，头移位向东南，面向上，仰身直肢，为女性（图一二八）。

2. 随葬品

东棺内左下肢骨外侧中部出土铜钱2枚；西棺内头骨右上方出土银押发1件、银簪2件，右下肢骨内侧中部及左下肢骨外侧上部出土铜币2枚。

银押发　1件。M71：1，体呈弓形，两端呈扁条叶状，上錾刻花卉纹。通长9.4厘米（图一二九，1）。

银簪　2件。M71：2，首呈扁平花瓣状，中部凸起呈圆环形，内镶嵌"福"字纹，体呈圆锥状。通长7.2厘米（图一二九，2；图版六三，5）。M71：3，首残呈花朵状，体呈圆锥状。残长10.4厘米（图一二九，3；图版六三，6）。

第二章 墓葬介绍

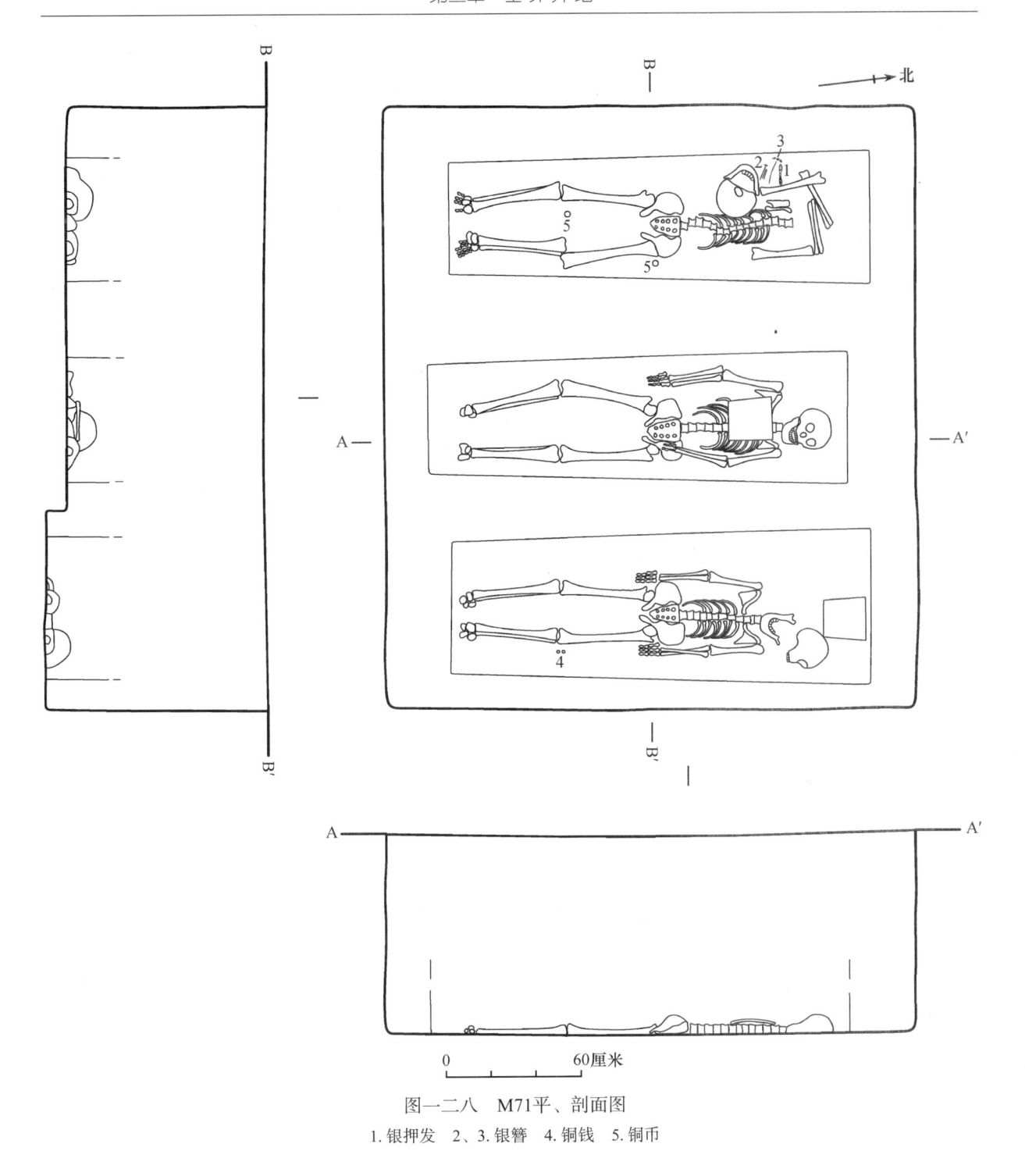

图一二八 M71平、剖面图
1.银押发 2、3.银簪 4.铜钱 5.铜币

图一二九　M71出土器物

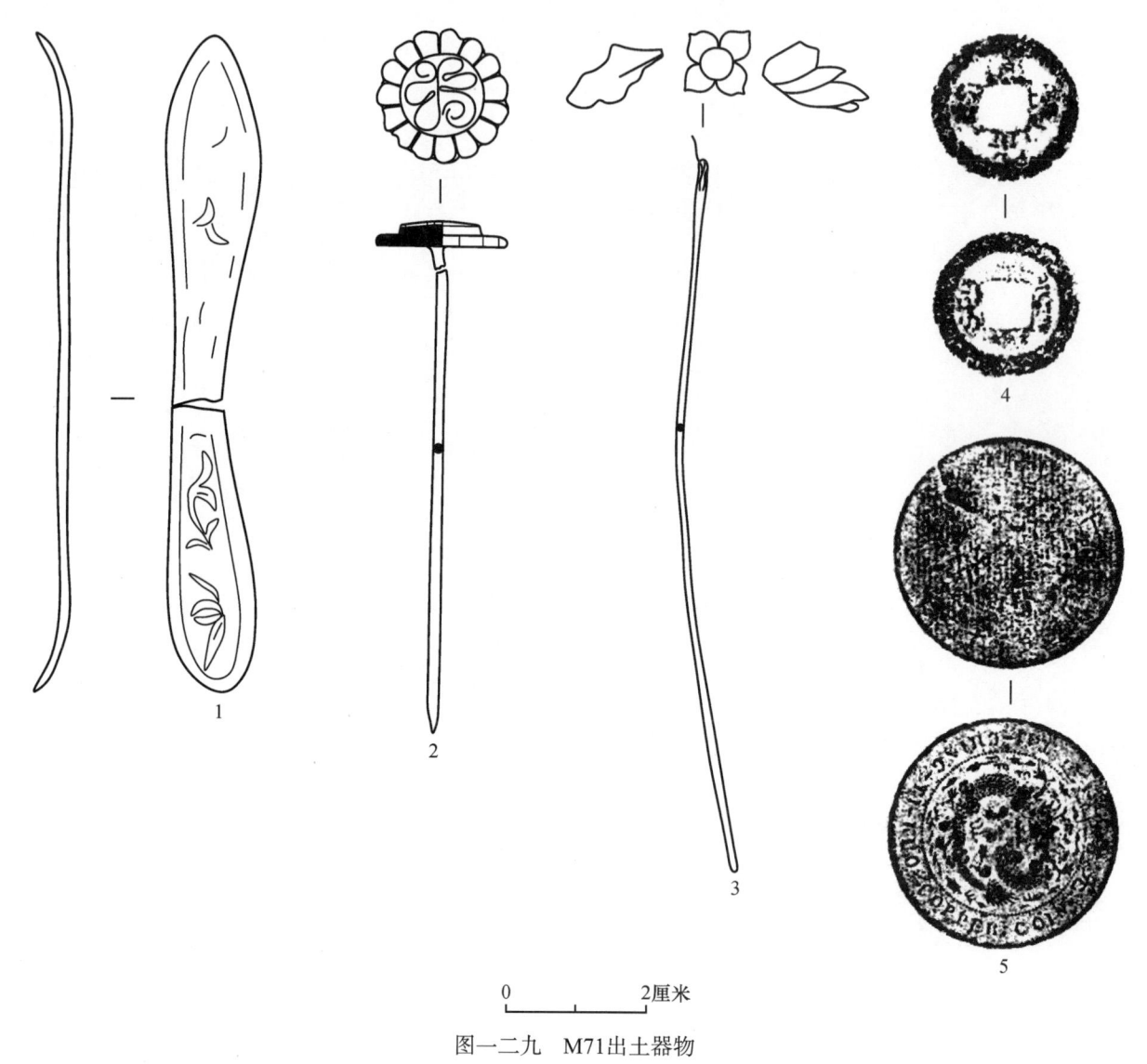

1.银押发（M71∶1）　2、3.银簪（M71∶2、M71∶3）　4.道光通宝（M71∶4-1）　5.大清铜币（M71∶5-1）

道光通宝　2枚。标本M71∶4-1，平钱，圆形，方穿，正背面郭缘略宽，正面楷书"道光通寳"四字，直读，背穿左右为满文"宝泉"局名。钱径2.2、穿径0.6、郭厚0.16厘米（图一二九，4）。

大清铜币　2枚。标本M71∶5-1，大平钱，圆形，正背面齿缘较窄，正面楷书"大清铜幣"四字，对读，左右楷书"丁未"二字。背面珠圈内铸蟠龙戏火珠纹，上方楷书"光緒年造"四字。钱径3.31、郭厚0.12厘米（图一二九，5）。

七二、M72

1. 墓葬形制

该墓位于发掘区西南部，东邻M74。开口于第1层下，南北向，方向356°。

墓平面呈梯形，竖穴土圹双棺合葬墓。墓口距地表深0.3米，墓底距地表深0.8~0.9米。墓圹南北长2.8、东西宽2.56~2.64、深0.5~0.6米。内填花土，土质松软。内置双棺，东棺棺木已朽。东棺痕长1.9、宽0.6~0.66米；棺内骨架保存稍好，头移位向北，面向东，仰身直肢，为男性。西棺长2、宽0.55~0.72米，棺板厚0.05~0.1米，棺内前封板放置长52、宽32、厚0.4厘米的镂空铁器1块；棺内骨架保存较差，头移位向西北，面向东北，仰身直肢，为女性（图一三○）。

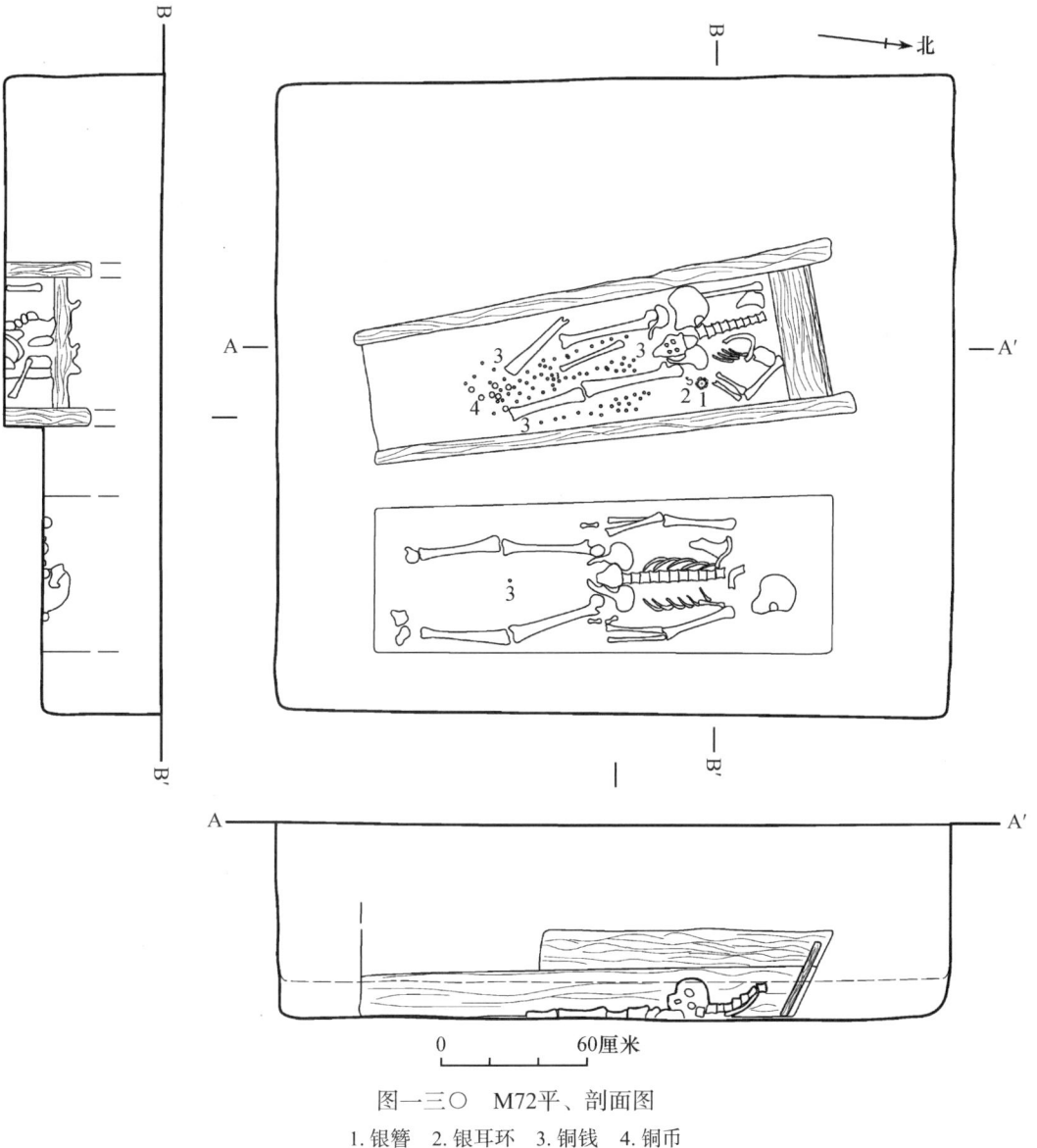

图一三○　M72平、剖面图
1. 银簪　2. 银耳环　3. 铜钱　4. 铜币

2. 随葬品

东棺内下肢骨内侧中部出土铜钱1枚；西棺内左上肢骨下部出土银簪1件、银耳环1件，下肢骨内外侧出土铜钱81枚、铜币6枚。

银簪　1件。M72：1，簪首呈花朵状，花蕊包珠，珠子缺失，体残，通体鎏金。残长1.45厘米（图一三一，1；图版六四，1）。

银耳环　1件。M72：2，体呈"S"形，一端尖锐呈钩状，另一端为半球状。通高1.4厘米（图一三一，2；图版八三，3）。

铜钱　82枚。有康熙通宝、乾隆通宝、嘉庆通宝、咸丰通宝、同治重宝、光绪通宝、宽永通宝。

康熙通宝　18枚。标本M72：3-1，大平钱，圆形，方穿，正背面郭缘较宽，正面楷书"康熙通寶"四字，直读，背穿左右为满文"宝泉"局名。钱径2.81、穿径0.6、郭厚0.11厘米（图一三二，1）。

乾隆通宝　24枚。标本M72：3-2，平钱，圆形，方穿，正背面郭缘略宽，正面楷书"乾隆通寶"四字，直读，背穿左右为满文"宝源"局名。钱径2.5、穿径0.62、郭厚0.11厘米（图一三二，2）。

嘉庆通宝　13枚。标本M72：3-3，平钱，圆形，方穿，正背面郭缘较宽，正面楷书"嘉慶通寶"四字，直读，背穿左右为满文"宝泉"局名。钱径2.55、穿径0.6、郭厚0.1厘米（图一三二，3）。

咸丰通宝　9枚。标本M72：3-4，小平钱，圆形，方穿，正背面郭缘较窄，正面楷书"咸豐通寶"四字，直读，背穿左右为满文"宝泉"局名。钱径2.2、穿径0.55、郭厚0.15厘米（图一三二，4）。

同治重宝　9枚。标本M72：3-5，平钱，圆形，方穿，正背面郭缘较宽，正面楷书"同治重寶"四字，直读，背穿左右为满文"宝泉"局名，上下楷书"当十"二字。钱径2.3、穿径0.69、郭厚0.08厘米（图一三二，5）。

光绪通宝　8枚。标本M72：3-6，平钱，圆形，方穿，正背面郭缘略宽，正面楷书"光緒通寶"四字，直读，背穿左右为满文"宝泉"局名。钱径2.25、穿径0.55、郭厚0.15厘米（图一三二，6）。

宽永通宝　1枚。M72：3-7，平钱，圆形，方穿，正背面郭缘略宽，正面楷书"寬永通寶"四字，直读。钱径2.4、穿径0.65、郭厚0.1厘米（图一三二，7）。

铜币　6枚。标本M72：4-1，大平钱，圆形，正背面齿缘较窄，正面珠圈内铸双旗，背面珠圈内铸垂直麦穗纹。钱径3.2、郭厚0.15厘米（图一三二，8）。

第二章 墓葬介绍

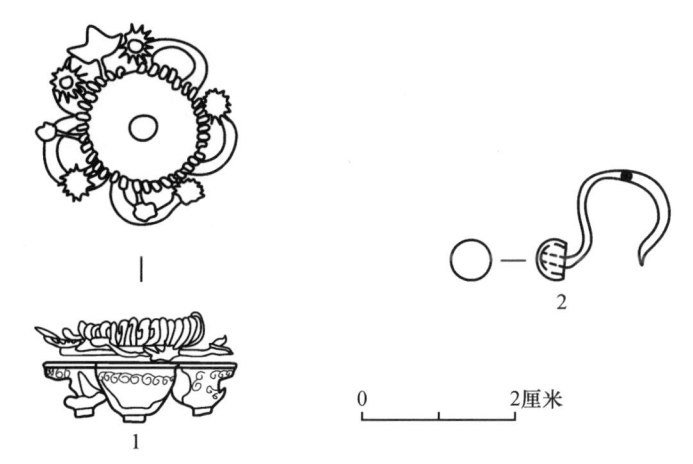

图一三一 M72出土银器
1.银簪（M72:1） 2.银耳环（M72:2）

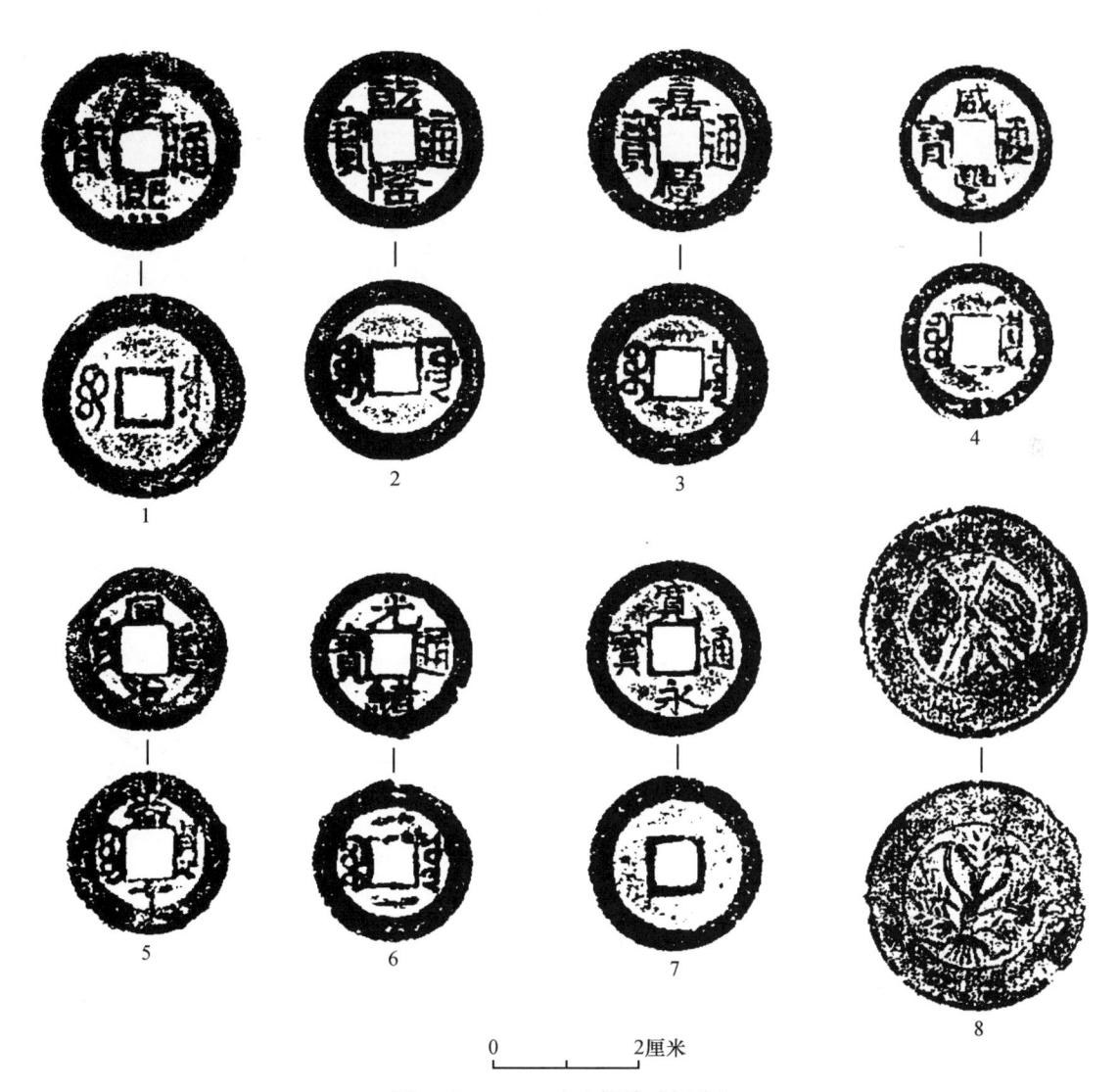

图一三二 M72出土铜钱（拓片）
1.康熙通宝（M72:3-1） 2.乾隆通宝（M72:3-2） 3.嘉庆通宝（M72:3-3） 4.咸丰通宝（M72:3-4）
5.同治重宝（M72:3-5） 6.光绪通宝（M72:3-6） 7.宽永通宝（M72:3-7） 8.铜币（M72:4-1）

七三、M73

1. 墓葬形制

该墓位于发掘区西南部，南邻M74。开口于第1层下，南北向，方向355°。

墓平面呈长方形，竖穴土圹双棺合葬墓。墓口距地表深0.3米，墓底距地表深1.1米。墓圹南北长2.4、东西宽1.9、深0.8米。内填花土，土质松软。内置双棺，棺木已朽。东棺痕长1.9、宽0.5~0.6米；棺内骨架保存较好，头向北，面向上，胸椎骨上方放置长19、宽16~18、厚1厘米的板瓦1块（图版九七，5），仰身直肢，为男性。西棺痕长1.9、宽0.5~0.6米；棺内骨架保存较好，头向北，面向东，胸椎骨上方放置长20、宽16~20、厚1厘米的板瓦1块，仰身直肢，为女性（图一三三；图版一七，1）。

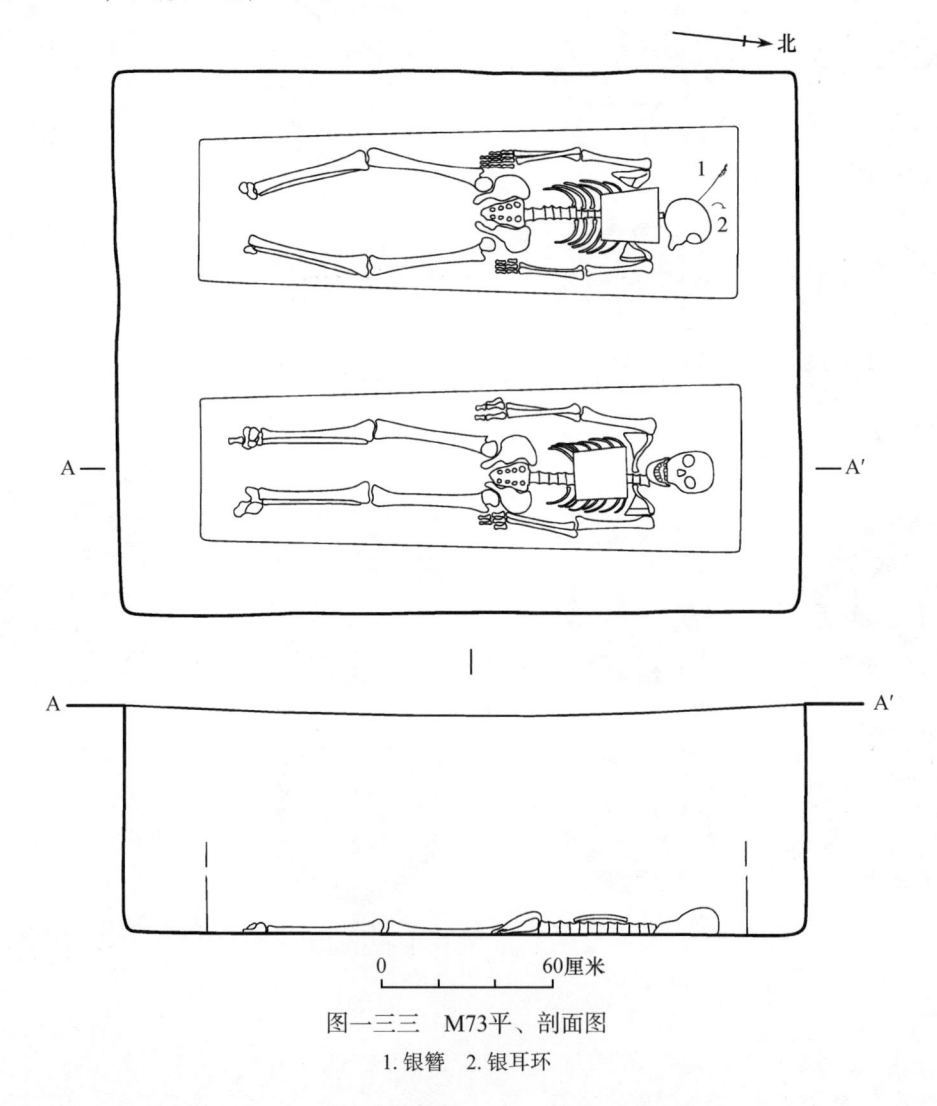

图一三三　M73平、剖面图
1. 银簪　2. 银耳环

2. 随葬品

西棺内头骨右上方出土银簪1件、银耳环1件。

银簪　1件。M73：1，九连环禅杖形，顶呈葫芦形，下部节状，体呈圆锥状。通长16.3厘米（图一三四，1；图版六四，2）。

银耳环　1件。M73：2，体呈"S"形，一端尖锐呈钩状，另一端为圆饼状。通高4.9厘米（图一三四，2；图版八三，4）。

七四、M74

1. 墓葬形制

该墓位于发掘区西南部，南邻M76。开口于第1层下，南北向，方向5°。

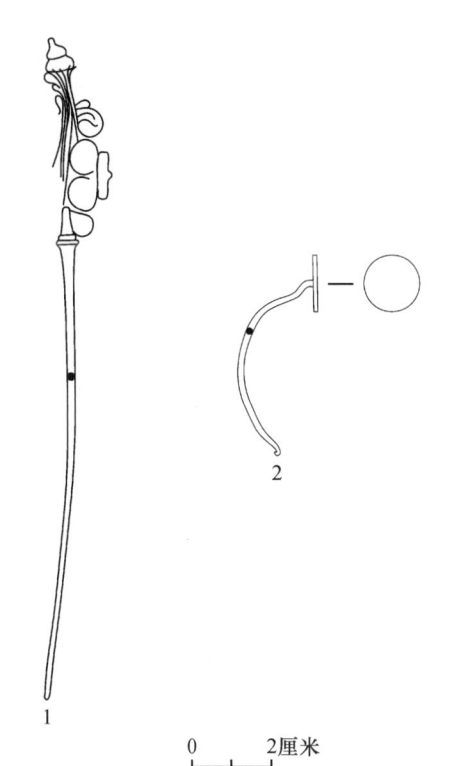

图一三四　M73出土银器
1. 银簪（M73：1）　2. 银耳环（M73：2）

墓平面呈长方形，竖穴土圹双棺合葬墓。墓口距地表深0.3米，墓底距地表深1.2米。墓圹南北长2.4、东西宽2.01~2.09、深0.9米。内填花土，土质松软。内置双棺，棺木已朽。东棺痕长2、宽0.5~0.6米；棺内骨架保存较好，头向北，面向上，胸椎骨上方放置长18、宽16~18、厚1厘米的板瓦1块（图版九七，6），仰身直肢，为男性。西棺痕长2、宽0.54~0.6米；棺内骨架保存较好，头向北，面向上，头骨右侧放置长18、宽16~20、厚1厘米的板瓦1块，仰身直肢，为女性（图一三五；图版一七，2）。

2. 随葬品

西棺内右上肢骨内侧下部出土铜钱3枚，有乾隆通宝、同治重宝。

乾隆通宝　2枚。标本M74：1-1，平钱，圆形，方穿，正背面郭缘略宽，正面楷书"乾隆通寶"四字，直读，背穿左右为满文"宝泉"局名。钱径2.4、穿径0.65、郭厚0.11厘米（图一三六，1）。

同治重宝　1枚。M74：1-2，平钱，圆形，方穿，正背面郭缘较宽，正面楷书"同治重寶"四字，直读，背穿左右为满文"宝泉"局名，上下楷书"當十"二字。钱径2.5、穿径0.8、郭厚0.09厘米（图一三六，2）。

图一三五　M74平、剖面图
1. 铜钱

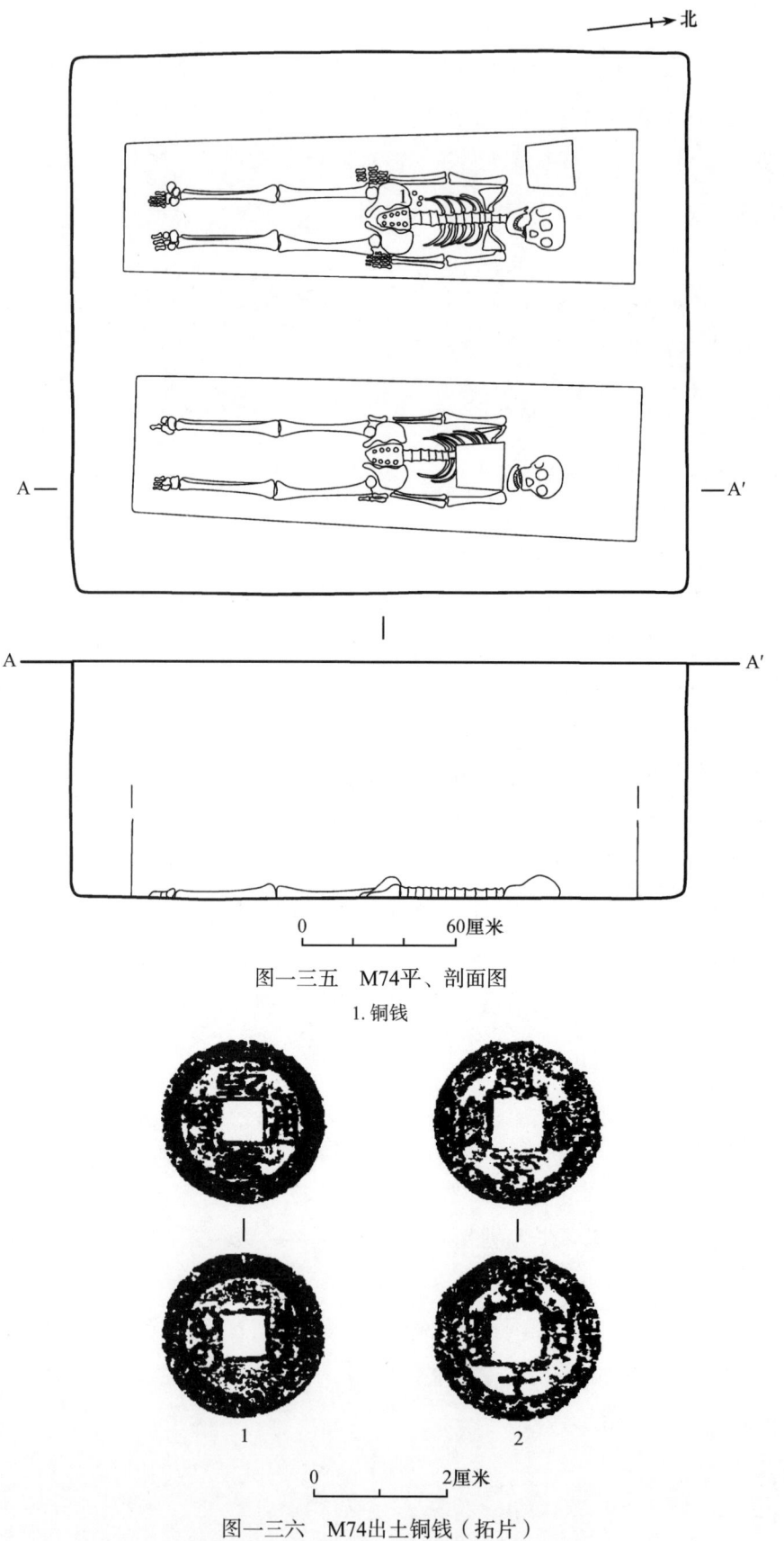

图一三六　M74出土铜钱（拓片）
1. 乾隆通宝（M74∶1-1）　2. 同治重宝（M74∶1-2）

七五、M75

1. 墓葬形制

该墓位于发掘区西南部，东邻M76。开口于第1层下，南北向，方向5°。

墓平面呈长方形，竖穴土圹双棺合葬墓。墓口距地表深0.3米，墓底距地表深1~1.2米。墓圹南北长2.4、东西宽1.7、深0.7~0.9米。内填花土，土质松软。内置双棺，棺木已朽。东棺痕长1.9、宽0.5~0.6米；棺内骨架保存稍差，头移位向北，面向东，仰身直肢，为男性。西棺痕长1.9、宽0.5~0.6米；棺内骨架保存较好，头移位向西，面向上，腰椎骨上方放置长20、宽18~20、厚1厘米的板瓦1块，仰身直肢，为女性（图一三七）。

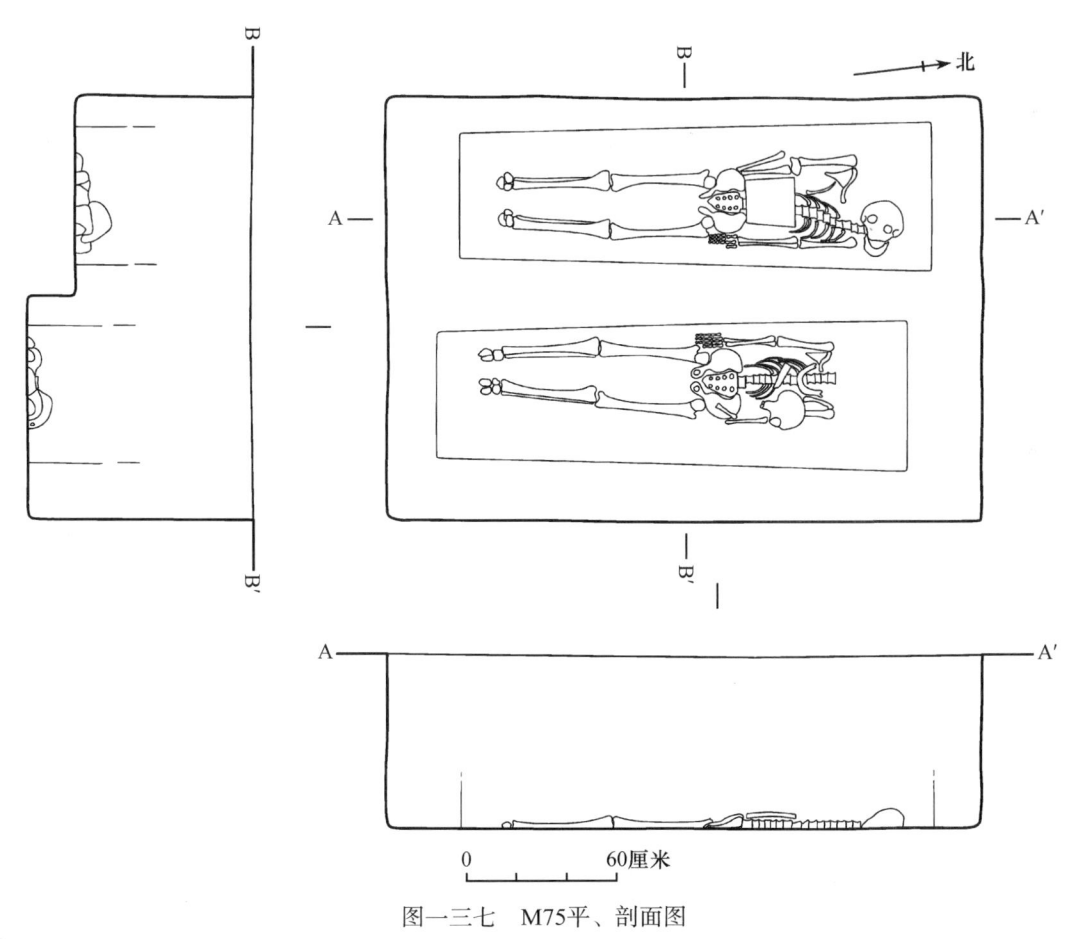

图一三七　M75平、剖面图

2. 随葬品

未发现随葬品。

七六、M76

1. 墓葬形制

该墓位于发掘区西南部，西邻M75。开口于第1层下，南北向，方向5°。

墓平面呈长方形，竖穴土圹双棺合葬墓。墓口距地表深0.3米，墓底距地表深1.1~1.3米。墓圹南北长2.2、东西宽2、深0.8~1米。内填花土，土质松软。内置双棺，棺木已朽。东棺痕长1.8、宽0.5~0.6米；棺内骨架保存较好，头向北，面向西，仰身屈肢，为男性。西棺痕长1.8、宽0.5~0.6米；棺内骨架保存较好，头向北，面向上，头骨上方放置长22、宽20~24、厚1厘米的板瓦1块（图版九八，1），仰身直肢，为女性（图一三八）。

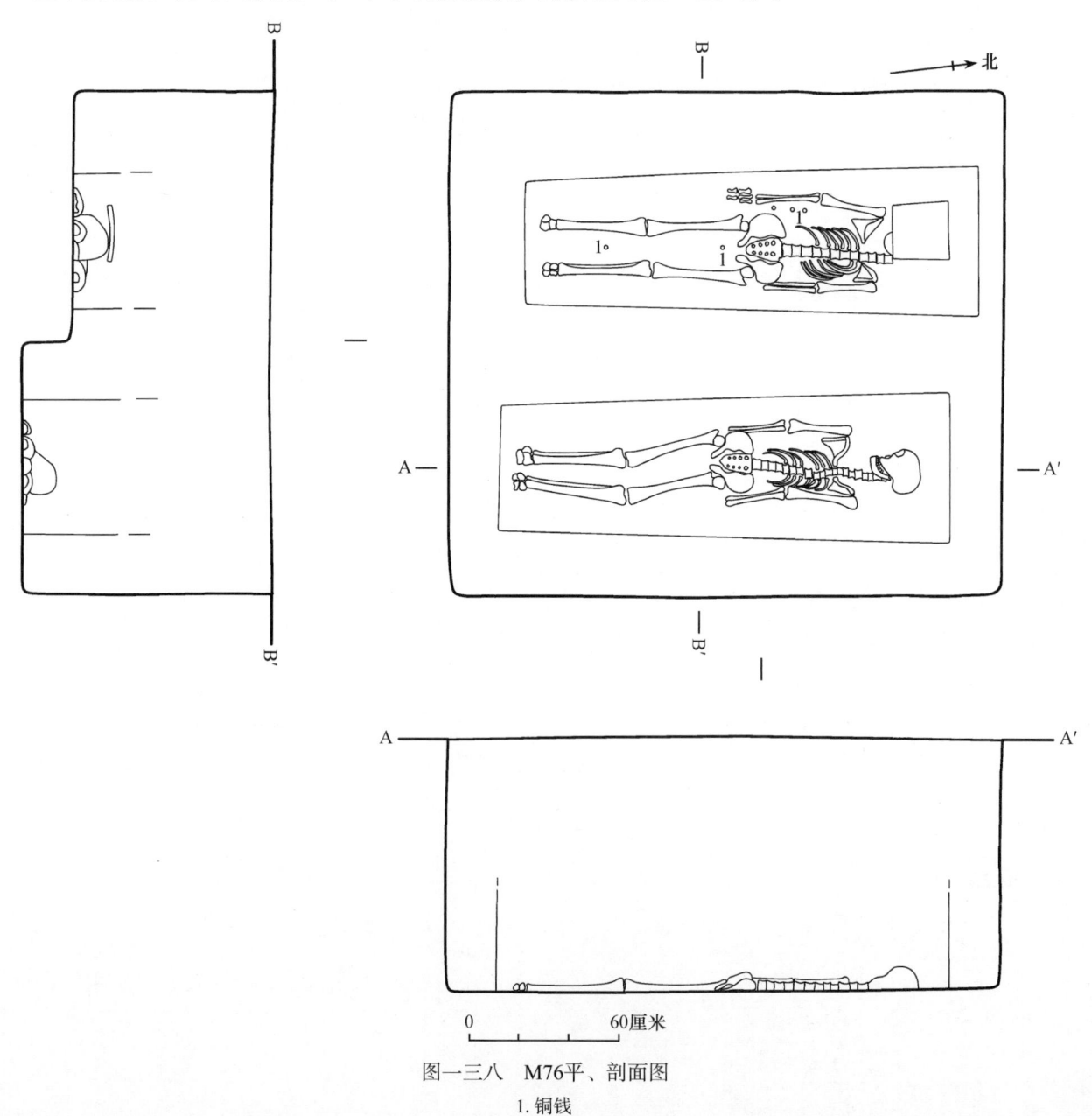

图一三八　M76平、剖面图
1. 铜钱

2. 随葬品

西棺内右上肢骨内侧中部及下肢骨内侧上、下部出土铜钱5枚，有康熙通宝、道光通宝。

康熙通宝　1枚。M76：1-1，平钱，圆形，方穿，正背面郭缘略宽，正面楷书"康熙通寶"四字，直读，背穿左右为满文"宝泉"局名。钱径2.35、穿径0.6、郭厚0.1厘米（图一三九，1）。

道光通宝　4枚。标本M76：1-2，小平钱，圆形，方穿，正背面郭缘较宽，正面楷书"道光通寶"四字，直读，背穿左右为满文"宝泉"局名。钱径2.18、穿径0.7、郭厚0.11厘米（图一三九，2）。

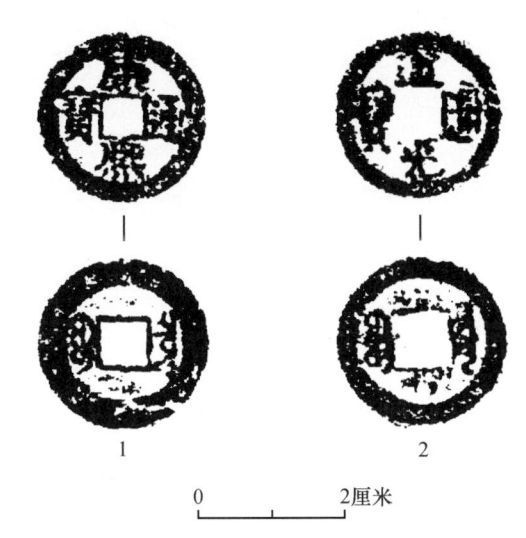

图一三九　M76出土铜钱（拓片）
1.康熙通宝（M76：1-1）　2.道光通宝（M76：1-2）

七七、M77

1. 墓葬形制

该墓位于发掘区西南部，东邻M78。开口于第1层下，南北向，方向5°。

墓平面呈不规则形，竖穴土圹双棺合葬墓。墓口距地表深0.3米，墓底距地表深1米。墓圹南北长2.5～2.6、东西宽1.7～1.8、深0.7米。内填花土，土质松软。内置双棺，棺木已朽。东棺痕长2、宽0.5～0.6米；棺内骨架保存较好，头移位向东，面向南，腰椎骨上方放置长24、宽22～24、厚1厘米的板瓦1块，仰身直肢，为男性。西棺痕长1.8、宽0.5～0.6米；棺内骨架保存稍差，头向北，面向上，胸椎骨上方放置长20、宽18～20、厚1厘米的板瓦1块，仰身直肢，为女性（图一四〇；图版一八，1）。

2. 随葬品

西棺内上肢骨内侧上部出土铜钱1枚。

乾隆通宝　1枚。M77：1，平钱，圆形，方穿，正背面郭缘略宽，正面楷书"乾隆通寶"四字，直读，背穿左右为满文"宝泉"局名。钱径2.31、穿径0.55、郭厚0.15厘米（图一四一）。

图一四〇　M77平、剖面图
1. 铜钱

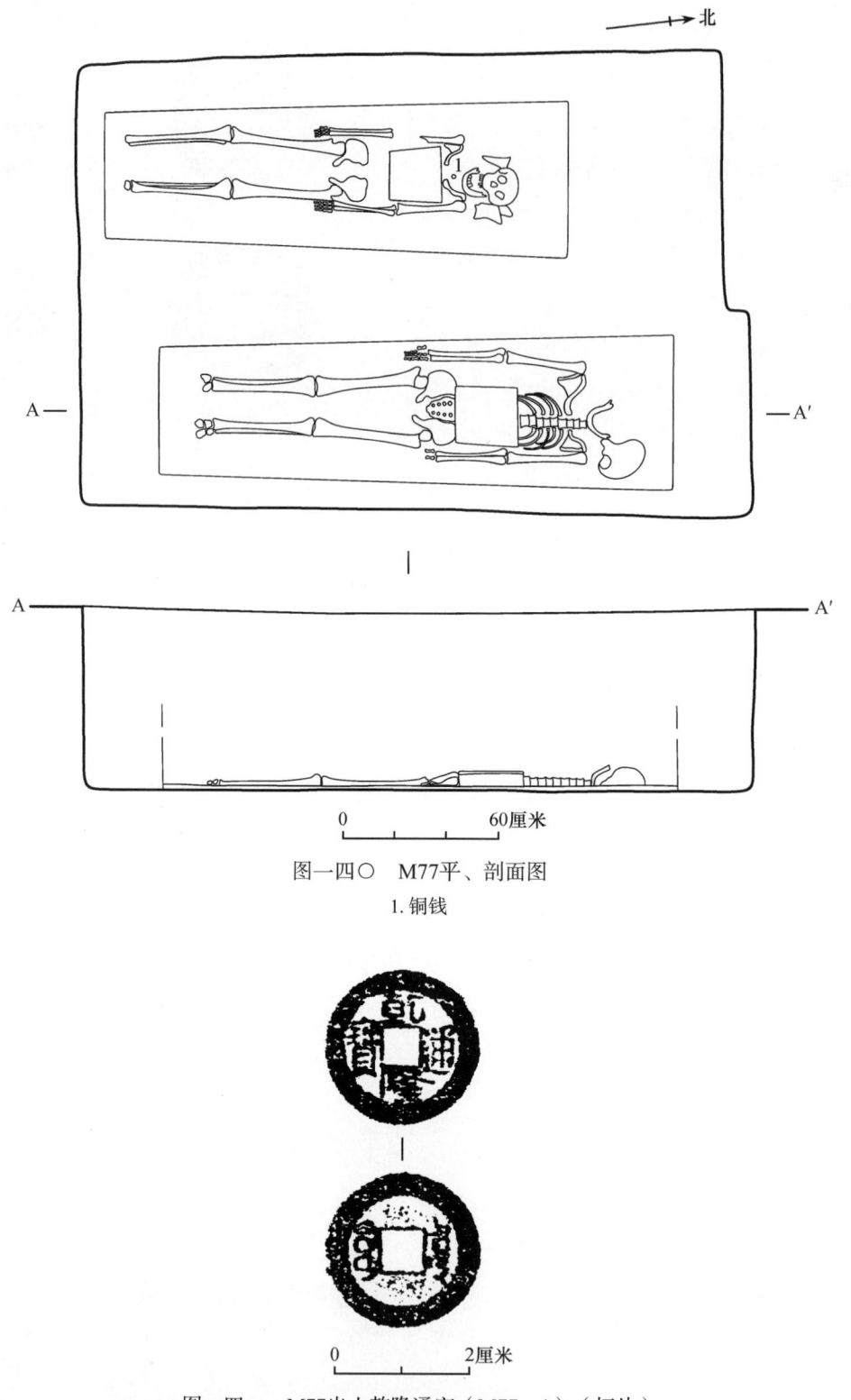

图一四一　M77出土乾隆通宝（M77∶1）（拓片）

七八、M78

1. 墓葬形制

该墓位于发掘区西南部，西邻M77。开口于第1层下，南北向，方向5°。

墓平面呈长方形，竖穴土圹单棺墓。墓口距地表深0.3米，墓底距地表深1米。墓圹南北长2.6、东西宽1.22~1.23、深0.7米。内填花土，土质松软。内置单棺，棺木已朽。棺痕长1.85、宽0.5~0.6米；棺内骨架保存较好，头向北，面向上，仰身直肢，为男性（图一四二）。

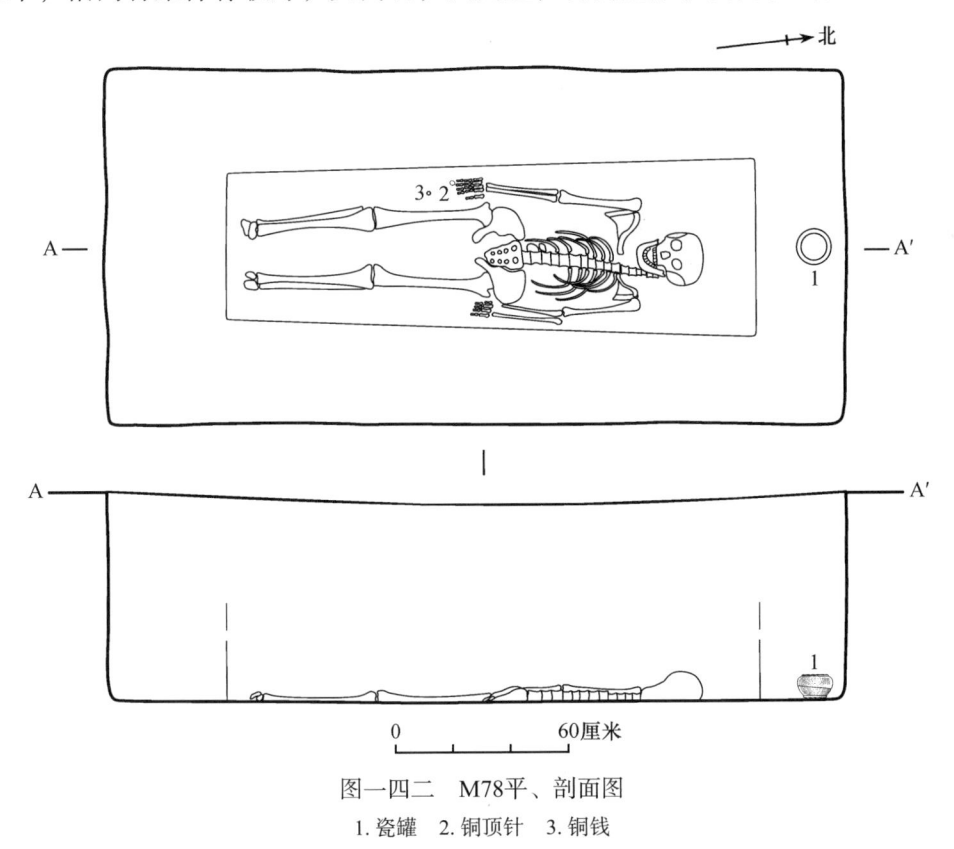

图一四二　M78平、剖面图
1. 瓷罐　2. 铜顶针　3. 铜钱

2. 随葬品

棺外前方出土瓷罐1件，棺内右上肢骨下部出土铜顶针1件、铜钱1枚。

瓷罐　1件。M78:1，敛口，方圆唇，矮领，圆肩，弧腹，矮圈足。灰褐色胎，腹上部及内壁施黑色釉，唇部、下腹及足底无釉。轮制。口径8.4、腹径12.9、底径8.3、高8.2厘米（图一四三，1；图版四五，3）。

图一四三　M78出土器物

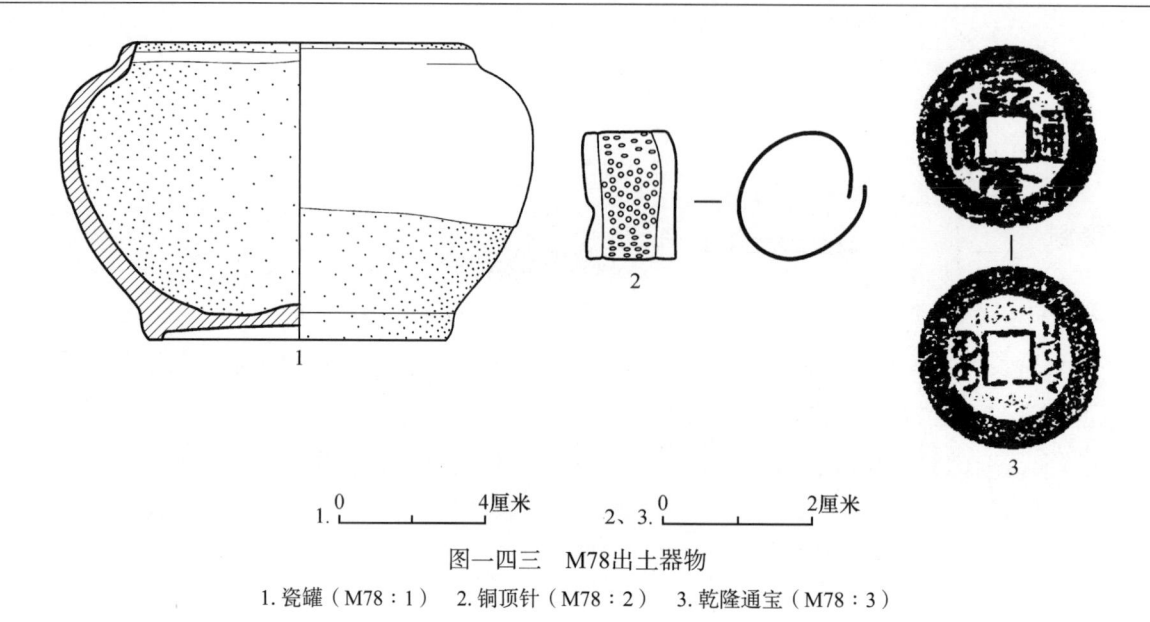

1. 瓷罐（M78：1）　2. 铜顶针（M78：2）　3. 乾隆通宝（M78：3）

铜顶针　1件。M78：2，圆形，体宽扁呈长条状，上面饰圆凹点纹。直径1.7厘米（图一四三，2；图版九一，5）。

乾隆通宝　1枚。M78：3，平钱，圆形，方穿，正背面郭缘较宽，正面楷书"乾隆通寳"四字，直读，背穿左右为满文"宝泉"局名。钱径2.45、穿径0.6、郭厚0.11厘米（图一四三，3）。

七九、M79

1. 墓葬形制

该墓位于发掘区西南部，西邻M78。开口于第1层下，南北向，方向15°。

墓平面呈长方形，竖穴土圹单棺墓。墓口距地表深0.3米，墓底距地表深0.6米。墓圹南北长2.5、东西宽1.1、深0.3米。内填花土，土质松软。内置单棺，棺木已朽。棺痕长2、宽0.5～0.6米；棺内骨架保存较好，头向东北，面向上，头骨上方放置长22、宽22～24、厚1厘米的板瓦1块（图版九八，2），仰身直肢，为男性（图一四四）。

2. 随葬品

未发现随葬品。

图一四四　M79平、剖面图

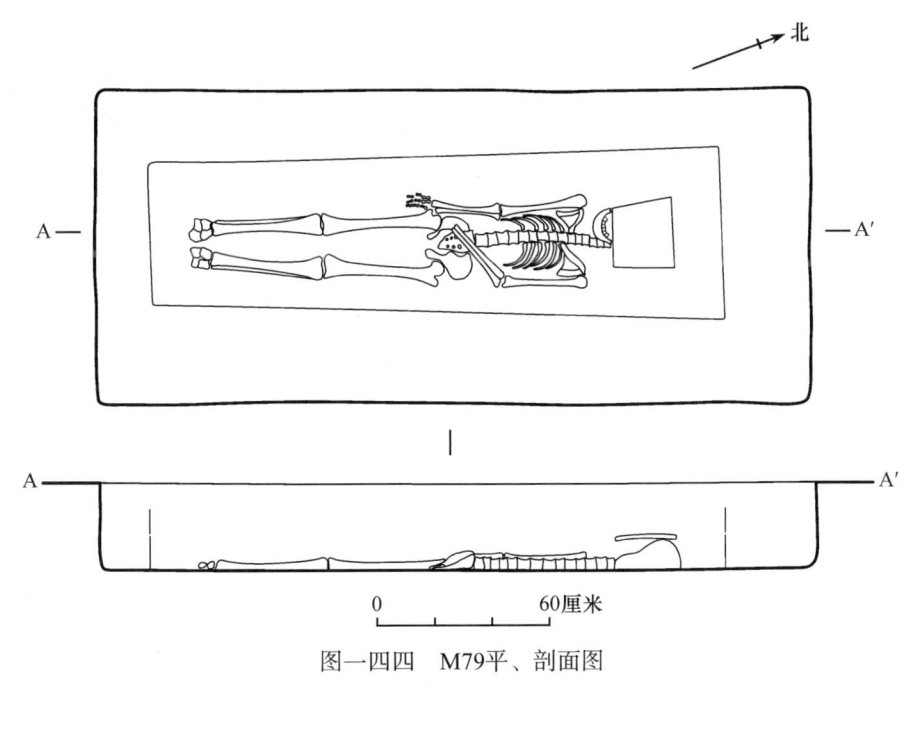

八〇、M80

1. 墓葬形制

该墓位于发掘区西南部，西邻M81。开口于第1层下，南北向，方向10°。

墓平面呈不规则形，竖穴土圹双棺合葬墓。墓口距地表深0.3米，墓底距地表深1~1.1米。墓圹南北长2.31~2.4、东西宽2.08~2.3、深0.7~0.8米。内填花土，土质松软。内置双棺，棺木已朽。东棺痕长2、宽0.5~0.6米；棺内骨架保存较好，头向东北，面向上，胸椎骨上方放置长20、宽18~20、厚1厘米的板瓦1块，仰身直肢，为男性。西棺痕长1.98、宽0.6~0.7米；棺内骨架保存较好，头向北，面向西，头骨左侧放置长22、宽20~24、厚1厘米的板瓦1块，仰身直肢，为女性（图一四五；图版一八，2）。

2. 随葬品

西棺内头骨右上方出土银簪2件、铜扁方1件、银饰1件，头骨左侧出土银耳环2件。

银簪　2件。簪首残，体呈圆锥状。M80∶1，残长10厘米（图一四六，1）。M80∶2，残长7.2厘米（图一四六，2）。

银耳环　2件。体呈"S"形，一端尖锐呈钩状，另一端为花蕊包珠状，通体鎏金。M80∶3，通高2.2厘米（图一四六，3；图版八三，5）。M80∶4，通高2.2厘米（图一四六，4；图版八三，6）。

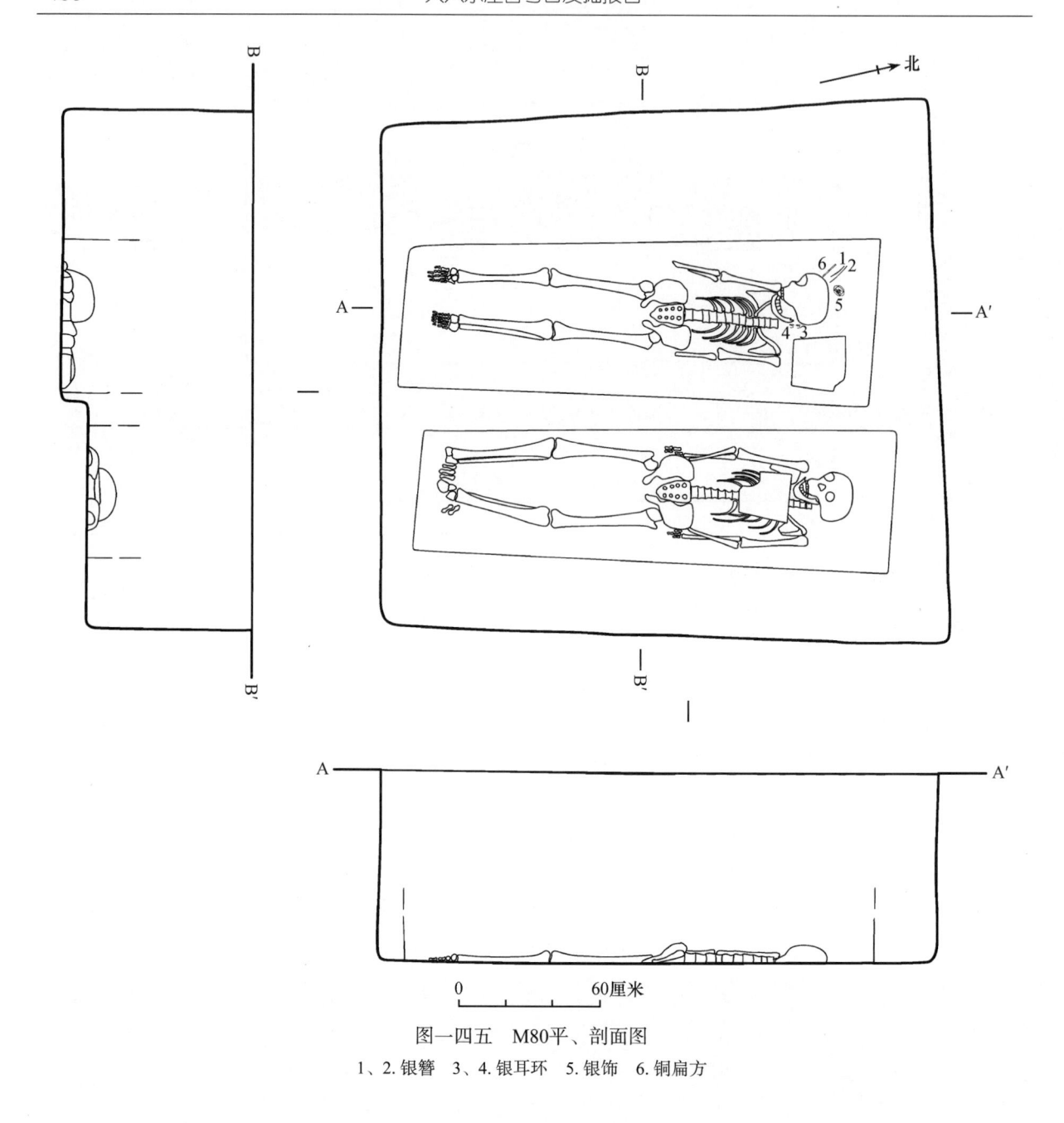

图一四五　M80平、剖面图
1、2.银簪　3、4.银耳环　5.银饰　6.铜扁方

银饰　1件。M80∶5，体呈如意头形，中部呈椭圆形，内饰兰草纹，背面掐丝龙纹，残。残长5、宽3.9厘米（图一四六，5；图版九〇，3）。

铜扁方　1件。M80∶6，首残，体呈扁条状，末端残。残长7.5、宽0.5厘米（图一四六，6）。

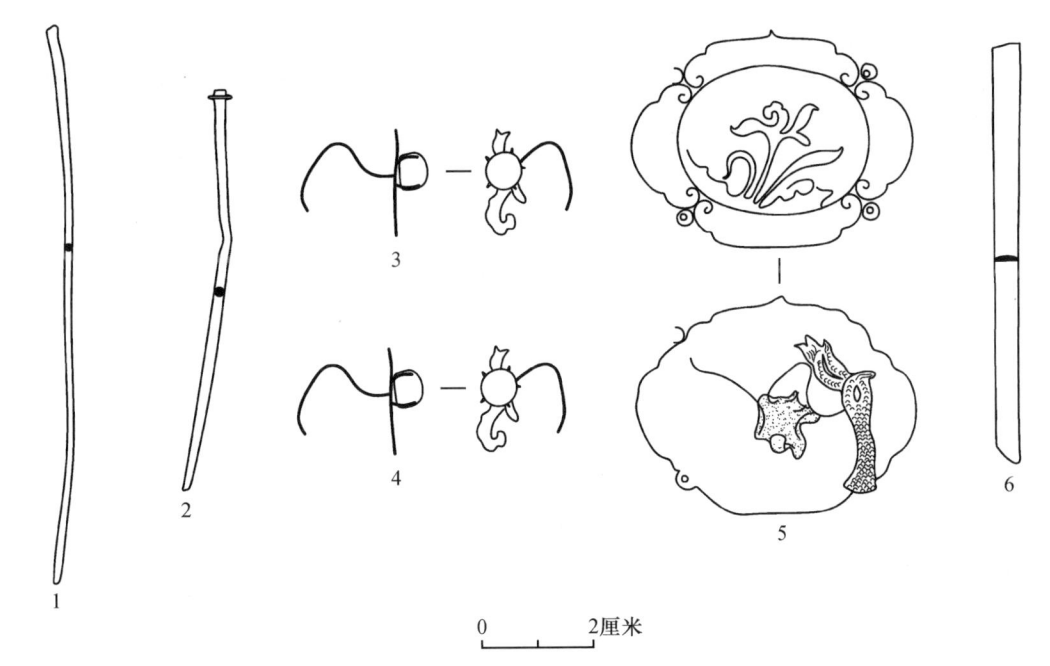

图一四六　M80出土器物

1、2. 银簪（M80：1、M80：2）　3、4. 银耳环（M80：3、M80：4）　5. 银饰（M80：5）　6. 铜扁方（M80：6）

八一、M81

1. 墓葬形制

该墓位于发掘区西南部，东邻M80。开口于第1层下，南北向，方向5°。

墓平面呈不规则形，竖穴土圹双棺合葬墓。墓口距地表深0.3米，墓底距地表深1米。墓圹南北长2.3~2.4、东西宽1.7~1.78、深0.7米。内填花土，土质松软。内置双棺，棺木已朽。东棺痕长1.9、宽0.5~0.6米；棺内骨架保存较好，头移位向南，面向西，仰身直肢，为男性。西棺痕长1.9、宽0.5~0.6米；棺内骨架保存较好，头向北，面向西，胸椎骨上方放置长18、宽18~20、厚1厘米的板瓦1块，仰身直肢，为女性（图一四七）。

2. 随葬品

西棺内左肋骨下部出土铜钱6枚，有乾隆通宝、嘉庆通宝、道光通宝、同治重宝。

乾隆通宝　1枚。M81：1-1，小平钱，圆形，方穿，正背面郭缘较窄，正面楷书"乾隆通寶"四字，直读，背穿左右为满文"宝濟"局名。钱径2.1、穿径0.61、郭厚0.15厘米（图一四八，1）。

嘉庆通宝　1枚。M81：1-2，平钱，圆形，方穿，正背面郭缘较宽，正面楷书"嘉慶通寶"四字，直读，背穿左右为满文"宝泉"局名。钱径2.55、穿径0.6、郭厚0.1厘米（图一四八，2）。

图一四七　M81平、剖面图
1.铜钱

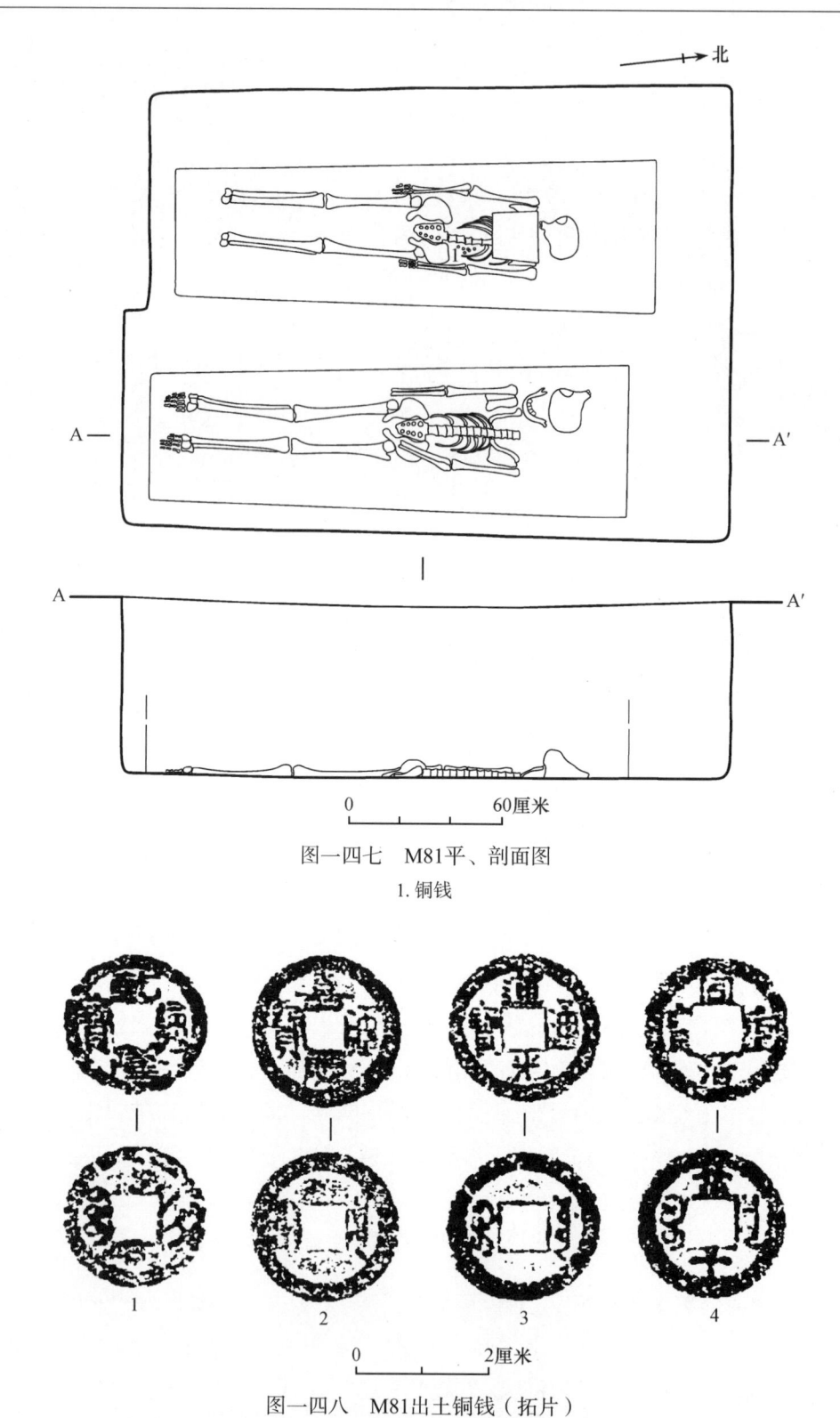

图一四八　M81出土铜钱（拓片）
1.乾隆通宝（M81:1-1）　2.嘉庆通宝（M81:1-2）　3.道光通宝（M81:1-3）　4.同治重宝（M81:1-4）

道光通宝　3枚。标本M81：1-3，平钱，圆形，方穿，正背面郭缘略宽，正面楷书"道光通寳"四字，直读，背穿左右为满文"宝源"局名。钱径2.3、穿径0.61、郭厚0.11厘米（图一四八，3）。

同治重宝　1枚。M81：1-4，平钱，圆形，方穿，正背面郭缘略宽，正面楷书"同治重寳"四字，直读，背穿左右为满文"宝泉"局名，上下楷书"當十"二字。钱径2.2、穿径0.71、郭厚0.05厘米（图一四八，4）。

八二、M82

1. 墓葬形制

该墓位于发掘区西南部，西邻M83。开口于第1层下，南北向，方向5°。

墓平面呈长方形，竖穴土圹单棺墓。墓口距地表深0.3米，墓底距地表深0.9米。墓圹南北长2.5、东西宽1.1、深0.6米。内填花土，土质松软。内置单棺，棺木已朽。棺痕长2、宽0.5～0.6米；棺内骨架保存较好，头向北，面向西，仰身直肢，为男性（图一四九）。

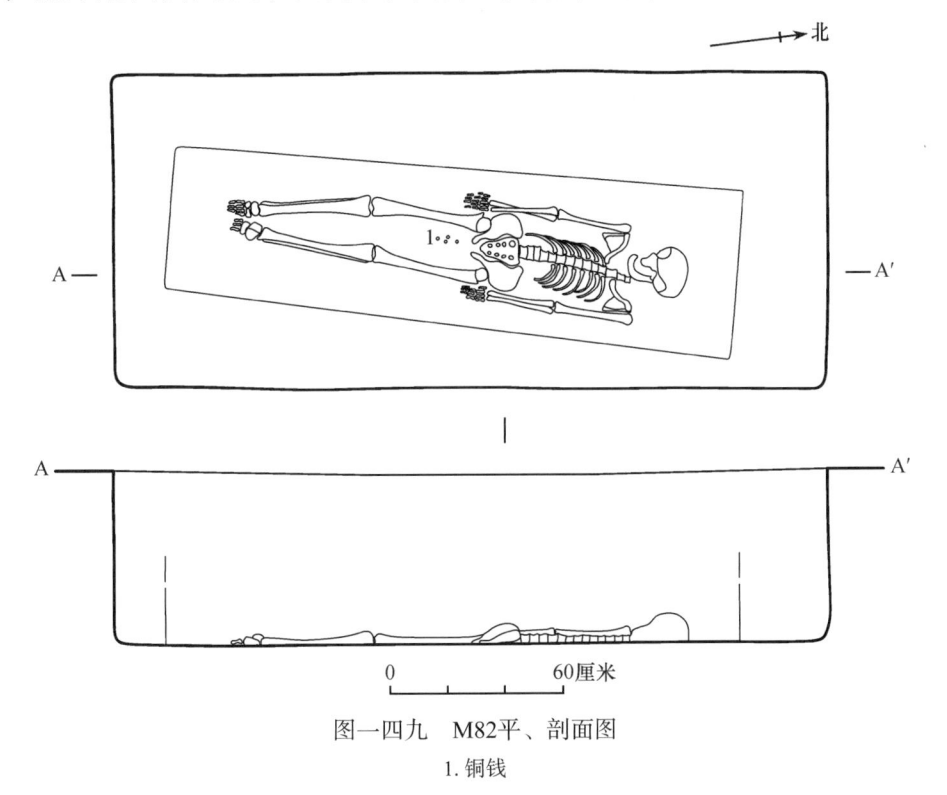

图一四九　M82平、剖面图
1. 铜钱

2. 随葬品

棺内下肢骨内侧上部出土铜钱4枚，有康熙通宝、嘉庆通宝。

康熙通宝 1枚。M82：1-1，大平钱，圆形，方穿，正背面郭缘较宽，正面楷书"康熙通寶"四字，直读，背穿左右为满文"宝泉"局名。钱径2.8、穿径0.58、郭厚0.11厘米（图一五〇，1）。

嘉庆通宝 3枚。标本M82：1-2，平钱，圆形，方穿，正背面郭缘略宽，正面楷书"嘉慶通寶"四字，直读，背穿左右为满文"宝源"局名。钱径2.4、穿径0.58、郭厚0.11厘米（图一五〇，2）。

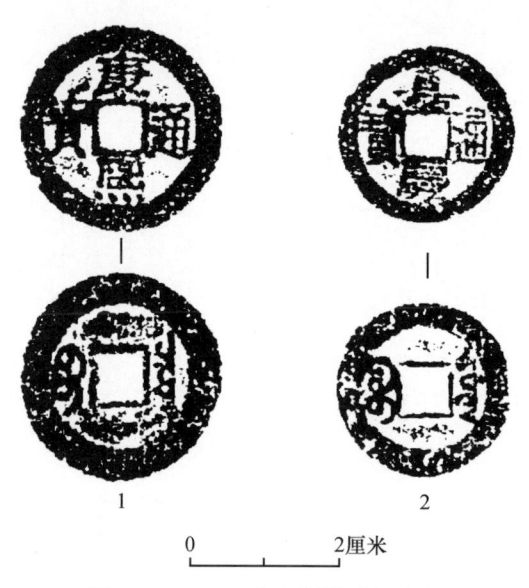

图一五〇 M82出土铜钱（拓片）
1.康熙通宝（M82：1-1） 2.嘉庆通宝（M82：1-2）

八三、M83

1. 墓葬形制

该墓位于发掘区西南部，西邻M84。开口于第1层下，南北向，方向5°。

墓平面呈不规则形，竖穴土圹双棺合葬墓。墓口距地表深0.3米，墓底距地表深1.3米。墓圹南北长2.62~2.64、东西宽2.3、深1米。内填花土，土质松软。内置双棺，棺木已朽。东棺痕长2、宽0.5~0.6米；棺内骨架保存较好，头向北，面向西，胸椎骨左侧上方放置长22、宽18~19、厚1厘米的板瓦1块，仰身直肢，为男性。西棺痕长1.9、宽0.6~0.7米；棺内骨架保存较好，头移位向北，面向东，右上肢骨上方放置长21.9、宽11.5~16、厚1厘米的板瓦1块，仰身直肢，为女性（图一五一；图版一九，1）。

图一五一　M83平、剖面图
1、2.银簪

2. 随葬品

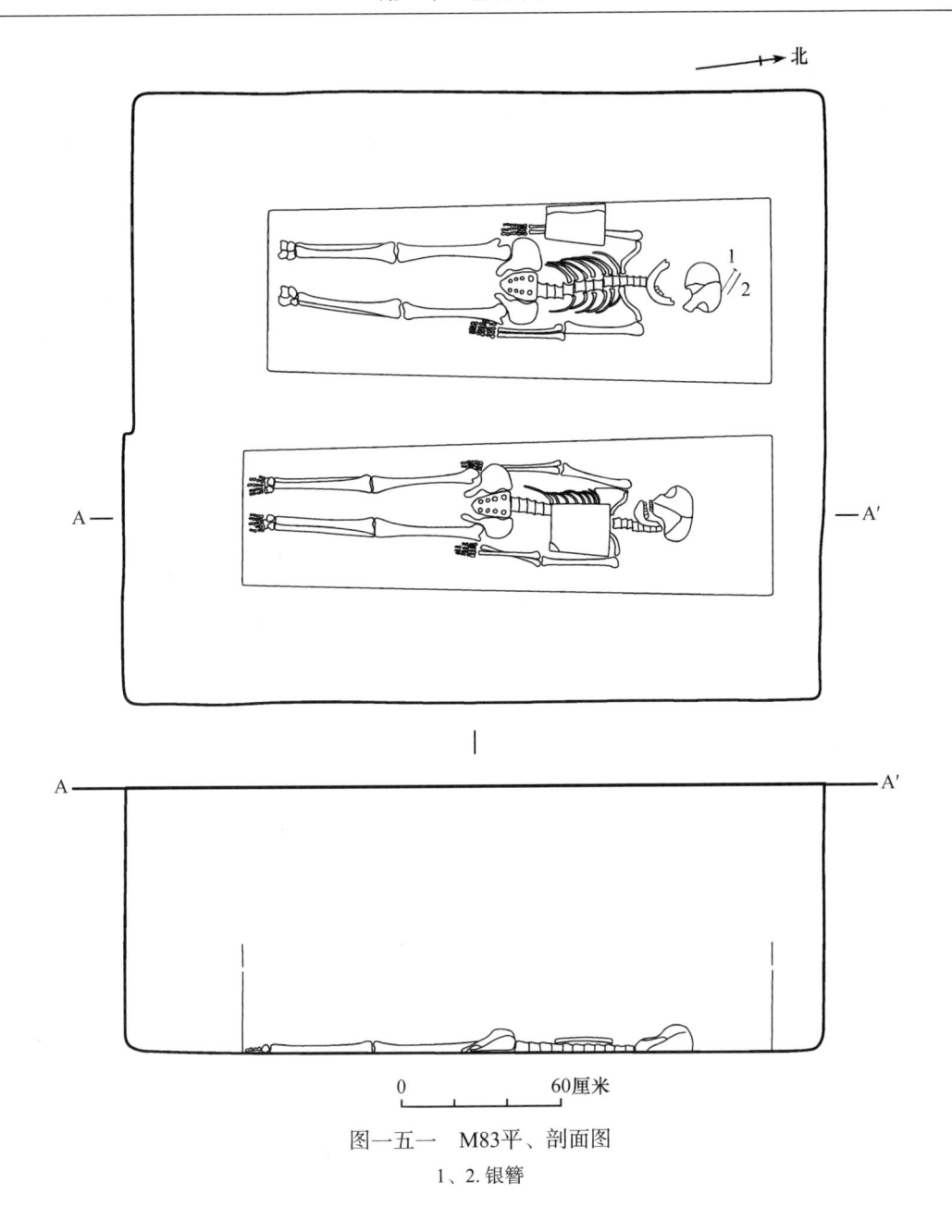

西棺内头骨上方出土银簪2件。

银簪　2件。M83∶1，簪首呈扁平花瓣状，中部凸起呈圆环形，内镶嵌"福"字纹，体呈圆锥状。通长10.2厘米（图一五二，1；图版六四，3）。M83∶2，耳勺形首，下部呈节状，体呈四棱锥状。通长9.6厘米（图一五二，2）。

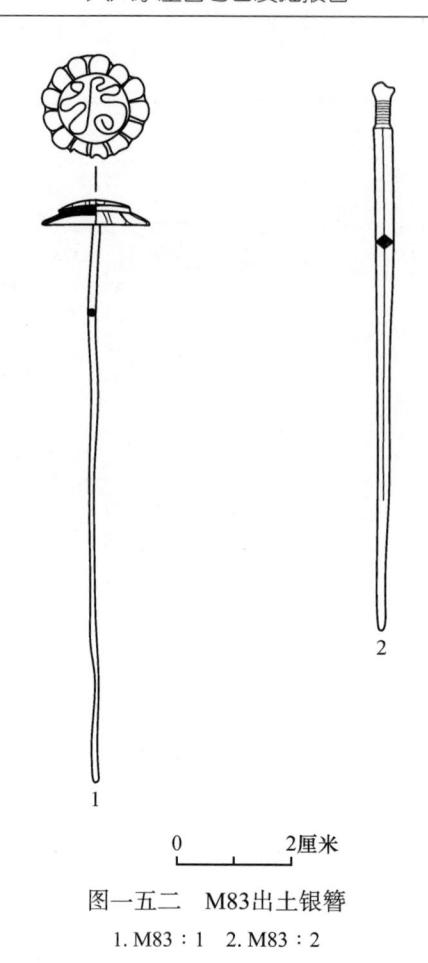

图一五二　M83出土银簪
1. M83∶1　2. M83∶2

八四、M84

1. 墓葬形制

该墓位于发掘区西南部，西邻M85。开口于第1层下，南北向，方向5°。

墓平面呈不规则形，竖穴土圹双棺合葬墓。墓口距地表深0.3米，墓底距地表深1.2~1.3米。墓圹南北长2.4~2.5、东西宽1.88~2、深0.9~1米。内填花土，土质松软。内置双棺，棺木已朽。东棺痕长2、宽0.5~0.6米；棺内骨架保存较好，头移位向北，面向东，仰身直肢，为男性。西棺痕长1.9、宽0.5~0.6米；棺内骨架保存较好，头向北，面向西，胸椎骨上方放置长20、宽20~22、厚1厘米的板瓦1块，仰身直肢，为女性（图一五三；图版一九，2）。

2. 随葬品

东棺内下肢骨内侧上部出土铜钱1枚。

乾隆通宝　1枚。M84∶1，平钱，圆形，方穿，正背面郭缘较宽，正面楷书"乾隆通寶"四字，直读，背穿左右为满文"宝源"局名。钱径2.35、穿径0.58、郭厚0.11厘米（图一五四）。

图一五三　M84平、剖面图

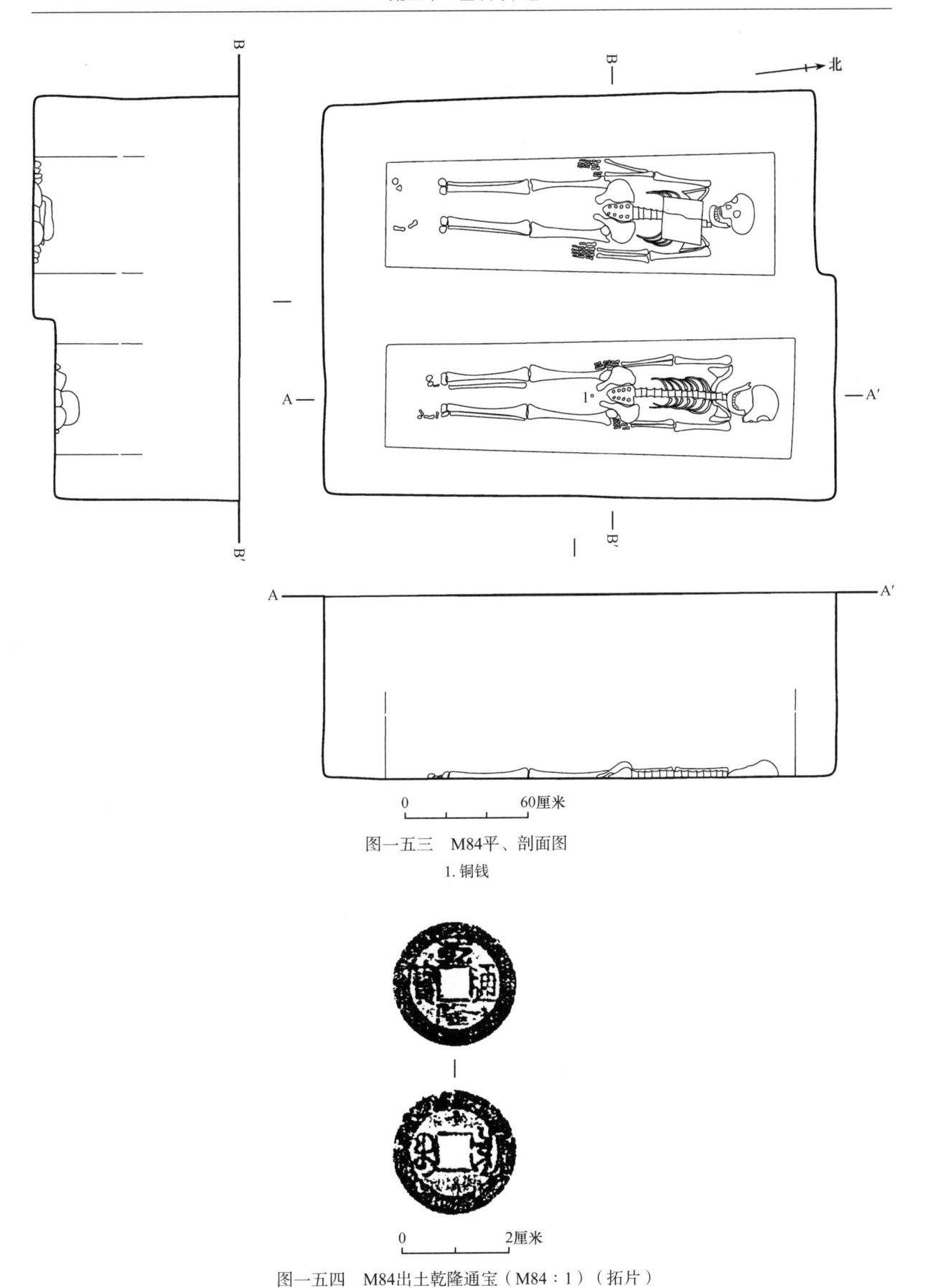

1. 铜钱

图一五四　M84出土乾隆通宝（M84∶1）（拓片）

八五、M85

1. 墓葬形制

该墓位于发掘区西南部，东邻M84。开口于第1层下，南北向，方向5°。

墓平面呈长方形，竖穴土圹单棺墓。墓口距地表深0.3米，墓底距地表深1.2米。墓圹南北长2.3、东西宽1.3、深0.9米。内填花土，土质松软。内置单棺，棺木已朽。棺痕长1.9、宽0.5～0.6米；棺内骨架保存稍好，头向北，面向西，胸椎骨上方放置长20、宽14～16、厚1厘米的板瓦1块，仰身直肢，为男性（图一五五）。

2. 随葬品

棺内下肢骨内侧上部出土铜钱1枚。

康熙通宝　1枚。M85：1，平钱，圆形，方穿，正背面郭缘较宽，正面楷书"康熙通寳"四字，直读，背穿左右为满文"宝源"局名。钱径2.35、穿径0.55、郭厚0.1厘米（图一五六）。

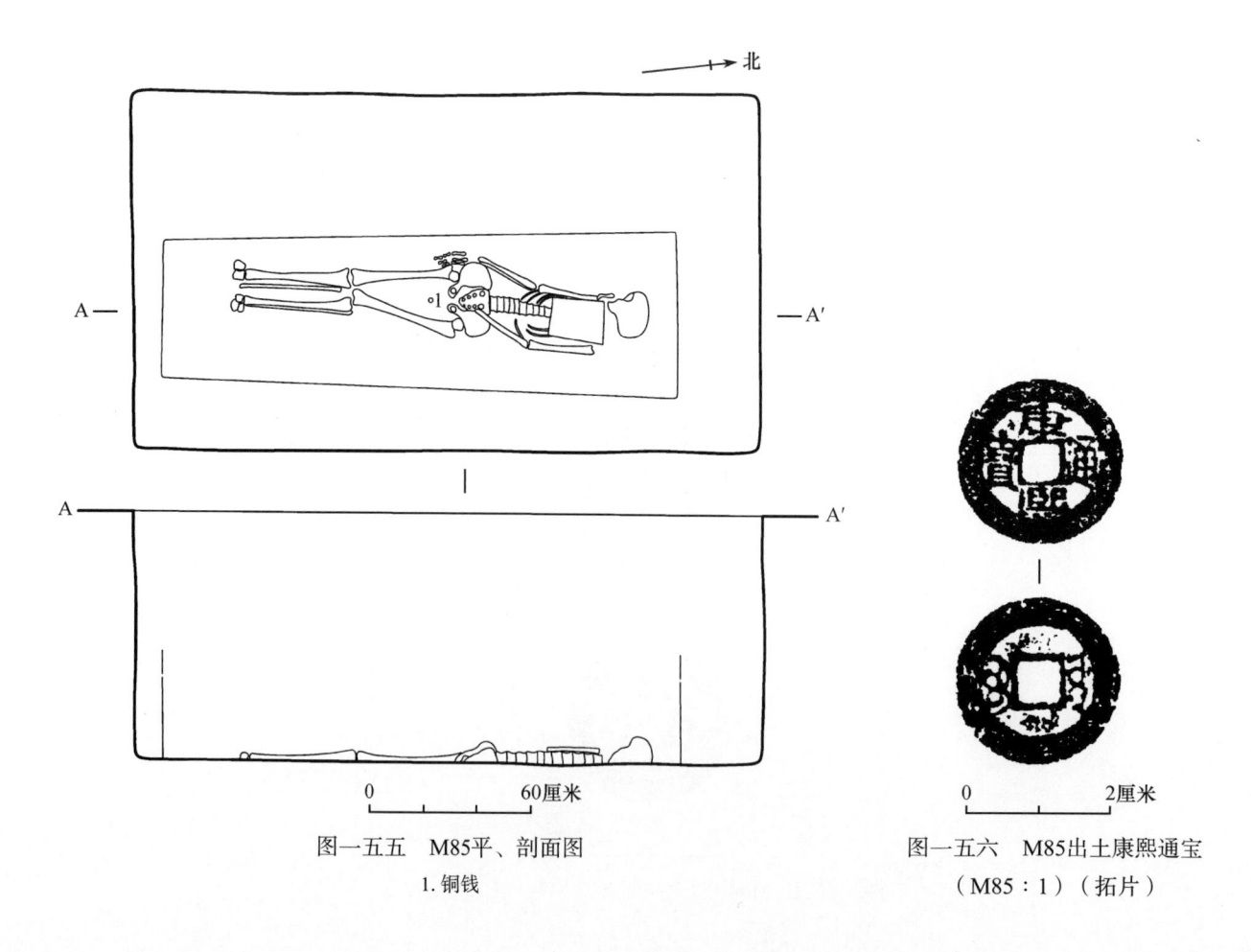

图一五五　M85平、剖面图
1. 铜钱

图一五六　M85出土康熙通宝（M85：1）（拓片）

八六、M86

1. 墓葬形制

该墓位于发掘区西南部，东邻M89。开口于第1层下，南北向，方向5°。

墓平面呈不规则形，竖穴土圹三棺合葬墓。墓口距地表深0.3米，墓底距地表深1.2~1.3米。墓圹南北长2.51~2.8、东西宽0.8~2.48、深0.9~1米。内填花土，土质松软。内置三棺，棺木已朽。东棺痕长2、宽0.6~0.7米；棺内骨架保存较好，头移位向西，面向下，仰身直肢，为男性。中棺痕长2、宽0.5~0.6米；棺内骨架保存较好，头向北，面向东，腰椎骨上方放置长22、宽18~20、厚1厘米的板瓦1块（图版九八，3），侧身屈肢，为女性。西棺痕长2、宽0.5~0.6米；棺内骨架保存较好，头向北，面向上，仰身直肢，为女性（图一五七；图版二〇，1）。

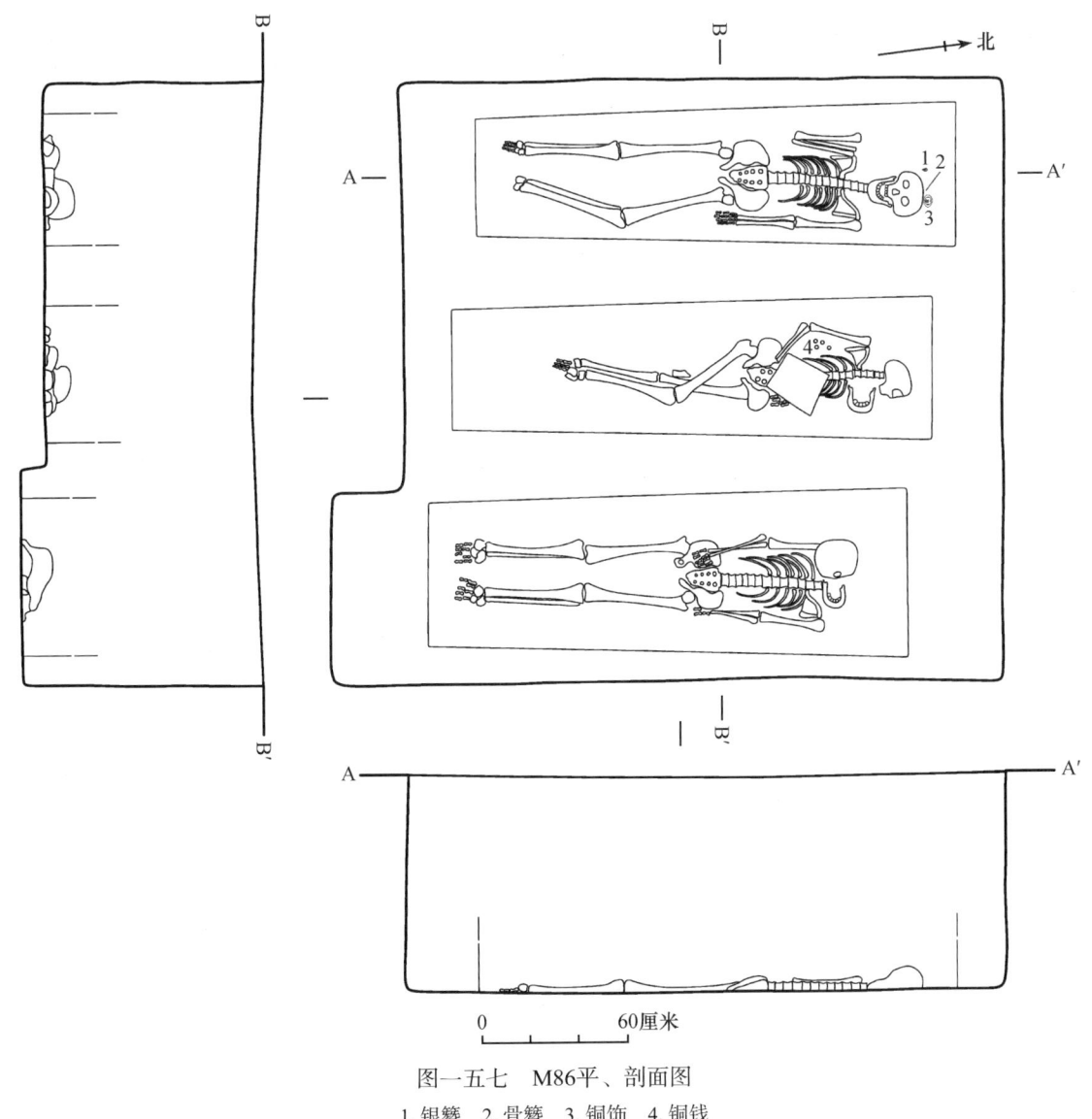

图一五七　M86平、剖面图
1.银簪　2.骨簪　3.铜饰　4.铜钱

2. 随葬品

中棺内右上肢骨内侧中部出土铜钱4枚；西棺内头骨上方出土银簪1件、骨簪1件、铜饰1件。

银簪　1件。M86：1，簪首呈花朵状，花蕊包珠，伞状托，体残。残长2.1厘米（图一五八，1；图版六四，4）。

骨簪　1件。M86：2，体呈圆柱锥状。通长9.7厘米（图一五八，3；图版九三，3）。

铜饰　1件。M86：3，体呈如意首形，中部呈椭圆形，两端有对称四处穿孔。长5、宽3.6、高0.2厘米（图一五八，2；图版九二，2）。

铜钱　4枚。有顺治通宝、咸丰重宝。

顺治通宝　3枚。标本M86：4-1，平钱，圆形，方穿，正背面郭缘较宽，正面楷书"顺治通寶"四字，直读，背穿上楷书"東"字。钱径2.35、穿径0.55、郭厚0.1厘米（图一五八，4）。

咸丰重宝　1枚。M86：4-2，大平钱，圆形，方穿，正背面郭缘较窄，正面楷书"咸豐重寶"四字，直读，背穿左右为满文"宝泉"局名，上下楷书"当十"二字。钱径3.25、穿径0.8、郭厚0.3厘米（图一五八，5）。

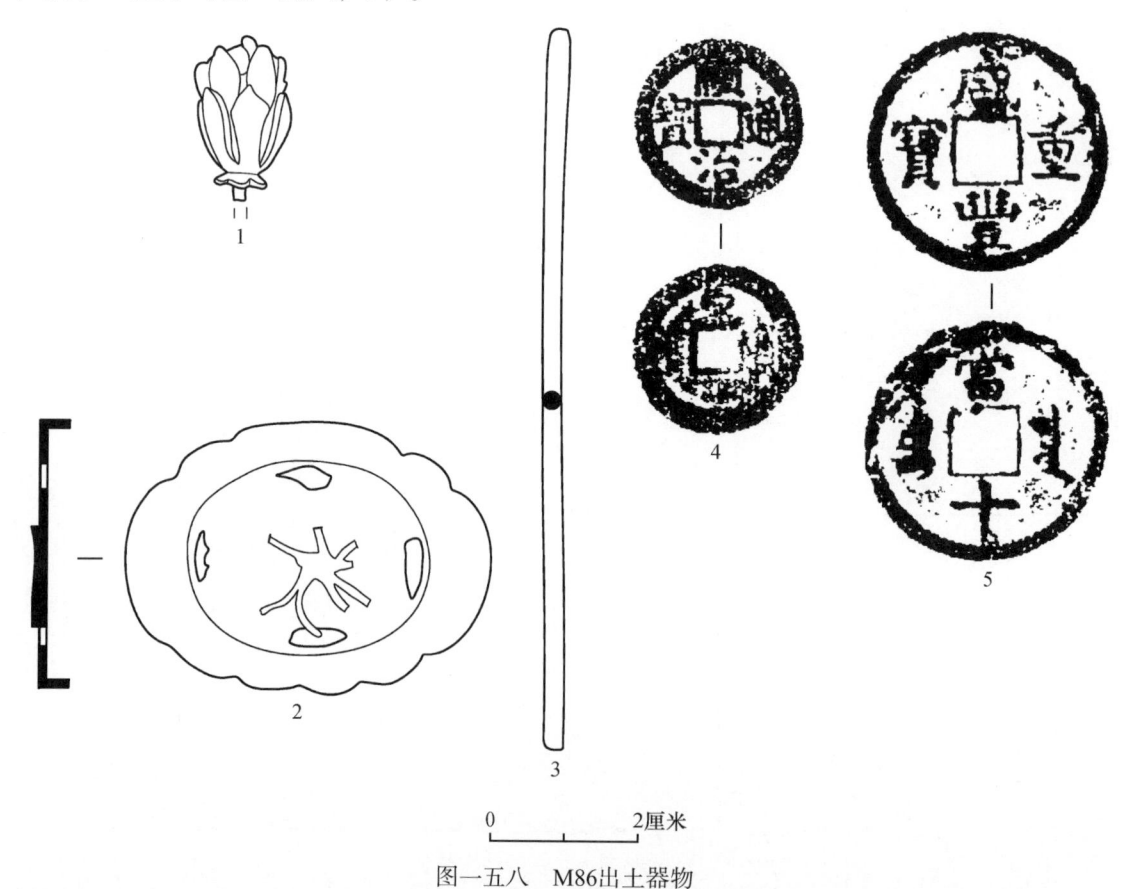

图一五八　M86出土器物
1.银簪（M86：1）　2.铜饰（M86：3）　3.骨簪（M86：2）　4.顺治通宝（M86：4-1）　5.咸丰重宝（M86：4-2）

八七、M87

1. 墓葬形制

该墓位于发掘区西南部,北邻M91。开口于第1层下,南北向,方向5°。

墓平面呈长方形,竖穴土圹双棺合葬墓。墓口距地表深0.3米,墓底距地表深1.5米。墓圹南北长2.6、东西宽2.09~2.11、深1.2米。内填花土,土质松软。内置双棺,棺木已朽。东棺痕长2、宽0.6~0.7米;棺内骨架保存较好,头移位向北,面向下,仰身直肢,为男性。西棺痕长1.8、宽0.5~0.6米;棺内骨架保存较差,头移位向东,面向上,侧身屈肢,为女性(图一五九;图版二〇,2)。

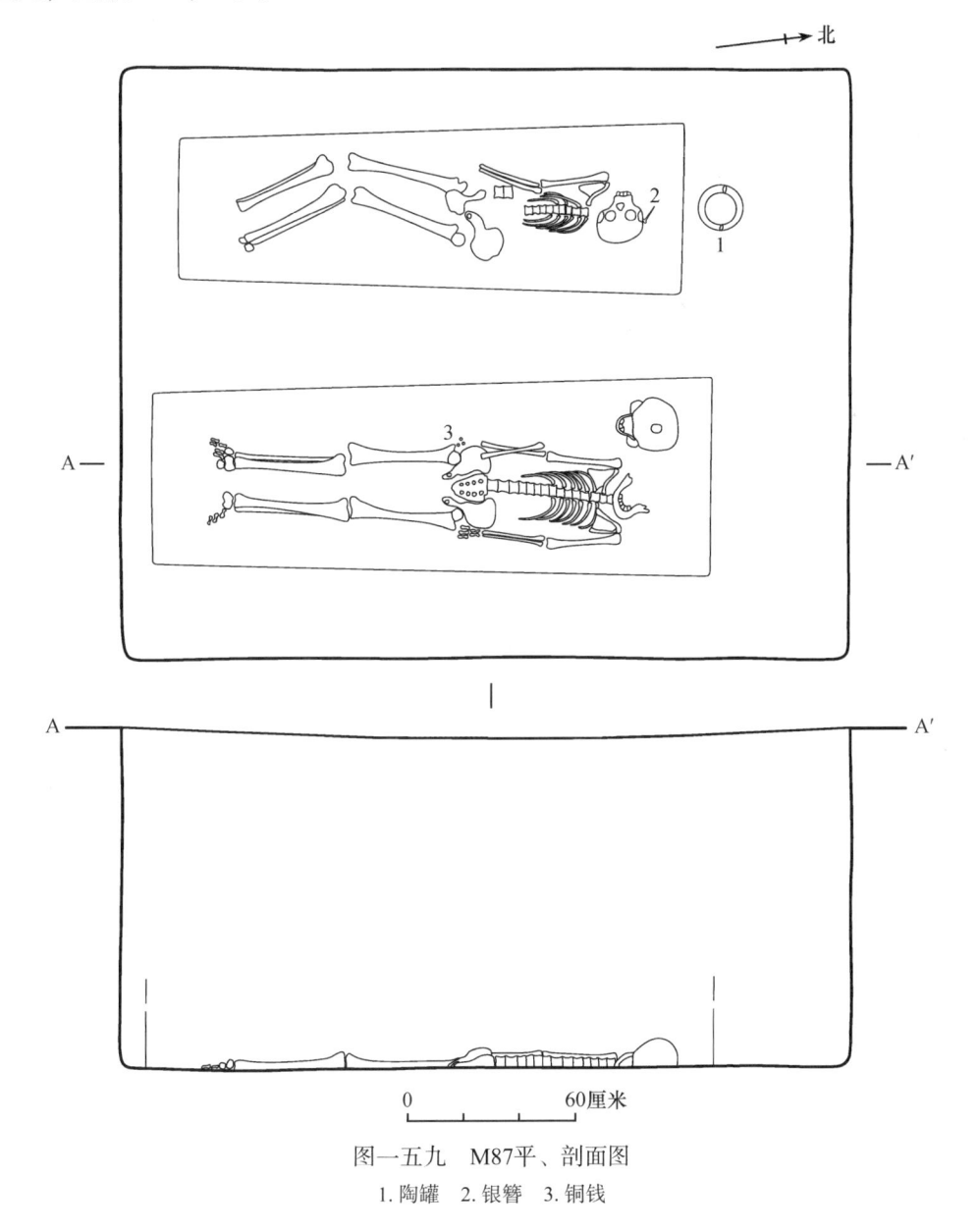

图一五九 M87平、剖面图
1. 陶罐 2. 银簪 3. 铜钱

2. 随葬品

东棺内右下肢骨外侧上部出土铜钱3枚；西棺外前方出土陶罐1件，棺内头骨上方出土银簪1件。

陶罐　1件。M87：1，泥质灰陶。侈口，方圆唇，矮领，溜肩，弧腹，平底内凹，肩及腹部置对称倒鼻形双系。手轮兼制，底上部留有刀削痕迹。口径11.3、腹径15.4、底径10.3、高12.2厘米（图一六〇，1；图版四二，3）。

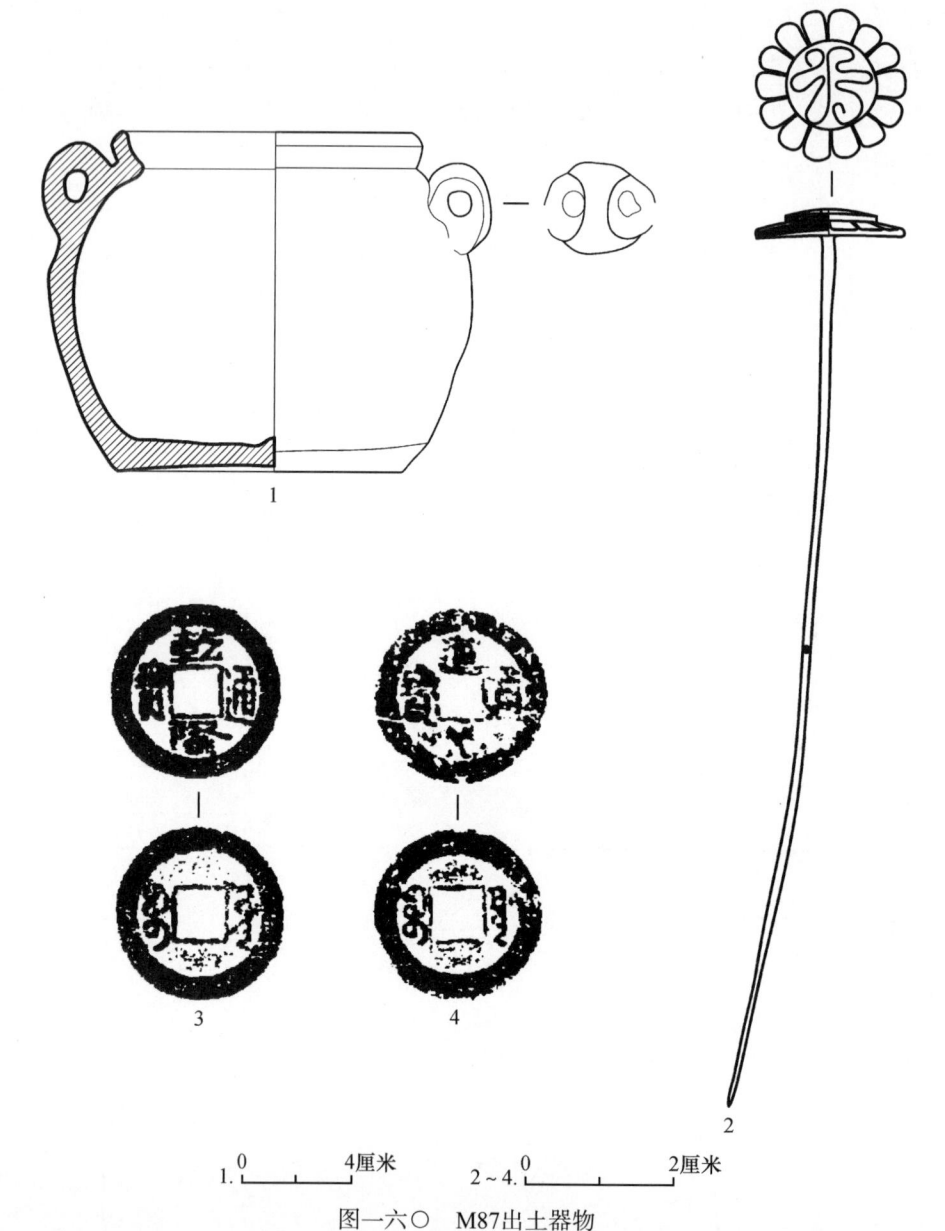

图一六〇　M87出土器物

1.陶罐（M87：1）　2.银簪（M87：2）　3.乾隆通宝（M87：3-1）　4.道光通宝（M87：3-2）

银簪　1件。M87：2，簪首呈扁平花瓣状，中部凸起呈圆环形，内镶嵌"福"字纹，体呈圆锥状。通长12.3厘米（图一六〇，2；图版六四，5）。

铜钱　3枚。有乾隆通宝、道光通宝。

乾隆通宝　1枚。M87：3-1，平钱，圆形，方穿，正背面郭缘略宽，正面楷书"乾隆通寶"四字，直读，背穿左右为满文"宝源"局名。钱径2.35、穿径0.65、郭厚0.12厘米（图一六〇，3）。

道光通宝　2枚。标本M87：3-2，平钱，圆形，方穿，正背面郭缘略宽，正面楷书"道光通寶"四字，直读，背穿左右为满文"宝源"局名。钱径2.3、穿径0.6、郭厚0.15厘米（图一六〇，4）。

八八、M88

1. 墓葬形制

该墓位于发掘区西南部，东邻M224。开口于第1层下，南北向，方向5°。

墓平面呈梯形，竖穴土圹双棺合葬墓。墓口距地表深0.3米，墓底距地表深1.2～1.3米。墓圹南北长2.41～2.5、东西宽2.1、深0.9～1米。内填花土，土质松软。内置双棺，棺木已朽。东棺痕长1.9、宽0.5～0.6米；棺内骨架保存稍好，头移位向北，面向西，头骨左侧放置长20、宽16～18、厚1厘米的板瓦1块（图版九八，4），仰身直肢，为男性。西棺痕长1.9、宽0.5～0.6米；棺内骨架保存较好，头向北，面向西，侧身屈肢，为女性（图一六一；图版二一，1）。

2. 随葬品

东棺内左上肢骨内侧上部出土铜钱1枚；西棺内右上肢骨内侧中部出土铜钱1枚。

乾隆通宝　2枚。标本M88：1-1，平钱，圆形，方穿，正背面郭缘略宽，正面楷书"乾隆通寶"四字，直读，背穿左右为满文"宝泉"局名。钱径2.55、穿径0.65、郭厚0.11厘米（图一六二）。

图一六一　M88平、剖面图
1.铜钱

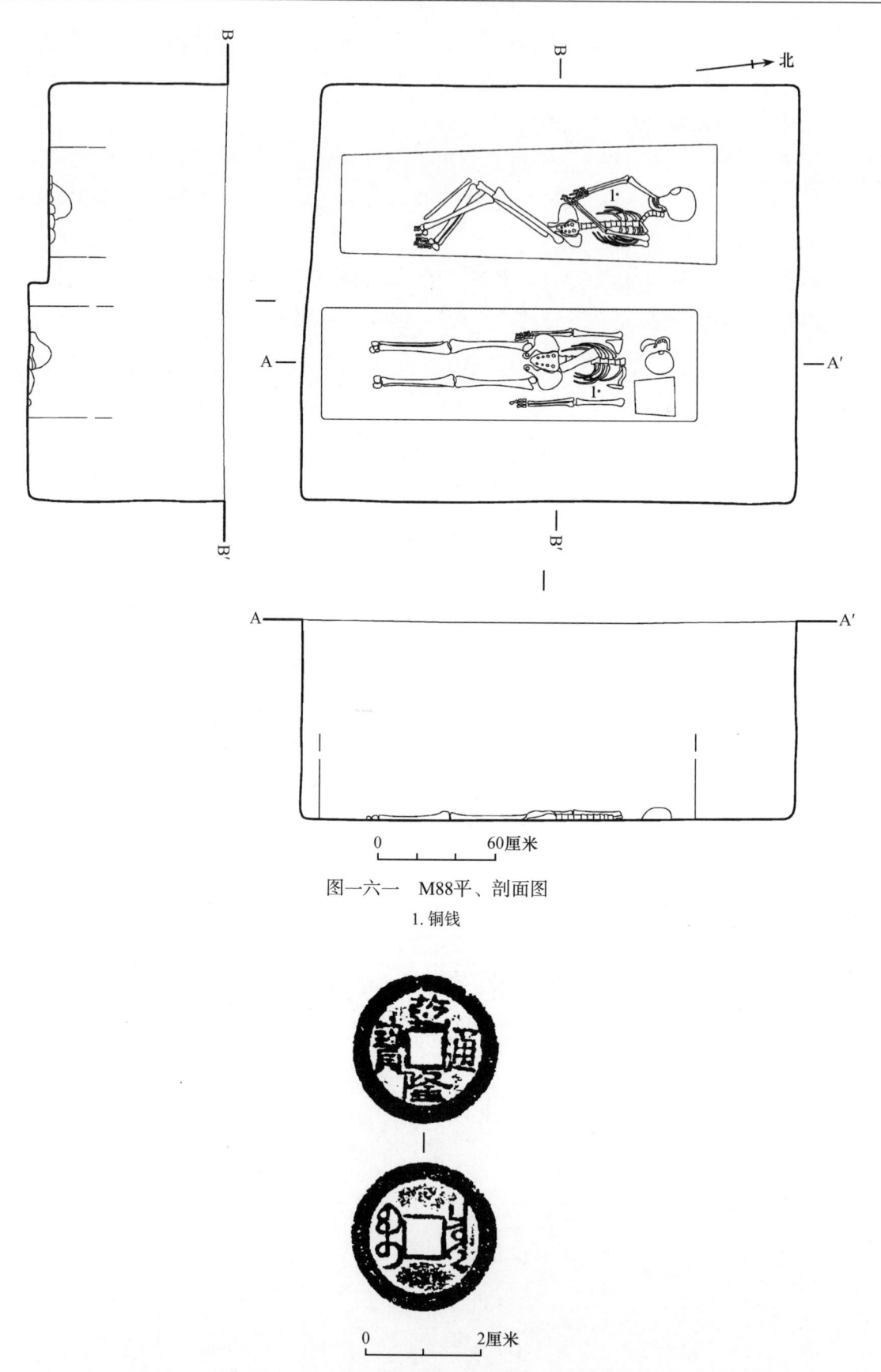

图一六二　M88出土乾隆通宝（M88：1-1）（拓片）

八九、M89

1. 墓葬形制

该墓位于发掘区西南部，东邻M90。开口于第1层下，南北向，方向5°。

墓平面呈长方形，竖穴土圹双棺合葬墓。墓口距地表深0.3米，墓底距地表深1.1米。墓圹南北长2.3、东西宽1.8、深0.8米。内填花土，土质松软。内置双棺，棺木已朽。东棺痕长1.9、宽0.46～0.6米；棺内骨架保存稍好，头向北，面向东，胸椎骨上方放置长18、宽16～18、厚1厘米的板瓦1块，仰身直肢，为男性。西棺痕长1.9、宽0.5～0.6米；棺内骨架保存稍差，头移位向西，面向上，胸椎骨上方放置长22、宽18～20、厚1厘米的板瓦1块，仰身直肢，为女性（图一六三；图版二一，2）。

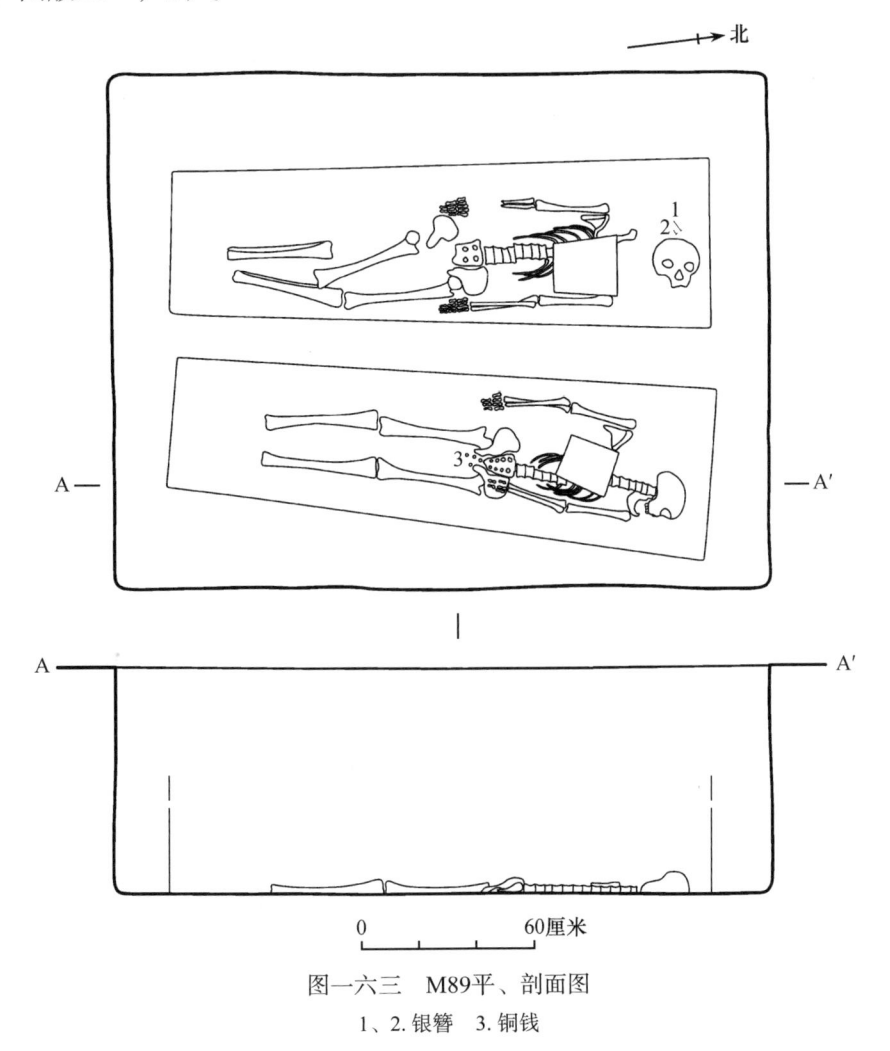

图一六三　M89平、剖面图
1、2. 银簪　3. 铜钱

2. 随葬品

东棺内下肢骨内侧上部出土铜钱4枚；西棺内头骨右侧出土银簪2件。

银簪　2件。M89：1，簪首呈圆帽状，顶部錾刻花卉纹，体呈圆柱锥形，末端残。残长10.3厘米（图一六四，1；图版六四，6）。M89：2，簪首呈扁平花瓣状，体呈圆柱锥形，末端残。残长9.8厘米（图一六四，2；图版六五，1）。

铜钱　4枚。有道光通宝、咸丰通宝。

道光通宝　3枚。标本M89：3-1，平钱，圆形，方穿，正背面郭缘略宽，正面楷书"道光通寶"四字，直读，背穿左右为满文"宝泉"局名。钱径2.25、穿径0.6、郭厚0.12厘米（图一六四，3）。

咸丰通宝　1枚。M89：3-2，小平钱，圆形，方穿，正背面郭缘较窄，正面楷书"咸豐通寶"四字，直读，背穿左右为满文"宝泉"局名。钱径2、穿径0.61、郭厚0.15厘米（图一六四，4）。

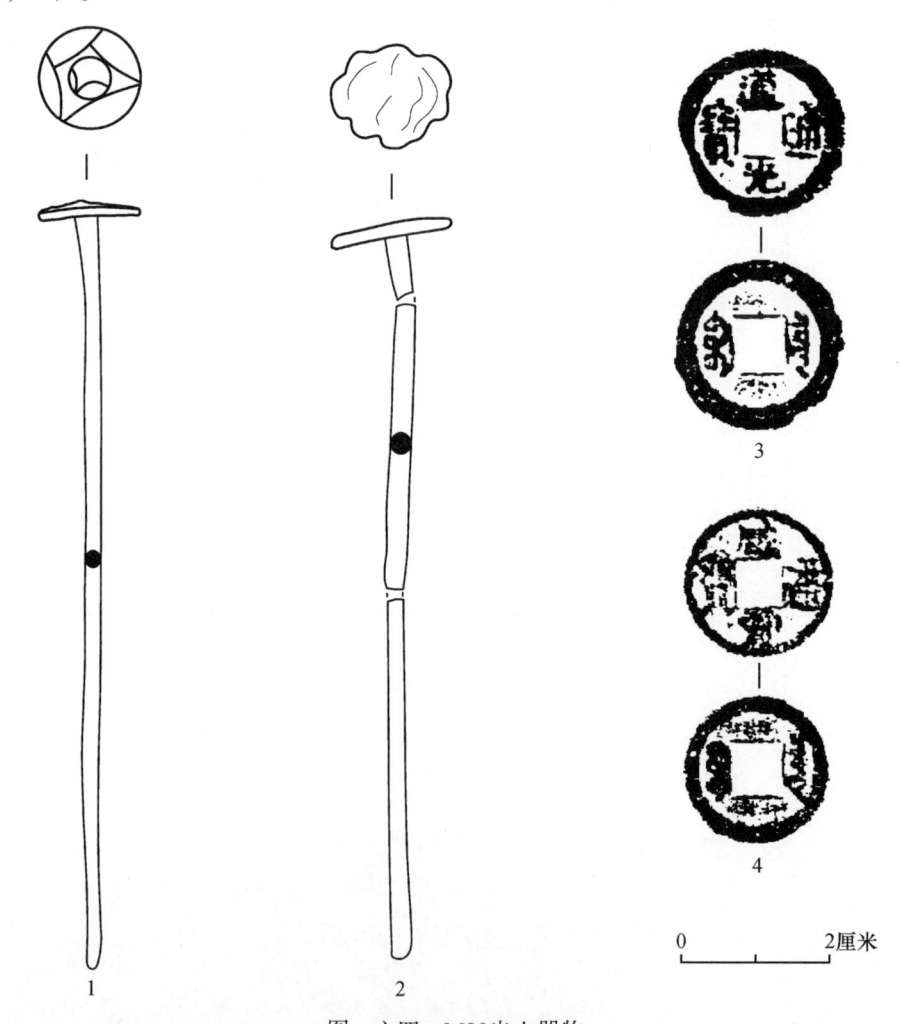

图一六四　M89出土器物
1、2. 银簪（M89：1、M89：2）　3. 道光通宝（M89：3-1）　4. 咸丰通宝（M89：3-2）

九〇、M90

1. 墓葬形制

该墓位于发掘区西南部，西邻M89。开口于第1层下，南北向，方向5°。

墓平面呈长方形，竖穴土圹单棺墓。墓口距地表深0.3米，墓底距地表深1.1米。墓圹南北长2.3、东西宽1.28～1.29、深0.8米。内填花土，土质松软。内置单棺，棺木已朽。棺痕长2、宽0.5～0.6米；棺内骨架保存较好，头向北，面向上，头骨上方放置长22、宽18～20、厚1厘米的板瓦1块，仰身直肢，为男性（图一六五）。

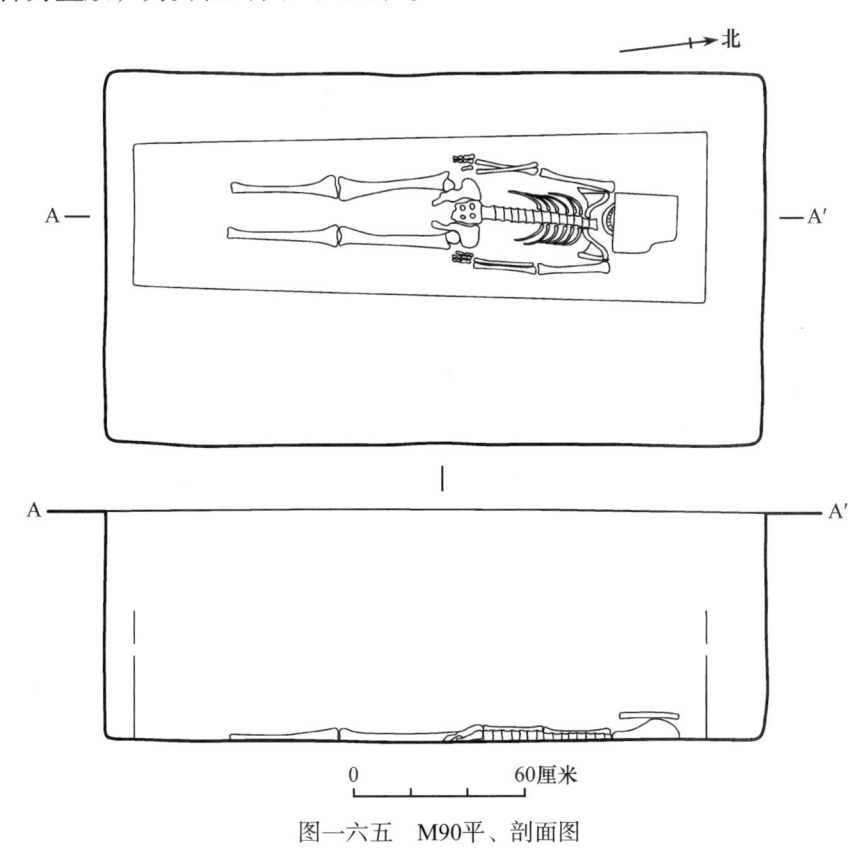

图一六五　M90平、剖面图

2. 随葬品

未发现随葬品。

九一、M91

1. 墓葬形制

该墓位于发掘区西南部，南邻M87。开口于第1层下，南北向，方向355°。

墓平面呈长方形，竖穴土圹单棺墓。墓口距地表深0.3米，墓底距地表深1.4米。墓圹南北长2.5、东西宽1.5、深1.1米。内填花土，土质松软。内置单棺，棺木已朽。棺痕长2、宽0.5~0.6米；棺内骨架保存稍好，头移位向北，面向东，仰身直肢，为男性（图一六六）。

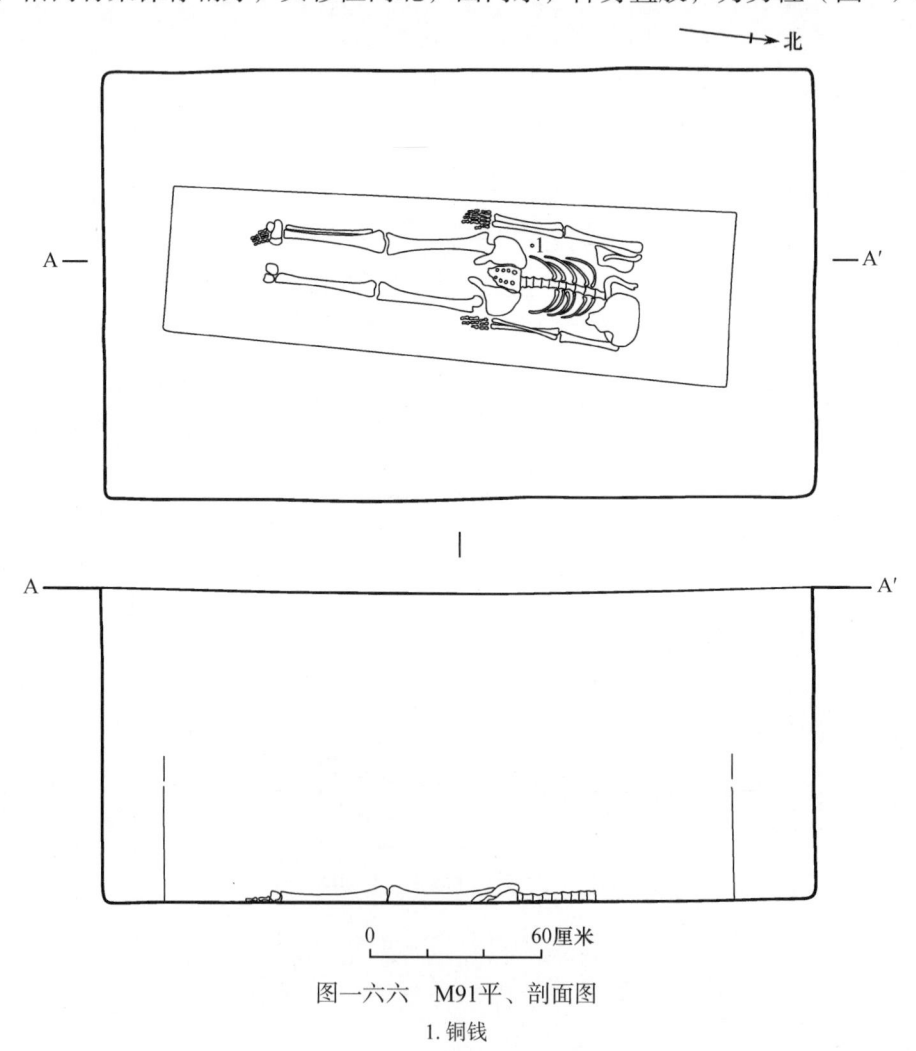

图一六六　M91平、剖面图
1.铜钱

2. 随葬品

棺内右上肢骨内侧中部出土铜钱1枚。

康熙通宝　1枚。M91∶1，平钱，圆形，方穿，正背面郭缘略宽，正面楷书"康熙通寶"四字，直读，背穿左右为满文"宝泉"局名。钱径2.4、穿径0.6、郭厚0.1厘米（图一六七）。

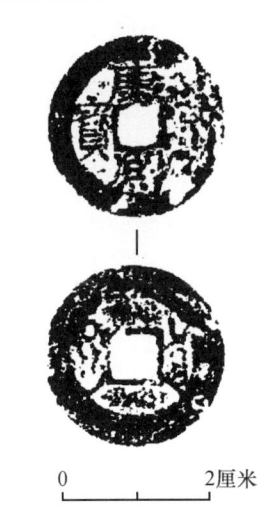

图一六七　M91出土康熙通宝（M91∶1）（拓片）

九二、M92

1. 墓葬形制

该墓位于发掘区西南部，东邻M93。开口于第1层下，南北向，方向5°。

墓平面呈不规则形，竖穴土圹三棺合葬墓。墓口距地表深0.3米，墓底距地表深1.8~1.9米。墓圹南北长2.45~2.48、东西宽2.97~3.06、深1.5~1.6米。内填花土，土质松软。内置三棺，棺木已朽。东棺痕长1.9、宽0.5~0.6米；棺内骨架保存较好，头向北，面向上，腰椎骨上方放置长18、宽14~15、厚1厘米的板瓦1块，仰身直肢，为男性。中棺痕长1.9、宽0.5~0.6米；棺内骨架保存较好，头向北，面向西，仰身直肢，为女性。西棺痕长2、宽0.5~0.6米；棺内骨架保存较差，头向北，面向东，仰身直肢，为女性（图一六八；图版二二，1）。

2. 随葬品

东棺内下肢骨内侧上部出土铜钱1枚；中棺内下肢骨内侧上部出土铜钱1枚；西棺内胸骨中部出土铜钱1枚。

铜钱　3枚。有天启通宝、康熙通宝。

天启通宝　1枚。M92∶1-1，平钱，圆形，方穿，正背面郭缘略宽，正面楷书"天啓通寶"四字，直读，背穿上楷书"户"字。钱径2.55、穿径0.55、郭厚0.11厘米（图一六九，1）。

康熙通宝　2枚。标本M92∶1-2，大平钱，圆形，方穿，正背面郭缘较宽，正面楷书"康熙通寶"四字，直读，背穿左右为满文"宝泉"局名。钱径2.75、穿径0.55、郭厚0.11厘米（图一六九，2）。

图一六八　M92平、剖面图
1. 铜钱

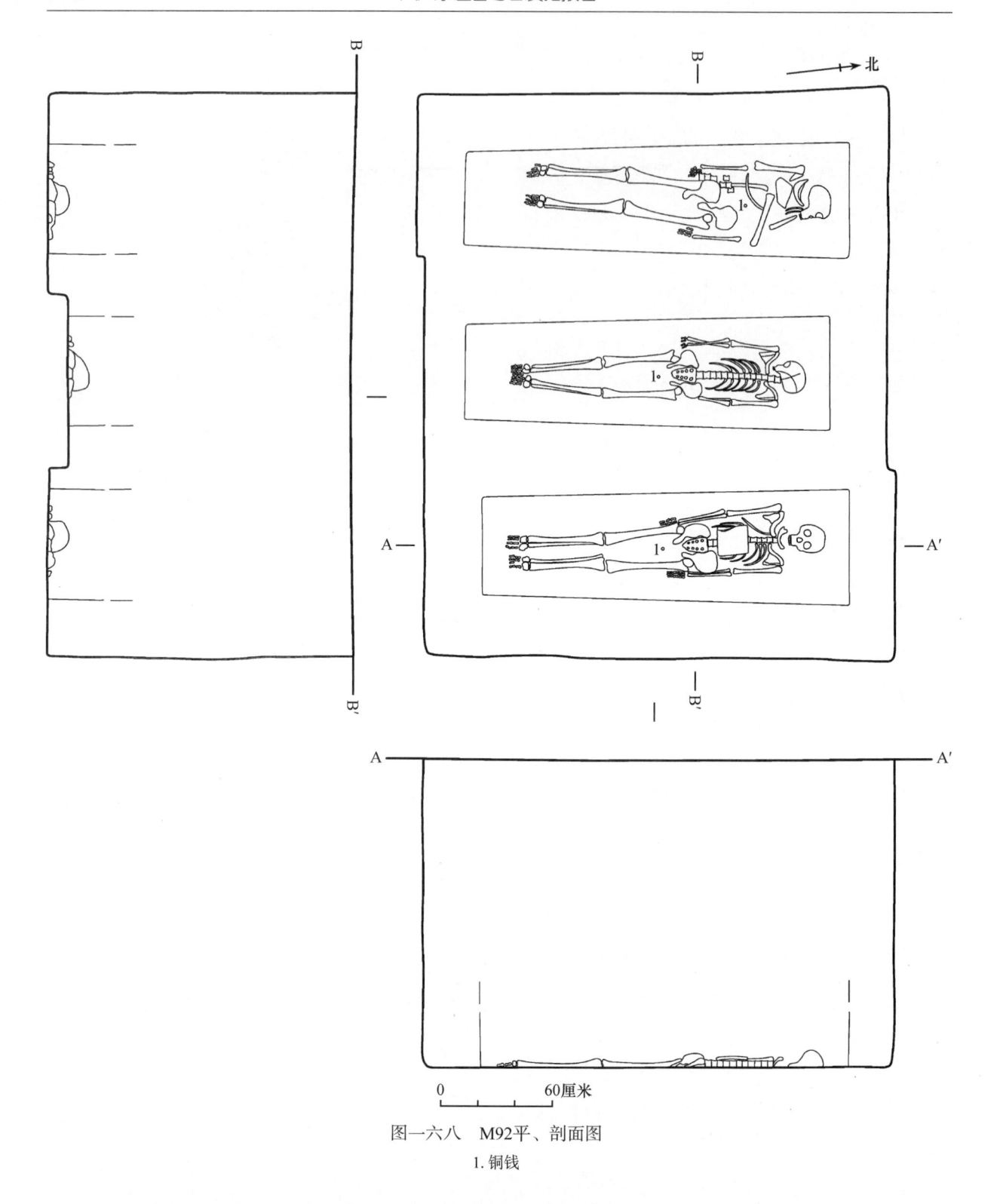

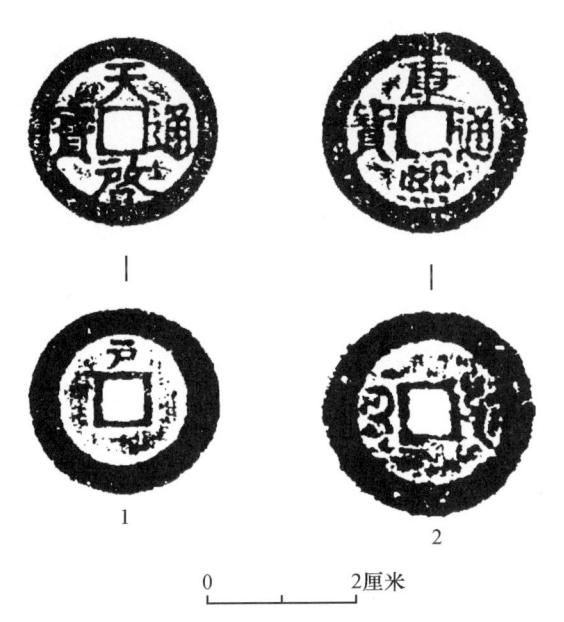

图一六九　M92出土铜钱（拓片）
1.天启通宝（M92：1-1）　2.康熙通宝（M92：1-2）

九三、M93

1. 墓葬形制

该墓位于发掘区西南部，西邻M92。开口于第1层下，南北向，方向2°。

墓平面呈长方形，竖穴土圹双棺合葬墓。墓口距地表深0.3米，墓底距地表深1.2～1.4米。墓圹南北长2.7、东西宽1.6、深0.9～1.1米。内填花土，土质松软。内置双棺，棺木已朽。东棺痕长2、宽0.5～0.6米；棺内骨架保存较好，头向北，面向东，侧身屈肢，为男性。西棺痕长2、宽0.5～0.6米；棺内骨架保存较好，头向北，面向上，仰身直肢，为女性（图一七○；图版二二，2）。

2. 随葬品

东棺内左下肢骨外侧上部出土铜钱1枚；西棺内下肢骨内侧上部出土铜钱1枚。

铜钱　2枚。有乾隆通宝、道光通宝。

乾隆通宝　1枚。M93：1-1，平钱，圆形，方穿，正背面郭缘较宽，正面楷书"乾隆通寳"四字，直读，背穿左右为满文"宝泉"局名。钱径2.4、穿径0.55、郭厚0.1厘米（图一七一，1）。

道光通宝　1枚。M93：1-2，平钱，圆形，方穿，正背面郭缘略宽，正面楷书"道光通寳"四字，直读，背穿左右为满文"宝泉"局名。钱径2.41、穿径0.65、郭厚0.15厘米（图一七一，2）。

图一七〇　M93平、剖面图
1. 铜钱

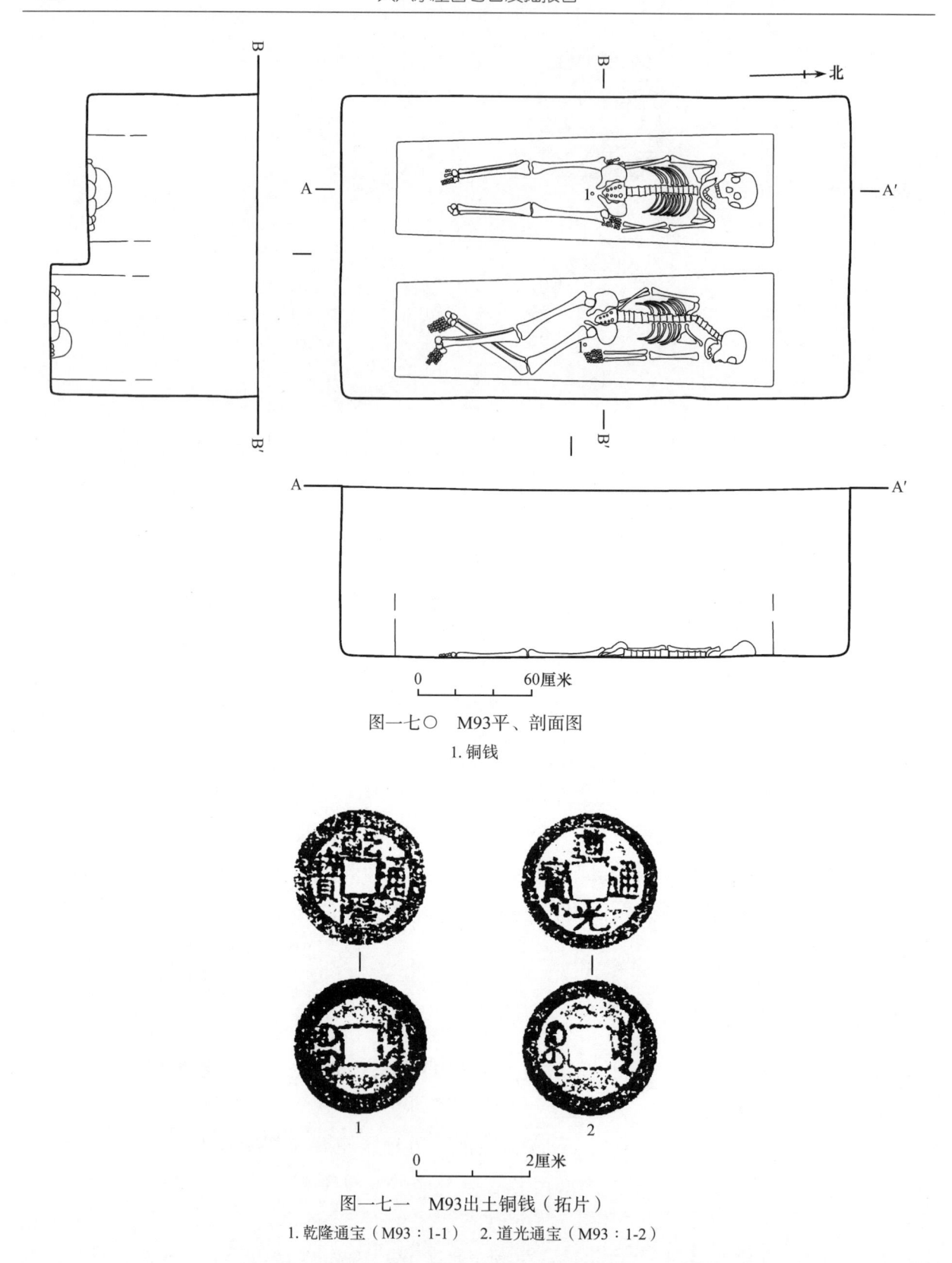

图一七一　M93出土铜钱（拓片）
1. 乾隆通宝（M93：1-1）　2. 道光通宝（M93：1-2）

九四、M94

1. 墓葬形制

该墓位于发掘区西南部，北邻M93。开口于第1层下，南北向，方向5°。

墓平面呈正方形，竖穴土圹三棺合葬墓。墓口距地表深0.3米，墓底距地表深1.4～1.8米。墓圹南北长2.5、东西宽2.5、深1.1～1.5米。内填花土，土质松软。内置三棺，棺木已朽。东棺痕长1.9、宽0.5～0.6米；棺内未发现骨架，葬式、性别不明。中棺痕长2、宽0.5～0.6米；棺内骨架保存稍好，头向上，面向南，胸椎骨上方放置长22、宽16～20、厚1厘米的板瓦1块（图版九八，5），仰身直肢，为男性。西棺痕长2、宽0.5～0.6米；棺内骨架保存较好，头向北，面向上，腰椎骨上方放置长22、宽20～22、厚1厘米的板瓦1块，仰身直肢，为女性（图一七二；图版二三，1）。

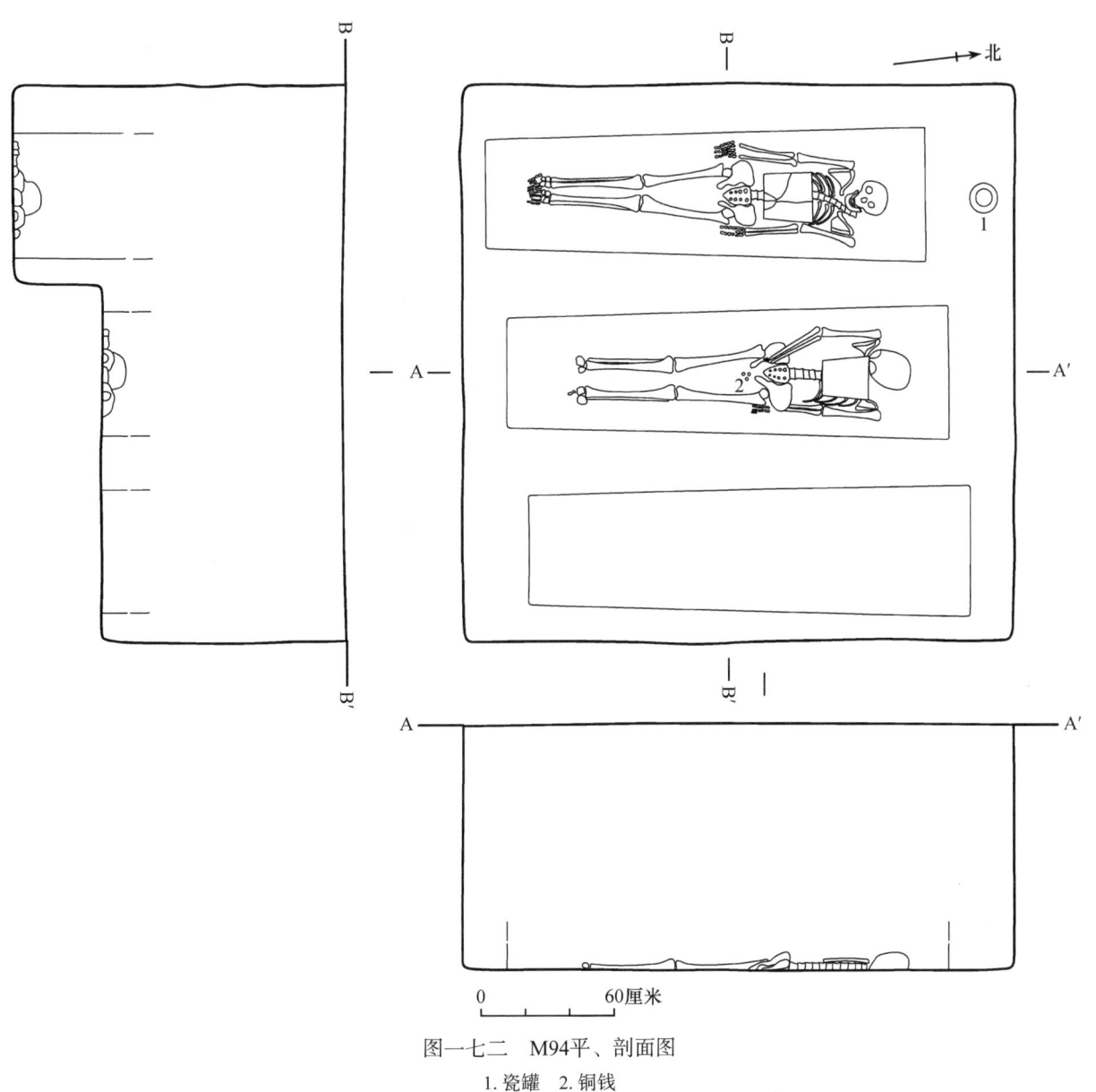

图一七二 M94平、剖面图
1. 瓷罐 2. 铜钱

2. 随葬品

中棺内下肢骨内侧上部出土铜钱3枚；西棺外前方出土瓷罐1件。

瓷罐　1件。M94：1，敛口，方圆唇，斜领微弧，溜肩，弧腹，矮圈足。灰褐色胎，腹上部及内壁施黑色釉，下腹及足底无釉。轮制。口径8.2、腹径10.6、底径6.2、高10厘米（图一七三，1；图版四五，4）。

铜钱　3枚。有乾隆通宝、道光通宝。

乾隆通宝　1枚。M94：2-1，平钱，圆形，方穿，正背面郭缘略宽，正面楷书"乾隆通寳"四字，直读，背穿左右为满文"宝泉"局名。钱径2.45、穿径0.7、郭厚0.1厘米（图一七三，2）。

道光通宝　2枚。标本M94：2-2，平钱，圆形，方穿，正背面郭缘略宽，正面楷书"道光通寳"四字，直读，背穿左右为满文"宝泉"局名。钱径2.25、穿径0.55、郭厚0.15厘米（图一七三，3）。

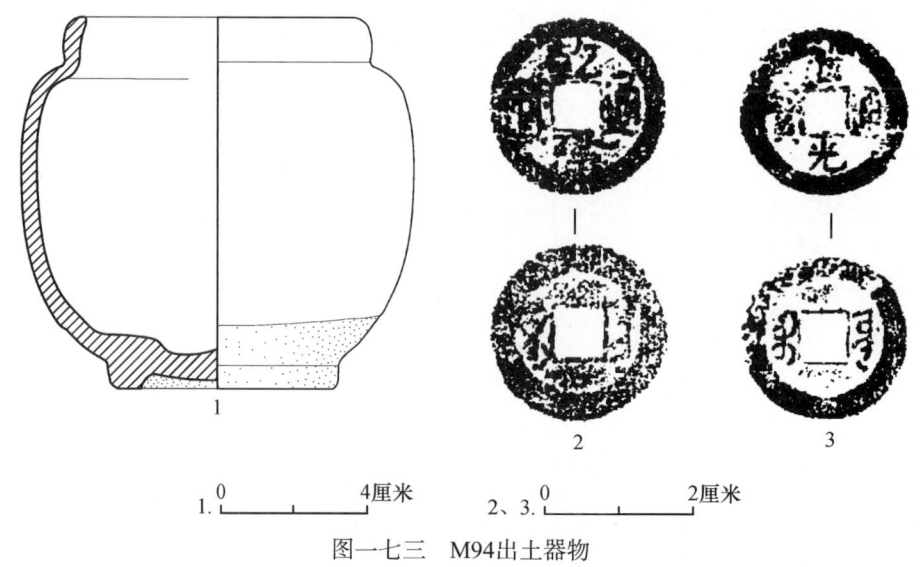

图一七三　M94出土器物
1. 瓷罐（M94：1）　2. 乾隆通宝（M94：2-1）　3. 道光通宝（M94：2-2）

九五、M95

1. 墓葬形制

该墓位于发掘区西南部，西邻M120。开口于第1层下，南北向，方向15°。

墓平面呈梯形，竖穴土圹双棺合葬墓。墓口距地表深0.3米，墓底距地表深1.48米。墓圹南北长2.41、东西宽2.21~2.29、深1.18米。内填花土，土质松软。内置双棺，棺木已朽。东棺痕长1.7、宽0.56~0.62米；棺内骨架保存较差，头向东北，面向上，胸椎骨上方放置长18、宽14~15、厚1厘米的板瓦1块，仰身直肢，为男性。西棺痕长1.8、宽0.66米；棺内骨架保存较差，头向北，面向东，胸椎骨上方放置长18、宽16~20、厚1厘米的板瓦1块，仰身直肢，为女性（图一七四）。

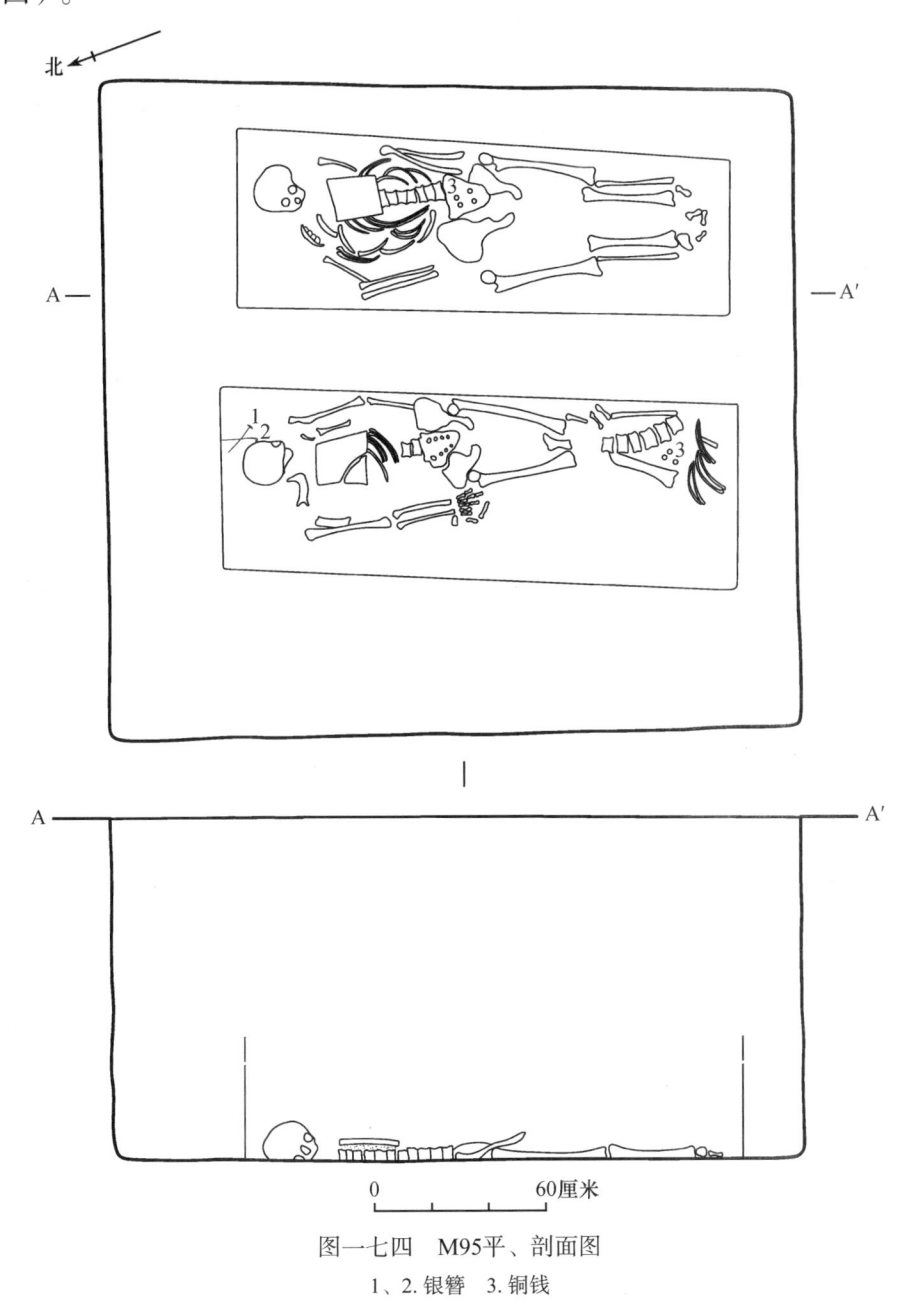

图一七四 M95平、剖面图
1、2.银簪 3.铜钱

2. 随葬品

东棺内尾骨上方出土铜钱4枚；西棺内头骨左侧出土银簪2件，右下肢骨内侧下部出土铜钱3枚。

银簪 2件。M95:1，簪首呈扁平花瓣状，中部凸起呈圆环形，内镶嵌"寿"字纹，体呈圆锥状。通长12厘米（图一七五，1；图版六五，2）。M95:2，龙头形首，体呈扁条状，末端圆弧状。通长12.4厘米（图一七五，2；图版六五，3）。

铜钱　7枚。有雍正通宝、乾隆通宝、嘉庆通宝。

雍正通宝　3枚。标本M95：3-1，平钱，圆形，方穿，正背面郭缘较宽，正面楷书"雍正通寶"四字，直读，背穿左右为满文"宝泉"局名。钱径2.55、穿径0.6、郭厚0.1厘米（图一七五，3）。

乾隆通宝　1枚。M95：3-2，平钱，圆形，方穿，正背面郭缘略宽，正面楷书"乾隆通寶"四字，直读，背穿左右为满文"宝泉"局名。钱径2.45、穿径0.6、郭厚0.11厘米（图一七五，4）。

嘉庆通宝　3枚。标本M95：3-3，平钱，圆形，方穿，正背面郭缘略宽，正面楷书"嘉慶通寶"四字，直读，背穿左右为满文"宝泉"局名。钱径2.4、穿径0.6、郭厚0.15厘米（图一七五，5）。

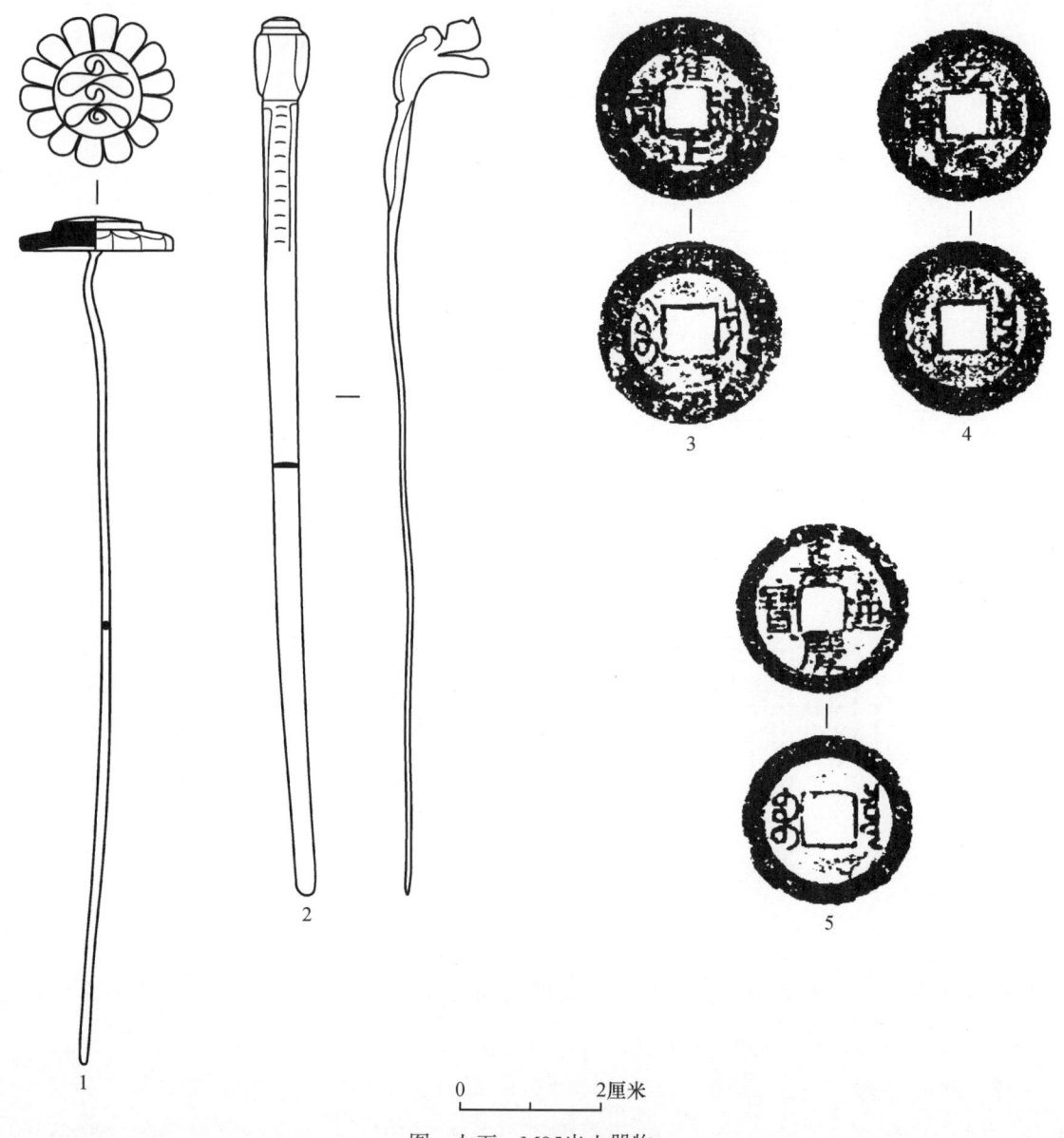

图一七五　M95出土器物

1、2. 银簪（M95：1、M95：2）　3. 雍正通宝（M95：3-1）　4. 乾隆通宝（M95：3-2）　5. 嘉庆通宝（M95：3-3）

九六、M96

1. 墓葬形制

该墓位于发掘区西南部，北邻M70。开口于第1层下，南北向，方向5°。

墓平面呈长方形，竖穴土圹双棺合葬墓。墓口距地表深0.3米，墓底距地表深0.9~1.1米。墓圹南北长2.41、东西宽2.3、深0.6~0.8米。内填花土，土质松软。内置双棺，棺木已朽。东棺痕长1.9、宽0.5~0.6米；棺内骨架保存稍差，头移位向北，面向下，仰身直肢，为男性。西棺痕长1.92、宽0.56~0.6米；棺内骨架保存较好，头移位向北，面向上，仰身直肢，为女性（图一七六）。

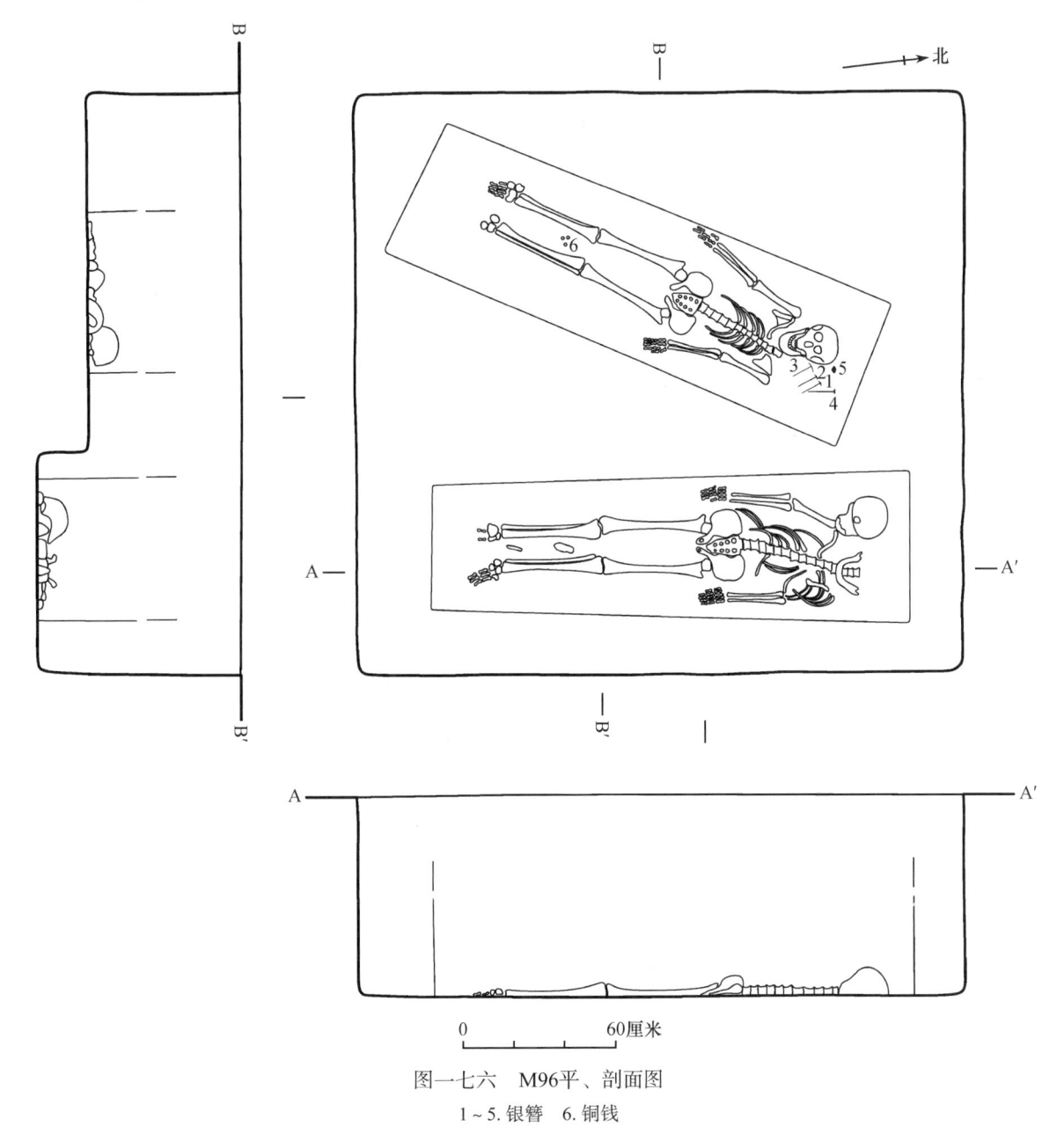

图一七六 M96平、剖面图
1~5.银簪 6.铜钱

2. 随葬品

西棺内头骨左侧出土银簪5件，下肢骨内侧中部出土铜钱3枚。

银簪　5件。M96：1、M96：2，形制相同。簪首呈伞状，中部饰花卉纹，圆珠纹衬底，体呈圆锥状。M96：1，通长8.6厘米（图一七七，1；图版六五，4）。M96：2，通长8.5厘米（图一七七，2；图版六五，5）。M96：3，簪首呈蝶状，上部饰梅花纹，圆珠纹衬底，体呈

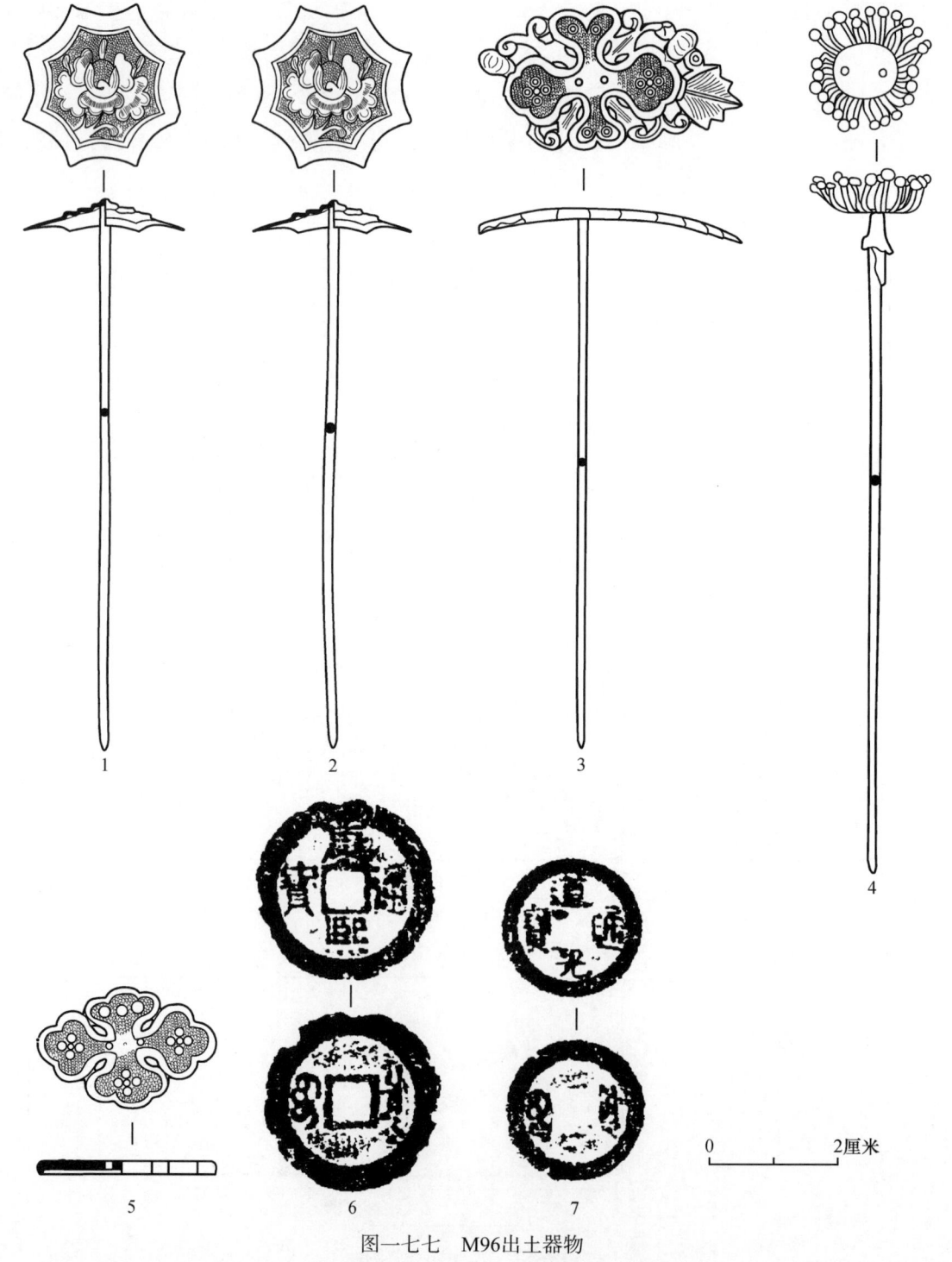

图一七七　M96出土器物
1~5.银簪（M96：1、M96：2、M96：3、M96：4、M96：5）　6.康熙通宝（M96：6-1）　7.道光通宝（M96：6-2）

圆锥状。通长9.3厘米（图一七七，3；图版六五，6）。M96：4，簪首呈花蕊包珠形，珠已缺失，体呈圆锥状。通长10.9厘米（图一七七，4；图版六六，1）。M96：5，簪首呈扁平梅花瓣状，圆珠纹衬底，体残。残长0.2厘米（图一七七，5；图版六六，2）。

铜钱　3枚。有康熙通宝、道光通宝。

康熙通宝　1枚。M96：6-1，大平钱，圆形，方穿，正背面郭缘较宽，正面楷书"康熙通寶"四字，直读，背穿左右为满文"宝泉"局名。钱径2.75、穿径0.55、郭厚0.1厘米（图一七七，6）。

道光通宝　2枚。标本M96：6-2，小平钱，圆形，方穿，正背面郭缘略窄，正面楷书"道光通寶"四字，直读，背穿左右为满文"宝泉"局名。钱径2.19、穿径0.65、郭厚0.15厘米（图一七七，7）。

九七、M97

1. 墓葬形制

该墓位于发掘区西南部，东邻M109。开口于第1层下，南北向，方向5°。

墓平面呈长方形，竖穴土圹单棺墓。墓口距地表深0.3米，墓底距地表深1.1米。墓圹南北长2.3、东西宽1、深0.8米。内填花土，土质松软。内置单棺，棺木已朽。棺痕长2、宽0.58～0.7米；棺内骨架保存较好，头移位向南，面向下，头骨左上方放置长20、宽18～20、厚1厘米的板瓦1块（图版九八，6），仰身直肢，为女性（图一七八）。

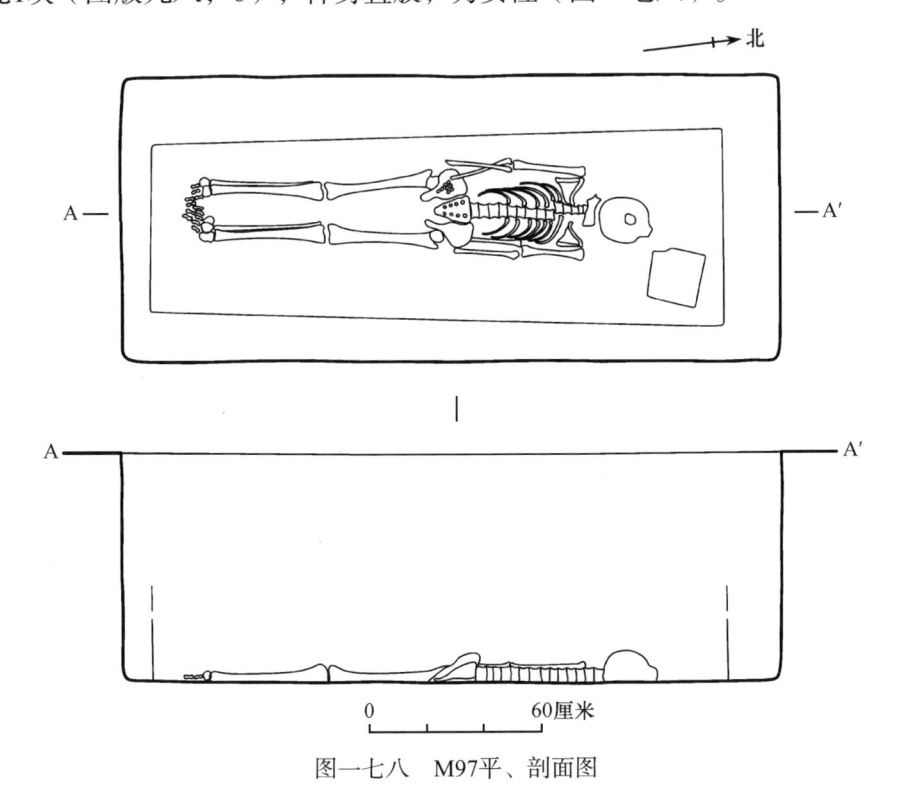

图一七八　M97平、剖面图

2. 随葬品

未发现随葬品。

九八、M98

1. 墓葬形制

该墓位于发掘区西南部，西南邻M99。开口于第1层下，南北向，方向5°。

墓平面呈长方形，竖穴土圹双棺合葬墓。墓口距地表深0.3米，墓底距地表深1.2米。墓圹南北长2.83、东西宽1.92、深0.9米。内填花土，土质松软。内置双棺，棺木已朽。东棺痕长1.94、宽0.58～0.6米；棺内骨架保存稍差，头移位向北，面向下，胸椎骨上方放置长20、宽17～18、厚1厘米的板瓦1块（图版九九，1），仰身直肢，为男性。西棺痕长1.9、宽0.6～0.66米；棺内骨架保存较差，头移位向北，面向上，仰身直肢，为女性（图一七九）。

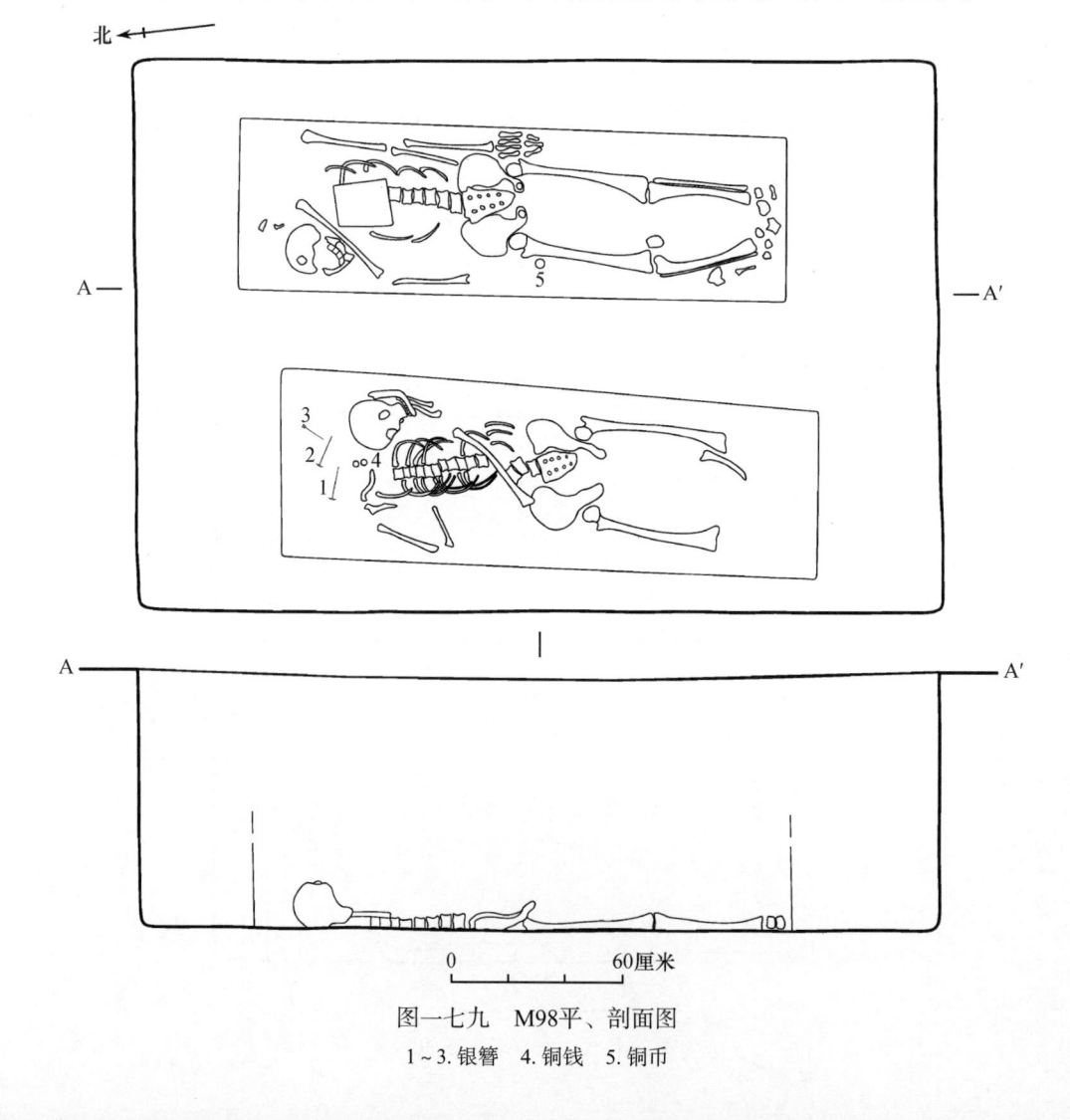

图一七九　M98平、剖面图
1～3. 银簪　4. 铜钱　5. 铜币

2. 随葬品

东棺内右下肢骨外侧上部出土铜币1枚，西棺内头骨右上方出土银簪3件、铜钱2枚。

银簪　3件。M98：1、M98：2，形制相同。簪首呈扁平花瓣状，中部凸起呈圆环形，内镶嵌"福"字纹，体呈圆锥状。M98：1，通长11.6厘米（图一八〇，1；图版六六，3）。M98：2，通长11.5厘米（图一八〇，2；图版六六，4）。M98：3，莲藕形首，莲瓣形托，体呈圆锥状。通长9.3厘米（图一八〇，3；图版六六，5）。

道光通宝　2枚。标本M98：4-1，平钱，圆形，方穿，正背面郭缘略宽，正面楷书"道光通寶"四字，直读，背穿左右为满文"宝泉"局名。钱径2.25、穿径0.6、郭厚0.1厘米（图一八〇，4）。

光绪元宝　1枚。M98：5，大平钱，圆形，正背面郭缘较窄，正面珠圈内楷书"光緒元寶"四字，直读，背面珠圈内铸蟠龙戏火珠纹。钱径2.8、郭厚0.1厘米（图一八〇，5）。

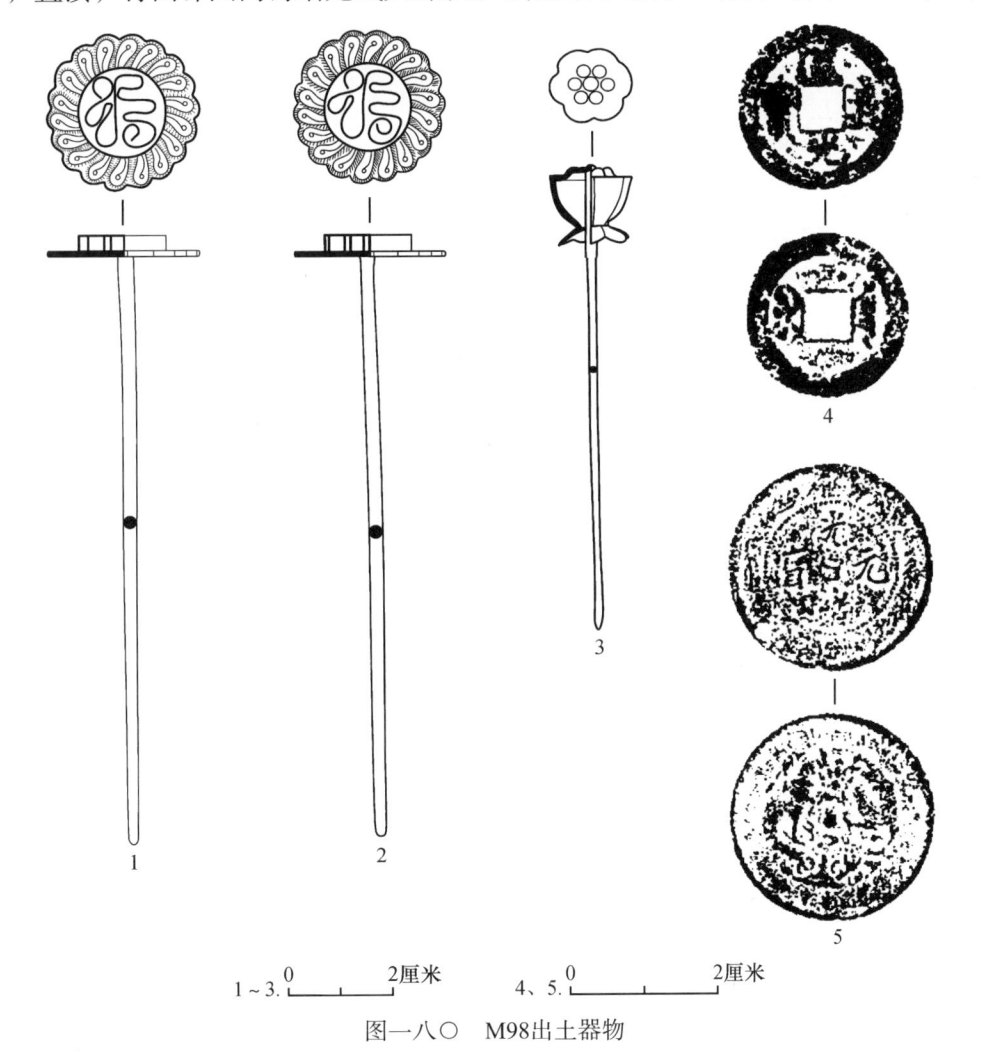

图一八〇　M98出土器物
1~3. 银簪（M98：1、M98：2、M98：3）　4. 道光通宝（M98：4-1）　5. 光绪元宝（M98：5）

九九、M99

1. 墓葬形制

该墓位于发掘区西南部，南邻M101。开口于第1层下，南北向，方向2°。

墓平面呈梯形，竖穴土圹双棺合葬墓。墓口距地表深0.3米，墓底距地表深0.95米。墓圹南北长3.31、东西宽2.34～2.96、深0.65米。内填花土，土质松软。内置双棺，棺木已朽。东棺痕长2、宽0.58～0.66米；棺内骨架保存较好，头向东北，面向西北，仰身直肢，为男性。西棺痕长1.74、宽0.52～0.6米；棺内骨架保存较差，头向西北，面向上，仰身直肢，为女性（图一八一）。

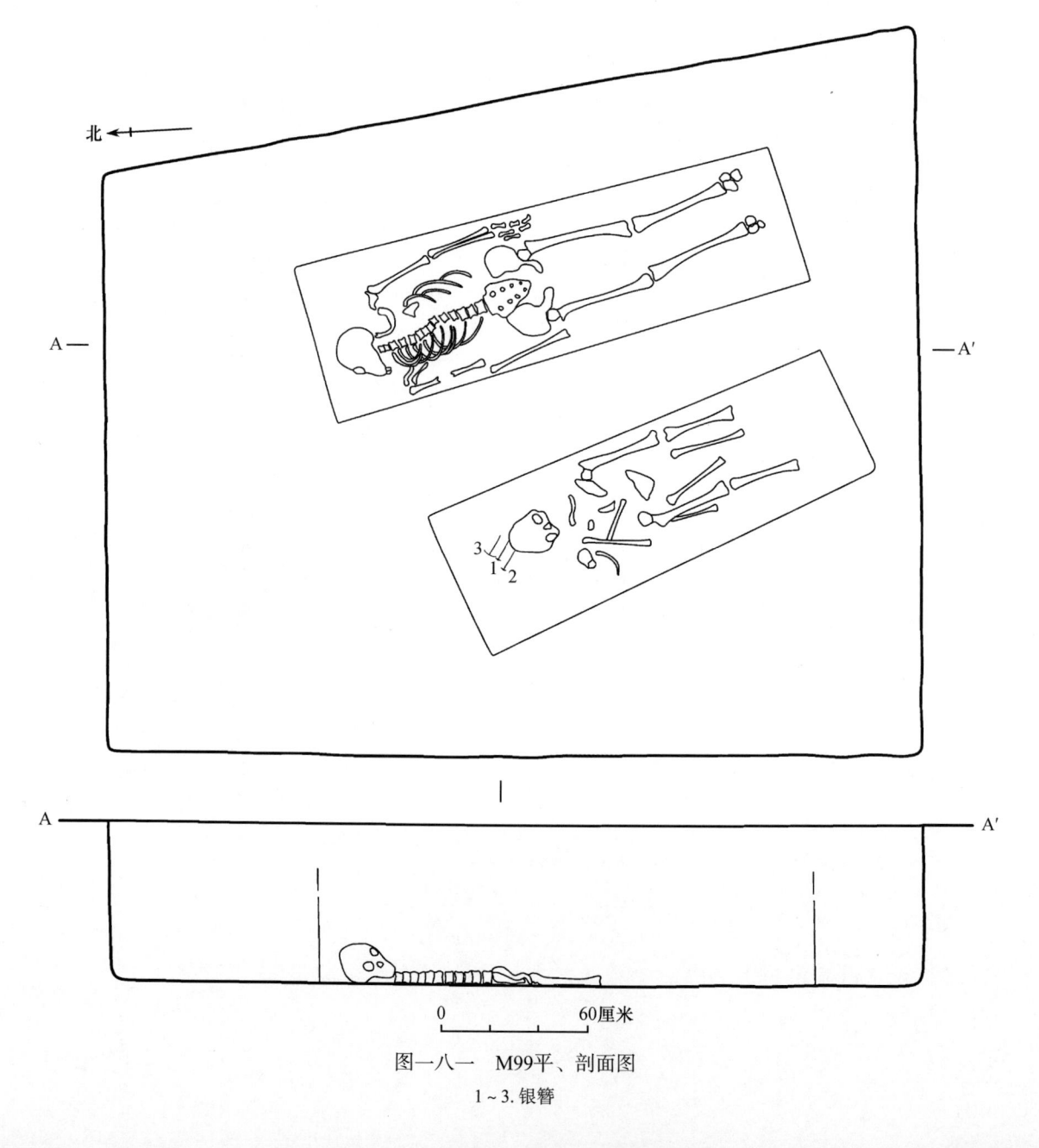

图一八一 M99平、剖面图

1～3. 银簪

2. 随葬品

西棺内头骨上方出土银簪3件。

银簪　3件。M99：1、M99：2，形制相同。近方形首，錾刻边框，四角内凹，中部饰梅花纹，体呈圆锥状。M99：1，通长9.3厘米（图一八二，1；图版六六，6）。M99：2，通长9.3厘米（图一八二，2；图版六七，1）。M99：3，簪首呈蝶状，上部饰梅花纹，圆珠纹衬底，体呈圆锥状。通长9.3厘米（图一八二，3；图版六七，2）。

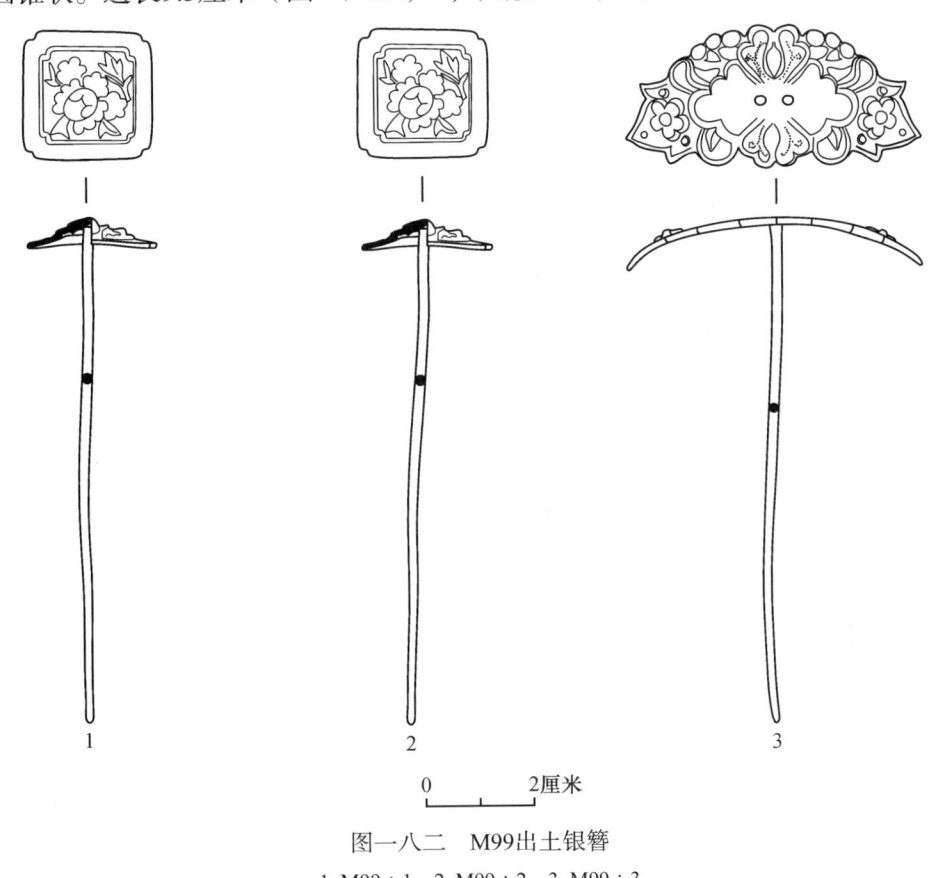

图一八二　M99出土银簪
1. M99：1　2. M99：2　3. M99：3

一〇〇、M100

1. 墓葬形制

该墓位于发掘区西南部，西邻M101。开口于第1层下，南北向，方向10°。

墓平面呈梯形，竖穴土圹双棺合葬墓。墓口距地表深0.3米，墓底距地表深0.74～1.04米。墓圹南北长3.1～3.2、东西宽2.67～2.68、深0.44～0.74米；内填花土，土质松软。内置双棺，棺木已朽。东棺痕长2.08、宽0.58～0.74米；棺内骨架保存较差，头移位向西，面向上，仰身直肢，为男性。西棺痕长1.8、宽0.6~0.68米；棺内骨架保存稍好，头向北，面向上，仰身直肢，为女性（图一八三）。

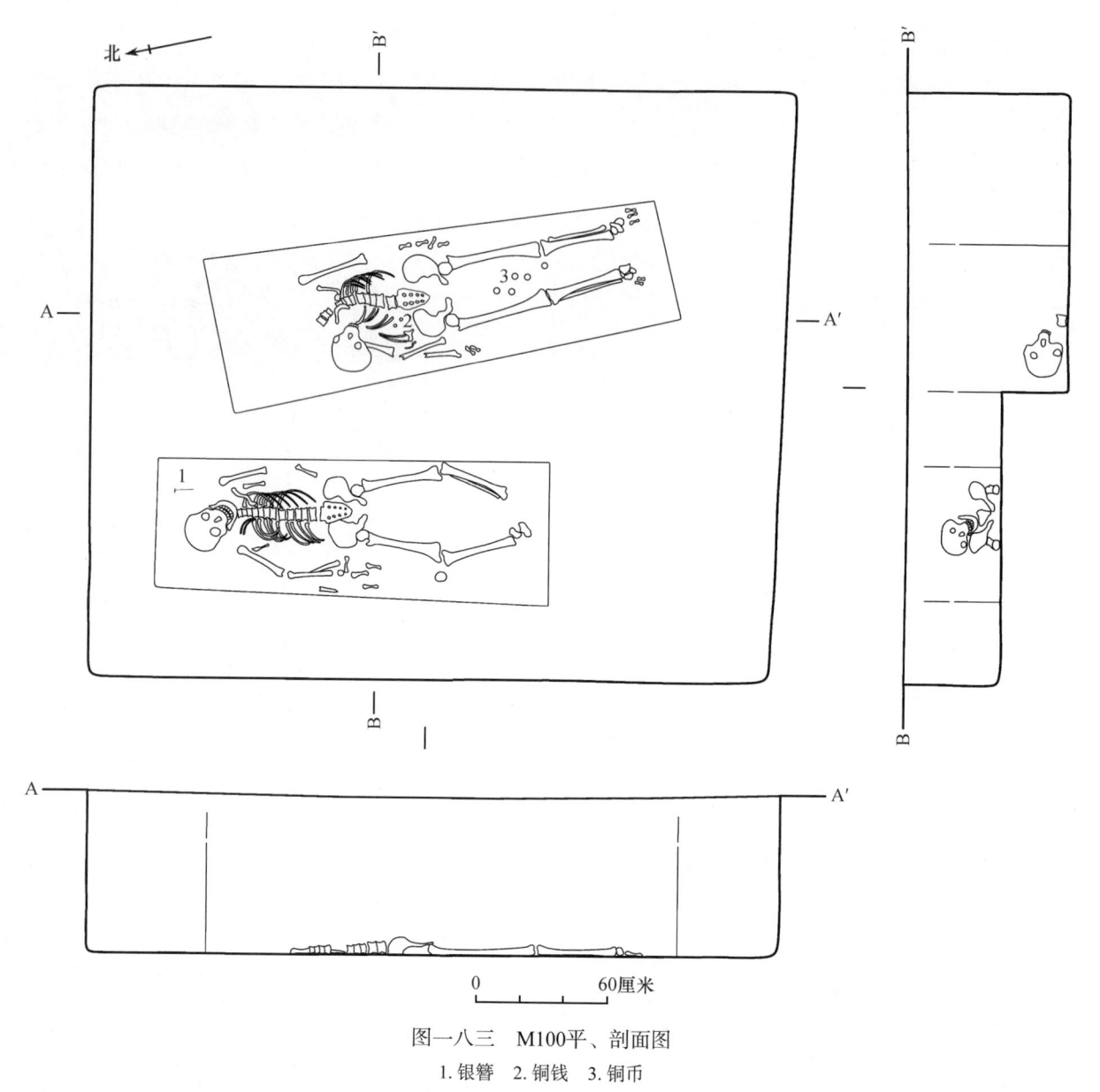

图一八三 M100平、剖面图
1. 银簪 2. 铜钱 3. 铜币

2. 随葬品

东棺内右肋骨下部出土铜钱2枚，下肢骨内侧中部出土铜币5枚；西棺内头骨左上方出土银簪1件。

银簪　1件。M100:1，簪首呈伞状，中部饰花卉纹，圆珠纹衬底，体呈圆锥状。通长8.7厘米（图一八四，1；图版六七，3）。

铜钱　2枚。有乾隆通宝、嘉庆通宝。

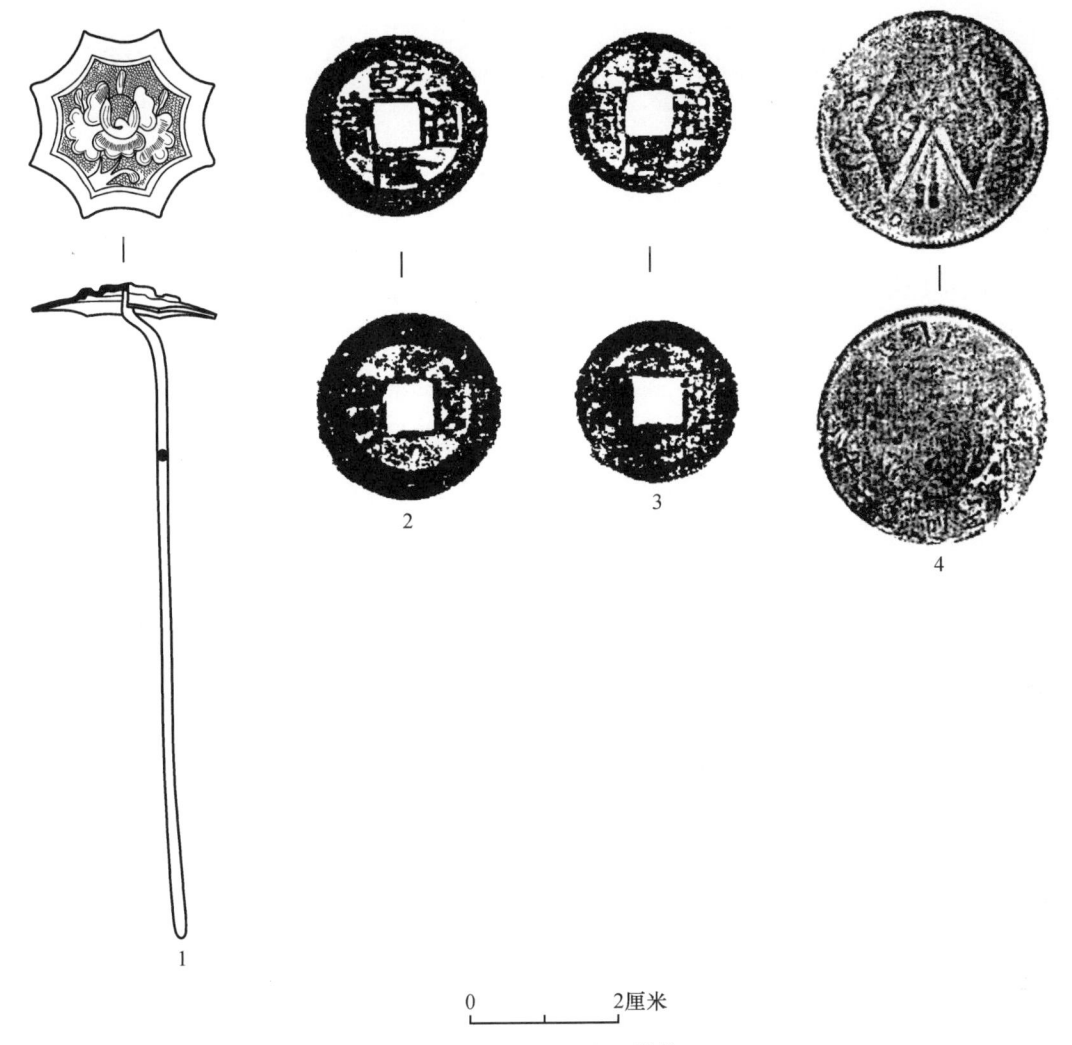

图一八四　M100出土器物

1. 银簪（M100：1）　2. 乾隆通宝（M100：2-1）　3. 嘉庆通宝（M100：2-2）　4. 铜币（M100：3-1）

乾隆通宝　1枚。M100：2-1，平钱，圆形，方穿，正背面郭缘较宽，正面楷书"乾隆通寶"四字，直读，背穿左右为满文"宝泉"局名。钱径2.45、穿径0.65、郭厚0.1厘米（图一八四，2）。

嘉庆通宝　1枚。M100：2-2，平钱，圆形，方穿，正背面郭缘略宽，正面楷书"嘉慶通寶"四字，直读，背穿左右为满文"宝泉"局名。钱径2.2、穿径0.65、郭厚0.12厘米（图一八四，3）。

铜币　5枚。标本M100：3-1，大平钱，正背面齿缘较窄，正面珠圈内铸双旗，背面珠圈内铸两组麦穗，齿缘上方楷书"中華民國"四字，下方楷书"當制二十文"五字。钱径3.2、郭厚0.15厘米（图一八四，4）。

一〇一、M101

1. 墓葬形制

该墓位于发掘区西南部，北邻M99。开口于第1层下，南北向，方向2°。

墓平面呈不规则形，竖穴土圹双棺合葬墓。墓口距地表深0.3米，墓底距地表深0.96~1.1米。墓圹南北长3.01~3.25、东西宽2.56~2.94、深0.66~0.8米。内填花土，土质松软。内置双棺，棺木已朽。东棺痕长1.84、宽0.58~0.7米；棺内骨架保存较差，头移位向东北，面向上，仰身直肢，为男性。西棺痕长1.8、宽0.5~0.62米；棺内骨架保存较差，头移位向东北，面向下，仰身直肢，为女性（图一八五）。

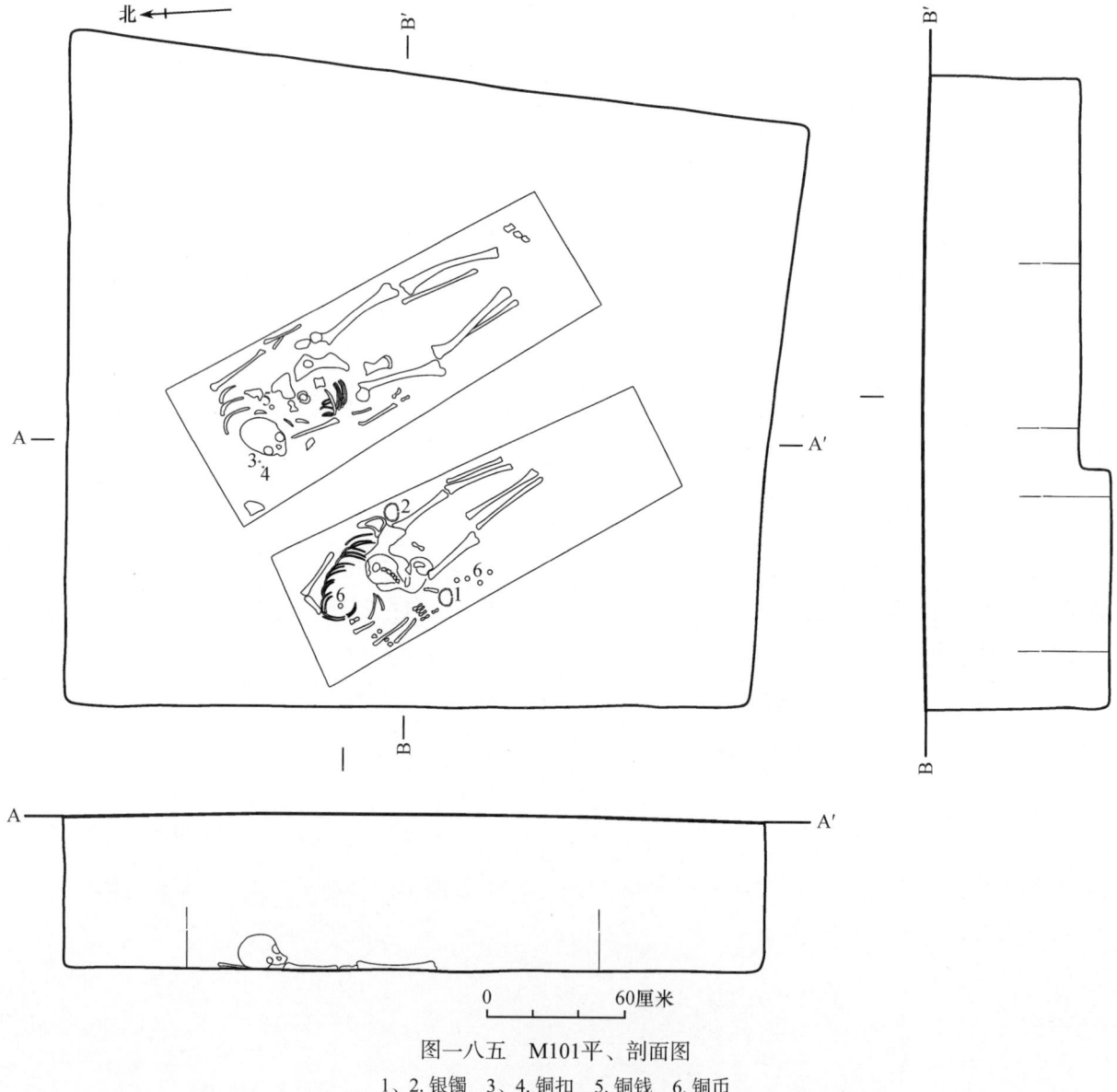

图一八五　M101平、剖面图
1、2. 银镯　3、4. 铜扣　5. 铜钱　6. 铜币

2. 随葬品

东棺内头骨右上方出土铜扣2件，头骨下部出土铜钱1枚；西棺内左、右上肢骨下部各出土银镯1件，肋骨内侧、右下肢骨外侧上部出土铜币5枚。

银镯　2件。椭圆形，三股银条盘绕呈麻花状，接口平齐。M101∶1，直径8厘米（图一八六，1；图版八九，2）。M101∶2，直径8.1厘米（图一八六，2；图版八九，3）。

铜扣　2件。形制相同。球形纽，焊接椭圆形环，环已残缺。M101∶3，通高1.2厘米（图一八六，3）。M101∶4，通高1.2厘米（图一八六，4）。

道光通宝　1枚。M101∶5，小平钱，圆形，方穿，正背面郭缘略窄，正面楷书"道光通寶"四字，直读，背穿左右为满文"宝泉"局名。钱径2.38、穿径0.6、郭厚0.11厘米（图一八六，5）。

铜币　5枚。标本M101∶6-1，大平钱，圆形，正面珠圈内铸双旗，背面珠圈内铸垂直麦穗纹。钱径3.2、郭厚0.18厘米（图一八六，6）。

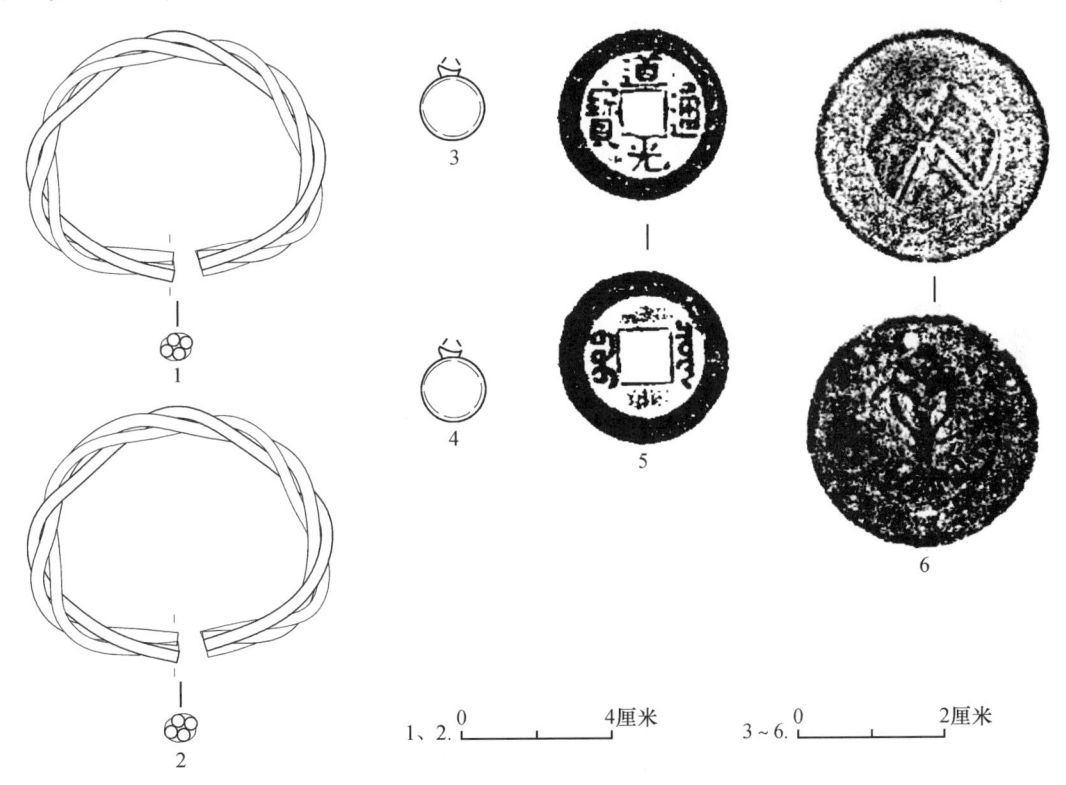

图一八六　M101出土器物
1、2.银镯（M101∶1、M101∶2）　3、4.铜扣（M101∶3、M101∶4）　5.道光通宝（M101∶5）　6.铜币（M101∶6-1）

一〇二、M102

1. 墓葬形制

该墓位于发掘区西南部，北邻M137。开口于第1层下，南北向，方向5°。

墓平面呈长方形，竖穴土圹单棺墓。墓口距地表深0.3米，墓底距地表深1.2米。墓圹南北长2.1、东西宽1、深0.9米。内填花土，土质松软。内置单棺，棺木已朽。棺痕长1.9、宽0.5~0.6米；棺内骨架保存较好，头移位向东，面向南，头骨上方放置石头3块，腰椎骨上方放置长18、宽18~20、厚1厘米的板瓦1块，仰身直肢，为男性（图一八七）。

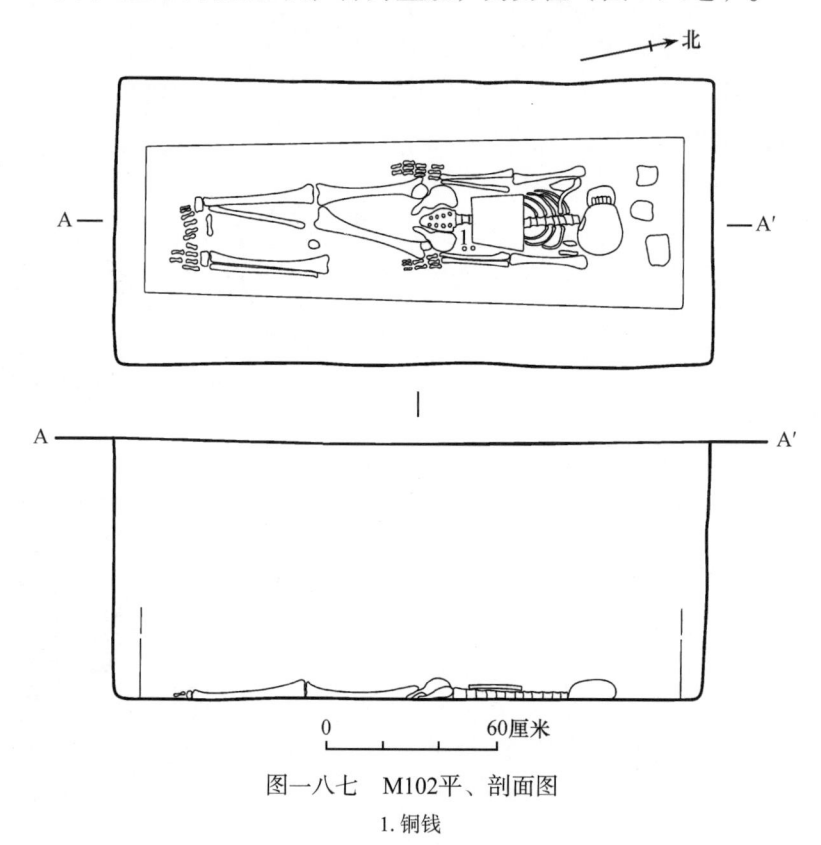

图一八七　M102平、剖面图
1. 铜钱

2. 随葬品

棺内左上肢骨内侧下部出土铜钱2枚，有康熙通宝、咸丰重宝。

康熙通宝　1枚。M102：1-1，大平钱，圆形，方穿，正背面郭缘较宽，正面楷书"康熙通寶"四字，直读，背穿左为满文"宁"字，右楷书一"寧"字。钱径2.75、穿径0.58、郭厚0.1厘米（图一八八，1）。

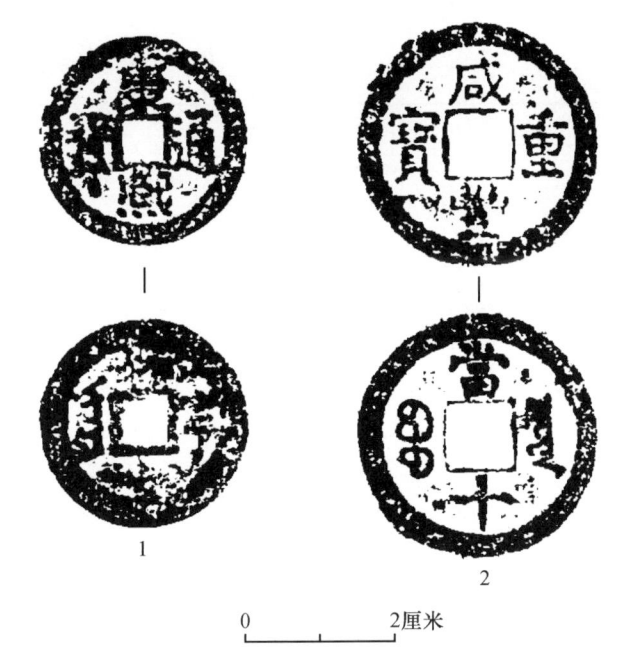

图一八八　M102出土铜钱（拓片）
1.康熙通宝（M102：1-1）　2.咸丰重宝（M102：1-2）

咸丰重宝　1枚。M102：1-2，大平钱，圆形，方穿，正背面郭缘略宽，正面楷书"咸豐重寶"四字，直读，背穿左右为满文"宝泉"局名，上下楷书"當十"二字。钱径3.25、穿径0.75、郭厚0.21厘米（图一八八，2）。

一〇三、M103

1. 墓葬形制

该墓位于发掘区西南部，东邻M85。开口于第1层下，南北向，方向20°。

墓平面呈长方形，竖穴土圹单棺墓。墓口距地表深0.3米，墓底距地表深0.8米。墓圹南北长2.3、东西宽1、深0.5米。内填花土，土质松软。内置单棺，棺木已朽。棺痕长2、宽0.6～0.7米；棺内骨架保存较差，头移位向西，面向北，仰身直肢，为男性（图一八九）。

2. 随葬品

棺内头骨上方两侧出土铜钱2枚，左下肢骨内外侧上部出土铜币3枚。

铜钱　2枚。有嘉庆通宝、光绪通宝。

嘉庆通宝　1枚。M103：1-1，平钱，圆形，方穿，正背面郭缘较窄，正面楷书"嘉慶通寶"四字，直读，背穿左右为满文"宝泉"局名。钱径2.4、穿径0.6、郭厚0.11厘米（图一九〇，1）。

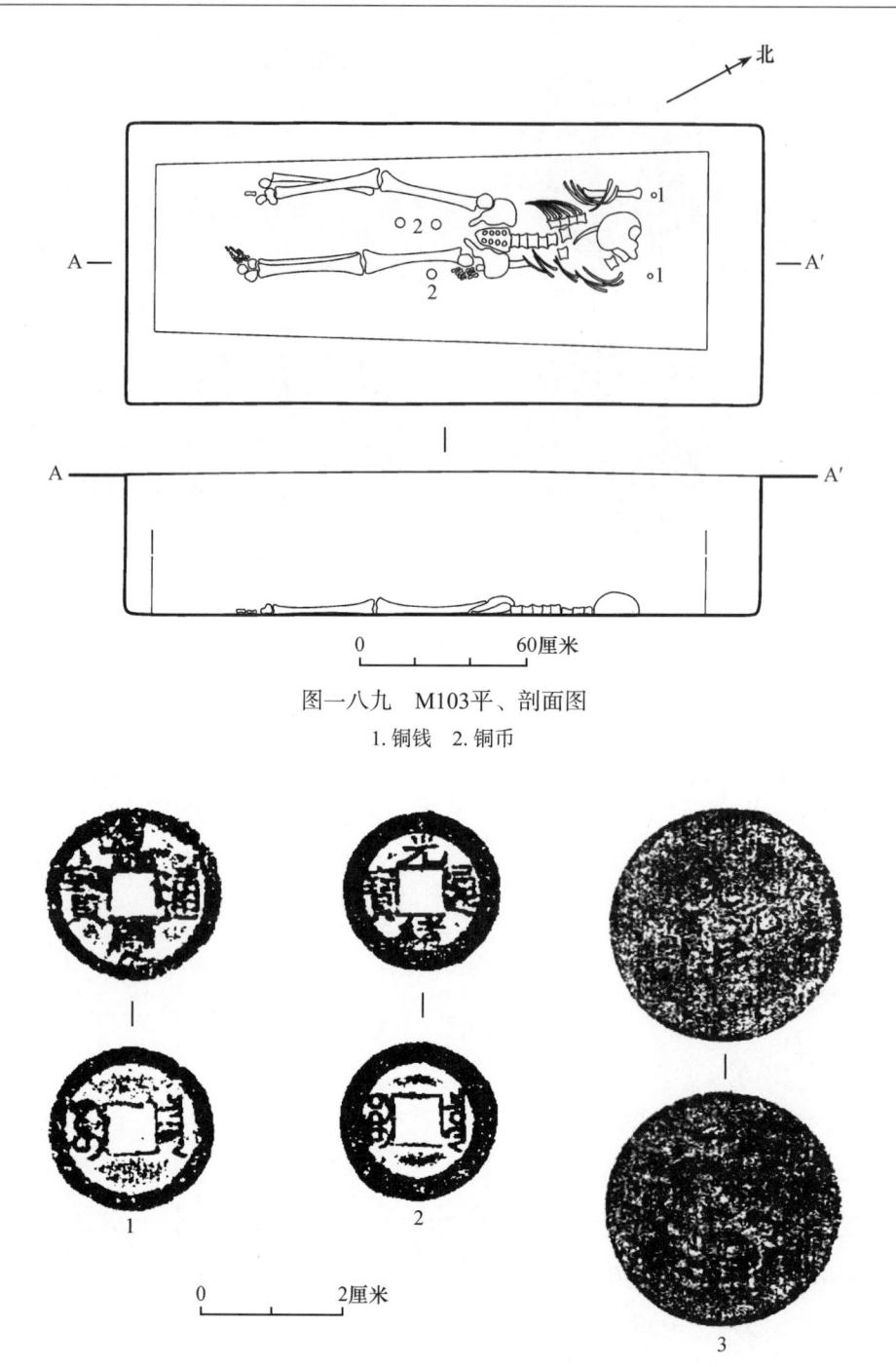

图一八九　M103平、剖面图
1. 铜钱　2. 铜币

图一九〇　M103出土铜钱（拓片）
1. 嘉庆通宝（M103：1-1）　2. 光绪通宝（M103：1-2）　3. 光绪元宝（M103：2-1）

光绪通宝　1枚。M103：1-2，平钱，圆形，方穿，正背面郭缘略宽，正面楷书"光绪通寶"四字，直读，背穿左右为满文"宝泉"局名。钱径2.2、穿径0.7、郭厚0.15厘米（图一九〇，2）。

光绪元宝　3枚。标本M103：2-1，大平钱，圆形，正背面郭缘较窄，正面楷书"光绪元寶"四字，直读，背面铸蟠龙戏火珠纹。钱径3.25、郭厚0.15厘米（图一九〇，3）。

一〇四、M104

1. 墓葬形制

该墓位于发掘区西南部，西北邻M192。开口于第1层下，南北向，方向5°。

墓平面呈长方形，竖穴土圹单棺墓。墓口距地表深0.3米，墓底距地表深0.9米。墓圹南北长2.5、东西宽1.2、深0.6米。内填花土，土质松软。内置单棺，棺木已朽。棺痕长2、宽0.56~0.7米；棺内骨架保存较好，头向北，面向上，胸椎骨上方放置长18、宽16~20、厚1厘米的板瓦1块（图版九九，2），仰身直肢，为女性（图一九一）。

2. 随葬品

棺内左上肢骨上部出土铜钱1枚。

万历通宝　1枚。M104:1，平钱，圆形，方穿，正背面郭缘略宽，正面楷书"萬曆通寶"四字，直读。钱径2.51、穿径0.5、郭厚0.1厘米（图一九二）。

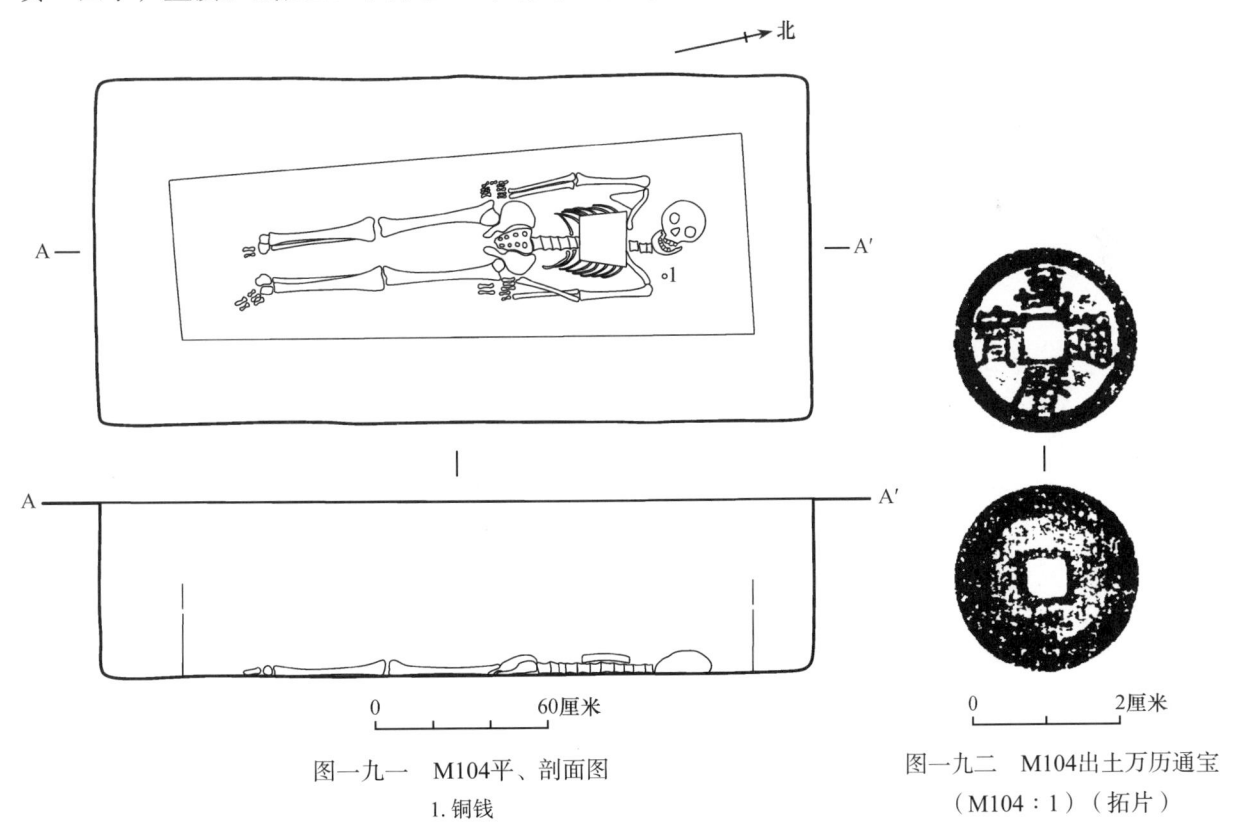

图一九一　M104平、剖面图
1. 铜钱

图一九二　M104出土万历通宝
（M104:1）（拓片）

一〇五、M105

1. 墓葬形制

该墓位于发掘区西南部，南邻M106。开口于第1层下，南北向，方向5°。

墓平面呈长方形，竖穴土圹双棺合葬墓。墓口距地表深0.3米，墓底距地表深1~1.1米。墓圹南北长2.6、东西宽1.8、深0.7~0.8米。内填花土，土质松软。内置双棺，棺木已朽。东棺痕长2、宽0.52~0.6米；棺内骨架保存较好，头向北，面向上，仰身直肢，为男性。西棺痕长2、宽0.5~0.6米；棺内骨架保存较好，头向北，面向上，仰身直肢，为女性（图一九三）。

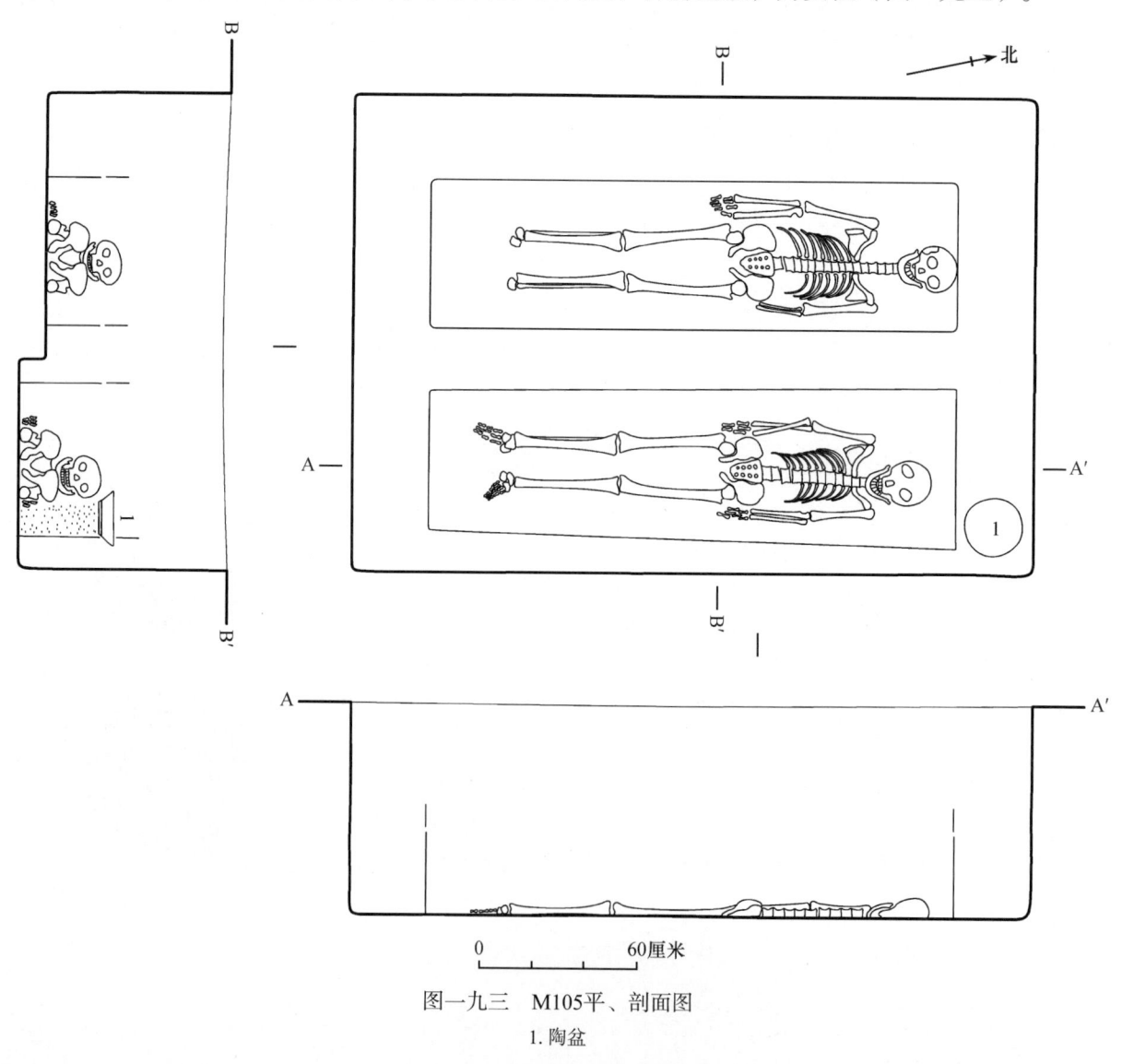

图一九三 M105平、剖面图
1.陶盆

2. 随葬品

东棺外左前方出土陶盆1件。

陶盆　1件。M105：1，泥质灰褐陶。敞口，方圆唇，折沿，斜直腹，平底内凹，腹及底部留有三处钜钉痕迹。轮制，底上部留有轮旋痕迹。口径20、底径10.4、高6.4厘米（图一九四；图版四二，5）。

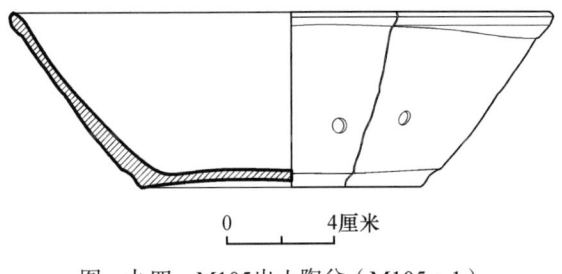

图一九四　M105出土陶盆（M105：1）

一〇六、M106

1. 墓葬形制

该墓位于发掘区西南部，东邻M107。开口于第1层下，南北向，方向10°。

墓平面呈长方形，竖穴土圹单棺墓。墓口距地表深0.3米，墓底距地表深1.2米。墓圹南北长2.4、东西宽1.4、深0.9米。内填花土，土质松软。内置单棺，棺木已朽。棺痕长2、宽0.56～0.6米；棺内骨架保存较好，头移位向西，面向上，仰身直肢，为男性（图一九五）。

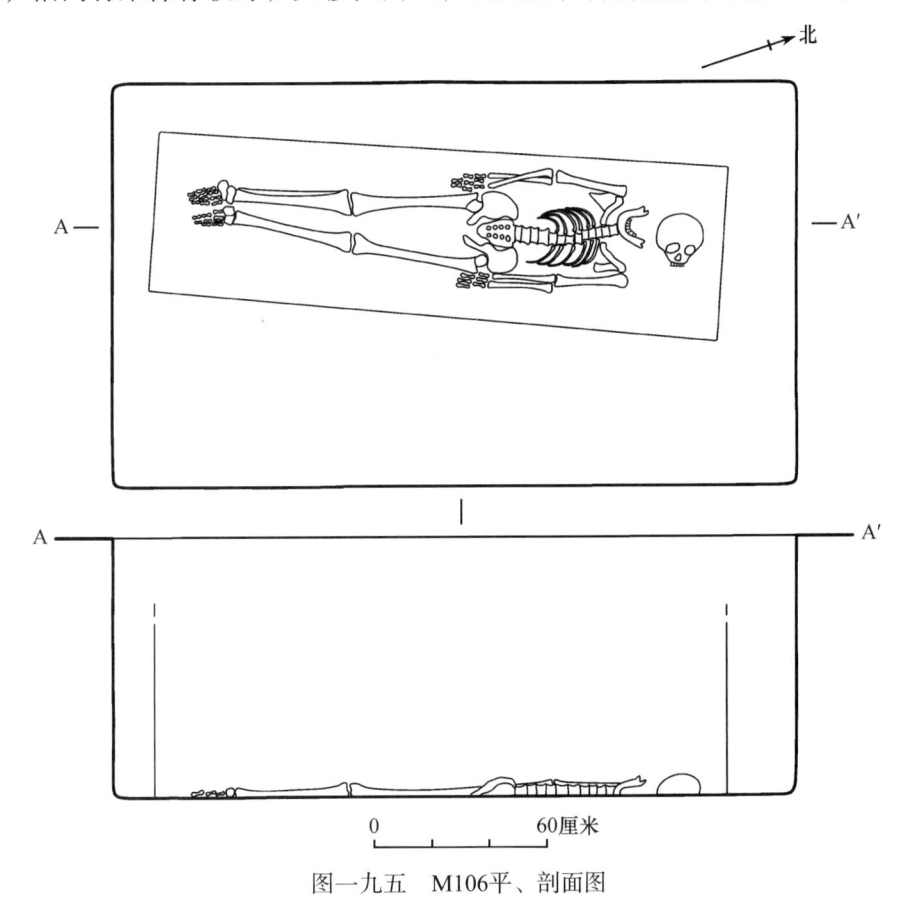

图一九五　M106平、剖面图

2. 随葬品

未发现随葬品。

一〇七、M107

1. 墓葬形制

该墓位于发掘区西南部，西邻M106。开口于第1层下，南北向，方向10°。

墓平面呈不规则形，竖穴土圹三棺合葬墓。墓口距地表深0.3米，墓底距地表深0.9～1米。墓圹东西长3.1、南北宽2.3～2.4、深0.6～0.7米。内填花土，土质松软。内置三棺，棺木已朽。东棺痕长1.9、宽0.6～0.7米；棺内骨架保存较好，头移位向东，面向南，胸椎骨上方放置长18、宽16～20、厚1厘米的板瓦1块，仰身直肢，为男性。中棺痕长1.9、宽0.6～0.7米；棺内骨架保存较好，头向北，面向上，仰身直肢，为女性。西棺痕长1.9、宽0.5～0.6米；棺内骨架保存较好，头向北，面向东，仰身直肢，为女性（图一九六；图版二三，2）。

2. 随葬品

中棺内头骨上方出土银簪3件，右上肢骨内侧中部及左肋骨下部出土铜钱4枚。

银簪　3件。簪首呈扁平花瓣状，中部凸起呈圆环形，内镶嵌"福"字纹，体呈圆锥状。M107：1，通长8.3厘米（图一九七，1；图版六七，4）。M107：2，残长9.7厘米（图一九七，2）。M107：3，残长6.9厘米（图一九七，3；图版六七，5）。

铜钱　4枚。有乾隆通宝、光绪通宝。

乾隆通宝　2枚。标本M107：4-1，平钱，圆形，方穿，正背面郭缘略宽，正面楷书"乾隆通寶"四字，直读，背穿左右为满文"宝泉"局名。钱径2.5、穿径0.62、郭厚0.11厘米（图一九七，4）。

光绪通宝　2枚。标本M107：4-2，平钱，圆形，方穿，正背面郭缘略宽，正面楷书"光绪通寶"四字，直读，背穿左右为满文"宝泉"局名。钱径2.2、穿径0.55、郭厚0.11厘米（图一九七，5）。

第二章 墓葬介绍

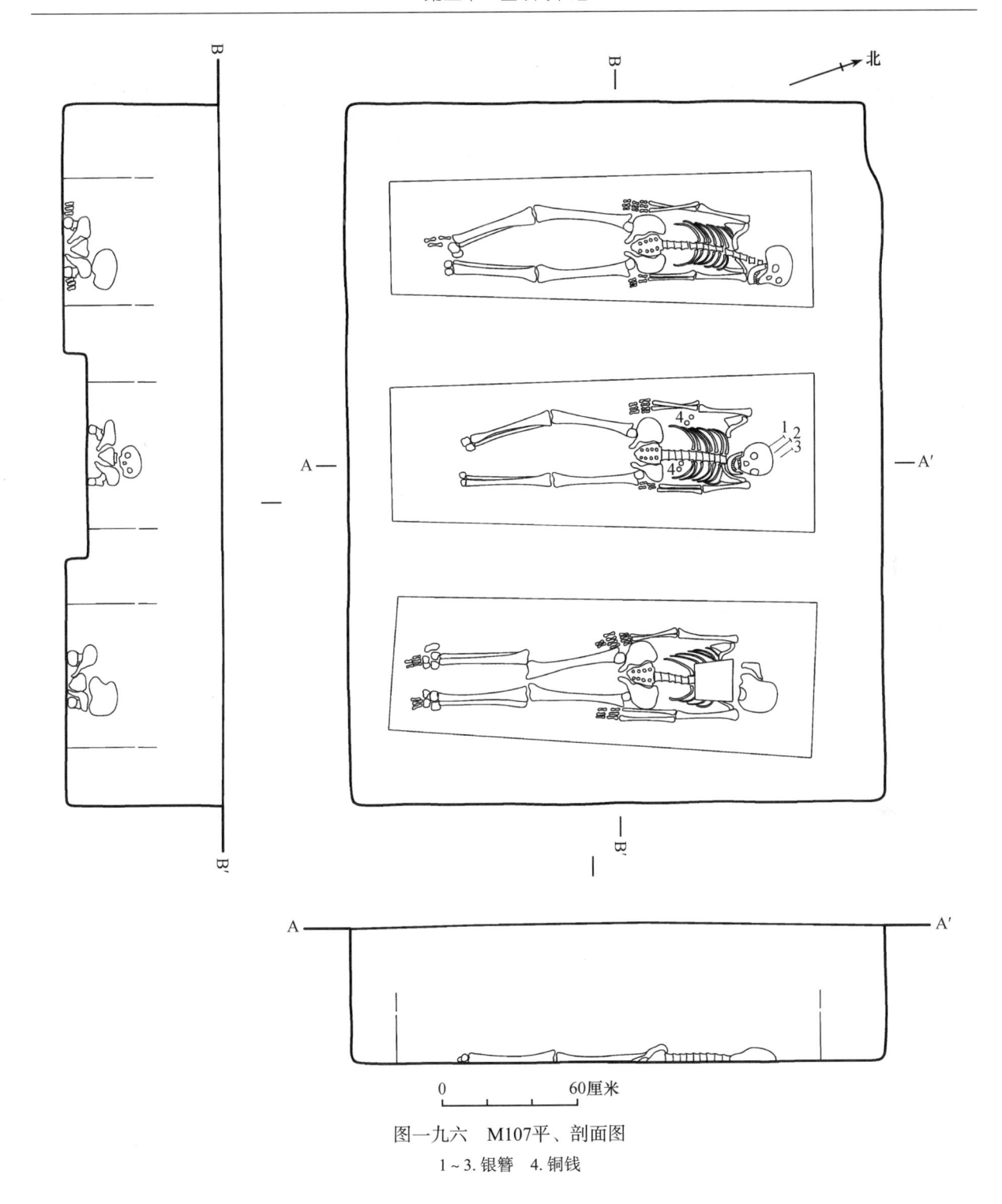

图一九六 M107平、剖面图
1~3. 银簪 4. 铜钱

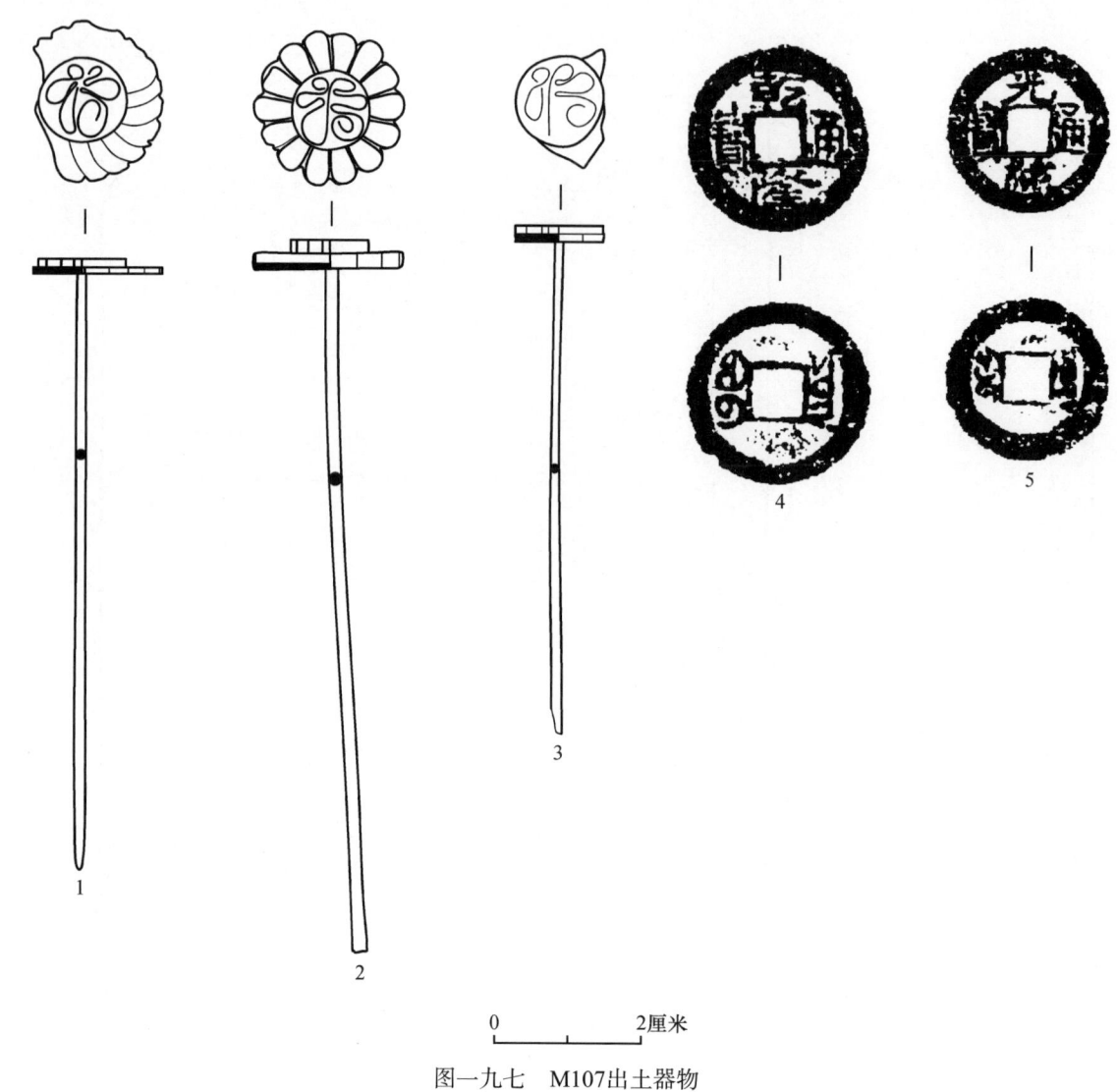

图一九七　M107出土器物
1~3. 银簪（M107：1、M107：2、M107：3）　4. 乾隆通宝（M107：4-1）　5. 光绪通宝（M107：4-2）

一〇八、M108

1. 墓葬形制

该墓位于发掘区西南部，北邻M215。开口于第1层下，南北向，方向5°。

墓平面呈长方形，竖穴土圹双棺合葬墓。墓口距地表深0.3米，墓底距地表深1米。墓圹南北长2.4、东西宽2、深0.7米。内填花土，土质松软。内置双棺，棺木已朽。东棺痕长1.9、宽0.5~0.6米；棺内骨架保存较好，头移位向北，面向东，仰身直肢，为男性。西棺痕长1.9、宽0.5~0.6米；棺内骨架保存较好，头移位向北，面向东，仰身直肢，为女性（图一九八）。

第二章 墓葬介绍

图一九八 M108平、剖面图
1. 银耳环

2. 随葬品

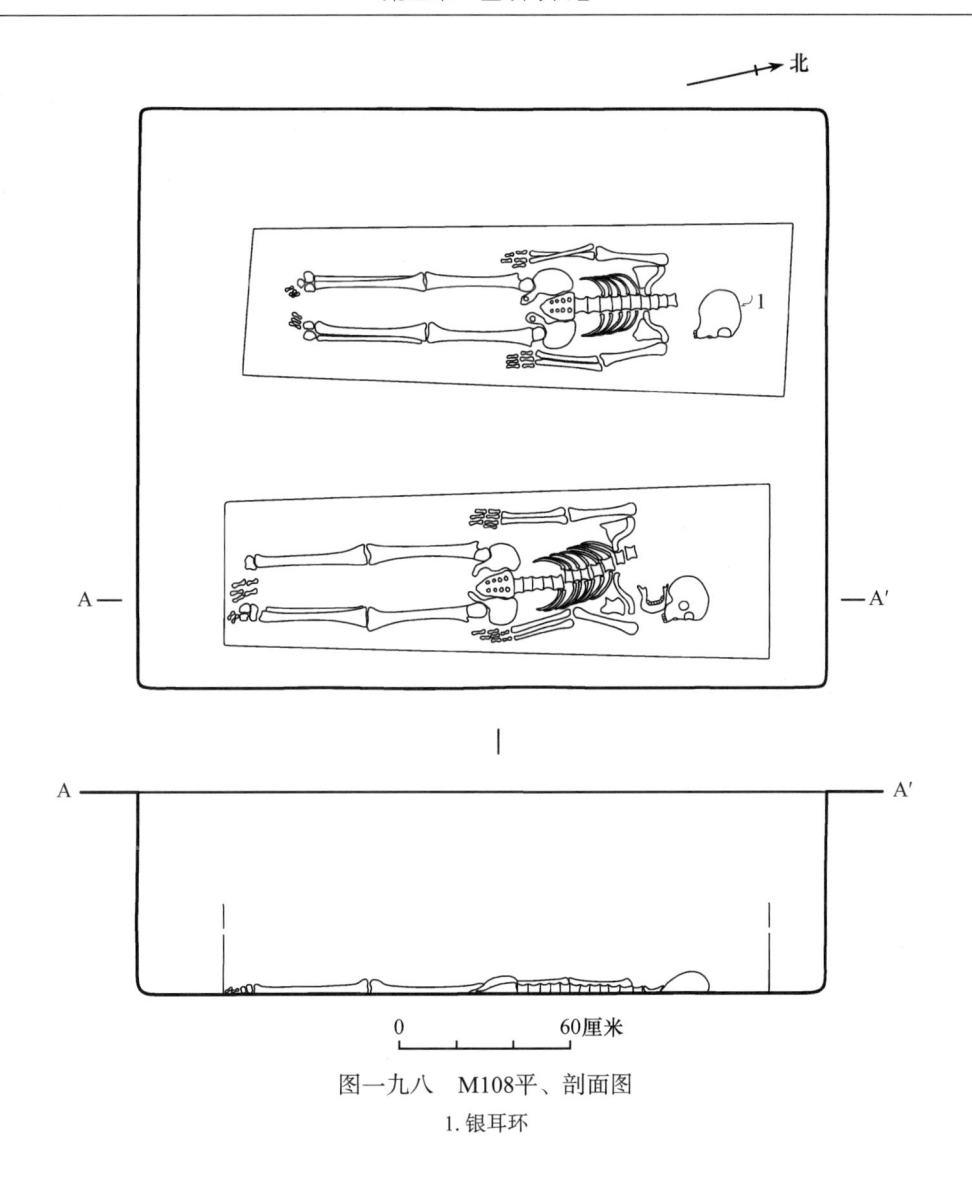

西棺内头骨上方出土银耳环1件。

银耳环 1件。M108∶1，呈"S"形，一端尖锐呈钩状，另一端为圆饼状，通体鎏金。通高4.1厘米（图一九九；图版八四，2）。

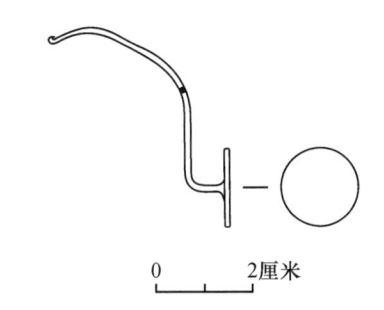

图一九九 M108出土银耳环（M108∶1）

一〇九、M109

1. 墓葬形制

该墓位于发掘区西南部，西邻M97。开口于第1层下，南北向，方向5°。

墓平面呈不规则形，竖穴土圹四棺合葬墓。墓口距地表深0.3米，墓底距地表深1.5～1.8米。墓圹东西长3～3.6、南北宽2.28～2.77、深1.2～1.5米。内填花土，土质松软。内置四棺，棺木已朽，由东向西分别编号为1～4号。1号棺棺痕长1.8、宽0.5～0.6米；棺内骨架保存稍差，头向北，面向东，仰身直肢，为男性。2号棺棺痕长1.8、宽0.6～0.7米；棺内骨架保存较好，头向北，面向上，头骨左上方放置长18、宽16～18、厚1厘米的板瓦1块（图版九九，3），仰身直肢，为女性。3号棺棺痕长1.9、宽0.5～0.6米；棺内骨架保存较好，头向北，面向上，仰身直肢，为女性。4号棺棺痕长1.9、宽0.5～0.6米；棺内骨架保存稍差，头向北，面向西，胸椎骨、左上肢骨上方放置长20、宽16～18、厚1厘米的板瓦1块，仰身直肢，为女性（图二〇〇；图版二四，1）。

2. 随葬品

1号棺左肋骨中部、右上肢骨内侧中部各出土铜钱1枚；2号棺头骨左上方出土银耳环1件；3号棺头骨上方出土银簪2件。

银簪　2件。M109：1，簪首呈扁平花瓣状，中部凸起呈圆环形，内铸"福"字纹，体呈圆锥状，残。残长0.9厘米（图二〇一，1）。M109：2，簪首呈扁平花瓣状，中部凸起呈圆环形，内铸"寿"字纹，体呈圆锥状。通长11.9厘米（图二〇一，2）。

银耳环　1件。M109：3，体呈"C"形，一端圆锥状，中部呈如意首形，錾刻蝙蝠纹，另一端长条形。直径2.6厘米（图二〇一，3；图版八四，1）。

铜钱　2枚。有道光通宝、光绪通宝。

道光通宝　1枚。M109：4-1，平钱，圆形，方穿，正背面郭缘较窄，正面楷书"道光通寳"四字，直读，背穿左右为满文"宝泉"局名。钱径2.09、穿径0.7、郭厚0.15厘米（图二〇一，4）。

光绪通宝　1枚。M109：4-2，平钱，圆形，方穿，正背面郭缘略宽，正面楷书"光绪通寳"四字，直读，背穿左右为满文"宝泉"局名。钱径2.25、穿径0.58、郭厚0.11厘米（图二〇一，5）。

图二〇〇　M109平、剖面图

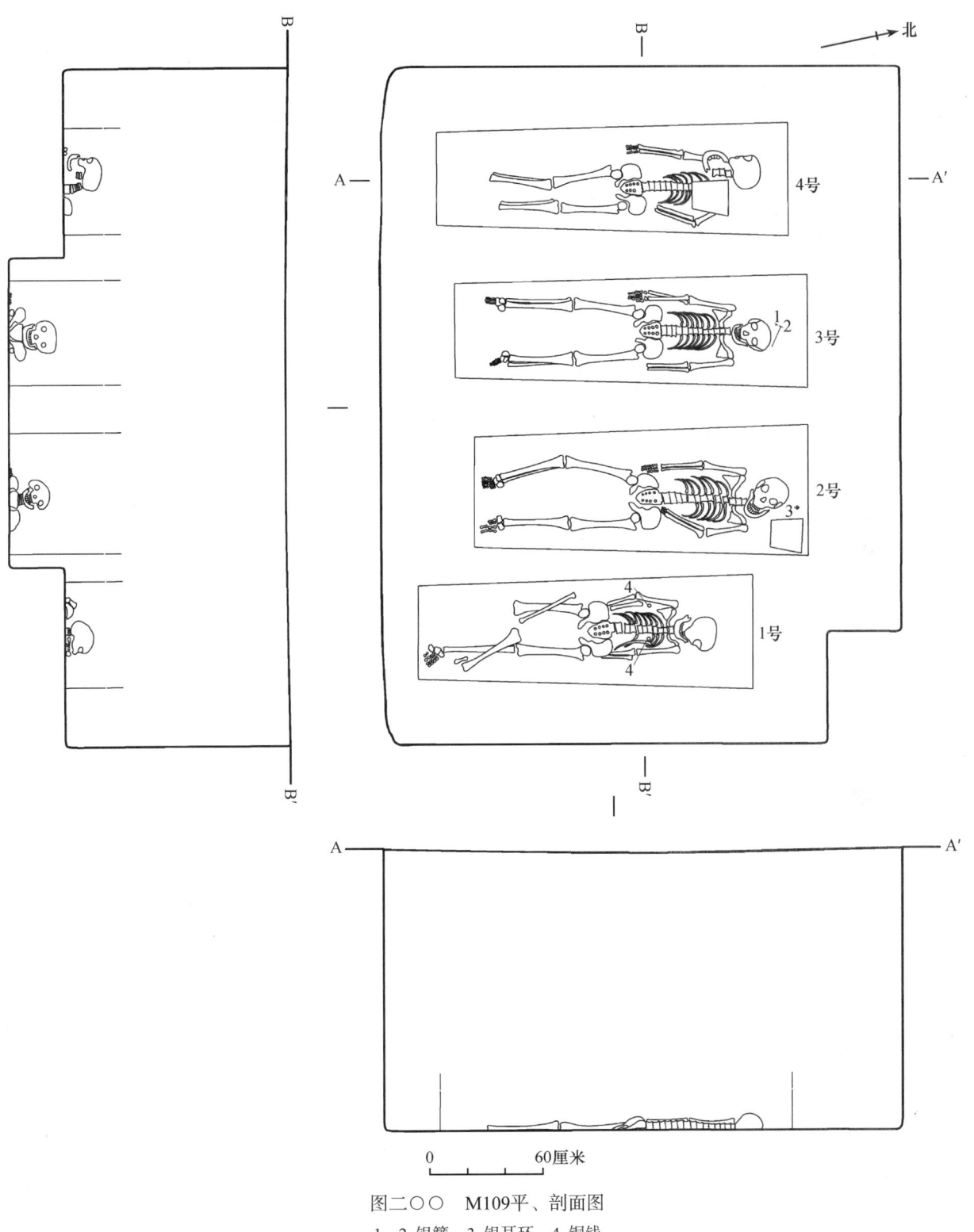

1、2. 银簪　3. 银耳环　4. 铜钱

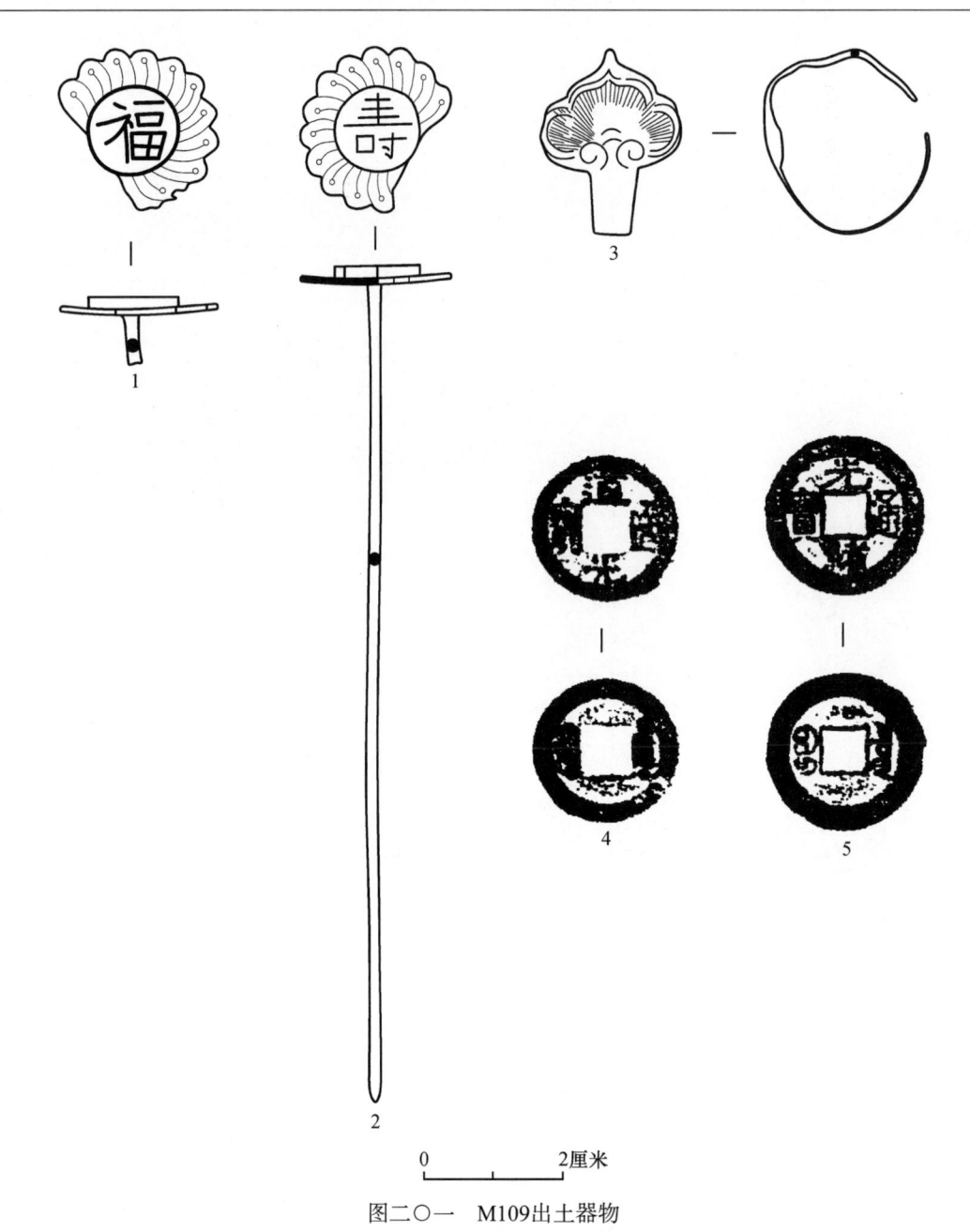

图二〇一　M109出土器物
1、2.银簪（M109:1、M109:2）　3.银耳环（M109:3）　4.道光通宝（M109:4-1）　5.光绪通宝（M109:4-2）

一一〇、M110

1. 墓葬形制

该墓位于发掘区西南部，西邻M111。开口于第1层下，南北向，方向2°。

墓平面呈梯形，竖穴土圹双棺合葬墓。墓口距地表深0.3米，墓底距地表深1.59～1.69米。墓圹南北长2.7、东西宽1.67～1.79、深1.29～1.39米。内填花土，土质松软。内置双棺，棺木已朽。东棺痕长2、宽0.6米；棺内骨架保存较差，头移位向北，面向西，胸椎骨上方放置长18、宽14～16、厚1厘米的板瓦1块，仰身直肢，为男性。西棺痕长1.88、宽0.5～0.6米；棺内骨架保存较差，头向、面向不明，头骨上方放置长24、宽16～18、厚1厘米的板瓦1块，仰身直肢，为女性（图二〇二）。

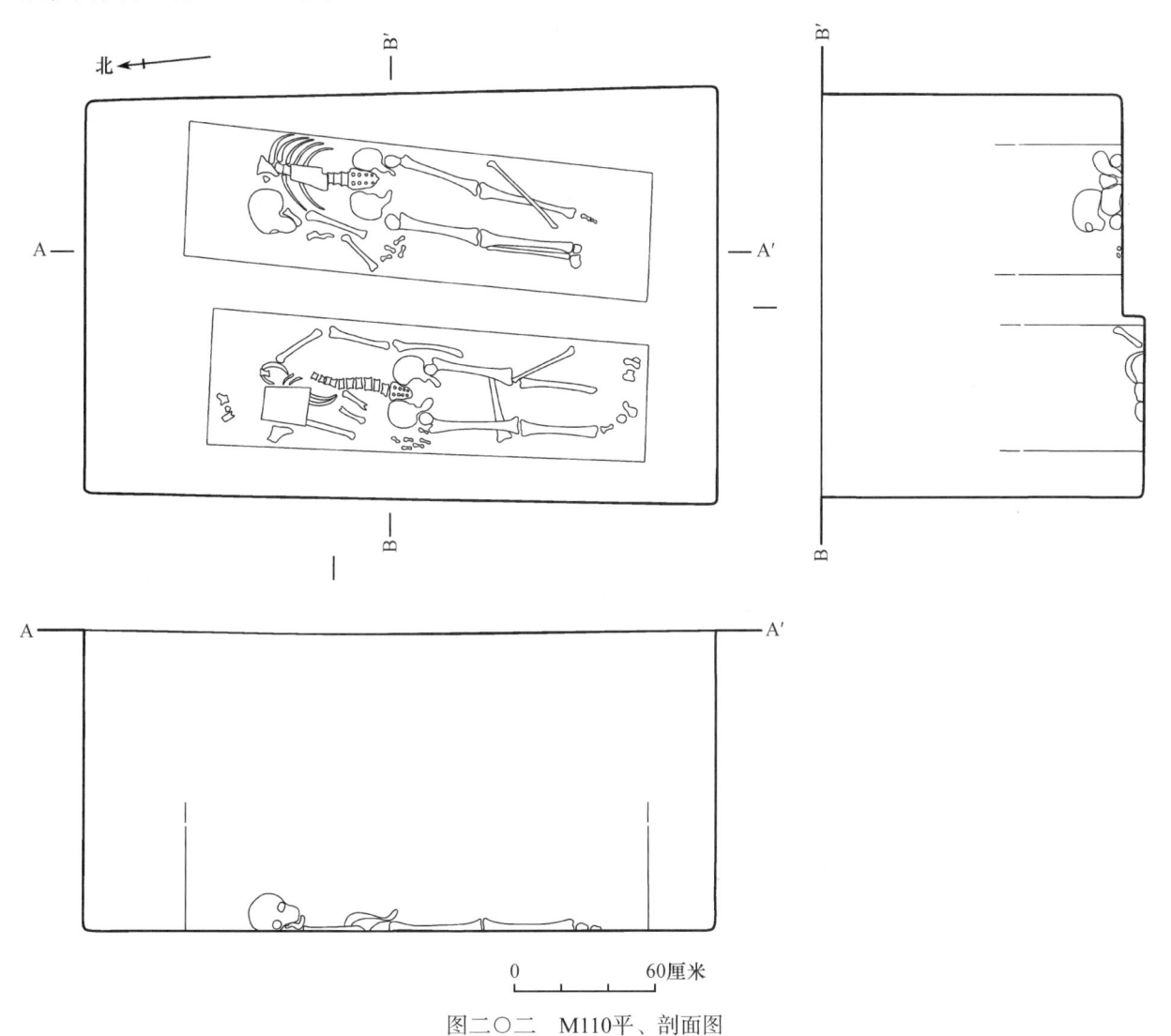

图二〇二 M110平、剖面图

2. 随葬品

未发现随葬品。

一一一、M111

1. 墓葬形制

该墓位于发掘区西南部，东邻M110。开口于第1层下，南北向，方向2°。

墓平面呈梯形，竖穴土圹双棺合葬墓。墓口距地表深0.3米，墓底距地表深1.8米。墓圹南北长2.91、东西宽2.18~2.28、深1.5米。内填花土，土质松软。内置双棺，棺木已朽。东棺痕长2.4、宽0.6~0.7米；棺内骨架保存较差，头移位向上，面向西南，腰椎骨上方放置长20、宽16~18、厚1厘米的板瓦1块，侧身屈肢，为男性。西棺痕长2.38、宽0.8~0.86米；棺内骨架保存较差，头向北，面向东，侧身屈肢，为女性（图二〇三）。

2. 随葬品

西棺内头骨上方出土瓷罐1件，左上肢骨内侧及下部出土铜钱10枚、铜币8枚。

瓷罐　1件。M111∶1，敛口，方圆唇，矮领，圆肩，鼓腹，圈足。灰褐色胎，腹上部及内壁施酱色釉，唇部、下腹及足底无釉。轮制。口径8.5、腹径13.1、底径8.6、高8.2厘米（图二〇四；图版四五，5）。

铜钱　10枚。有雍正通宝、乾隆通宝、道光通宝、光绪通宝。

雍正通宝　6枚。标本M111∶2-1，大平钱，圆形，方穿，正背面郭缘较宽，正面楷书"雍正通寶"四字，直读，背穿左右为满文"宝泉"局名。钱径2.6、穿径0.55、郭厚0.11厘米（图二〇五，1）。

乾隆通宝　1枚。M111∶2-2，大平钱，圆形，方穿，正背面郭缘略宽，正面楷书"乾隆通寶"四字，直读，背穿左右为满文"宝源"局名。钱径2.51、穿径0.55、郭厚0.1厘米（图二〇五，2）。

道光通宝　1枚。M111∶2-3，平钱，圆形，方穿，正背面郭缘较窄，正面楷书"道光通寶"四字，直读，背穿左右为满文"宝泉"局名。钱径2.2、穿径0.61、郭厚0.15厘米（图二〇五，3）。

光绪通宝　2枚。标本M111∶2-4，平钱，圆形，方穿，正背面郭缘略宽，正面楷书"光绪通寶"四字，直读，背穿左右为满文"宝泉"局名。钱径2.2、穿径0.65、郭厚0.15厘米（图二〇五，4）。

第二章 墓葬介绍 ·189·

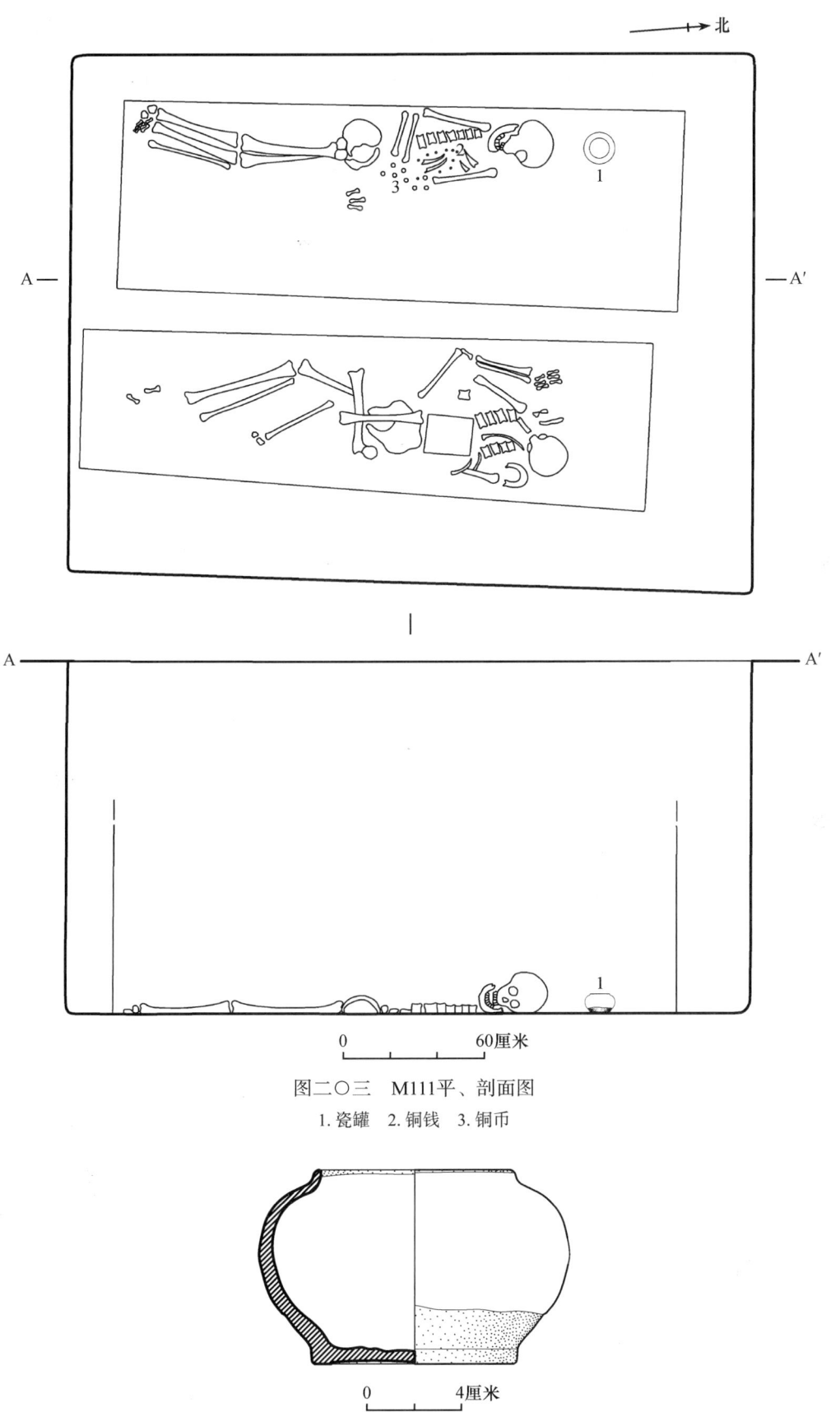

图二〇三 M111平、剖面图
1.瓷罐 2.铜钱 3.铜币

图二〇四 M111出土瓷罐（M111:1）

铜币　8枚。标本M111：3-1，大平钱，圆形，正背面郭缘较窄，正面珠圈内楷书"大清铜币"四字，直读，背面珠圈内铸蟠龙戏火珠纹。钱径3.3、郭厚0.1厘米（图二〇五，5）。标本M111：3-2，大平钱，圆形，正背面郭缘较窄，正面珠圈内铸双旗，背面珠圈内铸两组麦穗纹，中部楷书"贰拾文"三字。钱径3.2、郭厚0.1厘米（图二〇五，6）。

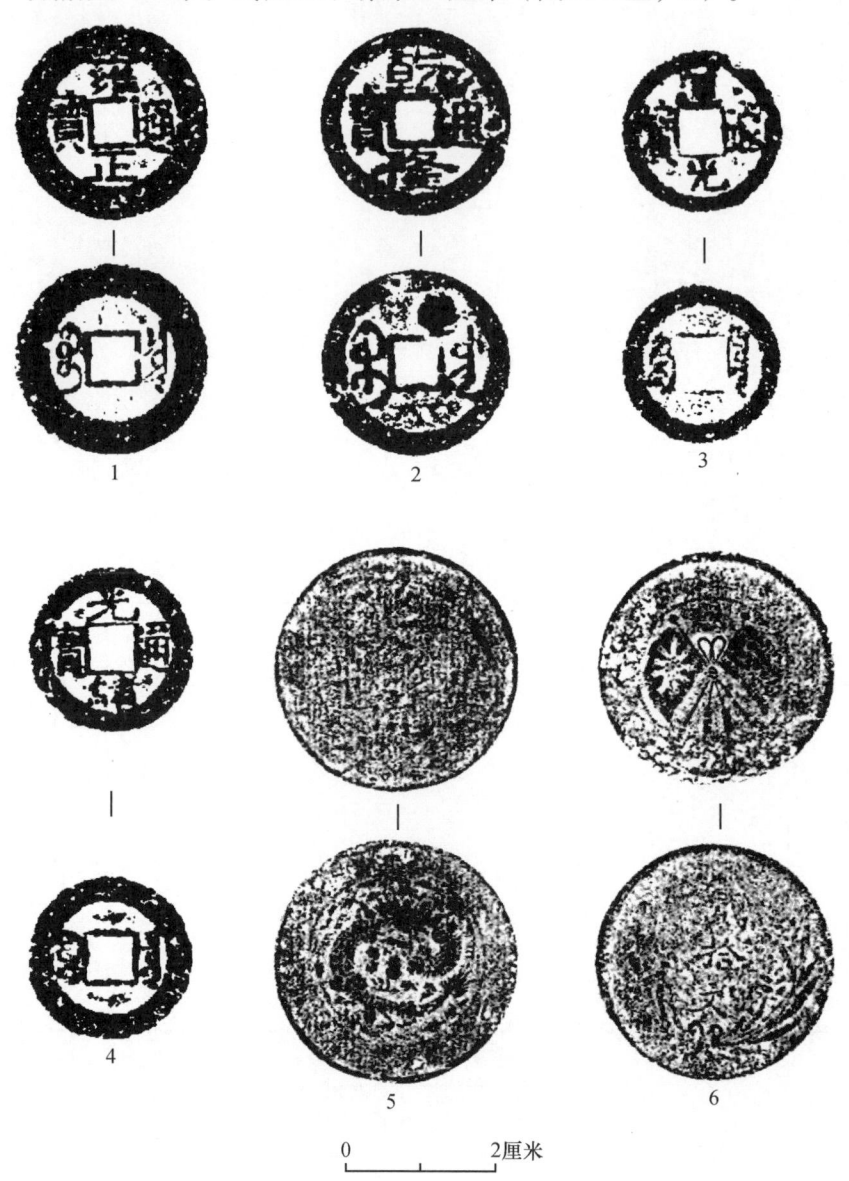

图二〇五　M111出土铜钱（拓片）
1. 雍正通宝（M111：2-1）　2. 乾隆通宝（M111：2-2）　3. 道光通宝（M111：2-3）　4. 光绪通宝（M111：2-4）
5. 大清铜币（M111：3-1）　6. 铜币（M111：3-2）

一一二、M112

1. 墓葬形制

该墓位于发掘区西南部，西邻M113。开口于第1层下，南北向，方向2°。

墓平面呈不规则形，竖穴土圹双棺合葬墓。墓口距地表深0.3米，墓底距地表深2.2~2.3米。墓圹南北长3.2~3.3、东西宽2.3~2.4、深1.9~2米。内填花土，土质松软。内置双棺，东棺残存棺木。东棺长2.48、宽0.68~0.7、棺板厚0.02~0.1米，前封板厚0.02米；棺内骨架保存较差，头移位向上，面向东南，胸椎骨右侧上方放置长22、宽18~20、厚1厘米的板瓦1块，仰身直肢，为男性。西棺棺木已朽，棺痕长1.9、宽0.46~0.6米；棺内骨架保存较好，头移位向北，面向西，腰椎骨上方放置长20、宽18~20、厚1厘米的板瓦1块，仰身直肢，为女性（图二〇六）。

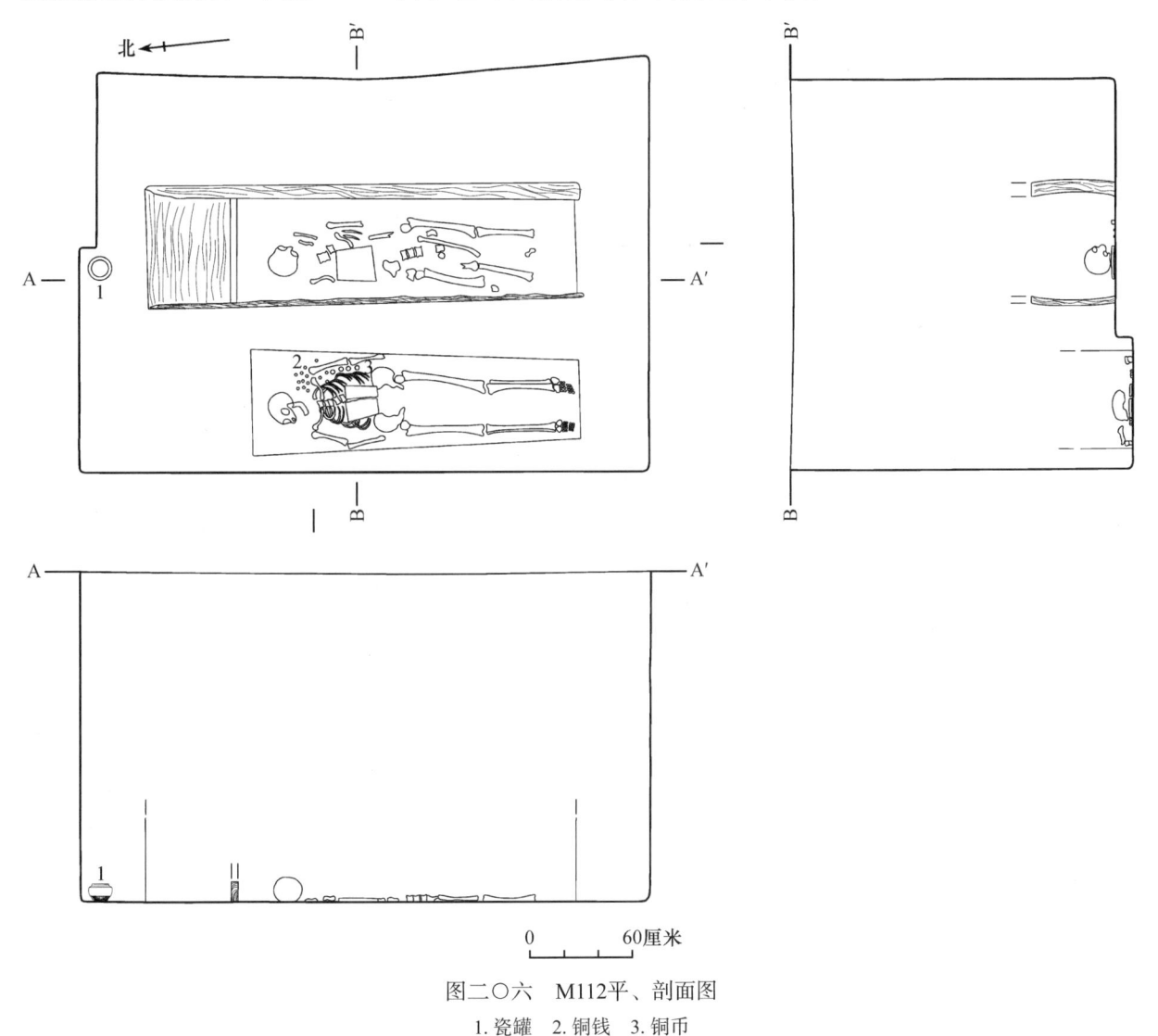

图二〇六　M112平、剖面图
1. 瓷罐　2. 铜钱　3. 铜币

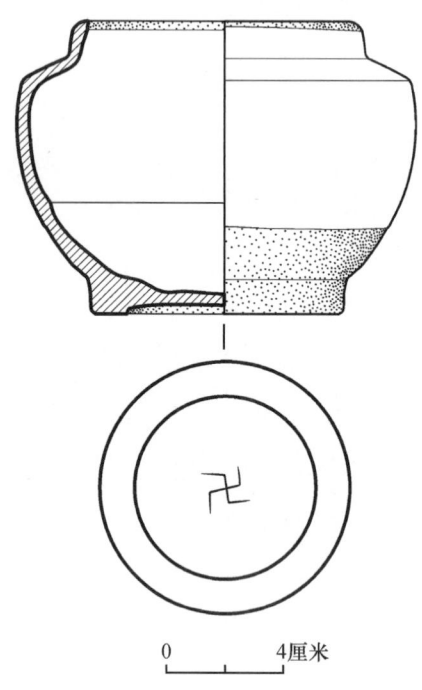

图二〇七 M112出土瓷罐（M112：1）

2. 随葬品

东棺外右前方出土瓷罐1件；西棺内左上肢骨内外及上部出土铜钱14枚、铜币4枚。

瓷罐 1件。M112：1，敛口，方圆唇，斜领，折肩，弧腹，圈足，中部压印一"卍"字。灰褐色胎，腹上部及内壁施酱黑色釉，唇部、下腹及足底无釉。轮制，内壁留有轮旋痕迹。口径10、腹径13.8、底径8.6、高10厘米（图二〇七；图版四五，6）。

铜钱 14枚。有乾隆通宝、嘉庆通宝、道光通宝、光绪通宝。

乾隆通宝 6枚。标本M112：2-1，大平钱，圆形，方穿，正背面郭缘略宽，正面楷书"乾隆通寶"四字，直读，背穿左右为满文"宝武"局名。钱径2.4、穿径0.6、郭厚0.1厘米（图二〇八，1）。

嘉庆通宝 3枚。标本M112：2-2，平钱，圆形，方穿，正背面郭缘略宽，正面楷书"嘉慶通寶"四字，直读，背穿左右为满文"宝泉"局名。钱径2.35、穿径0.65、郭厚0.11厘米（图二〇八，2）。

道光通宝 2枚。标本M112：2-3，平钱，圆形，方穿，正背面郭缘略宽，正面楷书"道光通寶"四字，直读，背穿左右为满文"宝泉"局名。钱径2.3、穿径0.6、郭厚0.14厘米（图二〇八，3）。

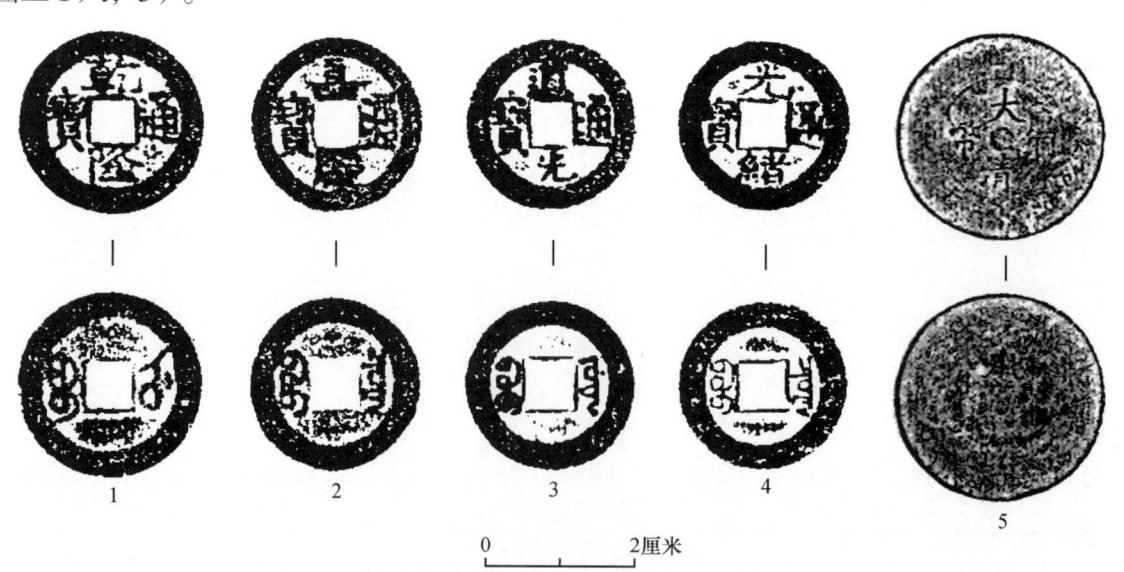

图二〇八 M112出土铜钱（拓片）
1. 乾隆通宝（M112：2-1） 2. 嘉庆通宝（M112：2-2） 3. 道光通宝（M112：2-3） 4. 光绪通宝（M112：2-4）
5. 大清铜币（M112：3-1）

光绪通宝　3枚。标本M112：2-4，平钱，圆形，方穿，正背面郭缘略宽，正面楷书"光绪通寳"四字，直读，背穿左右为满文"宝泉"局名。钱径2.25、穿径0.65、郭厚0.15厘米（图二〇八，4）。

大清铜币　4枚。标本M112：3-1，大平钱，圆形，正背面郭缘较窄，正面珠圈内楷书"大清铜幣"四字，直读，背面铸蟠龙戏火珠纹。钱径2.8、郭厚0.15厘米（图二〇八，5）。

一一三、M113

1. 墓葬形制

该墓位于发掘区西南部，北邻M197。开口于第1层下，南北向，方向355°。

墓平面呈不规则形，竖穴土圹三棺合葬墓。墓口距地表深0.3米，墓底距地表深1.6～1.7米。墓圹东西长3.5、南北宽2.28～2.57、深1.3～1.4米。内填花土，土质松软。内置三棺，棺木已朽。东棺痕长1.9、宽0.6～0.7米；棺内骨架保存较差，头向北，面向东，右上肢骨上方放置长18、宽14～16、厚1厘米的板瓦1块，仰身直肢，为男性。中棺痕长1.9、宽0.5～0.6米；棺内骨架保存较差，头移位向西，面向北，仰身直肢，为女性。西棺痕长1.9、宽0.5～0.6米；棺内骨架保存稍好，头向北，面向西，仰身直肢，为女性（图二〇九）。

2. 随葬品

东棺内头骨右上方出土瓷罐1件，左下肢骨内侧上部出土铜钱2枚；中棺内头骨上方出土瓷罐1件；西棺内头骨左上方出土瓷罐1件。

瓷罐　3件。M113：1，敛口，方圆唇，斜领，圆肩，鼓腹，圈足。灰褐色胎，腹上部及内壁施酱色釉，唇部、下腹及足底无釉。轮制。口径9.7、腹径14.7、底径9.5、高10.4厘米（图二一〇，1；图版四六，1）。M113：2，敛口，方圆唇，斜领，溜肩，圆弧腹，圈足。领、肩部置对称四系。灰褐色胎，腹上部施黑色釉，下腹及足底无釉。手轮兼制。口径8.6、腹径11.8、底径6.6、高10.8厘米（图二一〇，2；图版四六，2）。M113：3，近直口，方圆唇，斜领，溜肩，斜腹微弧，圈足。灰褐色胎，腹上部及内壁施黑色釉，下腹及足底无釉。轮制。口径5.6、腹径8.8、底径5.7、高10.8厘米（图二一〇，3；图版四六，3）。

铜钱　2枚。有万历通宝、康熙通宝。

万历通宝　1枚。M113：4-1，平钱，圆形，方穿，正背面郭缘略宽，正面楷书"萬曆通寳"四字，直读。钱径2.55、穿径0.5、郭厚0.1厘米（图二一一，1）。

康熙通宝　1枚。M113：4-2，大平钱，圆形，方穿，正背面郭缘较宽，正面楷书"康熙通寳"四字，直读，背穿左右为满文"宝泉"局名。钱径2.8、穿径0.65、郭厚0.1厘米（图二一一，2）。

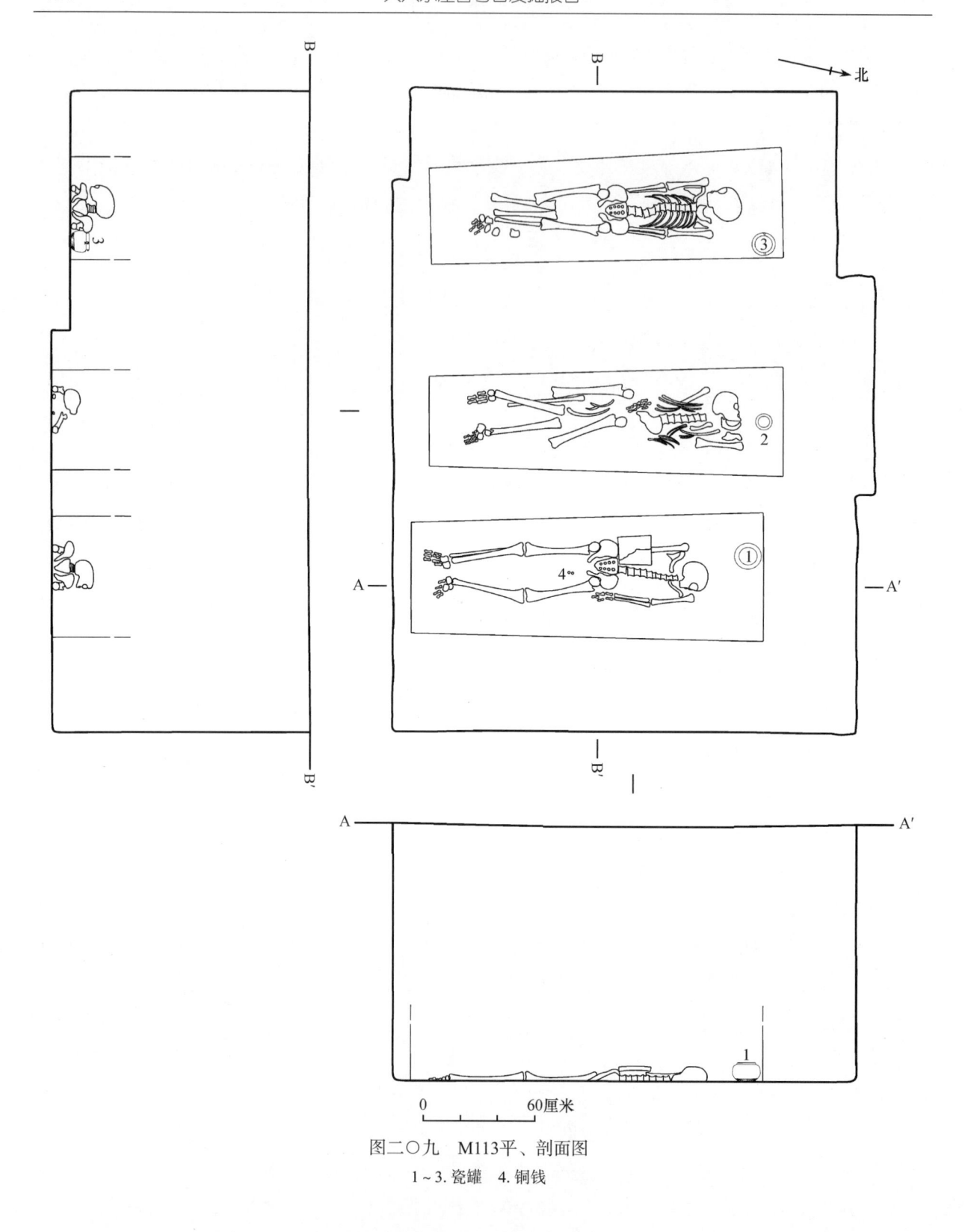

图二〇九 M113平、剖面图
1~3.瓷罐 4.铜钱

图二一〇　M113出土瓷罐
1. M113:1　2. M113:2　3. M113:3

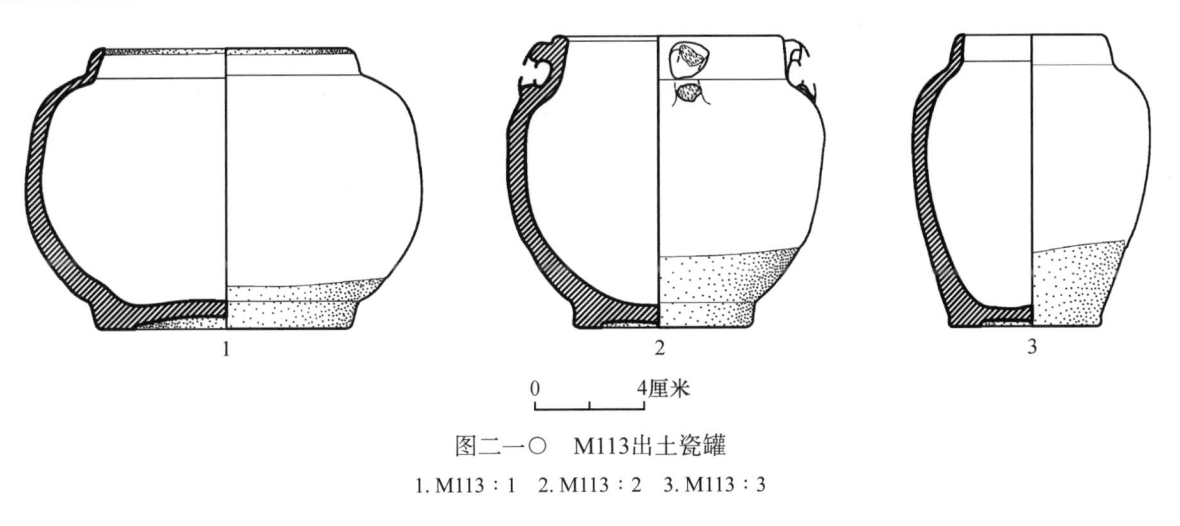

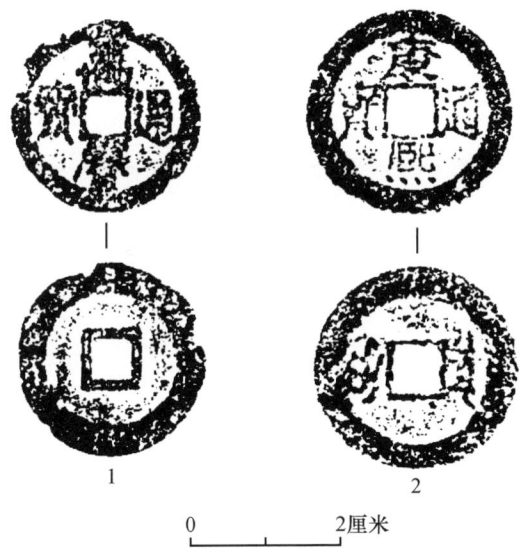

图二一一　M113出土铜钱（拓片）
1. 万历通宝（M113:4-1）　2. 康熙通宝（M113:4-2）

一一四、M114

1. 墓葬形制

该墓位于发掘区西南部，东邻M115。开口于第1层下，南北向，方向355°。

墓平面呈长方形，竖穴土圹双棺合葬墓。墓口距地表深0.3米，墓底距地表深1.1~1.2米。墓圹南北长2.5、东西宽2、深0.8~0.9米。内填花土，土质松软。内置双棺，棺木已朽。东棺痕长1.9、宽0.5~0.6米；棺内骨架保存较好，头向北，面向西，侧身屈肢，为男性。西棺痕长2、宽0.5~0.6米；棺内骨架保存较好，头向北，面向东，仰身直肢，为女性（图二一二；图版二四，2）。

2. 随葬品

未发现随葬品。

图二一二　M114平、剖面图

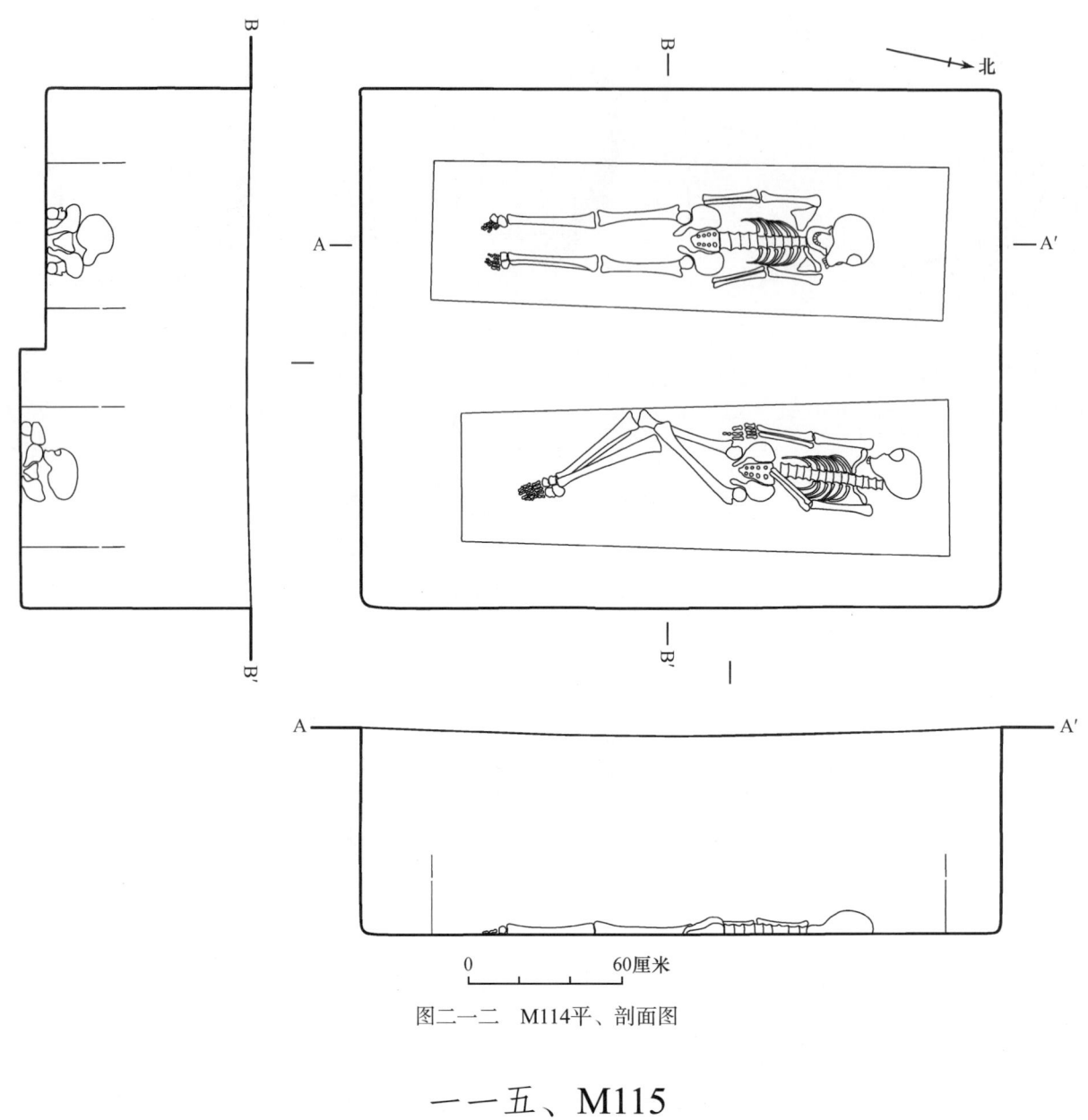

一一五、M115

1. 墓葬形制

该墓位于发掘区西南部,东邻M116。开口于第1层下,南北向,方向355°。

墓平面呈长方形,竖穴土圹双棺合葬墓。墓口距地表深0.3米,墓底距地表深1.7~2.2米。墓圹南北长2.5、东西宽1.8、深1.4~1.9米。内填花土,土质松软。内置双棺,棺木已朽。东棺痕长1.9、宽0.5~0.6米;棺内骨架保存较好,头移位向北,面向上,仰身直肢,为男性。西棺痕长1.9、宽0.5~0.6米;棺内骨架保存较差,头移位向西,面向上,骨架散乱,为女性(图二一三)。

图二一三　M115平、剖面图
1. 瓷罐　2. 铜钱

2. 随葬品

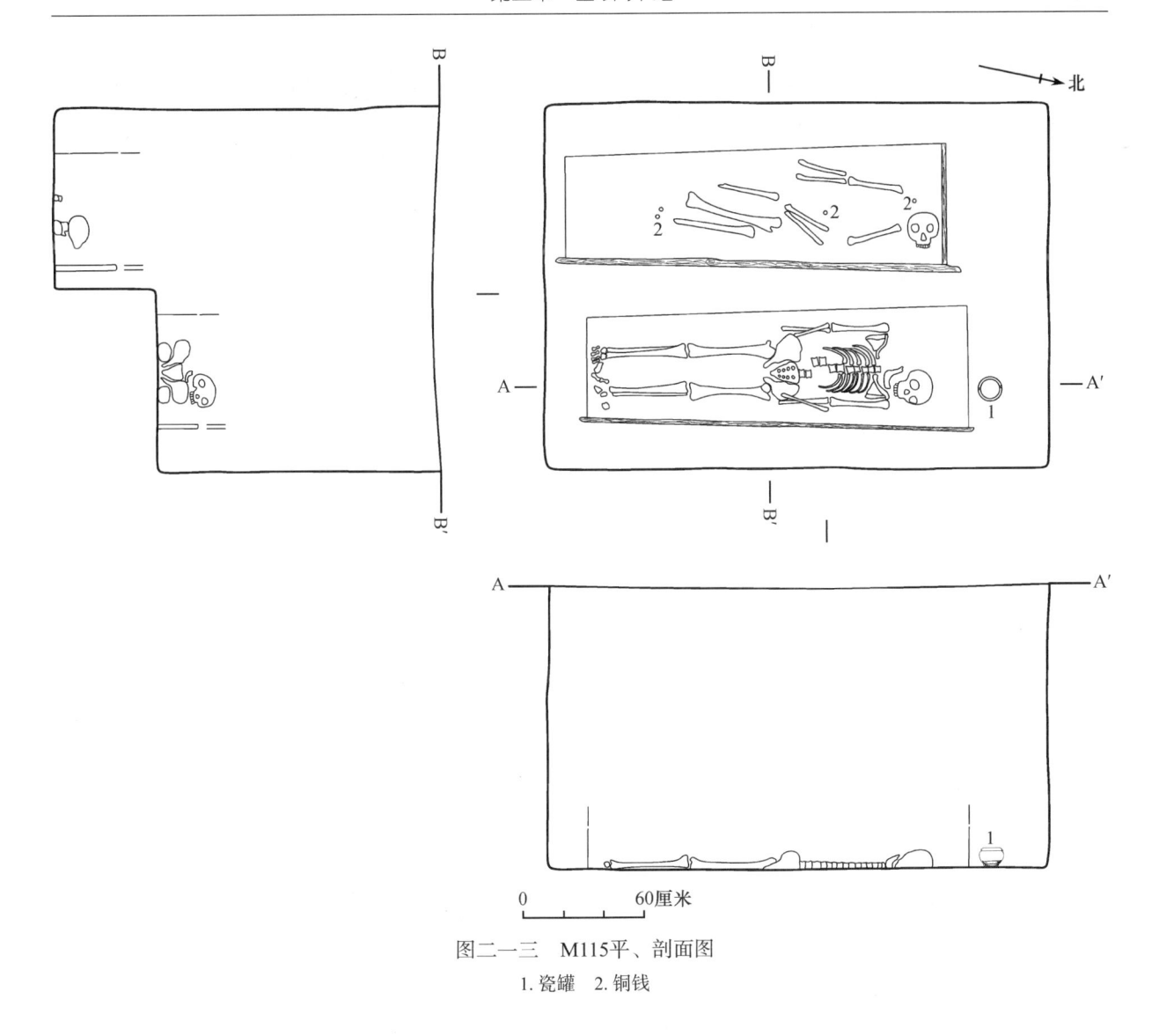

东棺外左前方出土瓷罐1件；西棺内右上肢骨上部、内侧中部及下肢骨下部出土铜钱4枚。

瓷罐　1件。M115:1，直口，方圆唇，斜领，圆肩，弧腹，圈足。领、肩部置对称双系。灰褐色胎，腹上部及内壁施墨绿色釉，下腹部及足底无釉。手轮兼制。口径9.3、腹径12.2、底径7.4、高8.8厘米（图二一四，1；图版四六，4）。

康熙通宝　4枚。标本M115:2-1，大平钱，圆形，方穿，正背面郭缘较宽，正面楷书"康熙通寶"四字，直读，背穿左右为满文"宝泉"局名。钱径2.75、穿径0.65、郭厚0.1厘米（图二一四，2）。

图二一四　M115出土器物
1. 瓷罐（M115∶1）　2. 康熙通宝（M115∶2-1）

一一六、M116

1. 墓葬形制

该墓位于发掘区西南部，西邻M115。开口于第1层下，南北向，方向5°。

墓平面呈长方形，竖穴土圹双棺合葬墓。墓口距地表深0.3米，墓底距地表深1.4～1.6米。墓圹南北长2.8、东西宽1.9、深1.1～1.3米。内填花土，土质松软。内置双棺，棺木已朽。东棺痕长2.1、宽0.6～0.7米；棺内骨架保存较好，头向北，面向上，胸椎骨上方放置长20、宽18～20、厚1厘米的板瓦1块（图版九九，4），仰身直肢，为男性。西棺痕长2、宽0.5～0.6米；棺内骨架保存较差，头移位向东，面向南，胸椎骨上方放置长18、宽14～16、厚1厘米的板瓦1块，侧身屈肢，为女性（图二一五；图版二五，1）。

2. 随葬品

西棺内右上方出土瓷罐1件，右下肢骨上部出土铜钱1枚。

瓷罐　1件。M116∶1，敛口，方圆唇，矮领，折肩，弧腹，矮圈足。灰褐色胎，腹上部及内壁施黑色釉，下腹及足底无釉。轮制。口径8.9、腹径13、底径6.9、高8厘米（图二一六，1；图版四六，5）。

康熙通宝　1枚。M116∶2，大平钱，圆形，方穿，正背面郭缘较宽，正面楷书"康熙通寶"四字，直读，背穿左右为满文"宝泉"局名。钱径2.85、穿径0.55、郭厚0.11厘米（图二一六，2）。

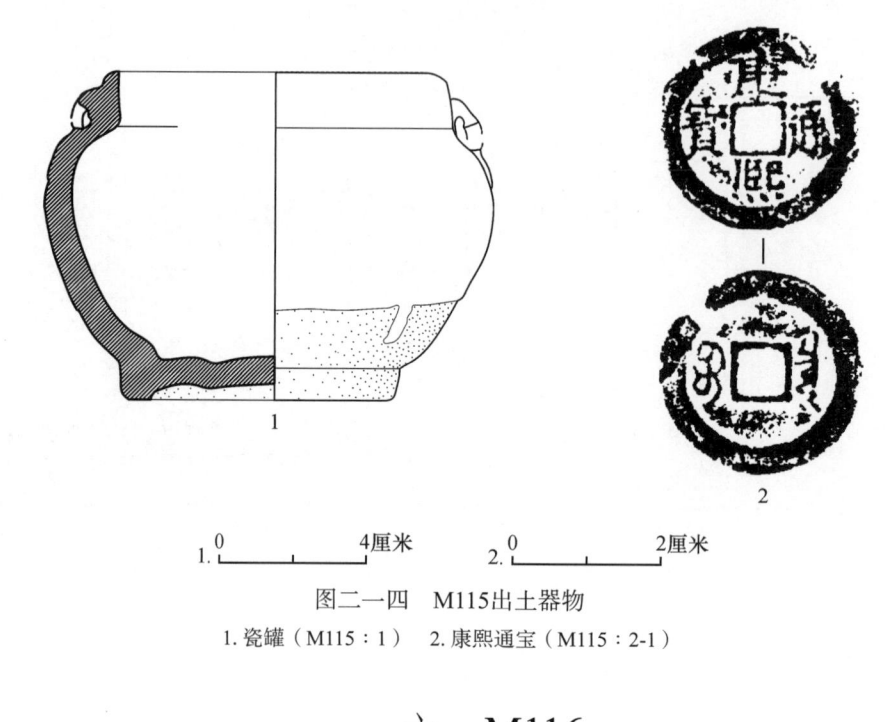

第二章 墓葬介绍

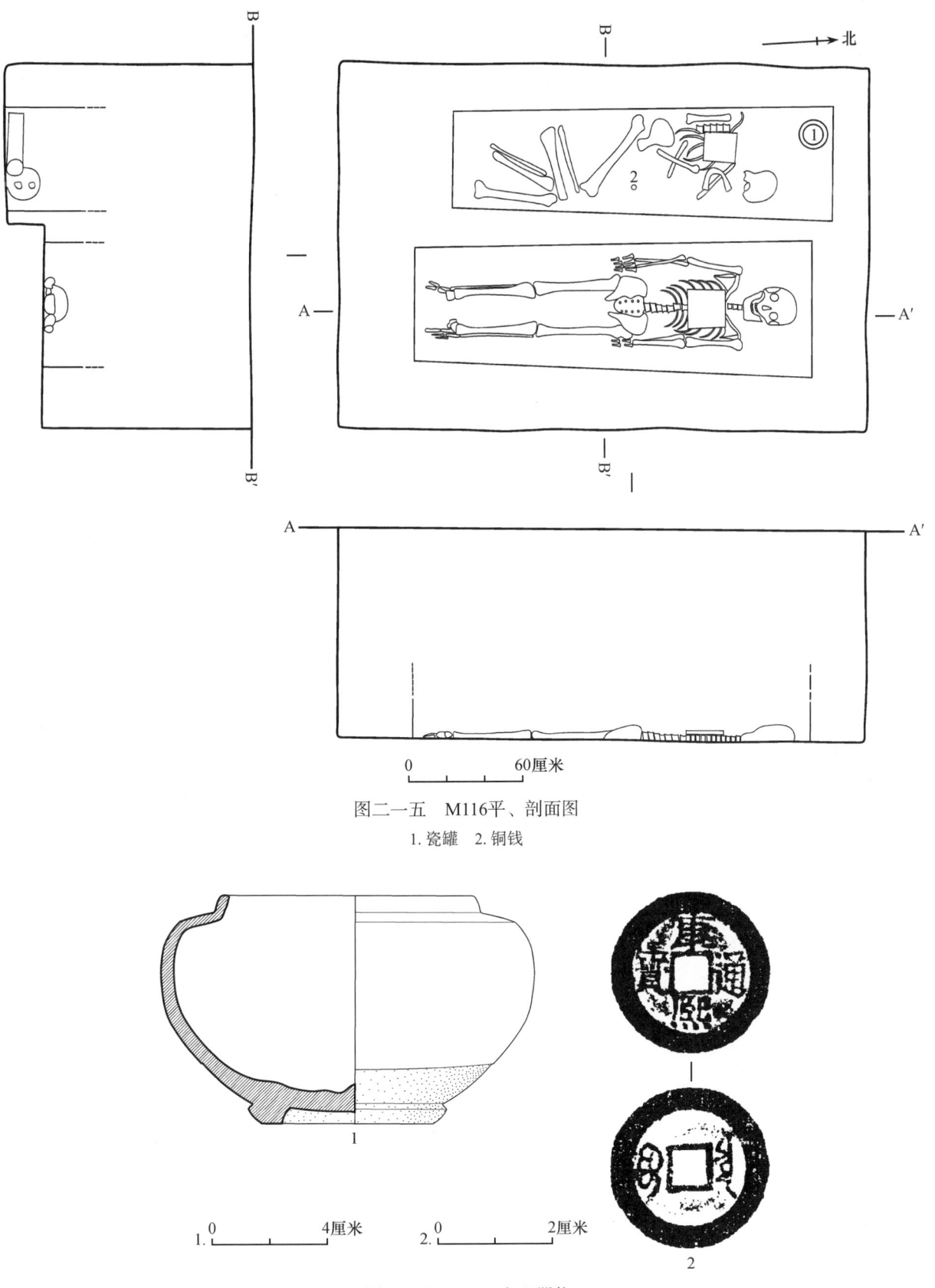

图二一五 M116平、剖面图
1. 瓷罐 2. 铜钱

图二一六 M116出土器物
1. 瓷罐（M116∶1） 2. 康熙通宝（M116∶2）

一一七、M117

1. 墓葬形制

该墓位于发掘区西南部，南邻M188。开口于第1层下，南北向，方向355°。

墓平面呈长方形，竖穴土圹三棺合葬墓。墓口距地表深0.3米，墓底距地表深1~1.1米。墓圹南北长2.4、东西宽2.6、深0.7~0.8米。内填花土，土质松软。内置三棺，棺木已朽。东棺痕长2.04、宽0.5~0.6米；棺内骨架保存较好，头移位向上，面向南，仰身直肢，为男性。中棺痕长2、宽0.5~0.6米；棺内骨架保存较好，头向北，面向上，仰身直肢，为女性。西棺痕长2.1、宽0.5~0.6米；棺内骨架保存稍好，头向北，面向东，侧身屈肢，为女性（图二一七）。

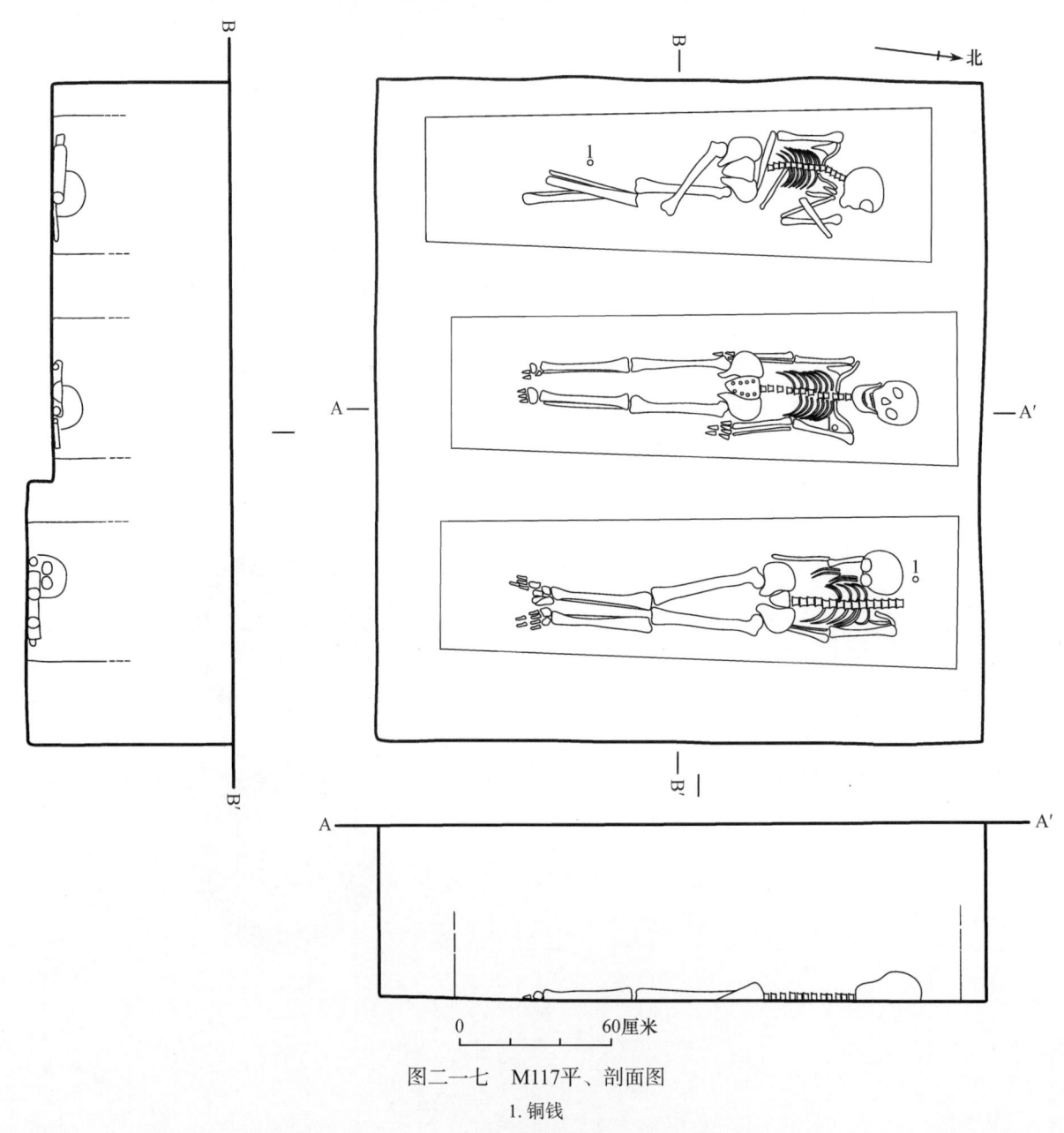

图二一七 M117平、剖面图
1. 铜钱

2. 随葬品

东棺内头骨上方出土铜钱1枚；中棺内左上肢骨内侧上部出土铜钱1枚；西棺内下肢骨下部出土铜钱1枚。

康熙通宝　3枚。标本M117：1-1，平钱，圆形，方穿，正背面郭缘略宽，正面楷书"康熙通寶"四字，直读，背穿左右为满文"宝泉"局名。钱径2.45、穿径0.55、郭厚0.11厘米（图二一八）。

图二一八　M117出土康熙通宝（M117：1-1）（拓片）

一一八、M118

1. 墓葬形制

该墓位于发掘区西南部，西邻M35。开口于第1层下，南北向，方向10°。

墓平面呈梯形，竖穴土圹双棺合葬墓。墓口距地表深0.3米，墓底距地表深1.4米。墓圹南北长2.5、东西宽2.3～2.4、深1.1米。内填花土，土质松软。内置双棺，棺木已朽。东棺痕长1.9、宽0.56～0.64米；棺内骨架保存较差，头移位向北，面向东，颈椎骨上方放置长20、宽16～18、厚1厘米的板瓦1块（图版九九，5），仰身直肢，为男性。西棺痕长1.86、宽0.62～0.68米；棺内骨架保存较好，头向北，面向上，胸椎骨上方放置长20、宽16～18、厚1厘米的板瓦1块，仰身直肢，为女性（图二一九；图版二五，2）。

2. 随葬品

东棺内脊椎骨右侧出土铜钱3枚；西棺内下肢骨内侧上部出土铜钱2枚。

铜钱　5枚。有道光通宝、光绪通宝。

道光通宝　3枚。标本M118：1-1，平钱，圆形，方穿，正背面郭缘略宽，正面楷书"道光通寶"四字，直读，背穿左右为满文"宝泉"局名。钱径2.3、穿径0.59、郭厚0.15厘米（图二二〇，1）。

光绪通宝　2枚。标本M118：1-2，平钱，圆形，方穿，正背面郭缘略宽，正面楷书"光绪通寶"四字，直读，背穿左右为满文"宝泉"局名。钱径2.25、穿径0.55、郭厚0.1厘米（图二二〇，2）。

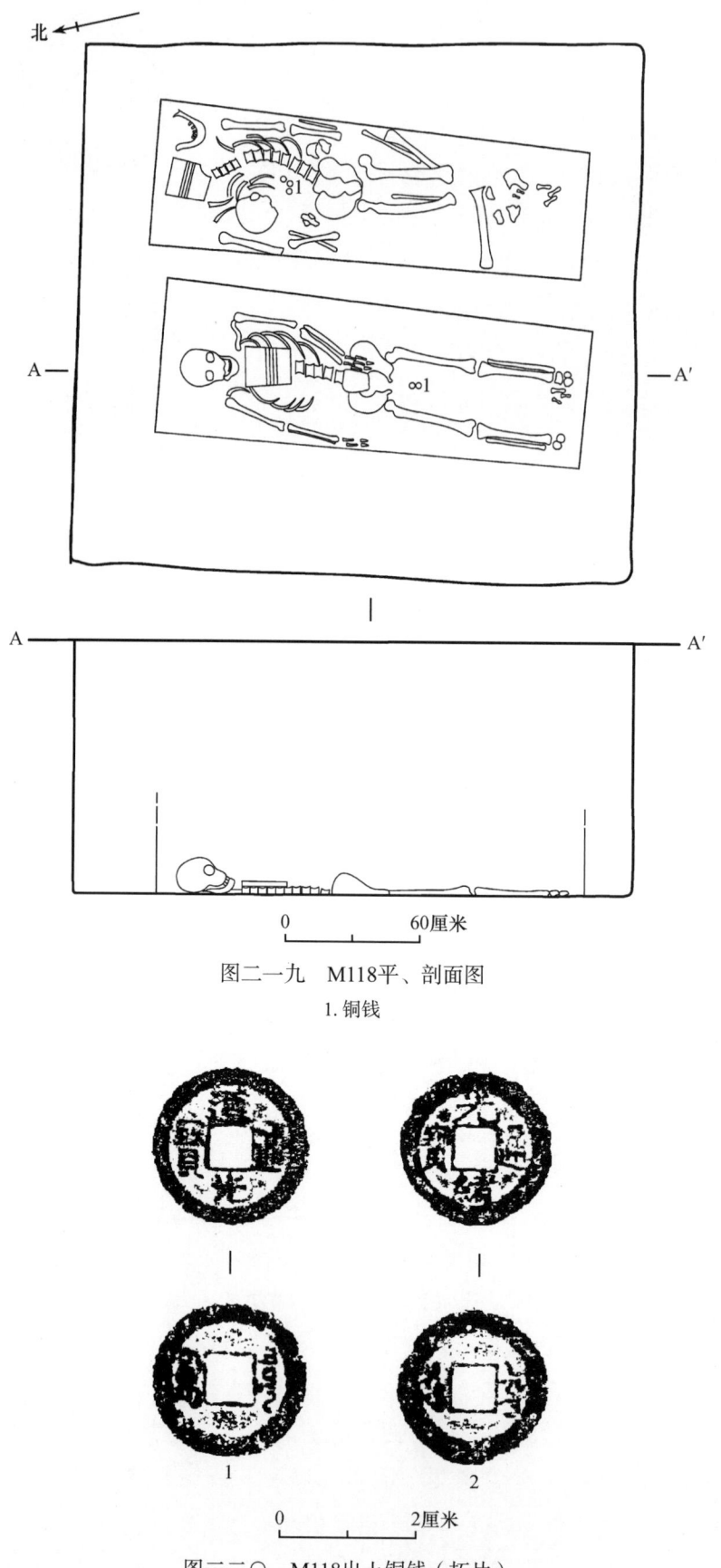

图二一九　M118平、剖面图
1. 铜钱

图二二〇　M118出土铜钱（拓片）
1. 道光通宝（M118:1-1）　2. 光绪通宝（M118:1-2）

一一九、M119

1. 墓葬形制

该墓位于发掘区西南部，北邻M38。开口于第1层下，南北向，方向5°。

墓平面呈不规则形，竖穴土圹双棺合葬墓。墓口距地表深0.3米，墓底距地表深1.2～1.7米。墓圹南北长2.5～2.6、东西宽2.6、深0.9～1.4米。内填花土，土质松软。内置双棺，棺木已朽。东棺痕长2.04、宽0.5～0.6米；棺内骨架保存较好，头向北，面向东，腰椎骨上方放置长18、宽14～16、厚1厘米的板瓦1块，仰身直肢，为男性。西棺痕长2、宽0.5～0.6米；棺内骨架保存稍差，头向西北，面向西南，腰椎骨上方放置长20、宽14～16、厚1厘米的板瓦1块，仰身直肢，为女性（图二二一；图版二六，1）。

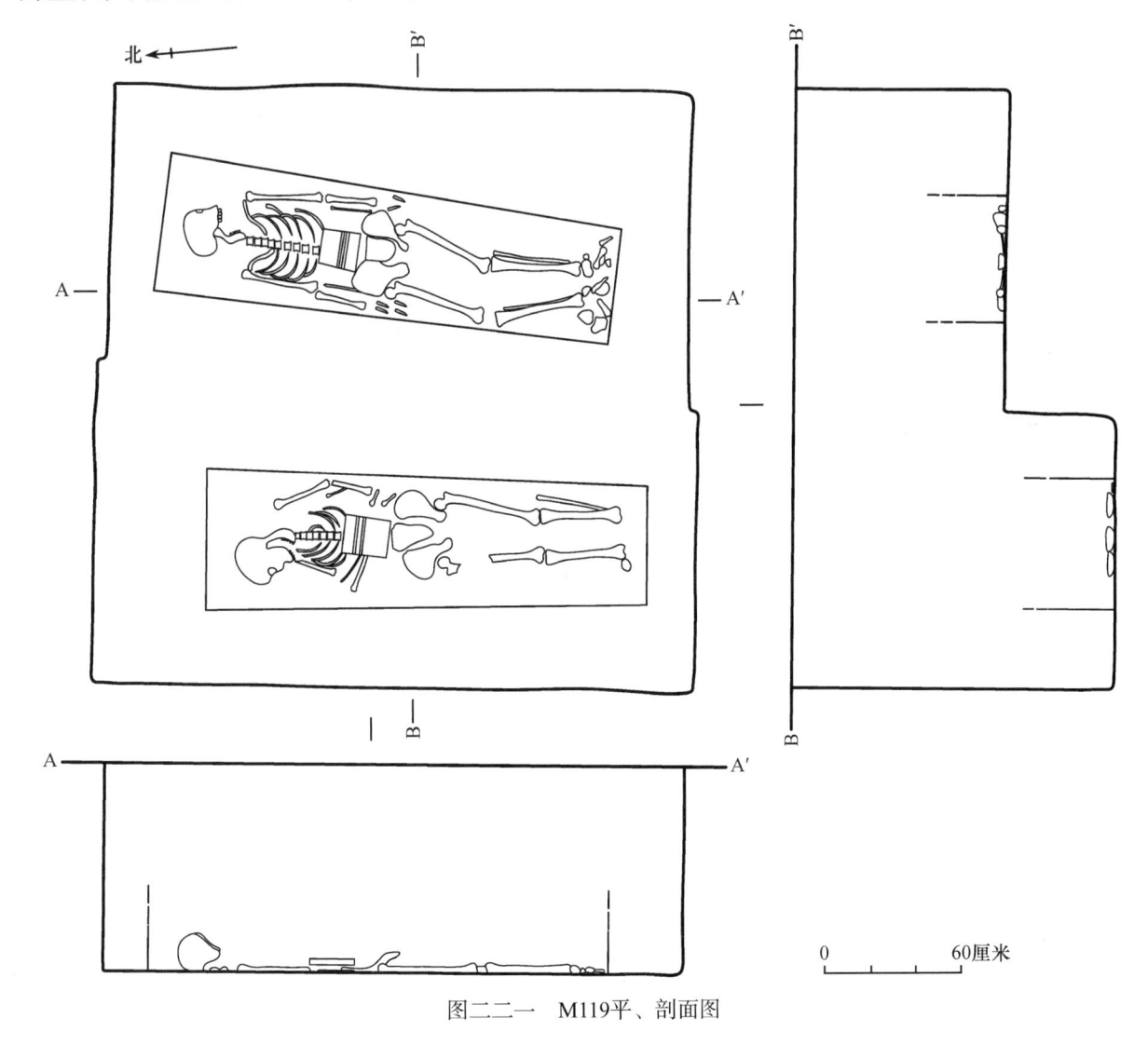

图二二一　M119平、剖面图

2. 随葬品

未发现随葬品。

一二〇、M120

1. 墓葬形制

该墓位于发掘区西南部，东邻M95。开口于第1层下，南北向，方向5°。

墓平面呈长方形，竖穴土圹单棺墓。墓口距地表深0.3米，墓底距地表深1.6米。墓圹南北长2.56、东西宽2、深1.3米。内填花土，土质松软。内置单棺，棺木已朽。棺痕长1.96、宽0.57~0.66米；棺内骨架保存较好，头向北，面向上，胸椎骨上方放置长22、宽16~18、厚1厘米的板瓦1块（图版九九，6），仰身直肢，为男性（图二二二）。

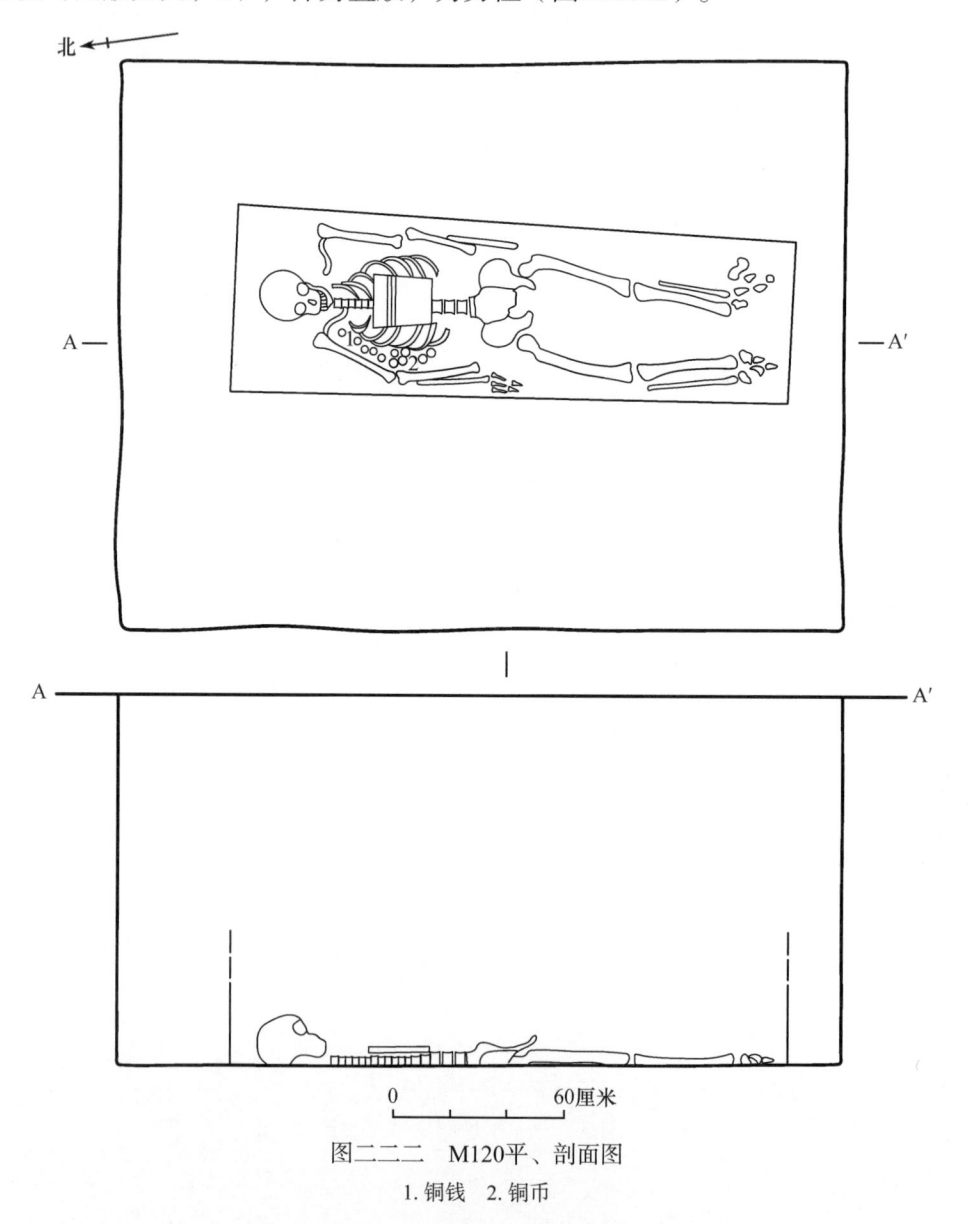

图二二二 M120平、剖面图
1. 铜钱 2. 铜币

2. 随葬品

棺内右上肢骨内侧上、中部出土铜钱6枚、铜币5枚。

铜钱　6枚。有顺治通宝、嘉庆通宝、道光通宝。

顺治通宝　1枚。M120：1-1，大平钱，圆形，方穿，正背面郭缘较宽，正面楷书"顺治通寶"四字，直读，背穿左为满文"临"字，右楷书"臨"字。钱径2.7、穿径0.6、郭厚0.1厘米（图二二三，1）。

嘉庆通宝　2枚。标本M120：1-2，平钱，圆形，方穿，正背面郭缘略宽，正面楷书"嘉慶通寶"四字，直读，背穿左右为满文"宝泉"局名。钱径2.3、穿径0.55、郭厚0.12厘米（图二二三，2）。

道光通宝　3枚。标本M120：1-3，平钱，圆形，方穿，正背面郭缘略宽，正面楷书"道光通寶"四字，直读，背穿左右为满文"宝泉"局名。钱径2.2、穿径0.7、郭厚0.15厘米（图二二三，3）。

大清铜币　5枚。标本M120：2-1，平钱，圆形，正背面齿缘较窄，正面珠圈内楷书"大清銅幣"四字，直读，齿缘左右楷书"巳酉"二字，背面珠圈内铸蟠龙戏火珠纹。钱径3.3、郭厚0.15厘米（图二二三，4）。

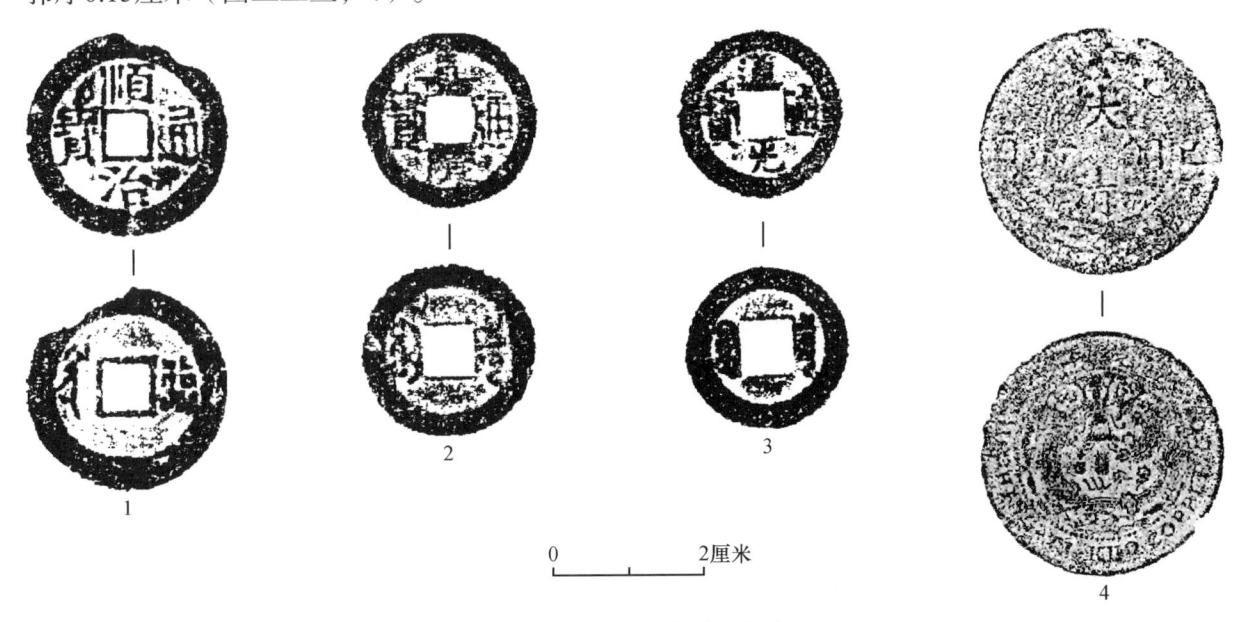

图二二三　M120出土铜钱（拓片）

1. 顺治通宝（M120：1-1）　2. 嘉庆通宝（M120：1-2）　3. 道光通宝（M120：1-3）　4. 大清铜币（M120：2-1）

一二一、M121

1. 墓葬形制

该墓位于发掘区西南部，南邻M123。开口于第1层下，南北向，方向5°。

墓平面呈长方形，竖穴土圹双棺合葬墓。墓口距地表深0.3米，墓底距地表深0.62米。墓圹南北长2.36、东西宽2.14、深0.32米。内填花土，土质松软。内置双棺，棺木已朽。东棺痕长1.86、宽0.48～0.66米；棺内骨架保存较好，头向北，面向东，仰身直肢，为男性。西棺痕长1.8、宽0.58～0.66米；棺内骨架保存较差，头移位向南，面向东，仰身屈肢，为女性（图二二四）。

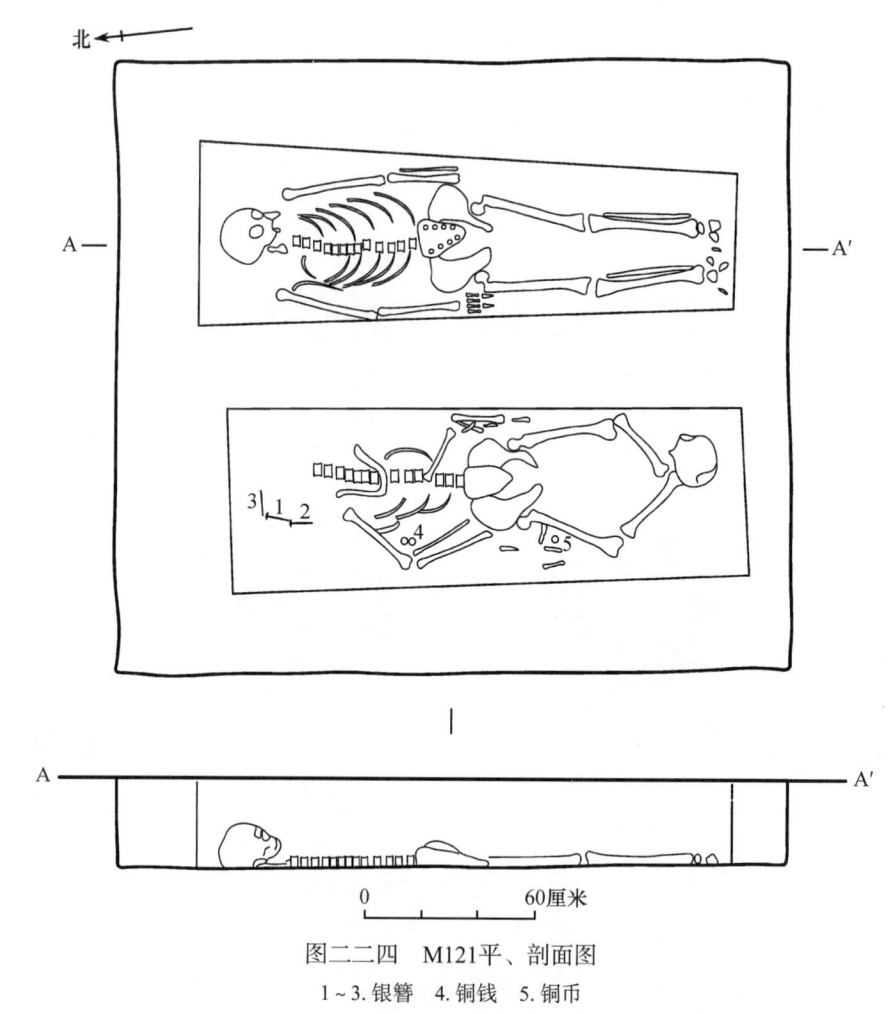

图二二四　M121平、剖面图
1～3. 银簪　4. 铜钱　5. 铜币

2. 随葬品

西棺内颈椎骨右上方出土银簪3件，右上肢骨内侧中部出土铜钱2枚，右下肢骨外侧上部出土铜币1枚。

银簪　3件。M121∶1、M121∶2，形制相同。簪首呈扁平花瓣状，中部凸起呈圆环形，内镶嵌"福"字纹，体呈圆锥状。M121∶1，通长9.5厘米（图二二五，1；图版六七，6）。M121∶2，通长9.9厘米（图二二五，2；图版六八，1）。M121∶3，簪首残，体呈圆锥状。残长10.8厘米（图二二五，3）。

铜钱　2枚。有道光通宝、光绪通宝。

道光通宝　1枚。M121∶4-1，平钱，圆形，方穿，正背面郭缘较窄，正面楷书"道光通寶"四字，直读，背穿左右为满文"宝泉"局名。钱径2.15、穿径0.7、郭厚0.1厘米（图二二五，4）。

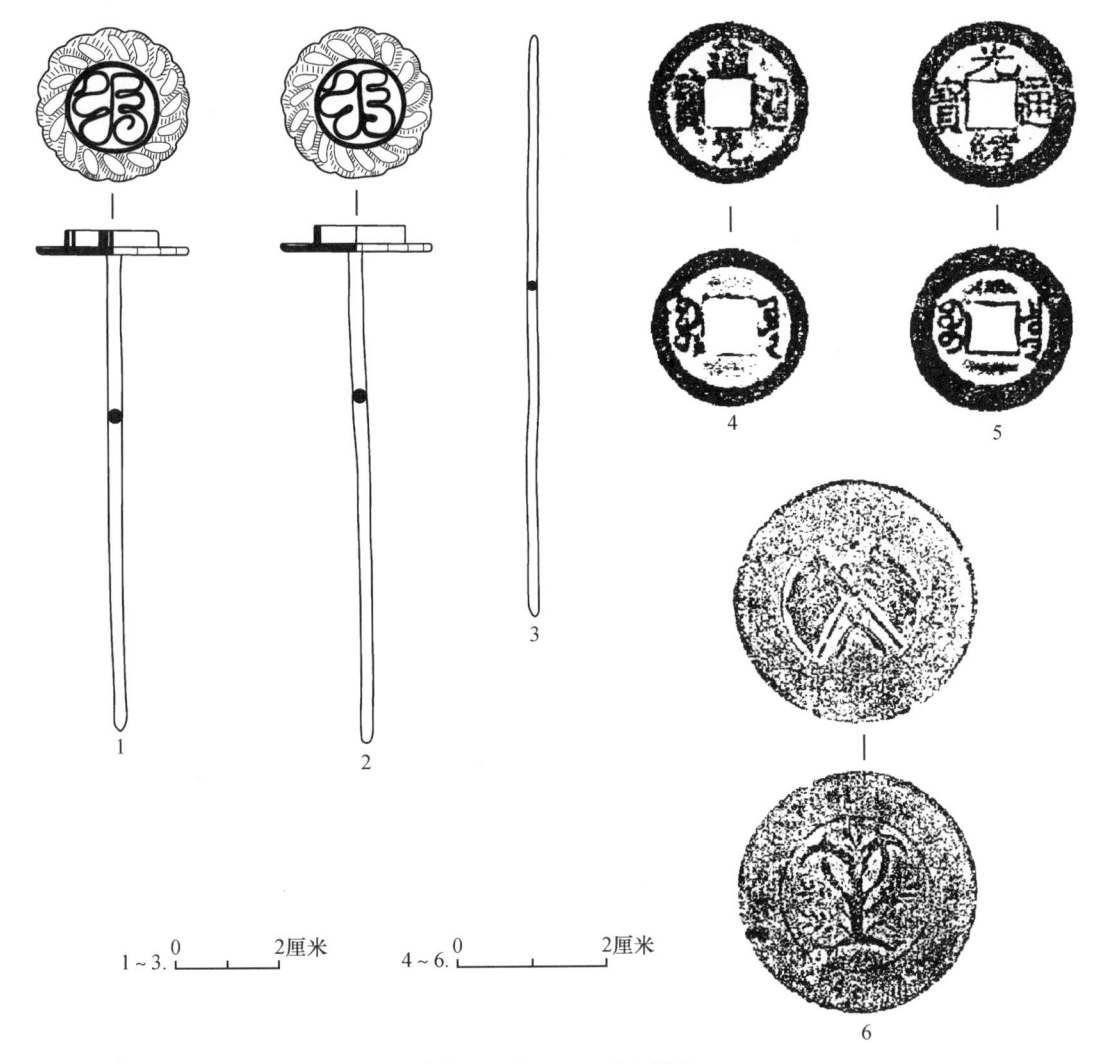

图二二五　M121出土器物

1~3. 银簪（M121∶1、M121∶2、M121∶3）　4. 道光通宝（M121∶4-1）　5. 光绪通宝（M121∶4-2）　6. 铜币（M121∶5）

光绪通宝　1枚。M121：4-2，平钱，圆形，方穿，正背面郭缘略宽，正面楷书"光绪通寶"四字，直读，背穿左右为满文"宝泉"局名。钱径2.2、穿径0.61、郭厚0.1厘米（图二二五，5）。

铜币　1枚。M121：5，大平钱，圆形，正背面郭缘较窄，正面珠圈内铸双旗，背面珠圈内铸垂直麦穗纹。钱径3.25、郭厚0.1厘米（图二二五，6）。

一二二、M122

1. 墓葬形制

该墓位于发掘区西南部，北邻M95、M120。开口于第1层下，南北向，方向2°。

墓平面呈长方形，竖穴土圹双棺合葬墓。墓口距地表深0.3米，墓底距地表深1.3米。墓圹南北长2.58、东西宽2.3、深1米。内填花土，土质松软。内置双棺，棺木已朽。东棺痕长1.84、宽0.54～0.64米；棺内骨架保存较差，头向西北，面向西南，左上肢骨上方放置长18、宽12～14、厚1厘米的板瓦1块，侧身屈肢，为男性。西棺痕长2、宽0.54～0.6米；棺内骨架保存稍好，头移位向北，面向上，右下肢骨下方放置长20、宽16～18、厚1厘米的板瓦1块，仰身直肢，为女性（图二二六）。

2. 随葬品

东棺内头骨左上方出土瓷碗1件；西棺内头骨上方出土陶罐1件、银簪3件。

陶罐　1件。M122：1，泥质灰陶。侈口，平沿，矮领，溜肩，斜弧腹，平底。领及肩部置对称倒鼻形双系。手轮兼制，外腹部留有轮旋痕迹。口径12.8、腹径14.6、底径9、高11.4厘米（图二二七，1；图版四二，4）。

瓷碗　1件。M122：2，敞口，尖圆唇，斜弧腹，下腹折收，内涩底，矮圈足。灰褐色粗胎，上腹部施酱色釉，内壁施乳白色釉，下腹及足底无釉。轮制，腹部留有轮旋痕迹。口径15.8、底径5、高6.6厘米（图二二七，2；图版五四，3）。

银簪　3件。M122：3、M122：4，形制相同。簪首呈扁平花瓣状，中部凸起呈圆环形，内镶嵌"福"字纹，体呈圆锥状。M122：3，通长12.5厘米（图二二七，3；图版六八，2）。M122：4，残长9.7厘米（图二二七，4；图版六八，3）。M122：5，莲藕形簪首，莲瓣形托，下部呈葫芦状，体呈圆锥状。通长13.7厘米（图二二七，5；图版六八，4）。

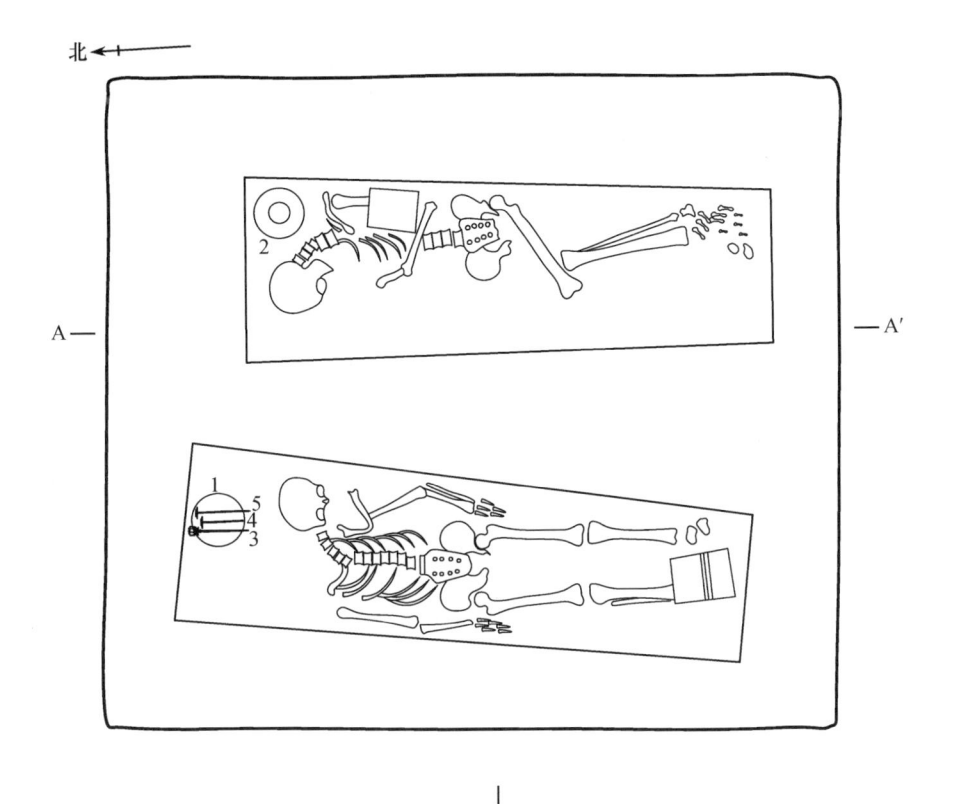

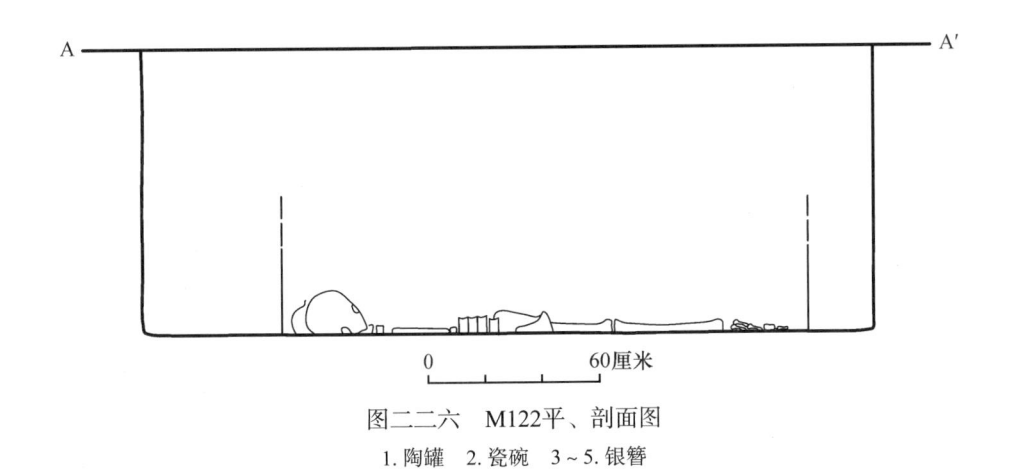

图二二六 M122平、剖面图
1. 陶罐 2. 瓷碗 3~5. 银簪

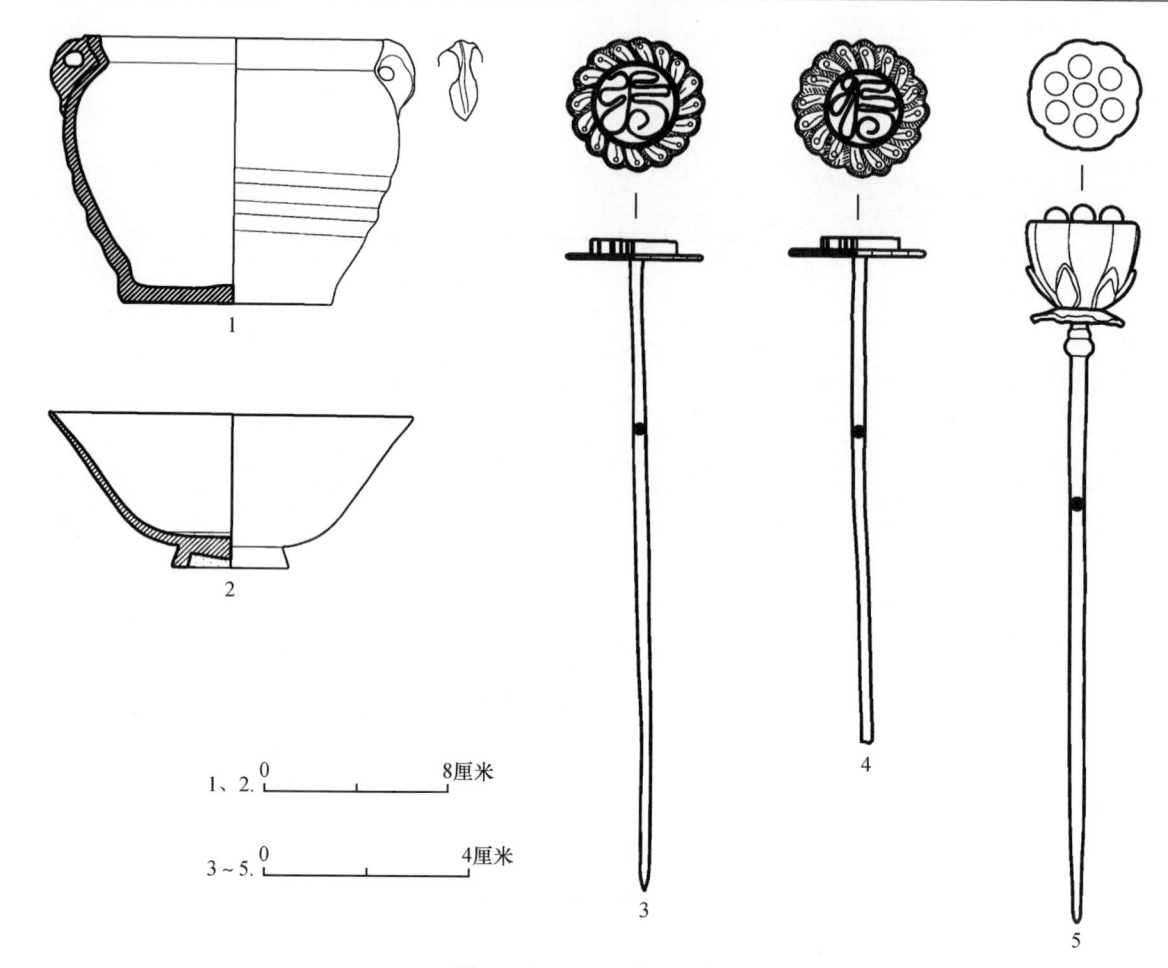

图二二七 M122出土器物

1. 陶罐（M122∶1） 2. 瓷碗（M122∶2） 3～5. 银簪（M122∶3、M122∶4、M122∶5）

一二三、M123

1. 墓葬形制

该墓位于发掘区西南部，北邻M121。开口于第1层下，南北向，方向2°。

墓平面呈梯形，竖穴土圹单棺墓。墓口距地表深0.3米，墓底距地表深0.66米。墓圹南北长2.2、东西宽0.96～1、深0.36米。内填花土，土质松软。内置单棺，棺木已朽。棺痕长1.78、宽0.46～0.64米；棺内骨架保存稍差，头移位向东北，面向上，仰身直肢，为男性（图二二八）。

图二二八　M123平、剖面图
1. 铜钱

2. 随葬品

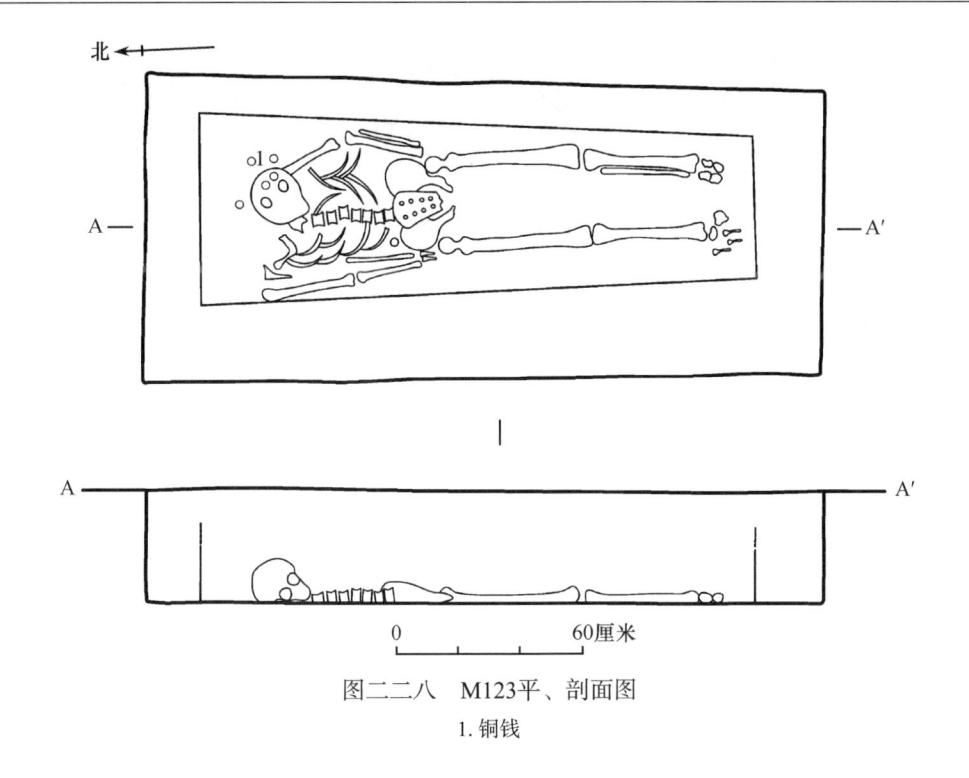

棺内头骨上部出土铜钱5枚，有顺治通宝、康熙通宝、嘉庆通宝。

顺治通宝　1枚。M123：1-1，大平钱，圆形，方穿，正背面郭缘较宽，正面楷书"顺治通寳"四字，直读，背穿左右为满文"宝泉"局名。钱径2.75、穿径0.55、郭厚0.11厘米（图二二九，1）。

康熙通宝　2枚。标本M123：1-2，大平钱，圆形，方穿，正背面郭缘较宽，正面楷书"康熙通寳"四字，直读，背穿左右为满文"宝泉"局名。钱径2.8、穿径0.65、郭厚0.1厘米（图二二九，2）。

嘉庆通宝　2枚。标本M123：1-3，平钱，圆形，方穿，正背面郭缘略宽，正面楷书"嘉慶通寳"四字，直读，背穿左右为满文"宝泉"局名。钱径2.5、穿径0.6、郭厚0.15厘米（图二二九，3）。

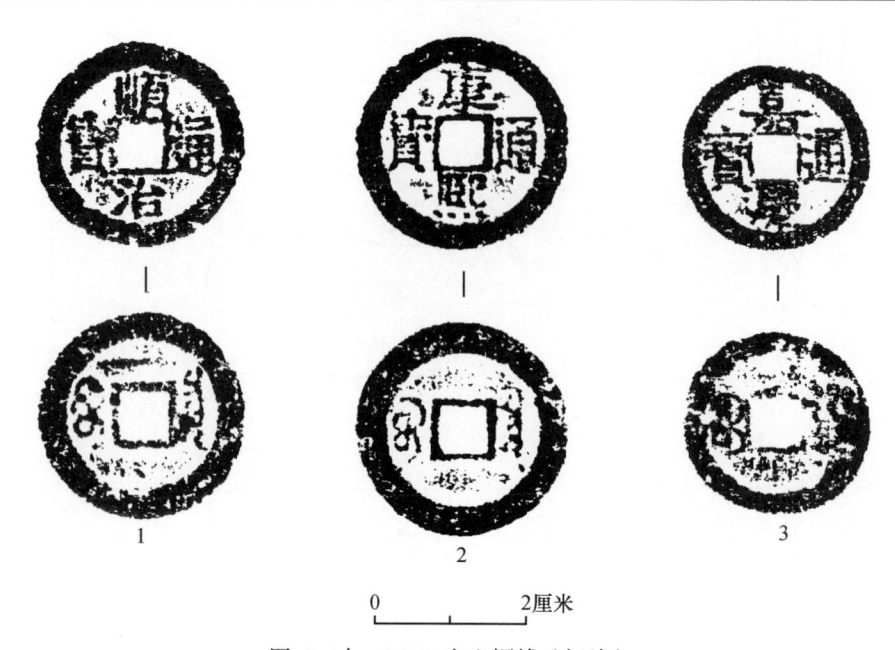

图二二九　M123出土铜钱（拓片）

1. 顺治通宝（M123：1-1）　2. 康熙通宝（M123：1-2）　3. 嘉庆通宝（M123：1-3）

一二四、M124

1. 墓葬形制

该墓位于发掘区西南部，西北邻M122。开口于第1层下，南北向，方向340°。

墓平面呈不规则形，竖穴土圹双棺合葬墓。墓口距地表深0.3米，墓底距地表深0.62～0.8米。墓圹南北长2.5～2.6、东西宽1.8～1.9、深0.32～0.5米。内填花土，土质松软。内置双棺，棺木已朽。东棺痕长1.9、宽0.54～0.6米；棺内骨架保存稍好，头移位向西南，面向东南，仰身直肢，为男性。西棺痕长1.9、宽0.5～0.6米；棺内骨架保存较差，头移位向上，面向东南，骨架错乱，可辨为仰身直肢，为女性（图二三〇）。

2. 随葬品

西棺内头骨右侧出土银耳环1件。

银耳环　1件。M124：1，呈"S"形，一端尖锐呈钩状，另一端为镂空蝙蝠"寿"字形。通高3.5厘米（图二三一；图版八四，3）。

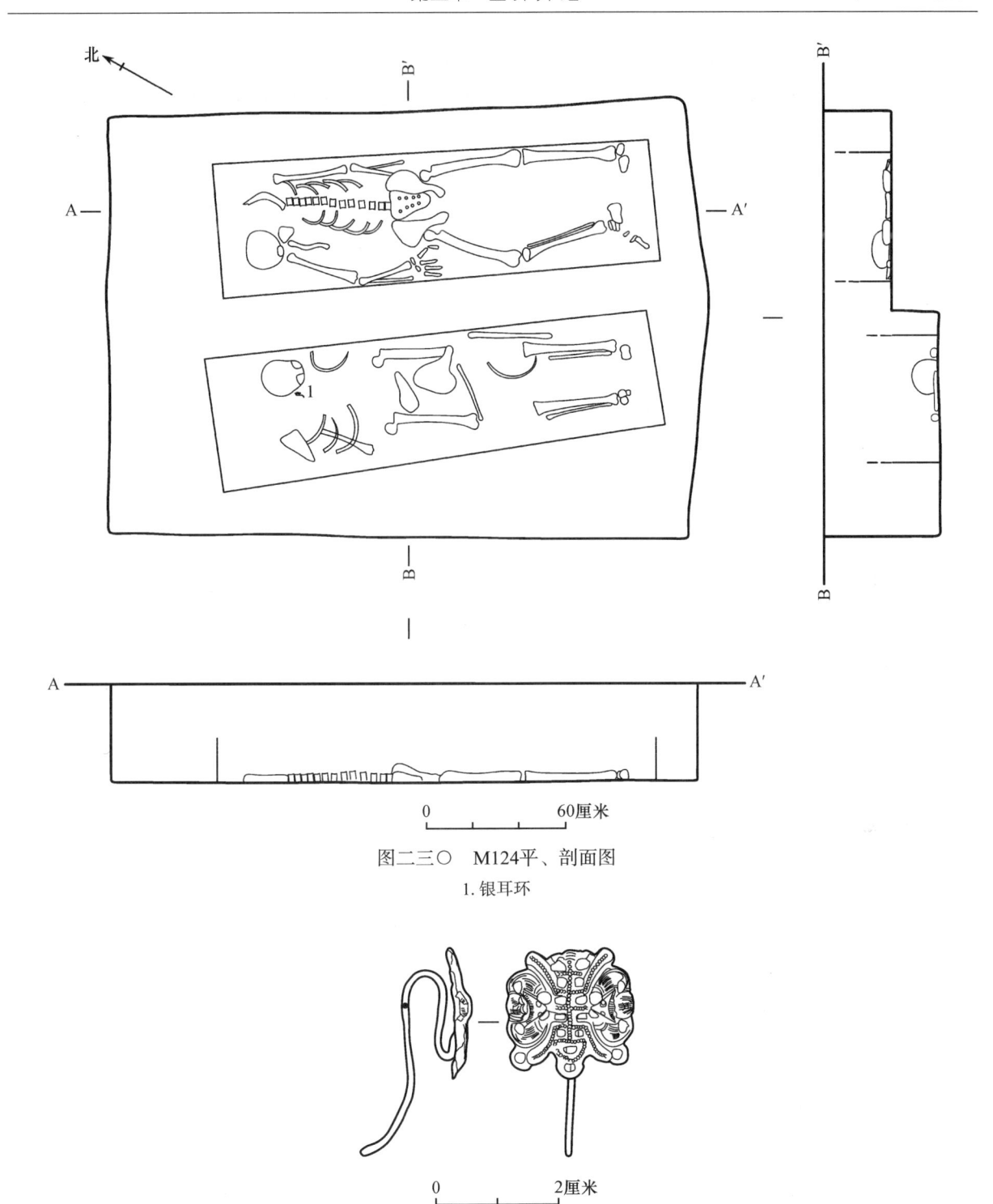

图二三〇　M124平、剖面图
1.银耳环

图二三一　M124出土银耳环（M124∶1）

一二五、M125

1. 墓葬形制

该墓位于发掘区东部。开口于第1层下，南北向，方向5°。

墓平面呈长方形，竖穴土圹单棺墓。墓口距地表深0.3米，墓底距地表深1米。墓圹南北长2.5、东西宽1.1、深0.7米。内填花土，土质松软。内置单棺，棺木已朽。棺痕长1.8、宽0.5～0.6米；棺内骨架保存较好，头向北，面向西，仰身直肢，为女性（图二三二；图版二六，2）。

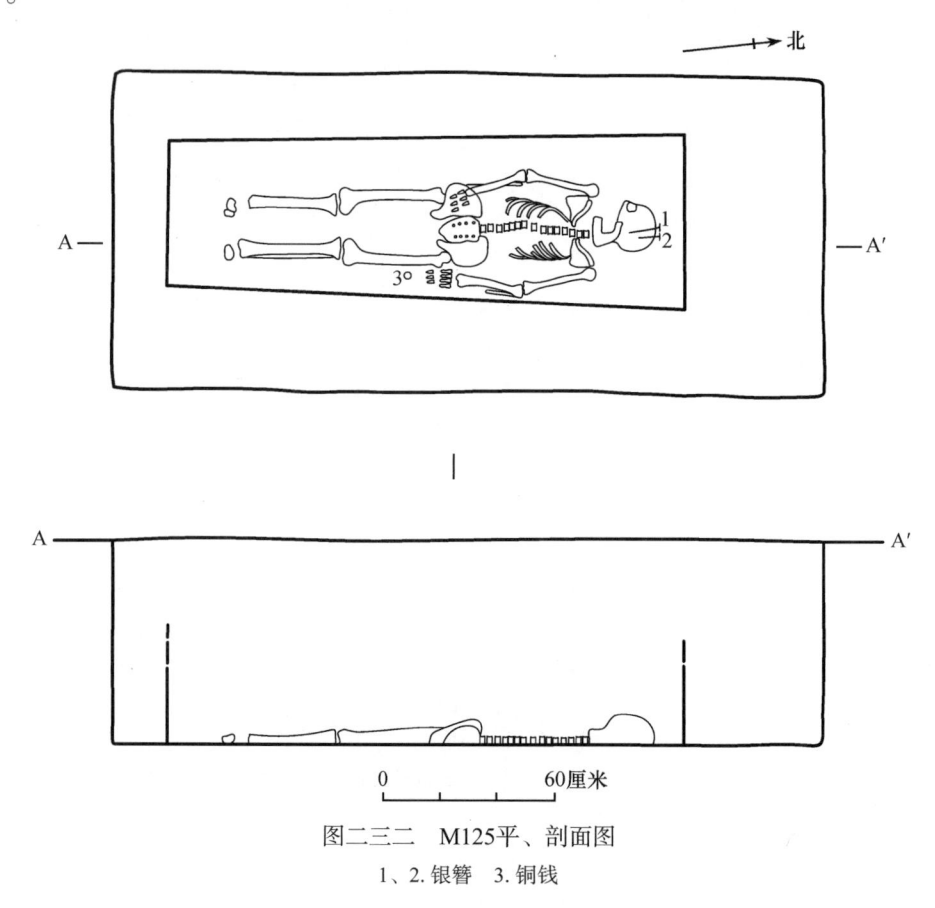

图二三二　M125平、剖面图
1、2.银簪　3.铜钱

2. 随葬品

棺内头骨上方出土银簪2件，左下肢骨外侧上部出土铜钱1枚。

银簪　2件。M125：1，簪首呈扁平花瓣状，中部凸起呈圆环形，内镶嵌"福"字纹，体呈圆锥状。通长11.5厘米（图二三三，1；图版六八，5）。M125：2，簪首呈扁平花瓣状，中部凸起呈圆环形，内镶嵌"寿"字纹，体呈圆锥状，末端残。残长7.9厘米（图二三三，2；图版六八，6）。

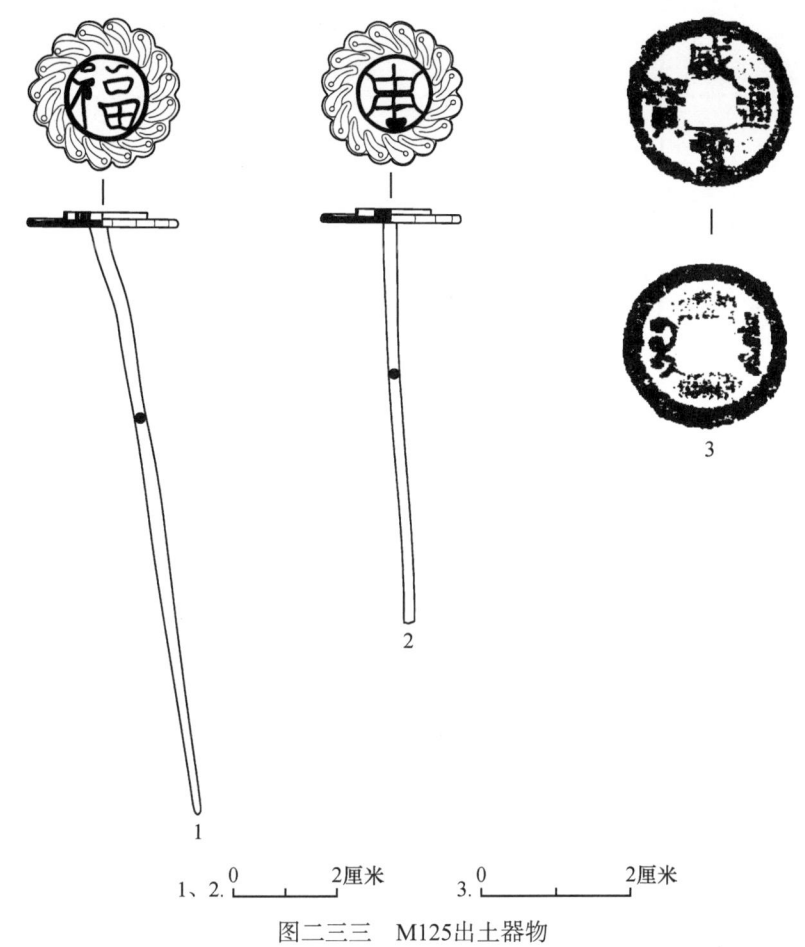

图二三三 M125出土器物
1、2.银簪（M125：1、M125：2） 3.咸丰通宝（M125：3）

咸丰通宝 1枚。M125：3，平钱，圆形，方穿，正背面郭缘较窄，正面楷书"咸豐通寶"四字，直读，背穿左右为满文"宝泉"局名。钱径2.28、穿径0.6、郭厚0.15厘米（图二三三，3）。

一二六、M126

1. 墓葬形制

该墓位于发掘区东部，东南邻M127。开口于第1层下，南北向，方向30°。

墓平面呈长方形，竖穴土圹双棺合葬墓。墓口距地表深0.3米，墓底距地表深1.6～1.7米。墓圹南北长2.7、东西宽2.2、深1.3～1.4米。内填花土，土质松软。内置双棺，棺木已朽。东棺痕长2、宽0.58～0.7米；棺内骨架保存较差，头移位向东，面向南，仰身屈肢，为男性。西棺痕长2、宽0.5～0.6米；棺内骨架保存较好，头向北，面向上，仰身直肢，为女性（图二三四；图版二七，1）。

图二三四　M126平、剖面图
1、2.瓷罐　3.铜钱

2. 随葬品

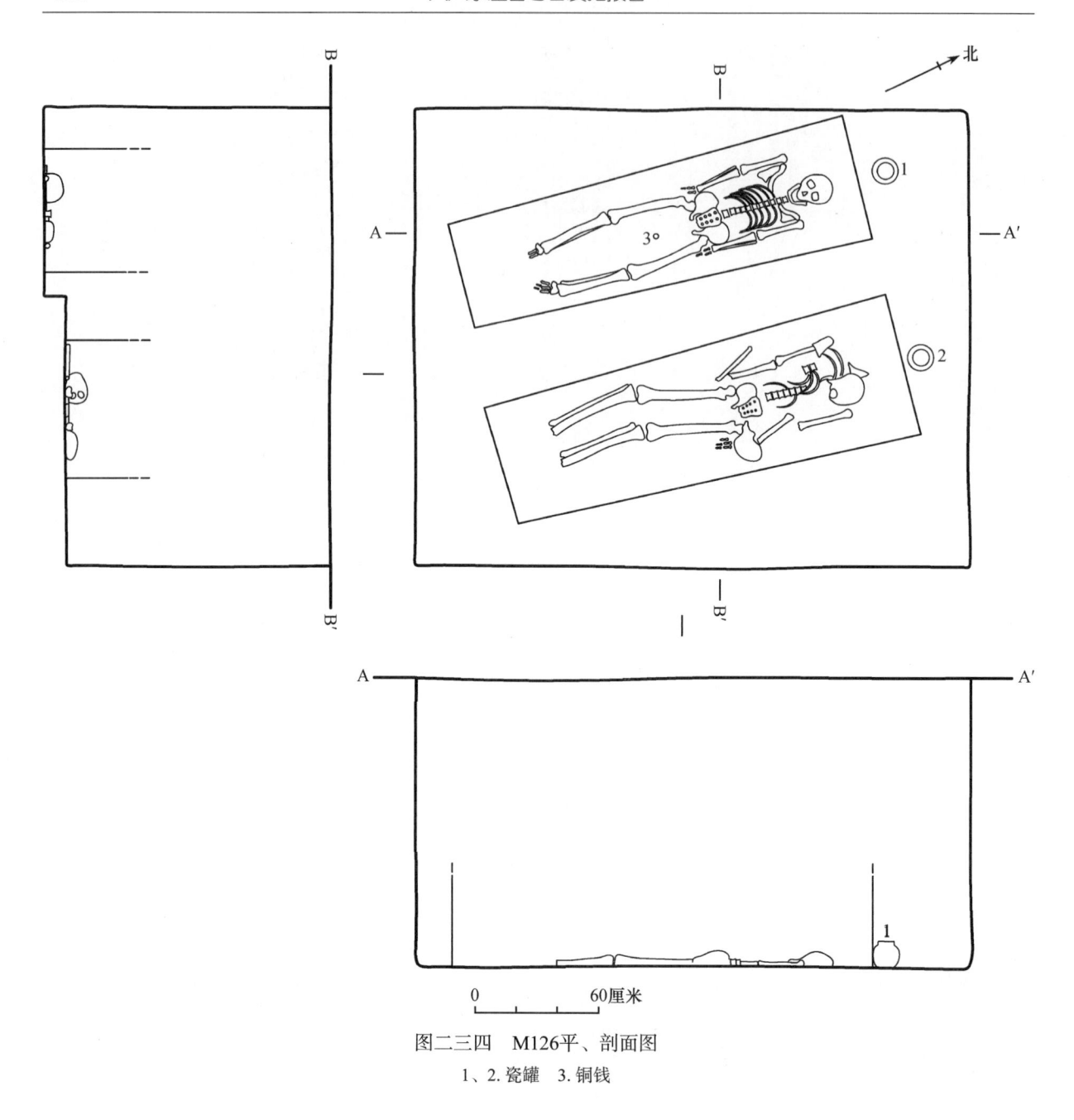

东棺外前方出土瓷罐1件；西棺外前方出土瓷罐1件，棺内下肢骨内侧上部出土铜钱1枚。

瓷罐　2件。M126：1，敛口，方圆唇，斜领，圆肩，斜弧腹，内圈足。灰褐色胎，腹上部及内壁施墨绿色釉，唇部、下腹及足底无釉。轮制。口径11、腹径16.8、底径12.6、高16厘米（图二三五，1；图版四六，6）。M126：2，敛口，方圆唇，斜领，溜肩，斜弧腹，内圈足。灰褐色胎，腹上部及内壁施酱色釉，唇部、下腹及足底无釉，肩及腹部留有3处钜钉痕迹。轮制，内壁留有轮旋痕迹。口径9.9、腹径15.9、底径12、高14.6厘米（图二三五，2；图版四七，1）。

熙宁元宝　1枚。M126：3，平钱，圆形，方穿，正背面郭缘较窄，正面楷书"熙宁元寶"四字，旋读。钱径2.4、穿径0.7、郭厚0.1厘米（图二三五，3）。

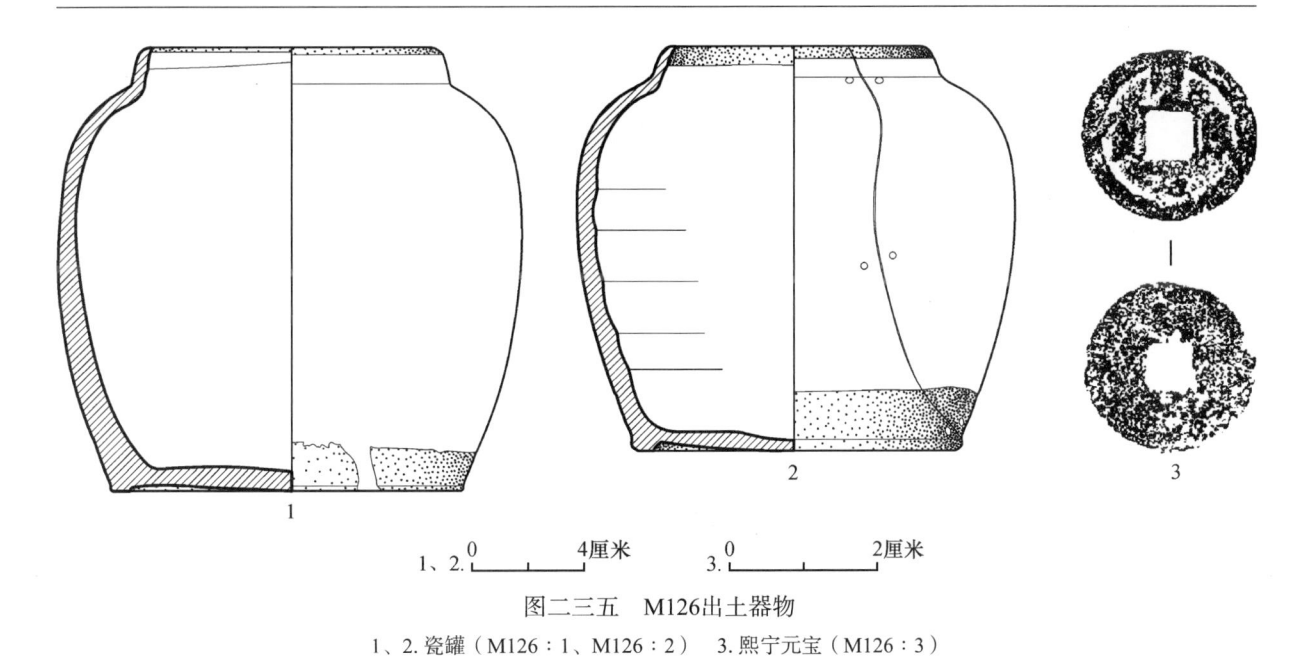

图二三五　M126出土器物
1、2. 瓷罐（M126：1、M126：2）　3. 熙宁元宝（M126：3）

一二七、M127

1. 墓葬形制

该墓位于发掘区东部，西北邻M126。开口于第1层下，南北向，方向355°。

墓平面呈长方形，竖穴土圹单棺墓。墓口距地表深0.3米，墓底距地表深1.3米。墓圹南北长2.3、东西宽1.2、深1米。内填花土，土质松软。内置单棺，棺木已朽。棺痕长1.9、宽0.52~0.6米；棺内骨架保存稍好，头向北，面向上，仰身直肢，为女性（图二三六）。

2. 随葬品

棺内头骨左上方出土瓷碗1件，头骨右上方出土银簪1件、银耳环1件，左下肢骨内侧上部出土铜钱2枚。

瓷碗　1件。M127：1，敞口，尖圆唇，斜腹微弧，下腹折收，内涩底，矮圈足。灰褐色粗胎，体施黑色釉，下腹及足底无釉。轮制，下腹部留有轮旋痕迹。口径15.2、底径6.7、高4.6厘米（图二三七，1；图版五四，4）。

银簪　1件。M127：2，簪首呈花朵状，花蕊包珠，珠已缺失，梅花朵形托，体呈圆锥状。通长11厘米（图二三七，2；图版六九，1）。

银耳环　1件。M127：3，呈"S"形，一端尖锐呈钩状，另一端为镂空蝙蝠"寿"字形。通高2.7厘米（图二三七，3；图版八四，4）。

乾隆通宝　2枚。标本M127：4-1，平钱，圆形，方穿，正背面郭缘略宽，正面楷书"乾隆通寶"四字，直读，背穿左右为满文"宝泉"局名。钱径2.4、穿径0.55、郭厚0.12厘米（图二三七，4）。

·218·　　　　　　　　　　　　　　　大兴东庄营考古发掘报告

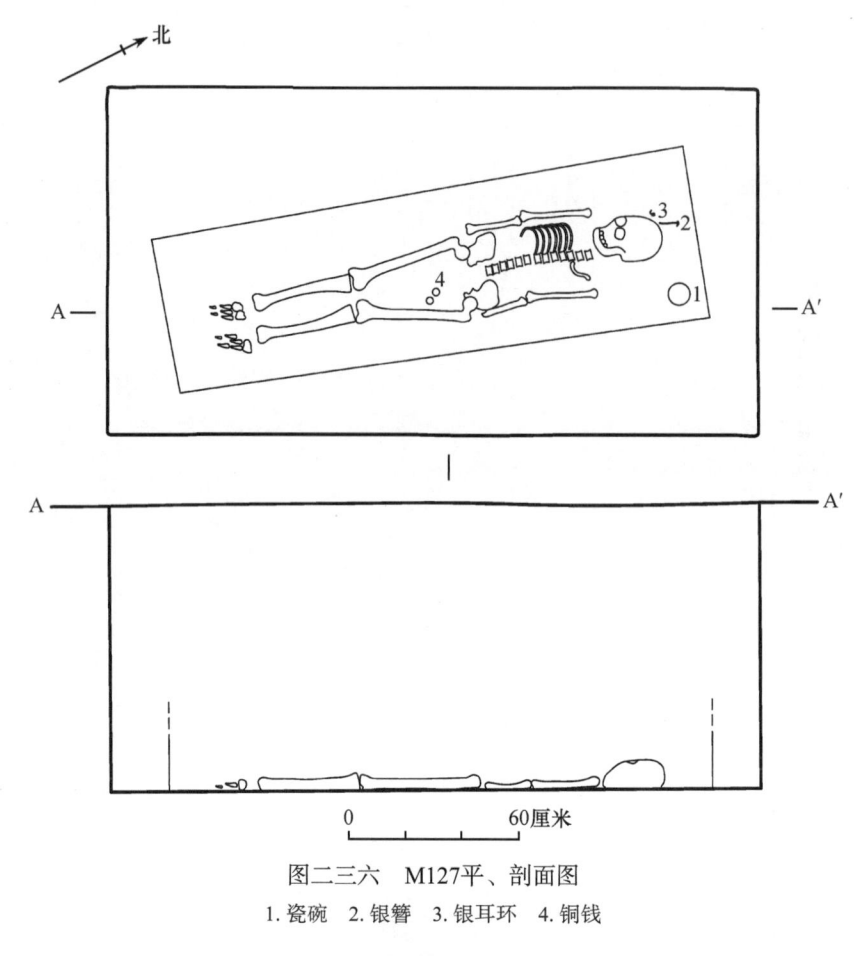

图二三六　M127平、剖面图
1. 瓷碗　2. 银簪　3. 银耳环　4. 铜钱

图二三七　M127出土器物
1. 瓷碗（M127：1）　2. 银簪（M127：2）　3. 银耳环（M127：3）　4. 乾隆通宝（M127：4-1）

一二八、M128

1. 墓葬形制

该墓位于发掘区西北部。开口于第1层下，南北向，方向13°。

墓平面呈不规则形，竖穴土圹双棺合葬墓。墓口距地表深0.3米，墓底距地表深1～1.26米。墓圹南北长2.28～2.62、东西宽1.64～1.8、深0.7～0.96米。内填花土，土质松软。内置双棺，棺木已朽。东棺痕长1.86、宽0.56～0.6米；棺内骨架保存较好，头向北，面向西，仰身直肢，为男性。西棺痕长1.8、宽0.4～0.56米；棺内骨架保存较差，头移位向上，面向东南，仰身直肢，为女性（图二三八；图版二七，2）。

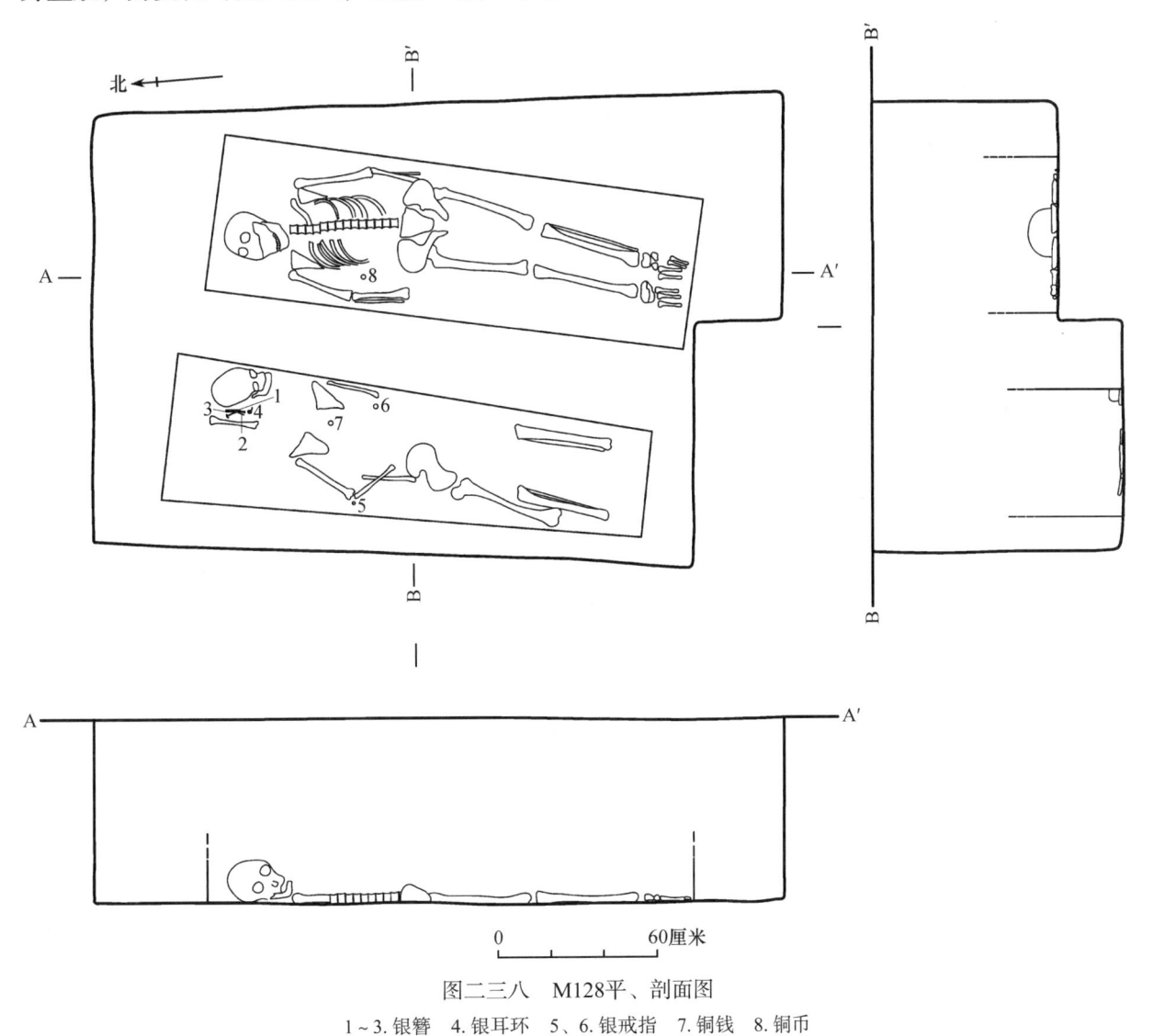

图二三八　M128平、剖面图
1～3. 银簪　4. 银耳环　5、6. 银戒指　7. 铜钱　8. 铜币

2. 随葬品

东棺内右上肢骨内侧中部出土铜币1枚；西棺内头骨右侧出土银簪3件、银耳环1件，左上肢骨内侧及右上肢骨外侧中部各出土银戒指1件，肩胛骨内侧出土铜钱1枚。

银簪　3件。M128：1，簪首呈梅花朵形，圆珠纹衬底，体呈圆锥状。通长8.9厘米（图二三九，1；图版六九，2）。M128：2，簪首呈梅花朵形，体呈圆锥状。通长8.6厘米（图二三九，2；图版六九，3）。M128：3，簪首呈花朵状，花蕊包珠，体呈圆锥状。通长9.6厘米（图二三九，3；图版六九，4）。

银耳环　1件。M128：4，呈"S"形，一端尖锐呈钩状，另一端呈梅花朵状。通高3.1厘米（图二三九，4；图版八五，1）。

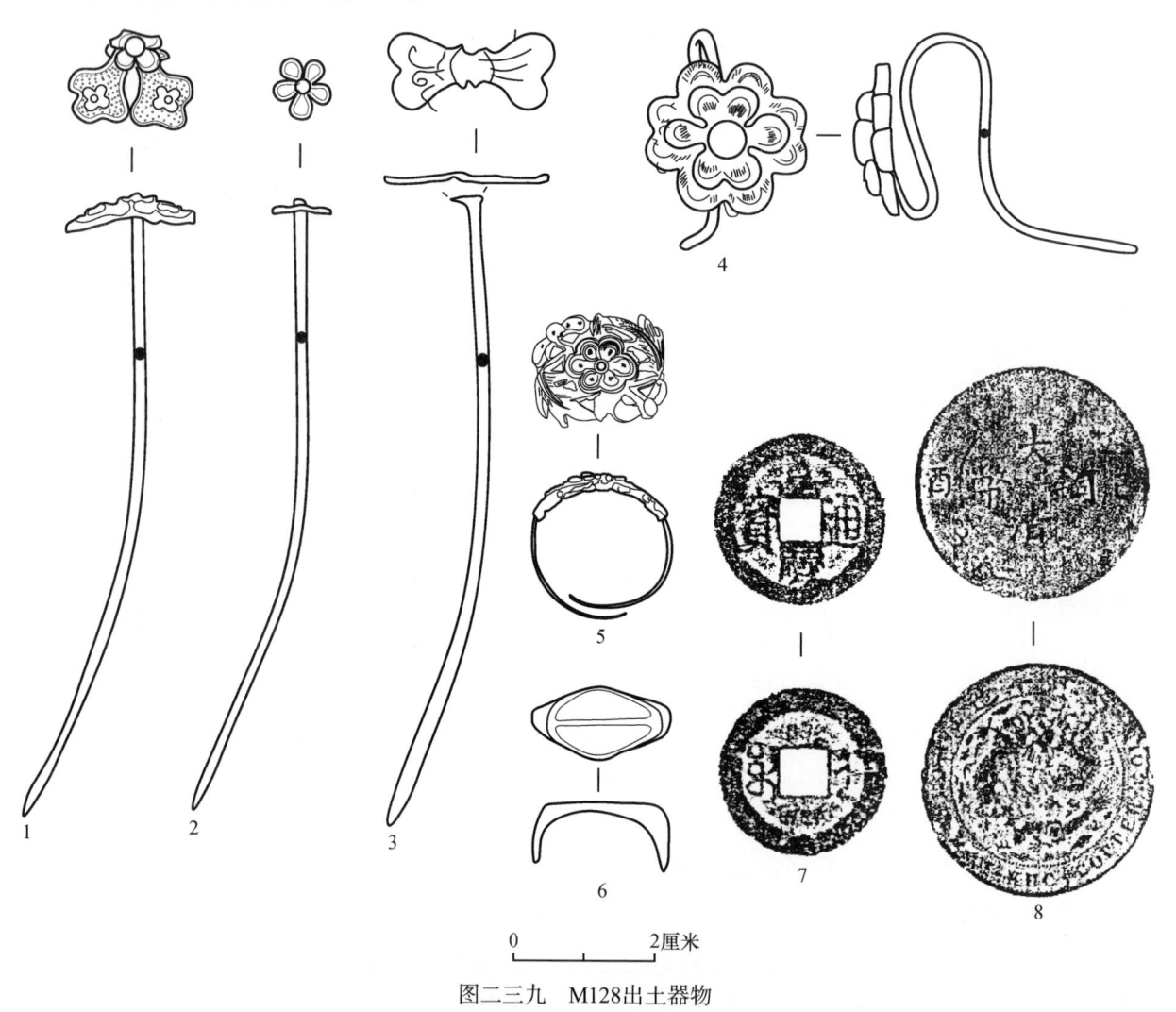

图二三九　M128出土器物

1~3.银簪（M128：1、M128：2、M128：3）　4.银耳环（M128：4）　5、6.银戒指（M128：5、M128：6）
7.嘉庆通宝（M128：7）　8.大清铜币（M128：8）

银戒指　2件。M128：5，圆形，戒面呈镂空花朵状，上面饰梅花纹，两端呈扁锥状。直径2厘米（图二三九，5；图版八七，2）。M128：6，圆形，戒面呈菱形块状，两端呈扁锥状。直径2厘米（图二三九，6）。

嘉庆通宝　1枚。M128：7，平钱，圆形，方穿，正背面郭缘略宽，正面楷书"嘉庆通寶"四字，直读，背穿左右为满文"宝泉"局名。钱径2.4、穿径0.55、郭厚0.1厘米（图二三九，7）。

大清铜币　1枚。M128：8，大平钱，圆形，正背面郭缘较窄，正面珠圈内楷书"大清铜幣"四字，直读，齿缘左右楷书"巳酉"二字，下缘楷书"當制二十文"五字，背面珠圈内铸蟠龙戏火珠纹。钱径3.3、郭厚0.15厘米（图二三九，8）。

一二九、M129

1. 墓葬形制

该墓位于发掘区西北部，北邻M128。开口于第1层下，南北向，方向190°。

墓平面呈不规则形，竖穴土圹双棺合葬墓。墓口距地表深0.3米，墓底距地表深1.1~1.2米。墓圹南北长2.3、东西宽2.3、深0.8~0.9米。内填花土，土质松软。内置双棺，棺木已朽。东棺痕长1.8、宽0.6~0.7米；棺内骨架保存稍好，头向南，面向西，仰身直肢，为女性。西棺痕长1.9、宽0.6~0.7米；棺内骨架保存较差，头移位向西，面向北，头骨上方放置长20、宽20~22、厚1厘米的板瓦1块，骨架散乱，可辨为仰身直肢，为男性（图二四〇；图版二八，1）。

2. 随葬品

东棺内头骨右侧出土银簪3件；西棺内右上肢骨上方出土瓷罐1件。

瓷罐　1件。M129：1，敛口，方圆唇，斜领，溜肩，弧腹，圈足。领、肩部置对称倒鼻形双系。缸胎，腹上部及内壁施酱黄色釉，唇部、口沿内壁、下腹部及足底无釉。手轮兼制。口径8.3、腹径10.9、底径6.4、高10.6厘米（图二四一，1；图版四七，2）。

银簪　3件。M129：2，簪首呈菊花朵形，体呈圆锥状。长12.8厘米（图二四一，2；图版六九，5）。M129：3，簪首呈扁平花瓣状，中部凸起呈圆环形，内镶嵌"福"字纹，体呈圆锥状。长12.4厘米（图二四一，3；图版六九，6）。M129：4，耳勺形首，下部呈节状，体呈四棱锥状，上面饰花卉纹。残长6.1厘米（图二四一，4；图版七〇，1）。

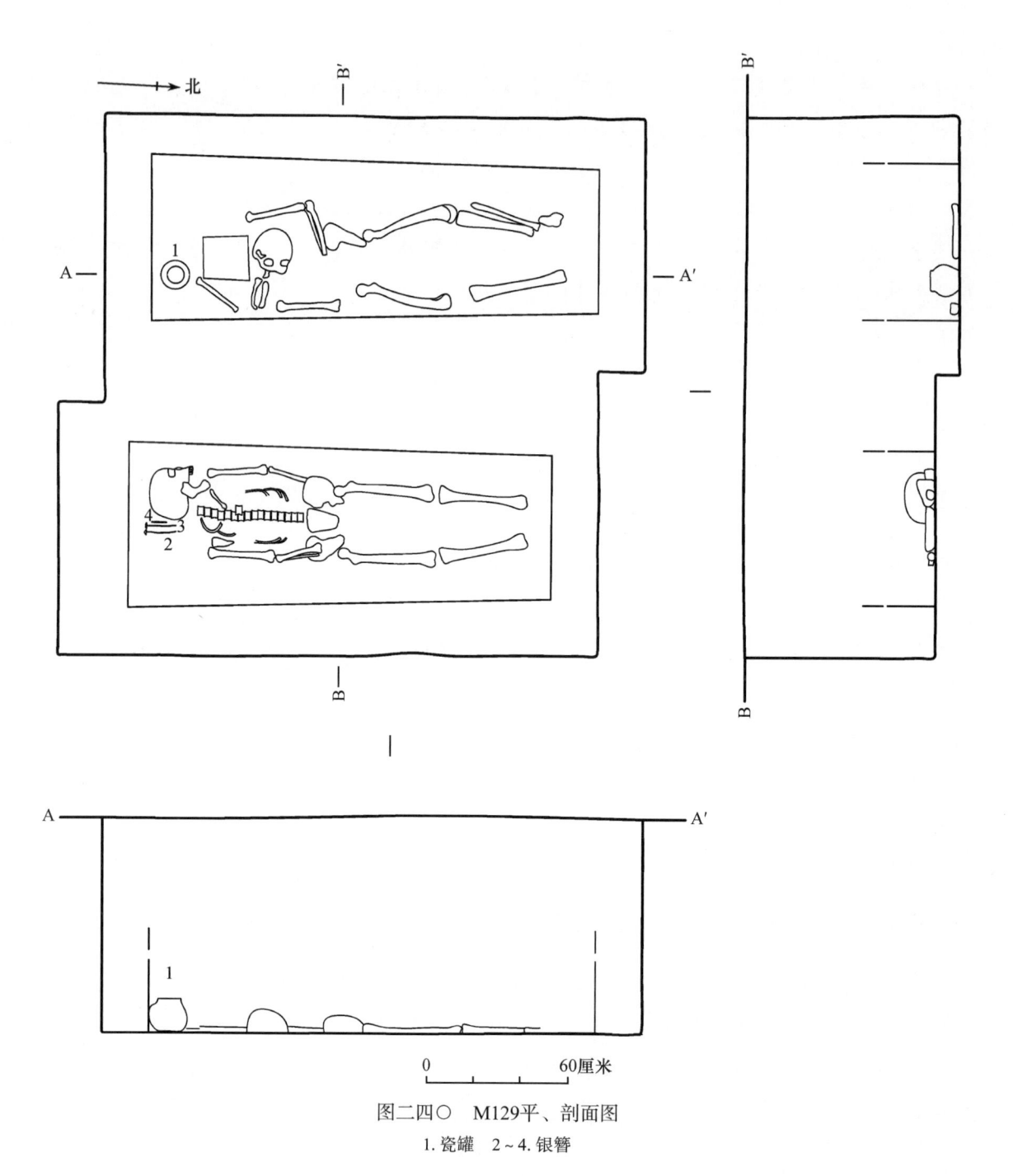

图二四〇　M129平、剖面图
1. 瓷罐　2~4. 银簪

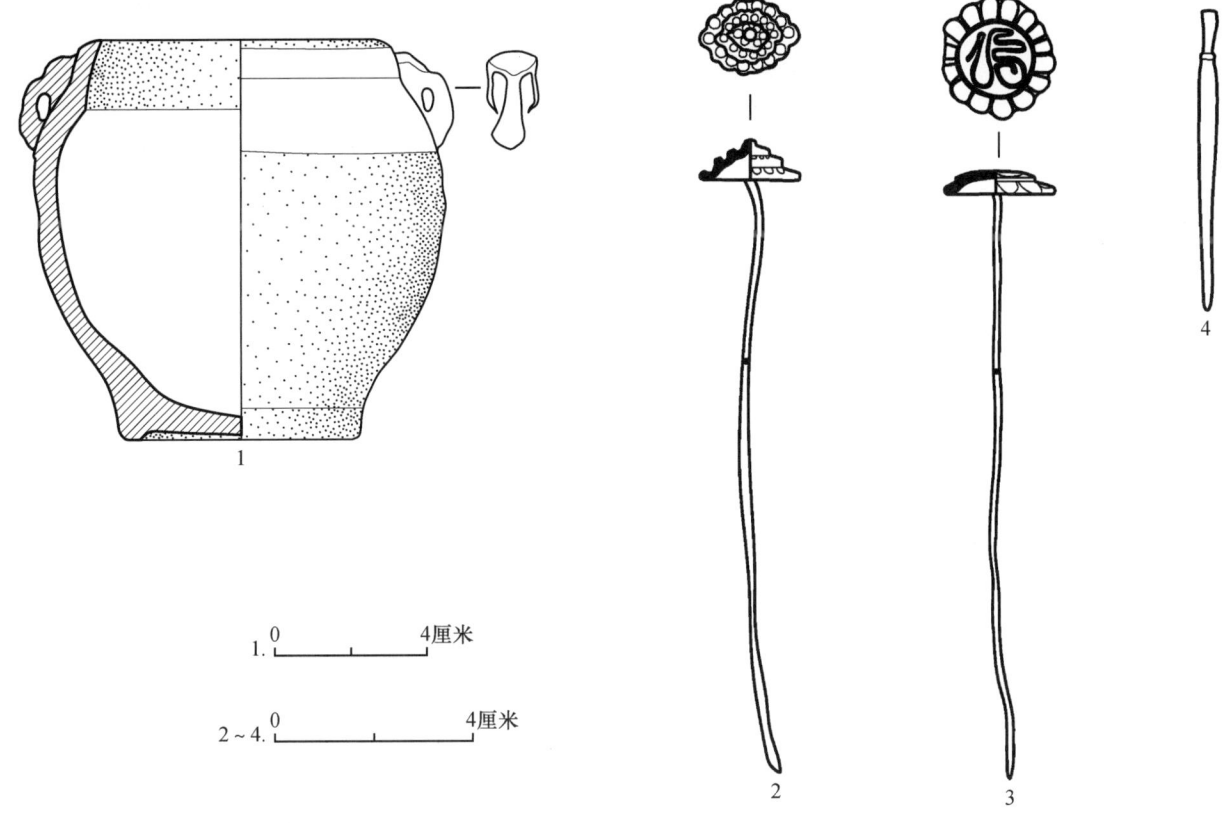

图二四一　M129出土器物
1. 瓷罐（M129：1）　2~4. 银簪（M129：2、M129：3、M129：4）

一三〇、M130

1. 墓葬形制

该墓位于发掘区西北部，南邻M131。开口于第1层下，东西向，方向70°。

墓平面呈长方形，竖穴土圹单棺墓。墓口距地表深0.3米，墓底距地表深0.8米。墓圹东西长2.8、南北宽1.3、深0.5米。内填花土，土质松软。内置单棺，棺木已朽。棺痕长2.08、宽0.58~0.69米；棺内未发现骨架，葬式、性别不明（图二四二）。

2. 随葬品

棺内中部出土铜钱3枚，有嘉庆通宝、光绪通宝、宣统通宝。

嘉庆通宝　1枚。M130：1-1，平钱，圆形，方穿，正背面郭缘略宽，正面楷书"嘉慶通寶"四字，直读，背穿左右为满文"宝泉"局名。钱径2.4、穿径0.58、郭厚0.1厘米（图二四三，1）。

光绪通宝　1枚。M130：1-2，平钱，圆形，方穿，正背面郭缘略宽，正面楷书"光緒通寶"四字，直读，背穿左右为满文"宝泉"局名。钱径2.25、穿径0.55、郭厚0.11厘米

（图二四三，2）。

宣统通宝　1枚。M130：1-3，小平钱，圆形，方穿，正背面郭缘略宽，正面楷书"宣统通寶"四字，直读，背穿左右为满文"宝泉"局名。钱径1.9、穿径0.42、郭厚0.09厘米（图二四三，3）。

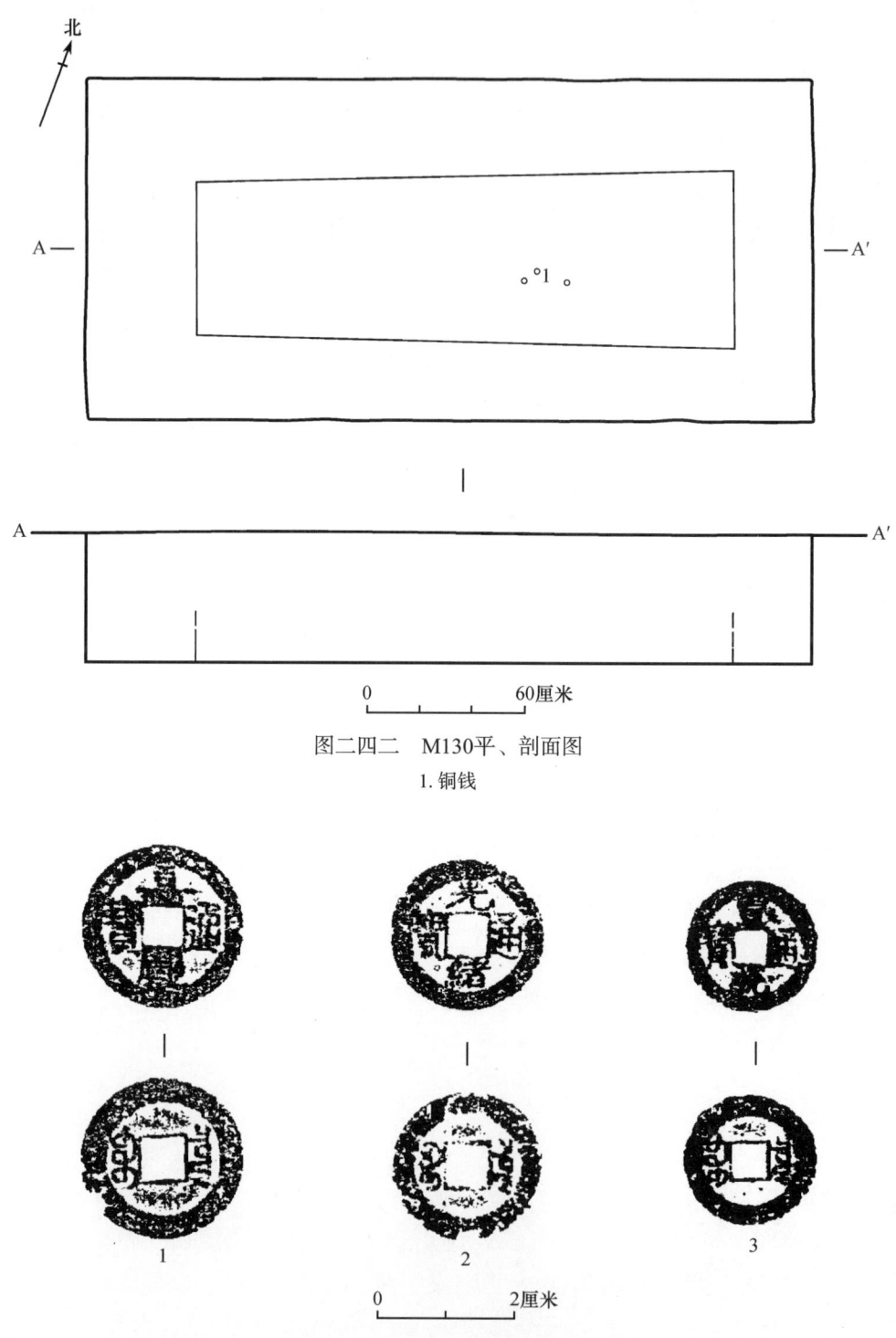

图二四二　M130平、剖面图
1. 铜钱

图二四三　M130出土铜钱（拓片）
1. 嘉庆通宝（M130：1-1）　2. 光绪通宝（M130：1-2）　3. 宣统通宝（M130：1-3）

一三一、M131

1. 墓葬形制

该墓位于发掘区西北部,北邻M130。开口于第1层下,东西向,方向60°。

墓平面呈不规则形,竖穴土圹双棺合葬墓。墓口距地表深0.3米,墓底距地表深0.5米。墓圹东西长2.26~2.3、南北宽1.6~1.84、深0.2米。内填花土,土质松软。内置双棺,棺木已朽。南棺痕长1.79、宽0.5~0.6米;棺内骨架保存较差,头向东,面向上,仰身直肢,为男性。北棺痕长1.71、宽0.42~0.58米;棺内骨架保存较差,头向东,面向上,仰身屈肢,为女性(图二四四)。

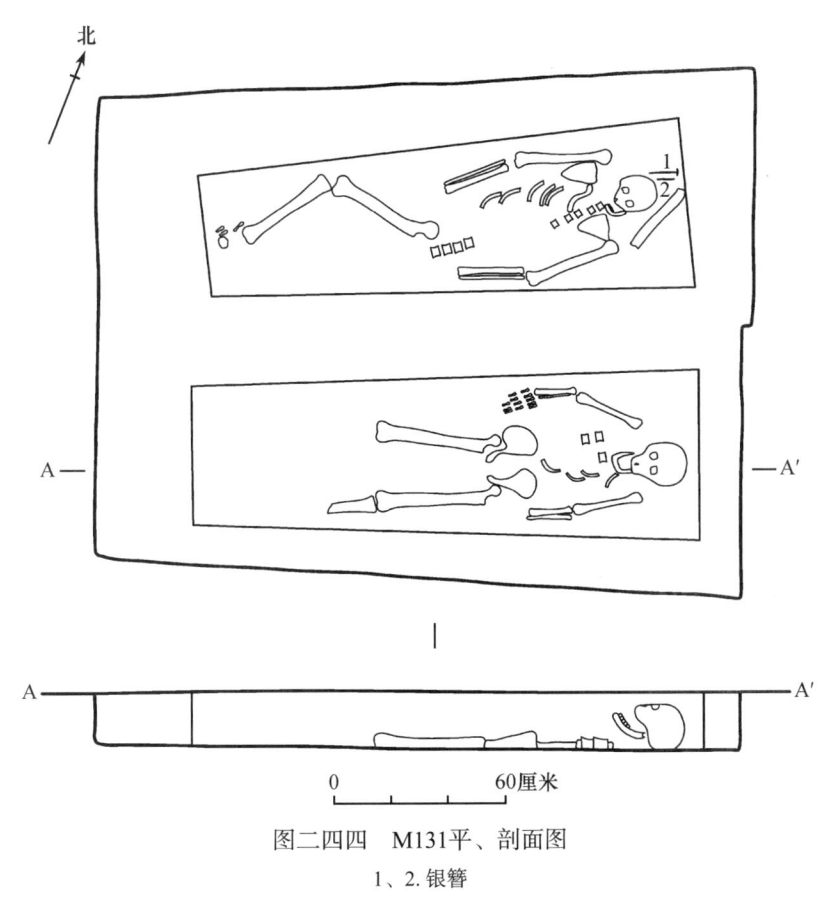

图二四四 M131平、剖面图
1、2. 银簪

2. 随葬品

北棺内头骨右上方出土银簪2件。

银簪 2件。M131:1,簪首呈扁平花瓣状,中部凸起呈圆环形,内镶嵌"寿"字纹,体呈圆锥状。通长10.6厘米(图二四五,1;图版七〇,2)。M131:2,簪首残,体呈圆锥状,末端残。残长6.9厘米(图二四五,2)。

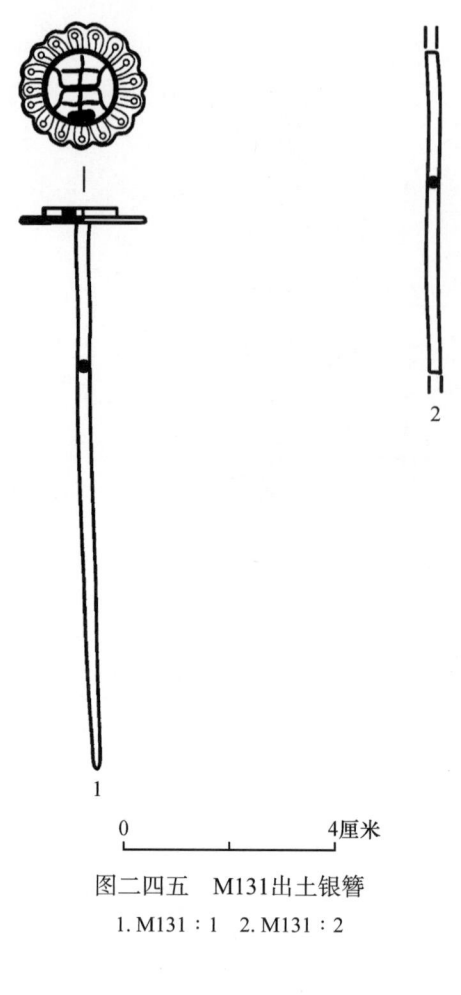

图二四五　M131出土银簪
1. M131：1　2. M131：2

一三二、M132

1. 墓葬形制

该墓位于发掘区西北部，北邻M131。开口于第1层下，东西向，方向55°。

墓平面呈梯形，竖穴土圹单棺墓。墓口距地表深0.3米，墓底距地表深0.96米。墓圹东西长2.3、南北宽1.3～1.4、深0.66米。内填花土，土质松软。内置单棺，棺木已朽。棺痕长1.7、宽0.52～0.59米；棺内骨架保存较差，头向东北，面向下，骨架散乱，可辨为仰身直肢，为男性（图二四六）。

2. 随葬品

棺内左下肢骨外侧中部出土铜钱5枚，有咸丰通宝、光绪通宝。

咸丰通宝　1枚。M132：1-1，平钱，圆形，方穿，正背面郭缘较窄，正面楷书"咸豐通寶"四字，直读，背穿左右为满文"宝源"局名。钱径2.3、穿径0.5、郭厚0.1厘米（图二四七，1）。

光绪通宝 4枚。标本M132：1-2，平钱，圆形，方穿，正背面郭缘略宽，正面楷书"光緒通寶"四字，直读，背穿左右为满文"宝泉"局名。钱径2.3、穿径0.55、郭厚0.1厘米（图二四七，2）。

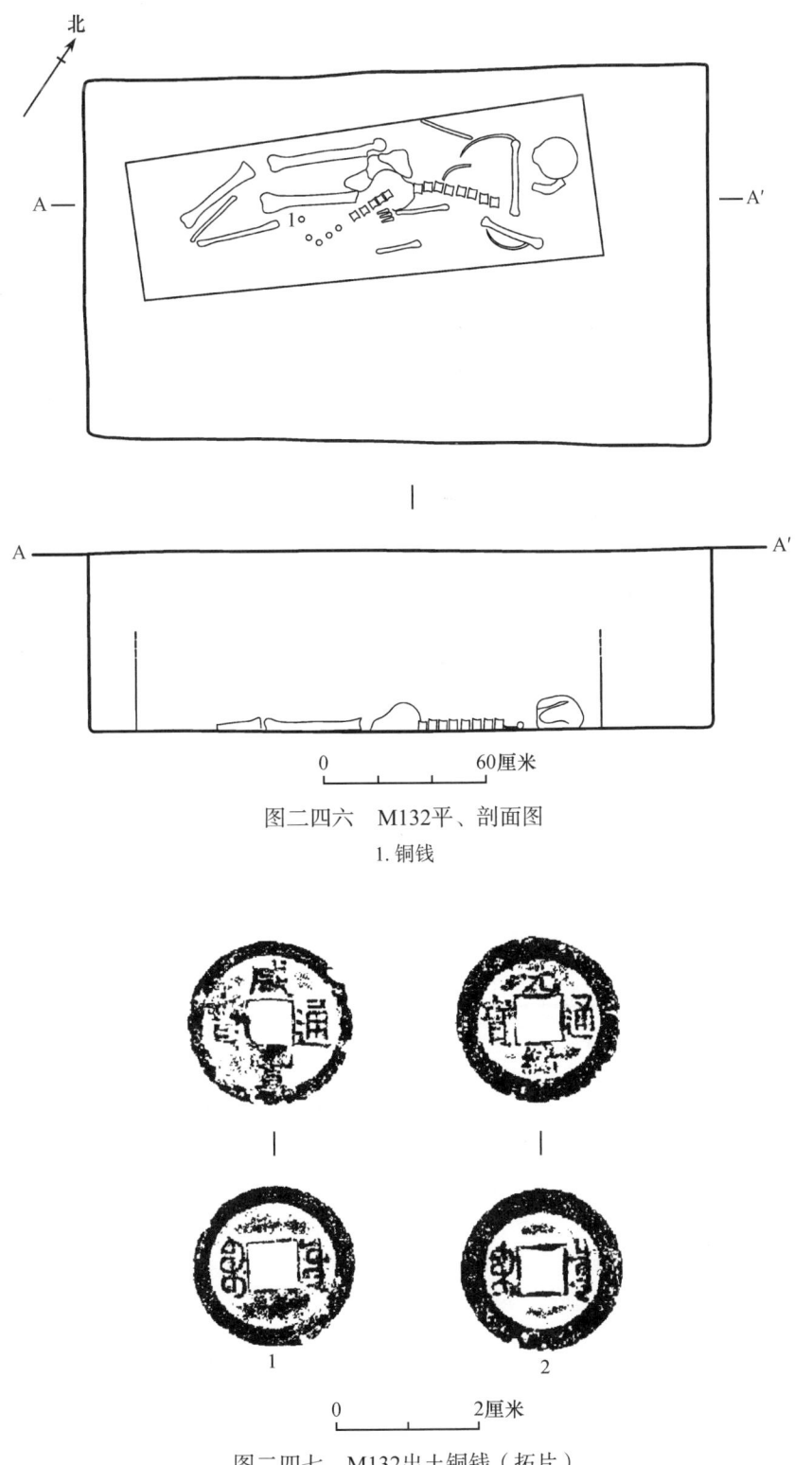

图二四六 M132平、剖面图
1. 铜钱

图二四七 M132出土铜钱（拓片）
1. 咸丰通宝（M132：1-1） 2. 光绪通宝（M132：1-2）

一三三、M133

1. 墓葬形制

该墓位于发掘区西北部，西邻M131。开口于第1层下，东西向，方向46°。

墓平面呈不规则形，竖穴土圹双棺合葬墓。墓口距地表深0.3米，墓底距地表深0.7~0.8米。墓圹东西长2.2~2.3、南北宽1.62~1.9、深0.4~0.5米。内填花土，土质松软。内置双棺，棺木已朽。南棺痕长1.8、宽0.57~0.66米；棺内骨架保存较差，头向东，面向北，骨架散乱，可辨为仰身直肢，为男性。北棺痕长1.79、宽0.5~0.52米；棺内骨架保存较差，头移位向东，面向下，仰身直肢，为女性（图二四八）。

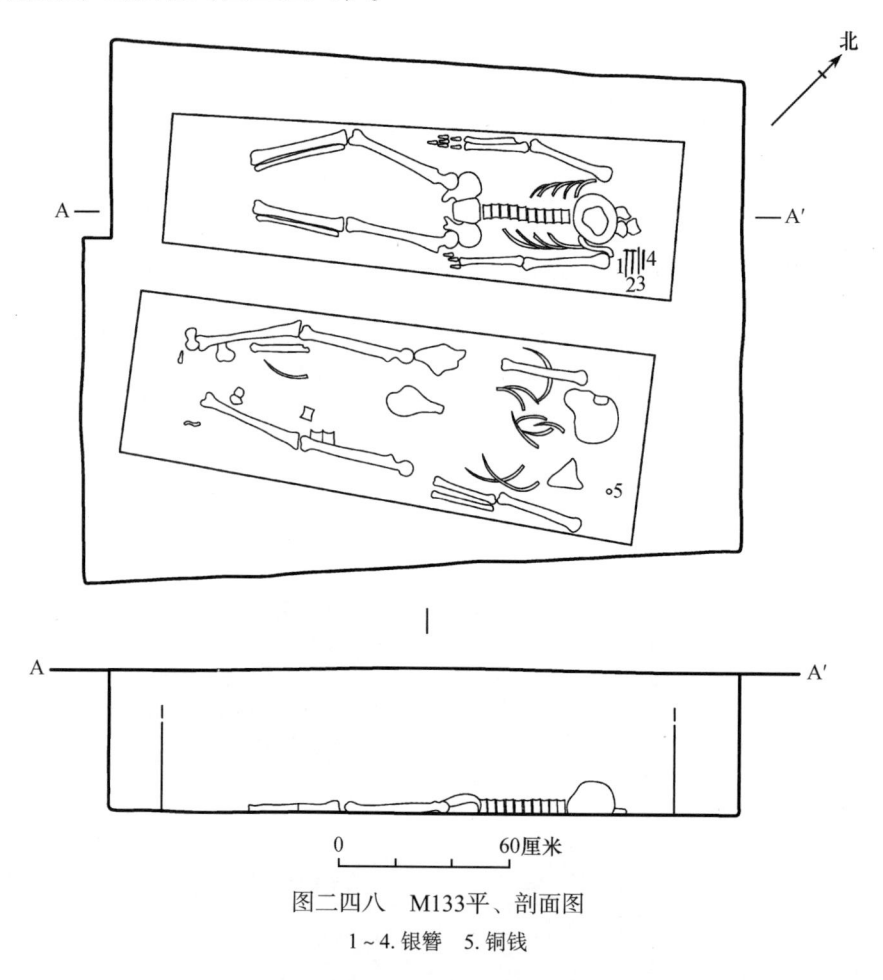

图二四八　M133平、剖面图
1~4. 银簪　5. 铜钱

2. 随葬品

南棺内左上肢骨上部出土铜钱1枚；北棺内左上肢骨上部出土银簪4件。

银簪　4件。M133∶1、M133∶2，形制相同。簪首呈扁平花瓣状，中部凸起呈圆环形，内镶嵌"福"字纹，体呈圆锥状。M133∶1，通长12.2厘米（图二四九，1；图版七〇，3）。M133∶2，通长10.6厘米（图二四九，2；图版七〇，4）。M133∶3，簪首残，体呈圆锥状。残长11.9厘米（图二四九，3）。M133∶4，簪首呈扁平葫芦状，顶部呈圆柱螺丝状，向后弯曲，体上宽下窄，呈扁条状，上部錾刻梅花纹，末端残。残长12厘米（图二四九，4；图版七〇，5）。

嘉庆通宝　1枚。M133∶5，平钱，圆形，方穿，正背面郭缘略宽，正面楷书"嘉慶通寶"四字，直读，背穿左右为满文"宝源"局名。钱径2.5、穿径0.6、郭厚0.11厘米（图二四九，5）。

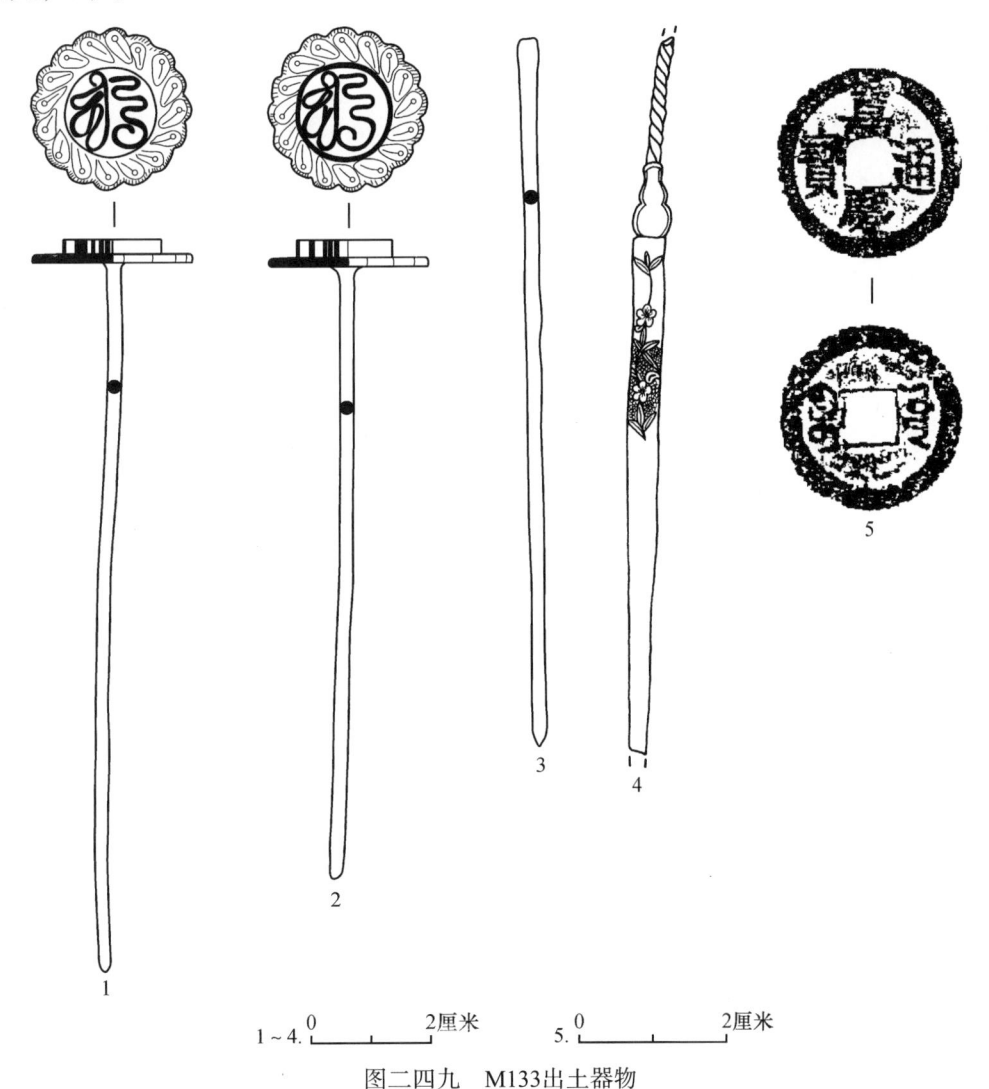

图二四九　M133出土器物

1~4.银簪（M133∶1、M133∶2、M133∶3、M133∶4）　5.嘉庆通宝（M133∶5）

一三四、M134

1. 墓葬形制

该墓位于发掘区西北部，北邻M143。开口于第1层下，南北向，方向34°。

墓平面呈不规则形，竖穴土圹三棺合葬墓。墓口距地表深0.3米，墓底距地表深0.9～1.2米。墓圹南北长2.54～2.93、东西宽2.82～2.84、深0.6～0.9米。内填花土，土质松软。内置三棺，棺木已朽。东棺痕长1.8、宽0.38～0.59米；棺内骨架保存稍好，头向东北，面向西北，仰身直肢，为男性。中棺痕长1.99、宽0.5～0.6米；棺内骨架保存稍差，头移位向西北，面向下，仰身直肢，为女性。西棺痕长2.07、宽0.48～0.61米；棺内骨架保存稍差，头移位向西，面向南，仰身直肢，为女性（图二五〇；图版二八，2）。

2. 随葬品

中棺内右上肢骨上部出土银簪3件、银耳环1件，胸椎骨上方出土铜钱3枚，右上肢骨内侧中部出土银饰件1套，左下肢骨外侧中部出土镇墓石1件；西棺内头骨右侧出土银簪4件，右上肢骨下部出土银戒指3件，左上肢骨下部及左下肢骨内侧上部出土铜钱3枚。

银簪　7件。M134：1、M134：2，形制相同。簪首近方形，四角内凹，四周饰三角纹，中部饰梅花纹，圆珠纹衬底，体呈圆锥状。M134：1，通长9.3厘米（图二五一，1；图版七〇，6）。M134：2，通长9.2厘米（图二五一，2；图版七一，1）。M134：3，簪首呈扁平花瓣状，中部凸起呈圆环形，内镶嵌"福"字纹，体呈圆锥状。通长12.4厘米（图二五一，3；图版七一，2）。M134：4，簪首呈莲藕形，梅花瓣形托，体呈圆锥状，通体鎏金。通长10.7厘米（图二五一，4；图版七一，3）。M134：5，簪首镂铸双面梅花朵形，上部节状，体呈圆锥状。通长13.3厘米（图二五一，5；图版七一，4）。M134：6，九连环禅杖形，顶呈葫芦状，体呈圆锥状。通长14.2厘米（图二五一，6；图版七一，5）。M134：7，簪首残，呈花朵状，花蕊包珠，体呈圆锥状。残长15.1厘米（图二五一，7；图版七一，6）。

银耳环　1件。M134：8，呈"S"形，一端尖锐呈钩状，另一端呈圆饼状。环首直径1.5、通高2.6厘米（图二五二，1；图版八五，2）。

银戒指　3件。M134：9，圆形，形体宽扁，戒面中部錾刻蝙蝠纹，两侧錾刻钩纹，内刻划梅花纹。直径2.2厘米（图二五二，2；图版八七，3）。M134：10，圆环形，呈节状。直径2.3厘米（图二五二，3；图版八七，4）。M134：11，圆环形，戒面呈扁鼓状，圆珠纹衬底，内饰梅花纹。直径2.4、宽0.75厘米（图二五二，4；图版八七，5）。

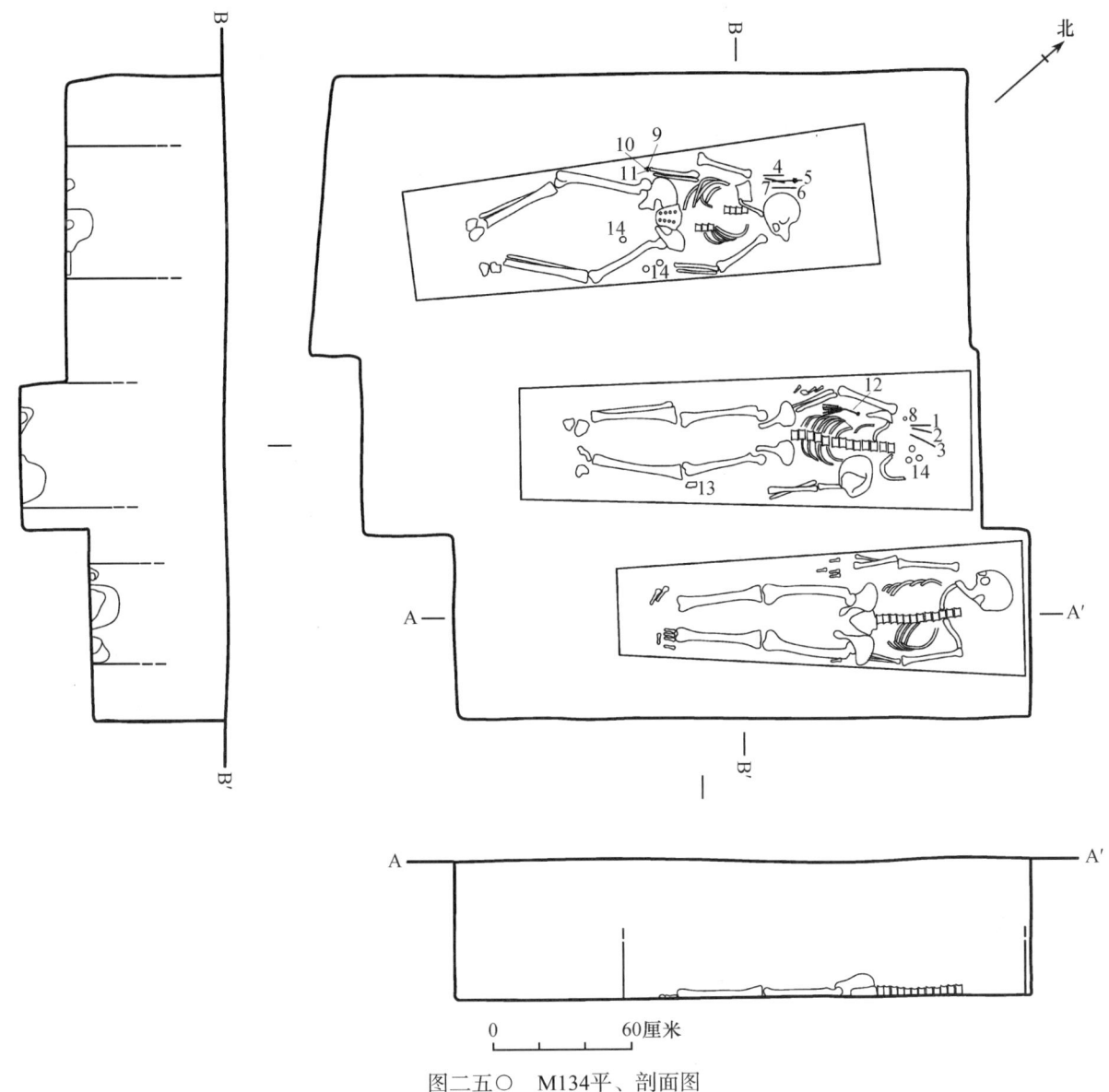

图二五〇 M134平、剖面图
1~7.银簪 8.银耳环 9~11.银戒指 12.银饰件 13.镇墓石 14.铜钱

银饰件 1套。M134：12，上部为蝙蝠形，一条银链连接，中部呈花篮状，提呈弯曲如意状，篓微鼓呈灯笼状，下方五条银链坠挂有耳勺、刀、镊子、剑、牙签。耳勺呈扁平龙纹形首，体呈圆柱状，长8厘米。刀为青龙偃月刀，尾呈八棱锤状，龙纹形柄，背呈连弧状，尖上翘，刃锋利，身两面錾刻龙须纹，长8.4厘米。镊子首呈扁平长条状，体呈扁条钩状，两面饰梅花纹，长8.4厘米。剑为七星剑，尾呈如意状，蝙蝠纹形柄，身呈扁平长条状，两面錾刻北斗七星纹，尖呈三角形，两刃锋利，长8.2厘米。牙签为扁平龙纹形首，体呈圆柱状，尖端呈扁锥状，长8.2厘米。通长36厘米（图二五二，5；图版七二）。

图二五一 M134出土银簪

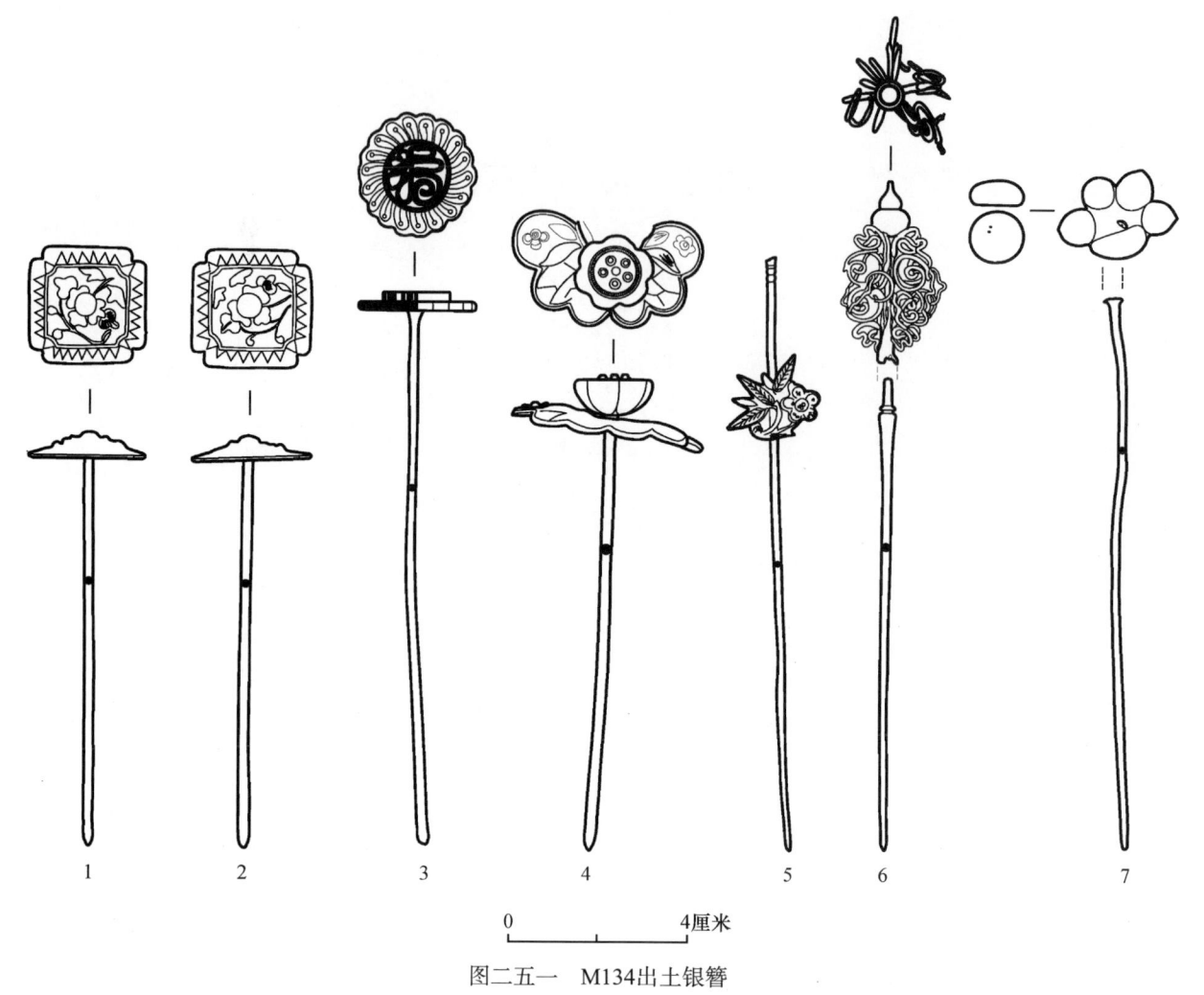

1. M134:1 2. M134:2 3. M134:3 4. M134:4 5. M134:5 6. M134:6 7. M134:7

镇墓石 1件。M134:13,青石,扁平长条形,正面楷书"赤"字,背面楷书"黄"字。长4.9、宽2.56厘米(图二五二,6;图版九四)。

铜钱 6枚。有顺治通宝、乾隆通宝、光绪通宝。

顺治通宝 1枚。M134:14-1,大平钱,圆形,方穿,正背面郭缘较宽,正面楷书"顺治通寶"四字,直读,背穿左右为满文"宝源"局名。钱径2.71、穿径0.5、郭厚0.1厘米(图二五二,7)。

乾隆通宝 3枚。标本M134:14-2,小平钱,圆形,方穿,正背面郭缘较窄,正面楷书"乾隆通寶"四字,直读,背穿左右为满文"宝泉"局名。钱径2.11、穿径0.61、郭厚0.15厘米(图二五二,8)。

光绪通宝 2枚。标本M134:14-3,小平钱,圆形,方穿,正背面郭缘较窄,正面楷书"光緒通寶"四字,直读,背穿左右为满文"宝源"局名。钱径2.15、穿径0.55、郭厚0.08厘米(图二五二,9)。

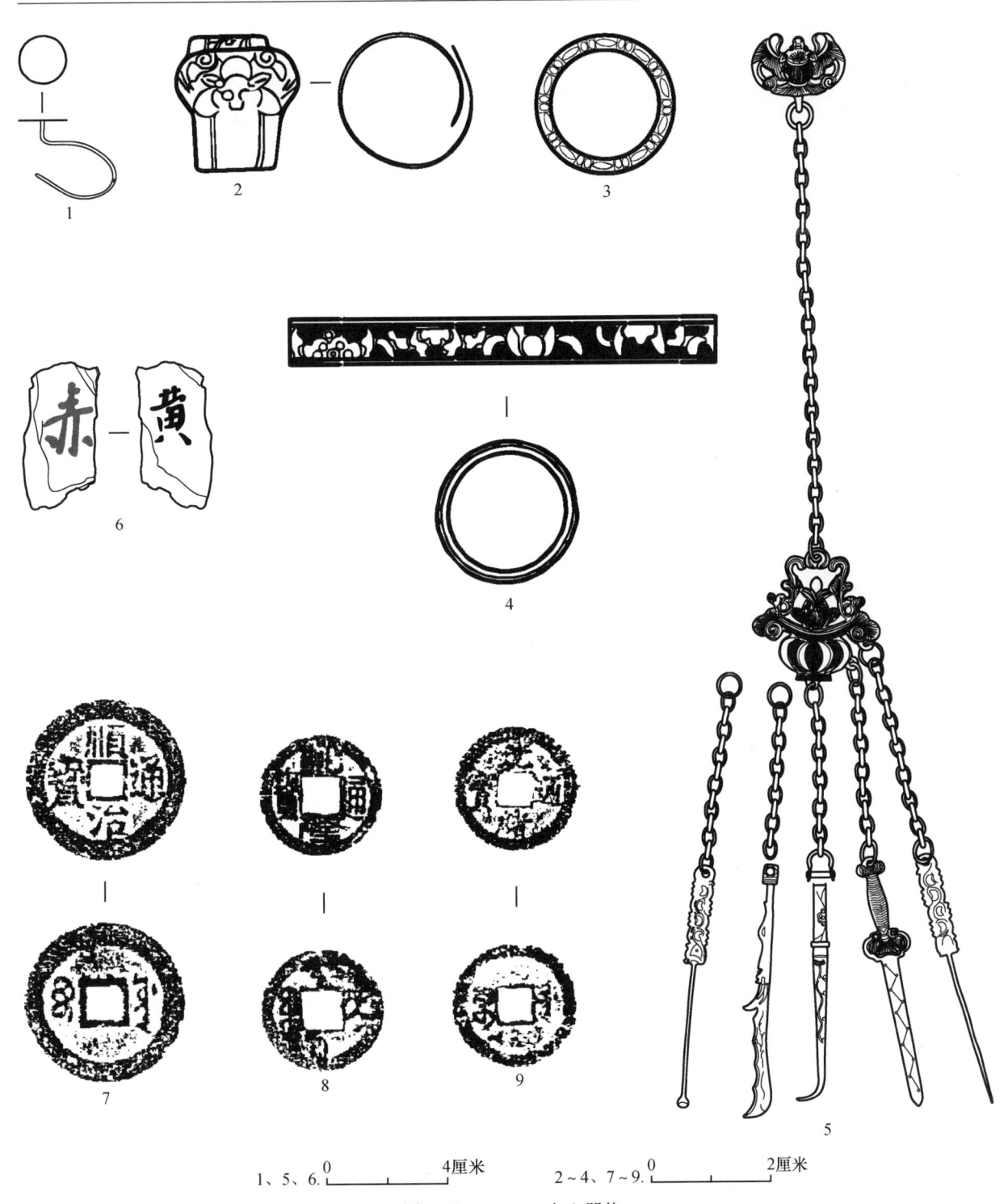

1、5、6. 0____4厘米 2~4、7~9. 0____2厘米

图二五二　M134出土器物

1. 银耳环（M134：8）　2~4. 银戒指（M134：9、M134：10、M134：11）　5. 银饰件（M134：12）
6. 镇墓石（M134：13）　7. 顺治通宝（M134：14-1）　8. 乾隆通宝（M134：14-2）　9. 光绪通宝（M134：14-3）

一三五、M135

1. 墓葬形制

该墓位于发掘区西北部，北邻M134。开口于第1层下，东西向，方向60°。

墓平面呈长方形，竖穴土圹双棺合葬墓。墓口距地表深0.3米，墓底距地表深0.7~0.9米。墓圹东西长2.96、南北宽2.4~2.42、深0.4~0.6米。内填花土，土质松软。内置双棺，棺木已朽。南棺痕长1.81、宽0.53~0.58米；棺内骨架保存较好，头向东，面向北，仰身直肢，为男性。北棺痕长1.82、宽0.48~0.56米；棺内骨架保存较差，头向东，面残向上，仰身直肢，为女性（图二五三）。

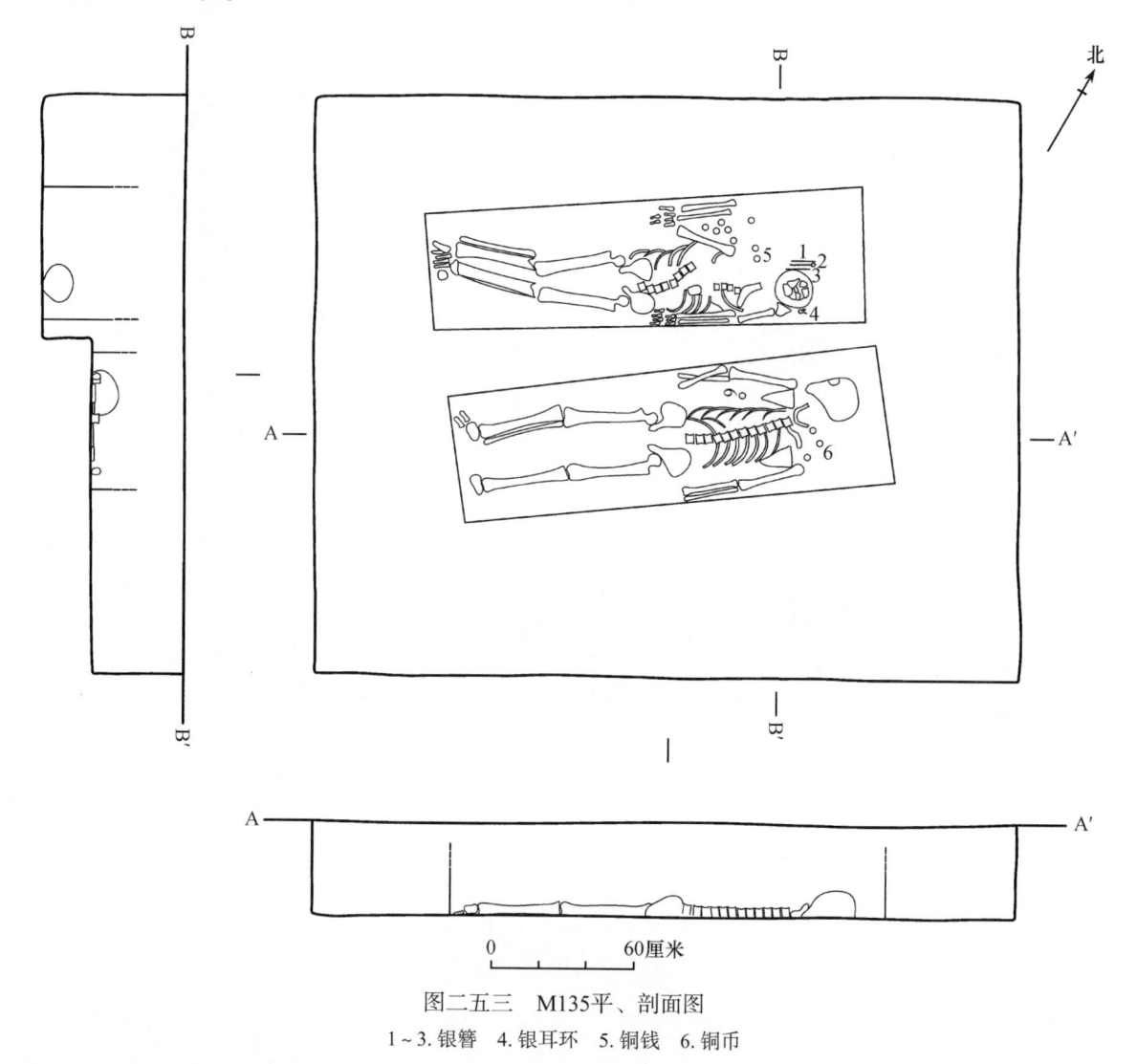

图二五三　M135平、剖面图
1~3. 银簪　4. 银耳环　5. 铜钱　6. 铜币

2. 随葬品

南棺内左肩胛骨上部及右上肢骨内侧中部出土铜币4枚；北棺内头骨右侧出土银簪3件，头骨左侧出土银耳环1件，右上肢骨内侧中部出土铜钱8枚。

银簪　3件。M135：1，簪首呈镂铸双面梅花朵形，体呈圆锥状。长10.8厘米（图二五四，1；图版七三，1）。M135：2，簪首呈扁平花瓣状，中部凸起呈圆环形，内铸"福"字纹，体呈圆锥状。长10.5厘米（图二五四，2；图版七三，2）。M135：3，簪首残，体呈圆锥状。残长10.1厘米（图二五四，3）。

银耳环　1件。M135：4，呈"S"形，一端尖锐呈钩状，另一端呈圆饼状。通高3.4厘米（图二五四，4；图版八五，3）。

铜钱　8枚。有嘉庆通宝、道光通宝、光绪通宝、宣统通宝、宽永通宝。

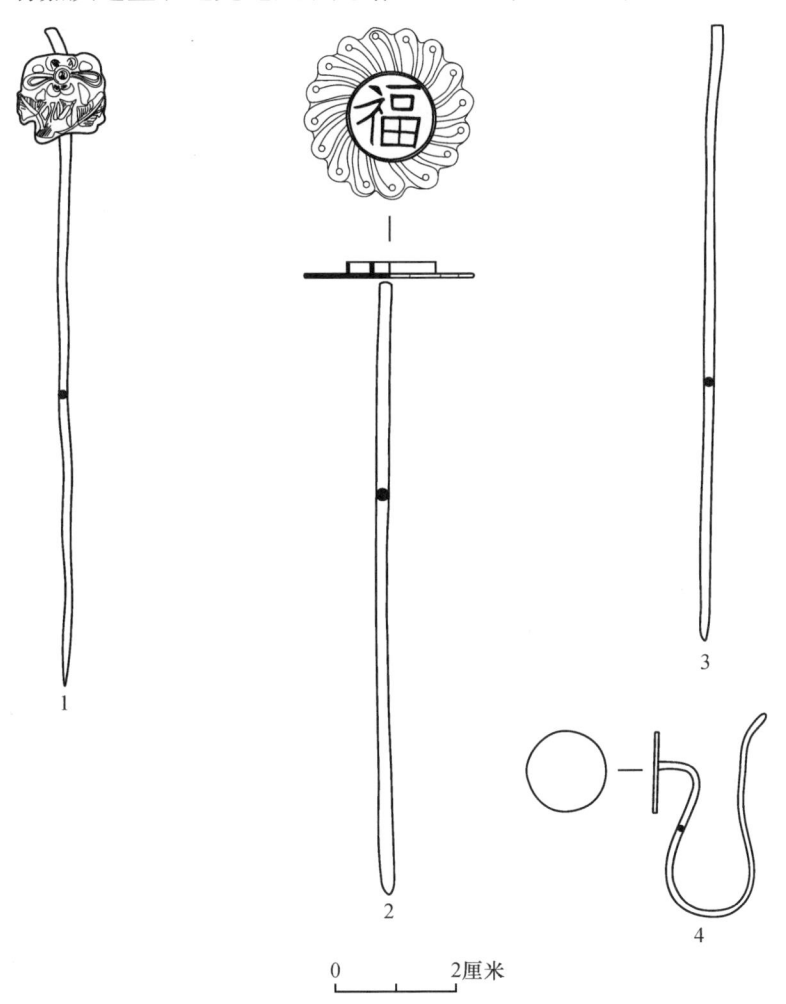

图二五四　M135出土银器

1～3. 银簪（M135：1、M135：2、M135：3）　4. 银耳环（M135：4）

嘉庆通宝　2枚。标本M135：5-1，平钱，圆形，方穿，正背面郭缘略宽，正面楷书"嘉慶通寶"四字，直读，背穿左右为满文"宝泉"局名。钱径2.3、穿径0.65、郭厚0.1厘米（图二五五，1）。

道光通宝　1枚。M135：5-2，平钱，圆形，方穿，正背面郭缘略宽，正面楷书"道光通寶"四字，直读，背穿左右为满文"宝泉"局名。钱径2.45、穿径0.6、郭厚0.11厘米（图二五五，2）。

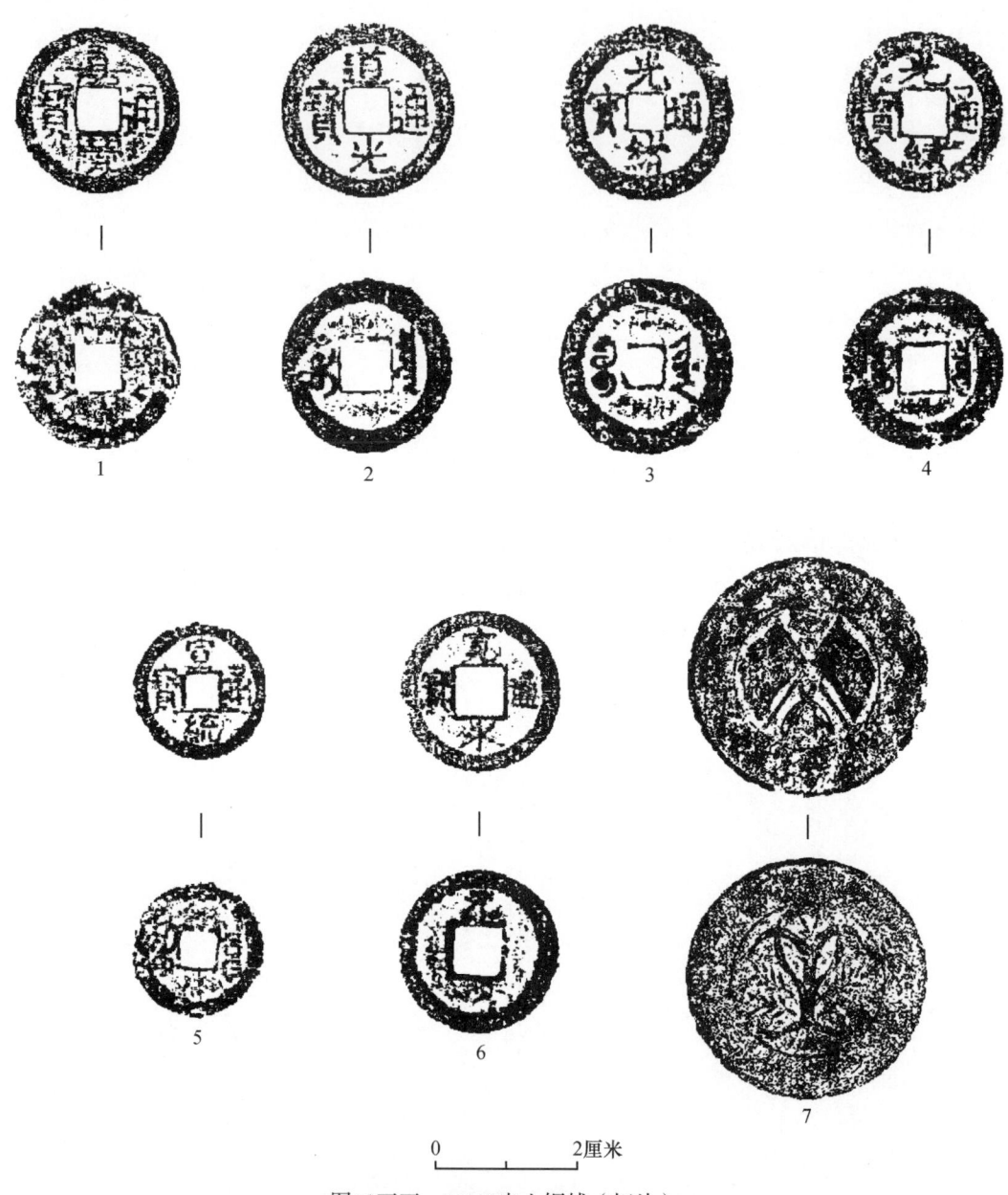

图二五五　M135出土铜钱（拓片）

1. 嘉庆通宝（M135：5-1）　2. 道光通宝（M135：5-2）　3、4. 光绪通宝（M135：5-3、M135：5-4）
5. 宣统通宝（M135：5-5）　6. 宽永通宝（M135：5-6）　7. 铜币（M135：6-1）

光绪通宝　3枚。平钱，圆形，方穿，正背面郭缘较宽，正面楷书"光緒通寶"四字，直读。标本M135：5-3，背穿左右为满文"宝泉"局名。钱径2.25、穿径0.61、郭厚0.1厘米（图二五五，3）。标本M135：5-4，背穿左右为满文"宝源"局名。钱径2.25、穿径0.61、郭厚0.1厘米（图二五五，4）。

宣统通宝　1枚。M135：5-5，小平钱，圆形，方穿，正背面郭缘较窄，正面楷书"宣統通寶"四字，直读，背穿左右为满文"宝泉"局名。钱径1.85、穿径0.45、郭厚0.09厘米（图二五五，5）。

宽永通宝　1枚。M135：5-6，平钱，圆形，方穿，正背面郭缘略宽，正面楷书"寬永通寶"四字，直读，背穿上楷书"元"字。钱径2.2、穿径0.68、郭厚0.1厘米（图二五五，6）。

铜币　4枚。M135：6-1，大平钱，圆形，正背面郭缘较窄，正面珠圈内铸双旗，背面珠圈内铸垂直麦穗纹。钱径3.3、郭厚0.13厘米（图二五五，7）。

一三六、M136

1. 墓葬形制

该墓位于发掘区西南部，东邻M87。开口于第1层下，南北向，方向2°。

墓平面呈不规则形，竖穴土圹双棺合葬墓。墓口距地表深0.3米，墓底距地表深1.7米。墓圹南北长2.6~2.8、东西宽1.8、深1.4米。内填花土，土质松软。内置双棺，棺木已朽。东棺痕长2、宽0.5~0.6米；棺内骨架保存稍好，头向北，面向上，右上肢骨中部放置长18、宽18~20、厚1厘米的板瓦1块，仰身直肢，为男性。西棺痕长1.9、宽0.5~0.6米；棺内骨架保存稍好，头移位向西，面向南，胸椎骨右侧放置长18、宽14~16、厚1厘米的板瓦1块，仰身屈肢，为女性（图二五六；图版二九，1）。

2. 随葬品

东棺下肢骨内侧上部出土铜钱1枚。

乾隆通宝　1枚。M136：1，平钱，圆形，方穿，正背面郭缘较宽，正面楷书"乾隆通寶"四字，直读，背穿左右为满文"宝泉"局名。钱径2.4、穿径0.59、郭厚0.1厘米（图二五七）。

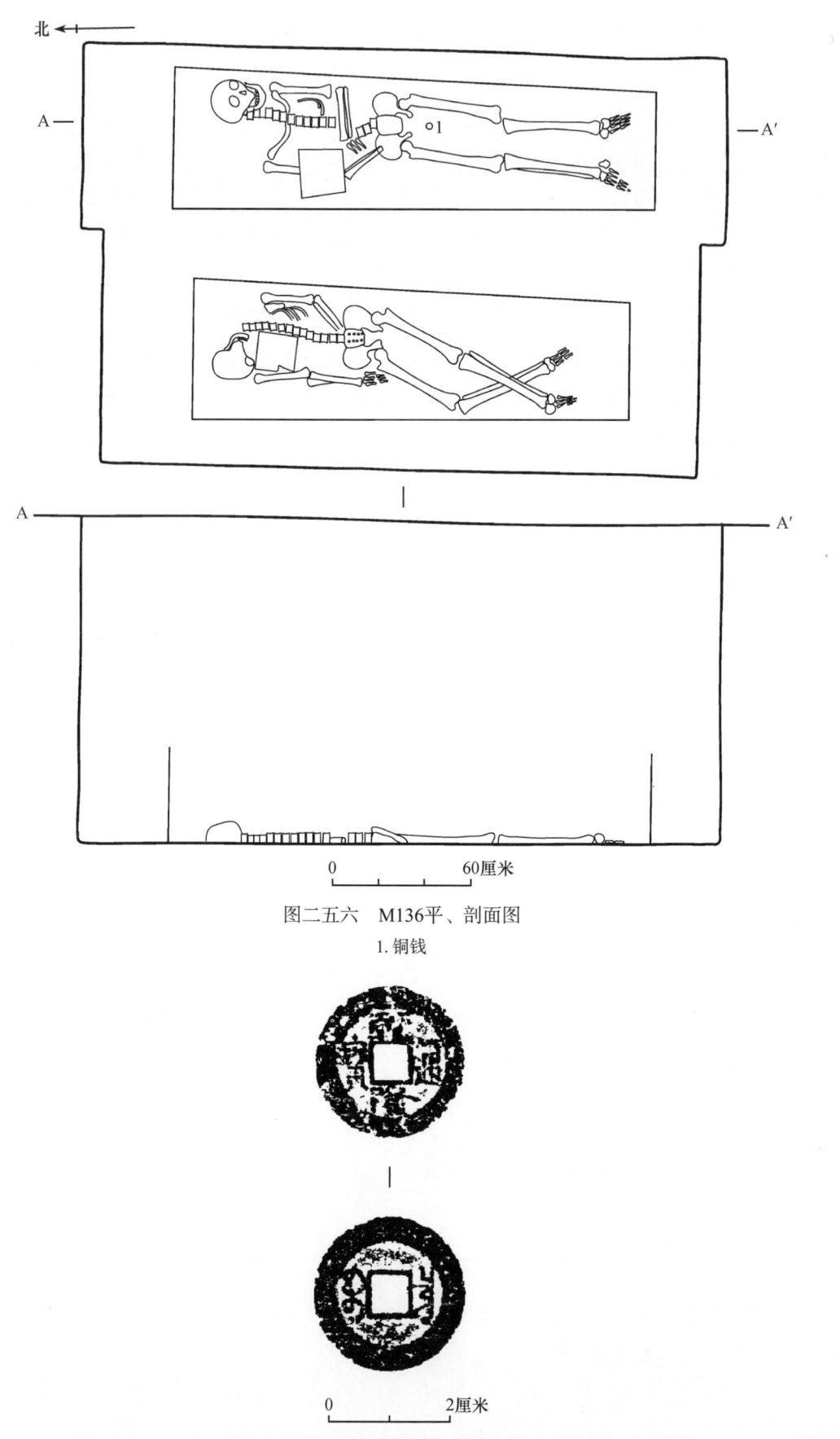

图二五六　M136平、剖面图
1. 铜钱

图二五七　M136出土乾隆通宝（M136∶1）（拓片）

一三七、M137

1. 墓葬形制

该墓位于发掘区西南部，南邻M102。开口于第1层下，南北向，方向5°。

墓平面呈不规则形，竖穴土圹四棺合葬墓。墓口距地表深0.3米，墓底距地表深1.4~1.7米。墓圹南北长2.6~2.7、东西宽3.8、深1.1~1.4米。内填花土，土质松软。内置四棺，棺木已朽，由东向西分别编号为1~4号。1号棺棺痕长2、宽0.5~0.6米；棺内骨架保存较好，头向北，面向上，仰身直肢，为男性。2号棺棺痕长2、宽0.6~0.7米；棺内骨架保存较好，头向北，面向东，仰身直肢，为女性。3号棺棺痕长2、宽0.5~0.6米；棺内骨架保存稍差，头移位向南，面向上，头骨右侧放置长20、宽22~24、厚1厘米的板瓦1块，仰身直肢，为女性。4号棺棺痕长2、宽0.5~0.6米；棺内骨架保存较好，头向移位东，面向北，胸椎骨右上方放置长20、宽18~20、厚1厘米的板瓦1块，仰身直肢，为女性（图二五八；图版二九，2）。

2. 随葬品

1号棺外左下方出土瓷碗1件，棺内下肢骨内侧上部出土铜钱2枚；2号棺头骨上方出土银簪1件、铜扁方1件；4号棺腰椎骨左侧出土铜钱2枚。

瓷碗　1件。M137：1，敞口，沿外撇，尖圆唇，斜弧腹，下腹折收，矮圈足，内涩底。灰褐色粗胎，体施酱黄色釉，下腹及足底无釉。轮制，下腹部留有轮旋痕迹。口径16、底径5.8、高6厘米（图二五九，1；图版五四，5）。

银簪　1件。M137：2，簪首呈花朵状，花蕊包珠，伞状托，体呈圆锥状，下部残。残长0.92厘米（图二五九，2；图版七三，3）。

铜扁方　1件。M137：3，首残，体上宽下窄，呈扁条状。残长6.6厘米（图二五九，3）。

铜钱　4枚。有康熙通宝、乾隆通宝。

康熙通宝　3枚。标本M137：4-1，大平钱，圆形，方穿，正背面郭缘较宽，正面楷书"康熙通寶"四字，直读，背穿左右为满文"宝泉"局名。钱径2.8、穿径0.65、郭厚0.1厘米（图二五九，4）。标本M137：4-2，平钱，圆形，方穿，正背面郭缘略宽，正面楷书"康熙通寶"四字，直读，背穿左右为满文"宝源"局名。钱径2.38、穿径0.62、郭厚0.11厘米（图二五九，5）。

乾隆通宝　1枚。M137：4-3，平钱，圆形，方穿，正背面郭缘略宽，正面楷书"乾隆通寶"四字，直读，背穿左右为满文"宝源"局名。钱径2.31、穿径0.65、郭厚0.11厘米（图二五九，6）。

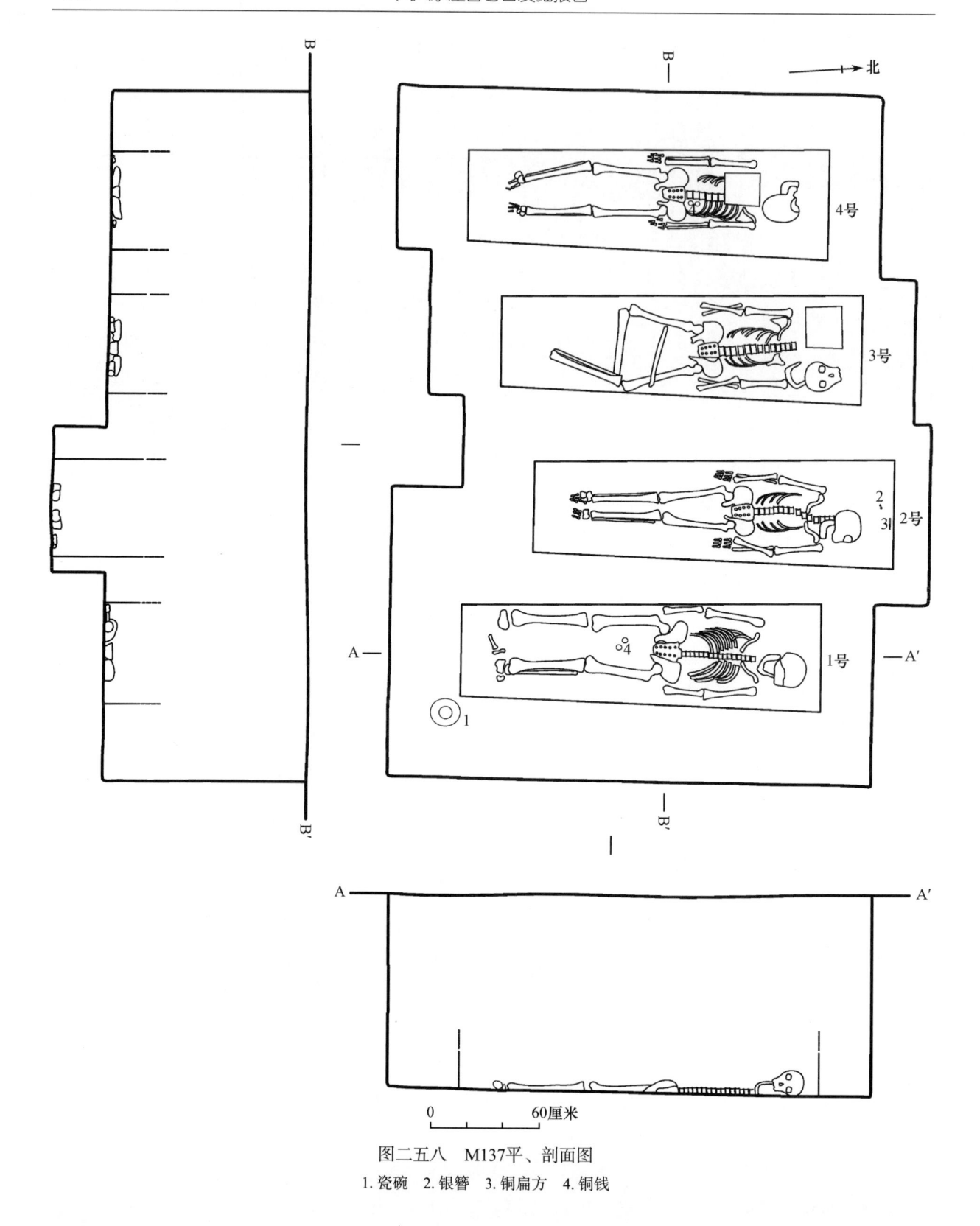

图二五八　M137平、剖面图
1. 瓷碗　2. 银簪　3. 铜扁方　4. 铜钱

图二五九　M137出土器物

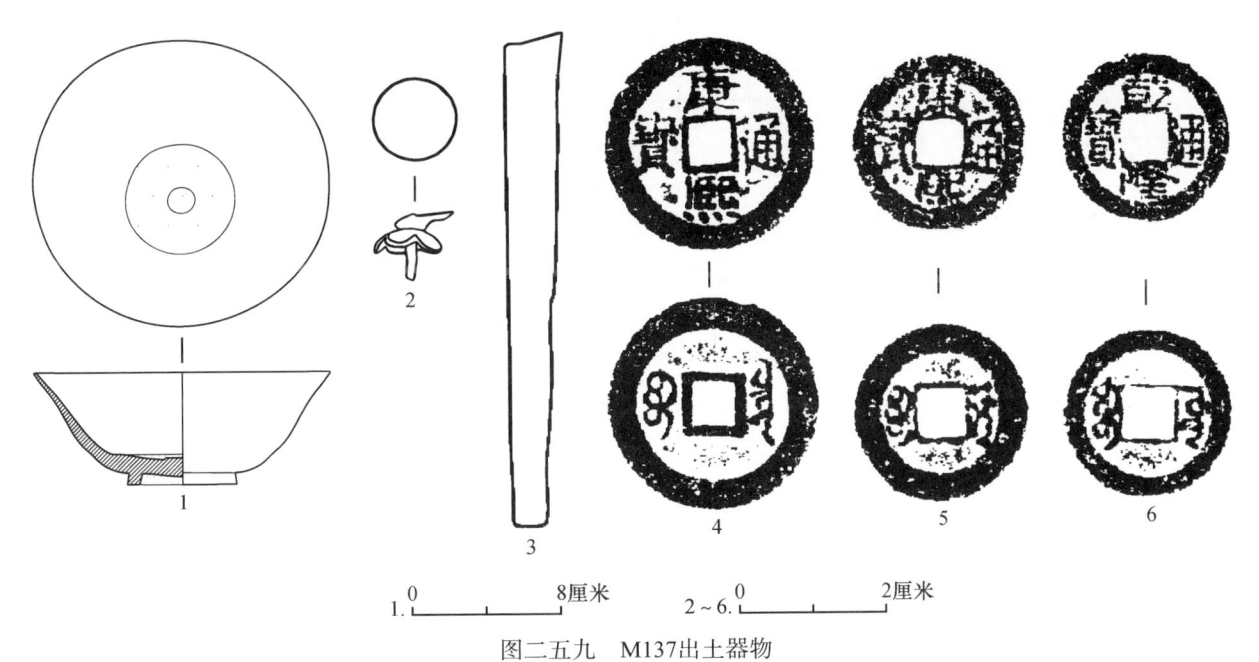

1. 瓷碗（M137：1）　2. 银簪（M137：2）　3. 铜扁方（M137：3）　4、5. 康熙通宝（M137：4-1、M137：4-2）
6. 乾隆通宝（M137：4-3）

一三八、M138

1. 墓葬形制

该墓位于发掘区西南部，南邻M139。开口于第1层下，南北向，方向5°。

墓平面呈长方形，竖穴土圹双棺合葬墓。墓口距地表深0.3米，墓底距地表深1.3~1.4米。墓圹南北长2.7、东西宽1.9、深1~1.1米。内填花土，土质松软。内置双棺，残存棺木。东棺长2、宽0.5~0.6、棺板厚0.02米，前、后封板厚0.02米；棺内骨架保存较好，头向北，面向上，仰身直肢，为男性。西棺长1.94、宽0.5~0.6米，棺板厚0.06~0.08米，前封板厚0.02米，后封板厚0.04米；棺内骨架保存较好，头移位向北，面向东，仰身屈肢，为女性（图二六〇）。

2. 随葬品

东棺内头骨左侧出土铜币1枚；西棺内头骨右上方出土银簪3件、银押发1件，右下肢骨上部内外侧出土铜钱4枚。

银押发　1件。M138：1，呈弓状，两端呈扁条叶状，上錾刻花卉纹。长10厘米（图二六一，1；图版七三，4）。

银簪　3件。M138：2，簪首呈扁平花瓣状，中部凸起呈圆环形，内镶嵌"福"字纹，体呈圆锥状。通长12.5厘米（图二六一，2；图版七三，5）。M138：3，簪首残，体呈圆锥状。残

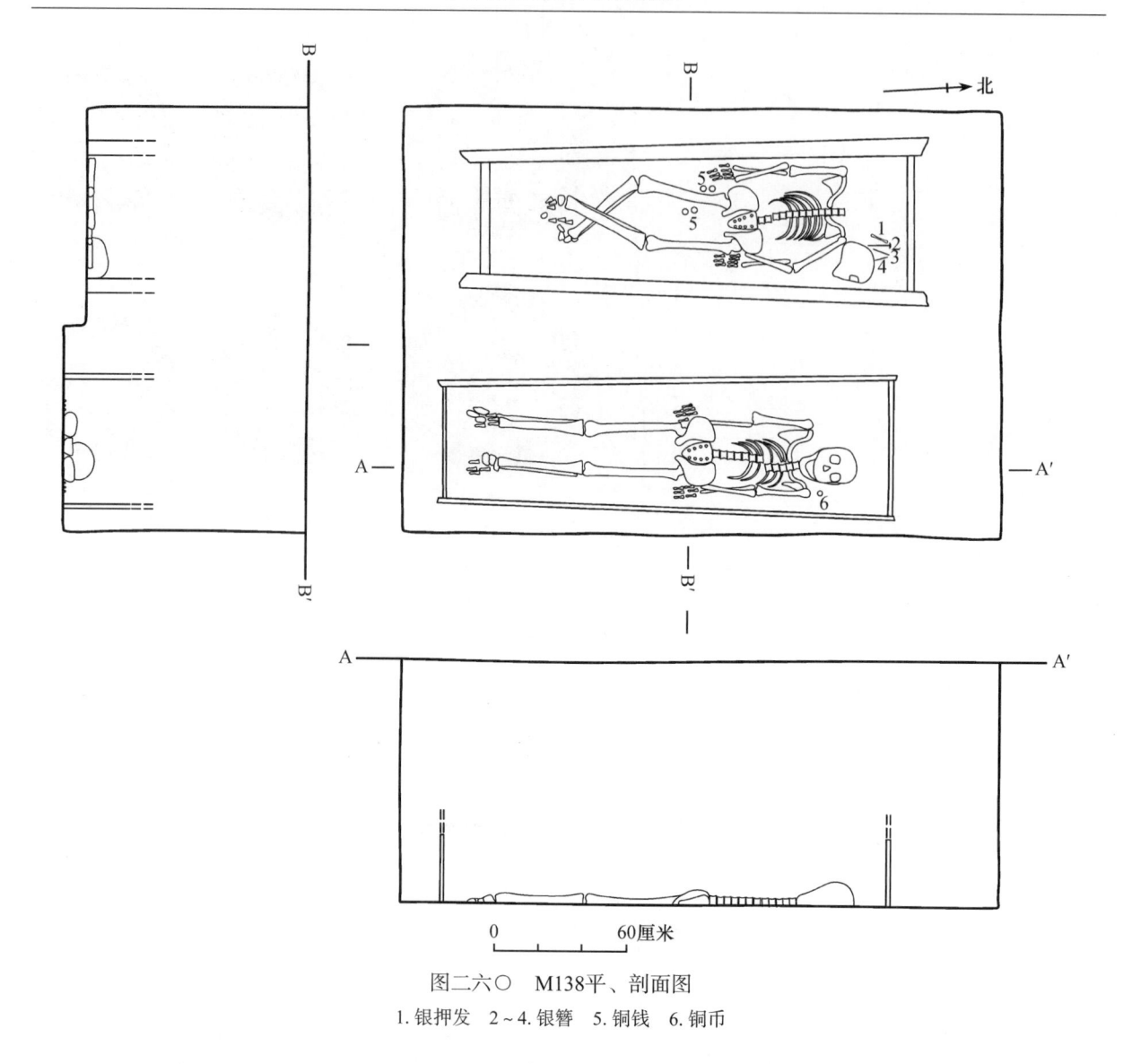

图二六〇　M138平、剖面图
1.银押发　2~4.银簪　5.铜钱　6.铜币

长9.4厘米（图二六一，3）。M138：4，簪首残，体呈圆锥状。残长7.1厘米（图二六一，4）。

铜钱　4枚。有嘉庆通宝、道光通宝、光绪通宝。

嘉庆通宝　1枚。M138：5-1，平钱，圆形，方穿，正背面郭缘略宽，正面楷书"嘉慶通寶"四字，直读，背穿左右为满文"宝泉"局名。钱径2.35、穿径0.65、郭厚0.1厘米（图二六一，5）。

道光通宝　1枚。M138：5-2，平钱，圆形，方穿，正背面郭缘略宽，正面楷书"道光通寶"四字，直读，背穿左右为满文"宝源"局名。钱径2.25、穿径0.62、郭厚0.11厘米（图二六一，6）。

光绪通宝　2枚。标本M138：5-3，小平钱，圆形，方穿，正背面郭缘略宽，正面楷书"光緒通寶"四字，直读，背穿左右为满文"宝泉"局名。钱径2.19、穿径0.7、郭厚0.1厘米（图二六一，7）。

大清铜币　1枚。M138：6，大平钱，圆形，正背面郭缘较窄，正面珠圈内楷书"大清铜币"四字，直读，齿缘左右楷书"丁未"二字，背面珠圈内铸蟠龙戏火珠纹，齿缘上方楷书"光緒年造"四字。钱径2.8、郭厚0.11厘米（图二六一，8）。

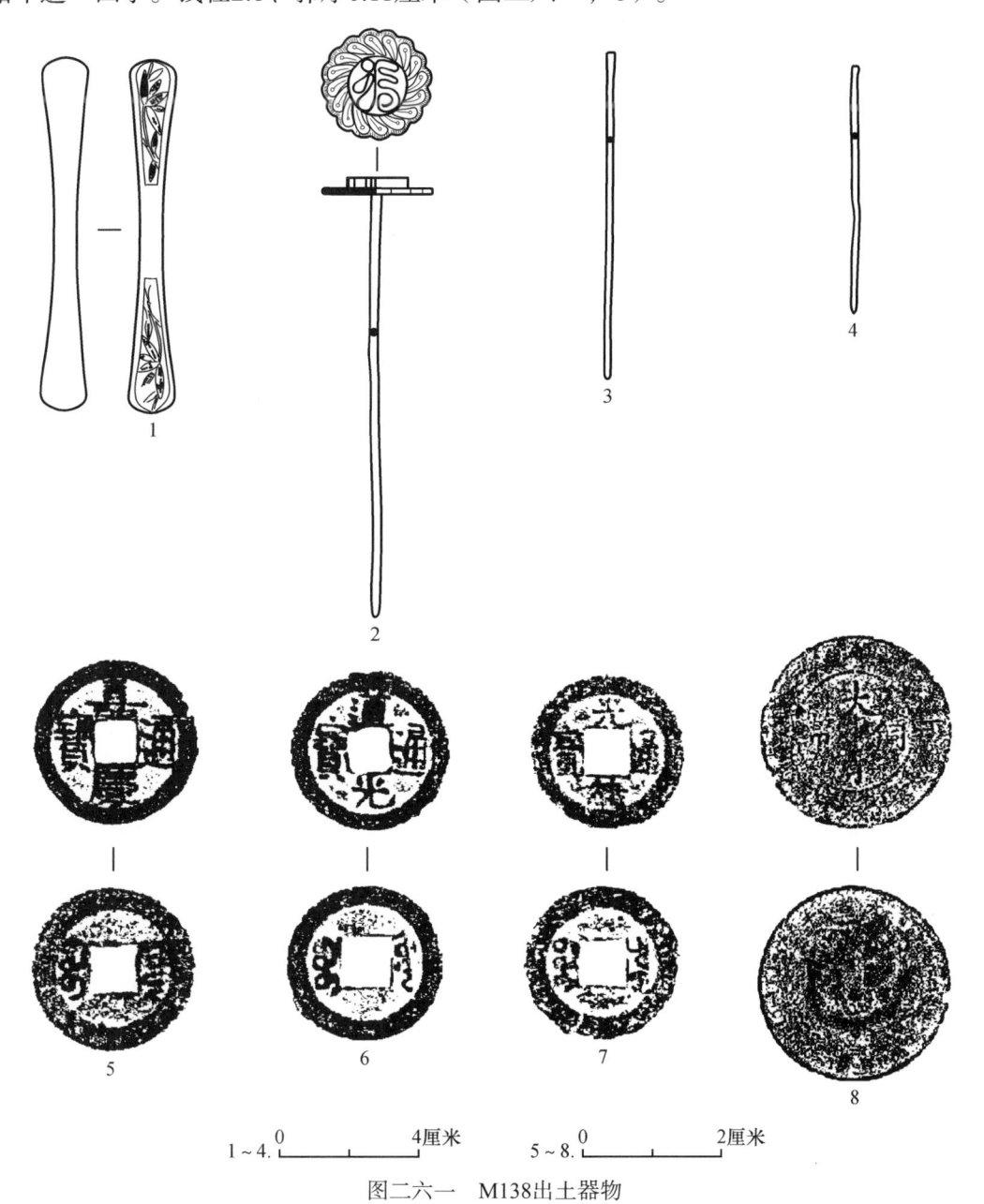

图二六一　M138出土器物

1. 银押发（M138：1）　2~4. 银簪（M138：2、M138：3、M138：4）　5. 嘉庆通宝（M138：5-1）　6. 道光通宝（M138：5-2）
7. 光绪通宝（M138：5-3）　8. 大清铜币（M138：6）

一三九、M139

1. 墓葬形制

该墓位于发掘区西南部，北邻M138。开口于第1层下，南北向，方向5°。

墓平面呈长方形，竖穴土圹单棺墓。墓口距地表深0.3米，墓底距地表深1.3米。墓圹南北长2.3、东西宽1.2、深1米。内填花土，土质松软。内置单棺，棺木已朽。棺痕长1.8、宽0.56~0.6米；棺内未发现骨架，葬式、性别不明（图二六二）。

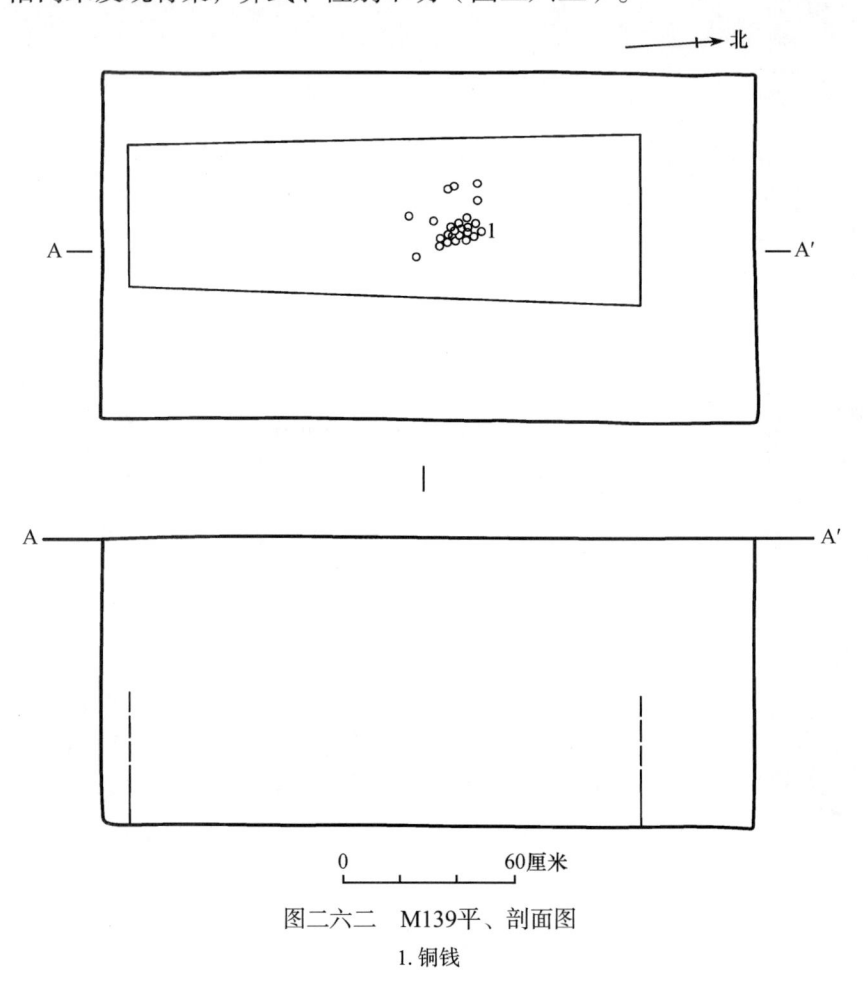

图二六二　M139平、剖面图
1. 铜钱

2. 随葬品

棺内中部出土铜钱25枚，有康熙通宝、道光通宝、光绪通宝。

康熙通宝　1枚。M139：1-1，平钱，圆形，方穿，正背面郭缘略宽，正面楷书"康熙通寳"四字，直读，背穿左右为满文"宝泉"局名。钱径2.25、穿径0.5、郭厚0.08厘米（图二六三，1）。

道光通宝　8枚。标本M139：1-2，平钱，圆形，方穿，正背面郭缘略宽，正面楷书"道光通寶"四字，直读，背穿左右为满文"宝源"局名。钱径2.31、穿径0.61、郭厚0.11厘米（图二六三，2）。

光绪通宝　16枚。标本M139：1-3，小平钱，圆形，方穿，正背面郭缘略宽，正面楷书"光緒通寶"四字，直读，背穿左右为满文"宝直"局名。钱径2.39、穿径0.55、郭厚0.1厘米（图二六三，3）。

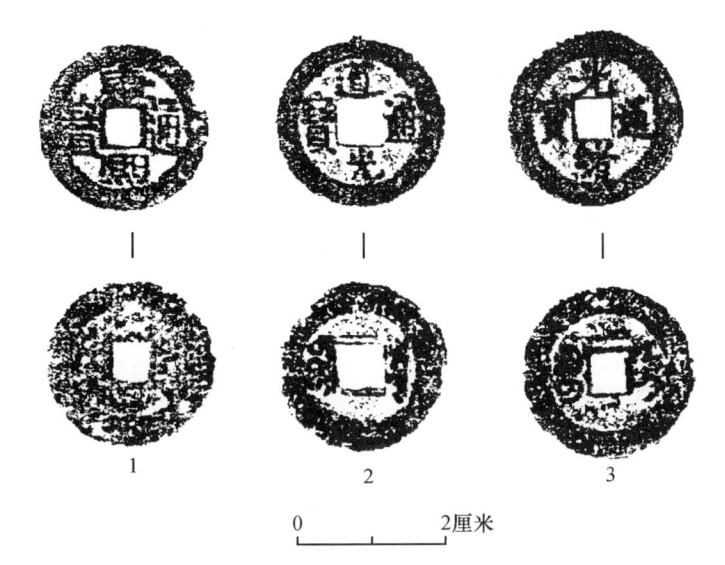

图二六三　M139出土铜钱（拓片）
1.康熙通宝（M139：1-1）　2.道光通宝（M139：1-2）　3.光绪通宝（M139：1-3）

一四〇、M140

1. 墓葬形制

该墓位于发掘区西南部，东邻M211。开口于第1层下，东西向，方向50°。

墓平面呈正方形，竖穴土圹单棺墓。墓口距地表深0.3米，墓底距地表深1米。墓圹边长2.1、深0.7米。内填花土，土质松软。内置单棺，棺木已朽。棺痕长1.9、宽0.5~0.6米；棺内骨架保存稍差，头移位向西，面向南，仰身直肢，为男性（图二六四）。

2. 随葬品

未发现随葬品。

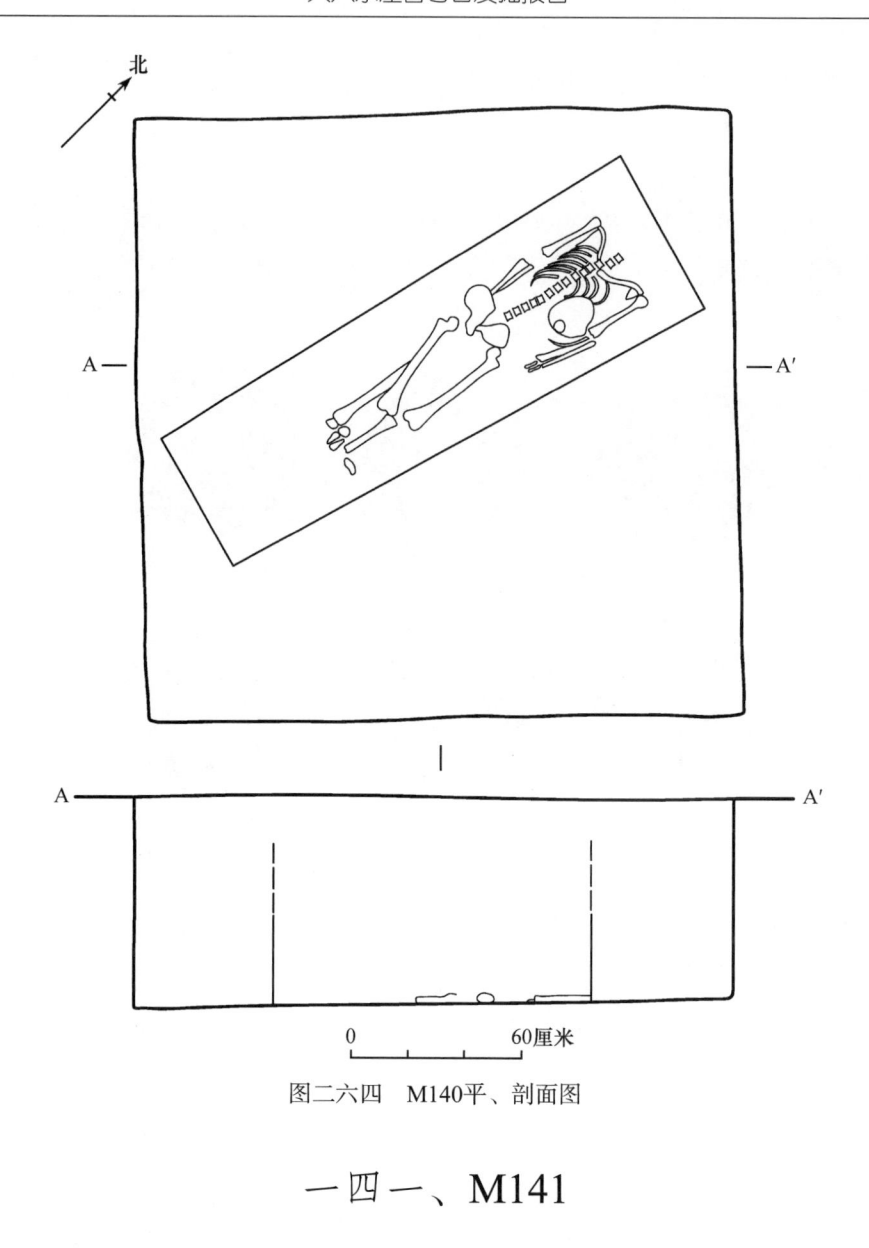

图二六四　M140平、剖面图

一四一、M141

1. 墓葬形制

该墓位于发掘区西南部，南邻M142。开口于第1层下，南北向，方向355°。

墓平面呈正方形，竖穴土圹双棺合葬墓。墓口距地表深0.3米，墓底距地表深1.2米。墓圹边长2.4、深0.9米。内填花土，土质松软。内置双棺，棺木已朽。东棺痕长2、宽0.58～0.6米；棺内骨架保存稍好，头骨残碎，仰身直肢，为男性。西棺痕长2、宽0.5～0.6米；棺内骨架保存较差，头向北，面向上，仰身直肢，为女性（图二六五）。

2. 随葬品

未发现随葬品。

图二六五　M141平、剖面图

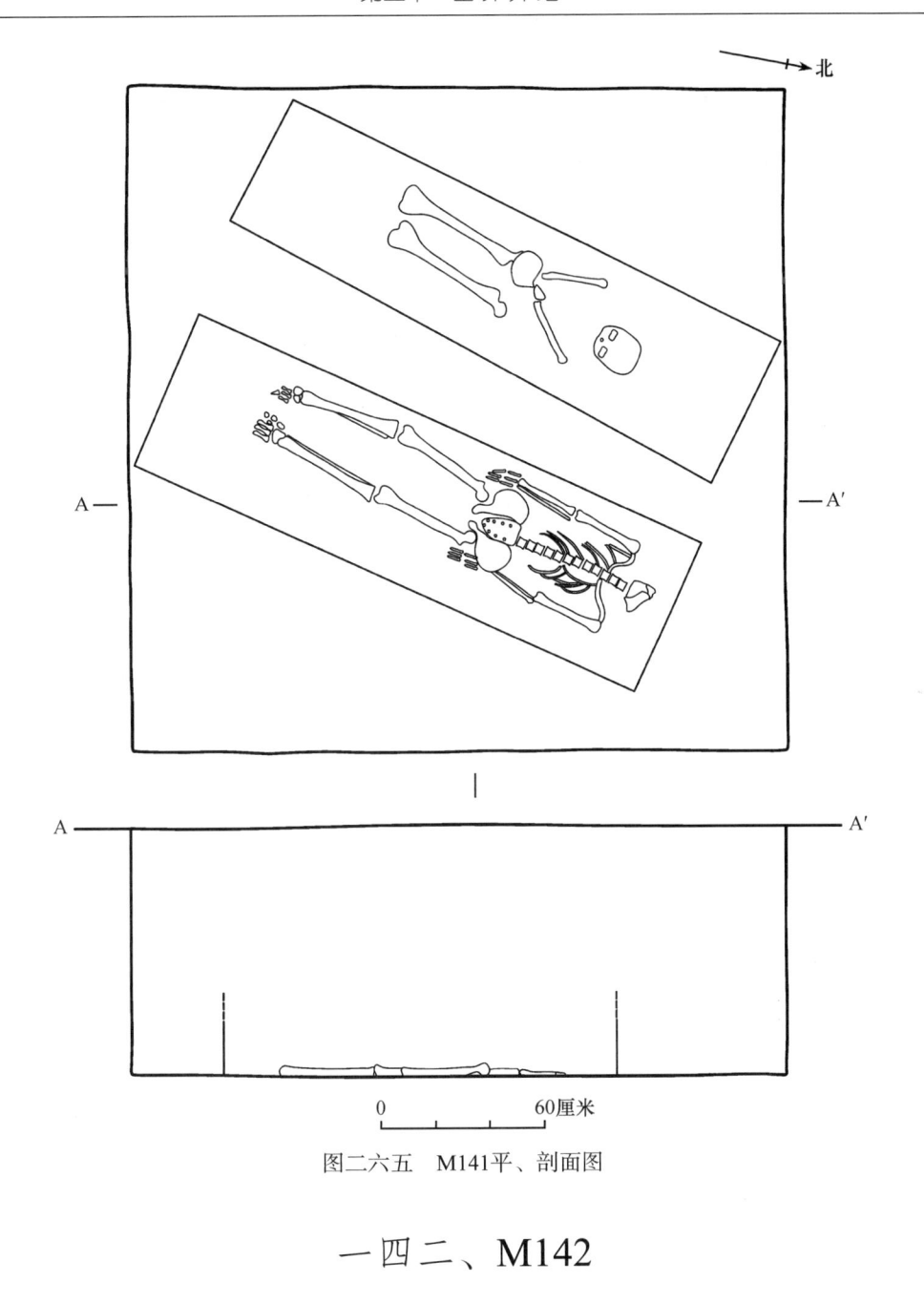

一四二、M142

1. 墓葬形制

该墓位于发掘区西南部，北邻M141。开口于第1层下，南北向，方向325°。

墓平面呈长方形，竖穴土圹单棺墓。墓口距地表深0.3米，墓底距地表深1.1米。墓圹南北长2.6、东西宽0.9、深0.8米。内填花土，土质松软。内置单棺，棺木已朽。棺痕长1.9、宽0.5~0.6米；棺内骨架保存较好，头向西北，面向上，仰身直肢，为女性（图二六六）。

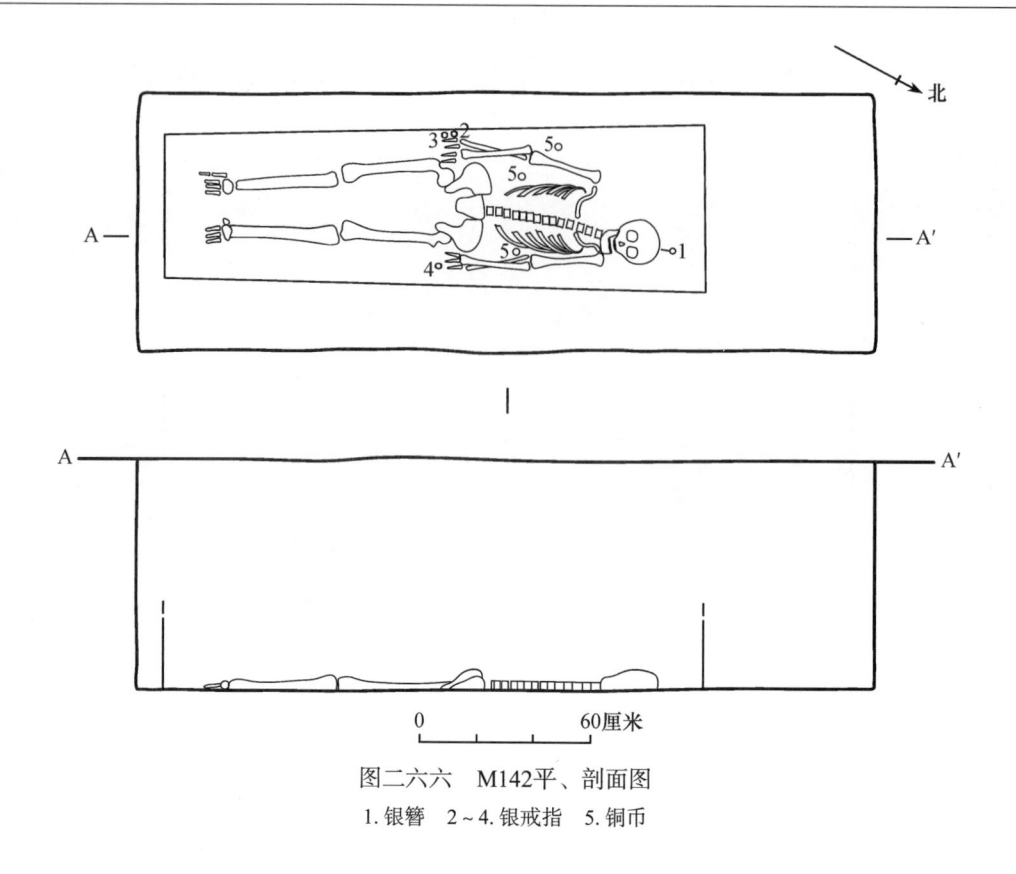

图二六六　M142平、剖面图
1.银簪　2~4.银戒指　5.铜币

2. 随葬品

棺内头骨上方出土银簪1件，左上肢骨下部出土银戒指1件，右上肢骨下部出土银戒指2件，左上肢骨内侧中部及右上肢骨内外侧中部出土铜币3枚。

银簪　1件。M142：1，簪首呈扁平花瓣状，中部凸起呈圆环形，内镶嵌"福"字纹，体呈圆锥状，末端残。残长6.2厘米（图二六七，1；图版七三，6）。

银戒指　3件。M142：2，圆形，戒面呈长方形，四周饰圆珠纹，内楷书"吉祥"二字，两端呈扁锥形。直径1.9厘米（图二六七，2；图版八七，6）。M142：3，圆形，戒面呈长方形，四周饰圆珠纹，内楷书"富贵"二字，两端呈扁锥形。直径2厘米（图二六七，3；图版八八，1）。M142：4，圆形，戒面呈桃形，饰梅花纹，内侧錾刻"1292"数字，两端呈扁锥形。直径2厘米（图二六七，4；图版八八，2）。

铜币　3枚。M142：5-1，大平钱，圆形，正背面郭缘较窄，正面铸双旗，背面珠圈内铸两组麦穗纹，齿缘上方楷书"中華民國"四字，下方楷书"當二十铜元"五字。钱径3.2、郭厚0.15厘米（图二六七，5）。

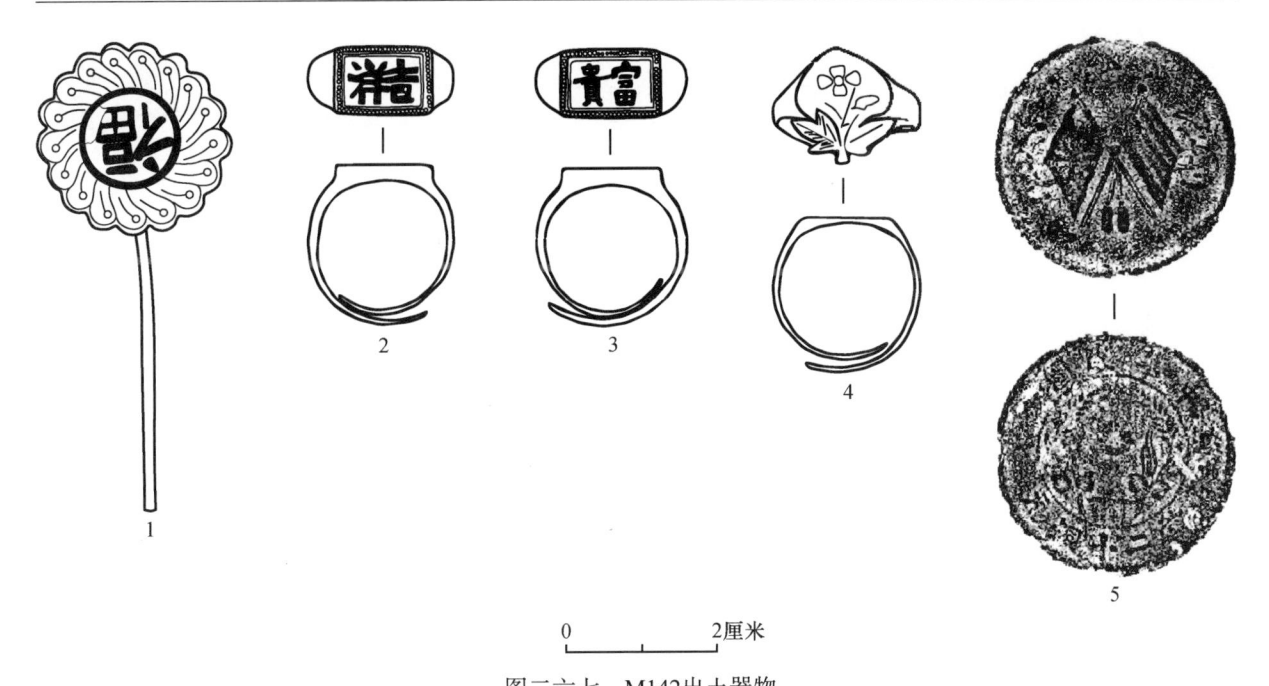

图二六七　M142出土器物

1. 银簪（M142：1）　2~4. 银戒指（M142：2、M142：3、M142：4）　5. 铜币（M142：5-1）

一四三、M143

1. 墓葬形制

该墓位于发掘区西北部，南邻M134。开口于第1层下，东西向，方向50°。

墓平面呈梯形，竖穴土圹双棺合葬墓。墓口距地表深0.3米，墓底距地表深0.9~1.2米。墓圹东西长2.6、南北宽1.86~1.94、深0.6~0.9米。内填花土，土质松软。内置双棺，棺木已朽。南棺痕长2.04、宽0.52~0.76米；棺内骨架保存稍好，头移位向东北，面向下，仰身直肢，为男性。北棺痕长1.9、宽0.56~0.62米；棺内骨架保存稍好，头移位向东北，面向东南，仰身直肢，为女性（图二六八）。

2. 随葬品

北棺内头骨右上方出土银簪2件，右上肢骨下部出土银镯1件、银戒指2件，右盆骨右上方出土铜钱1枚。

银簪　2件。M143：1，九连环禅杖形，顶呈葫芦状，体呈圆锥状。通长18.9厘米（图二六九，1；图版七四，1）。M143：2，如意头形簪首，体呈圆锥状。长15.8厘米（图二六九，2；图版七四，2）。

银镯　1件。M143：3，椭圆形，接口平齐，中空。直径7.5厘米（图二六九，3；图版八九，4）。

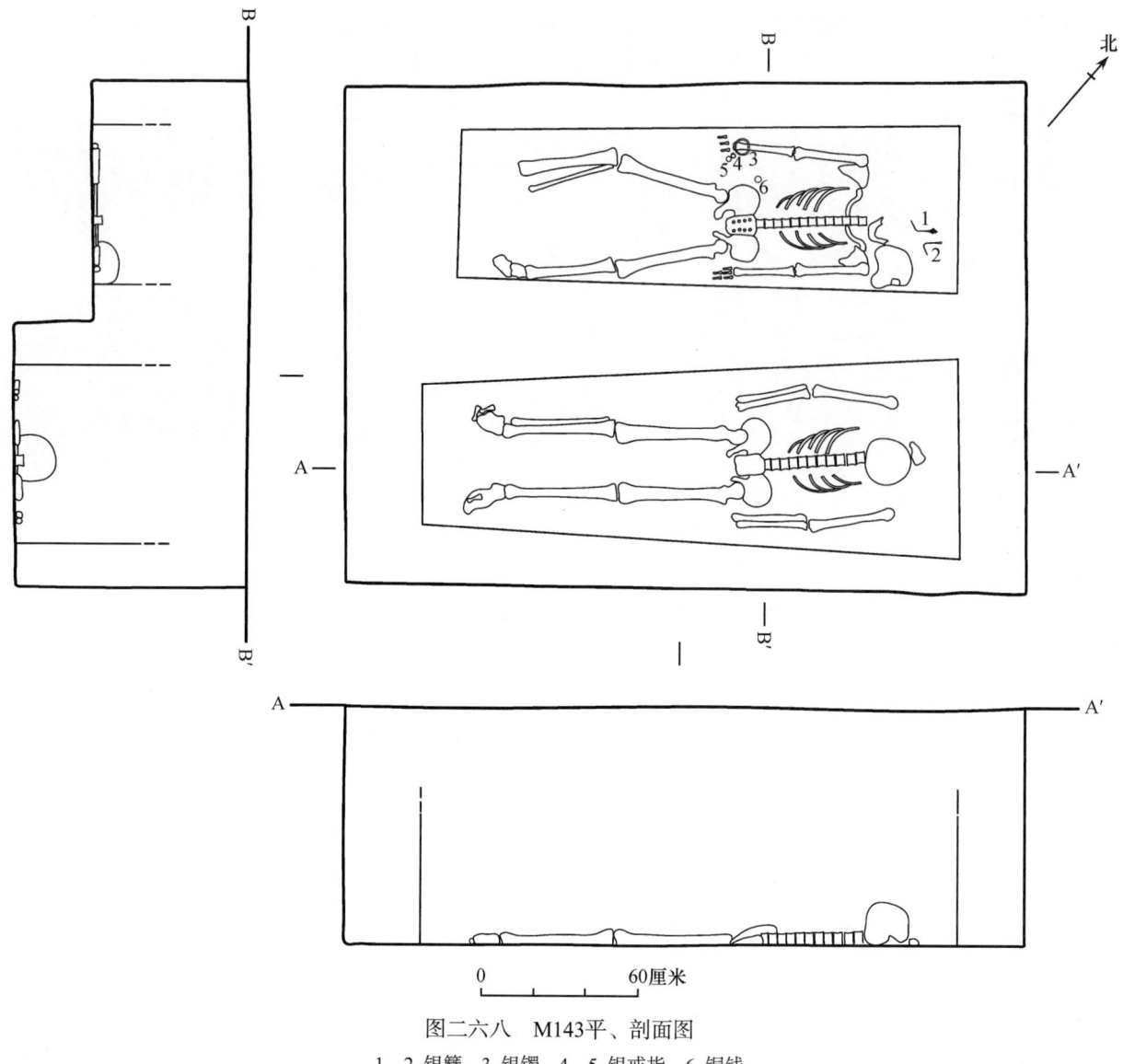

图二六八　M143平、剖面图
1、2.银簪　3.银镯　4、5.银戒指　6.铜钱

银戒指　2件。M143：4，圆环形，呈节状。直径2.4厘米（图二六九，4；图版八八，3）。M143：5，圆环形，戒面呈扁鼓状，圆珠纹衬底，外饰梅花纹。直径2.2厘米（图二六九，5；图版八八，4）。

光绪通宝　1枚。M143：6，小平钱，圆形，方穿，正背面郭缘较宽，正面楷书"光緒通寶"四字，直读，背穿左右为满文"宝源"局名。钱径2.15、穿径0.6、郭厚0.12厘米（图二六九，6）。

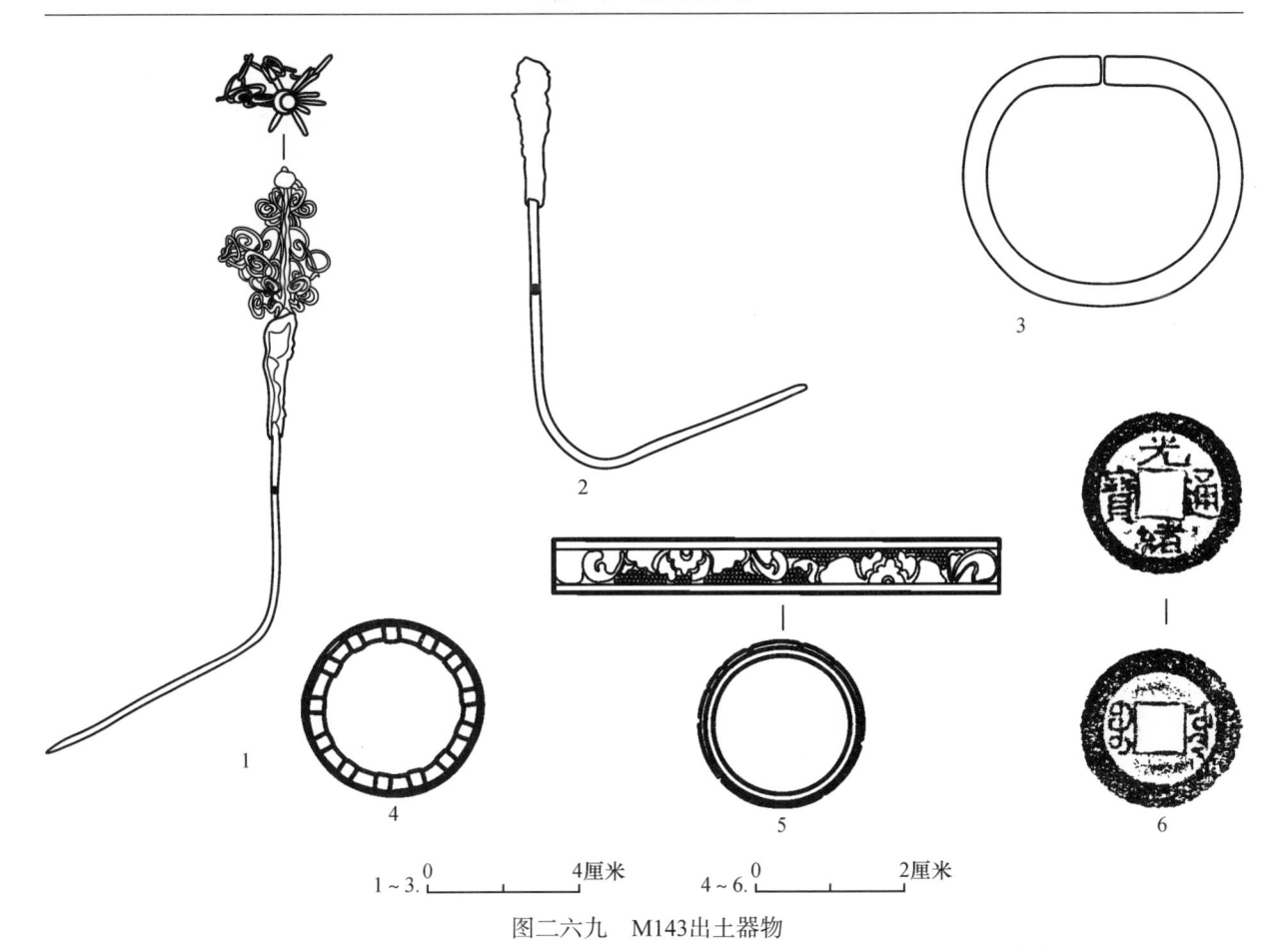

图二六九　M143出土器物
1、2. 银簪（M143：1、M143：2）　3. 银镯（M143：3）　4、5. 银戒指（M143：4、M143：5）　6. 光绪通宝（M143：6）

一四四、M144

1. 墓葬形制

该墓位于发掘区西北部，东邻M145。开口于第1层下，东西向，方向60°。

墓平面呈长方形，竖穴土圹单棺墓。墓口距地表深0.3米，墓底距地表深0.9米。墓圹东西长2.86、南北宽1.38～1.42、深0.6米。内填花土，土质松软。内置单棺，棺木已朽。棺痕长1.92、宽0.49～0.52米；棺内骨架保存较好，头向东，面向北，仰身直肢，为男性（图二七〇）。

2. 随葬品

未发现随葬品。

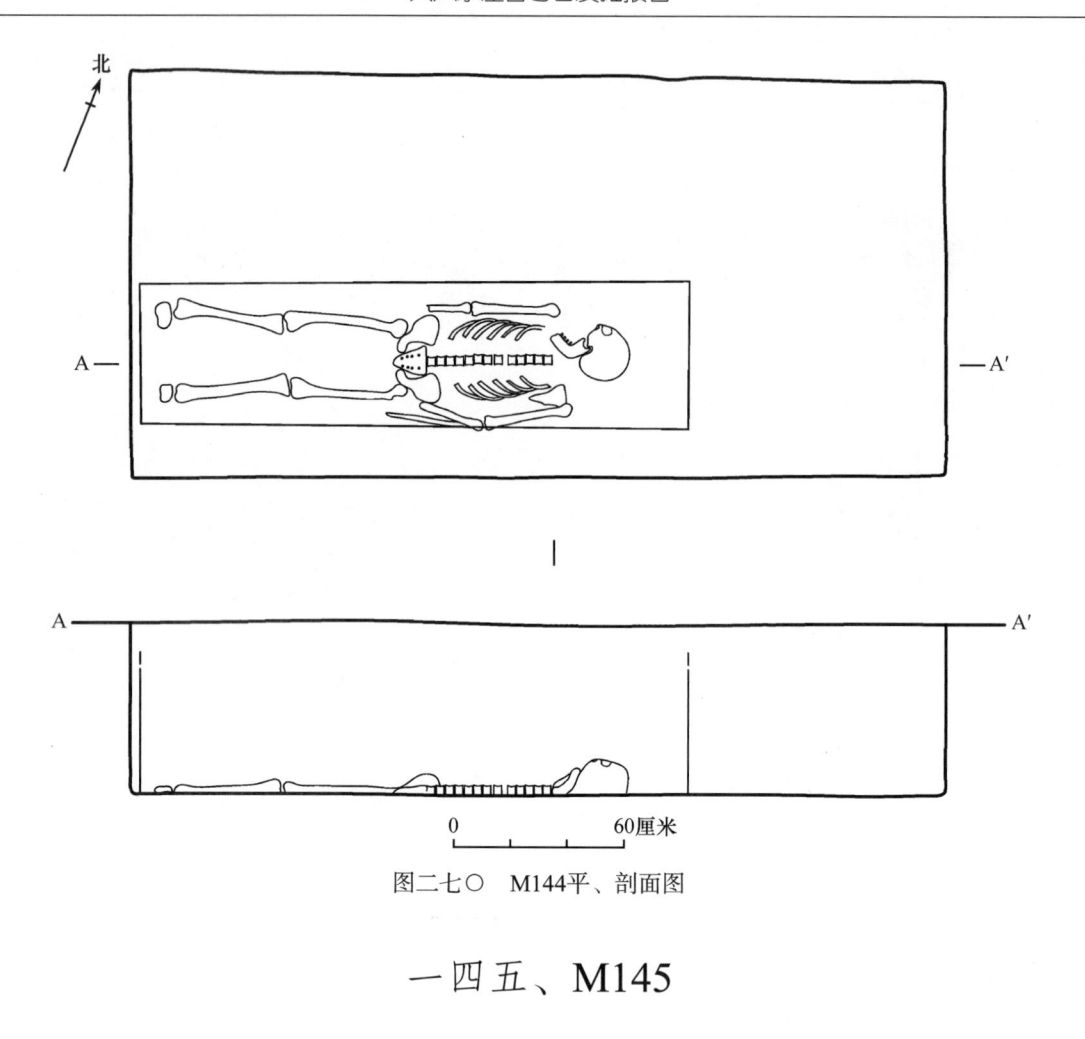

图二七〇　M144平、剖面图

一四五、M145

1. 墓葬形制

该墓位于发掘区西北部，西邻M144。开口于第1层下，东西向，方向62°。

墓平面呈梯形，竖穴土圹单棺墓。墓口距地表深0.3米，墓底距地表深0.66米。墓圹东西长2.54、南北宽1.3~1.5、深0.36米。内填花土，土质松软。内置单棺，棺木已朽。棺痕长1.89、宽0.56~0.57米；棺内骨架保存较好，头向东北，面向上，仰身直肢，为男性（图二七一）。

2. 随葬品

未发现随葬品。

图二七一　M145平、剖面图

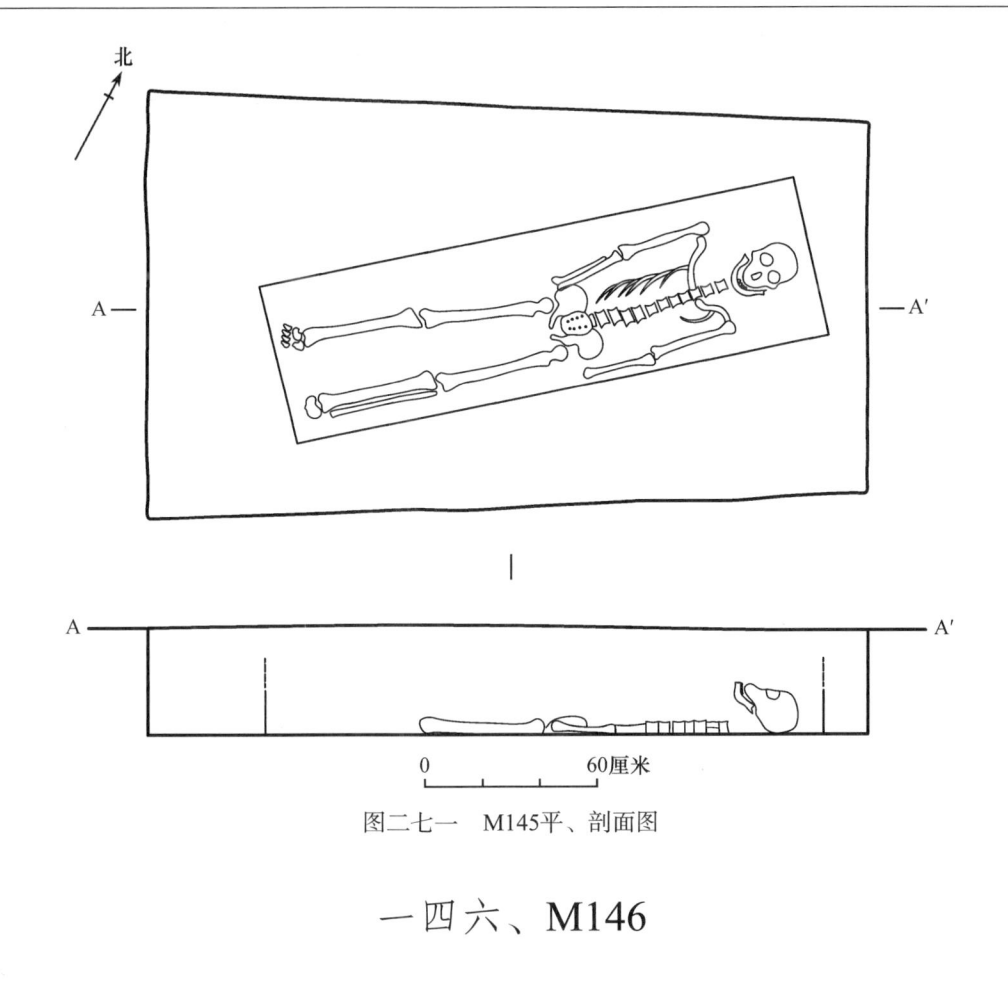

一四六、M146

1. 墓葬形制

该墓位于发掘区西北部，西邻M157。开口于第1层下，东西向，方向90°。

墓平面呈梯形，竖穴土圹双棺合葬墓。墓口距地表深0.3米，墓底距地表深0.96~1.02米。墓圹东西长2.6、南北宽1.92~2.2、深0.66~0.72米。内填花土，土质松软。内置双棺，棺木已朽。南棺痕长2、宽0.48~0.54米；棺内骨架保存较好，头移位向东，面向上，仰身直肢，为男性。北棺痕长1.9、宽0.45~0.56米；棺内骨架保存稍差，头移位向东，面向下，仰身屈肢，为女性（图二七二；图版三〇，1）。

2. 随葬品

北棺内头骨右上方出土银簪2件，头骨左侧出土银簪1件，右下肢骨内侧上部出土铜钱1枚。

银簪　3件。M146:1、M146:2，形制相同。簪首呈扁平花瓣状，中部凸起呈圆环形，内镶嵌"福"字纹，体呈圆锥状。M146:1，通长12.3厘米（图二七三，1；图版七四，3）。M146:2，通长6.3厘米（图二七三，2；图版七四，4）。M146:3，九连环禅杖形，顶呈葫芦状，体呈圆锥状。通长15.1厘米（图二七三，3）。

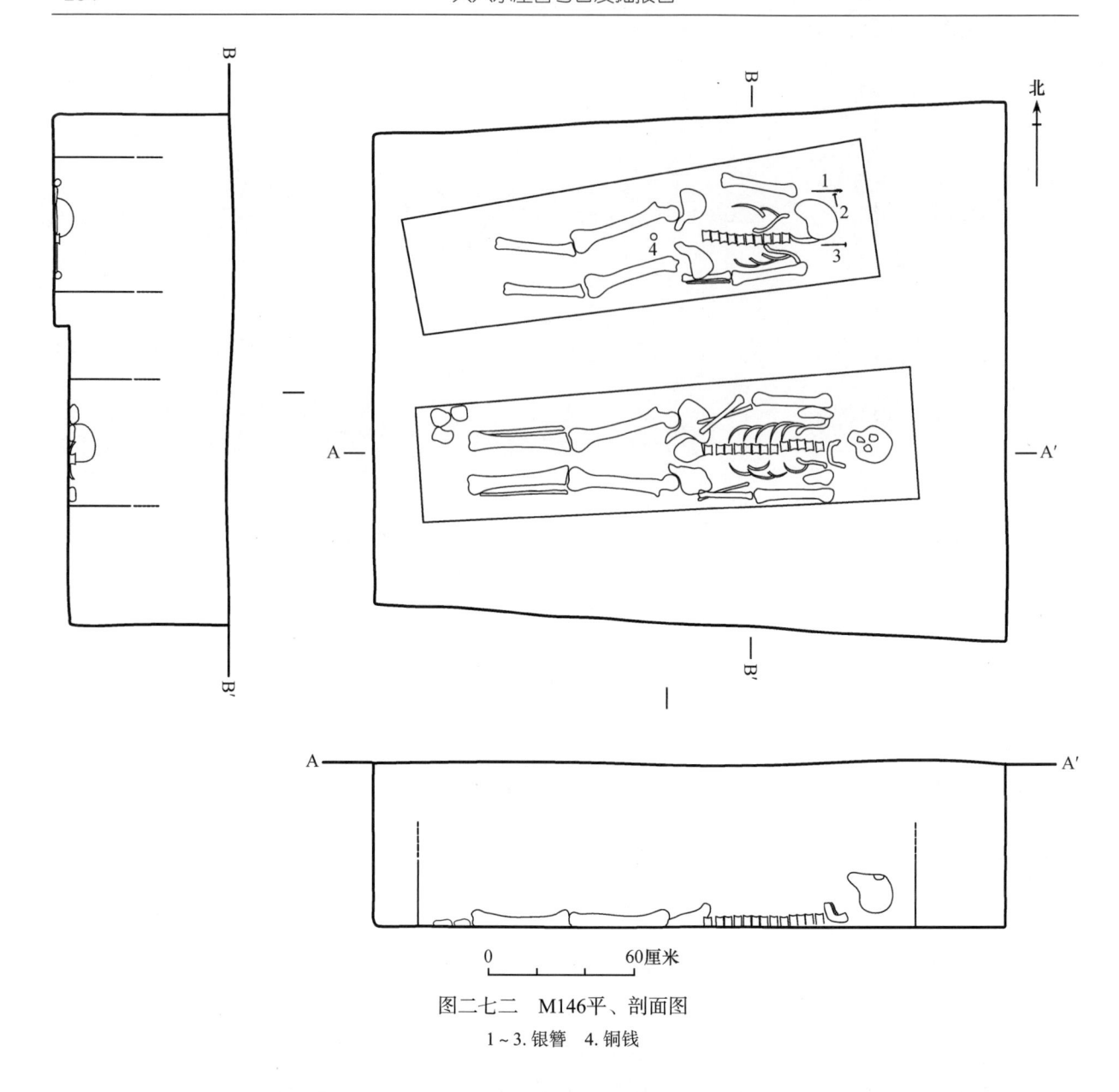

图二七二 M146平、剖面图
1~3.银簪 4.铜钱

康熙通宝 1枚。M146：4，大平钱，圆形，方穿，正背面郭缘较宽，正面楷书"康熙通寶"四字，直读，背穿左右为满文"宝源"局名。钱径2.75、穿径0.55、郭厚0.15厘米（图二七三，4）。

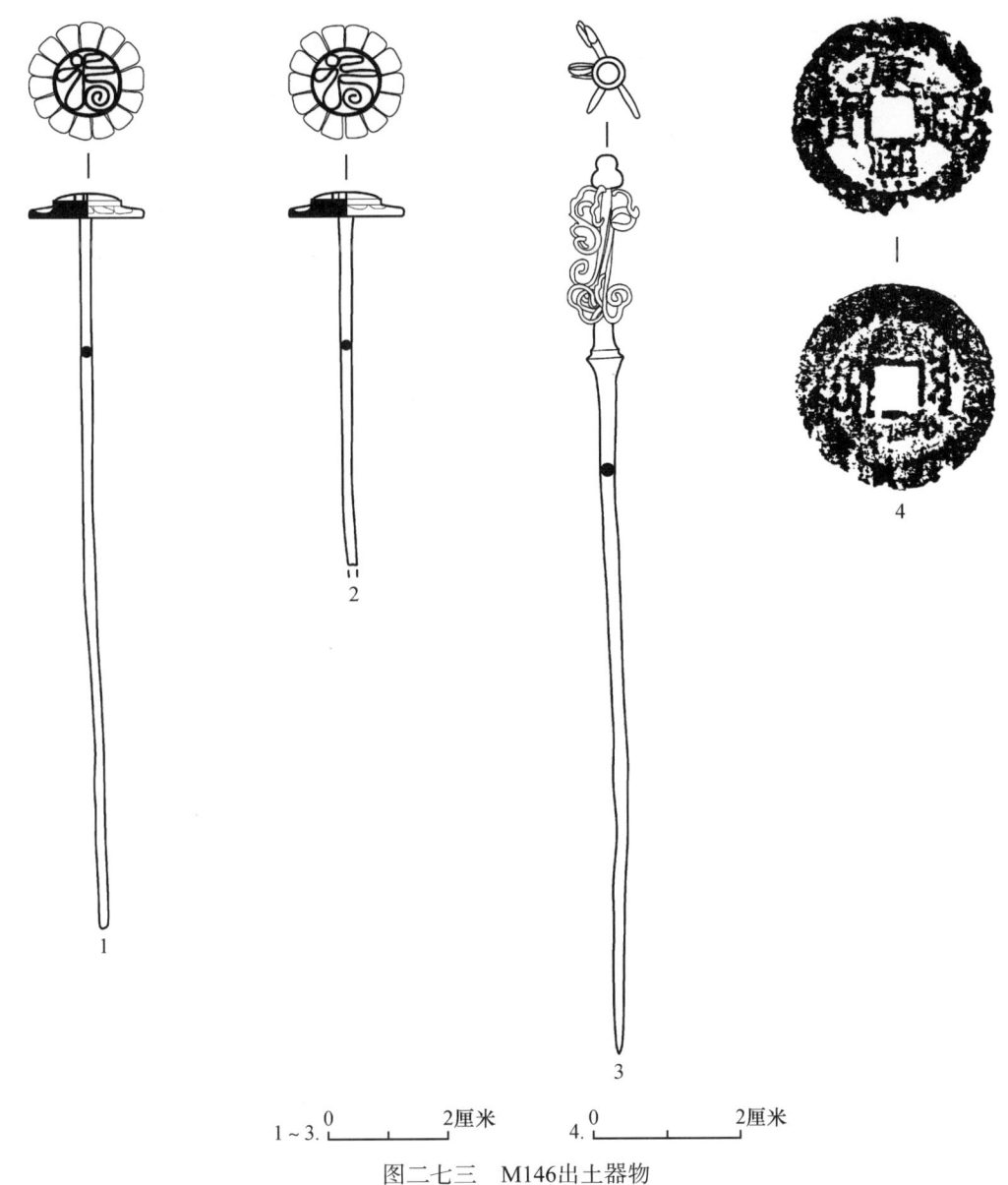

图二七三　M146出土器物
1~3. 银簪（M146:1、M146:2、M146:3）　4. 康熙通宝（M146:4）

一四七、M147

1. 墓葬形制

该墓位于发掘区西北部，北邻M164。开口于第1层下，东西向，方向85°。

墓平面呈不规则形，竖穴土圹双棺合葬墓。墓口距地表深0.3米，墓底距地表深0.6米。墓圹东西长3、南北宽2.25~2.67、深0.3米。内填花土，土质松软。内置双棺，棺木已朽。南棺痕长1.93、宽0.42~0.62米；棺内骨架保存较好，头移位向东南，面向下，仰身直肢，为男性。北棺痕长1.76、宽0.49~0.61米；棺内骨架保存较好，头移位向东北，面向西北，仰身直肢，为女性（图二七四）。

图二七四　M147平、剖面图
1.铜钱

2. 随葬品

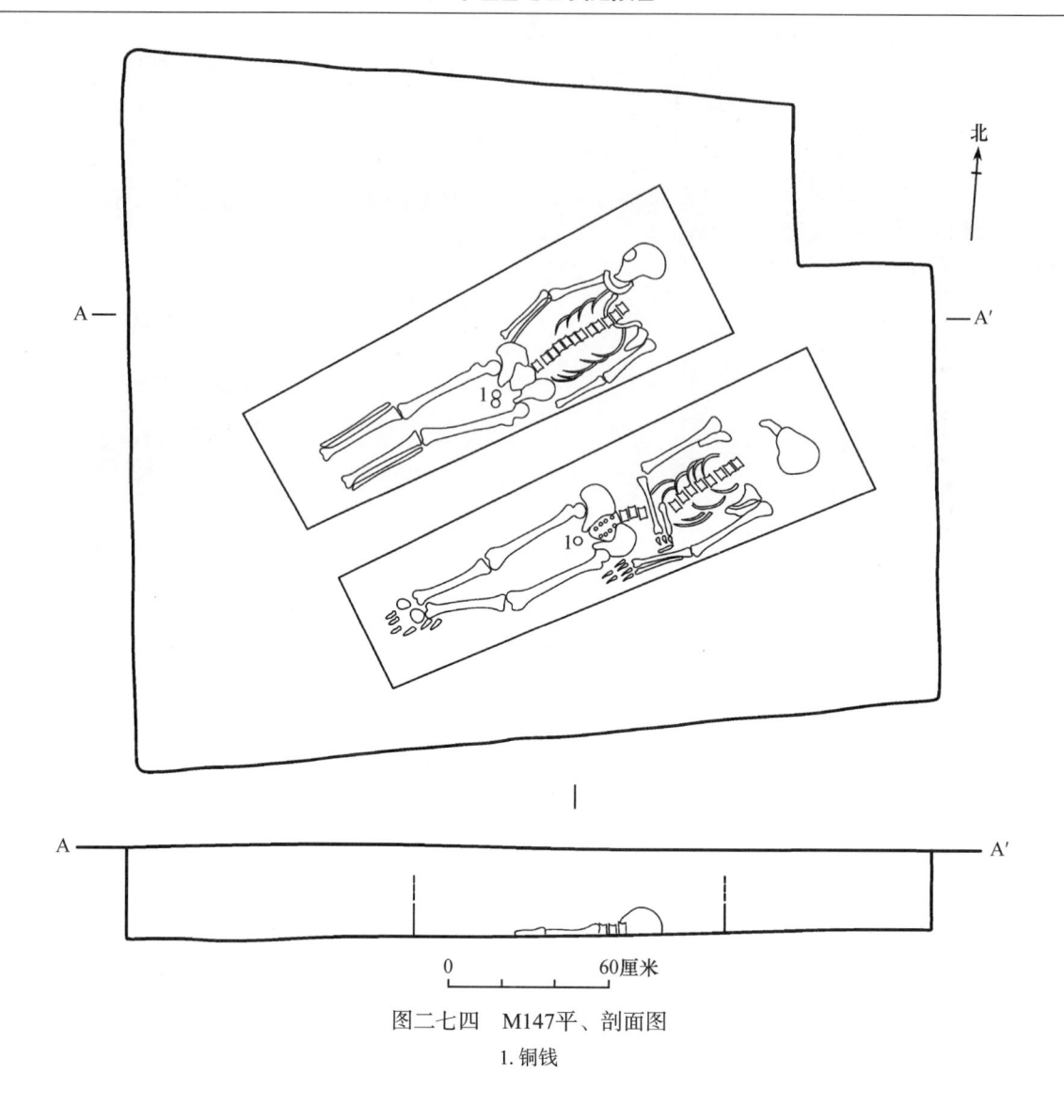

南棺内下肢骨内侧上部出土铜钱1枚；北棺内下肢骨内侧上部出土铜钱2枚。

铜钱　3枚。有康熙通宝、宽永通宝。

康熙通宝　2枚。标本M147：1-1，平钱，圆形，方穿，正背面郭缘较宽，正面楷书"康熙通寶"四字，直读，背穿左右为满文"宝泉"局名。钱径2.35、穿径0.55、郭厚0.1厘米（图二七五，1）。

宽永通宝　1枚。M147：1-2，平钱，圆形，方穿，正背面郭缘略宽，正面楷书"寬永通寶"四字，直读。钱径2.32、穿径0.85、郭厚0.1厘米（图二七五，2）。

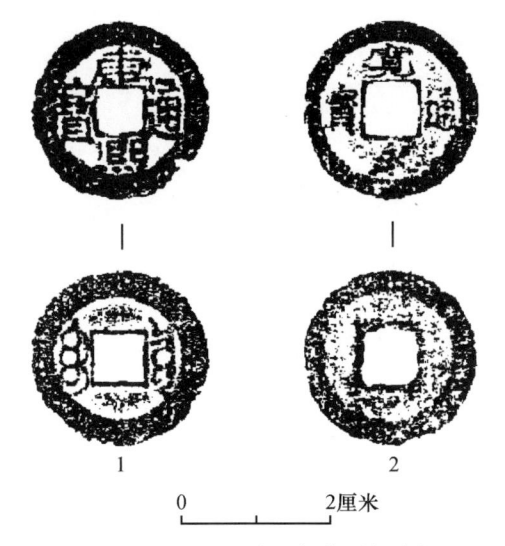

图二七五　M147出土铜钱（拓片）
1.康熙通宝（M147∶1-1）　2.宽永通宝（M147∶1-2）

一四八、M148

1. 墓葬形制

该墓位于发掘区西北部，西邻M132。开口于第1层下，东西向，方向50°。

墓平面呈梯形，竖穴土圹单棺墓。墓口距地表深0.3米，墓底距地表深0.7米。墓圹东西长2.44、南北宽1.26～1.36、深0.4米。内填花土，土质松软。内置单棺，棺木已朽。棺痕长1.78、宽0.54～0.57米；棺内骨架保存较差，葬式、性别不明（图二七六）。

2. 随葬品

棺内中部出土铜扣1件，右下肢骨内侧中部出土铜钱1枚。

铜扣　1件。M148∶1，上部呈圆帽状，下部焊接椭圆形环，扣面镂铸喜上枝头纹。直径1.8、通高1.2厘米（图二七七，1；图版九二，3）。

道光通宝　1枚。M148∶2，平钱，圆形，方穿，正背面郭缘略宽，正面楷书"道光通寶"四字，直读，背穿左右为满文"宝源"局名。钱径2.3、穿径0.55、郭厚0.15厘米（图二七七，2）。

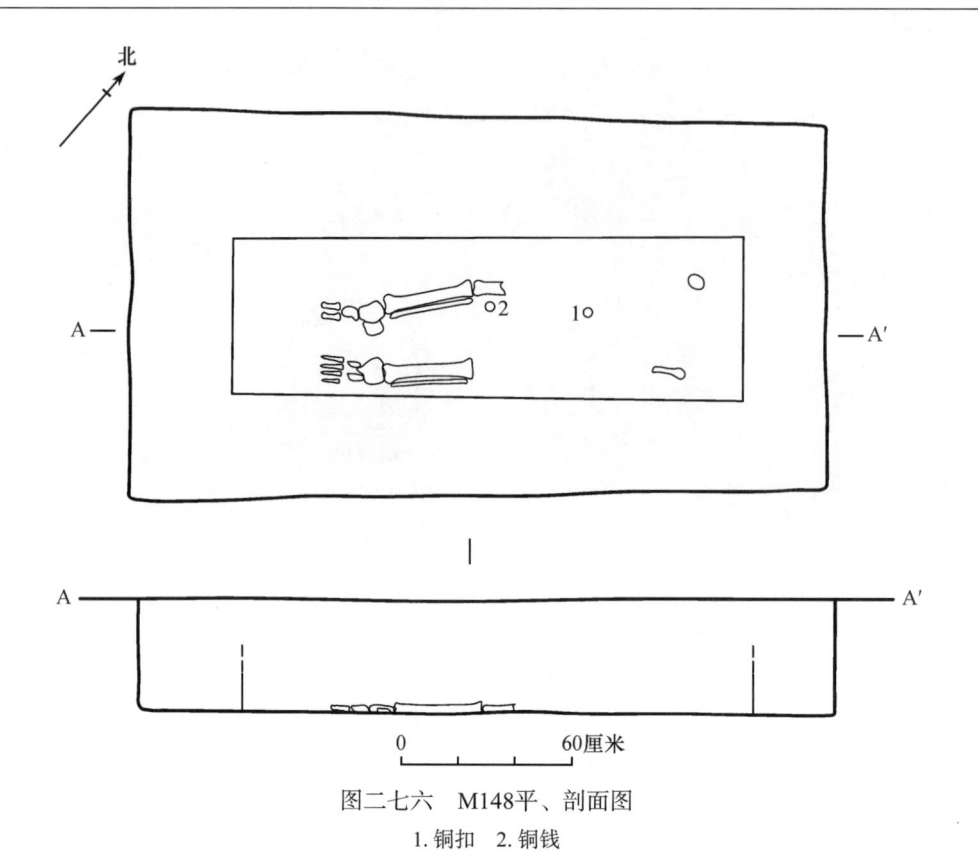

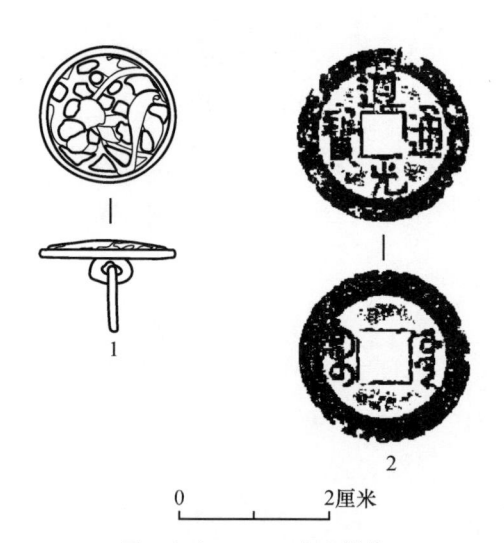

图二七六　M148平、剖面图
1. 铜扣　2. 铜钱

图二七七　M148出土器物
1. 铜扣（M148：1）　2. 道光通宝（M148：2）

一四九、M149

1. 墓葬形制

该墓位于发掘区西北部，东北邻M150。开口于第1层下，东西向，方向75°。

墓平面呈梯形，竖穴土圹三棺合葬墓。墓口距地表深0.3米，墓底距地表深0.76~1.2米。墓圹东西长2.4、南北宽3.52~4.12、深0.46~0.9米。内填花土，土质松软。内置三棺，棺木已朽。南棺痕长1.88、宽0.56米；棺内骨架零乱，保存较差，头移位向西，面向下，葬式不明，为男性。中棺痕长2.09、宽0.56~0.6米；棺内骨架零乱，保存较差，头向东北，面向东南，葬式不明，为女性。北棺痕长1.78、宽0.58~0.6米；棺内骨架保存稍好，头向东北，面向上，仰身直肢，为女性（图二七八）。

2. 随葬品

中棺内头骨上方出土银簪3件；北棺内头骨左上方出土银簪2件，右上肢骨内侧中部出土铜币4枚。

银簪　5件。M149：1、M149：2、M149：3，形制相同。簪首扁平花瓣状，中部凸起呈圆环形，内镶嵌"福"字纹，体呈圆锥状，末端残。M149：1，残长9.2厘米（图二七九，1；图版七四，5）。M149：2，残长8厘米（图二七九，2；图版七四，6）。M149：3，残长2.35厘米（图二七九，3；图版七五，1）。M149：4，簪首呈镂空花球状，体呈圆锥形。通长14.8厘米（图二七九，4；图版七五，2）。M149：5，首呈圆帽状，掐丝焊接如意首纹，体呈圆锥状，鎏金。通长6.4厘米（图二七九，5；图版七五，3）。

光绪元宝　4枚。标本M149：6-1，大平钱，圆形，正背面郭缘较窄，正面楷书"光緒元寶"四字，直读，背面铸蟠龙戏火珠纹。钱径3.2、郭厚0.13厘米（图二七九，6）。

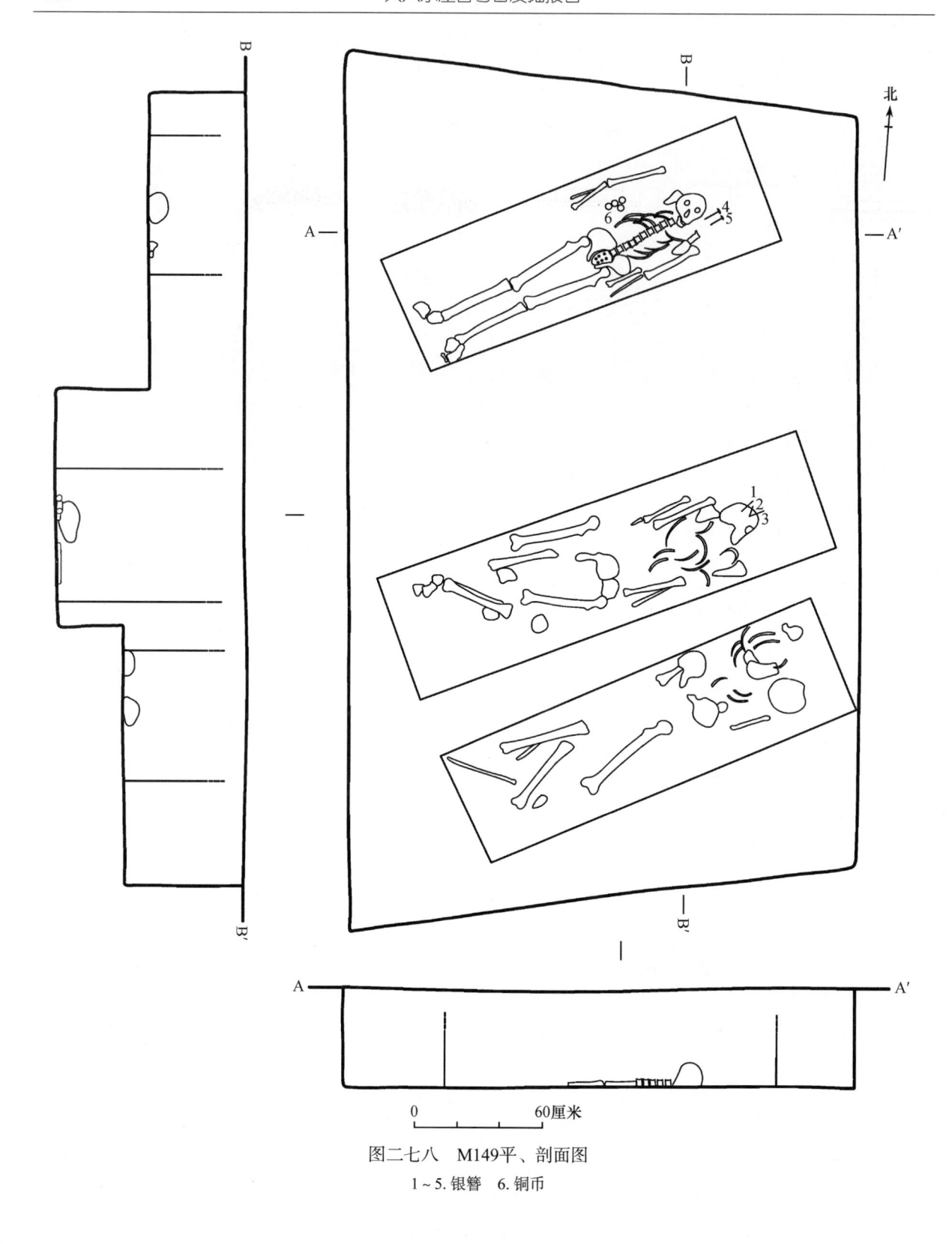

图二七八　M149平、剖面图
1~5.银簪　6.铜币

图二七九　M149出土器物

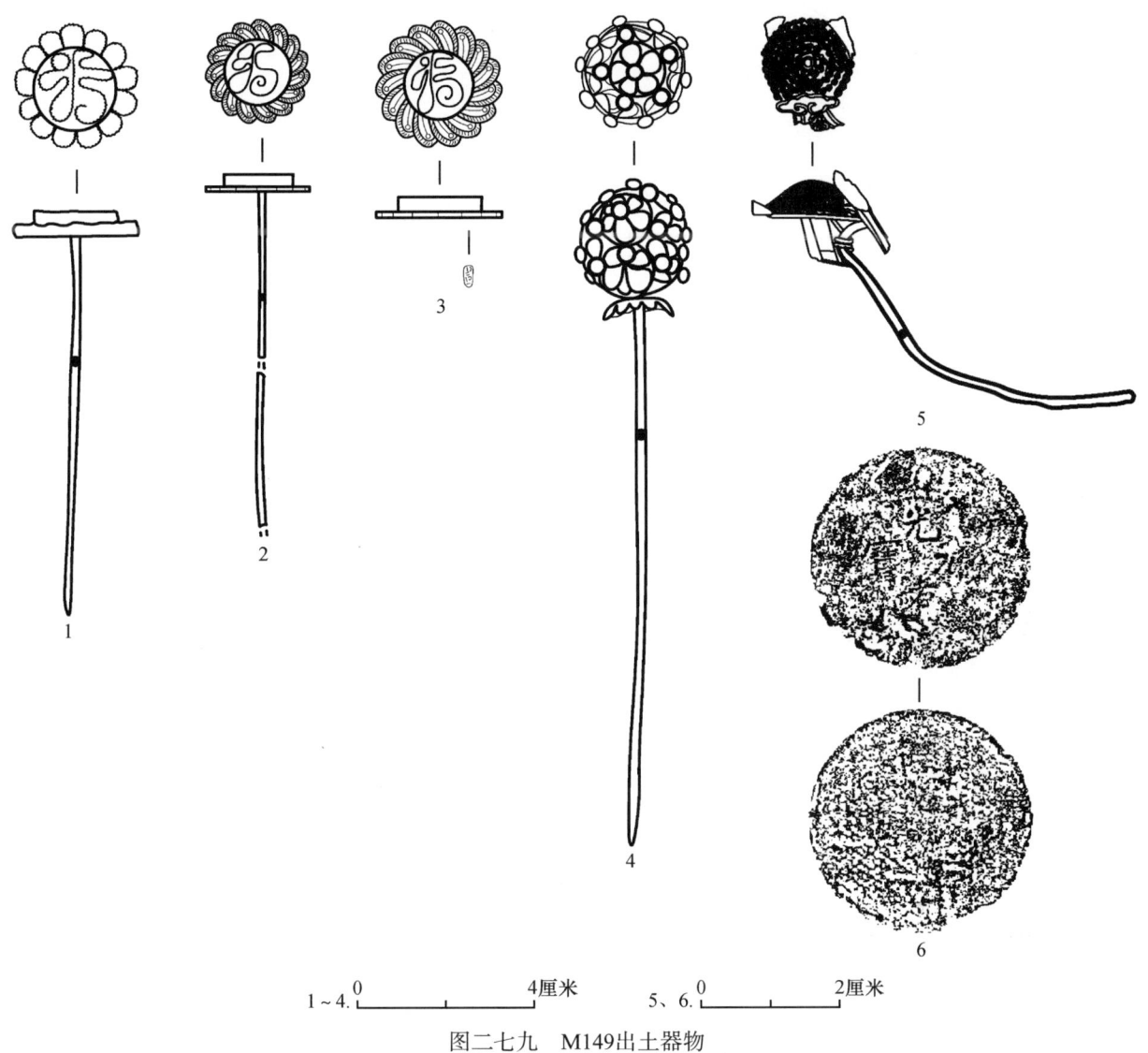

1~5. 银簪（M149∶1、M149∶2、M149∶3、M149∶4、M149∶5）　6. 光绪元宝（M149∶6-1）

一五〇、M150

1. 墓葬形制

该墓位于发掘区西北部，东邻M151。开口于第1层下，东西向，方向70°。

墓平面呈梯形，竖穴土圹单棺墓。墓口距地表深0.3米，墓底距地表深1.3米。墓圹东西长2.86、南北宽1.3~1.38、深1米。内填花土，土质松软。内置单棺，棺木已朽。棺痕长1.84、宽0.56~0.7米；棺内骨架保存稍差，头移位向东，面向北，仰身直肢，为男性（图二八〇）。

图二八〇　M150平、剖面图
1. 陶罐　2. 铜钱

2. 随葬品

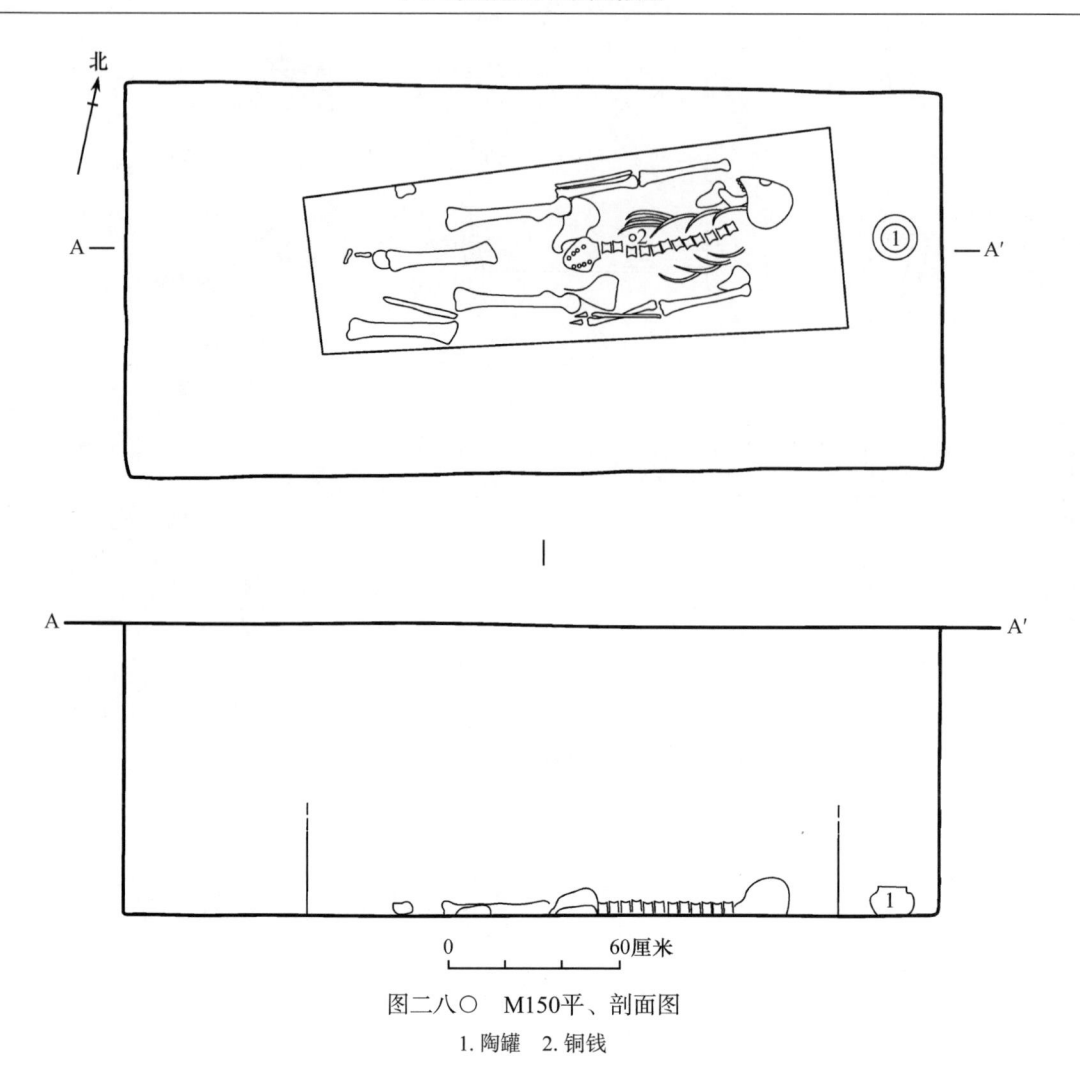

棺外左前方出土陶罐1件，腰椎骨右侧出土铜钱1枚。

陶罐　1件。M150：1，泥质灰陶。直口，平沿，矮领，溜肩，圆弧腹，平底。肩与腹部置对称倒鼻形双系。手轮兼制，腹部留有轮旋痕迹。口径9.2、腹径12、底径6.2、高10.2厘米（图二八一，1；图版四三，1）。

道光通宝　1枚。M150：2，平钱，圆形，方穿，正背面郭缘略宽，正面楷书"道光通寶"四字，直读，背穿左右为满文"宝泉"局名。钱径2.2、穿径0.65、郭厚0.15厘米（图二八一，2）。

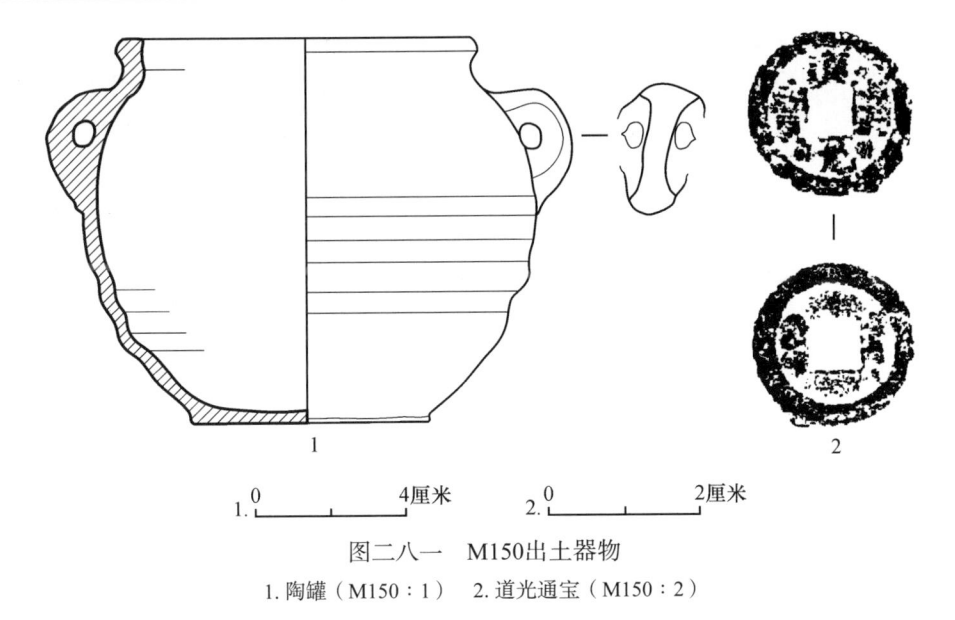

图二八一　M150出土器物
1. 陶罐（M150：1）　2. 道光通宝（M150：2）

一五一、M151

1. 墓葬形制

该墓位于发掘区西北部，西南邻M150。开口于第1层下，东西向，方向87°。

墓平面呈梯形，竖穴土圹双棺合葬墓。墓口距地表深0.3米，墓底距地表深0.94米。墓圹东西长2.6、南北宽2.2~2.26、深0.64米。内填花土，土质松软。内置双棺，棺木已朽。南棺痕长1.94、宽0.43~0.58米；棺内骨架保存稍好，头移位向东北，面向西北，仰身直肢，为男性。北棺痕长1.78、宽0.44~0.58米；棺内骨架保存稍差，头移位向东北，面向下，仰身直肢，为女性（图二八二）。

2. 随葬品

南棺内左下肢骨外侧中部出土铜钱2枚；北棺内头骨右侧出土银簪3件。

银簪　3件。M151：1，九连环禅杖形，顶呈葫芦状，体呈圆锥状。通长15.1厘米（图二八三，1；图版七五，4）。M151：2、M151：3，形制相同。簪首呈扁平花瓣状，中部凸起呈圆环形，内镶嵌"寿"字纹，体残。M151：2，直径2.3厘米（图二八三，2；图版七五，5）。M151：3，直径2.3厘米（图二八三，3；图版七五，6）。

铜钱　2枚。有康熙通宝、同治重宝。

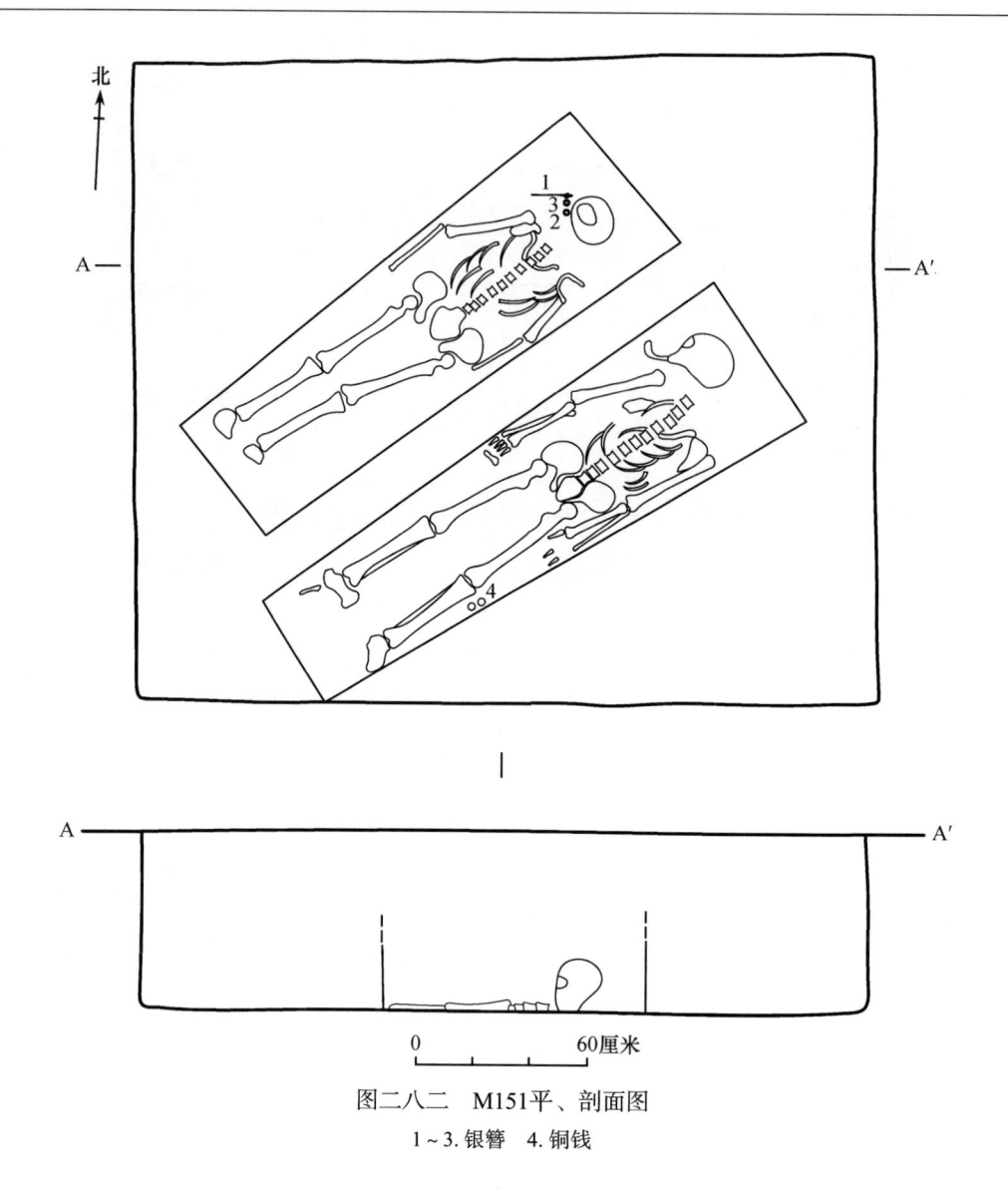

图二八二 M151平、剖面图
1~3.银簪 4.铜钱

康熙通宝 1枚。M151：4-1，平钱，圆形，方穿，正背面郭缘略宽，正面楷书"康熙通寶"四字，直读，背穿左右为满文"宝泉"局名。钱径2.25、穿径0.55、郭厚0.1厘米（图二八三，4）。

同治重宝 1枚。M151：4-2，大平钱，圆形，方穿，正背面郭缘较宽，正面楷书"同治重寶"四字，直读，背穿左右为满文"宝泉"局名，上下楷书"當十"二字。钱径2.8、穿径0.8、郭厚0.15厘米（图二八三，5）。

图二八三　M151出土器物

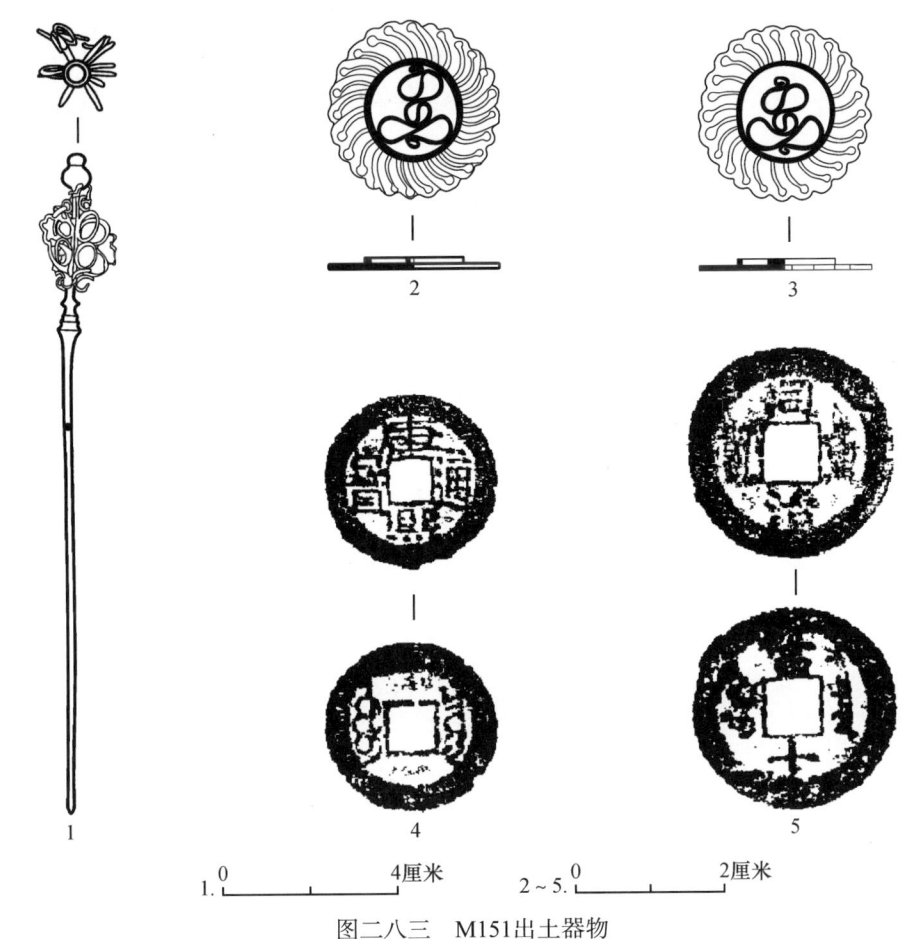

1～3. 银簪（M151∶1、M151∶2、M151∶3）　4. 康熙通宝（M151∶4-1）　5. 同治重宝（M151∶4-2）

一五二、M152

1. 墓葬形制

该墓位于发掘区西北部，东邻M153。开口于第1层下，东西向，方向60°。

墓平面呈梯形，竖穴土圹三棺合葬墓。墓口距地表深0.3米，墓底距地表深0.9～1.1米。墓圹东西长2.48、南北宽3.1～3.2、深0.6～0.8米。内填花土，土质松软。内置三棺，棺木已朽。南棺痕长1.96、宽0.54～0.71米；棺内骨架保存稍差，头移位向东北，面向东南，仰身直肢，为男性。中棺痕长1.98、宽0.56～0.64米；棺内骨架保存较差，头移位向北，面向下，仰身直肢，为女性。北棺痕长2、宽0.54～0.69米；棺内骨架保存稍差，头移位向东北，面向西北，仰身直肢，为女性（图二八四）。

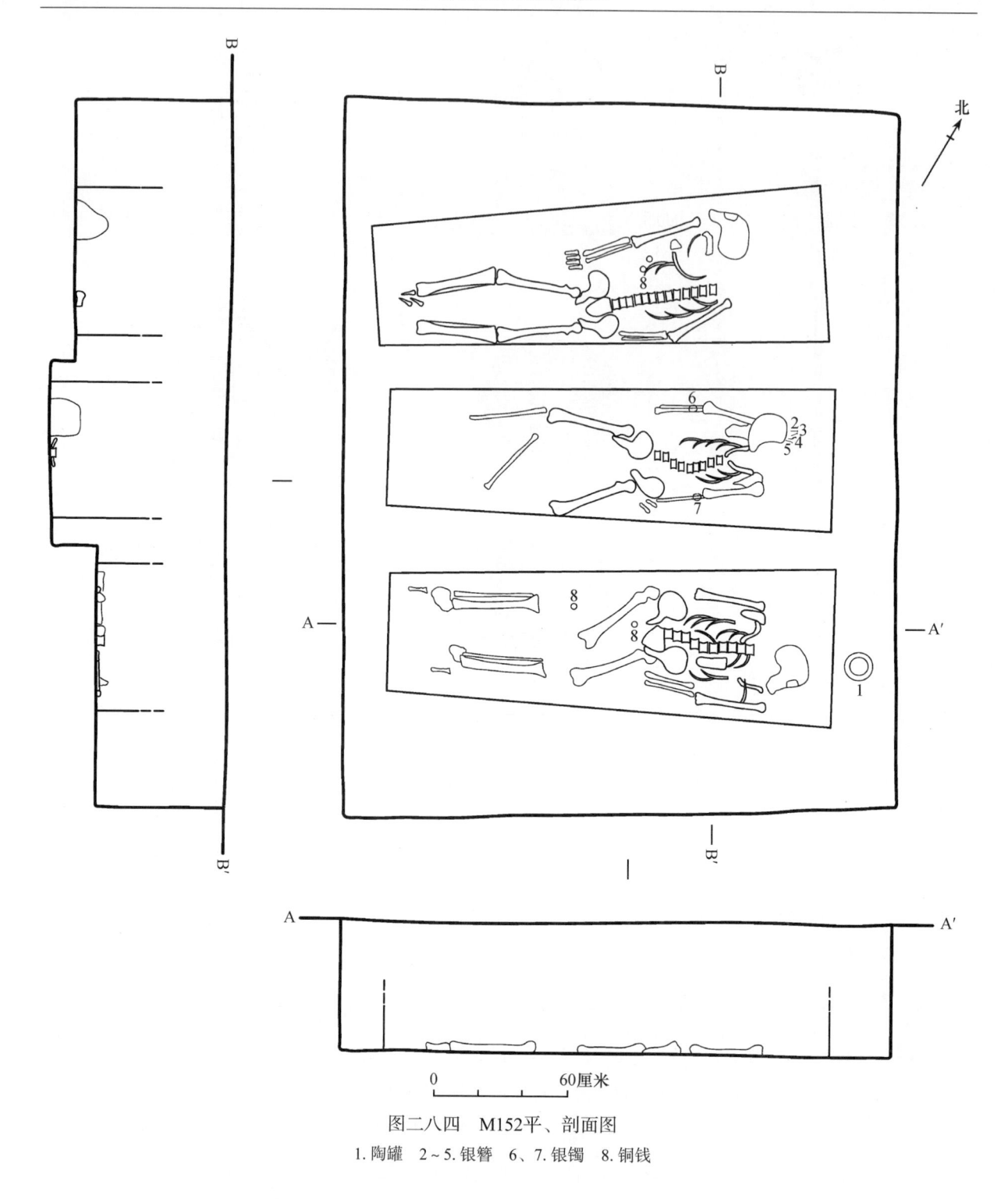

图二八四 M152平、剖面图
1. 陶罐 2~5. 银簪 6、7. 银镯 8. 铜钱

2. 随葬品

南棺外左前方出土陶罐1件，右下肢骨内侧上部及外侧中部出土铜钱2枚；中棺内头骨上方出土银簪4件，左右上肢骨中部各出土银镯1件；北棺内右肋骨下部出土铜钱2枚。

陶罐 1件。M152：1，泥质灰陶。侈口，方圆唇，矮领，溜肩，弧腹，平底内凹。领与肩部置对称倒鼻形双系。手轮兼制，腹部留有轮旋痕迹。口径12、腹径12.5、底径9、高9厘米（图二八五，1；图版四三，2）。

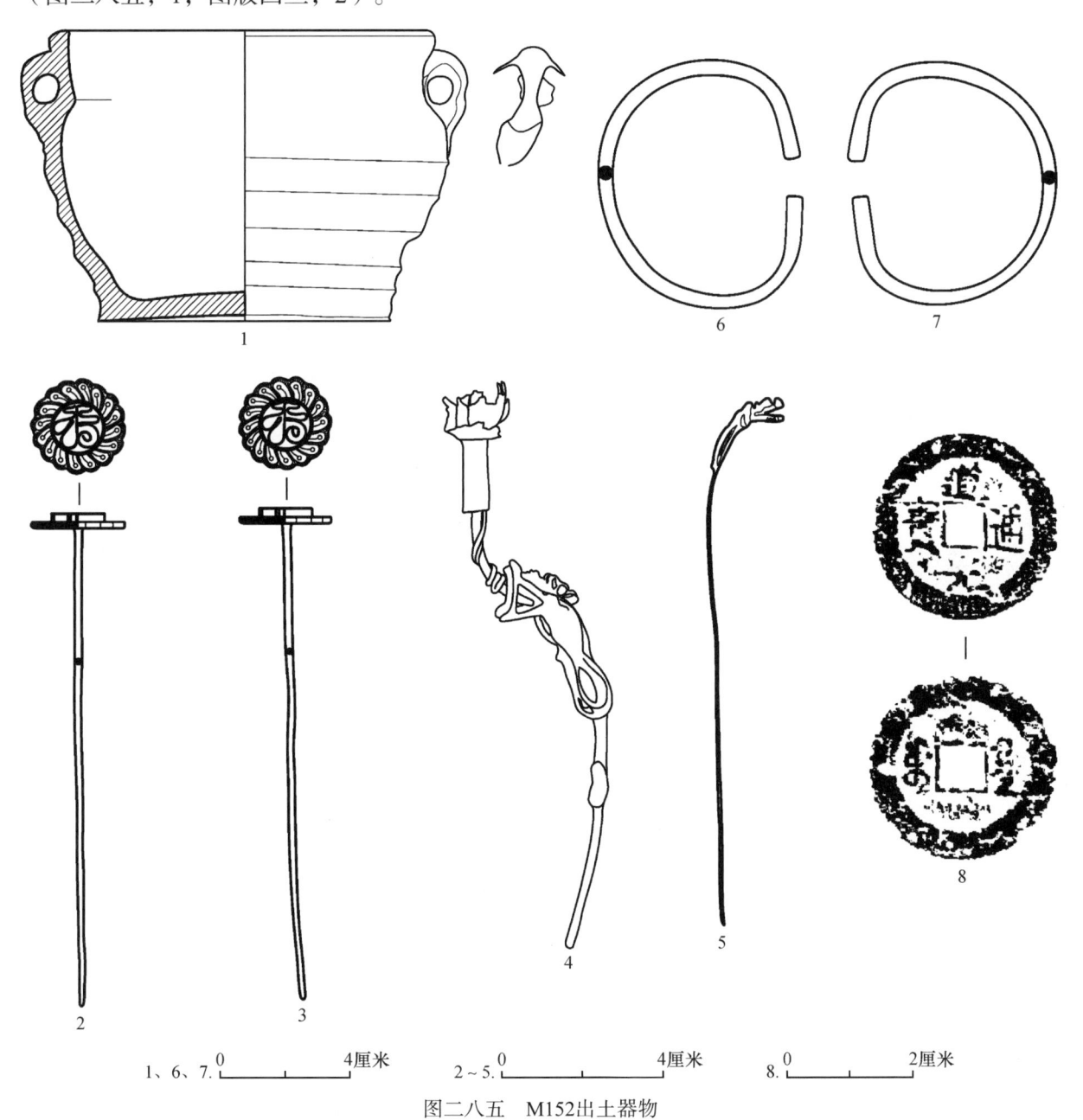

图二八五 M152出土器物
1.陶罐（M152：1） 2~5.银簪（M152：2、M152：3、M152：4、M152：5） 6、7.银镯（M152：6、M152：7）
8.道光通宝（M152：8-1）

银簪　4件。M152：2、M152：3，形制相同。簪首呈扁平花瓣状，中部凸起呈圆环形，内镶嵌"福"字纹，体呈圆锥状。M152：2，通长12.2厘米（图二八五，2；图版七六，1）。M152：3，通长12.2厘米（图二八五，3；图版七六，2）。M152：4，簪首呈花朵状，花蕊包珠，下部缠丝龙头纹，体呈圆锥状。残长14.1厘米（图二八五，4；图版七六，3）。M152：5，龙头形簪首，体呈扁条状，末端圆弧状。通长13.1厘米（图二八五，5；图版七六，4）。

银镯　2件。椭圆形，接口平齐。M152：6，直径7.5厘米（图二八五，6；图版八九，5）。M152：7，直径7.7厘米（图二八五，7；图版八九，6）。

道光通宝　4枚。标本M152：8-1，大平钱，圆形，方穿，正背面郭缘较宽，正面楷书"道光通寶"四字，直读，背穿左右为满文"宝泉"局名。钱径2.9、穿径0.6、郭厚0.15厘米（图二八五，8）。

一五三、M153

1. 墓葬形制

该墓位于发掘区西北部，西邻M152。开口于第1层下，东西向，方向58°。

墓平面呈梯形，竖穴土圹双棺合葬墓。墓口距地表深0.3米，墓底距地表深1米。墓圹东西长2.26、南北宽1.82～1.86、深0.7米。内填花土，土质松软。内置双棺，棺木已朽。南棺痕长1.8、宽0.44～0.56米；棺内骨架保存较好，头向东北，面向上，头骨下方放置长56、宽18、厚6厘米的土坯1块，仰身直肢，为男性。北棺痕长1.8、宽0.44～0.54米；棺内骨架保存稍好，头向东北，面向西北，头骨上方放置长54、宽14、厚8厘米的土坯1块，仰身直肢，为女性（图二八六；图版三〇，2）。

2. 随葬品

南棺外左下方出土陶盆1件；北棺内头骨上方出土银簪3件。

陶盆　1件。M153：1，泥质灰陶。敛口，方圆唇，斜平沿，深弧腹，平底内凹。轮制，腹部留有轮旋痕迹。口径23.2、底径13.2、高9厘米（图二八七，1；图版四三，5）。

银簪　3件。M153：2，簪首呈扁平花瓣状，中部凸起呈圆环形，内镶嵌"福"字纹，体呈圆锥状。通长12.7厘米（图二八七，2；图版七六，5）。M153：3，簪首残，体呈圆锥状。残长12.2厘米（图二八七，3）。M153：4，九连环禅杖形，顶呈葫芦状，体呈圆锥状。通长15.5厘米（图二八七，4；图版七六，6）。

第二章 墓葬介绍

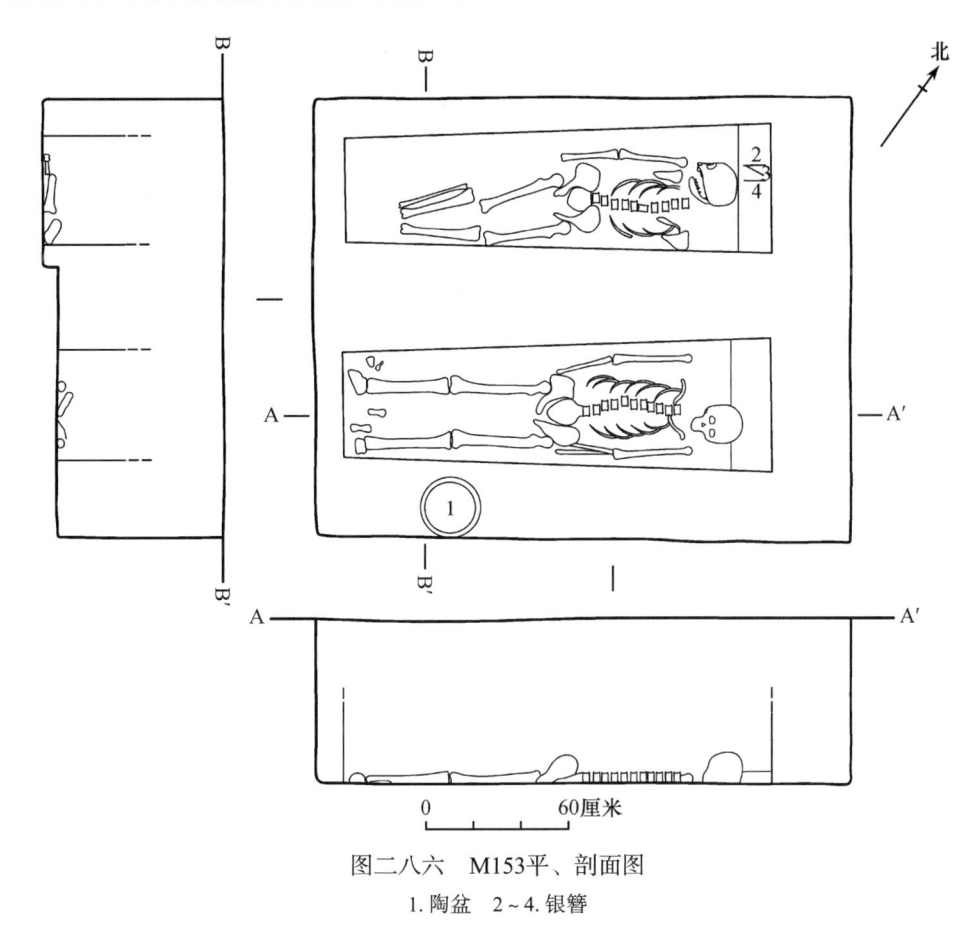

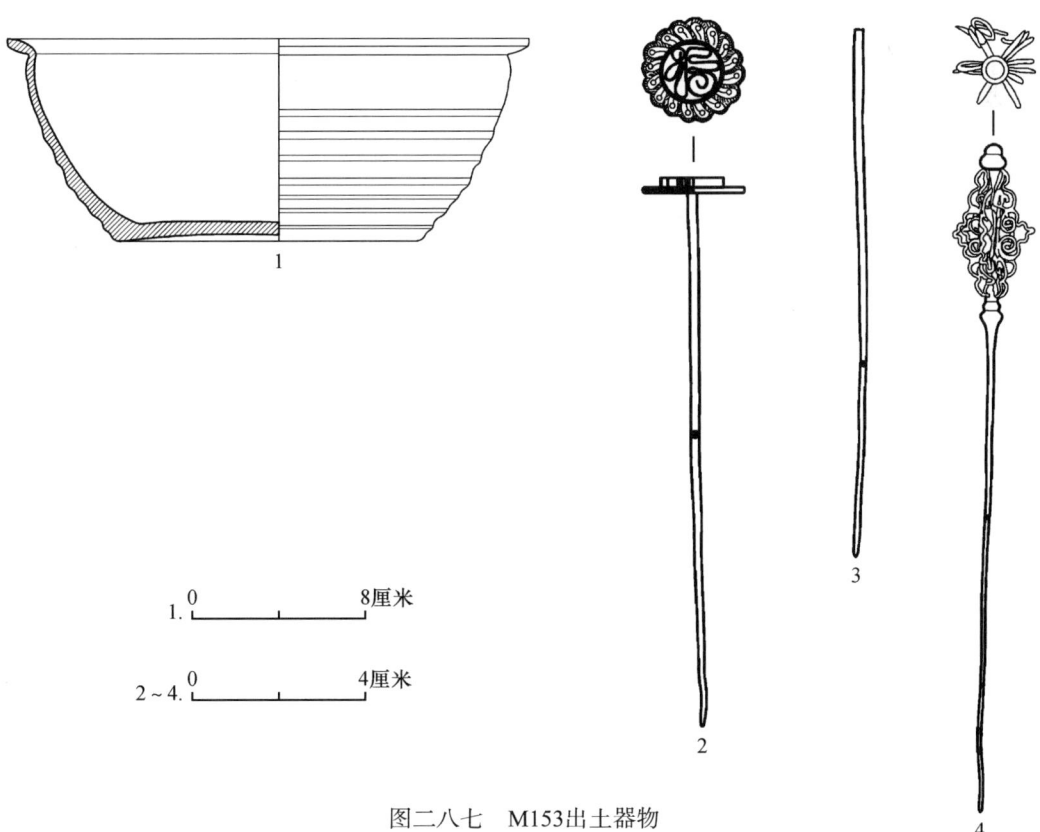

图二八六 M153平、剖面图
1. 陶盆 2~4. 银簪

图二八七 M153出土器物
1. 陶盆（M153∶1） 2~4. 银簪（M153∶2、M153∶3、M153∶4）

一五四、M154

1. 墓葬形制

该墓位于发掘区西北部，东邻M155。开口于第1层下，东西向，方向85°。

墓平面呈梯形，竖穴土圹双棺合葬墓。墓口距地表深0.3米，墓底距地表深1.34米。墓圹东西长2.4、南北宽1.74~1.94、深1.04米。内填花土，土质松软。内置双棺，棺木已朽。南棺痕长1.9、宽0.42~0.68米；棺内骨架保存较差，头移位向东，面向北，左下肢骨上方放置长20、宽18~20、厚1厘米的板瓦1块，仰身直肢，为男性。北棺痕长1.88、宽0.44~0.57米；棺内骨架保存稍差，头向东，面向北，胸椎骨上方放置长18、宽16~18、厚1厘米的板瓦1块，仰身直肢，为女性（图二八八；图版三一，1）。

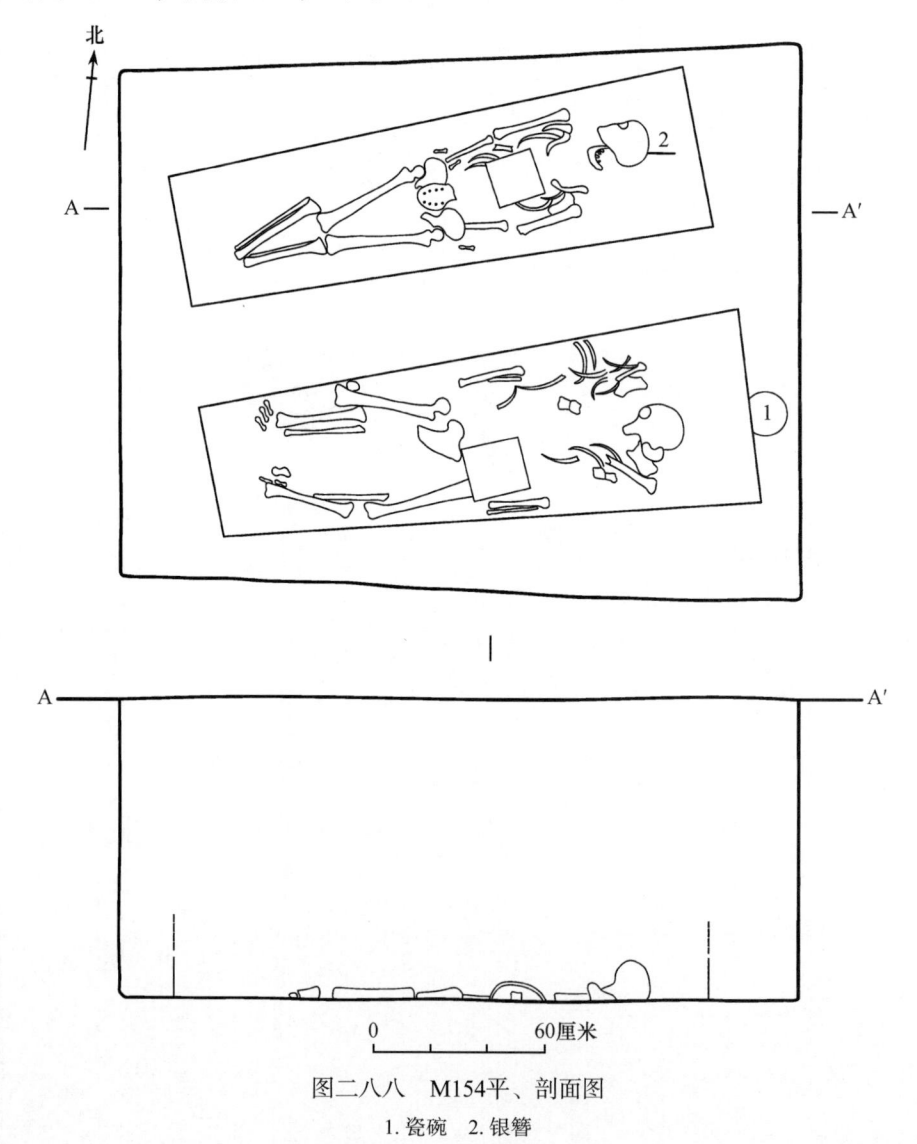

图二八八　M154平、剖面图

1. 瓷碗　2. 银簪

2. 随葬品

南棺外前方出土瓷碗1件；北棺内头骨左上方出土银簪1件。

瓷碗　1件。M154：1，敞口，沿外撇，尖圆唇，斜弧腹，下腹折收，矮圈足，内涩底。灰褐色粗胎，体施酱黄色釉，下腹及足底无釉。轮制，下腹部留有轮旋痕迹。口径16.4、底径5.4、高6.3厘米（图二八九，1；图版五五，1）。

银簪　1件。M154：2，簪首残，体呈圆锥状。残长7.2厘米（图二八九，2）。

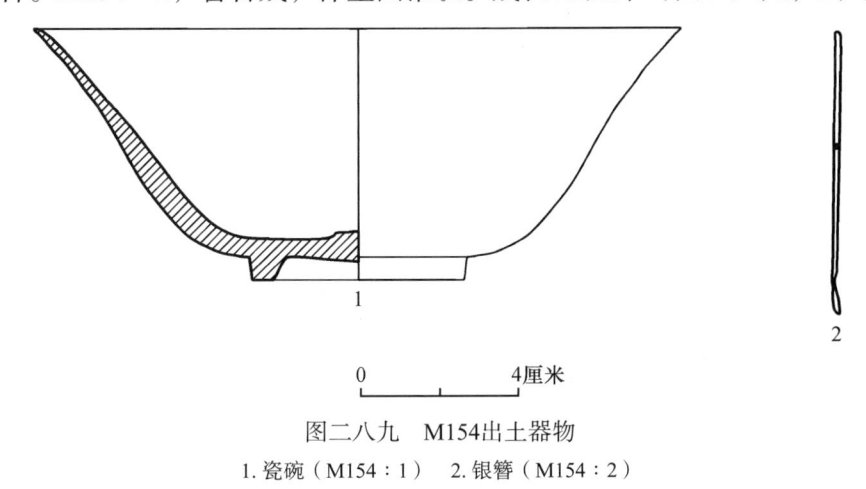

图二八九　M154出土器物
1. 瓷碗（M154：1）　2. 银簪（M154：2）

一五五、M155

1. 墓葬形制

该墓位于发掘区西北部，西邻M154。开口于第1层下，东西向，方向85°。

墓平面呈梯形，竖穴土圹双棺合葬墓。墓口距地表深0.3米，墓底距地表深0.76～0.9米。墓圹东西长2.5、南北宽1.8～1.96、深0.46～0.6米。内填花土，土质松软。内置双棺，棺木已朽。南棺痕长1.9、宽0.48～0.52米；棺内骨架保存较好，头向东，面向南，仰身直肢，为男性。北棺痕长1.94、宽0.5～0.62米；棺内骨架保存较好，头移位向东北，面向上，头骨上方放置长62、宽28、厚6厘米的土坯1块，仰身直肢，为女性（图二九〇；图版三一，2）。

2. 随葬品

南棺内头骨上方出土瓷碗1件；北棺内头骨上方出土银簪3件、骨簪1件。

瓷碗　1件。M155：1，敞口，沿外撇，尖圆唇，斜弧腹，下腹折收，矮圈足，内涩底。灰褐色粗胎，体施酱黄色釉，下腹及足底无釉。轮制，下腹部留有轮旋痕迹。口径17.1、底径6.4、高6厘米（图二九一，1；图版五四，6）。

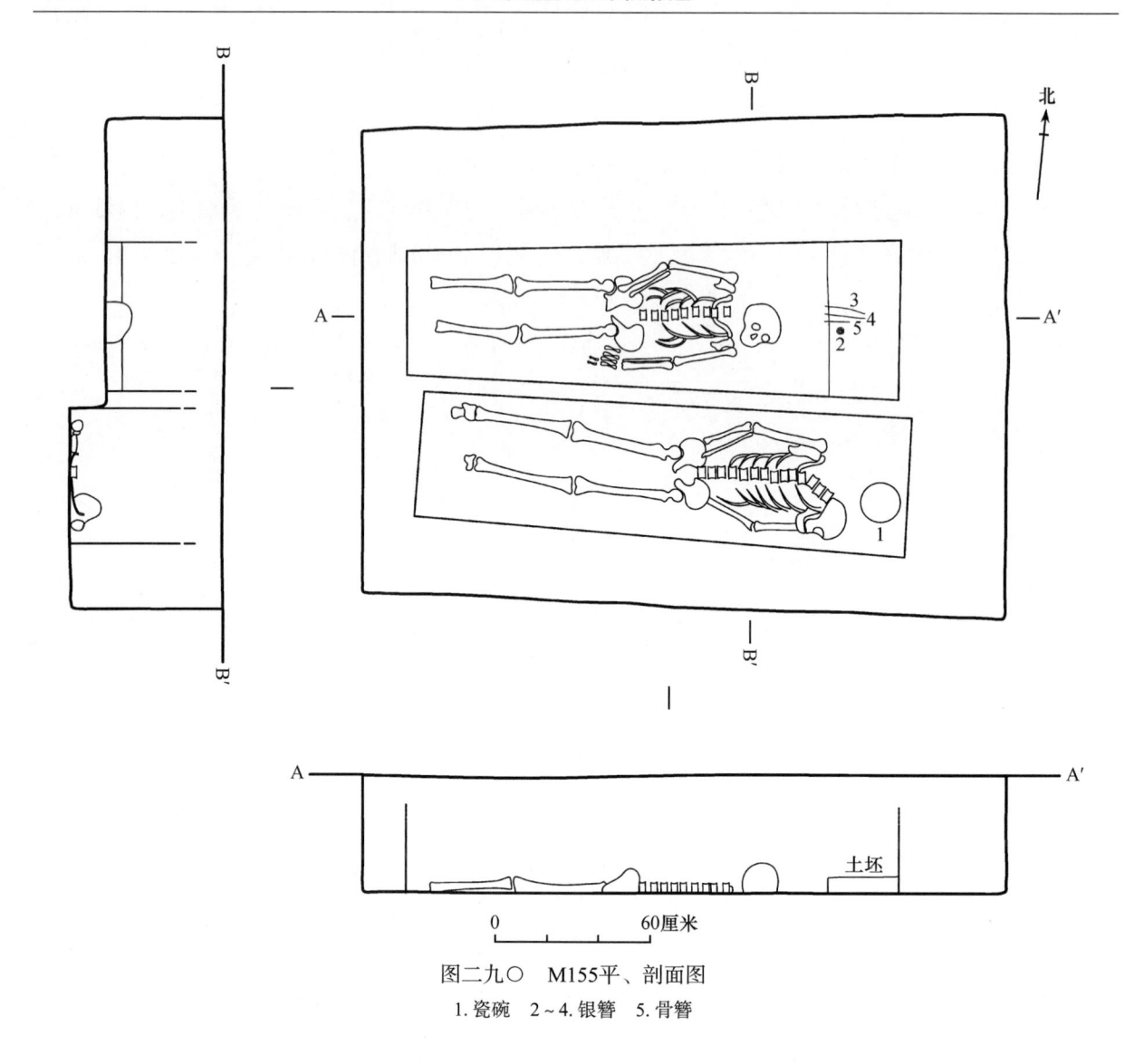

图二九〇　M155平、剖面图
1.瓷碗　2~4.银簪　5.骨簪

银簪　3件。M155：2，簪首呈扁平花瓣状，中部凸起呈圆环形，内镶嵌"福"字纹，体呈圆锥状。通长6.6厘米（图二九一，2；图版七七，1）。M155：3，簪首残，体呈圆锥状。残长10.7厘米（图二九一，3）。M155：4，簪首残，体呈圆锥状。残长10.7厘米（图二九一，4）。

骨簪　1件。M155：5，平顶，上宽下窄，体呈扁条状，末端圆弧形。通长8.4厘米（图二九一，5；图版九三，4）。

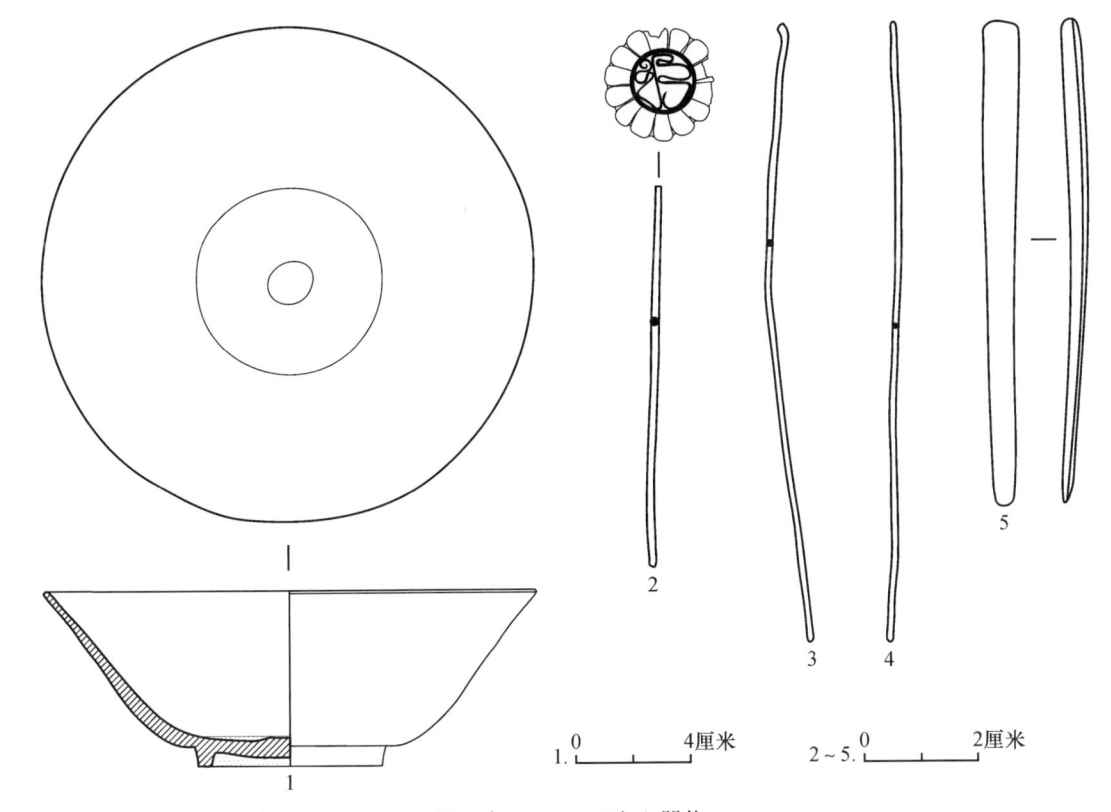

图二九一　M155出土器物

1. 瓷碗（M155：1）　2～4. 银簪（M155：2、M155：3、M155：4）　5. 骨簪（M155：5）

一五六、M156

1. 墓葬形制

该墓位于发掘区西北部，东邻M175。开口于第1层下，东西向，方向90°。

墓平面呈长方形，竖穴土圹双棺合葬墓。墓口距地表深0.3米，墓底距地表深0.94米。墓圹东西长2.4、南北宽2.23、深0.64米。内填花土，土质松软。内置双棺，棺木已朽。南棺痕长1.8、宽0.58～0.68米；棺内骨架保存较差，头移位向东南，面向西南，侧身屈肢，为男性。北棺痕长1.84、宽0.54～0.6米；棺内骨架保存较差，头向东，面向北，仰身直肢，为女性（图二九二）。

2. 随葬品

南棺外前方出土瓷碗1件。

瓷碗　1件。M156：1，敞口，方唇，浅弧腹，矮圈足。体施青色釉，足底无釉。口径14.2、底径6.3、高5.4厘米（图二九三；图版五二，4）。

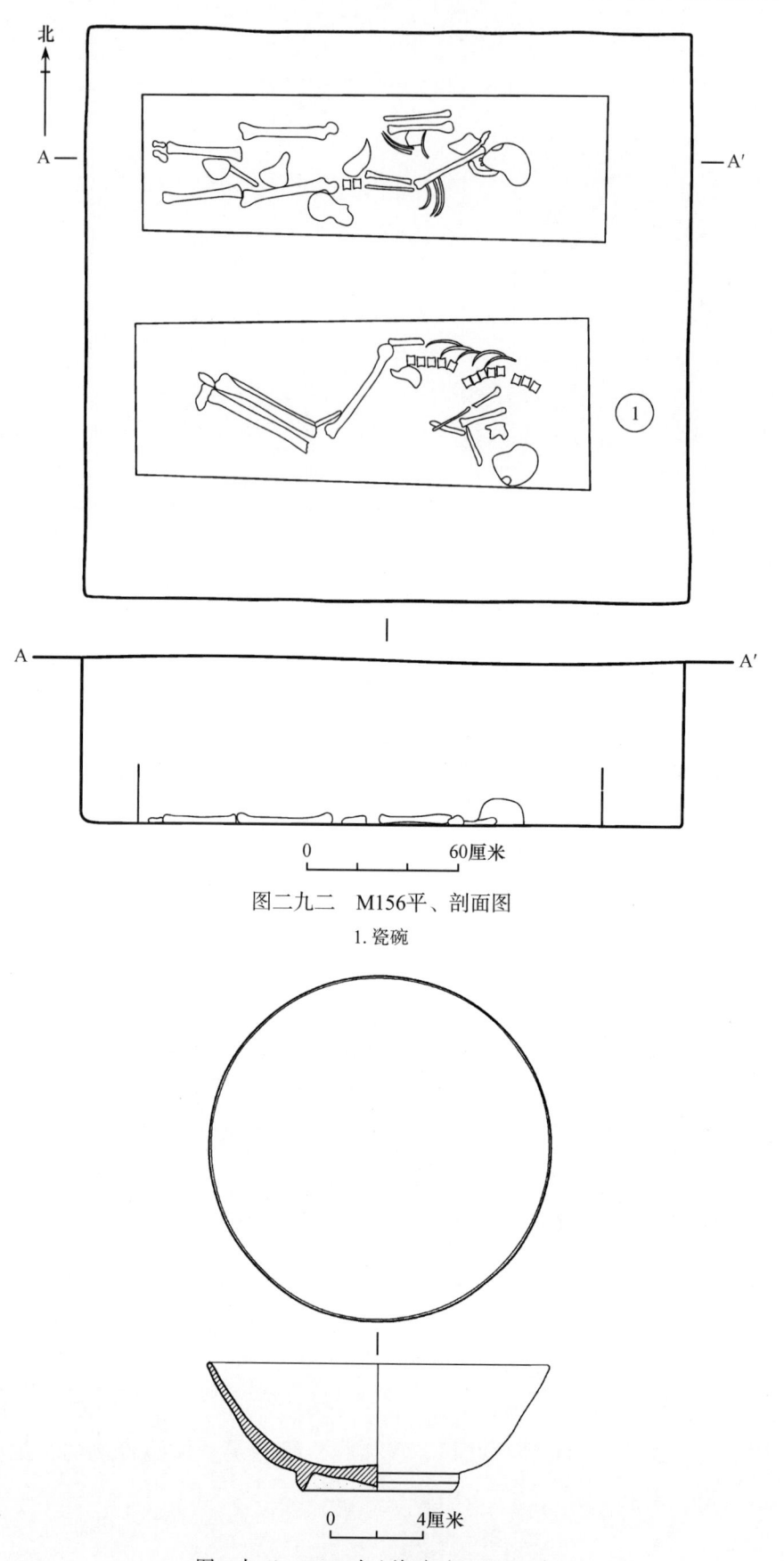

图二九二　M156平、剖面图
1.瓷碗

图二九三　M156出土瓷碗（M156∶1）

一五七、M157

1. 墓葬形制

该墓位于发掘区西北部，东邻M146。开口于第1层下，东西向，方向75°。

墓平面呈长方形，竖穴土圹单棺墓。墓口距地表深0.3米，墓底距地表深0.8米。墓圹东西长2.6、南北宽1.2、深0.5米。内填花土，土质松软。内置单棺，棺木已朽。棺痕长1.8、宽0.46~0.6米；棺内骨架保存较好，头向东北，面向上，头骨下方放置长44、宽18、厚6厘米的土坯1块，仰身直肢，为男性（图二九四）。

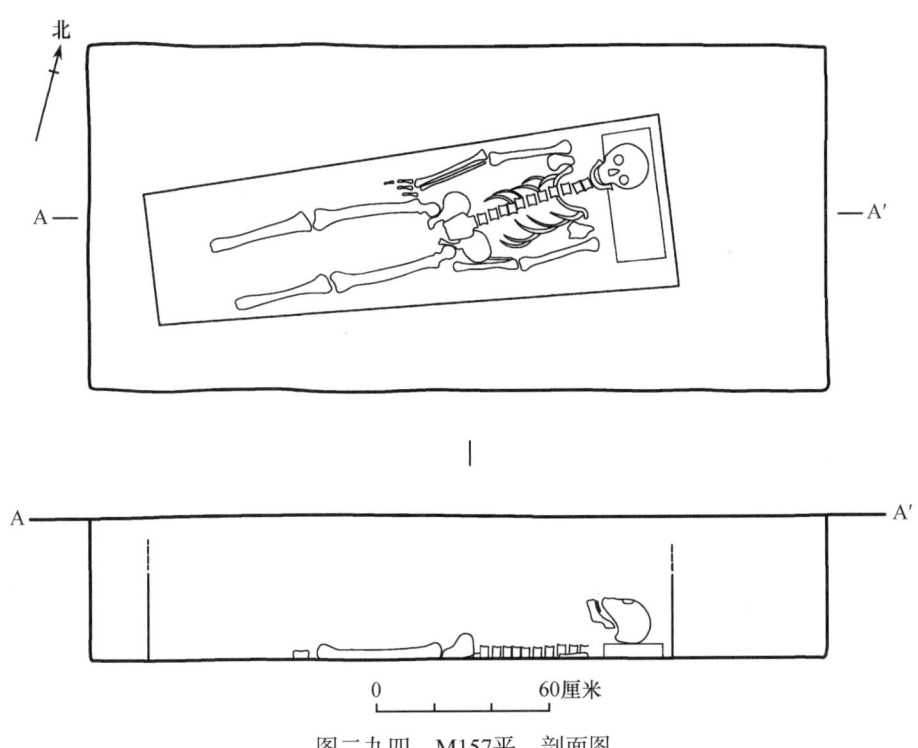

图二九四　M157平、剖面图

2. 随葬品

未发现随葬品。

一五八、M158

1. 墓葬形制

该墓位于发掘区西北部，西邻M159。开口于第1层下，南北向，方向44°。

墓平面呈梯形，竖穴土圹单棺墓。墓口距地表深0.3米，墓底距地表深0.7米。墓圹南北长2.12、东西宽0.92～0.96、深0.4米。内填花土，土质松软。内置单棺，长1.8、宽0.5～0.56、残高0.4米，棺板厚0.02米；棺内骨架保存稍差，头向东北，面向西北，头骨下方放置长44、宽18、厚6厘米的土坯1块，仰身直肢，为男性（图二九五）。

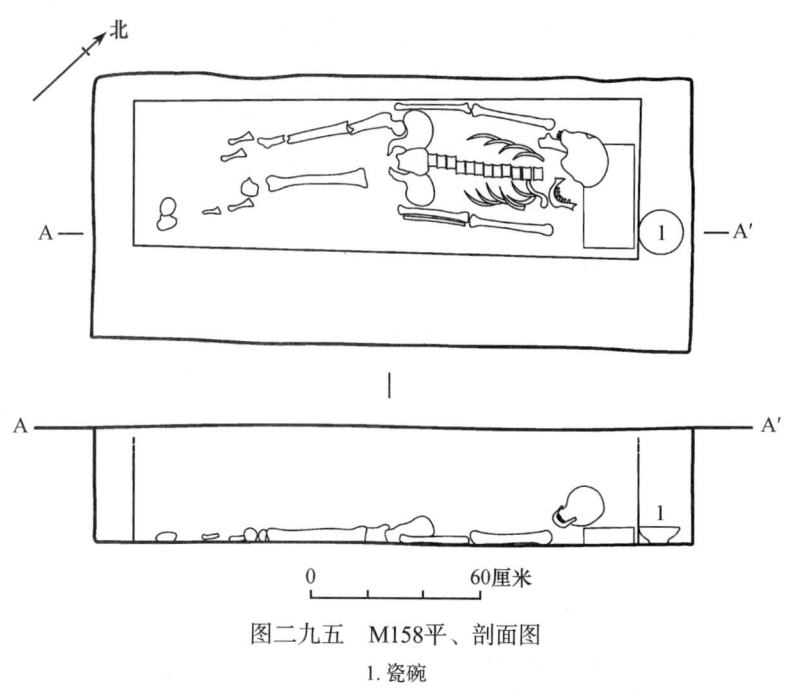

图二九五　M158平、剖面图
1. 瓷碗

2. 随葬品

棺外左前方出土瓷碗1件。

瓷碗　1件。M158：1，敞口，沿外撇，尖圆唇，斜弧腹，下腹折收，矮圈足，内涩底。灰褐色粗胎，腹部施酱黄色釉，内壁施乳白色釉，下腹及足底无釉。口沿内侧饰两周弦纹。轮制，腹部留有轮旋痕迹。口径15、底径5.4、高5.4厘米（图二九六；图版五五，2）。

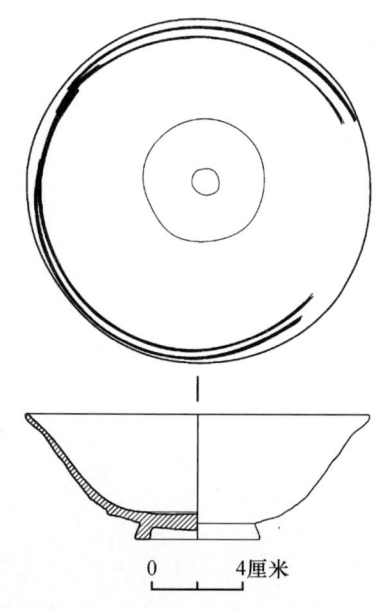

图二九六　M158出土瓷碗（M158：1）

一五九、M159

1. 墓葬形制

该墓位于发掘区西北部，东邻M158。开口于第1层下，东西向，方向90°。

墓平面呈长方形，竖穴土圹双棺合葬墓。墓口距地表深0.3米，墓底距地表深0.68米。墓圹东西长2.86、南北宽1.96、深0.38米。内填花土，土质松软。内置双棺，棺木已朽。南棺痕长1.82、宽0.42～0.46米；棺内仅存零星碎骨，葬式、性别不明。北棺痕长1.74、宽0.47～0.6米；棺内仅存头骨及零星碎骨，葬式、性别不明（图二九七）。

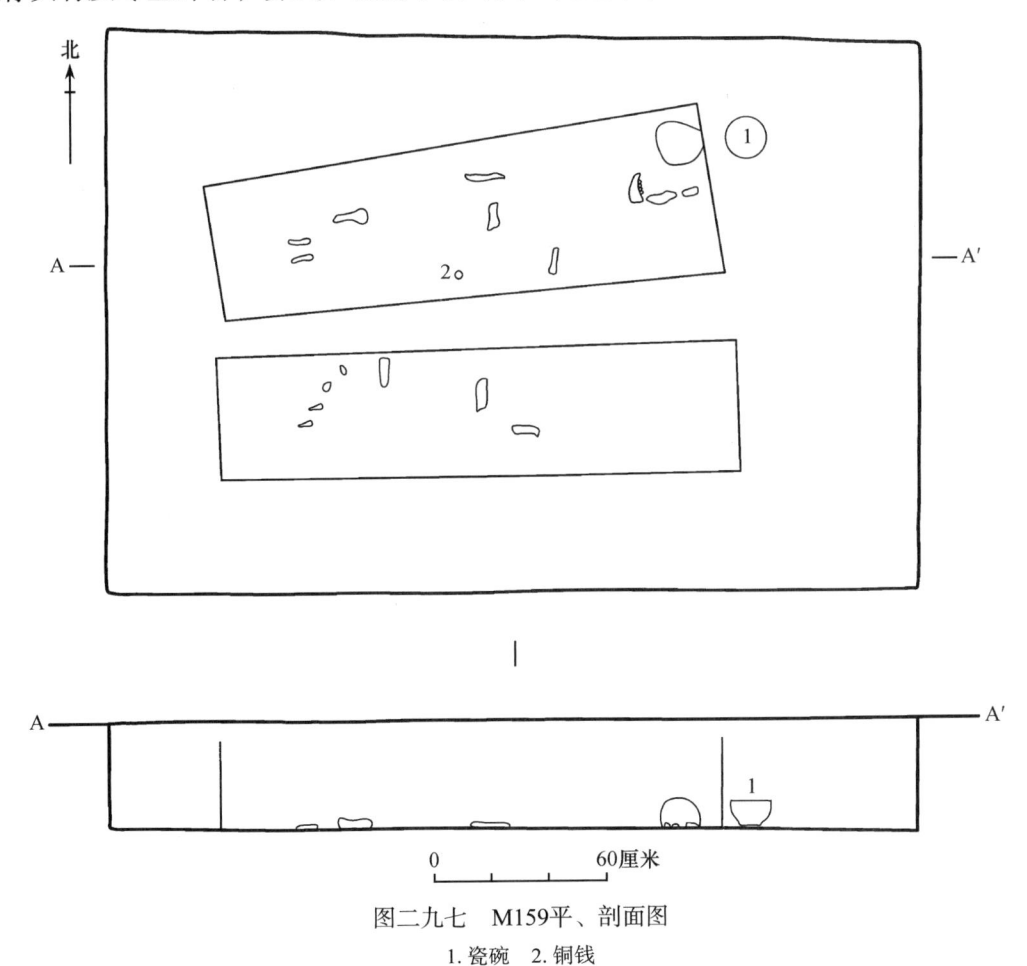

图二九七 M159平、剖面图
1. 瓷碗 2. 铜钱

2. 随葬品

北棺外右前方出土瓷碗1件，棺内左侧中部出土铜钱1枚。

瓷碗　1件。M159：1，敞口，沿外撇，尖圆唇，斜弧腹，下腹折收，矮圈足，内涩底。灰褐色粗胎，腹部施酱黄色釉，内壁施乳白色釉，下腹及足底无釉。口沿内侧饰两周弦纹，腹上部饰两组折枝花卉纹，足内中部楷书"安"字。轮制，腹部留有轮旋痕迹。口径15.4、底径5.5、高5.8厘米（图二九八；图版五五，3）。

道光通宝　1枚。M159：2，小平钱，圆形，方穿，正背面郭缘较宽，正面楷书"道光通寶"四字，直读，背穿左右为满文"宝泉"局名。钱径2.1、穿径0.7、郭厚0.13厘米。已残。

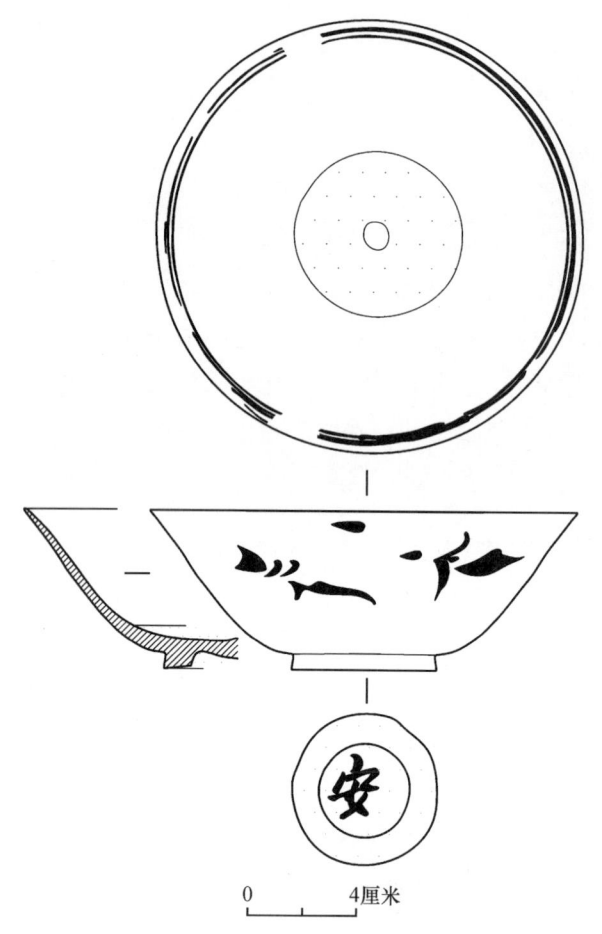

图二九八　M159出土瓷碗（M159：1）

一六〇、M160

1. 墓葬形制

该墓位于发掘区西北部，北邻M157。开口于第1层下，南北向，方向36°。

墓平面呈不规则形，竖穴土圹双棺合葬墓。墓口距地表深0.3米，墓底距地表深1.2～1.4米。墓圹南北长2.56～2.84、东西宽2.14～2.3、深0.9～1.1米。内填花土，土质松软。内置双棺，棺木已朽。东棺痕长2.3、宽0.52～0.56米；棺内骨架保存较差，头移位向北，面向下，仰身直肢，为男性。西棺痕长1.86、宽0.46～0.48米；棺内骨架保存稍好，头向东北，面向上，仰身直肢，为女性（图二九九）。

图二九九　M160平、剖面图
1、2. 银簪　3. 铜钱

2. 随葬品

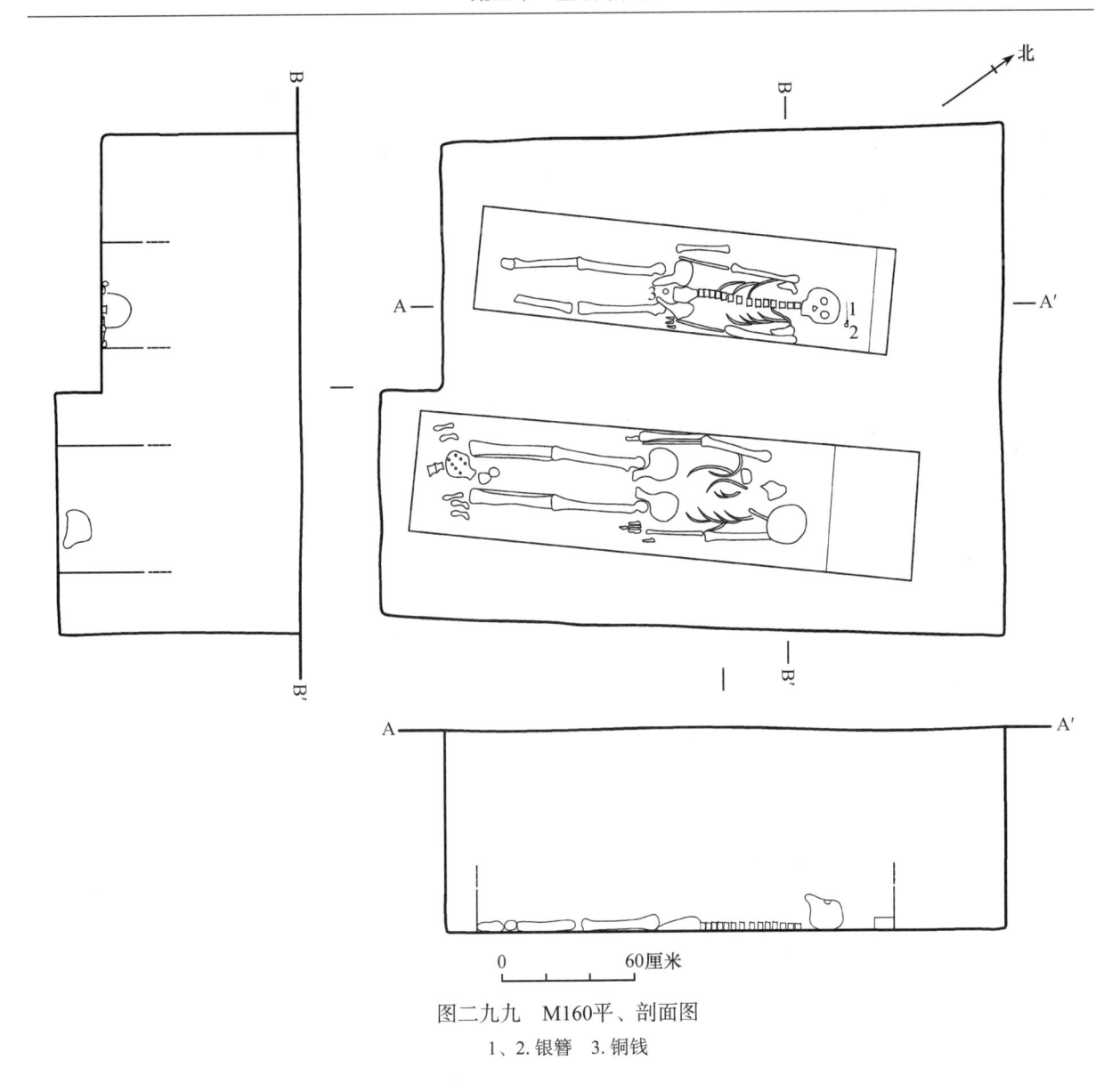

西棺内头骨上方出土银簪2件，盆骨内侧中部出土铜钱1枚。

银簪　2件。M160：1，簪首镂空呈六面方球状，下部节状，体呈圆锥形。通长16.1厘米（图三〇〇，1；图版七七，2）。M160：2，簪首呈扁平花瓣状，中部凸起呈圆环形，内镶嵌"福"字纹，体残。直径1.9厘米（图三〇〇，2；图版七七，3）。

嘉庆通宝　1枚。M160：3，平钱，圆形，方穿，正背面郭缘略宽，正面楷书"嘉慶通寶"四字，直读，背穿左右为满文"宝泉"局名。钱径2.49、穿径0.59、郭厚0.1厘米（图三〇〇，3）。

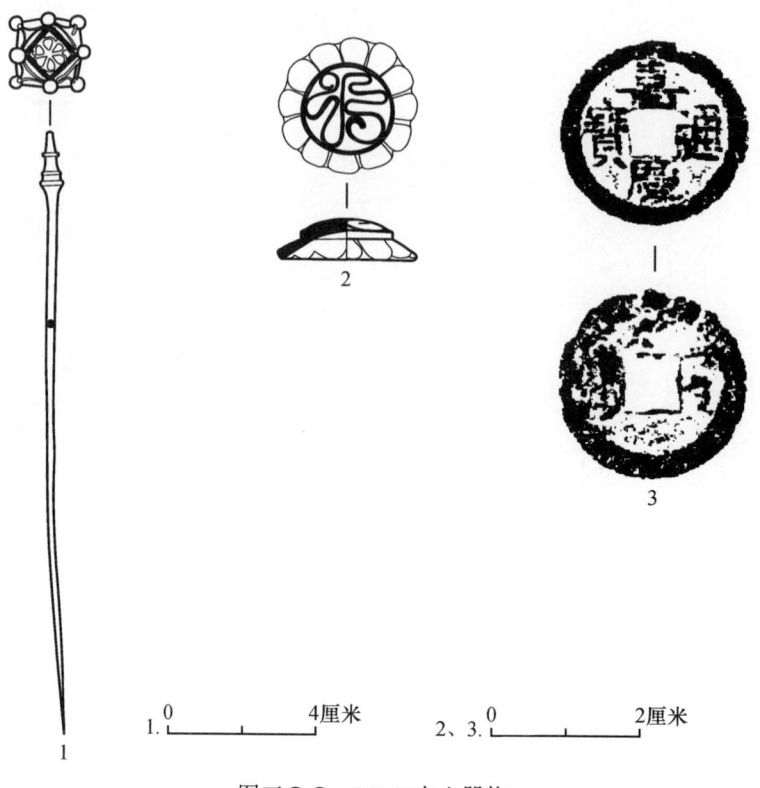

图三〇〇　M160出土器物
1、2. 银簪（M160：1、M160：2）　3. 嘉庆通宝（M160：3）

一六一、M161

1. 墓葬形制

该墓位于发掘区西北部，西南邻M163。开口于第1层下，东西向，方向95°。

墓平面呈不规则形，竖穴土圹双棺合葬墓。墓口距地表深0.3米，墓底距地表深1.14～1.3米。墓圹东西长2.54、南北宽2～2.94、深0.84～1米。内填花土，土质松软。内置双棺，棺木已朽。南棺痕长1.85、宽0.43～0.49米；棺内骨架保存较好，头移位向南，面向东，仰身直肢，为男性。北棺痕长2、宽0.46～0.58米；棺内骨架保存稍差，头移位向东北，面向西北，仰身直肢，为女性（图三〇一）。

2. 随葬品

北棺内上方出土陶罐1件，左下肢骨外侧中部出土铜钱3枚。

陶罐　1件。M161：1，泥质灰陶。侈口，方圆唇，矮领，溜肩，弧腹，平底内凹，领与肩部置对称倒鼻形双系。手轮兼制，外腹部饰有凹弦纹。口径10.7、腹径12.7、底径8.4、高10.4厘米（图三〇二，1；图版四三，3）。

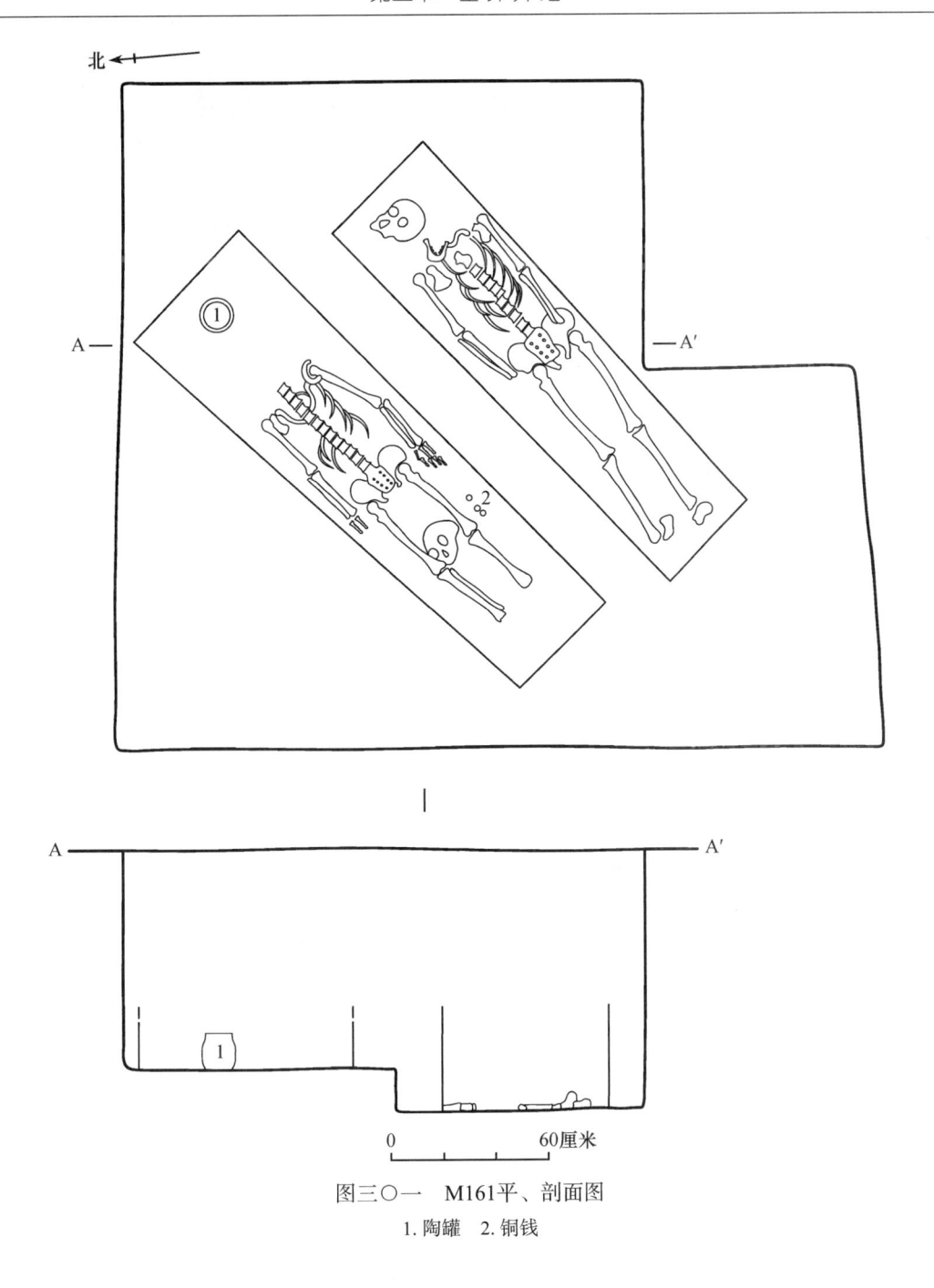

图三〇一 M161平、剖面图
1. 陶罐 2. 铜钱

铜钱 3枚。有嘉庆通宝、道光通宝。

嘉庆通宝 1枚。M161:2-1，平钱，圆形，方穿，正背面郭缘略宽，正面楷书"嘉慶通寶"四字，直读，背穿左右为满文"宝泉"局名。钱径2.25、穿径0.6、郭厚0.1厘米（图三〇二，2）。

道光通宝 2枚。标本M161:2-2，平钱，圆形，方穿，正背面郭缘略宽，正面楷书"道光通寶"四字，直读，背穿左右为满文"宝泉"局名。钱径2.3、穿径0.59、郭厚0.11厘米（图三〇二，3）。

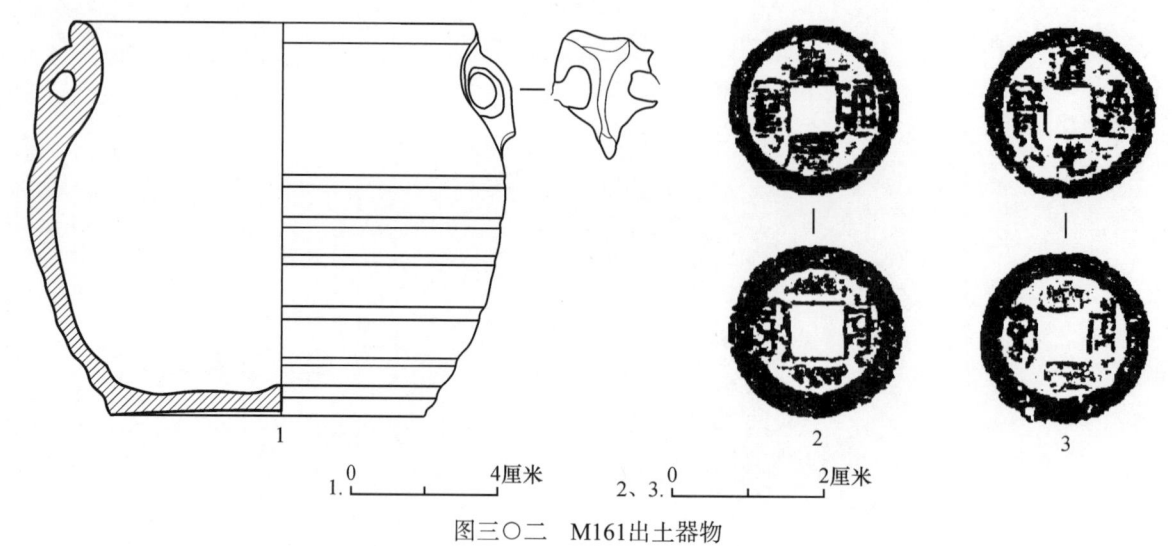

图三〇二　M161出土器物
1. 陶罐（M161：1）　2. 嘉庆通宝（M161：2-1）　3. 道光通宝（M161：2-2）

一六二、M162

1. 墓葬形制

该墓位于发掘区西北部，东邻M161。开口于第1层下，东西向，方向100°。

墓平面呈梯形，竖穴土圹双棺合葬墓。墓口距地表深0.3米，墓底距地表深1.06米。墓圹东西长2.58、南北宽2.46~2.6、深0.76米。内填花土，土质松软。内置双棺，棺木已朽。南棺痕长1.85、宽0.52~0.6米；棺内骨架保存较差，头移位向北，面向西，仰身直肢，为男性。北棺痕长1.7、宽0.44~0.62米；棺内骨架保存较差，头移位向西南，面向上，仰身直肢，为女性（图三〇三）。

2. 随葬品

北棺内头骨左侧出土银簪4件、银耳环1件，头骨右上方出土银耳环1件，左下肢骨内侧上部出土铜钱6枚。

银簪　4件。M162：1，九连环禅杖形，顶呈葫芦状，体呈圆锥状。通长15.5厘米（图三〇四，1；图版七七，4）。M162：2、M162：3，形制相同。簪首呈扁平花瓣状，中部凸起呈圆环形，内镶嵌"福"字纹，体呈圆锥状。M162：2，通长13.2厘米（图三〇四，2；图版七七，5）。M162：3，通长13.2厘米（图三〇四，3；图版七七，6）。M162：4，耳勺形簪首，下部呈节状，体呈圆锥状。通长25.2厘米（图三〇四，4）。

银耳环　2件。呈"S"形，一端尖锐呈钩状，另一端呈圆饼状。M162：5，通高4.6厘米（图三〇四，5；图版八五，4）。M162：6，通高4.7厘米（图三〇四，6；图版八五，5）。

铜钱　6枚。有乾隆通宝、嘉庆通宝、道光通宝。

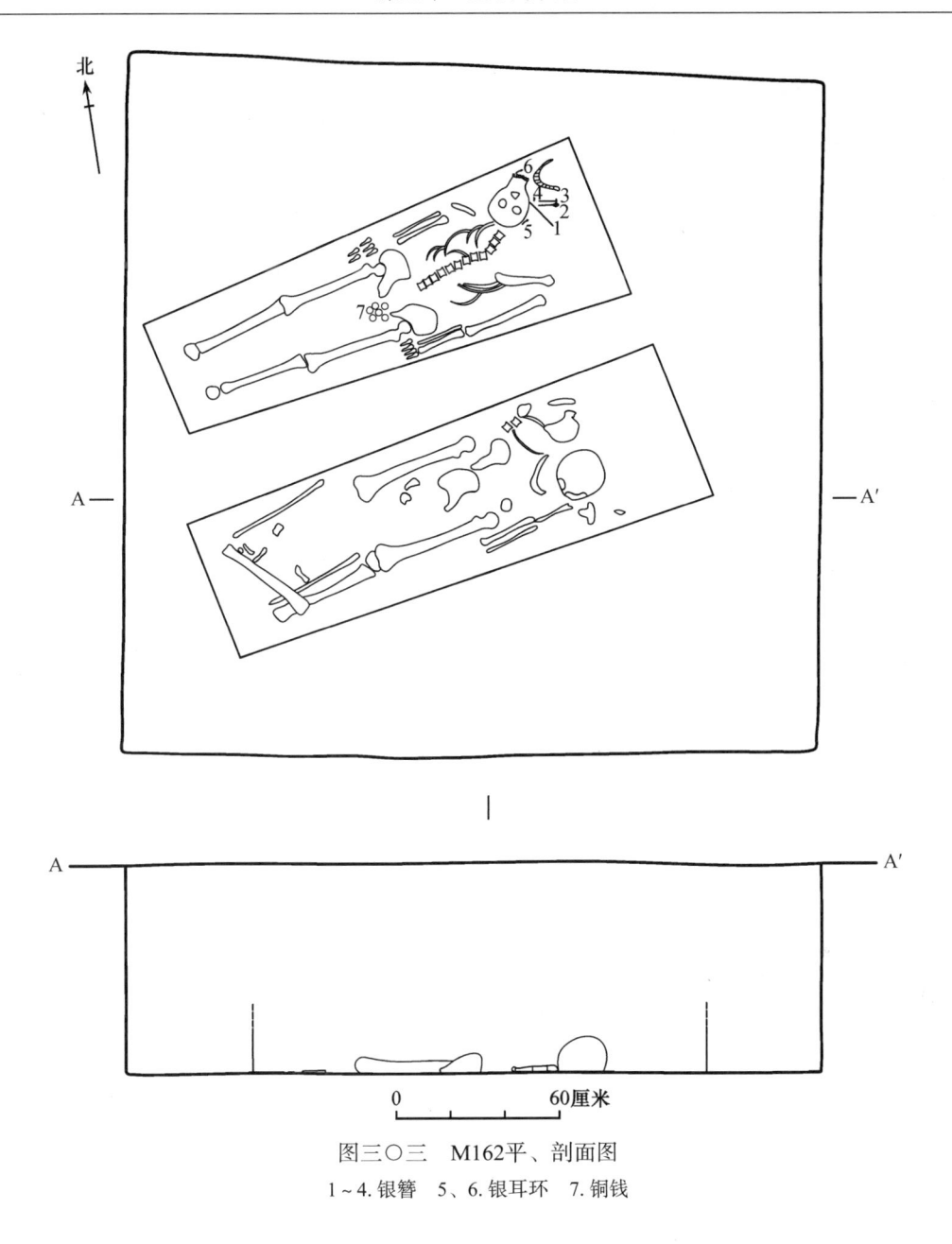

图三〇三 M162平、剖面图
1~4.银簪 5、6.银耳环 7.铜钱

乾隆通宝 3枚。标本M162：7-1，平钱，圆形，方穿，正背面郭缘较宽，正面楷书"乾隆通寶"四字，直读，背穿左右为满文"宝源"局名。钱径2.29、穿径0.61、郭厚0.1厘米（图三〇四，7）。

嘉庆通宝 1枚。M162：7-2，平钱，圆形，方穿，正背面郭缘略宽，正面楷书"嘉慶通寶"四字，直读，背穿左右为满文"宝源"局名。钱径2.41、穿径0.59、郭厚0.1厘米（图三〇四，8）。

道光通宝 2枚。标本M162：7-3，平钱，圆形，方穿，正背面郭缘略宽，正面楷书"道光通寶"四字，直读，背穿左右为满文"宝泉"局名。钱径2.3、穿径0.6、郭厚0.15厘米（图三〇四，9）。

图三〇四　M162出土器物

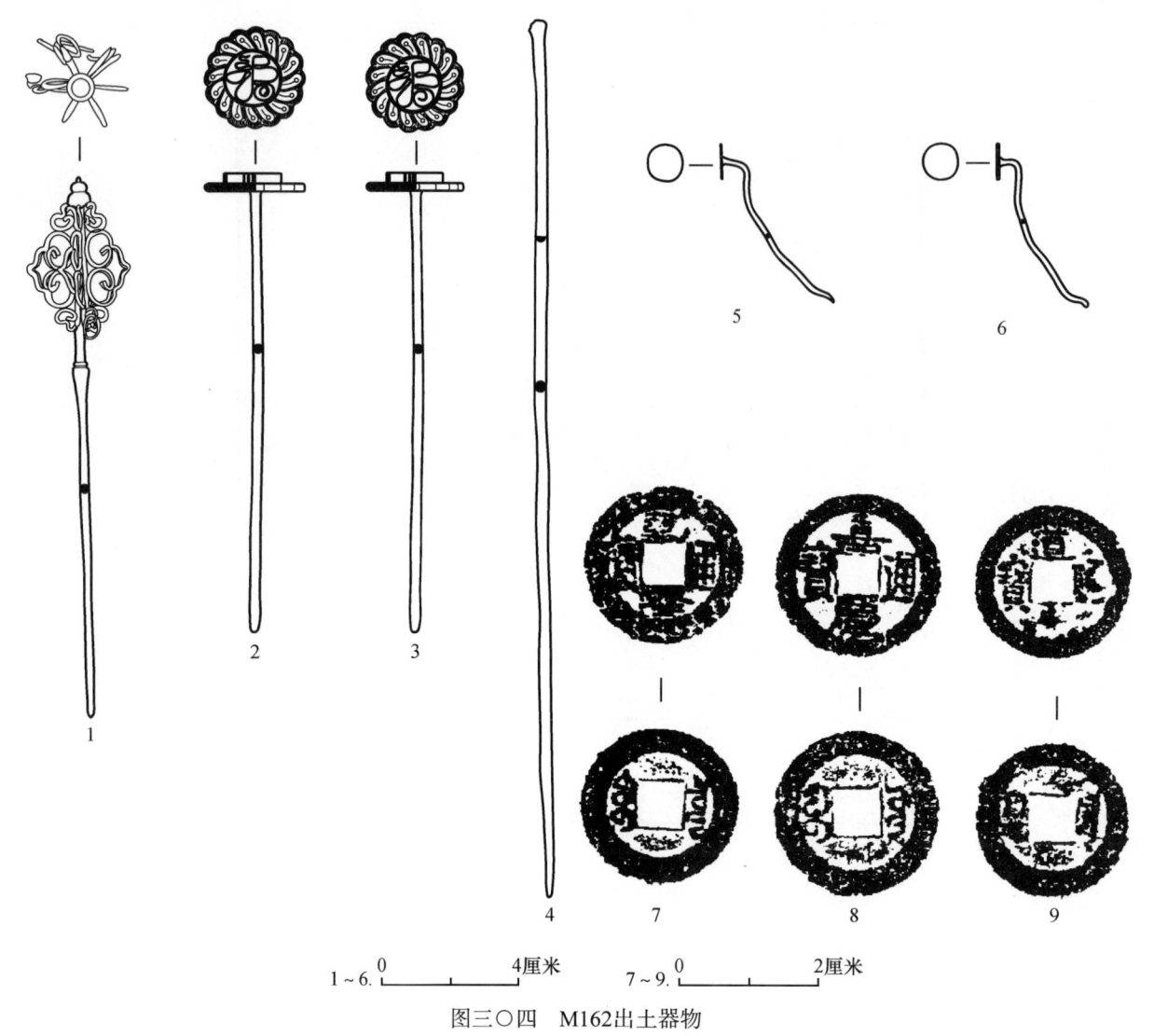

1~4. 银簪（M162:1、M162:2、M162:3、M162:4）　5、6. 银耳环（M162:5、M162:6）　7. 乾隆通宝（M162:7-1）
8. 嘉庆通宝（M162:7-2）　9. 道光通宝（M162:7-3）

一六三、M163

1. 墓葬形制

该墓位于发掘区西北部，北邻M162。开口于第1层下，东西向，方向98°。

墓平面呈梯形，竖穴土圹双棺合葬墓。墓口距地表深0.3米，墓底距地表深1.2米。墓圹东西长2.6、南北宽2.4~3.28、深0.9米。内填花土，土质松软。内置双棺，棺木已朽。南棺痕长2.06、宽0.48~0.62米；棺内仅存头骨及一段肢骨，头移位向南，面向上，葬式、性别不明。北棺痕长1.94、宽0.6米；棺内未发现骨架，葬式、性别不明（图三〇五）。

图三〇五　M163平、剖面图

2. 随葬品

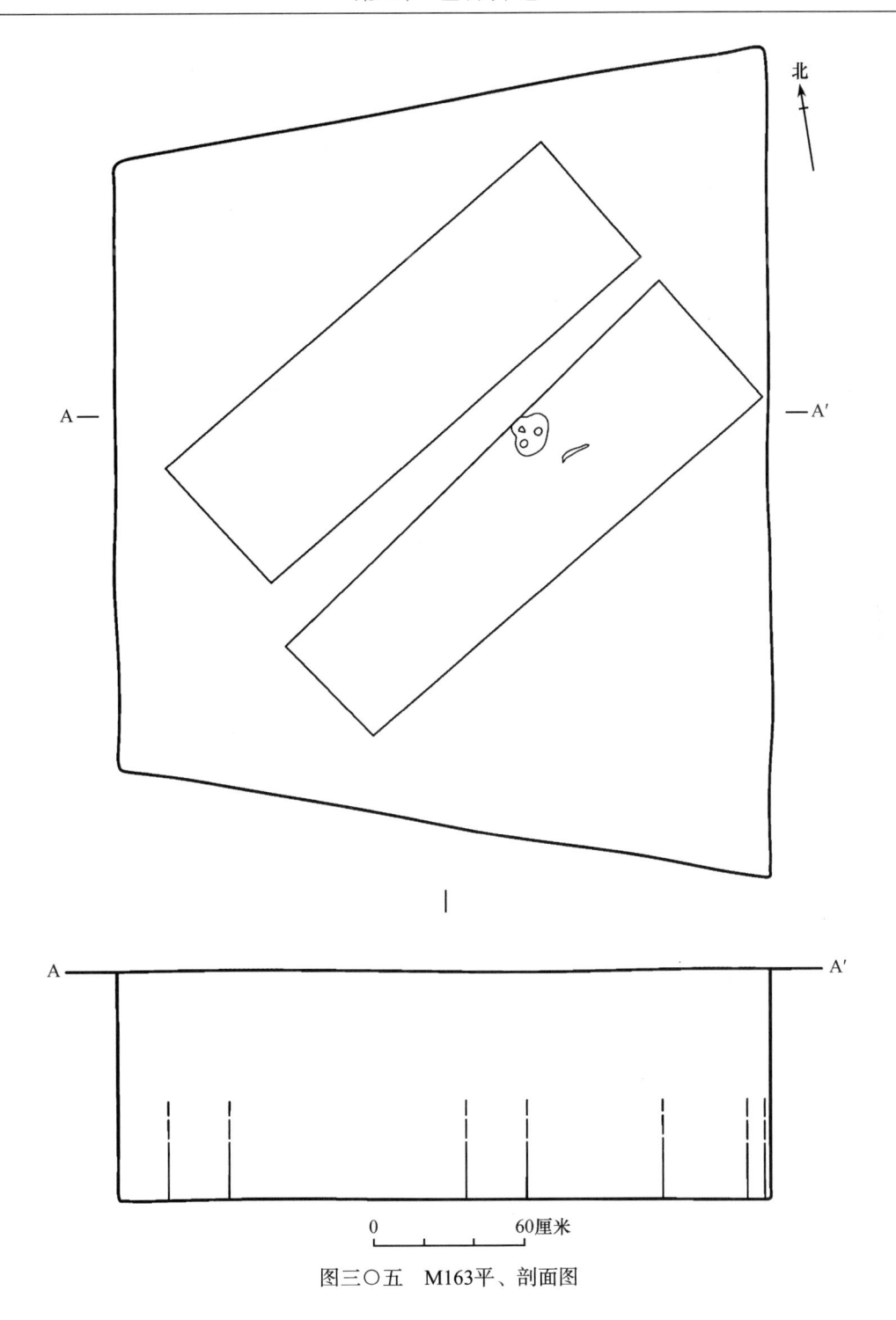

未发现随葬品。

一六四、M164

1. 墓葬形制

该墓位于发掘区西北部,南邻M147。开口于第1层下,东西向,方向82°。

墓平面呈不规则形,竖穴土圹三棺合葬墓。墓口距地表深0.3米,墓底距地表深0.66~0.79米。墓圹东西长3.04、南北宽2.6~2.98、深0.36~0.49米。内填花土,土质松软。内置三棺,棺木已朽。南棺痕长1.82、宽0.46~0.6米;棺内骨架保存较差,头移位向东,面向南,仰身直肢,为男性。中棺痕长2.1、宽0.44~0.54米;棺内骨架保存较好,头向东,面向北,仰身直肢,为女性。北棺痕长1.64、宽0.34~0.54米;棺内骨架保存稍好,头向东,面向北,仰身直肢,为女性(图三〇六)。

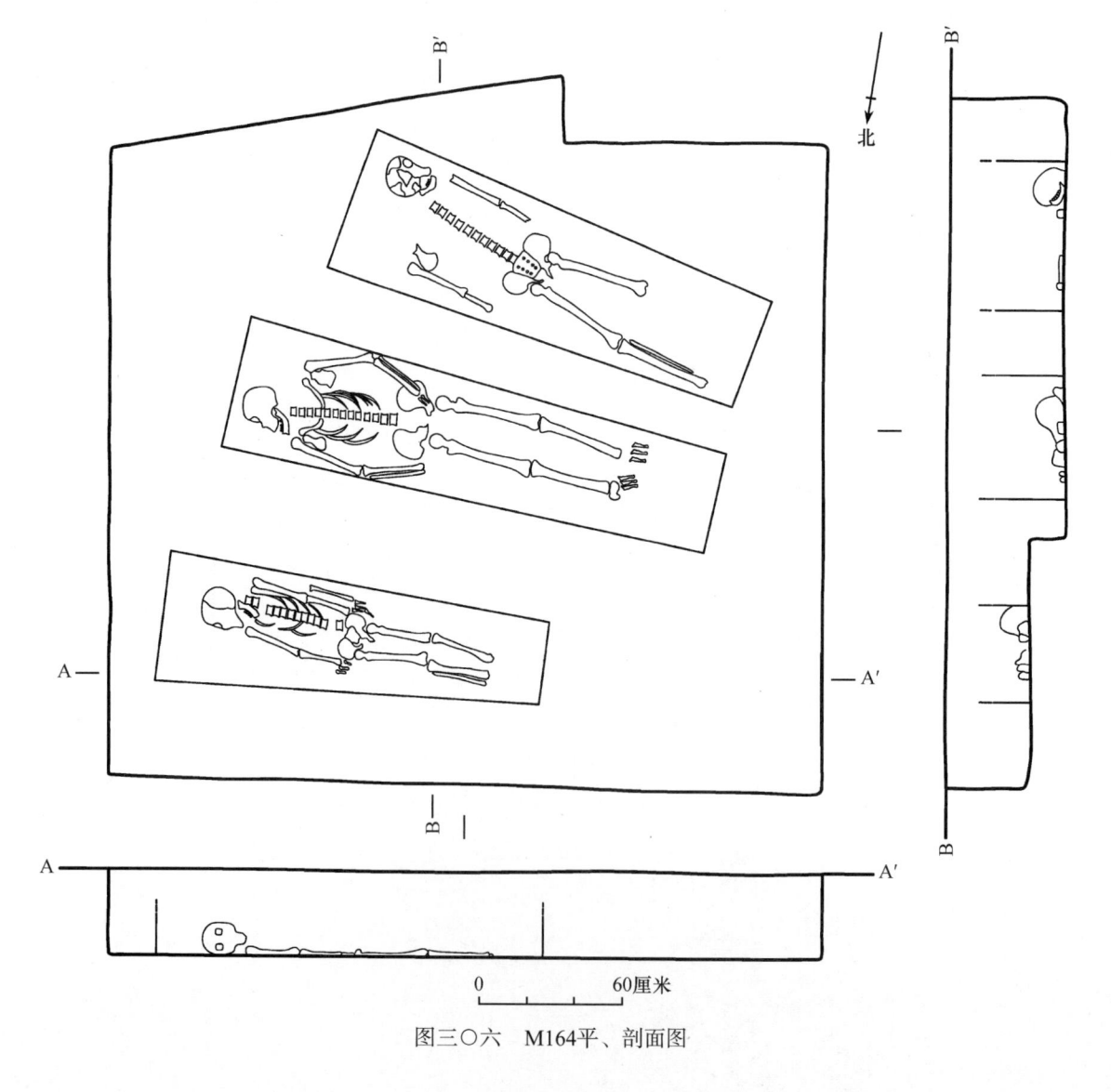

图三〇六 M164平、剖面图

2. 随葬品

未发现随葬品。

一六五、M165

1. 墓葬形制

该墓位于发掘区西北部，北邻M166。开口于第1层下，东西向，方向94°。

墓平面呈梯形，竖穴土圹双棺合葬墓。墓口距地表深0.3米，墓底距地表深0.7米。墓圹东西长2.5、南北宽1.9~2、深0.4米。内填花土，土质松软。内置双棺，棺木已朽。南棺痕长1.64、宽0.44~0.52米；棺内骨架保存较差，头向东，面向北，侧身屈肢，为男性。北棺痕长1.7、宽0.42~0.54米；棺内骨架保存稍好，头向东，面向南，侧身屈肢，为女性（图三〇七）。

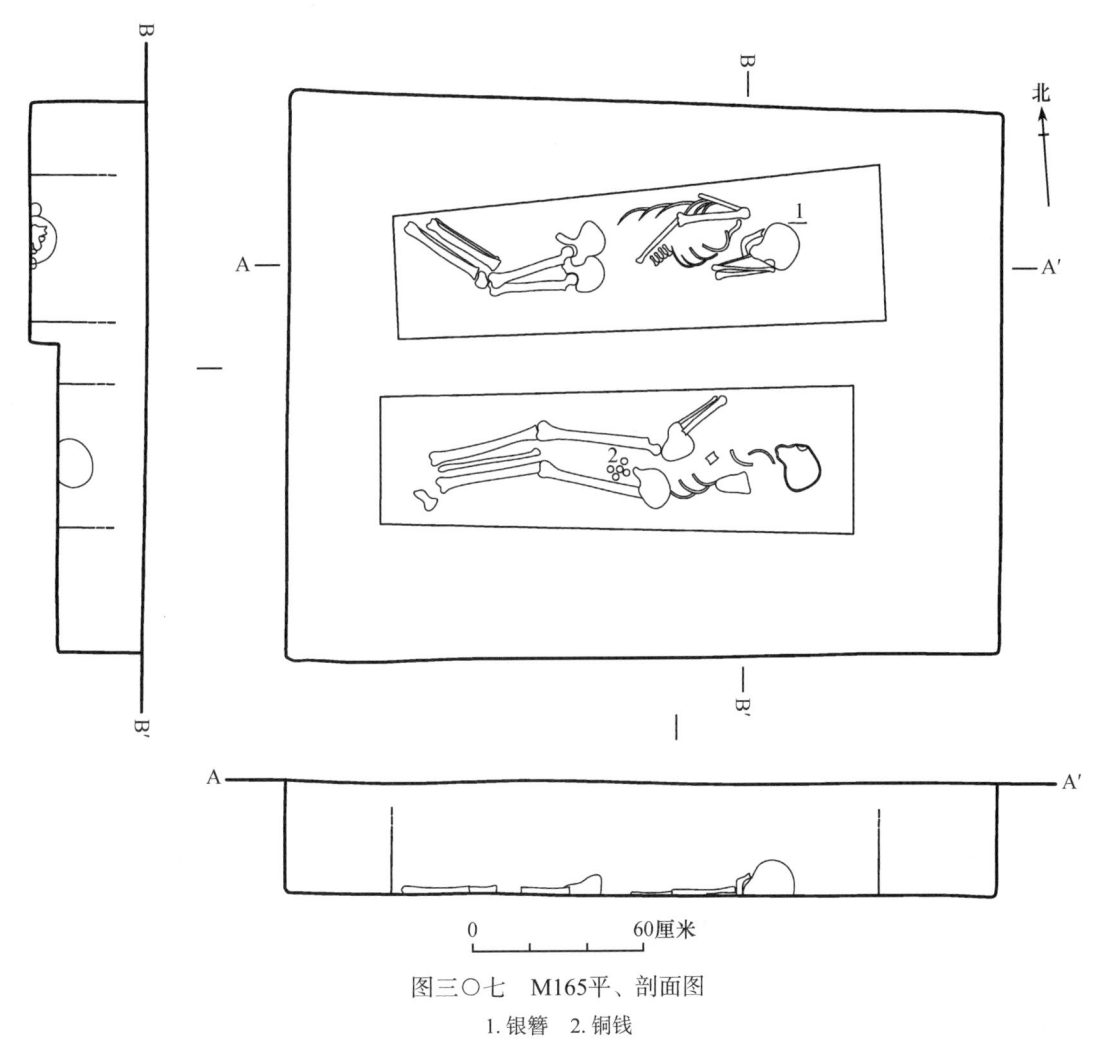

图三〇七 M165平、剖面图
1. 银簪　2. 铜钱

2. 随葬品

南棺内下肢骨内侧上部出土铜钱5枚；北棺内头骨右上方出土银簪1件。

银簪　1件。M165：1，耳勺形首，下部呈节状，体呈圆锥状，末端残。残长13.8厘米（图三〇八，1）。

铜钱　5枚。有康熙通宝、乾隆通宝。

康熙通宝　4枚。标本M165：2-1，大平钱，圆形，方穿，正背面郭缘较宽，正面楷书"康熙通寶"四字，直读，背穿左右为满文"宝泉"局名。钱径2.8、穿径0.6、郭厚0.11厘米（图三〇八，2）。

乾隆通宝　1枚。M165：2-2，平钱，圆形，方穿，正背面郭缘较窄，正面楷书"乾隆通寶"四字，直读，背穿左右为满文"宝源"局名。钱径2.31、穿径0.7、郭厚0.13厘米（图三〇八，3）。

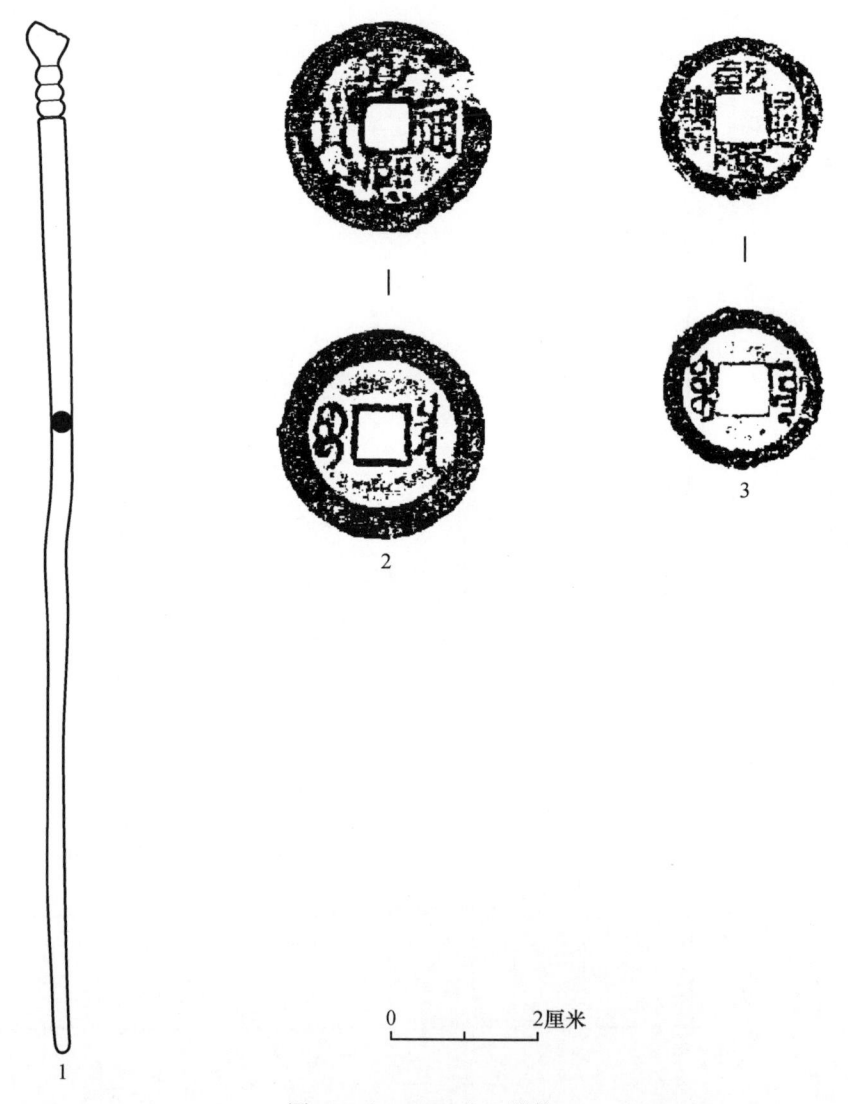

图三〇八　M165出土器物

1. 银簪（M165：1）　2. 康熙通宝（M165：2-1）　3. 乾隆通宝（M165：2-2）

一六六、M166

1. 墓葬形制

该墓位于发掘区西北部，南邻M165。开口于第1层下，东西向，方向84°。

墓平面呈梯形，竖穴土圹双棺合葬墓。墓口距地表深0.3米，墓底距地表深0.58～0.74米。墓圹东西长2.5、南北宽1.94、深0.28～0.44米。内填花土，土质松软。内置双棺，棺木已朽。南棺痕长1.8、宽0.52～0.64米；棺内骨架保存较好，头向东，面向南，仰身直肢，为男性。北棺痕长1.96、宽0.46～0.6米；棺内骨架保存较差，头向东，面向北，侧身屈肢，为女性（图三〇九）。

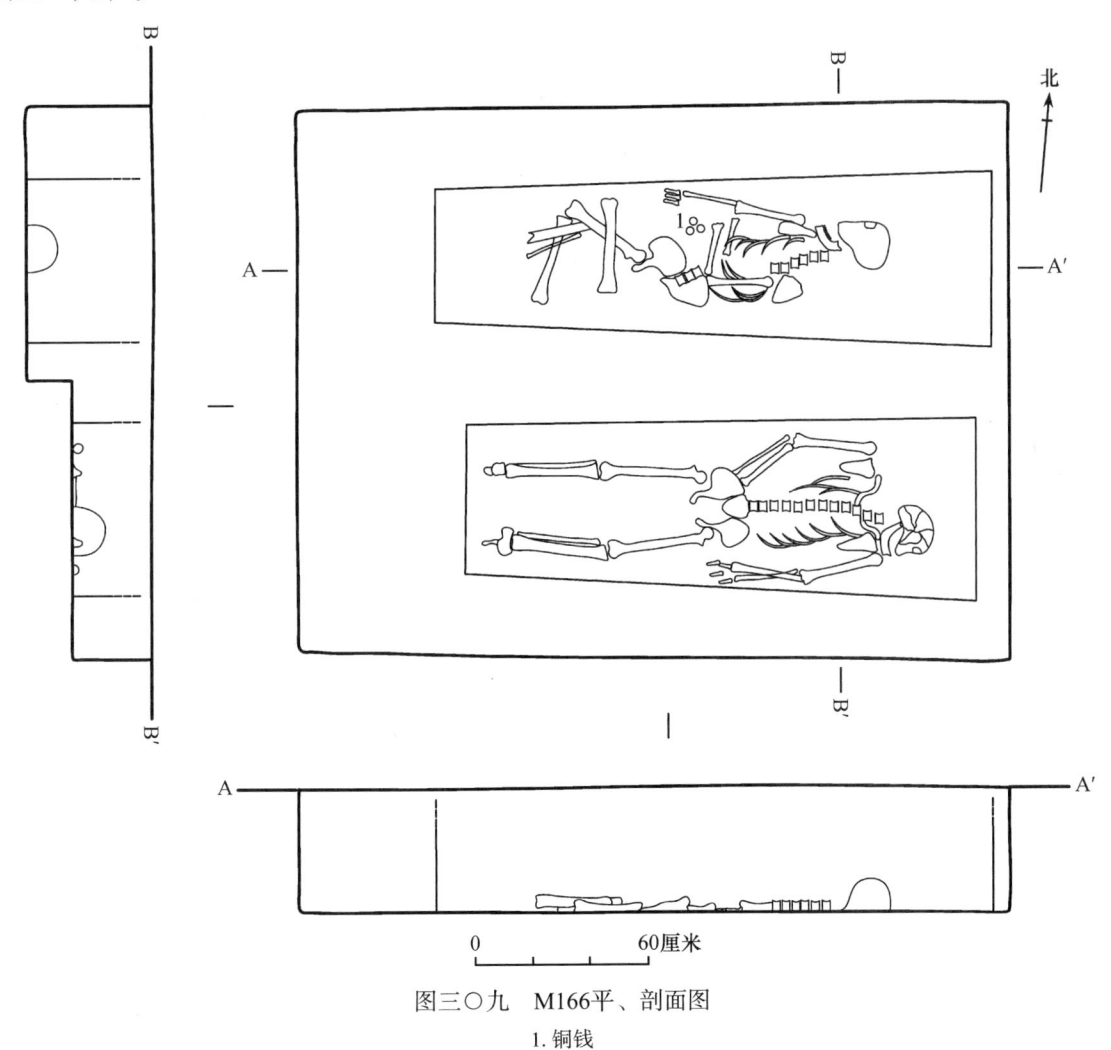

图三〇九　M166平、剖面图
1. 铜钱

2. 随葬品

北棺内右上肢骨内侧下部出土铜钱3枚，有康熙通宝、雍正通宝。

康熙通宝　2枚。标本M166：1-1，平钱，圆形，方穿，正背面郭缘较宽，正面楷书"康熙通寶"四字，直读，背穿左右为满文"宝泉"局名。钱径2.55、穿径0.6、郭厚0.11厘米（图三一〇，1）。

雍正通宝　1枚。M166：1-2，平钱，圆形，方穿，正背面郭缘较宽，正面楷书"雍正通寶"四字，直读，背穿左右为满文"宝泉"局名。钱径2.55、穿径0.61、郭厚0.11厘米（图三一〇，2）。

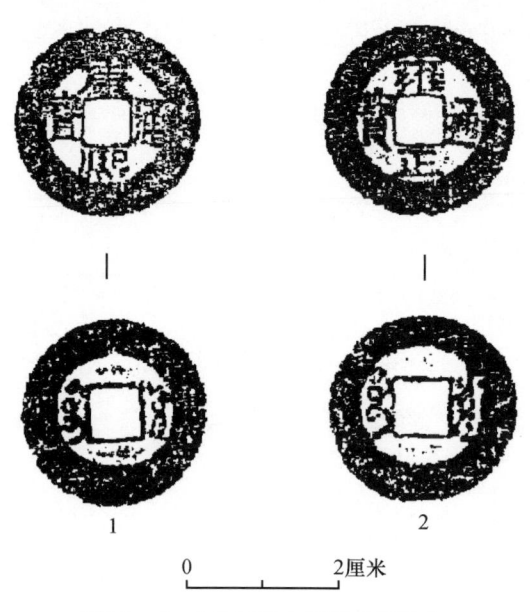

图三一〇　M166出土铜钱（拓片）
1.康熙通宝（M166：1-1）　2.雍正通宝（M166：1-2）

一六七、M167

1. 墓葬形制

该墓位于发掘区西北部，北邻M168。开口于第1层下，东西向，方向95°。

墓平面呈梯形，竖穴土圹双棺合葬墓。墓口距地表深0.3米，墓底距地表深0.82~0.9米。墓圹东西长2.76、南北宽1.95~2.46、深0.52~0.6米。内填花土，土质松软。内置双棺，棺木已朽。南棺痕长1.98、宽0.5~0.68米；棺内骨架保存较好，头向东，面向上，仰身直肢，为男性。北棺痕长1.72、宽0.5~0.6米，棺内骨架保存较差，头移位向北，面向西，侧身屈肢，为女性（图三一一；图版三二，1）。

图三一一　M167平、剖面图
1. 瓷罐　2. 银簪　3. 银耳环　4. 铜钱

2. 随葬品

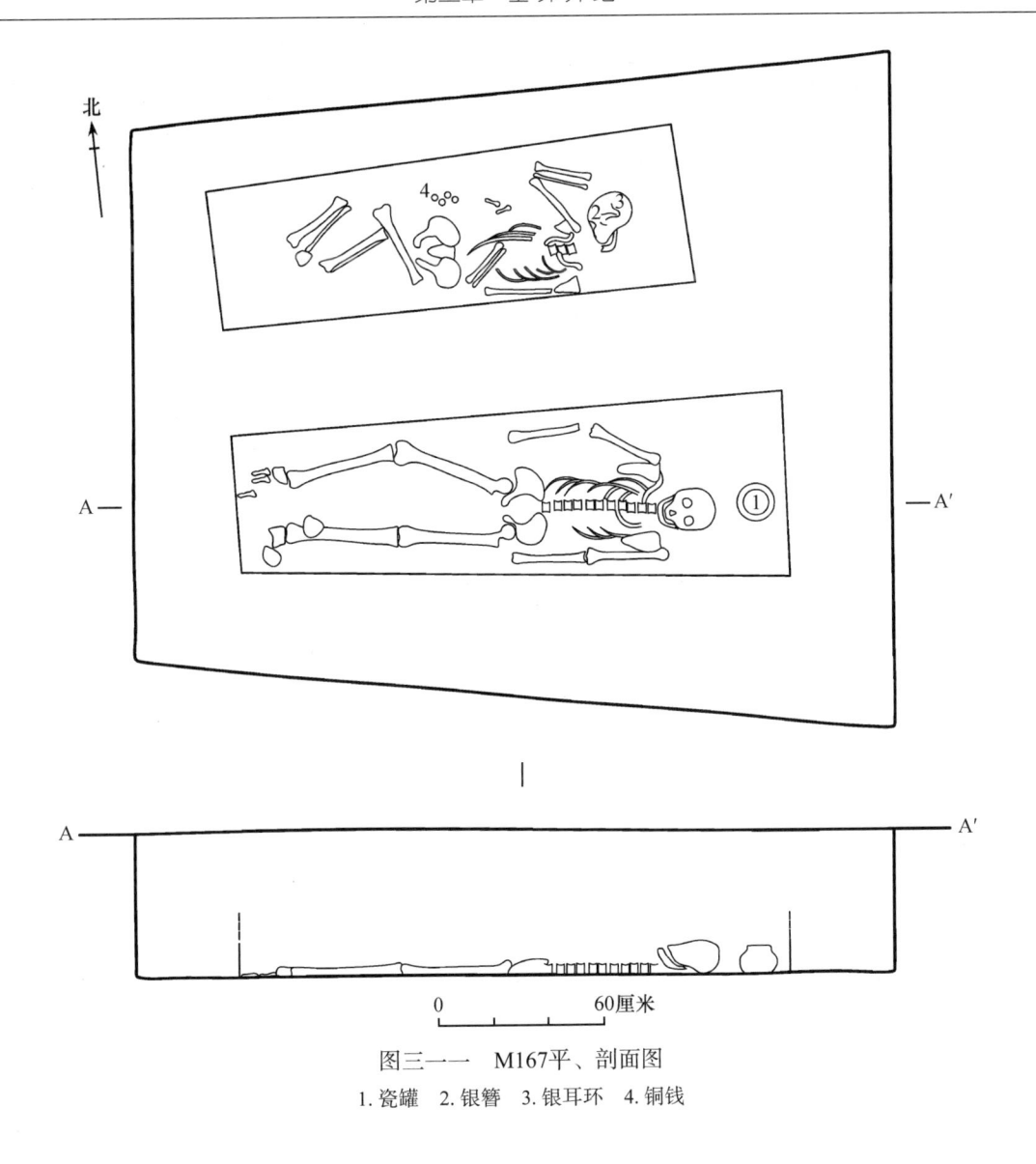

南棺内头骨上方出土瓷罐1件；北棺内头骨上方出土银簪1件、银耳环1件，右盆骨右侧出土铜钱4枚。

瓷罐　1件。M167：1，敛口，方圆唇，矮领，圆肩，鼓腹，圈足。灰褐色胎，腹上部及内壁施黑色釉，唇部、下腹及足底无釉。轮制，内壁留有轮旋痕迹。口径9.2、腹径12.55、底径7.9、高8.8厘米（图三一二，1；图版四七，3）。

银簪　1件。M167：2，簪首残，体呈圆锥状。残长5.4厘米（图三一二，2）。

银耳环　1件。M167：3，呈"S"形，一端尖锐呈钩状，另一端呈半球状。通高2.7厘米（图三一二，3；图版八六，1）。

康熙通宝　4枚。标本M167：4-1，平钱，圆形，方穿，正背面郭缘略宽，正面楷书"康熙通寶"四字，直读，背穿左右为满文"宝泉"局名。钱径2.3、穿径0.55、郭厚0.11厘米（图三一二，4）。

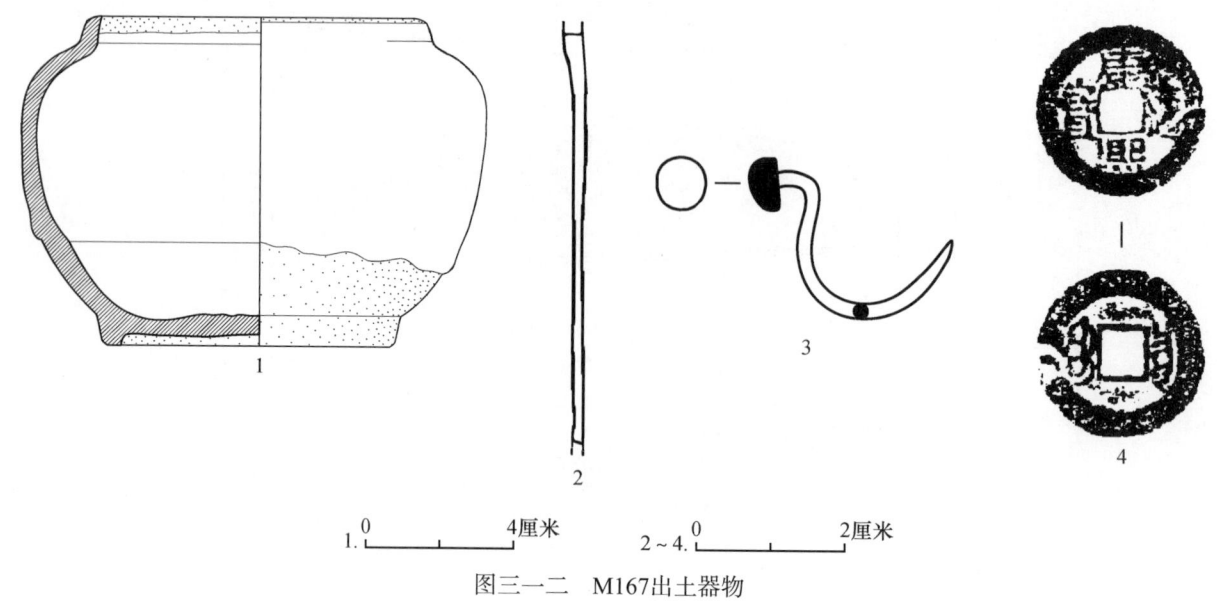

图三一二　M167出土器物
1. 瓷罐（M167∶1）　2. 银簪（M167∶2）　3. 银耳环（M167∶3）　4. 康熙通宝（M167∶4-1）

一六八、M168

1. 墓葬形制

该墓位于发掘区西北部，南邻M167。开口于第1层下，东西向，方向90°。

墓平面呈梯形，竖穴土圹双棺合葬墓。墓口距地表深0.3米，墓底距地表深0.76米。墓圹东西长2.4、南北宽1.7~1.8、深0.46米。内填花土，土质松软。内置双棺，棺木已朽。南棺痕长1.9、宽0.54~0.62米；棺内骨架保存稍差，头移位向东，面向上，侧身屈肢，为男性。北棺痕长1.88、宽0.46~0.66米；棺内骨架保存较差，头向东，面向北，侧身屈肢，为女性（图三一三；图版三二，2）。

2. 随葬品

北棺内头骨右侧及右下肢骨内侧上部出土铜钱7枚，有顺治通宝、康熙通宝。

顺治通宝　1枚。M168∶1-1，平钱，圆形，方穿，正背面郭缘略宽，正面楷书"顺治通寶"四字，直读，背穿左楷书"一厘"二字，右楷书"工"字。钱径2.59、穿径0.5、郭厚0.11厘米（图三一四，1）。

康熙通宝　6枚。标本M168∶1-2，平钱，圆形，方穿，正背面郭缘较宽，正面楷书"康熙通寶"四字，直读，背穿左右为满文"宝泉"局名。钱径2.58、穿径0.6、郭厚0.13厘米（图三一四，2）。

第二章 墓葬介绍

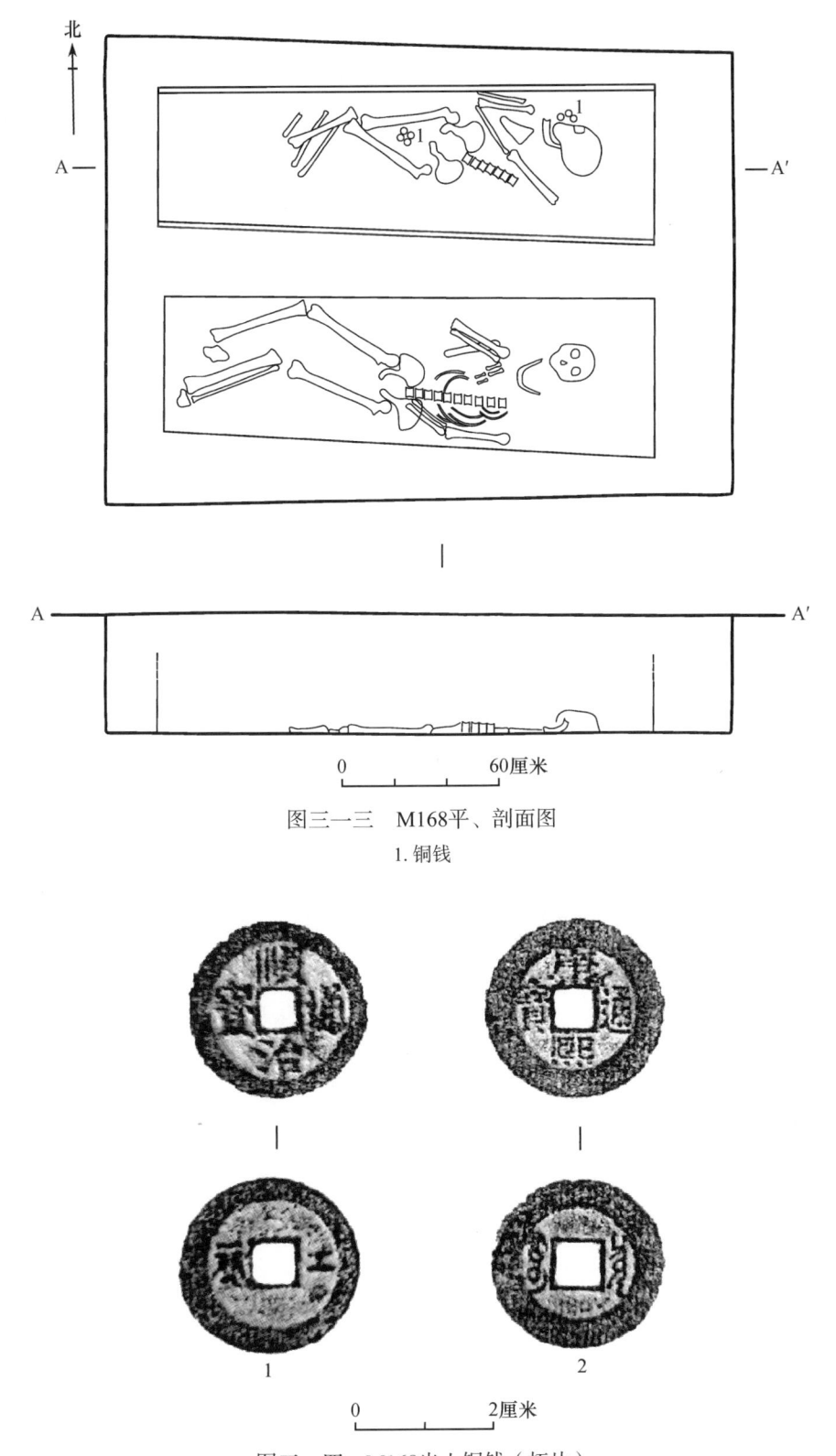

图三一三 M168平、剖面图
1. 铜钱

图三一四 M168出土铜钱（拓片）
1. 顺治通宝（M168：1-1） 2. 康熙通宝（M168：1-2）

一六九、M169

1. 墓葬形制

该墓位于发掘区西南部，北邻M222。开口于第1层下，南北向，方向5°。

墓平面呈长方形，竖穴土圹单棺墓。墓口距地表深0.3米，墓底距地表深1.2米。墓圹南北长2.3、东西宽1.3、深0.9米。内填花土，土质松软。内置单棺，棺木已朽。棺痕长1.9、宽0.5~0.6米；棺内骨架保存较好，头向北，面向西，仰身直肢，为女性（图三一五）。

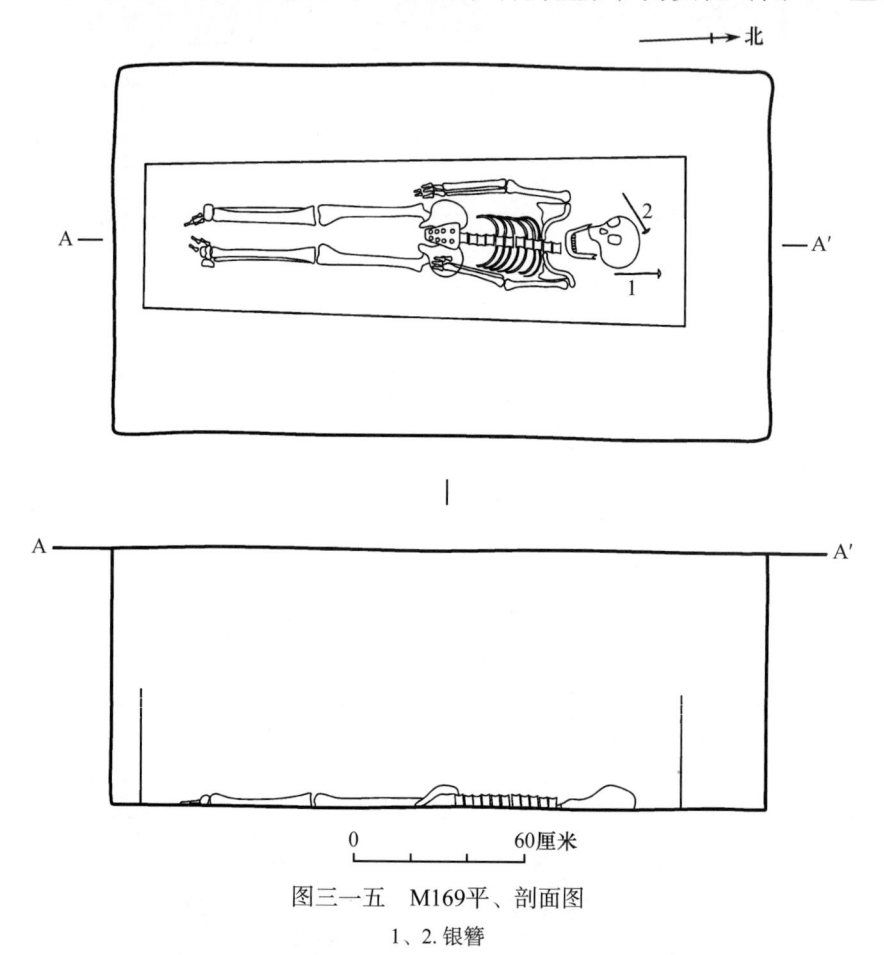

图三一五　M169平、剖面图
1、2. 银簪

2. 随葬品

棺内头骨左右上方出土银簪2件。

银簪　2件。形制相同。簪首呈扁平花瓣状，中部凸起呈圆环形，内镶嵌"福"字纹，体呈圆锥状。M169：1，通长12.4厘米（图三一六，1；图版七八，1）。M169：2，通长12.5厘米（图三一六，2；图版七八，2）。

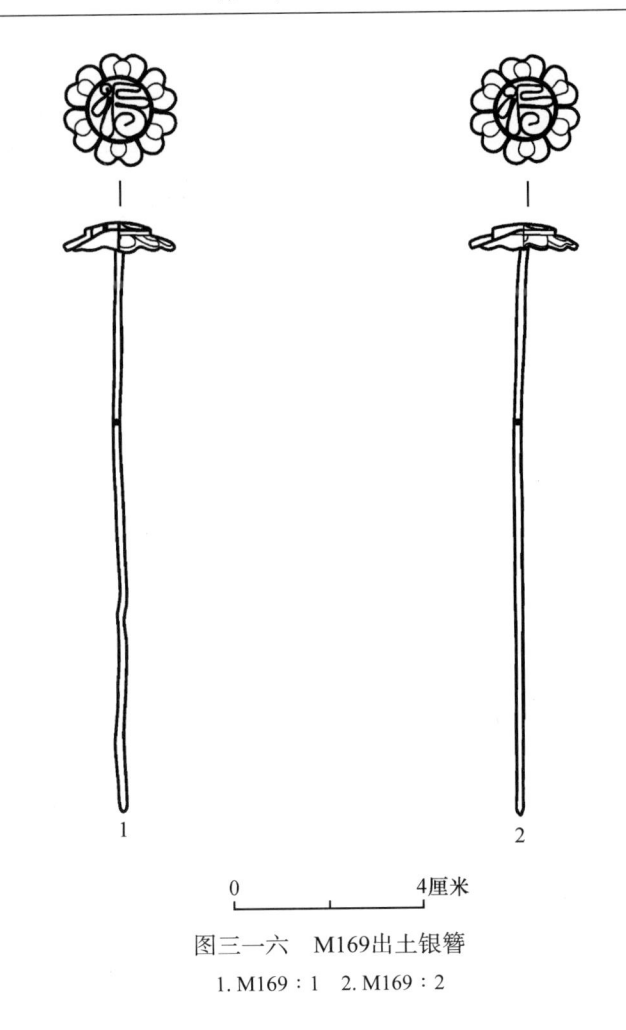

图三一六　M169出土银簪
1. M169:1　2. M169:2

一七〇、M170

1. 墓葬形制

该墓位于发掘区西北部，北邻M174。开口于第1层下，南北向，方向5°。

墓平面呈长方形，竖穴土圹双棺合葬墓。墓口距地表深0.3米，墓底距地表深0.9~1米。墓圹南北长2.7、东西宽1.6、深0.6~0.7米。内填花土，土质松软。内置双棺，棺木已朽。东棺痕长2、宽0.5~0.6米；棺内骨架保存较好，头向北，面向上，头骨上方放置长20、宽18~20、厚1厘米的板瓦1块，仰身直肢，为男性。西棺痕长2、宽0.5~0.6米；棺内骨架保存较好，头向北，面向西，胸椎骨上方放置长20、宽18~20、厚1厘米的板瓦1块，仰身屈肢，为女性（图三一七）。

图三一七　M170平、剖面图
1. 银簪

2. 随葬品

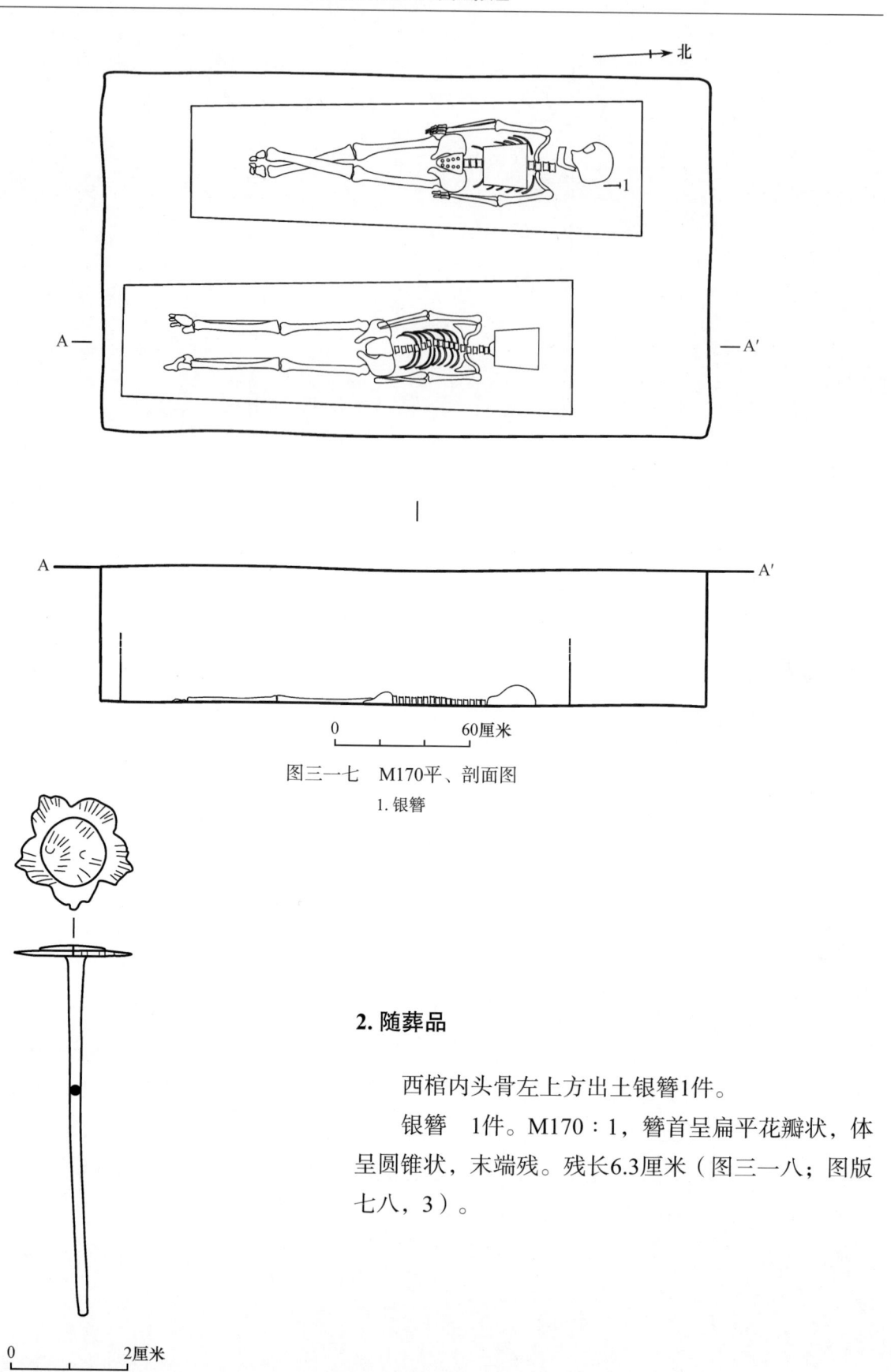

西棺内头骨左上方出土银簪1件。

银簪　1件。M170:1，簪首呈扁平花瓣状，体呈圆锥状，末端残。残长6.3厘米（图三一八；图版七八，3）。

图三一八　M170出土银簪（M170:1）

一七一、M171

1. 墓葬形制

该墓位于发掘区西北部，东南邻M167。开口于第1层下，东西向，方向86°。

墓平面呈不规则形，竖穴土圹双棺合葬墓。墓口距地表深0.3米，墓底距地表深0.8米。墓圹东西长2.38~2.64、南北宽1~2、深0.5米。内填花土，土质松软。内置双棺，棺木已朽。南棺痕长1.94、宽0.48~0.6米；棺内骨架保存较好，头移位向东，面向下，侧身屈肢，为男性。北棺痕长1.9、宽0.5~0.62米；棺内骨架保存较差，头向东，面向南，侧身屈肢，为女性（图三一九；图版三三，1）。

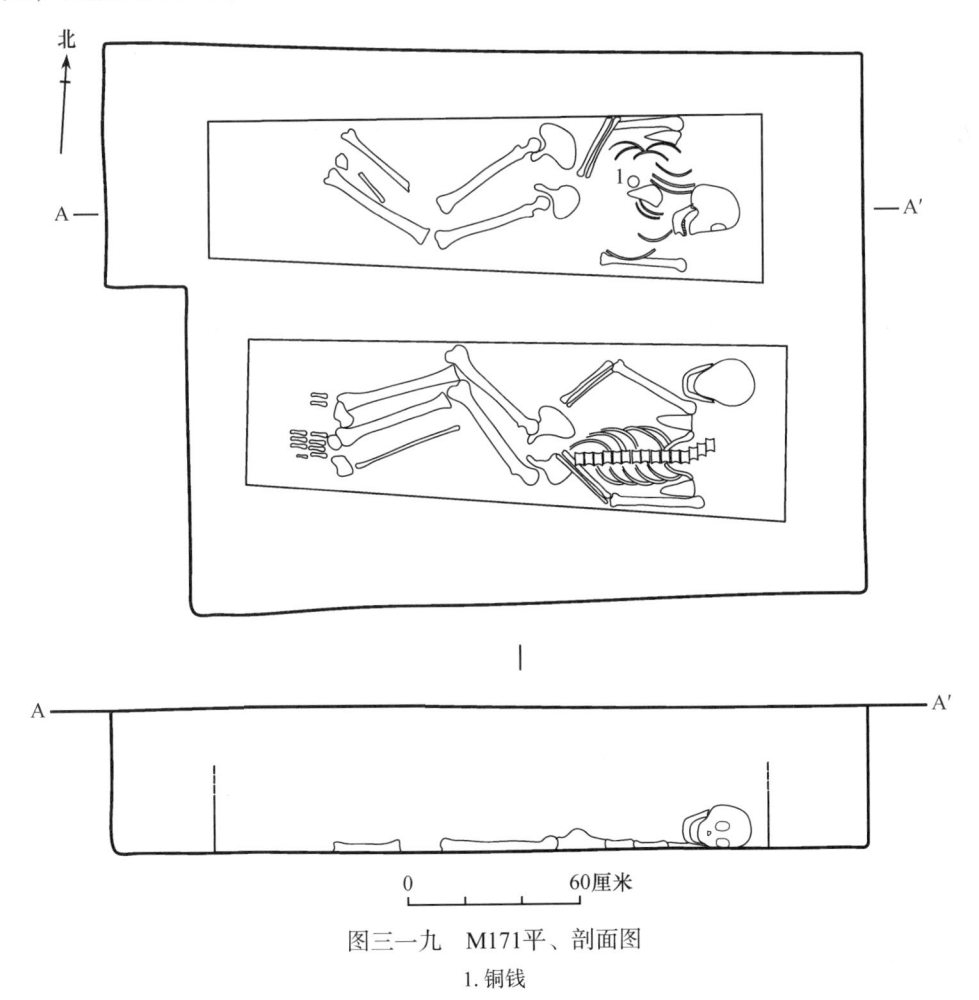

图三一九 M171平、剖面图
1.铜钱

2. 随葬品

北棺内右肋骨中部出土铜钱1枚。

康熙通宝 1枚。M171：1，平钱，圆形，方穿，正背面郭缘较宽，正面楷书"康熙通寶"四字，直读，背穿左右为满文"宝泉"局名。钱径2.3、穿径0.6、郭厚0.1厘米（图三二〇）。

图三二〇 M171出土康熙通宝（M171：1）（拓片）

一七二、M172

1. 墓葬形制

该墓位于发掘区西北部，西邻M170、M174，被M174打破。开口于第1层下，东西向，方向92°。

墓平面呈梯形，竖穴土圹三棺合葬墓。墓口距地表深0.3米，墓底距地表深1.2～1.7米。墓圹东西长2.6、南北宽2.6～3.04、深0.9～1.4米。内填花土，土质松软。内置三棺，南、北棺棺木已朽。南棺痕长1.8、宽0.4～0.56米；棺内骨架保存较好，头向东，面向上，仰身直肢，为男性。中棺长1.86、宽0.6～0.66、残高0.2～0.4米，棺板厚0.02～0.04米；棺内骨架保存较差，头移位向东北，面向东南，仰身直肢，为女性。北棺痕长1.9、宽0.4～0.58米；棺内骨架保存较好，头向东，面向南，仰身直肢，为女性（图三二一；图版三三，2）。

2. 随葬品

南棺内头骨上方出土瓷罐1件，下肢骨内侧上部出土铜钱10枚；北棺内右上肢骨内侧下部出土铜钱1枚。

瓷罐 1件。M172：1，敛口，方圆唇，高领，圆肩，弧腹，圈足。灰褐色胎，腹上部及口沿内壁施黑色釉，唇部、下腹及足底无釉。轮制，内壁留有轮旋痕迹。口径11.4、腹径16、底径9.7、高13厘米（图三二二，1；图版四七，4）。

康熙通宝 11枚。标本M172：2-1，大平钱，圆形，方穿，正背面郭缘较宽，正面楷书"康熙通寶"四字，直读，背穿左右为满文"宝泉"局名。钱径2.85、穿径0.6、郭厚0.1厘米（图三二二，2）。标本M172：2-2，平钱，圆形，方穿，正背面郭缘略宽，正面楷书"康熙通寶"四字，直读，背穿左右为满文"宝源"局名。钱径2.35、穿径0.55、郭厚0.13厘米（图三二二，3）。

第二章 墓葬介绍

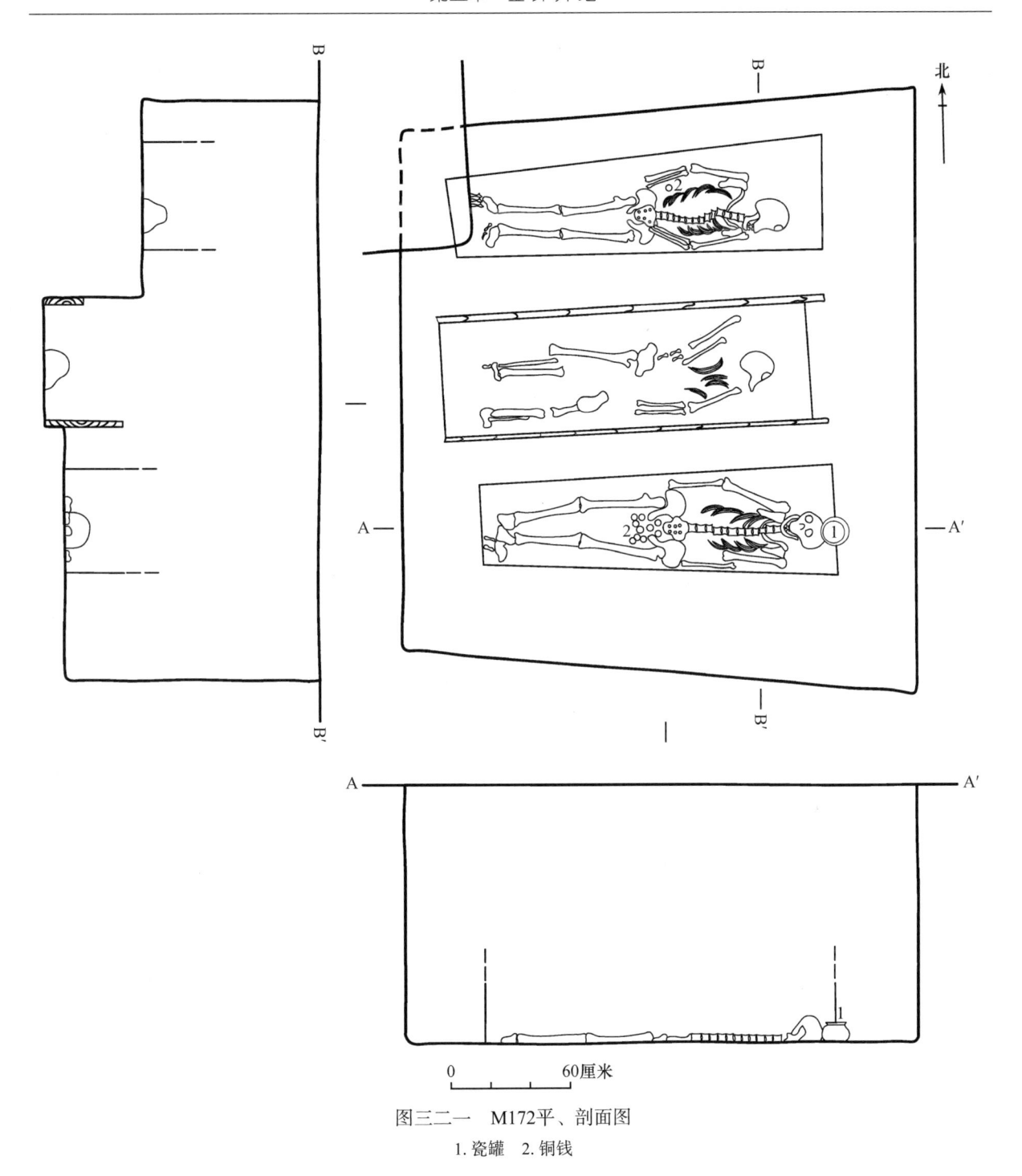

图三二一 M172平、剖面图
1. 瓷罐 2. 铜钱

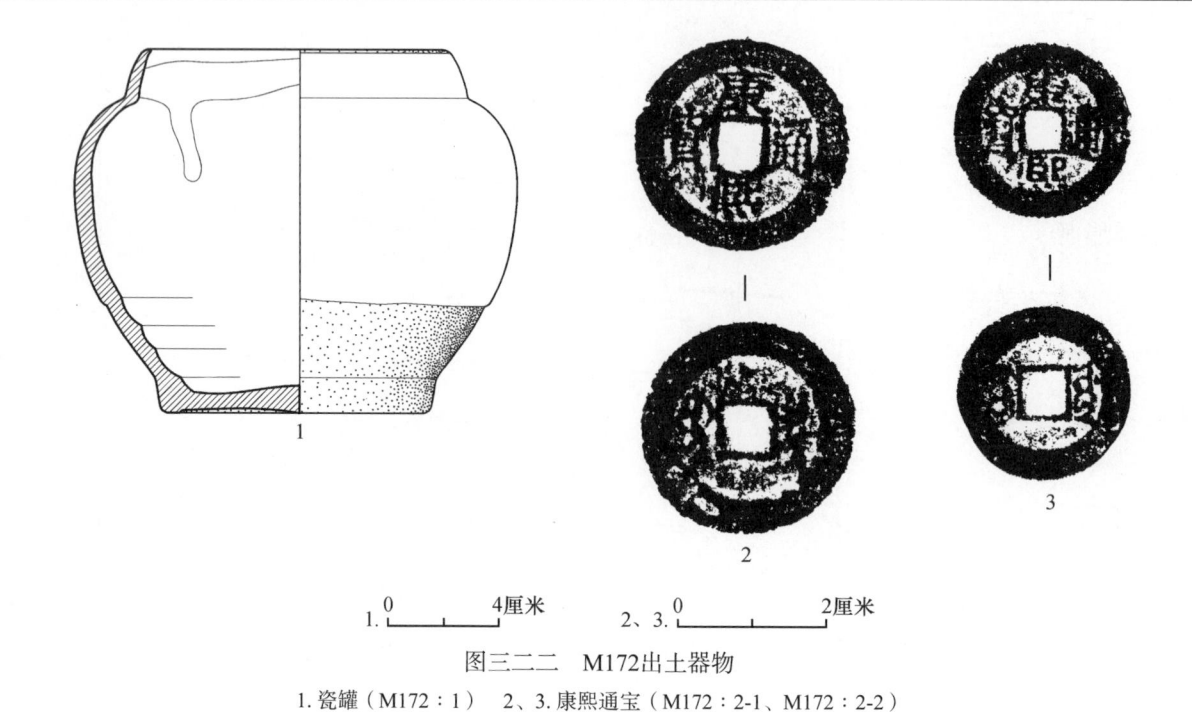

图三二二　M172出土器物
1. 瓷罐（M172∶1）　2、3. 康熙通宝（M172∶2-1、M172∶2-2）

一七三、M173

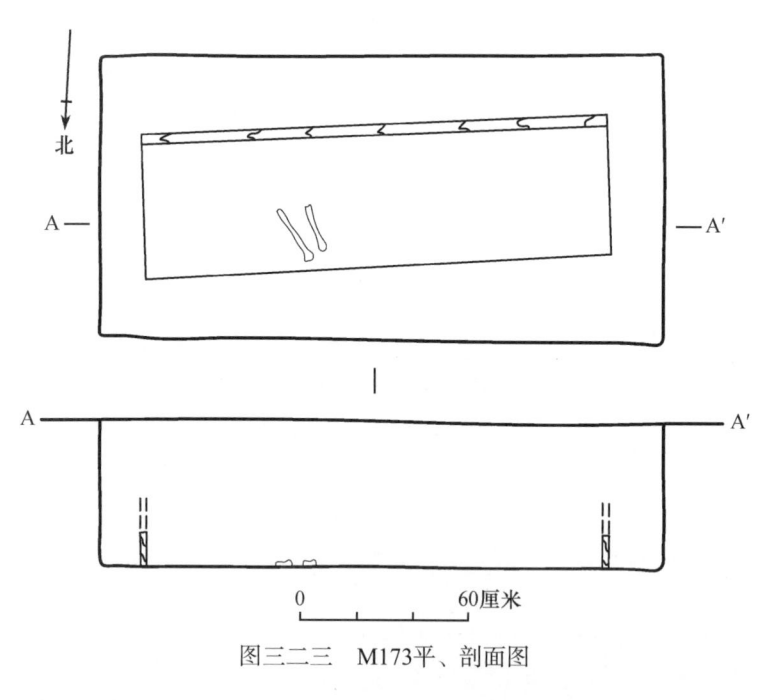

1. 墓葬形制

该墓位于发掘区西北部，北邻M17。开口于第1层下，东西向，方向86°。

墓平面呈长方形，竖穴土圹单棺墓。墓口距地表深0.3米，墓底距地表深0.8米。墓圹东西长2、南北宽1、深0.5米。内填花土，土质松软。内置单棺，残存棺木。棺长1.66、宽0.5~0.52、残高0.12米，棺板厚0.04米。棺内骨架仅存两段肢骨，葬式、性别不明（图三二三）。

图三二三　M173平、剖面图

2. 随葬品

未发现随葬品。

一七四、M174

1. 墓葬形制

该墓位于发掘区西北部，北邻M175。开口于第1层下，东西向，方向86°。

墓平面呈不规则形，竖穴土圹双棺合葬墓。墓口距地表深0.3米，墓底距地表深0.9~1米。墓圹东西长2.26~2.44、南北宽2.54~2.84、深0.6~0.7米。内填花土，土质松软。内置双棺，棺木已朽。南棺痕长2、宽0.4~0.6米；棺内骨架保存稍差，头移位向东，面向上，仰身直肢，为男性。北棺痕长2.06、宽0.4~0.6米；棺内骨架保存稍差，头移位向东，面向北，侧身屈肢，为女性（图三二四）。

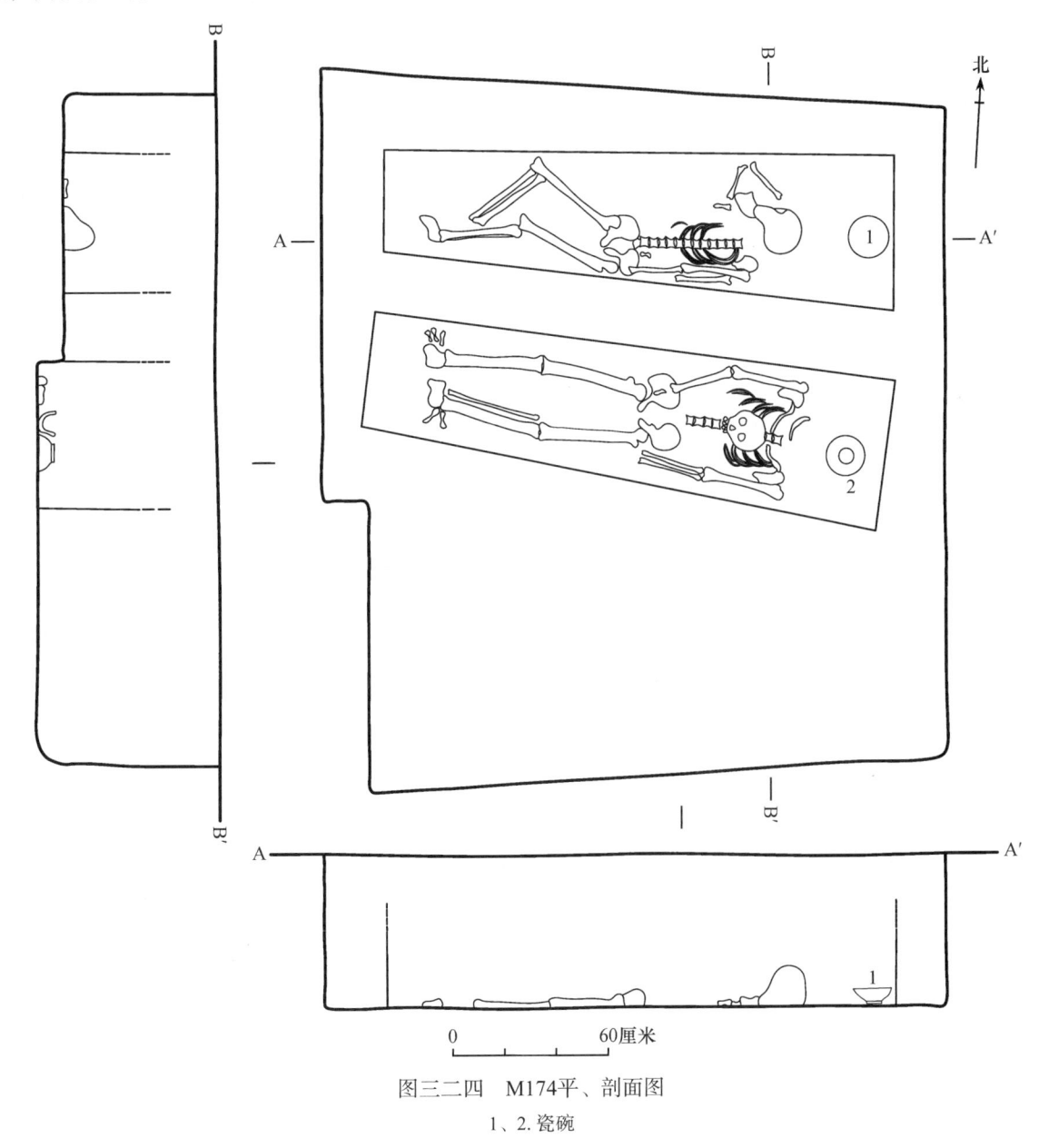

图三二四 M174平、剖面图

1、2.瓷碗

2. 随葬品

南棺内上方出土瓷碗1件；北棺内头骨上方出土瓷碗1件。

瓷碗　2件。M174：1，敞口，尖圆唇，斜腹微弧，下腹折收，内涩底，矮圈足。灰白色粗胎，体施乳白色釉，足底无釉。轮制，体留有轮旋痕迹。口径15.8、底径6.7、高4.7厘米（图三二五，1；图版五五，4）。M174：2，敞口，沿外撇，尖圆唇，斜弧腹，下腹折收，矮圈足，内涩底，中部花押款草书，文字不识。灰褐色粗胎，上腹部施酱色釉，下腹部及内壁施乳白色釉，圈足无釉。腹上部饰七组圆点纹，内侧口沿饰两周弦纹。轮制，体留有轮旋痕迹。口径16.4、底径5.8、高7.2厘米（图三二五，2；图版五六，1）。

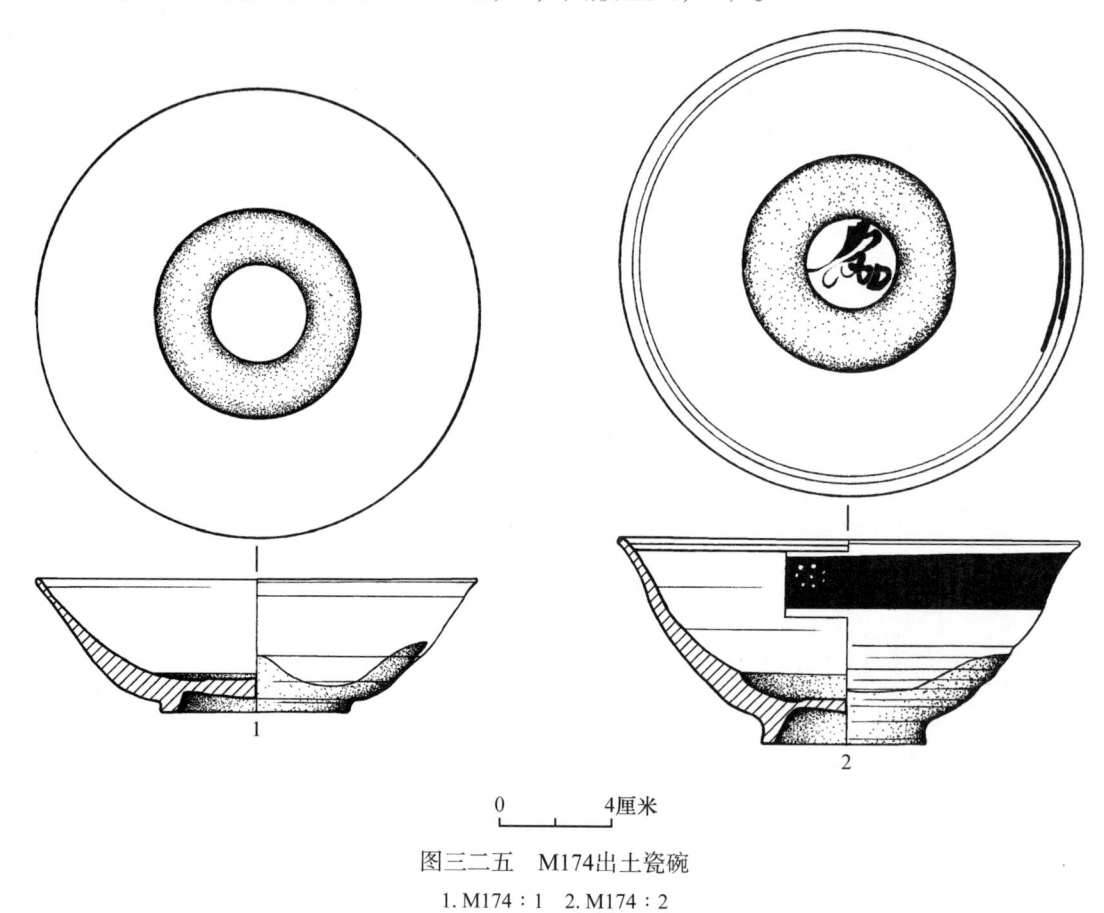

图三二五　M174出土瓷碗
1. M174：1　2. M174：2

一七五、M175

1. 墓葬形制

该墓位于发掘区西北部，南邻M174。开口于第1层下，东西向，方向88°。

墓平面呈梯形，竖穴土圹双棺合葬墓。墓口距地表深0.3米，墓底距地表深0.66米。墓圹东西长2.7、南北宽1.78~1.96、深0.36米。内填花土，土质松软。内置双棺，棺木已朽。南棺痕长2.1、宽0.52~0.6米；棺内骨架保存较差，头移位向东南，面向下，侧身屈肢，为男性。北棺痕长1.88、宽0.54~0.56米；棺内骨架保存较差，头移位向东南，面向西南，仰身直肢，为女性（图三二六；图版三四，1）。

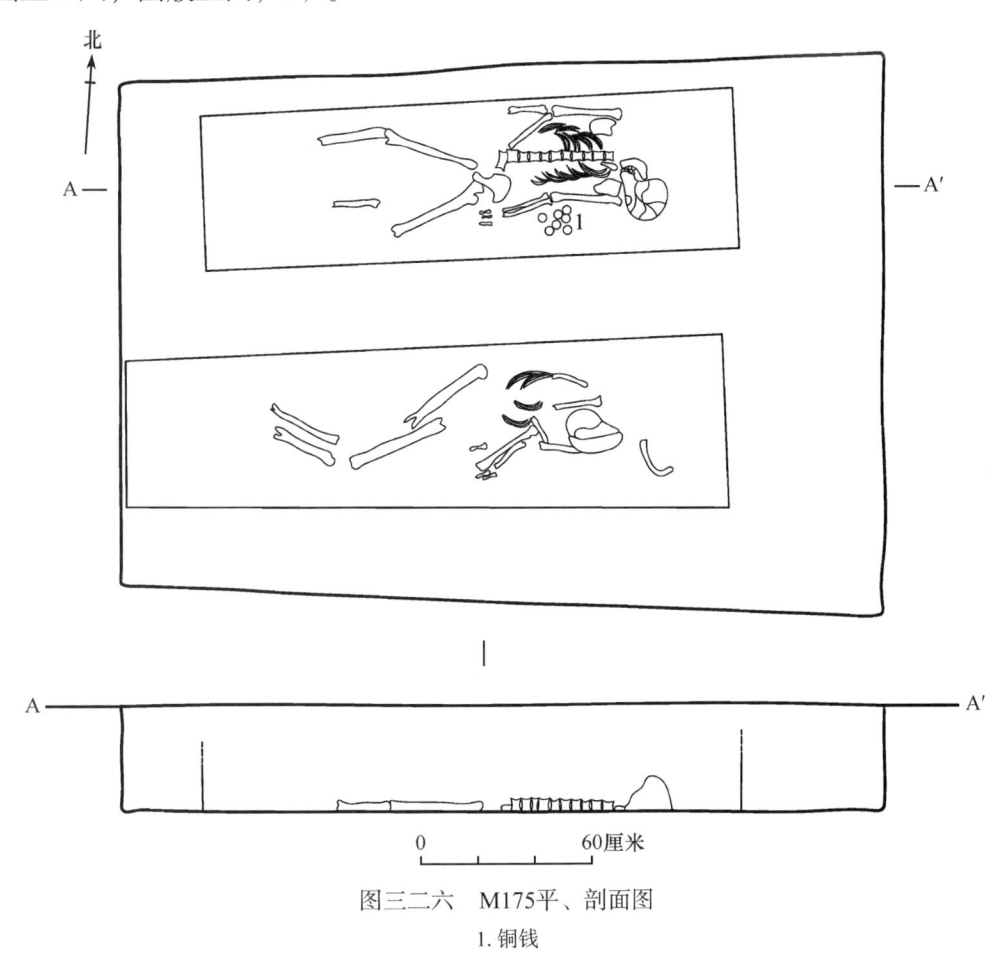

图三二六 M175平、剖面图
1. 铜钱

2. 随葬品

北棺内左上肢骨外侧中部出土铜钱7枚，有康熙通宝、咸丰重宝。

康熙通宝 6枚。标本M175：1-1，大平钱，圆形，方穿，正背面郭缘较宽，正面楷书"康熙通寶"四字，直读，背穿左为满文"宣"字，右为楷书"宣"字。钱径2.79、穿径0.65、郭厚0.15厘米（图三二七，1）。

咸丰重宝 1枚。M175：1-2，大平钱，圆形，方穿，正背面郭缘较窄，正面楷书"咸豐重寶"四字，直读，背穿左右为满文"宝泉"局名，上下楷书"当十"二字。钱径3.25、穿径0.8、郭厚0.25厘米（图三二七，2）。

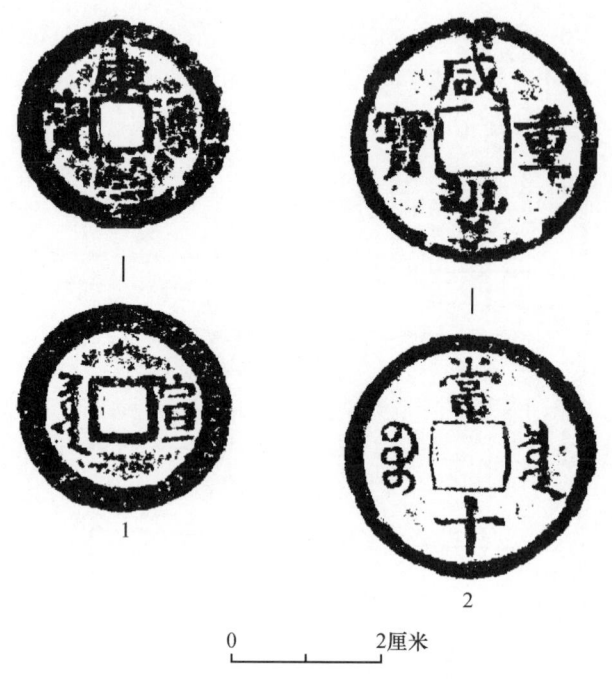

图三二七　M175出土铜钱（拓片）
1.康熙通宝（M175：1-1）　2.咸丰重宝（M175：1-2）

一七六、M176

1. 墓葬形制

该墓位于发掘区西北部，南邻M177。开口于第1层下，东西向，方向87°。

墓平面呈梯形，竖穴土圹三棺合葬墓。墓口距地表深0.3米，墓底距地表深1.04~1.3米。墓圹东西长2.5、南北宽4.38~4.6、深0.74~1米。内填花土，土质松软。内置三棺，棺木已朽。南棺痕长1.84、宽0.62~0.74米；棺内骨架保存较差，头移位向东，面向北，仰身直肢，为女性。中棺痕长1.94、宽0.56~0.64米；棺内骨架保存稍好，头移位向东，面向下，仰身直肢，为男性。北棺痕长1.9、宽0.46~0.62米；棺内骨架保存稍差，头移位向东南，面向上，仰身屈肢，为女性（图三二八）。

2. 随葬品

中棺外前方出土瓷罐1件，棺内左下肢骨上部内外侧出土铜钱8枚；北棺外前方出土瓷罐1件，右上方出土瓷罐1件，棺内头骨左上方出土银簪1件。

第二章 墓葬介绍

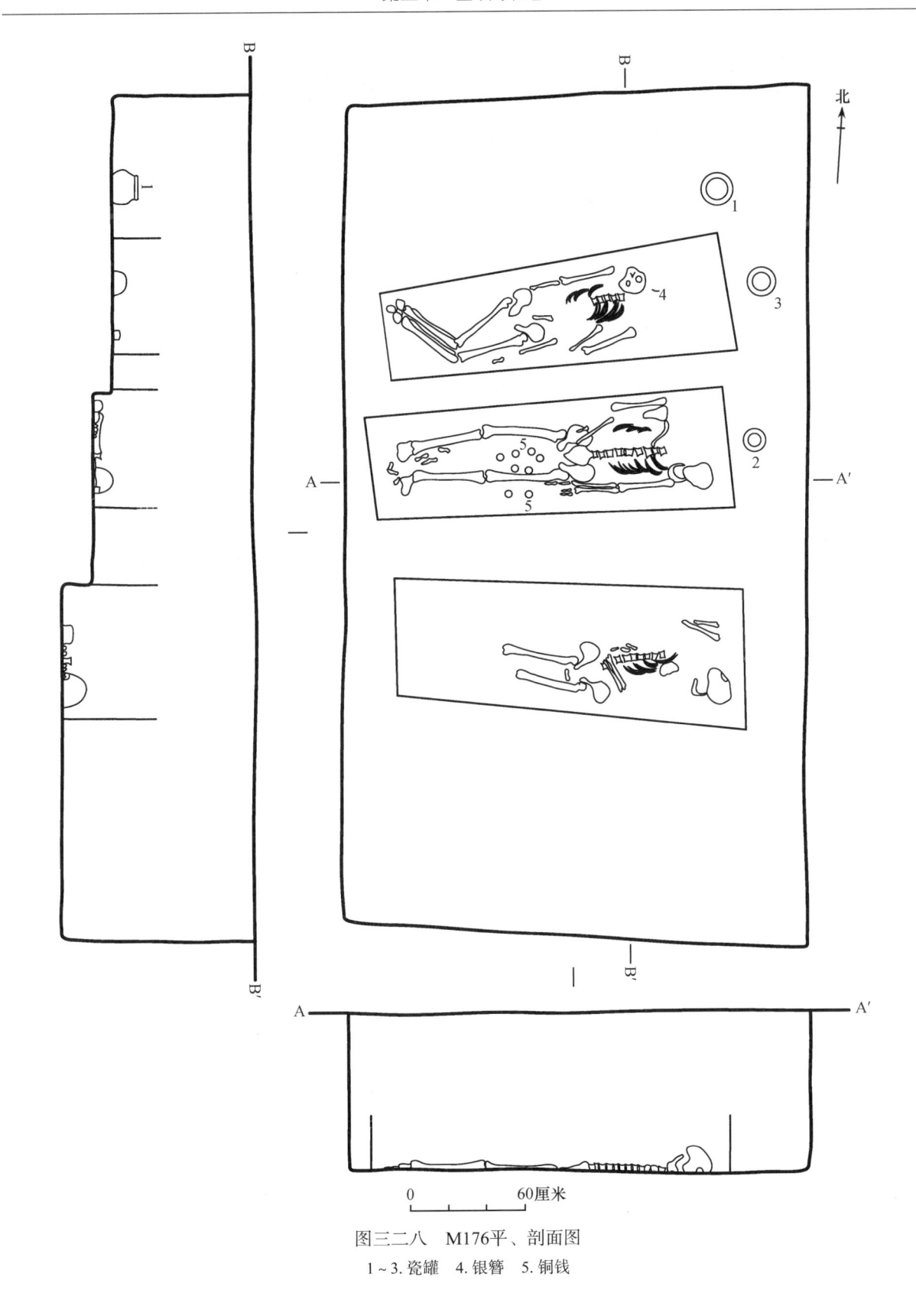

图三二八 M176平、剖面图
1~3.瓷罐 4.银簪 5.铜钱

瓷罐　3件。M176：1，敛口，方圆唇，斜领微弧，圆肩，鼓腹，矮圈足。缸胎，腹上部及内壁施酱绿色釉，下腹及足底无釉。轮制，腹肩部及下部留有轮旋痕迹。口径12.9、腹径18.3、底径8.9、高16厘米（图三二九，1；图版四七，5）。M176：2，敛口，方圆唇，矮领，折肩，鼓腹，圈足。灰褐色胎，腹上部及内壁施酱色釉，唇部、下腹及足底无釉。轮制。口径8、腹径12.6、底径8.3、高8.6厘米（图三二九，2；图版四七，6）。M176：3，敛口，方圆唇，斜领，圆肩，斜弧腹，圈足。灰褐色胎，腹上部及内壁施黑色釉，唇部、下腹及足底无釉。轮制。口径10.2、腹径14.6、底径11、高12.4厘米（图三二九，3；图版四八，1）。

银簪　1件。M176：4，簪首呈如意头形，体呈扁条锥状，末端残。残长12厘米（图三二九，4；图版七八，4）。

铜钱　8枚。有顺治通宝、康熙通宝、乾隆通宝。

顺治通宝　1枚。M176：5-1，大平钱，圆形，方穿，正背面郭缘略宽，正面楷书"顺治通寳"四字，直读，背穿左右为满文"宝泉"局名。钱径2.73、穿径0.65、郭厚0.1厘米（图三二九，5）。

康熙通宝　6枚。标本M176：5-2，大平钱，圆形，方穿，正背面郭缘较宽，正面楷书"康熙通寳"四字，直读，背穿左右为满文"宝泉"局名。钱径2.75、穿径0.6、郭厚0.1厘米（图三二九，6）。

乾隆通宝　1枚。M176：5-3，小平钱，圆形，方穿，正背面郭缘较窄，正面楷书"乾隆通寳"四字，直读，背穿左右为满文"宝源"局名。钱径2.15、穿径0.6、郭厚0.15厘米（图三二九，7）。

一七七、M177

1. 墓葬形制

该墓位于发掘区西北部，南邻M178。开口于第1层下，东西向，方向95°。

墓平面呈长方形，竖穴土圹单棺墓。墓口距地表深0.3米，墓底距地表深1.8米。墓圹东西长3.1、南北宽1.5、深1.5米。内填花土，土质松软。内置单棺，残存棺木。棺长2、宽0.6～0.7米，棺板厚0.04米，残高0.3米；棺内骨架保存较好，头向东，面向南，仰身屈肢，为男性（图三三〇）。

2. 随葬品

棺内头骨上方出土瓷罐1件，下肢骨内侧上部出土铜钱2枚。

瓷罐　1件。M177：1，直口，方圆唇，矮领，折肩，弧腹，矮圈足。灰褐色胎，腹上部及内壁施黑色釉，下腹及足底无釉。轮制，内壁留有轮旋痕迹。口径11.5、腹径14.1、底径

第二章 墓葬介绍

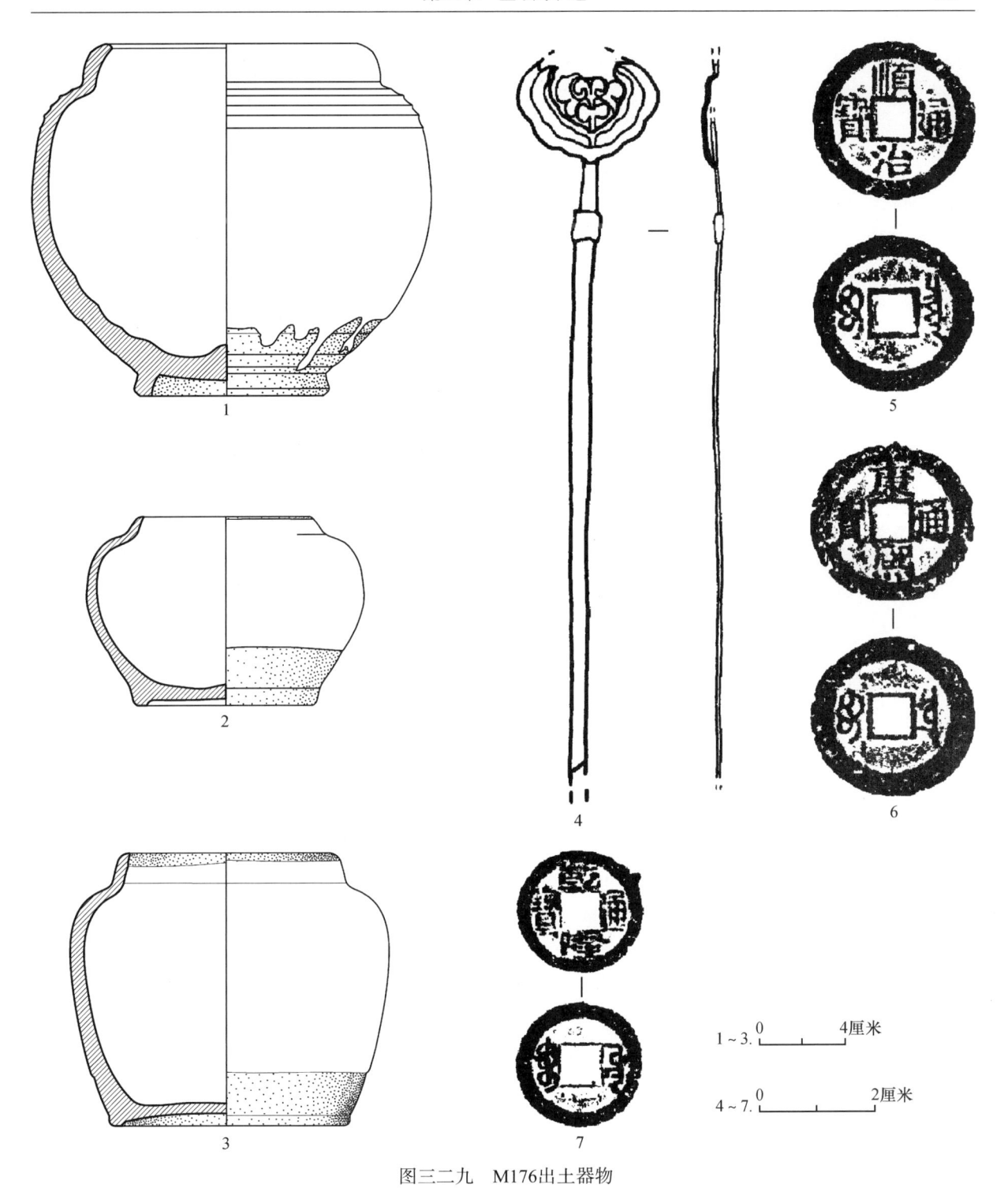

图三二九 M176出土器物
1~3.瓷罐（M176：1、M176：2、M176：3） 4.银簪（M176：4） 5.顺治通宝（M176：5-1） 6.康熙通宝（M176：5-2）
7.乾隆通宝（M176：5-3）

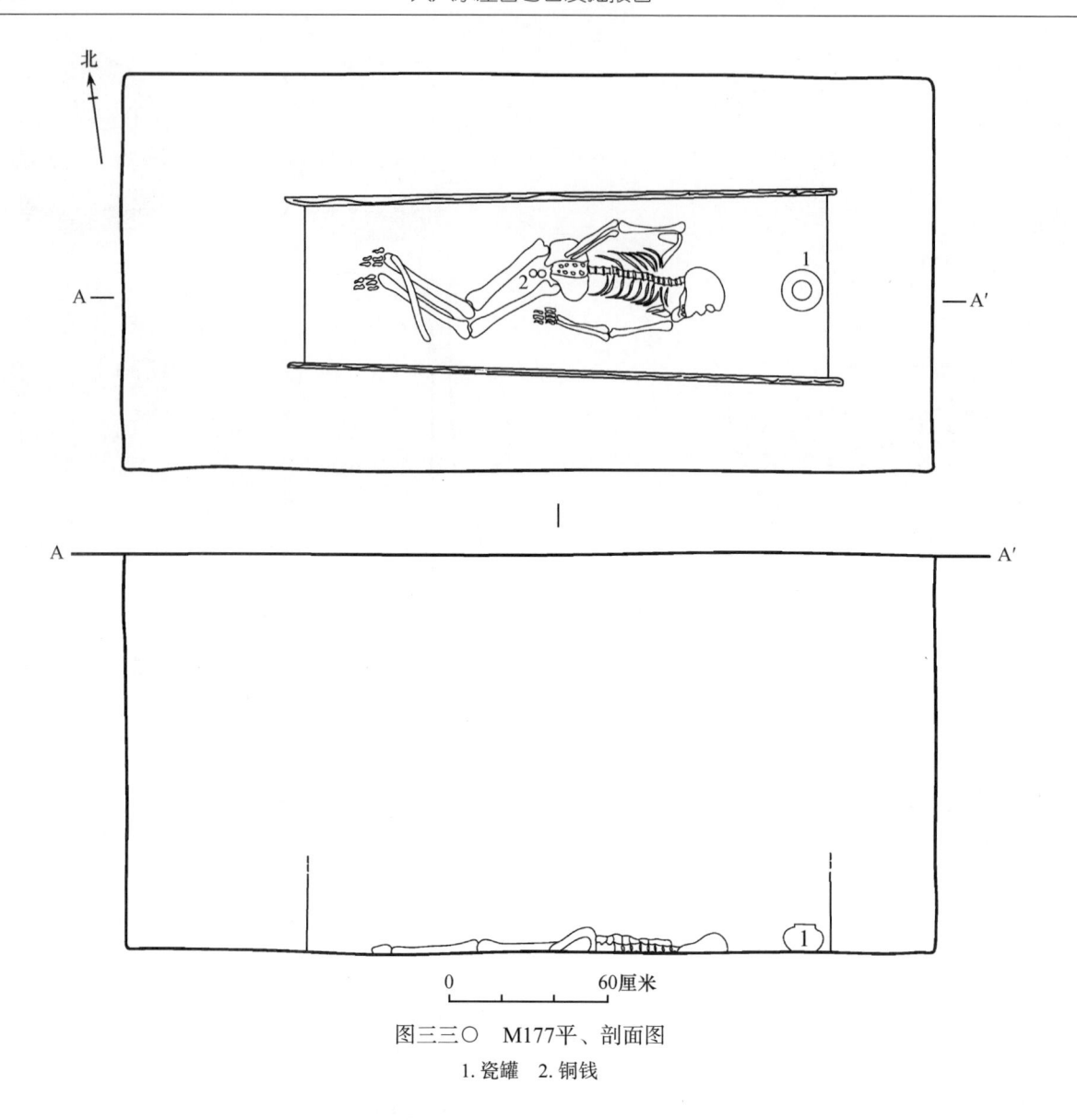

图三三〇 M177平、剖面图
1. 瓷罐 2. 铜钱

7.7、高8.6厘米（图三三一，1；图版四八，2）。

铜钱　2枚。有康熙通宝、雍正通宝。

康熙通宝　1枚。M177：2-1，大平钱，圆形，方穿，正背面郭缘较宽，正面楷书"康熙通寶"四字，直读，背穿左右为满文"宝泉"局名。钱径2.8、穿径0.6、郭厚0.13厘米（图三三一，2）。

雍正通宝　1枚。M177：2-2，平钱，圆形，方穿，正背面郭缘较宽，正面楷书"雍正通寶"四字，直读，背穿左右为满文"宝泉"局名。钱径2.5、穿径0.65、郭厚0.1厘米（图三三一，3）。

图三三一　M177出土器物

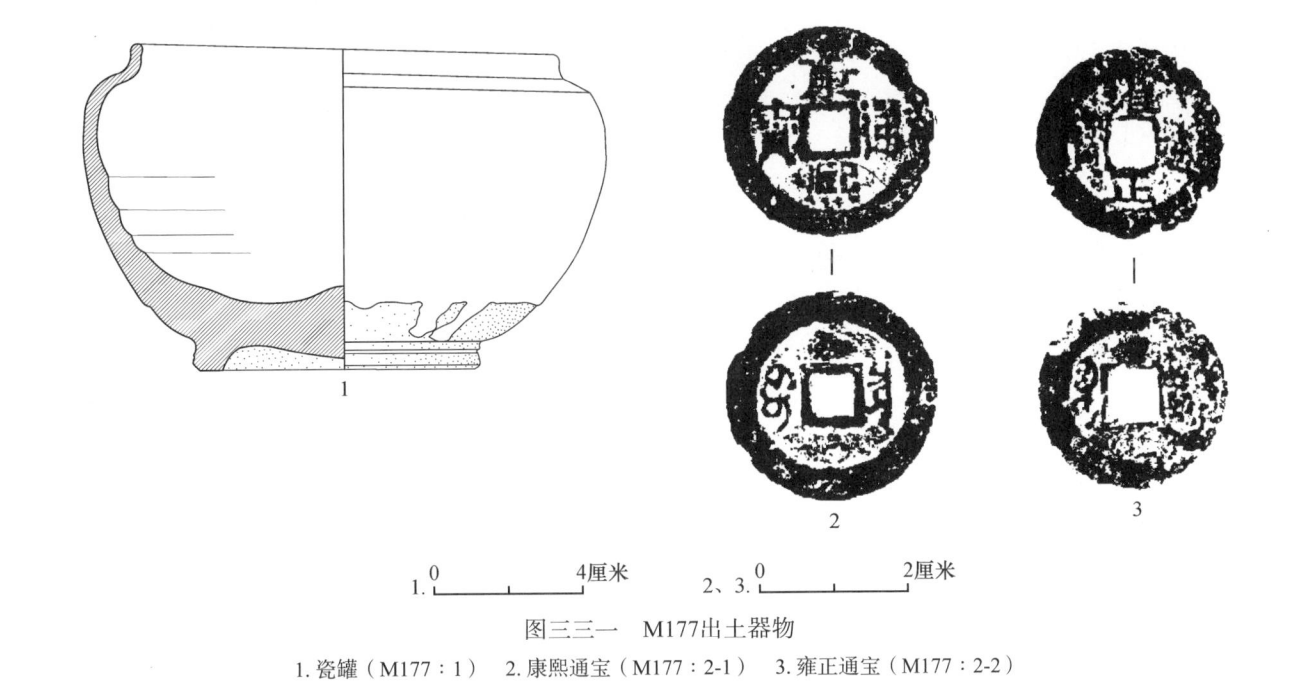

1. 瓷罐（M177：1）　2. 康熙通宝（M177：2-1）　3. 雍正通宝（M177：2-2）

一七八、M178

1. 墓葬形制

该墓位于发掘区西北部，北邻M177。开口于第1层下，东西向，方向95°。

墓平面呈不规则形，竖穴土圹三棺合葬墓。墓口距地表深0.3米，墓底距地表深1.1～1.7米。墓圹东西长2.74～3.16、南北宽2.22～2.64、深0.8～1.4米。内填花土，土质松软。内置三棺，棺木已朽。南棺痕长2、宽0.5～0.6米；棺内骨架保存稍好，头向东，面向上，仰身直肢，为女性。中棺痕长2、宽0.54～0.6米；棺内骨架保存稍差，头移位向北，面向东，仰身屈肢，为女性。北棺痕长2、宽0.5～0.6米；棺内骨架保存较差，头残碎向东，面向下，仰身直肢，为男性（图三三二；图版三四，2）。

2. 随葬品

中棺内头骨上方出土瓷碗1件；北棺内下肢骨内侧上部出土铜钱1枚。

瓷碗　1件。M178：1，敞口，沿外撇，尖圆唇，斜弧腹，矮圈足。体施乳白色釉，足底无釉，内底留有3处支钉痕。口径13.8、底径5.5、高5.1厘米（图三三三，1；图版五六，2）。

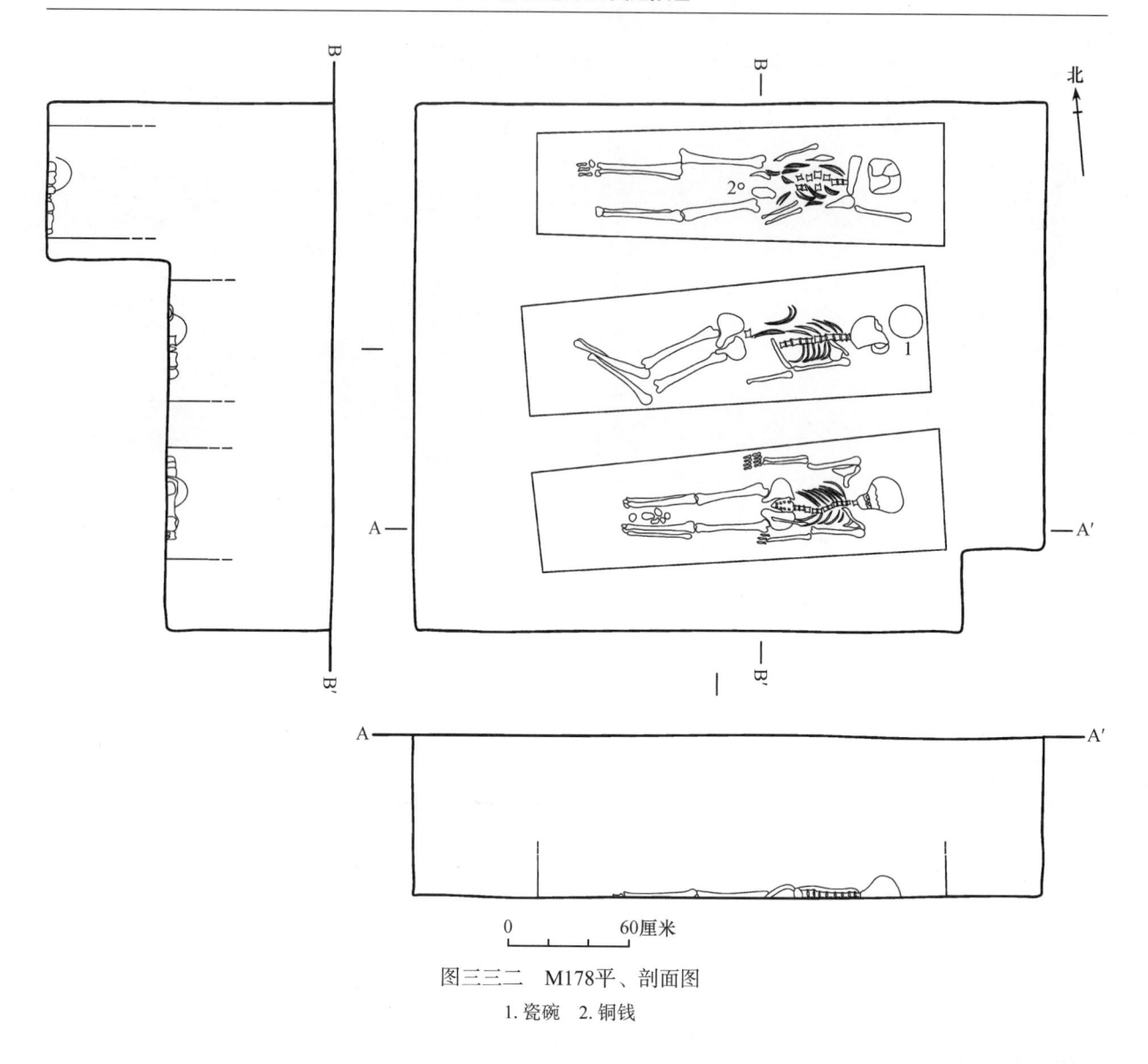

图三三二　M178平、剖面图
1. 瓷碗　2. 铜钱

顺治通宝　1枚。M178：2，大平钱，圆形，方穿，正背面郭缘略宽，正面楷书"顺治通寶"四字，直读，背穿右楷书"户"字。钱径2.55、穿径0.6、郭厚0.1厘米（图三三三，2）。

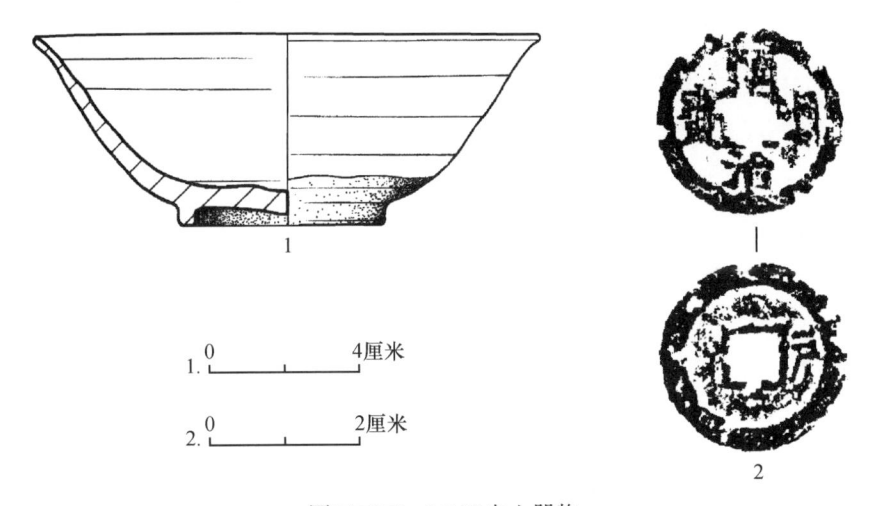

图三三三　M178出土器物
1. 瓷碗（M178：1）　2. 顺治通宝（M178：2）

一七九、M179

1. 墓葬形制

该墓位于发掘区西北部，北邻M180。开口于第1层下，东西向，方向95°。

墓平面呈不规则形，竖穴土圹双棺合葬墓。墓口距地表深0.3米，墓底距地表深2.2米。墓圹东西长2.5～2.7、南北宽2.3、深1.9米。内填花土，土质松软。内置双棺，残存棺木。南棺长1.92、宽0.52～0.62、残高0.3米，棺板厚0.02～0.04米；棺内骨架保存稍差，头向东南，面向东北，仰身屈肢，为男性。北棺长2、宽0.5～0.6、残高0.3米，棺板厚0.02～0.04米；棺内骨架保存稍差，头向东，面向上，仰身直肢，为女性（图三三四）。

2. 随葬品

南棺外前方出土瓷罐1件；北棺外前方出土瓷罐1件。

瓷罐　2件。M179：1，敛口，方圆唇，斜领，溜肩，斜弧腹，内圈足。灰褐色胎，腹上部及内壁施黑色釉，唇部、下腹及足底无釉。轮制。口径10.5、腹径15.7、底径11.6、高14.6厘米（图三三五，1；图版四八，3）。M179：2，敛口，方圆唇，斜领，溜肩，斜弧腹，内圈足。灰褐色胎，腹上部及内壁施酱色釉，唇部、下腹及足底无釉。轮制。口径10.5、腹径15.7、底径11.6、高13.2厘米（图三三五，2；图版四八，4）。

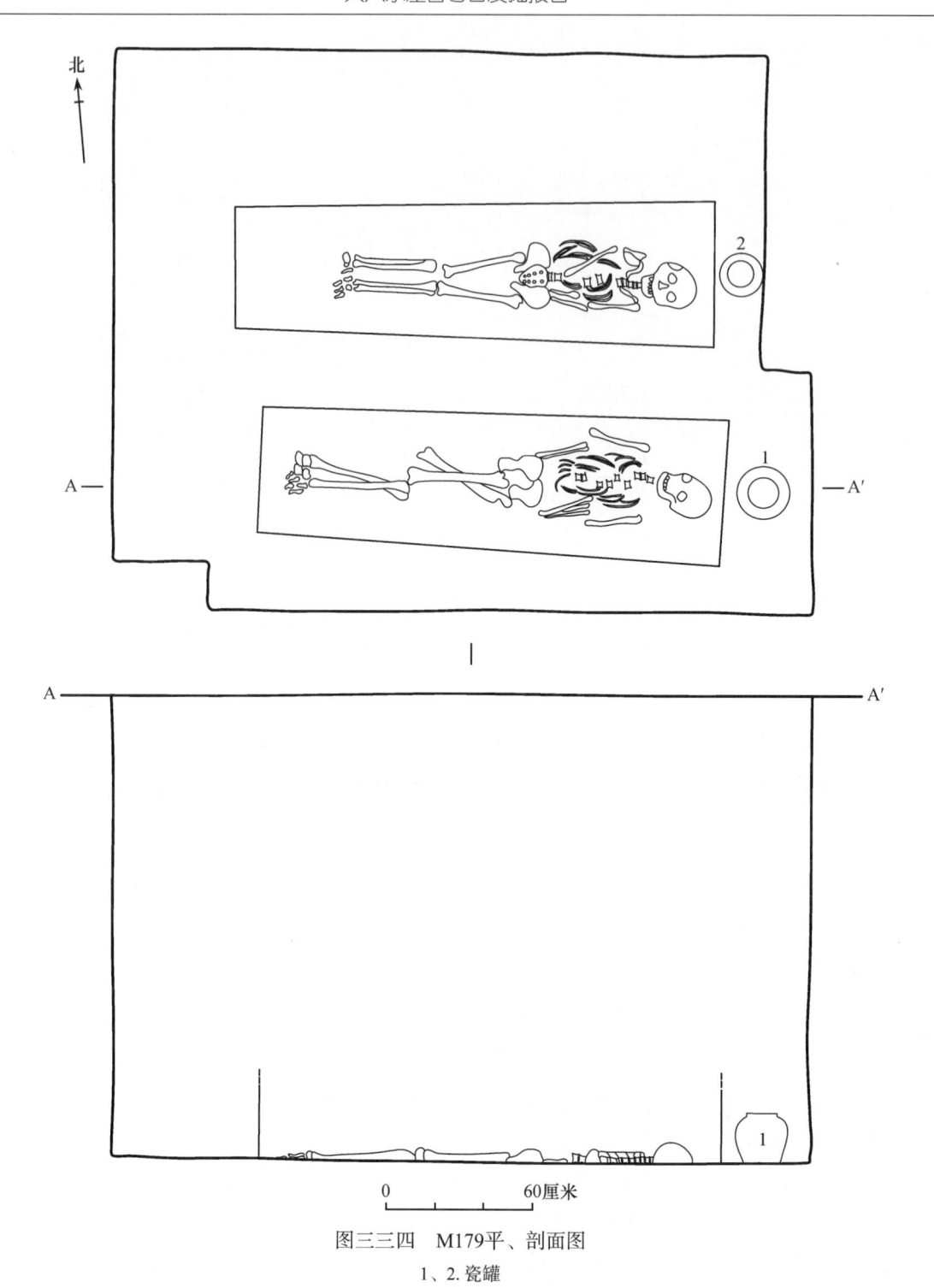

图三三四　M179平、剖面图
1、2. 瓷罐

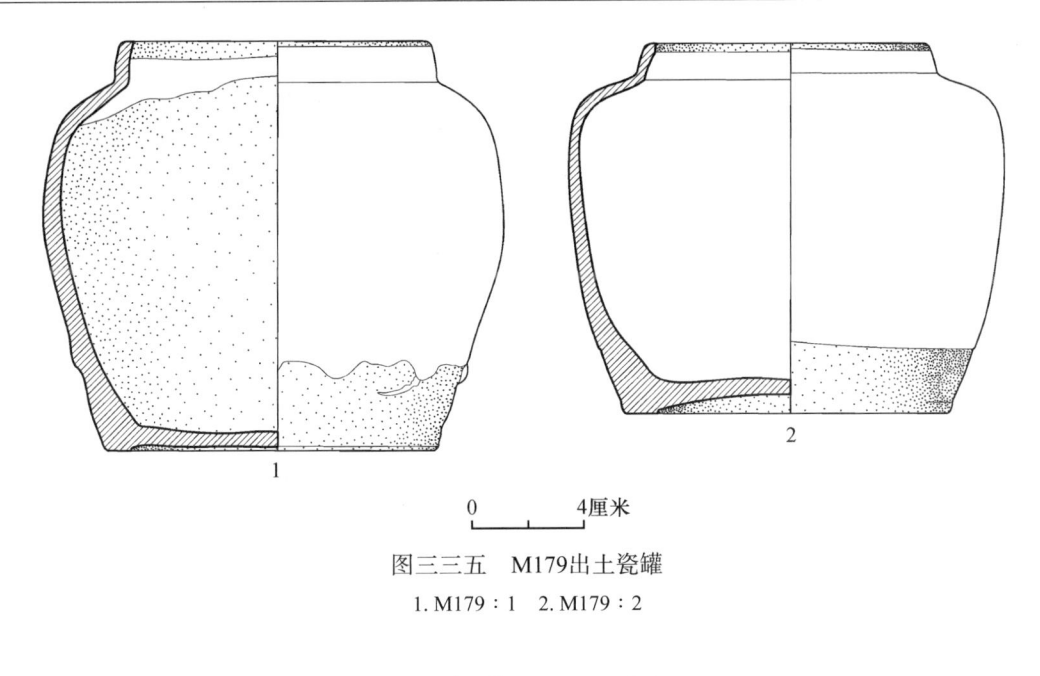

图三三五　M179出土瓷罐
1. M179:1　2. M179:2

一八〇、M180

1. 墓葬形制

该墓位于发掘区西北部，北邻M181。开口于第1层下，东西向，方向95°。

墓平面呈长方形，竖穴土圹双棺合葬墓。墓口距地表深0.3米，墓底距地表深1.3～1.4米。墓圹东西长2.7、南北宽1.8、深1～1.1米。内填花土，土质松软。内置双棺，棺木已朽。南棺长2、宽0.5～0.6米；棺内骨架保存稍好，头移位向东，面向上，仰身直肢，为男性。北棺长2、宽0.52～0.6米；棺内骨架保存较差，头移位向北，面向西，仰身直肢，为女性（图三三六）。

2. 随葬品

南棺外右前方出土瓷罐1件；北棺外前方出土瓷罐1件、瓷碗1件，棺内右下肢骨内侧上部出土铜钱2枚。

瓷罐　2件。M180:1，敛口，方圆唇，高领，溜肩，弧腹，圈足。领、肩部置对称四系。缸胎，腹上部及内壁施酱色釉，唇部、下腹部及足底无釉。手轮兼制，内壁留有轮旋痕迹。口径10、腹径13.8、底径6.8、高15.6厘米（图三三七，1；图版四八，5）。M180:2，敛口，方圆唇，高领，溜肩，弧腹，圈足。领、肩部置对称四系。缸胎，腹上部及内壁施酱色釉，唇部、下腹部及足底无釉。手轮兼制，领及腹部留有三处钜钉痕迹。口径9.8、腹径14.8、底径6.3、高16.2厘米（图三三七，2；图版四八，6）。

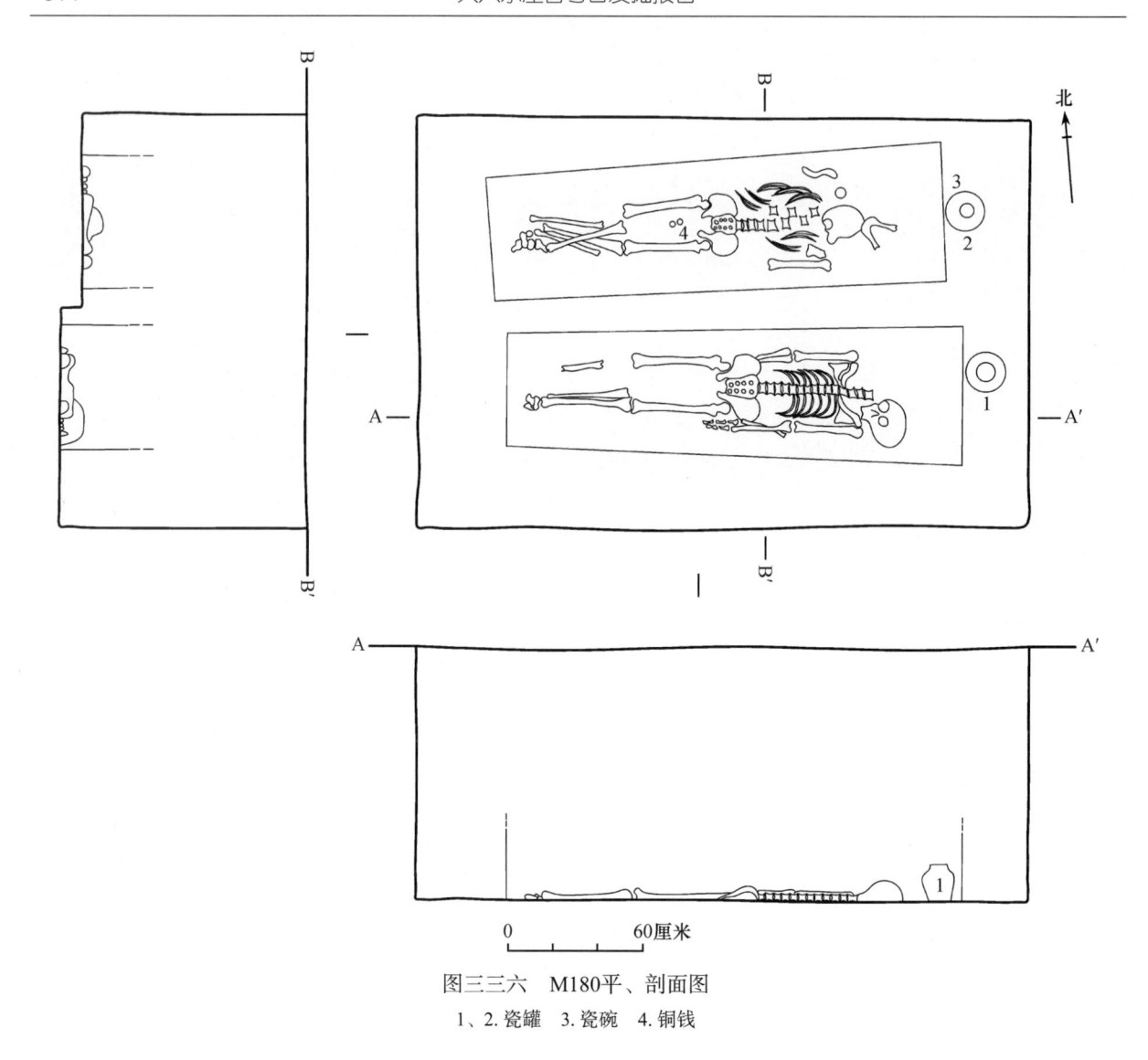

图三三六　M180平、剖面图
1、2.瓷罐　3.瓷碗　4.铜钱

瓷碗　1件。M180：3，敞口，尖圆唇，斜腹微弧，下腹折收，内涩底，矮圈足，灰褐色粗胎，腹上部施黑色釉，下腹及足底无釉。轮制，下腹部留有轮旋痕迹。口径15.4、底径6.4、高5厘米（图三三七，3；图版五六，3）。

崇祯通宝　2枚。标本M180：4-1，平钱，圆形，方穿，正背面郭缘较宽，正面楷书"崇祯通寶"四字，直读。钱径2.61、穿径0.65、郭厚0.15厘米（图三三七，4）。

图三三七　M180出土器物

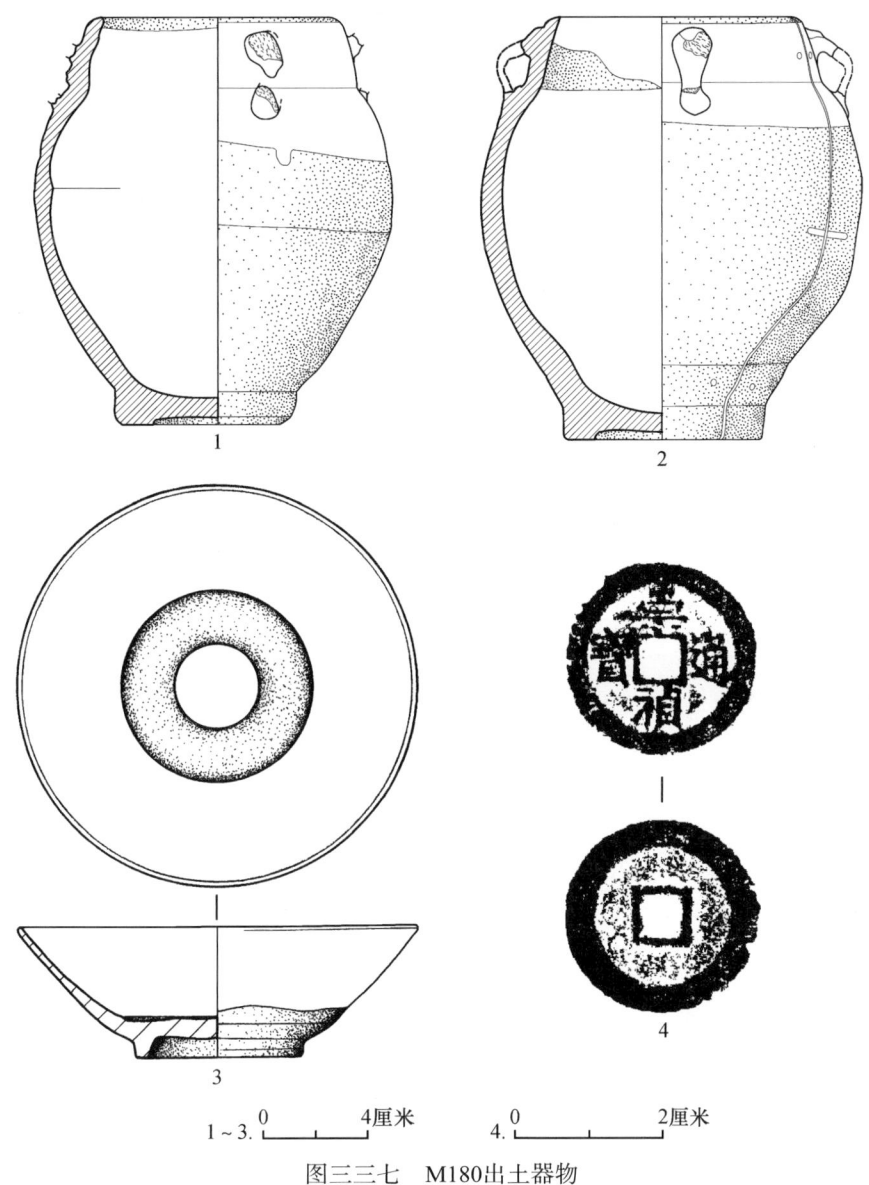

1、2. 瓷罐（M180：1、M180：2）　3. 瓷碗（M180：3）　4. 崇祯通宝（M180：4-1）

一八一、M181

1. 墓葬形制

该墓位于发掘区西北部，南邻M180。开口于第1层下，东西向，方向73°。

墓平面呈不规则形，竖穴土圹双棺合葬墓。墓口距地表深0.3米，墓底距地表深1.24～1.7米。墓圹东西长2.14～2.52、南北宽1.72～1.98、深0.94～1.4米。内填花土，土质松软。内置双棺，南棺残存棺木。南棺长1.7、宽0.6～0.7、残高0.14米，棺板厚0.04米；棺内骨架保存稍差，头向东北，面向上，仰身直肢，为男性。北棺棺木已朽，棺痕长1.8、宽0.5～0.6米；棺内骨架保存较差，头向东北，面向上，仰身屈肢，为女性（图三三八；图版三五，1）。

图三三八　M181平、剖面图
1.釉陶罐　2.瓷罐　3.铜钱

2. 随葬品

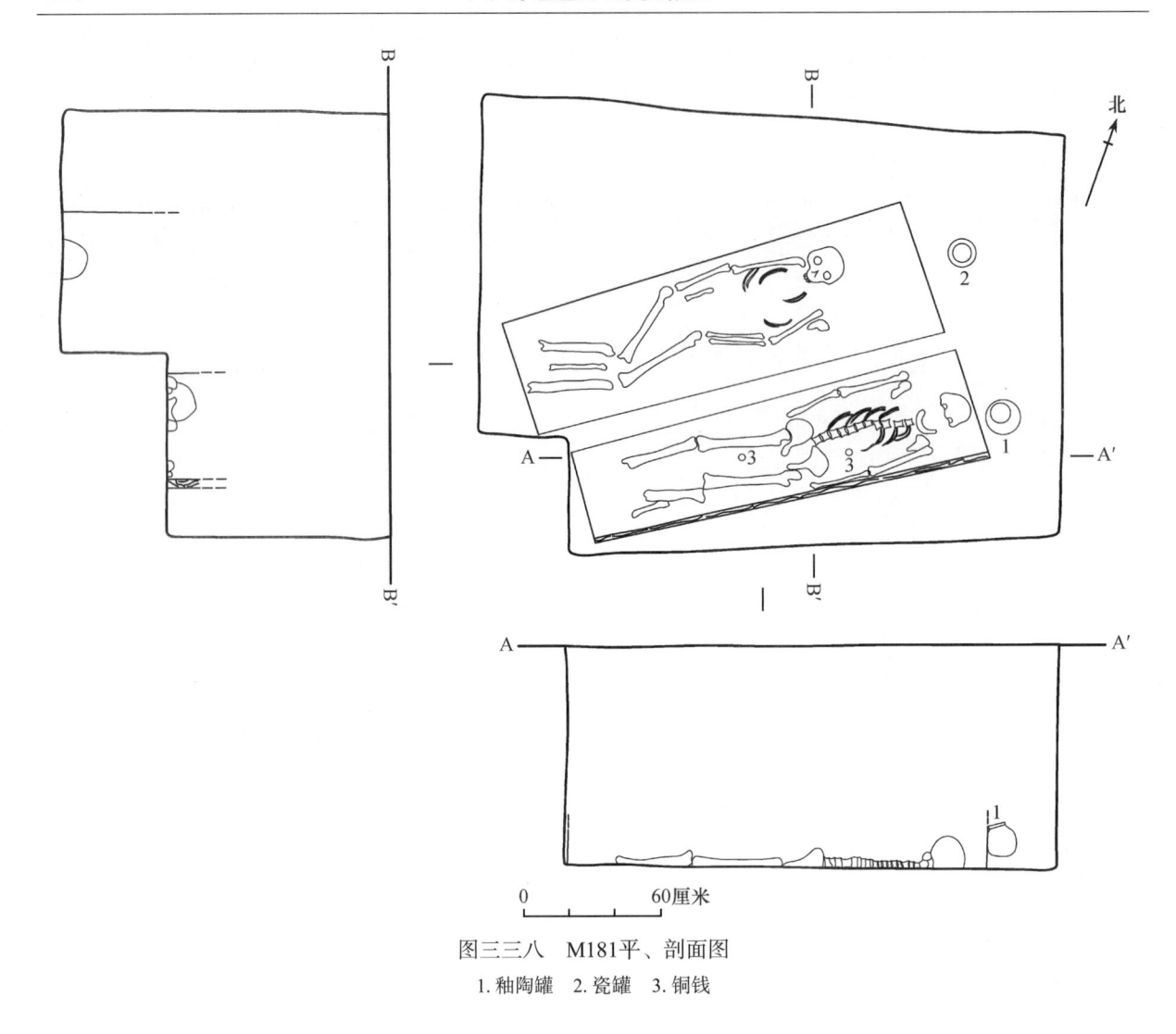

南棺外左前方出土釉陶罐1件，棺内左肋骨下部及右下肢骨内侧上部出土铜钱2枚；北棺外前方出土瓷罐1件。

釉陶罐　1件。M181:1，直口，方圆唇，斜领，弧肩，平底微凹。肩上部及口沿内侧施黄绿色釉。轮制，体留有轮旋痕迹。口径8.8、腹径11.4、底径7.2、高12.2厘米（图三三九，1；图版四三，4）。

瓷罐　1件。M181:2，直口，方圆唇，束颈，折肩，弧腹，平底内凹。缸胎，体施酱黑色釉，唇部、下腹及底部无釉。轮制。口径8.3、腹径12.4、底径8.7、高13.6厘米（图三三九，2；图版四九，1）。

万历通宝　2枚。标本M181:3-1，平钱，圆形，方穿，正背面郭缘略宽，正面楷书"万厯通寳"四字，直读。钱径2.61、穿径0.65、郭厚0.15厘米（图三三九，3）。

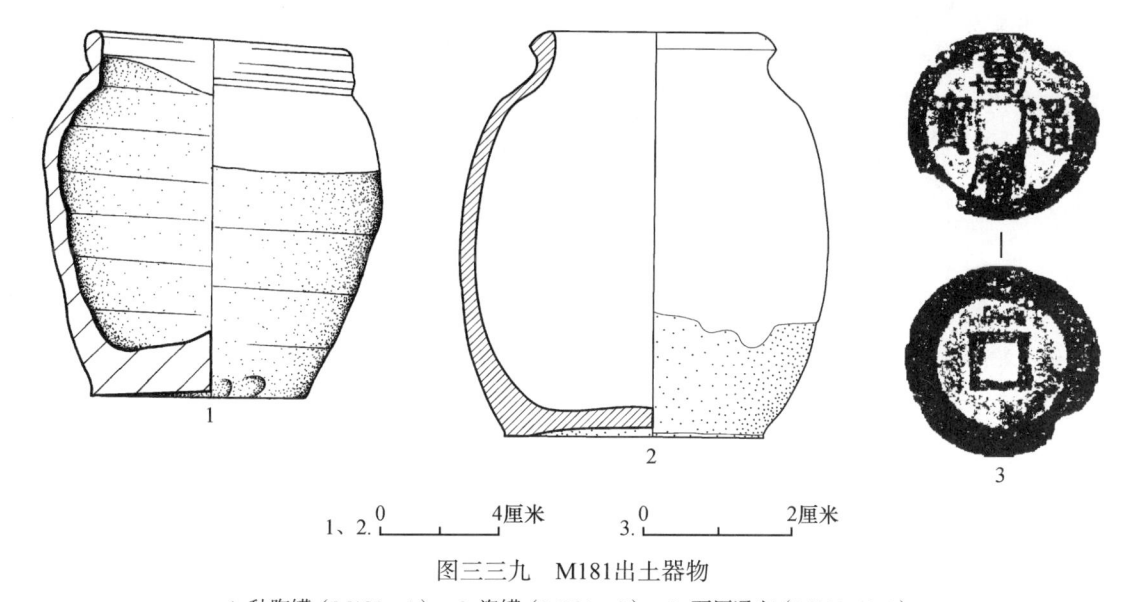

图三三九　M181出土器物
1. 釉陶罐（M181∶1）　2. 瓷罐（M181∶2）　3. 万历通宝（M181∶3-1）

一八二、M182

1. 墓葬形制

该墓位于发掘区西北部，北邻M183。开口于第1层下，东西向，方向80°。

墓平面呈长方形，竖穴土圹双棺合葬墓。墓口距地表深0.3米，墓底距地表深1.4米。墓圹东西长2.6、南北宽1.7、深1.1米。内填花土，土质松软。内置双棺，棺木已朽。南棺痕长1.9、宽0.36～0.46米；棺内骨架保存较差，头移位向东，面向上，仰身直肢，为女性。北棺痕长1.94、宽0.44～0.5米；棺内骨架保存较差，头向东，面向北，仰身直肢，为男性（图三四〇；图版三五，2）。

2. 随葬品

北棺内头骨左上方出土瓷罐1件，下肢骨外侧上部出土铜钱2枚。

瓷罐　1件。M182∶1，近直口，方圆唇，斜领，溜肩，斜腹微弧，圈足。灰褐色胎，腹上部及内壁施黑色釉。轮制。口径5.1、腹径8.3、底径5、高10厘米（图三四一，1；图版四九，2）。

铜钱　2枚。有崇祯通宝、康熙通宝。

崇祯通宝　1枚。M182∶2-1，平钱，圆形，方穿，正背面郭缘较宽，正面楷书"崇祯通寶"四字，直读。钱径2.6、穿径0.6、郭厚0.11厘米（图三四一，2）。

康熙通宝　1枚。M182∶2-2，平钱，圆形，方穿，正背面郭缘较宽，正面楷书"康熙通寶"四字，直读，背穿左右为满文"宝泉"局名。钱径2.4、穿径0.6、郭厚0.1厘米（图三四一，3）。

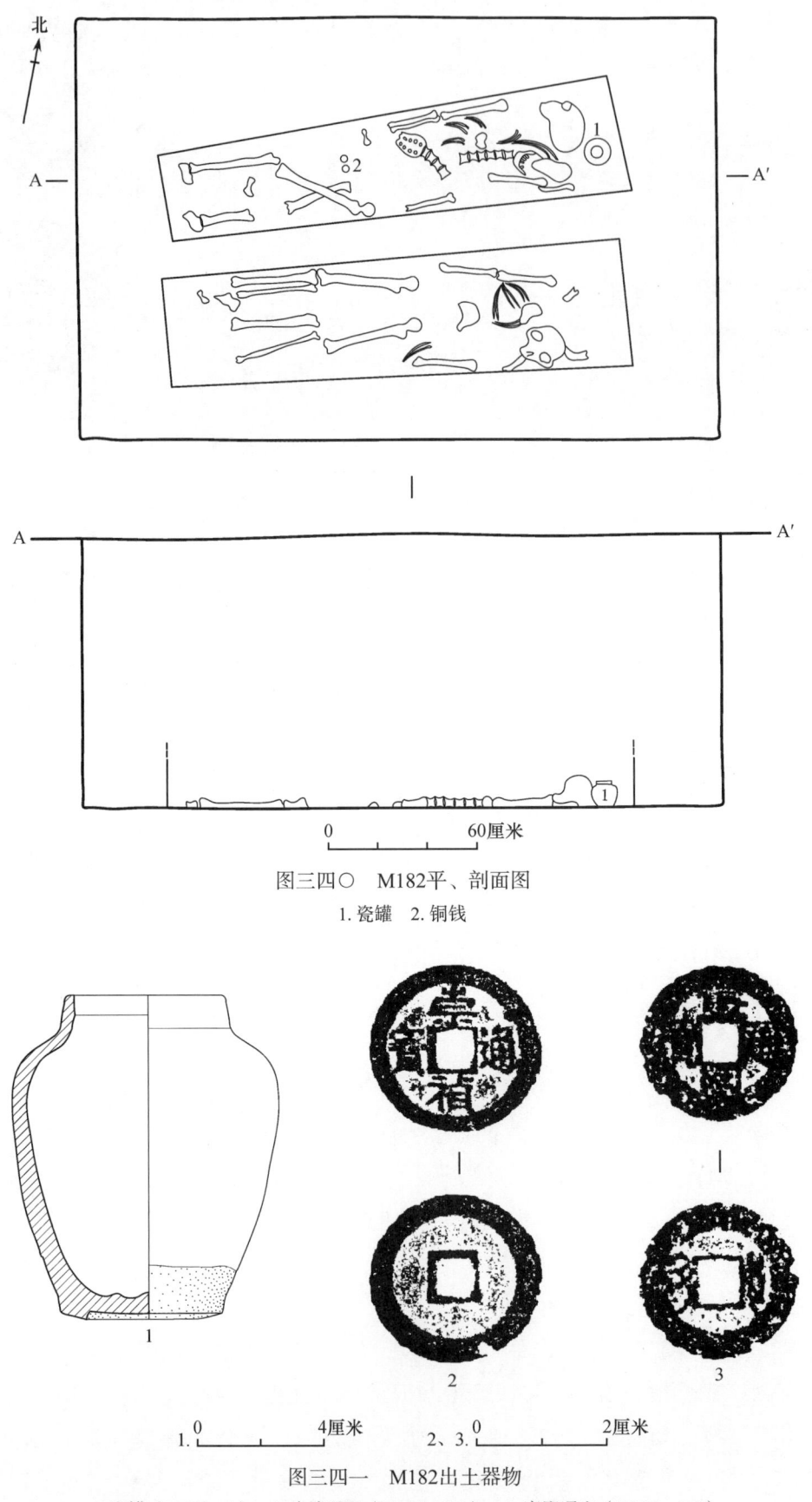

图三四〇 M182平、剖面图
1. 瓷罐　2. 铜钱

图三四一 M182出土器物
1. 瓷罐（M182∶1）　2. 崇祯通宝（M182∶2-1）　3. 康熙通宝（M182∶2-2）

一八三、M183

1. 墓葬形制

该墓位于发掘区西北部，南邻M182。开口于第1层下，东西向，方向95°。

墓平面呈梯形，竖穴土圹单棺墓。墓口距地表深0.3米，墓底距地表深0.9米。墓圹东西长2.5、南北宽1.4~1.6、深0.6米。内填花土，土质松软。内置单棺，棺木已朽。棺痕长1.94、宽0.5~0.54米；棺内骨架保存稍好，头向东，面向北，仰身直肢，为男性（图三四二）。

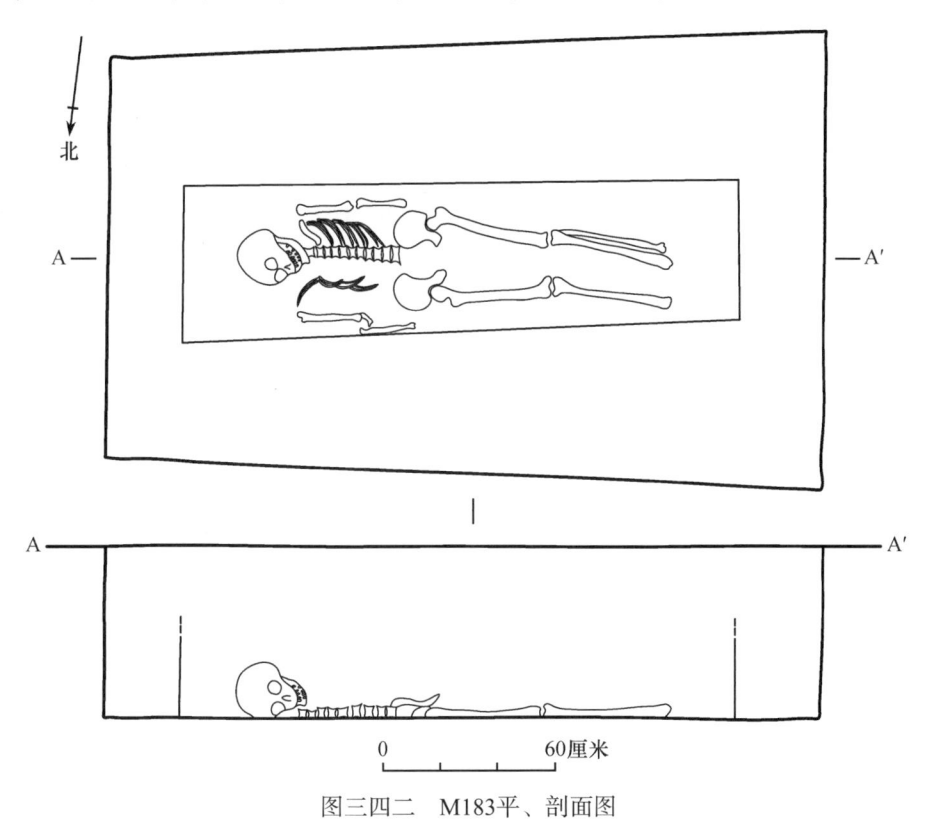

图三四二 M183平、剖面图

2. 随葬品

未发现随葬品。

一八四、M184

1. 墓葬形制

该墓位于发掘区东北部，西邻M185。开口于第1层下，南北向，方向165°。

墓平面呈不规则形，竖穴土圹双棺合葬墓。墓口距地表深0.3米，墓底距地表深0.74～0.98米。墓圹南北长2.43～2.72、东西宽2.36、深0.44～0.68米。内填花土，土质松软。内置双棺，东棺残存棺木。东棺长1.84、宽0.7～0.8、残高0.24米，棺板厚0.04米；棺内骨架保存较差，头移位向东，面向南，仰身屈肢，为女性。西棺棺木已朽，棺痕长1.8、宽0.6～0.68米；棺内骨架保存较差，头移位向西南，面向下，仰身直肢，为男性（图三四三）。

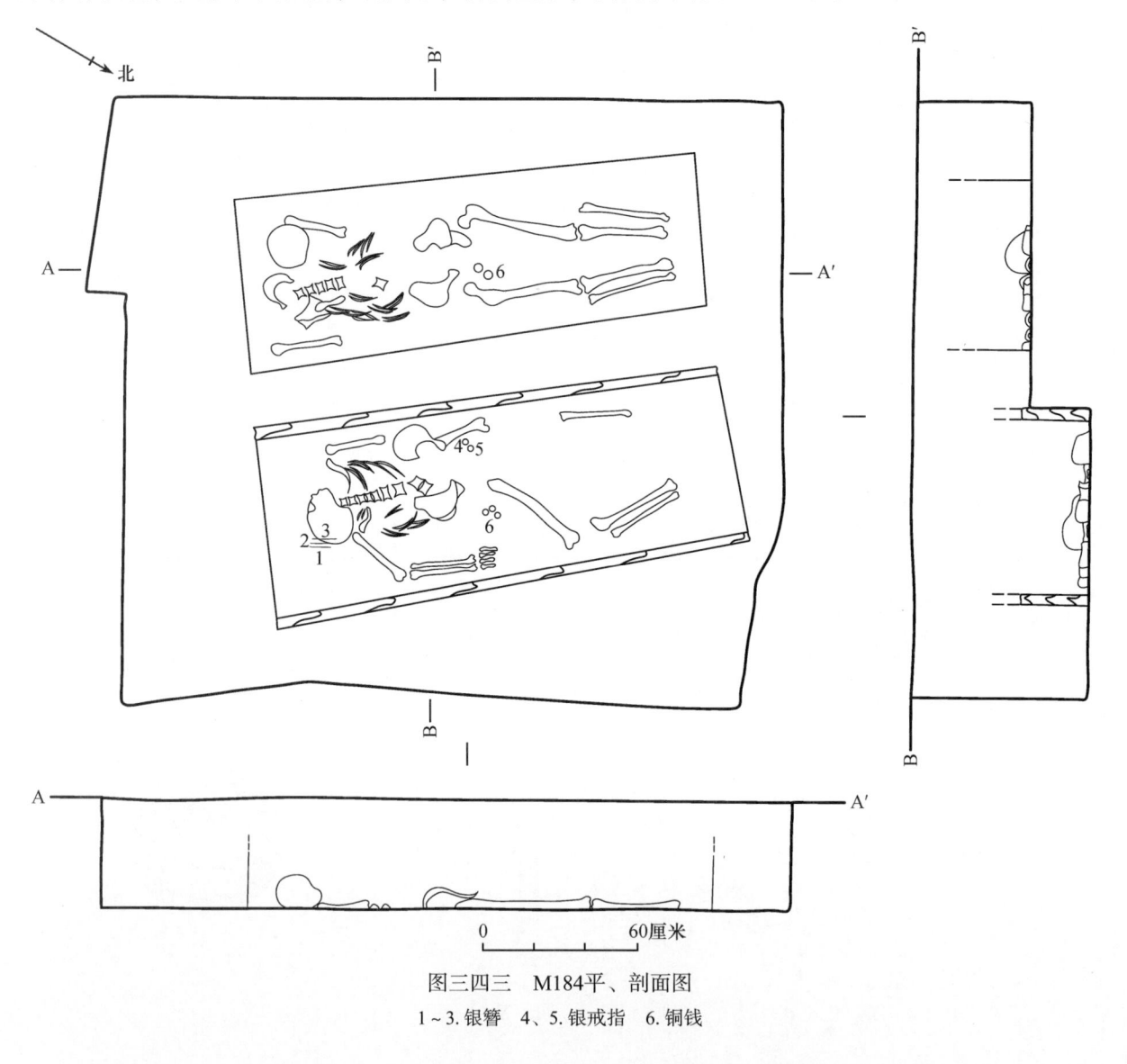

图三四三　M184平、剖面图
1～3.银簪　4、5.银戒指　6.铜钱

2. 随葬品

东棺内头骨右上方出土银簪3件，左上肢骨内侧下部出土银戒指2件，右下肢骨外侧上部出土铜钱3枚；西棺右下肢骨内侧上部出土铜钱2枚。

银簪　3件。M184∶1、M184∶2，形制相同。簪首近方形，四角内凹，中部饰梅花纹，圆珠纹衬底，体呈圆锥状。M184∶1，通长9.2厘米（图三四四，1；图版七八，5）。M184∶2，通长8.3厘米（图三四四，2；图版七八，6）。M184∶3，簪首呈蝶状，上部饰梅花纹，圆珠纹衬底，体呈圆锥状。通长9.3厘米（图三四四，3；图版七九，1）。

银戒指　2件。圆环形，螺纹状。M184∶4，直径2.4厘米（图三四四，4；图版八八，5）。M184∶5，直径2.3厘米（图三四四，5；图版八八，6）。

乾隆通宝　5枚。标本M184∶6-1，平钱，圆形，方穿，正背面郭缘略宽，正面楷书"乾隆通寶"四字，直读，背穿左右为满文"宝源"局名。钱径2.5、穿径0.68、郭厚0.12厘米（图三四四，6）。

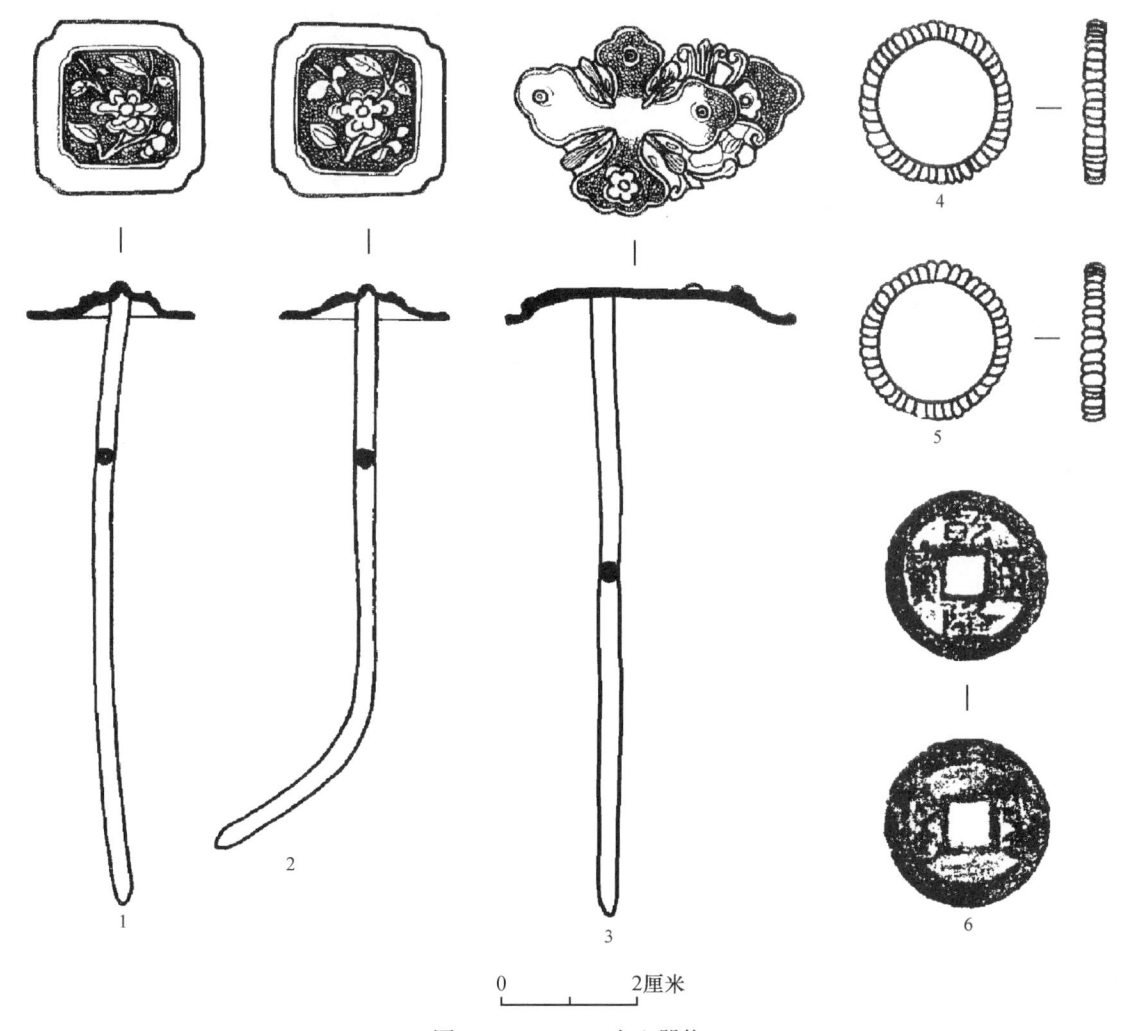

图三四四　M184出土器物

1~3.银簪（M184∶1、M184∶2、M184∶3）　4、5.银戒指（M184∶4、M184∶5）　6.乾隆通宝（M184∶6-1）

一八五、M185

1. 墓葬形制

该墓位于发掘区东北部，北邻M187。开口于第1层下，南北向，方向170°。

墓平面呈不规则形，竖穴土圹单棺墓。墓口距地表深0.3米，墓底距地表深1.1米。墓圹南北长2.7~3、东西宽1.6~1.7、深0.8米。内填花土，土质松软。内置单棺，残存棺木。棺长2.12、宽0.76~0.8、残高0.4米，棺板厚0.06~0.1米；棺内骨架保存较差，头移位向西南，面向东南，仰身直肢，为男性（图三四五）。

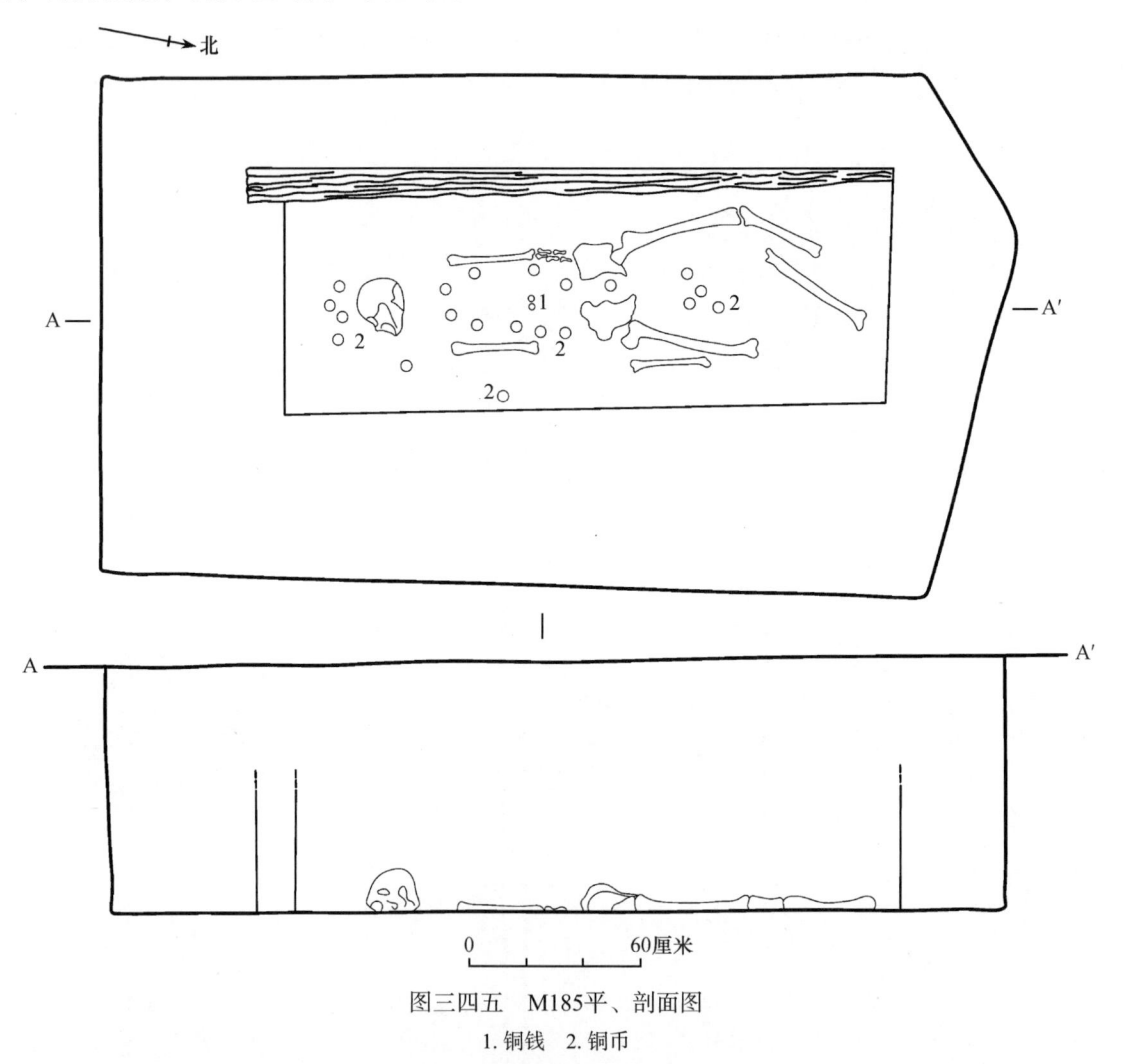

图三四五 M185平、剖面图
1. 铜钱 2. 铜币

2. 随葬品

棺内头骨上方及上下肢骨内外侧共出土铜钱2枚、铜币20枚。

铜钱　2枚。有雍正通宝、道光通宝。

雍正通宝　1枚。M185：1-1，平钱，圆形，方穿，正背面郭缘较宽，正面楷书"雍正通寶"四字，直读，背穿左右为满文"宝泉"局名。钱径2.6、穿径0.6、郭厚0.1厘米（图三四六，1）。

道光通宝　1枚。M185：1-2，平钱，圆形，方穿，正背面郭缘略宽，正面楷书"道光通寶"四字，直读，背穿左右为满文"宝泉"局名。钱径2.2、穿径0.6、郭厚0.1厘米（图三四六，2）。

铜币　20枚。有大清铜币、光绪元宝。

大清铜币　2枚。标本M185：2-1，大平钱，圆形，正背面郭缘较窄，正面楷书"大清铜幣"四字，直读，背面铸蟠龙戏火珠纹。钱径3.3、郭厚0.11厘米（图三四六，3）。

光绪元宝　18枚。标本M185：2-2，大平钱，圆形，正背面郭缘较窄，正面楷书"光緒元寶"四字，直读，背面铸蟠龙戏火珠纹。钱径3.2、郭厚0.11厘米（图三四六，4）。

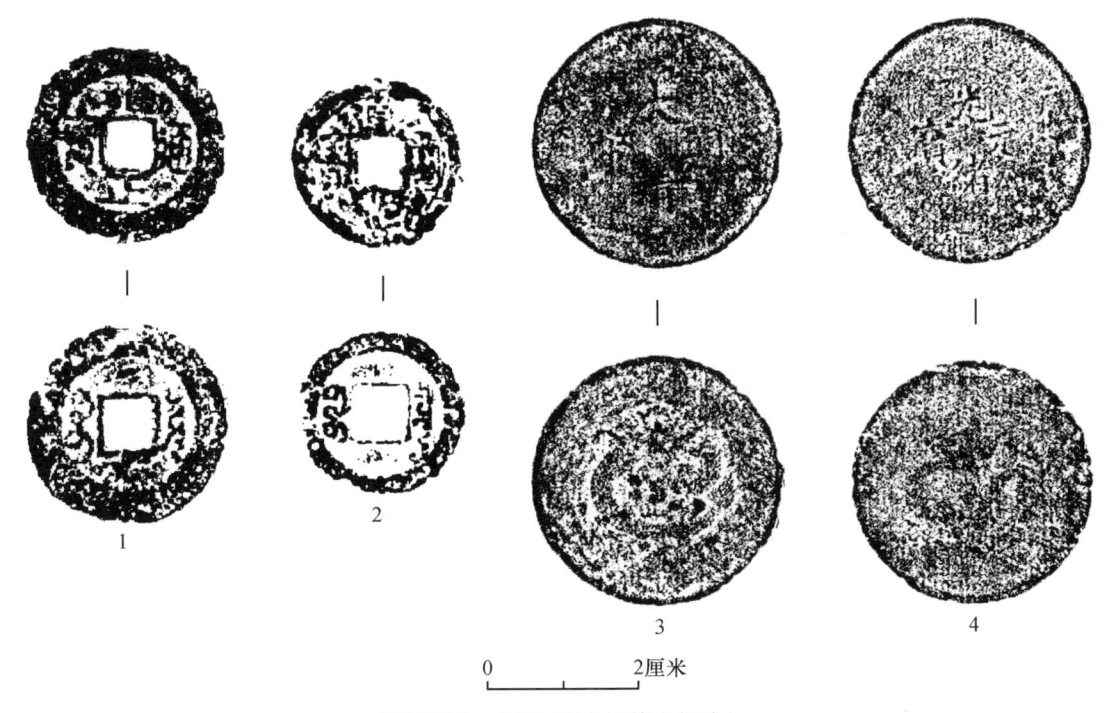

图三四六　M185出土铜钱（拓片）

1. 雍正通宝（M185：1-1）　2. 道光通宝（M185：1-2）　3. 大清铜币（M185：2-1）　4. 光绪元宝（M185：2-2）

一八六、M186

1. 墓葬形制

该墓位于发掘区东北部，南邻M184。开口于第1层下，南北向，方向158°。

墓平面呈不规则形，竖穴土圹单棺墓。墓口距地表深0.3米，墓底距地表深1.06米。墓圹南北长2.58、东西宽1.1~1.2、深0.76米。内填花土，土质松软。内置单棺，棺木已朽。棺痕长1.9、宽0.7~0.8米；棺内骨架保存较差，头向南，面向上，肢骨散乱，为男性（图三四七）。

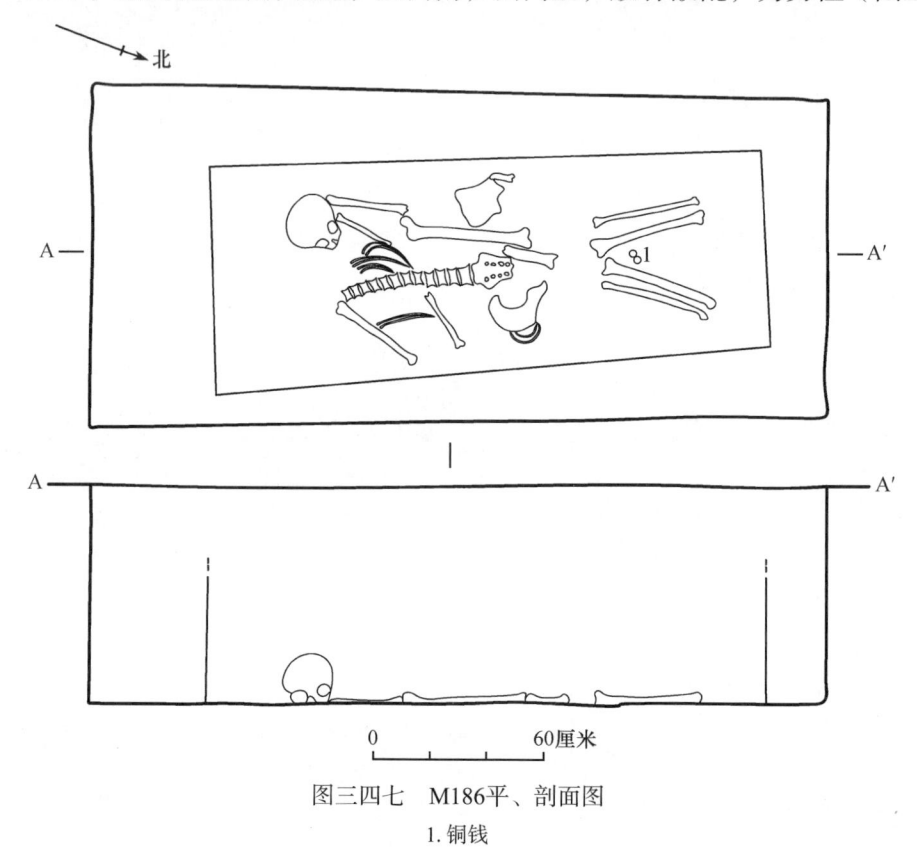

图三四七 M186平、剖面图
1.铜钱

2. 随葬品

棺内下肢骨内侧上部出土铜钱2枚，有治平元宝、熙宁元宝。

治平元宝 1枚。M186∶1-1，平钱，圆形，方穿，正背面郭缘较窄，正面篆书"治平元寶"四字，旋读。钱径2.3、穿径0.6、郭厚0.1厘米（图三四八，1）。

熙宁元宝 1枚。M186∶1-2，平钱，圆形，方穿，正背面郭缘较窄，正面篆书"熙寧元寶"四字，旋读。钱径2.4、穿径0.7、郭厚0.1厘米（图三四八，2）。

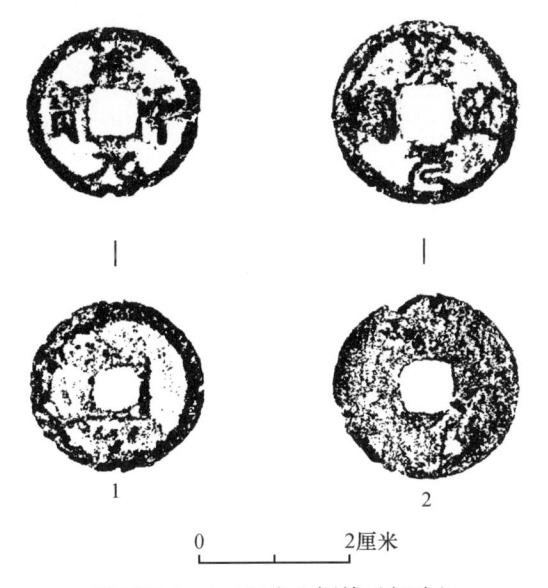

图三四八　M186出土铜钱（拓片）

1. 治平元宝（M186：1-1）　2. 熙宁元宝（M186：1-2）

一八七、M187

1. 墓葬形制

该墓位于发掘区东北部，南邻M185。开口于第1层下，南北向，方向160°。

墓平面呈梯形，竖穴土圹双棺合葬墓。墓口距地表深0.3米，墓底距地表深1.16米。墓圹南北长2.64、东西宽1.7~2、深0.86米。内填花土，土质松软。内置双棺，棺木已朽。东棺痕长1.8、宽0.66~0.7米；棺内骨架保存较差，头向南，面向上，葬式不明，为女性。西棺痕长1.82、宽0.6~0.66米；棺内骨架保存稍好，头向东南，面向上，仰身直肢，为男性（图三四九）。

2. 随葬品

未发现随葬品。

图三四九　M187平、剖面图

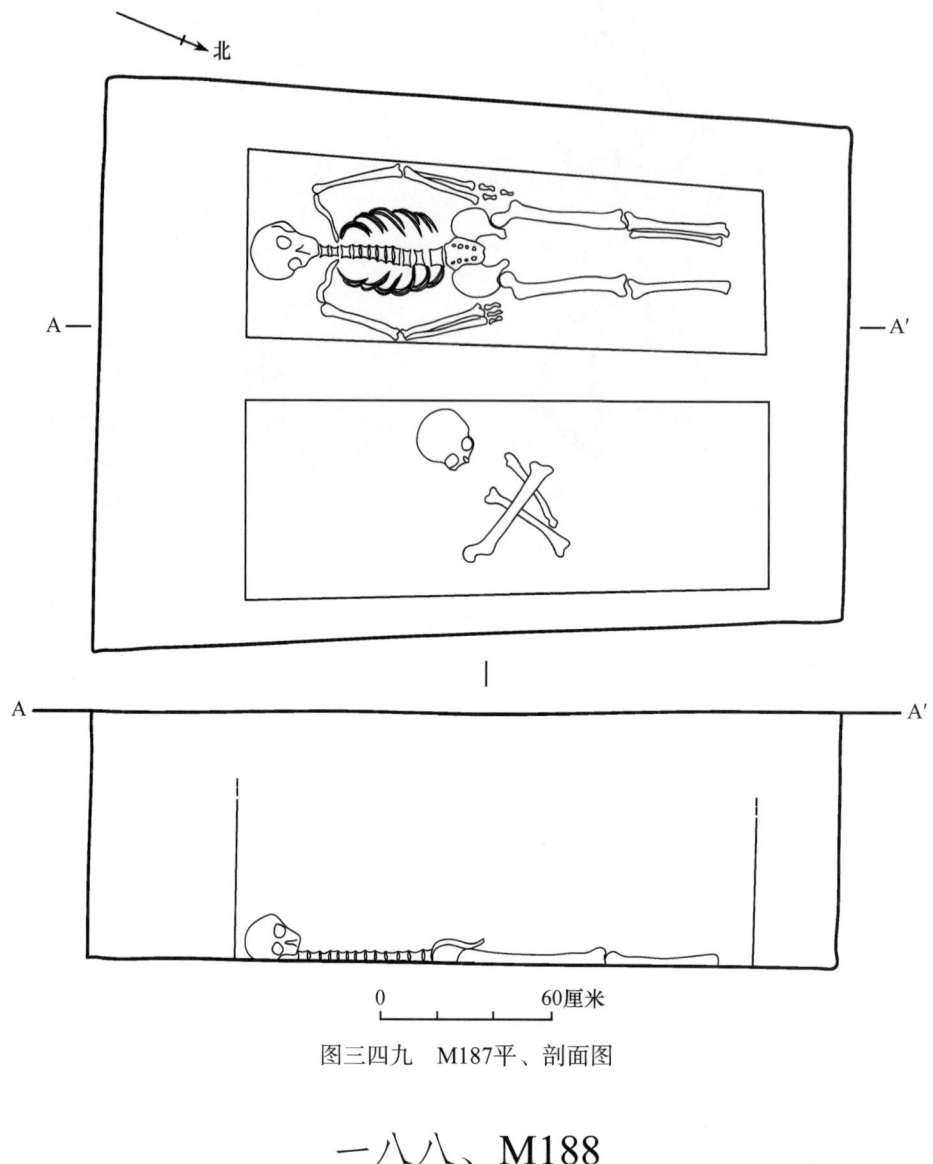

一八八、M188

1. 墓葬形制

该墓位于发掘区西南部，北邻M117。开口于第1层下，南北向，方向5°。

墓平面呈不规则形，竖穴土圹双棺合葬墓。墓口距地表深0.3米，墓底距地表深1.2～1.3米。墓圹南北长2.5～2.7、东西宽2.1、深0.9～1米。内填花土，土质松软。内置双棺，棺木已朽。东棺痕长2、宽0.5～0.6米；棺内骨架保存稍差，头移位向北，面向东，侧身屈肢，为男性。西棺痕长2、宽0.5～0.6米；棺内骨架保存较差，头移位向西，面向南，仰身屈肢，为女性（图三五〇；图版三六，1）。

图三五〇　M188平、剖面图
1. 铜钱

2. 随葬品

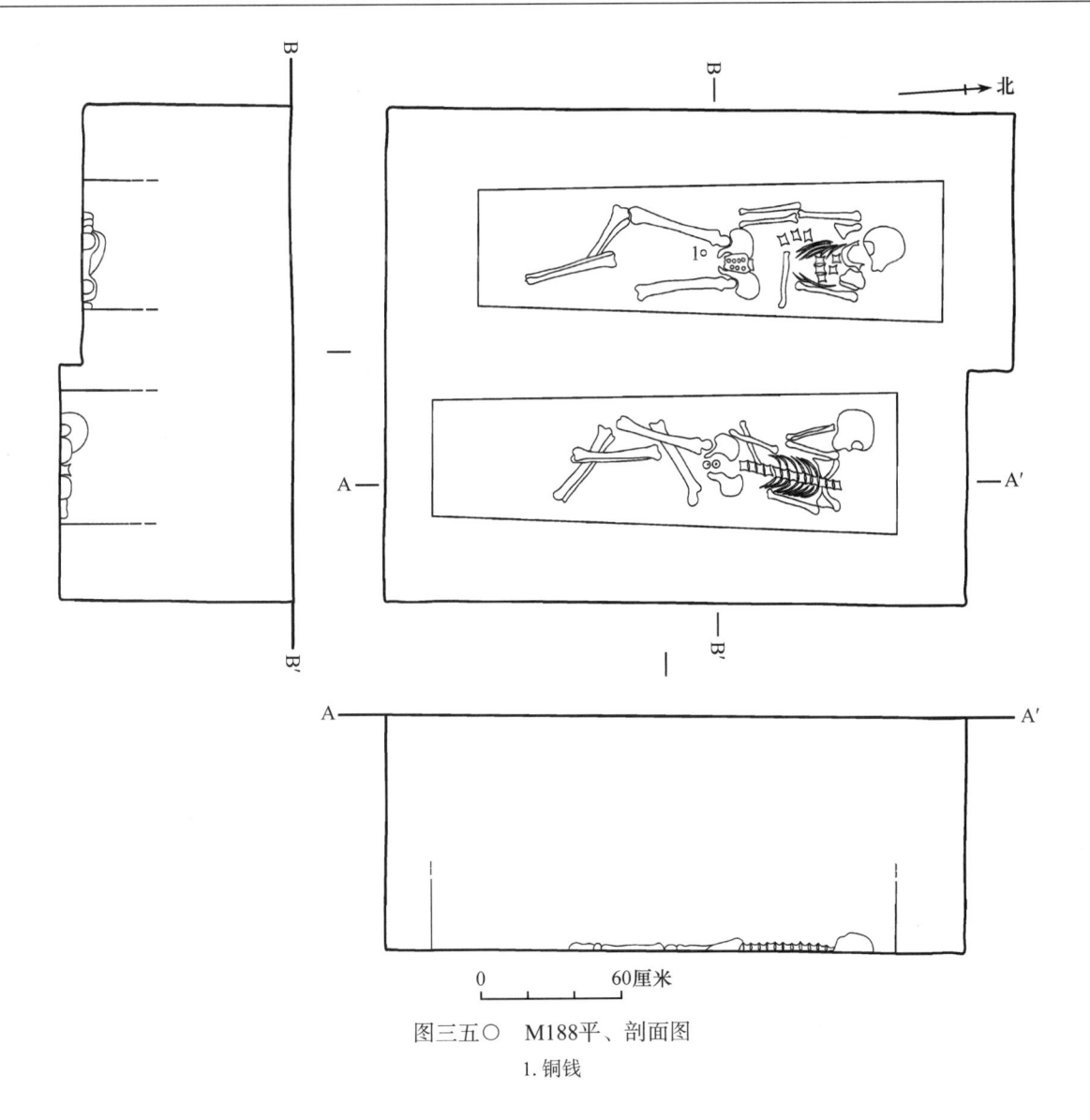

西棺内右下肢骨内侧上部出土铜钱1枚。

康熙通宝　1枚。M188:1，平钱，圆形，方穿，正背面郭缘较宽，正面楷书"康熙通寶"四字，直读，背穿左右为满文"宝泉"局名。钱径2.3、穿径0.55、郭厚0.11厘米（图三五一）。

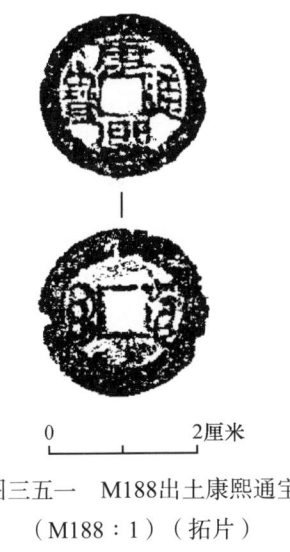

图三五一　M188出土康熙通宝
（M188:1）（拓片）

一八九、M189

1. 墓葬形制

该墓位于发掘区西南部，西邻M14。开口于第1层下，南北向，方向5°。

墓平面呈长方形，竖穴土圹单棺墓。墓口距地表深0.3米，墓底距地表深1.6米。墓圹南北长2.5、东西宽1.7、深1.3米。内填花土，土质松软。内置单棺，棺木已朽。棺痕长1.9、宽0.6~0.7米；棺内骨架保存较好，头向北，面向上，胸椎骨上方放置长20、宽17~18、厚1厘米的板瓦1块（图版一〇〇，1），仰身直肢，为男性（图三五二）。

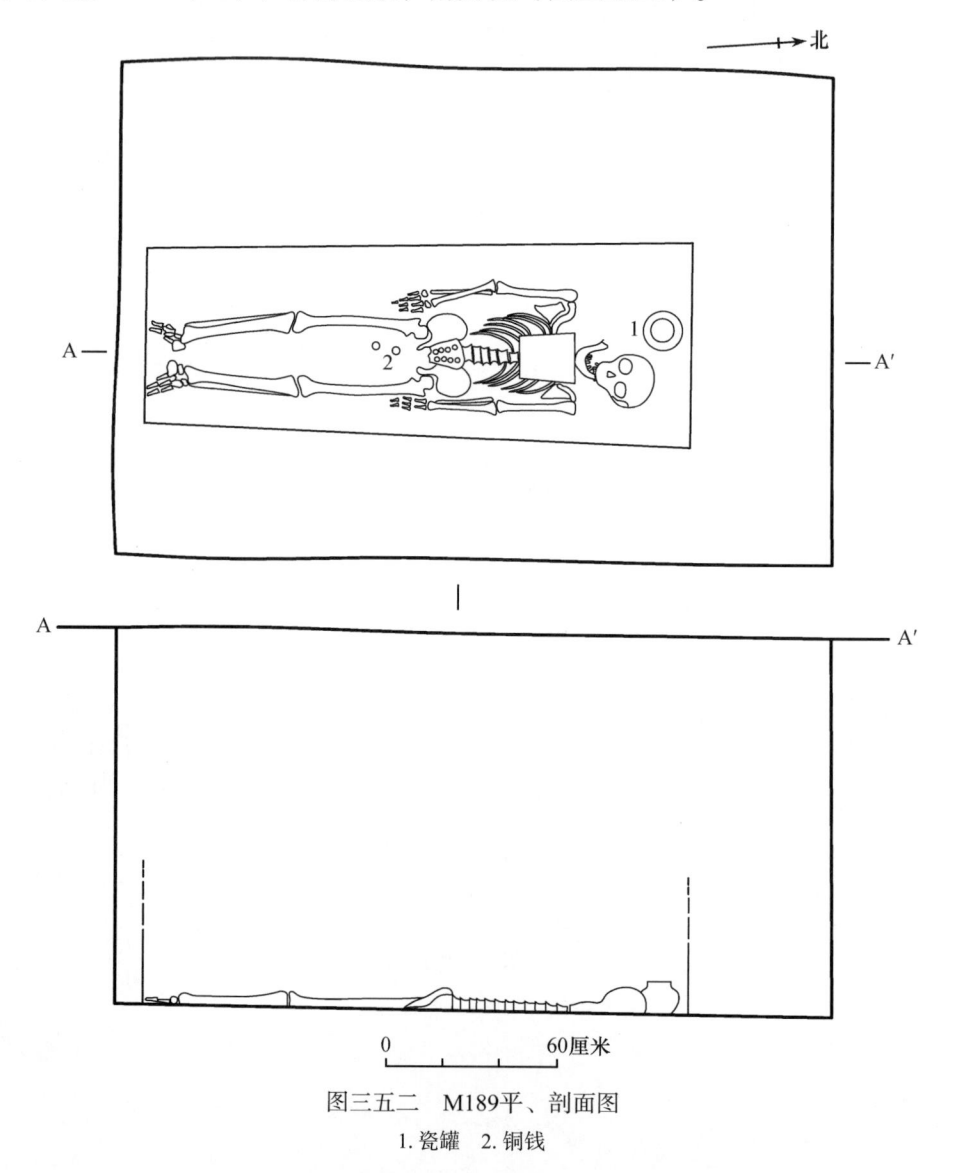

图三五二　M189平、剖面图
1. 瓷罐　2. 铜钱

2. 随葬品

棺内头骨右上方出土瓷罐1件，右下肢骨内侧上部出土铜钱2枚。

瓷罐　1件。M189：1，直口，方圆唇，矮领，圆肩，弧腹，矮圈足。灰褐色胎，腹上部及内壁施酱色釉，下腹及足底无釉。轮制。口径9.9、腹径12.8、底径6.7、高8.4厘米（图三五三，1；图版四九，3）。

康熙通宝　2枚。标本M189：2-1，大平钱，圆形，方穿，正背面郭缘较宽，正面楷书"康熙通寶"四字，直读，背穿左右为满文"宝泉"局名。钱径2.79、穿径0.6、郭厚0.11厘米（图三五三，2）。

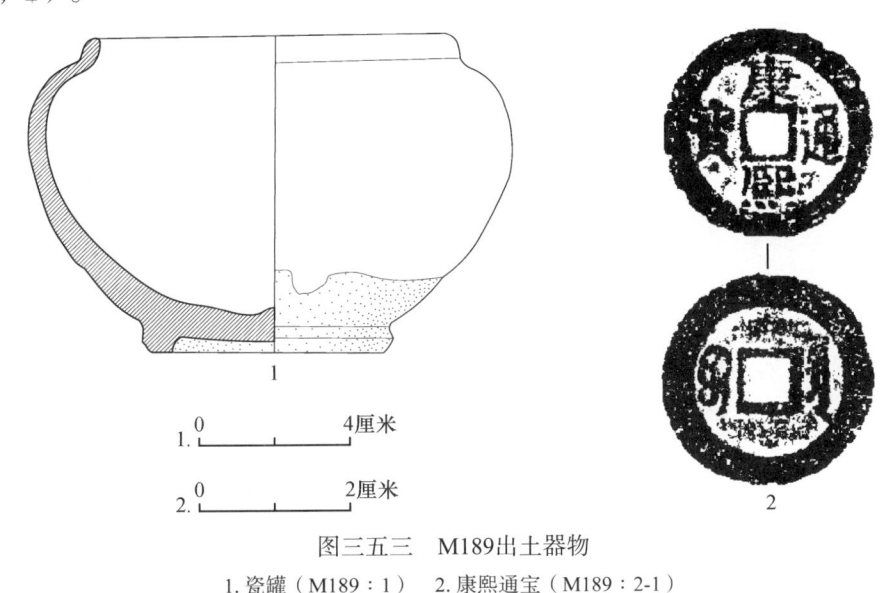

图三五三　M189出土器物
1. 瓷罐（M189：1）　2. 康熙通宝（M189：2-1）

一九〇、M190

1. 墓葬形制

该墓位于发掘区西南部，东邻M219。开口于第1层下，南北向，方向355°。

墓平面呈长方形，竖穴土圹双棺合葬墓。墓口距地表深0.3米，墓底距地表深1.8～2米。墓圹南北长2.3、东西宽1.6、深1.5～1.7米。内填花土，土质松软。内置双棺，棺木已朽。东棺痕长2、宽0.5～0.6米；棺内骨架保存较好，头向北，面向上，头骨上方放置长20、宽17～18、厚1厘米的板瓦1块，仰身直肢，为男性。西棺痕长1.9、宽0.5～0.6米；棺内骨架保存较好，头向北，面向上，仰身屈肢，为女性（图三五四）。

2. 随葬品

未发现随葬品。

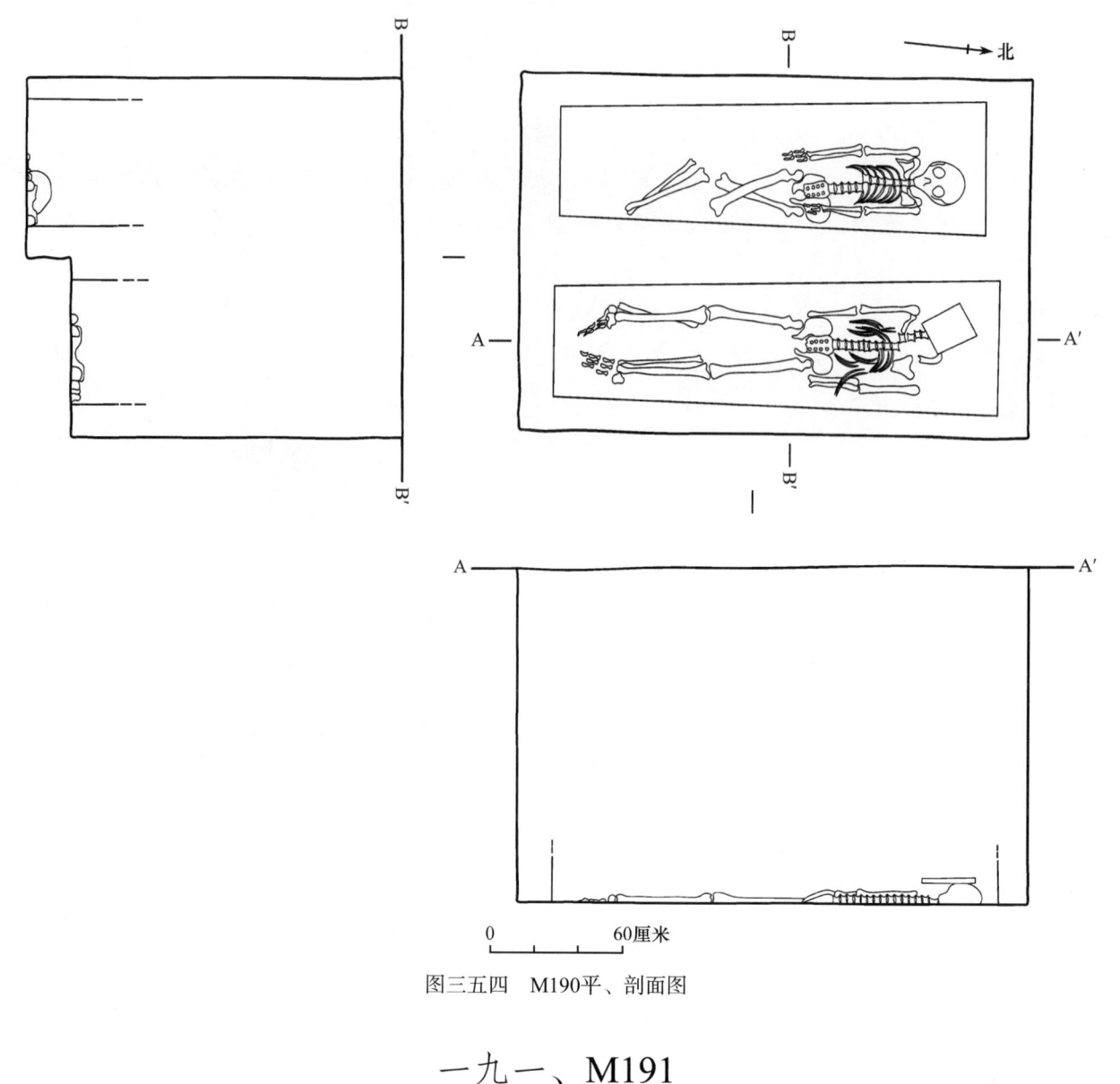

图三五四　M190平、剖面图

一九一、M191

1. 墓葬形制

该墓位于发掘区西南部，西邻M192。开口于第1层下，南北向，方向5°。

墓平面呈梯形，竖穴土圹双棺合葬墓。墓口距地表深0.3米，墓底距地表深1.59米。墓圹南北长2.3、东西宽1.38~1.46、深1.29米。内填花土，土质松软。内置双棺，棺木已朽。东棺痕长1.7、宽0.5~0.6米；棺内骨架保存较好，头移位向西北，面向上，仰身直肢，为男性。西棺痕长1.61、宽0.5~0.6米；棺内骨架保存较好，头向北，面向上，仰身直肢，为女性（图三五五；图版三六，2）。

图三五五　M191平、剖面图
1.铜钱

2. 随葬品

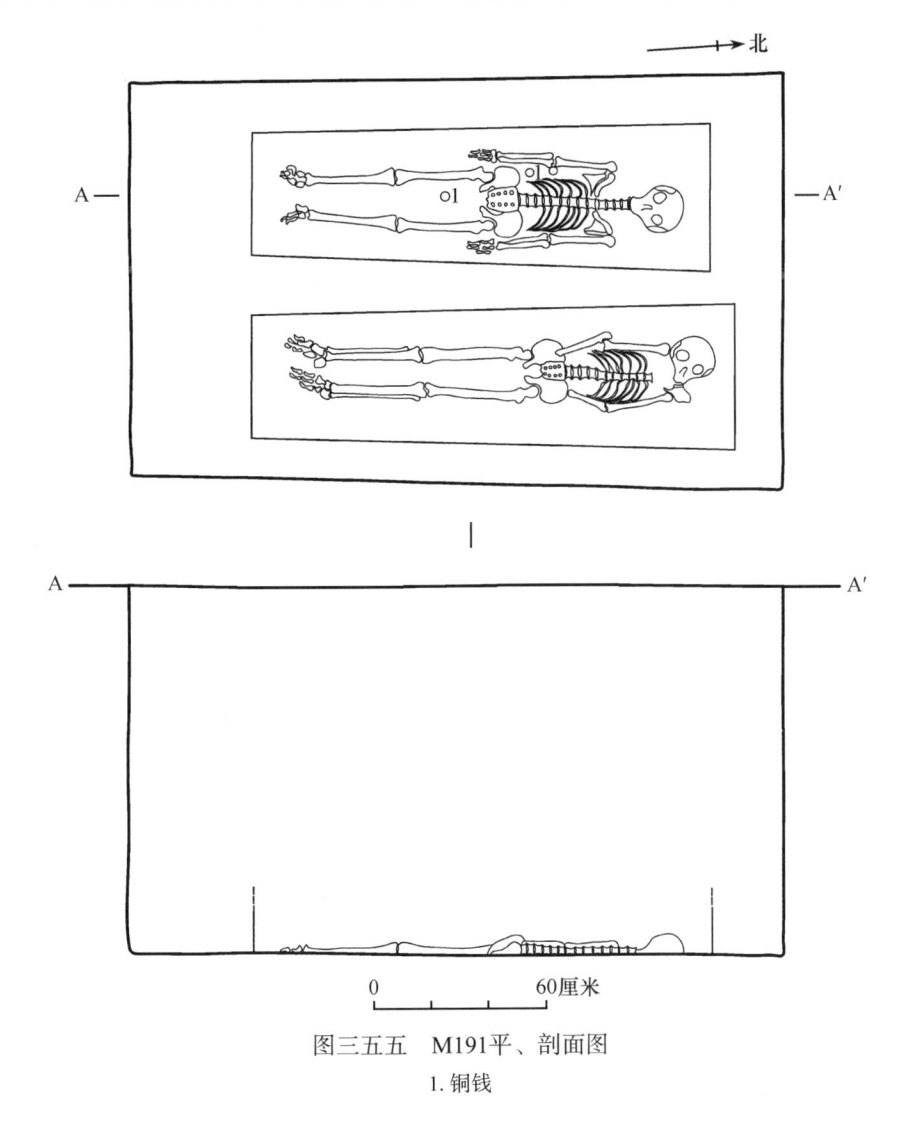

西棺内右上肢骨内侧中部及右下肢骨内侧上部出土铜钱3枚，有天启通宝、乾隆通宝。

天启通宝　1枚。M191:1-1，平钱，圆形，方穿，正背面郭缘略宽，正面楷书"天啓通寳"四字，直读。钱径2.55、穿径0.55、郭厚0.15厘米（图三五六，1）。

乾隆通宝　2枚。标本M191:1-2，平钱，圆形，方穿，正背面郭缘略宽，正面楷书"乾隆通寳"四字，直读，背穿左右为满文"宝泉"局名。钱径2.25、穿径0.55、郭厚0.1厘米（图三五六，2）。

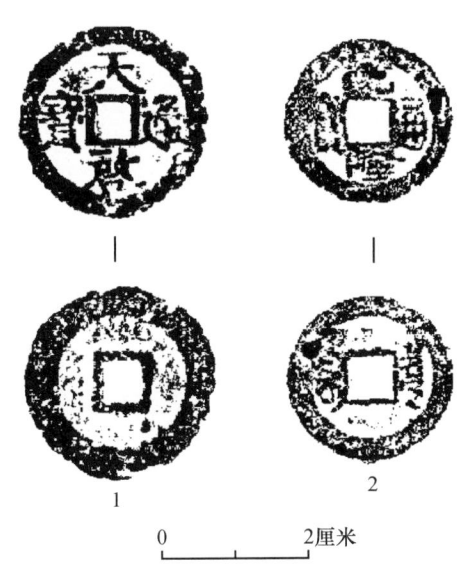

图三五六　M191出土铜钱（拓片）
1.天启通宝（M191:1-1）　2.乾隆通宝（M191:1-2）

一九二、M192

1. 墓葬形制

该墓位于发掘区西南部，西邻M193。开口于第1层下，南北向，方向355°。

墓平面呈不规则形，竖穴土圹双棺合葬墓。墓口距地表深0.3米，墓底距地表深0.9～1.3米。墓圹南北长2.54～2.74、东西宽2.04、深0.6～1米。内填花土，土质松软。内置双棺，棺木已朽。东棺痕长2、宽0.5～0.6米；棺内骨架保存较差，头移位向北，面向东，腰椎骨上方放置长20、宽16～20、厚1厘米的板瓦1块（图版一〇〇，2），仰身直肢，为男性。西棺痕长2、宽0.5～0.6米；棺内骨架保存较好，头向北，面向西，仰身直肢，为女性（图三五七）。

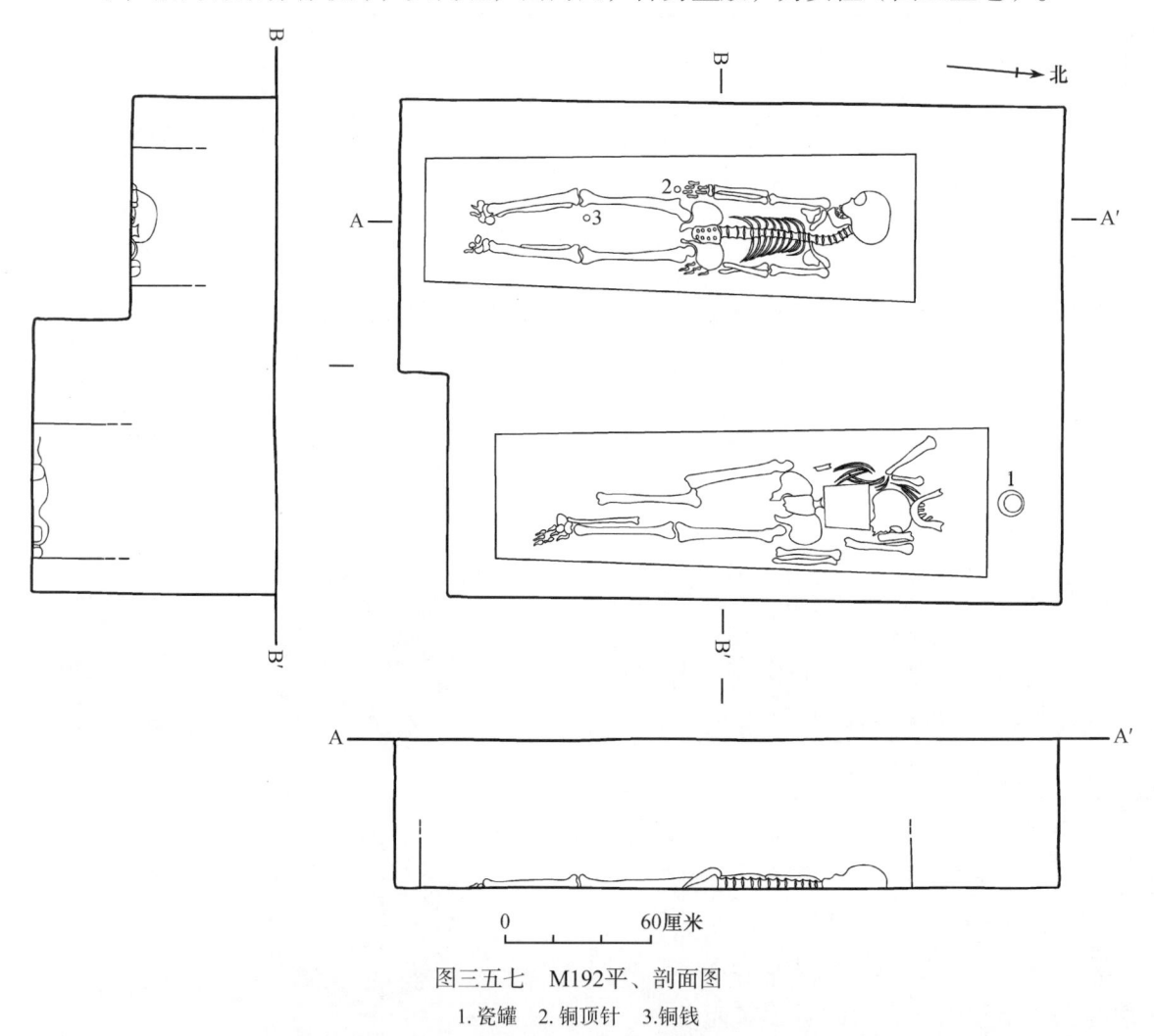

图三五七　M192平、剖面图
1.瓷罐　2.铜顶针　3.铜钱

2. 随葬品

东棺外前方出土瓷罐1件；西棺内右上肢骨下部出土铜顶针1件，右下肢骨内侧中部出土铜钱1枚。

瓷罐　1件。M192：1，敛口，方圆唇，矮领，圆肩，鼓腹，圈足。灰褐色胎，腹上部及内壁施黑色釉，唇部、下腹及足底无釉。轮制。口径8.7、腹径12.4、底径8.3、高8.6厘米（图三五八，1；图版四九，4）。

铜顶针　1件。M192：2，圆形，体宽扁长条状，上面饰圆凹点纹。直径1.8厘米（图三五八，2；图版九一，6）。

康熙通宝　1枚。M192：3，平钱，圆形，方穿，正背面郭缘略宽，正面楷书"康熙通寶"四字，直读，背穿左为满文"河"字，右为楷书"河"字。钱径2.5、穿径0.69、郭厚0.05厘米（图三五八，3）。

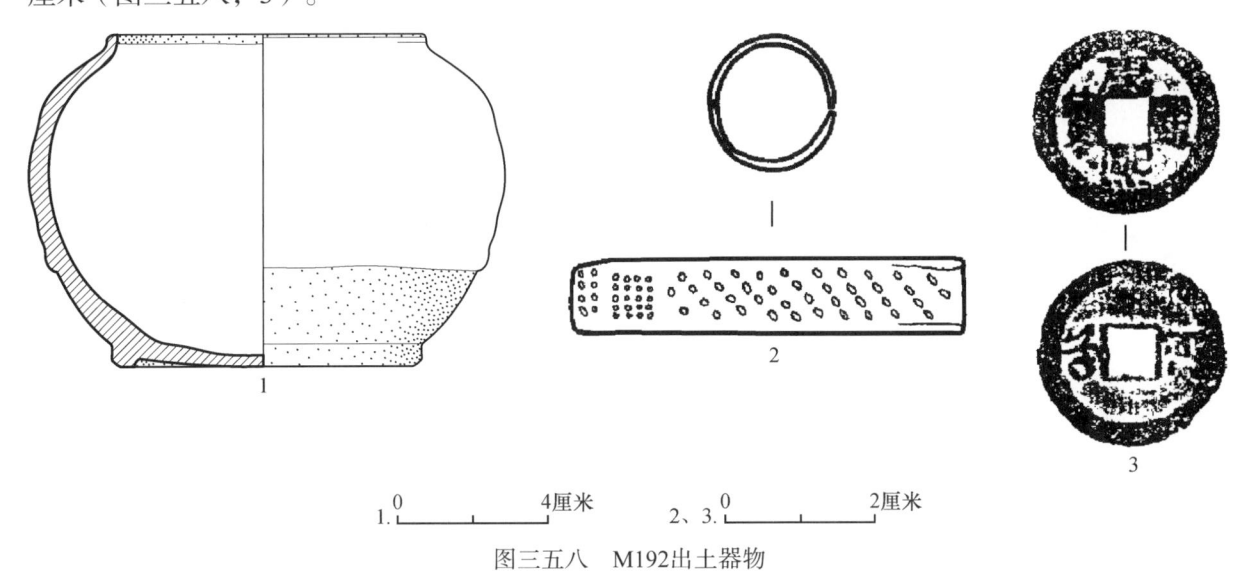

图三五八　M192出土器物

1. 瓷罐（M192：1）　2. 铜顶针（M192：2）　3. 康熙通宝（M192：3）

一九三、M193

1. 墓葬形制

该墓位于发掘区西南部，东邻M192。开口于第1层下，南北向，方向5°。

墓平面呈不规则形，竖穴土圹双棺合葬墓。墓口距地表深0.3米，墓底距地表深1.7～1.8米。墓圹南北长2.2～2.3、东西宽2.3、深1.4～1.5米。内填花土，土质松软。内置双棺，西棺残存棺木。东棺棺木已朽，棺痕长1.9、宽0.5～0.6米；棺内骨架保存较好，头向北，面向上，仰身直肢，为男性。西棺长1.96、宽0.5～0.6、残高0.3米，棺板厚0.02米；棺内骨架保存较差，头向北，面向上，仰身直肢，为女性（图三五九）。

图三五九　M193平、剖面图
1.铜钱

2. 随葬品

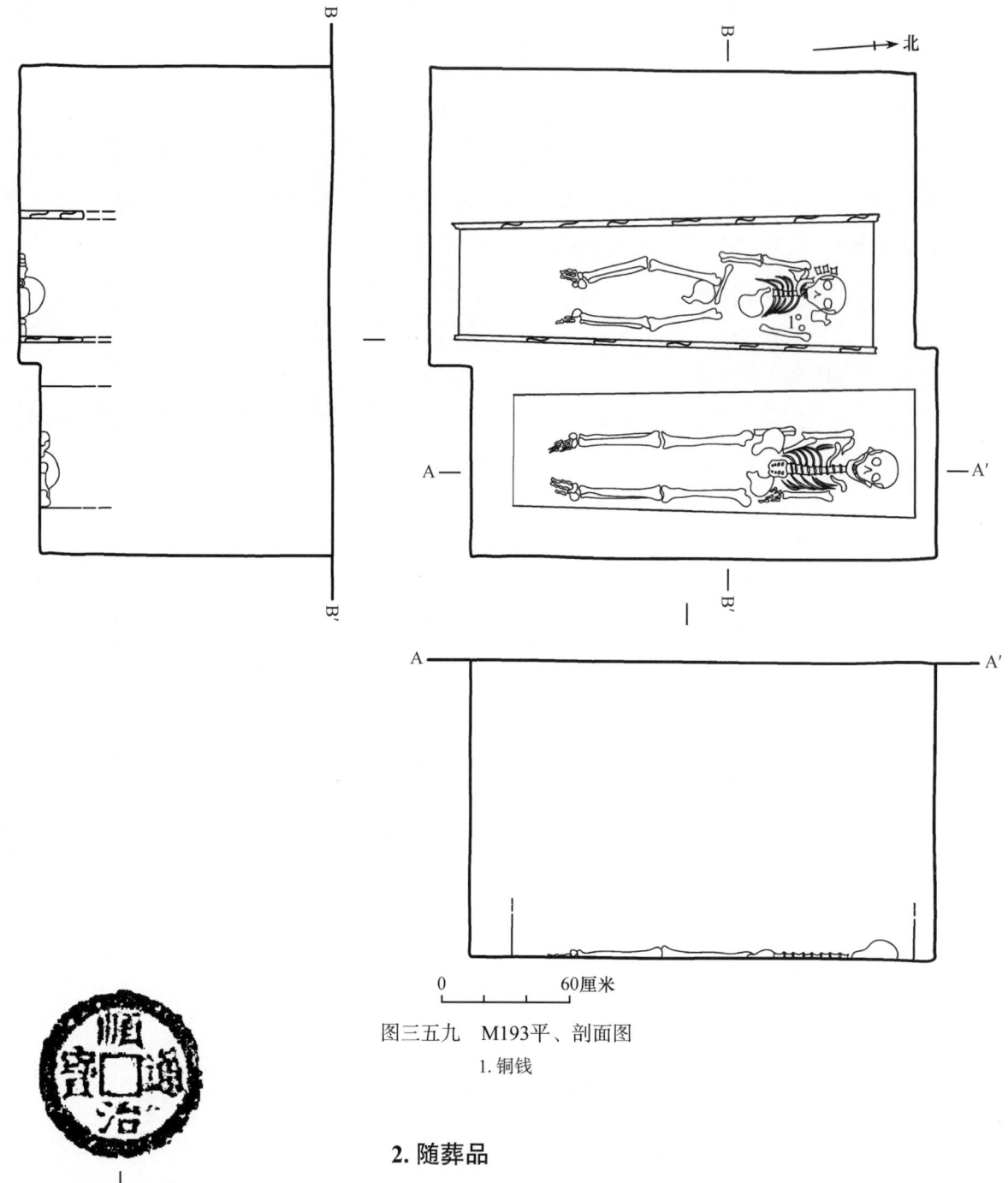

西棺内左上肢骨内侧上部出土铜钱2枚。

顺治通宝　2枚。标本M193：1-1，平钱，圆形，方穿，正背面郭缘略宽，正面楷书"顺治通寶"四字，直读，背穿右为楷书"臨"字。钱径2.6、穿径0.75、郭厚0.15厘米（图三六〇）。

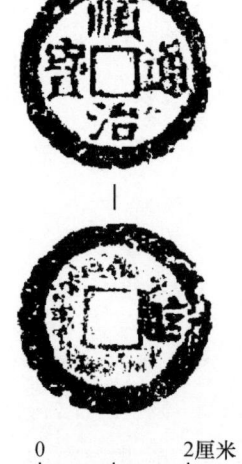

图三六〇　M193出土顺治通宝（M193：1-1）（拓片）

一九四、M194

1. 墓葬形制

该墓位于发掘区西南部，西邻M93。开口于第1层下，南北向，方向5°。

墓平面呈长方形，竖穴土圹双棺合葬墓。墓口距地表深0.3米，墓底距地表深1.6~1.7米。墓圹南北长2.6、东西宽2.1、深1.3~1.4米。内填花土，土质松软。内置双棺，棺木已朽。东棺痕长2、宽0.5~0.6米；棺内骨架保存较好，头向北，面向上，仰身直肢，为男性。西棺痕长2、宽0.5~0.6米；棺内骨架保存稍差，头向北，面向东，侧身屈肢，为女性（图三六一；图版三七，1）。

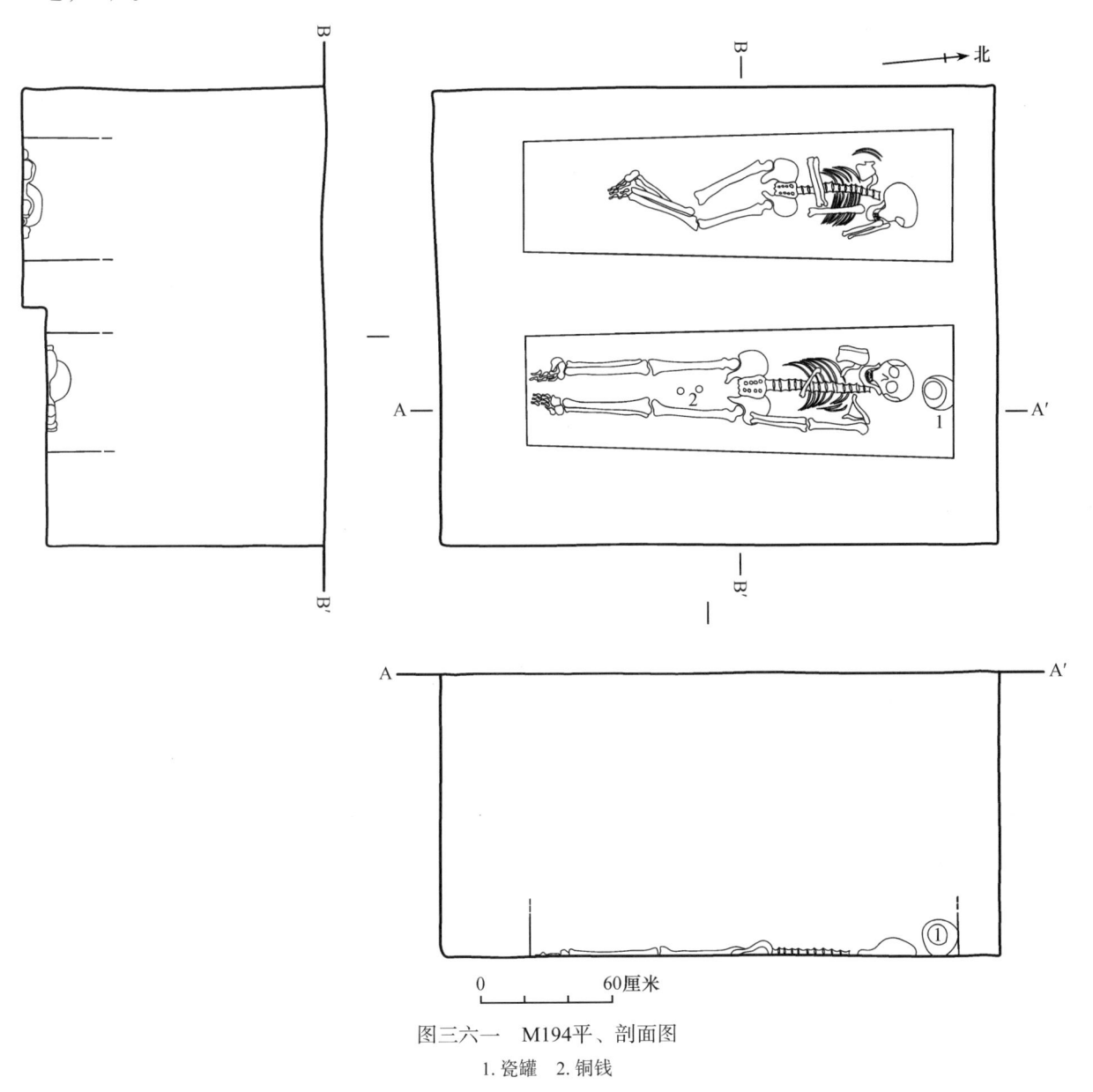

图三六一　M194平、剖面图

1. 瓷罐　2. 铜钱

2. 随葬品

东棺内头骨上方出土瓷罐1件，下肢骨内侧上部出土铜钱2枚。

瓷罐　1件。M194：1，敛口，方圆唇，斜领，溜肩，斜弧腹，圈足，领、肩部置对称四系。灰褐色胎，上腹部施酱黑色釉，下腹部及足底无釉。手轮兼制。口径9.1、腹径12.5、底径7.9、高8.7厘米（图三六二，1；图版四九，5）。

铜钱　2枚。有万历通宝、天启通宝。

万历通宝　1枚。M194：2-1，平钱，圆形，方穿，正背面郭缘略宽，正面楷书"万曆通寶"四字，直读。钱径2.55、穿径0.5、郭厚0.1厘米（图三六二，2）。

天启通宝　1枚。M194：2-2，平钱，圆形，方穿，正背面郭缘略宽，正面楷书"天啓通寶"四字，直读，背穿上为楷书"工"字。钱径2.62、穿径0.55、郭厚0.11厘米（图三六二，3）。

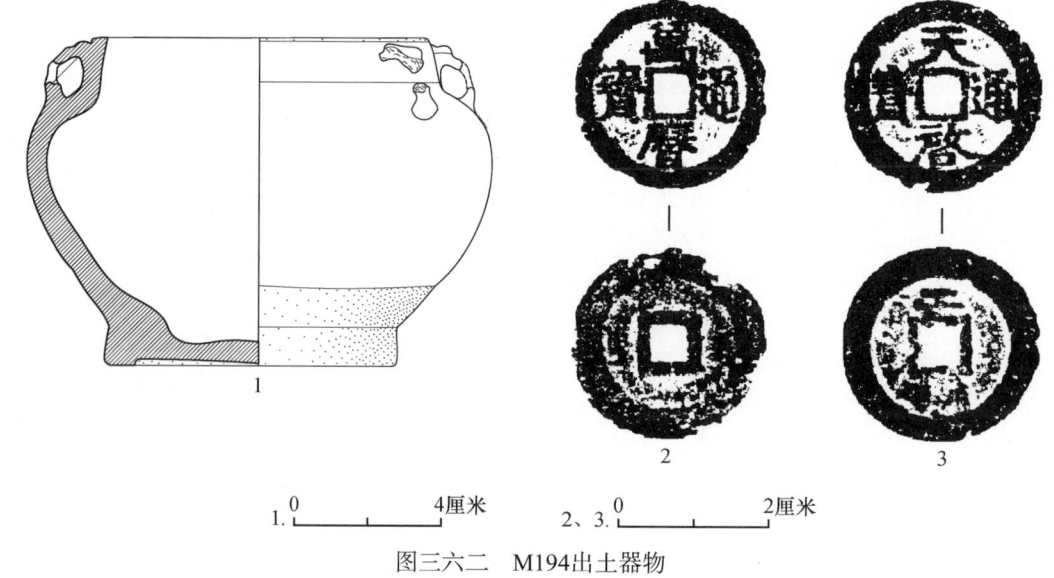

图三六二　M194出土器物
1. 瓷罐（M194：1）　2. 万历通宝（M194：2-1）　3. 天启通宝（M194：2-2）

一九五、M195

1. 墓葬形制

该墓位于发掘区西南部，南邻M84。开口于第1层下，南北向，方向355°。

墓平面呈不规则形，竖穴土圹三棺合葬墓。墓口距地表深0.3米，墓底距地表深1～1.3米。墓圹南北长2.56～2.76、东西宽2.77、深0.7～1米。内填花土，土质松软。内置三棺，棺木已朽。东棺痕长2、宽0.5～0.6米；棺内骨架保存稍差，头移位向西，面向北，仰身屈肢，为男性。中棺痕长1.9、宽0.5～0.6米；棺内骨架保存较好，头残碎向北，面向上，仰身直肢，为女性。西棺痕长2、宽0.5～0.6米；棺内骨架保存较好，头向北，面向东，仰身直肢，为女性（图三六三）。

图三六三　M195平、剖面图
1. 银簪　2. 铜钱

2. 随葬品

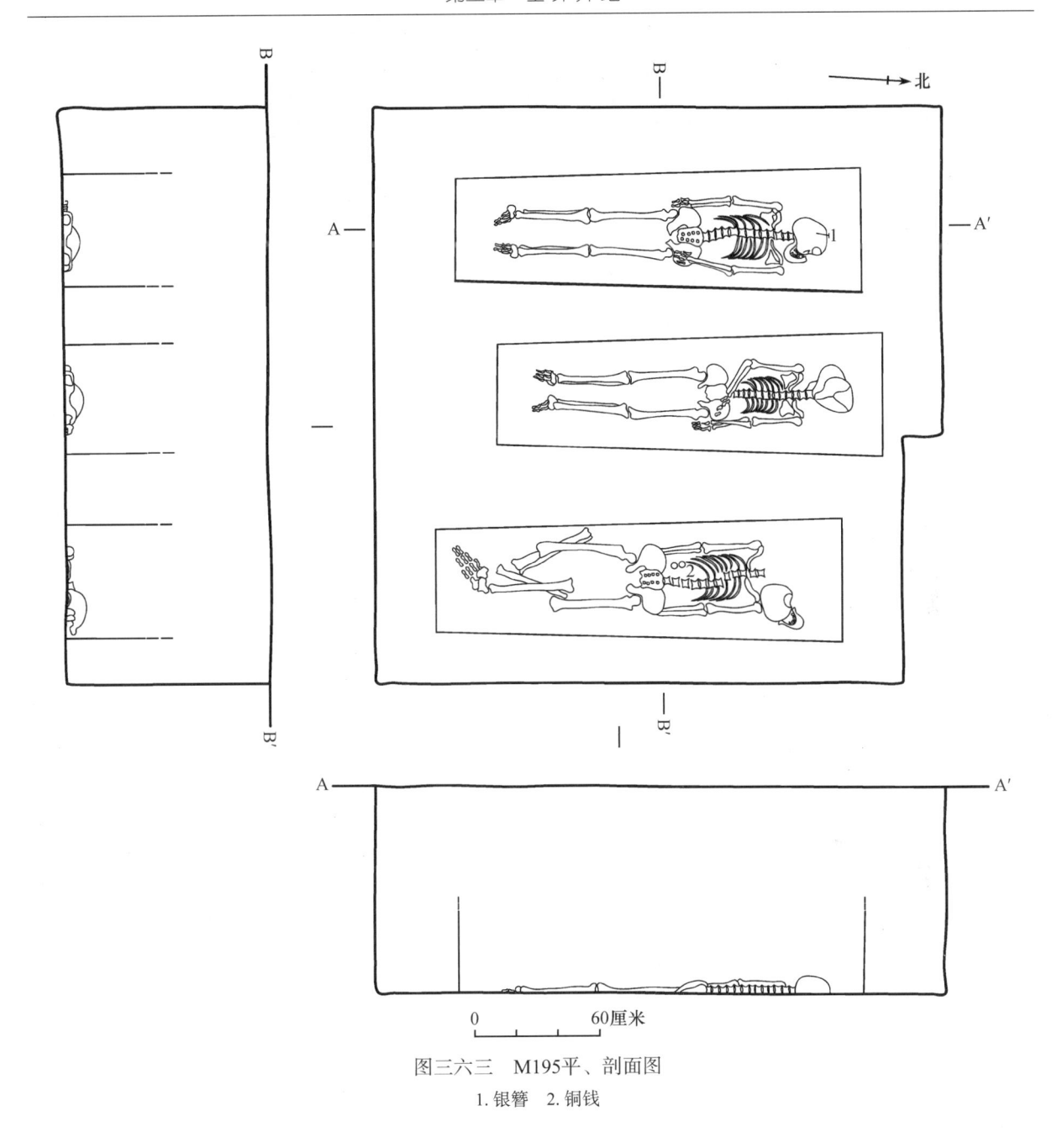

东棺内右肋骨下部出土铜钱2枚；西棺内头骨上方出土银簪1件。

银簪　1件。M195：1，簪首残，体呈圆锥状。残长12.3厘米（图三六四，1）。

铜钱　2枚。有乾隆通宝、咸丰通宝。

乾隆通宝　1枚。M195：2-1，平钱，圆形，方穿，正背面郭缘略宽，正面楷书"乾隆通寳"四字，直读，背穿左右为满文"宝泉"局名。钱径2.45、穿径0.6、郭厚0.1厘米（图三六四，2）。

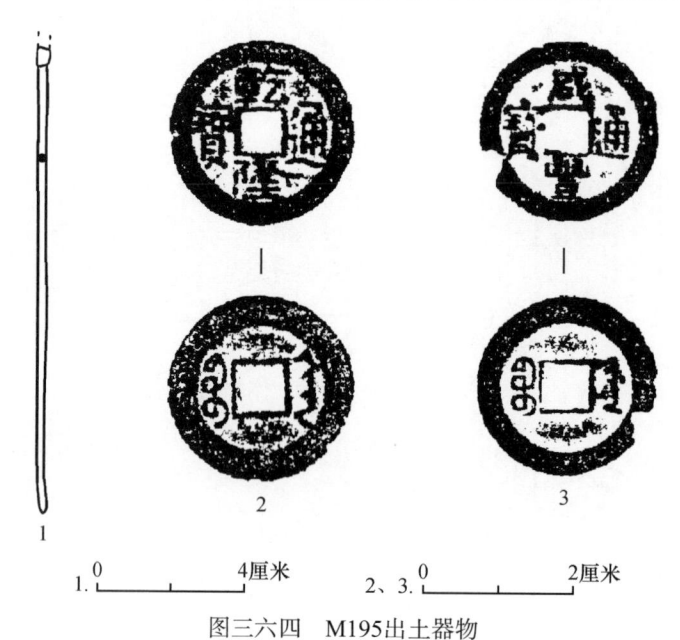

图三六四　M195出土器物
1. 银簪（M195：1）　2. 乾隆通宝（M195：2-1）　3. 咸丰通宝（M195：2-2）

咸丰通宝　1枚。M195：2-2，平钱，圆形，方穿，正背面郭缘略宽，正面楷书"咸豐通寶"四字，直读，背穿左右为满文"宝源"局名。钱径2.4、穿径0.61、郭厚0.11厘米（图三六四，3）。

一九六、M196

1. 墓葬形制

该墓位于发掘区西南部，南邻M92。开口于第1层下，南北向，方向5°。

墓平面呈长方形，竖穴土圹双棺合葬墓。墓口距地表深0.3米，墓底距地表深1.8米。墓圹南北长2.53、东西宽1.92、深1.5米。内填花土，土质松软。内置双棺，棺木已朽。东棺痕长2、宽0.6～0.7米；棺内骨架保存较差，头移位向北，面向下，仰身直肢，为男性。西棺痕长2、宽0.52～0.6米；棺内骨架保存较差，头向北，面向上，头骨左侧上部放置长20、宽16～18、厚1厘米的板瓦1块，仰身屈肢，为女性（图三六五）。

2. 随葬品

东棺内头骨左侧出土瓷罐1件；西棺内头骨上方出土瓷罐1件，头骨左侧出土铜钱2枚。

瓷罐　2件。M196：1，敛口，方圆唇，高领，圆肩，鼓腹，矮圈足。领、肩部置对称四系。缸胎，腹上部及内壁施酱色釉，下腹部及足底无釉。手轮兼制，外腹部留有轮旋痕迹。口径8.8、腹径14、底径5.9、高12.2厘米（图三六六，1；图版五〇，1）。M196：2，敛口，方

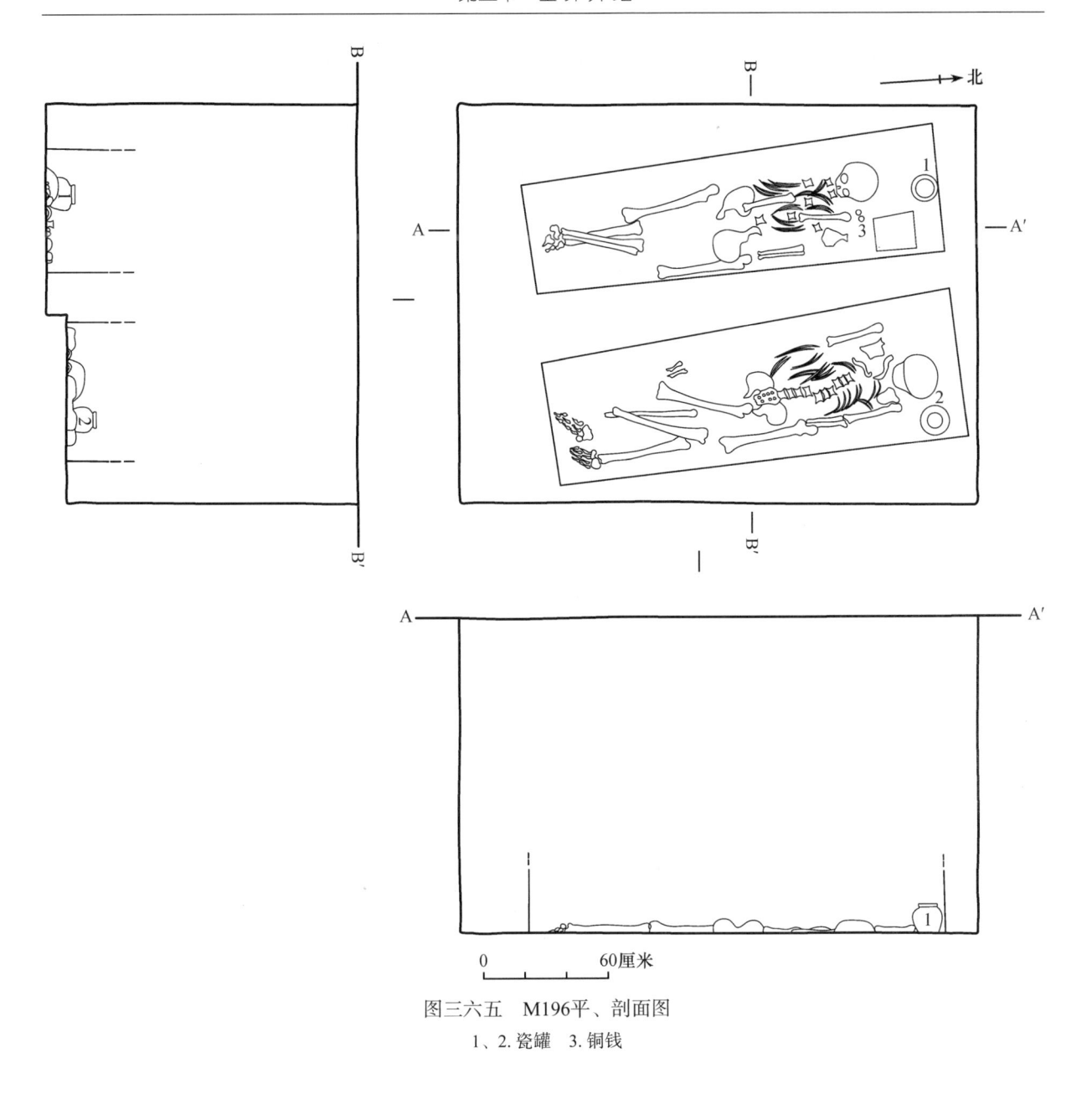

图三六五　M196平、剖面图
1、2.瓷罐　3.铜钱

唇，束颈，溜肩，弧腹，平底内凹，底上部饰一周堆纹。缸胎，体施酱绿色釉，唇部及领无釉。轮制，外腹部留有轮旋痕迹。口径11.4、腹径15.2、底径7.4、高13.6厘米（图三六六，2；图版五〇，2）。

铜钱　2枚。有顺治通宝、乾隆通宝。

顺治通宝　1枚。M196:3-1，平钱，圆形，方穿，正背面郭缘略宽，正面楷书"顺治通寳"四字，直读，背穿左楷书"一厘"二字，右楷书"户"字。钱径2.59、穿径0.59、郭厚0.15厘米（图三六六，3）。

乾隆通宝　1枚。M196:3-2，平钱，圆形，方穿，正背面郭缘略宽，正面楷书"乾隆通寳"四字，直读，背穿左右为满文"宝泉"局名。钱径2.4、穿径0.6、郭厚0.1厘米（图三六六，4）。

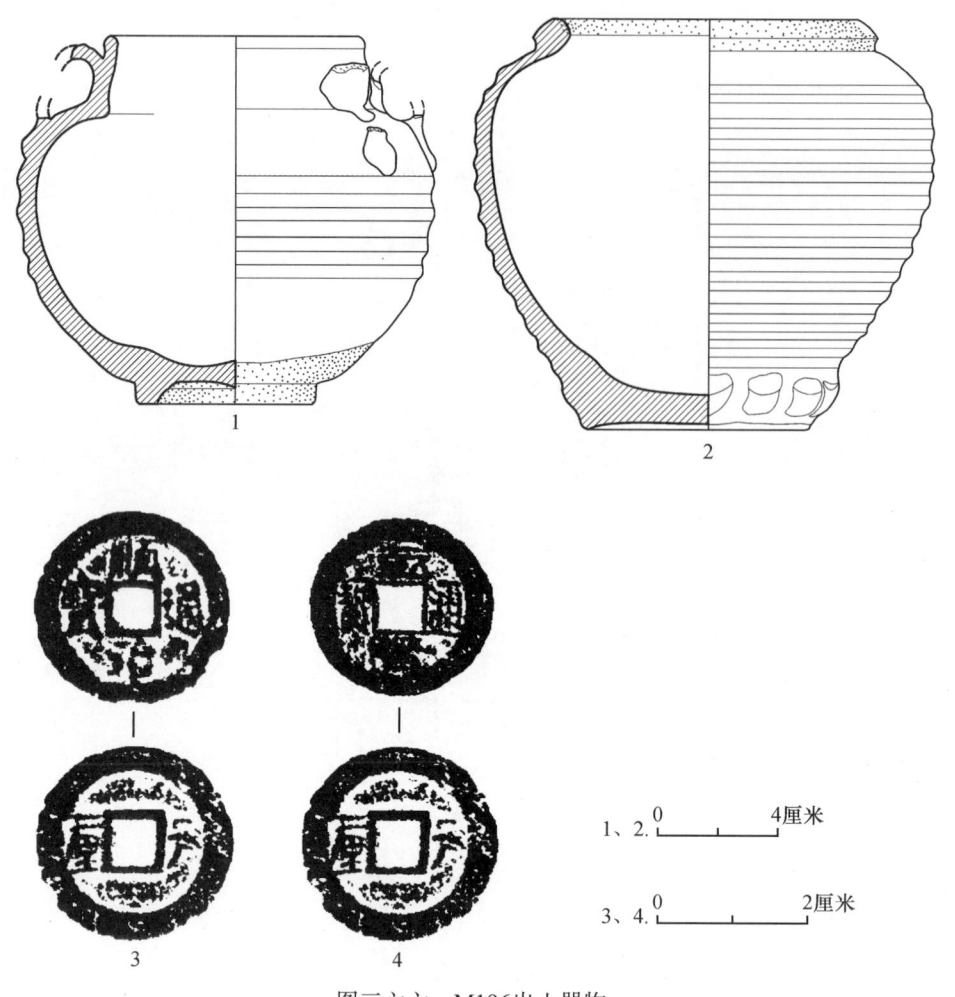

图三六六　M196出土器物
1、2. 瓷罐（M196：1、M196：2）　3. 顺治通宝（M196：3-1）　4. 乾隆通宝（M196：3-2）

一九七、M197

1. 墓葬形制

该墓位于发掘区西南部，南邻M113。开口于第1层下，南北向，方向5°。

墓平面呈长方形，竖穴土圹三棺合葬墓。墓口距地表深0.3米，墓底距地表深2.1～2.2米。墓圹南北长2.42、东西宽3.45、深1.8～1.9米。内填花土，土质松软。内置三棺，棺木已朽。东棺痕长1.9、宽0.6～0.7米；棺内骨架保存较好，头向北，面向上，仰身直肢，为男性。中棺痕长1.9、宽0.5～0.6米；棺内骨架保存稍差，头移位向南，面向西，仰身直肢，为女性。西棺痕长1.8、宽0.5～0.6米；棺内骨架保存较差，头移位向南，面向上，仰身直肢，为女性（图三六七）。

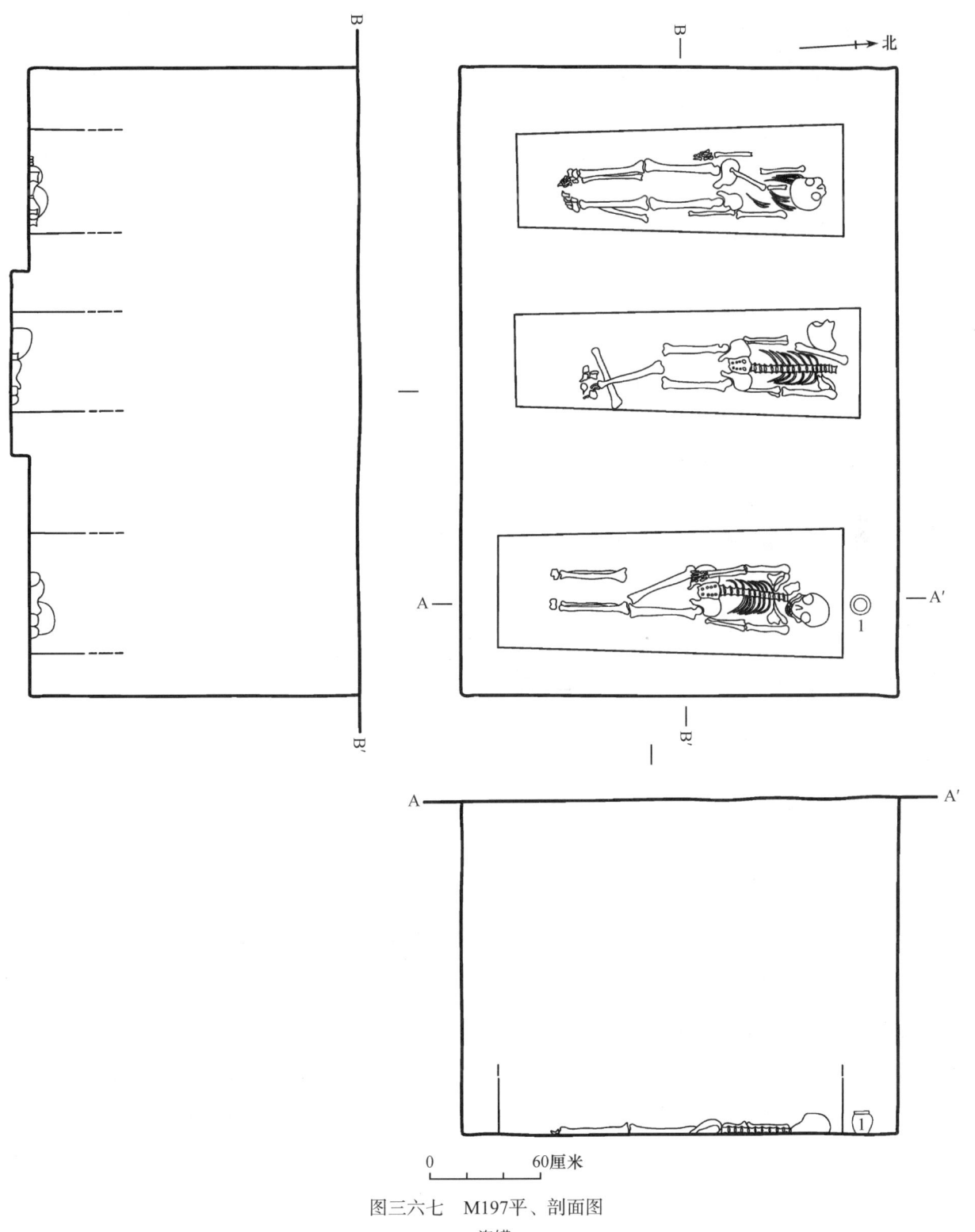

图三六七　M197平、剖面图
1. 瓷罐

2. 随葬品

东棺外前方出土瓷罐1件。

瓷罐　1件。M197：1，敛口，方圆唇，斜领，溜肩，弧腹，圈足。领、肩部置对称倒鼻形双系。缸胎，腹上部及内壁施酱黄色釉，唇部、口沿内壁、下腹部及足底无釉。手轮兼制。口径8.1、腹径11.2、底径6.6、高11.2厘米（图三六八；图版五〇，3）。

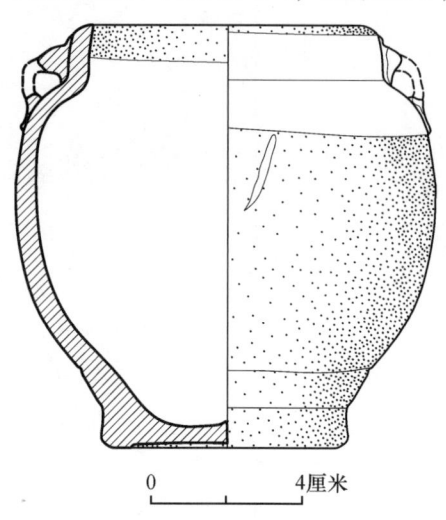

图三六八　M197出土瓷罐（M197：1）

一九八、M198

1. 墓葬形制

该墓位于发掘区西南部，西南邻M7，西北邻M8。开口于第1层下，南北向，方向355°。

墓平面呈长方形，竖穴土圹单棺墓。墓口距地表深0.3米，墓底距地表深1.4米。墓圹南北长2.32、东西宽1.2、深1.1米。内填花土，土质松软。内置单棺，棺木已朽。棺痕长1.9、宽0.5～0.6米；棺内骨架保存稍好，头移位向东，面向南，腰椎骨上方放置长18、宽18～20、厚1厘米的板瓦1块（图版一〇〇，3），仰身直肢，为男性（图三六九）。

2. 随葬品

未发现随葬品。

图三六九　M198平、剖面图

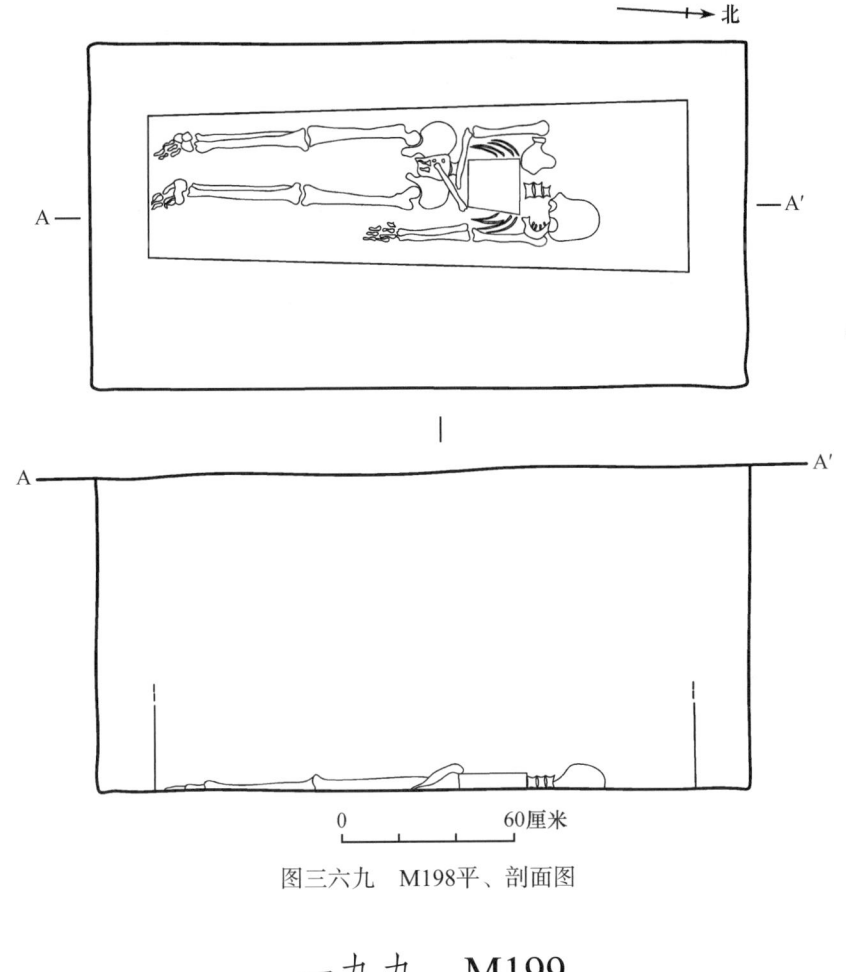

一九九、M199

1. 墓葬形制

该墓位于发掘区西南部,南邻M18。开口于第1层下,南北向,方向355°。

墓平面呈不规则形,竖穴土圹双棺合葬墓。墓口距地表深0.3米,墓底距地表深1.2～1.3米。墓圹南北长2.32～2.44、东西宽2.24、深0.9～1米。内填花土,土质松软。内置双棺,棺木已朽。东棺痕长1.9、宽0.5～0.6米;棺内骨架保存较好,头向北,面向东,侧身屈肢,为男性。西棺痕长1.9、宽0.6～0.7米;棺内骨架保存稍差,头移位向西北,面向上,侧身屈肢,为女性(图三七〇;图版三七,2)。

2. 随葬品

东棺内右下肢骨外侧上部出土铜钱1枚;西棺内头骨左侧出土铜钱1枚。

铜钱　2枚。有乾隆通宝、光绪重宝。

乾隆通宝　1枚。M199:1-1,平钱,圆形,方穿,正背面郭缘较宽,正面楷书"乾

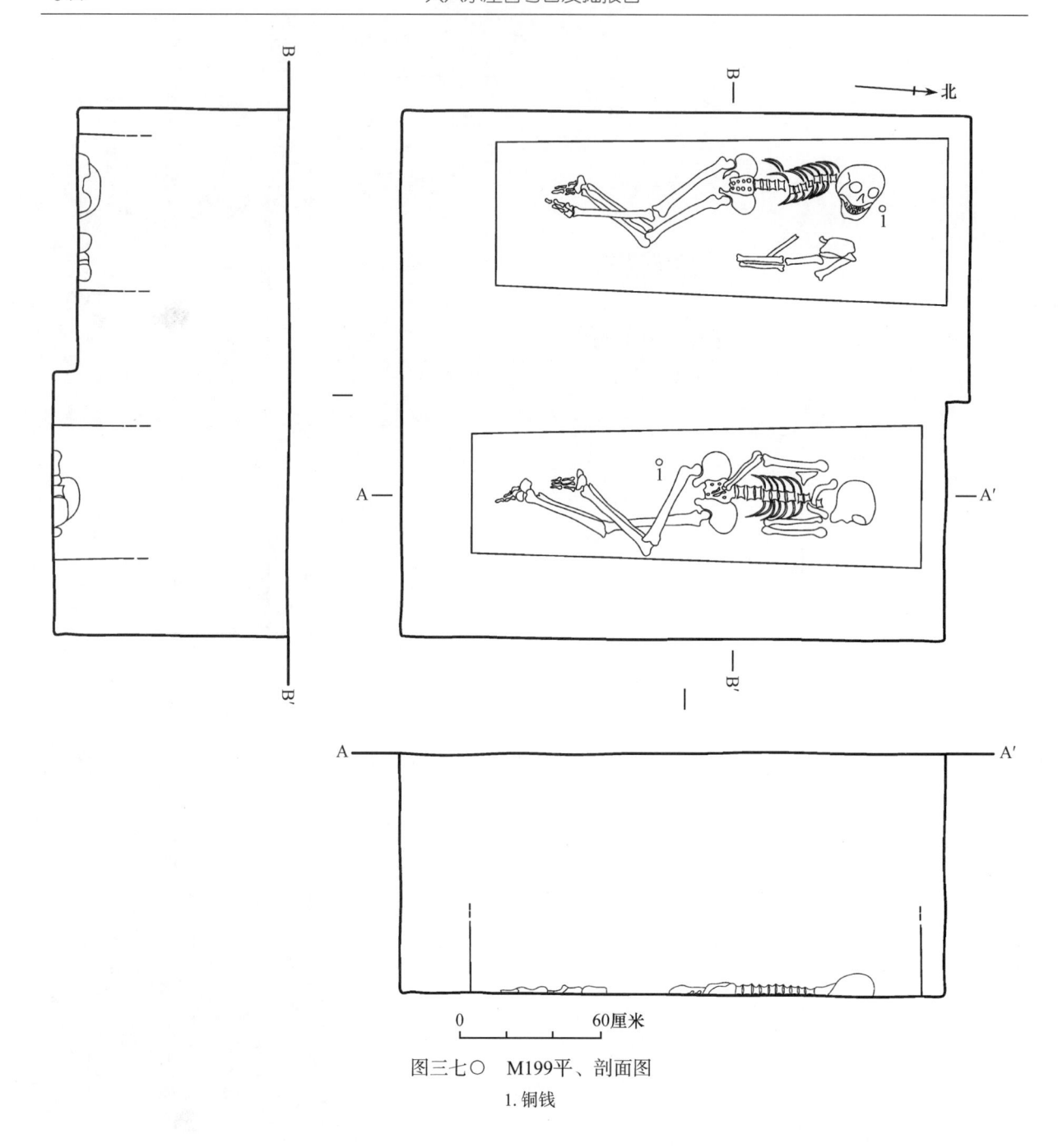

图三七〇　M199平、剖面图
1.铜钱

隆通寶"四字，直读，背穿左右为满文"宝泉"局名。钱径2.5、穿径0.65、郭厚0.1厘米（图三七一，1）。

光绪重宝　1枚。M199：1-2，平钱，圆形，方穿，正背面郭缘较窄，正面楷书"光绪重寶"四字，直读，背穿左右为满文"宝泉"局名，上下楷书"當拾"二字。钱径2.25、穿径0.65、郭厚0.1厘米（图三七二，2）。

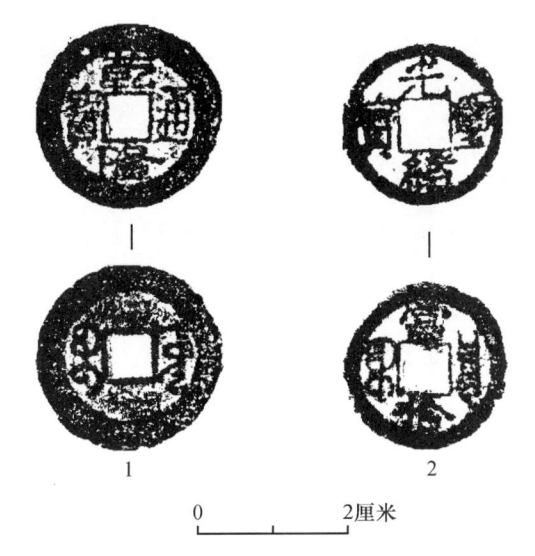

图三七一　M199出土铜钱（拓片）
1. 乾隆通宝（M199：1-1）　2. 光绪重宝（M199：1-2）

二〇〇、M200

1. 墓葬形制

该墓位于发掘区西南部，西邻M227。开口于第1层下，南北向，方向355°。

墓平面呈长方形，竖穴土圹单棺墓。墓口距地表深0.3米，墓底距地表深1.3米。墓圹南北长2.31、东西宽1.62、深1米。内填花土，土质松软。内置单棺，棺木已朽。棺痕长1.9、宽0.54～0.6米；棺内骨架保存较好，头移位向上，面向南，仰身直肢，为男性（图三七二）。

2. 随葬品

棺内左肋骨下部出土铜钱2枚，有康熙通宝、光绪重宝。

康熙通宝　1枚。M200：1-1，平钱，圆形，方穿，正背面郭缘略宽，正面楷书"康熙通寶"四字，直读，背穿左右为满文"宝泉"局名。钱径2.3、穿径0.6、郭厚0.1厘米（图三七三，1）。

光绪重宝　1枚。M200：1-2，大平钱，圆形，方穿，正背面郭缘较宽，正面楷书"光绪重寶"四字，直读，背穿左右为满文"宝泉"局名，上下楷书"當拾"二字。钱径2.75、穿径0.75、郭厚0.2厘米（图三七三，2）。

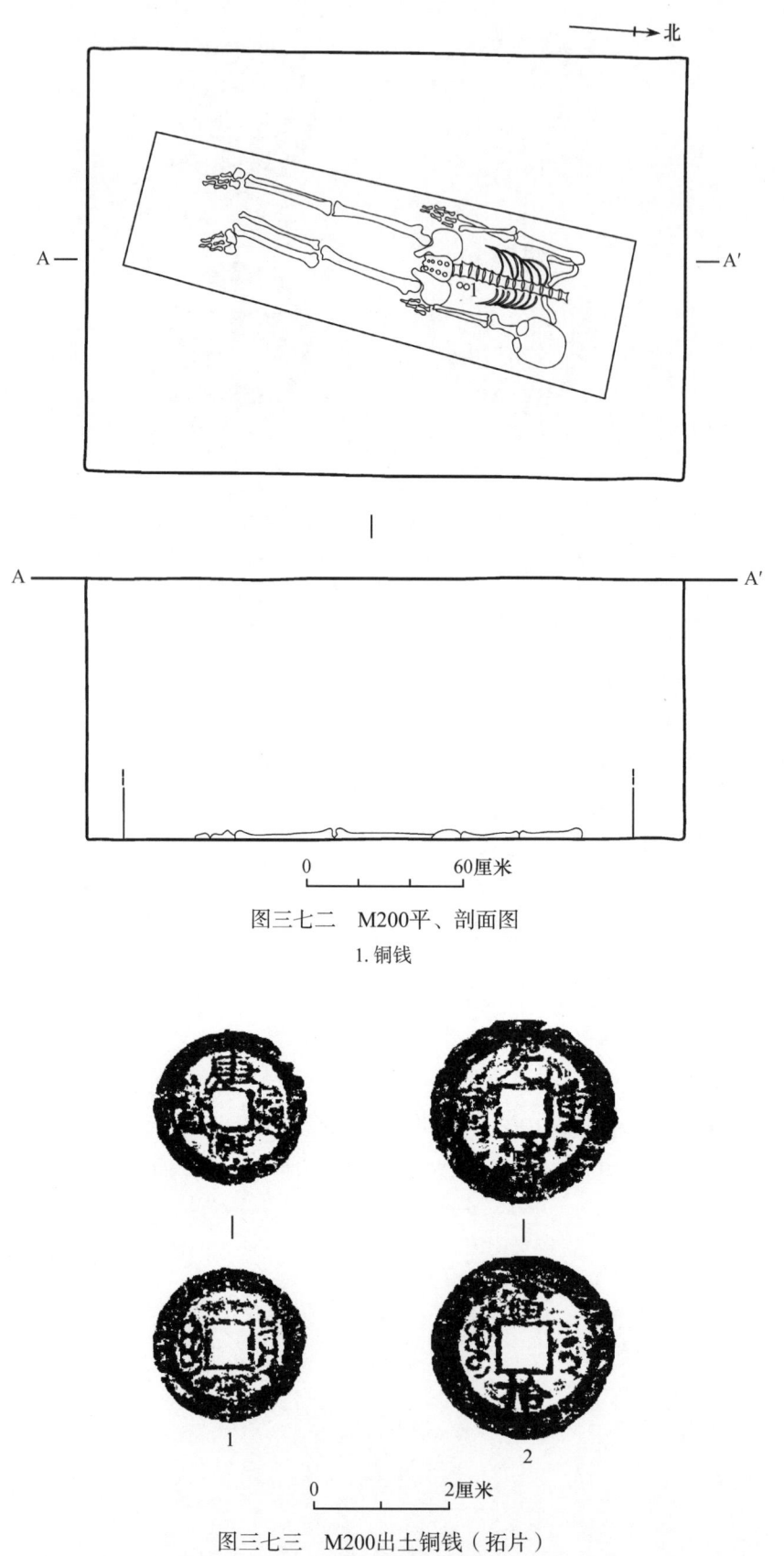

图三七二　M200平、剖面图
1. 铜钱

图三七三　M200出土铜钱（拓片）
1. 康熙通宝（M200：1-1）　2. 光绪重宝（M200：1-2）

二〇一、M201

1. 墓葬形制

该墓位于发掘区西南部，西邻M200。开口于第1层下，南北向，方向5°。

墓平面呈不规则形，竖穴土圹双棺合葬墓。墓口距地表深0.3米，墓底距地表深1.4～1.5米。墓圹南北长2.4～2.58、东西宽1.63、深1.1～1.2米。内填花土，土质松软。内置双棺，棺木已朽。东棺痕长2、宽0.5～0.6米；棺内骨架保存较差，头骨残碎，面向不清，左肋骨及肢骨上方放置长20、宽18～20、厚1厘米的板瓦1块（图版一〇〇，4），仰身直肢，为男性。西棺痕长1.84、宽0.5～0.6米；棺内骨架保存较好，头向北，面向上，胸椎骨上方放置长18、宽16～18、厚1厘米的板瓦1块，仰身直肢，为女性（图三七四；图版三八，1）。

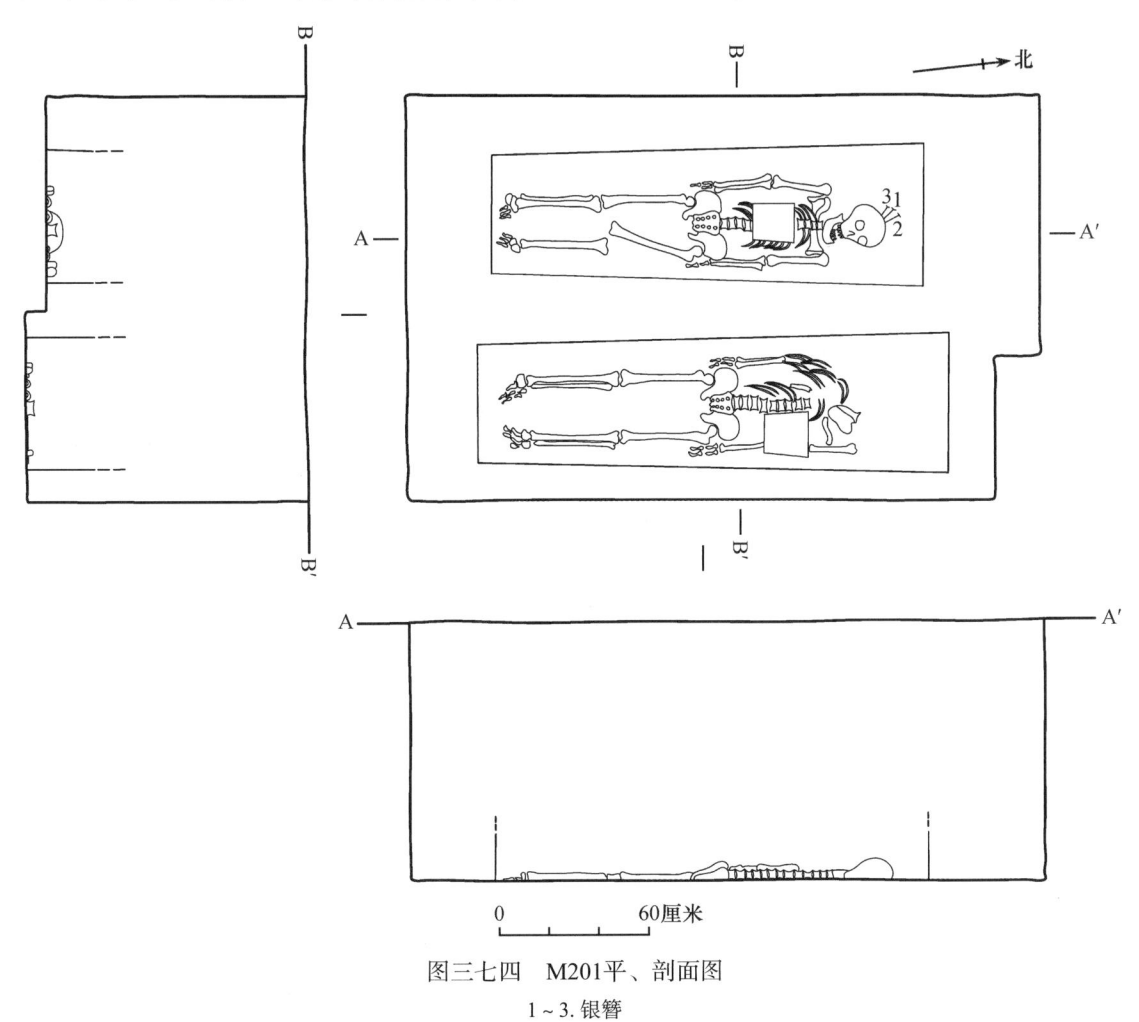

图三七四　M201平、剖面图

1～3. 银簪

2. 随葬品

西棺内头骨上方出土银簪3件。

银簪　3件。M201：1、M201：2，形制相同。簪首呈扁平花瓣状，中部凸起呈圆环形，内镶嵌"福"字纹，体呈圆锥状，末端残。M201：1，残长5.3厘米（图三七五，1；图版七九，2）。M201：2，残长4.8厘米（图三七五，2；图版七九，3）。M201：3，簪首呈花朵状，花蕊包珠，珠已缺失，伞状托，体呈圆锥状，末端残。残长2.7厘米（图三七五，3）。

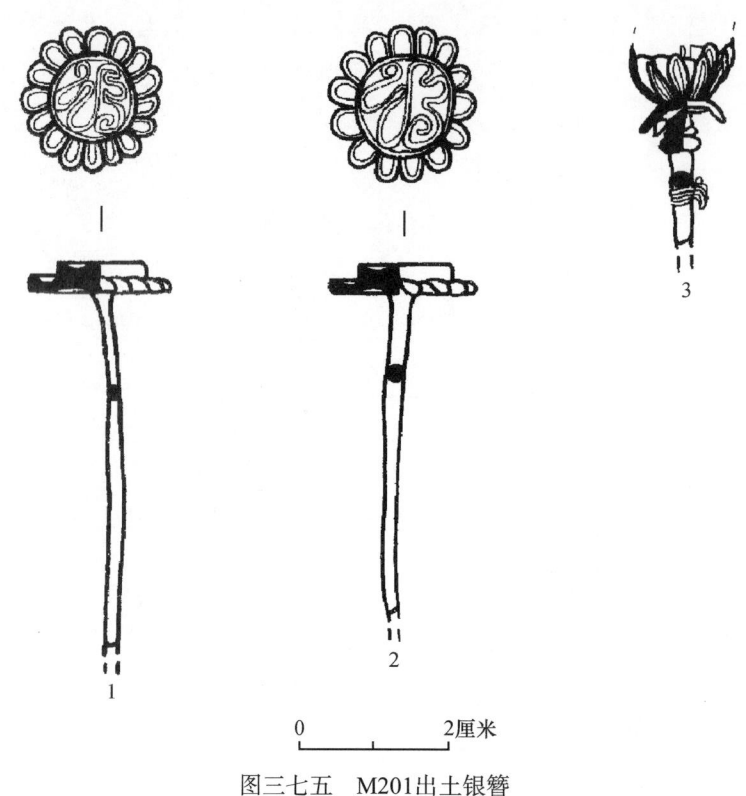

图三七五　M201出土银簪
1. M201：1　2. M201：2　3. M201：3

二〇二、M202

1. 墓葬形制

该墓位于发掘区西南部，西邻M56。开口于第1层下，南北向，方向5°。

墓平面呈不规则形，竖穴土圹双棺合葬墓。墓口距地表深0.3米，墓底距地表深1～1.3米。墓圹南北长2.32～2.42、东西宽2.43、深0.7～1米。内填花土，土质松软。内置双棺，棺木已朽。东棺痕长1.9、宽0.5～0.6米；棺内骨架保存较好，头向北，面向东，胸椎骨上部放置长18、宽16～20、厚1厘米的板瓦1块，仰身直肢，为男性。西棺痕长1.8、宽0.5～0.6米；棺内骨架保存较好，头向北，面向西，仰身屈肢，为女性（图三七六；图版三八，2）。

图三七六　M202平、剖面图
1~3.银簪

2. 随葬品

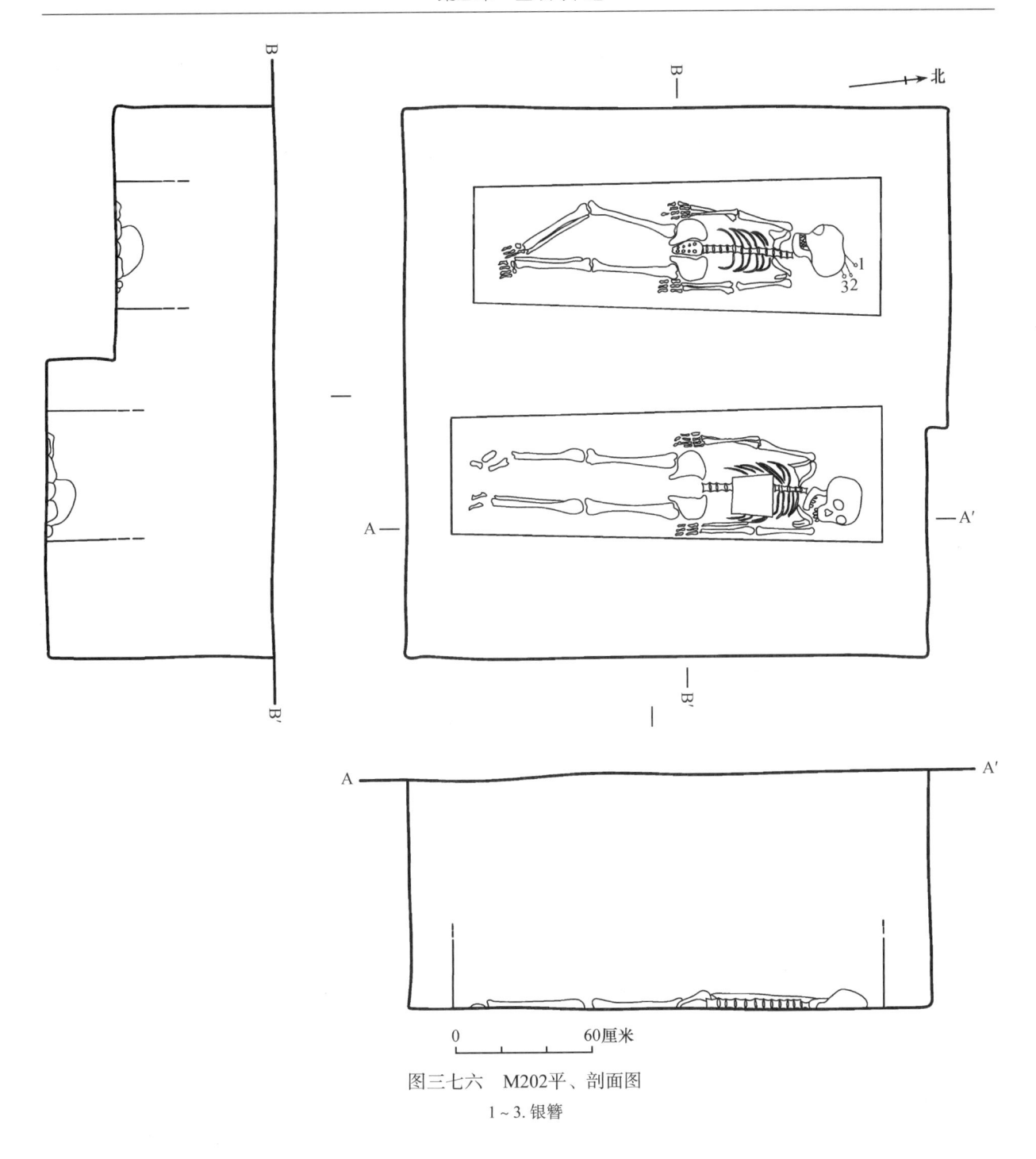

西棺内头骨上方出土银簪3件。

银簪　3件。M202：1，簪首呈菊花朵形，体呈圆锥状。通长13厘米（图三七七，1；图版七九，4）。M202：2，簪首呈花朵状，花蕊包珠，饰如意头纹，体呈圆锥状，通体鎏金。通长14.6厘米（图三七七，2；图版七九，5）。M202：3，九连环禅杖形，顶呈葫芦状，体呈圆锥状。通长16.6厘米（图三七七，3；图版七九，6）。

图三七七　M202出土银簪
1. M202∶1　2. M202∶2　3. M202∶3

二〇三、M203

1. 墓葬形制

该墓位于发掘区西南部，东邻M204。开口于第1层下，南北向，方向5°。

墓平面呈长方形，竖穴土圹双棺合葬墓。墓口距地表深0.3米，墓底距地表深1.5~1.6米。墓圹南北长2.5、东西宽2.31、深1.2~1.3米。内填花土，土质松软。内置双棺，东棺残存棺木。东棺长2、宽0.6~0.7、残高0.2米，棺板厚0.03米，前封板厚0.02米；棺内骨架保存较差，头移位向南，面向西，侧身屈肢，为男性。西棺棺木已朽，棺痕长1.9、宽0.5~0.6米；棺内骨架保存较差，头移位残破向东北，面向西北，侧身屈肢，为女性（图三七八）。

图三七八　M203平、剖面图
1.铜钱

2. 随葬品

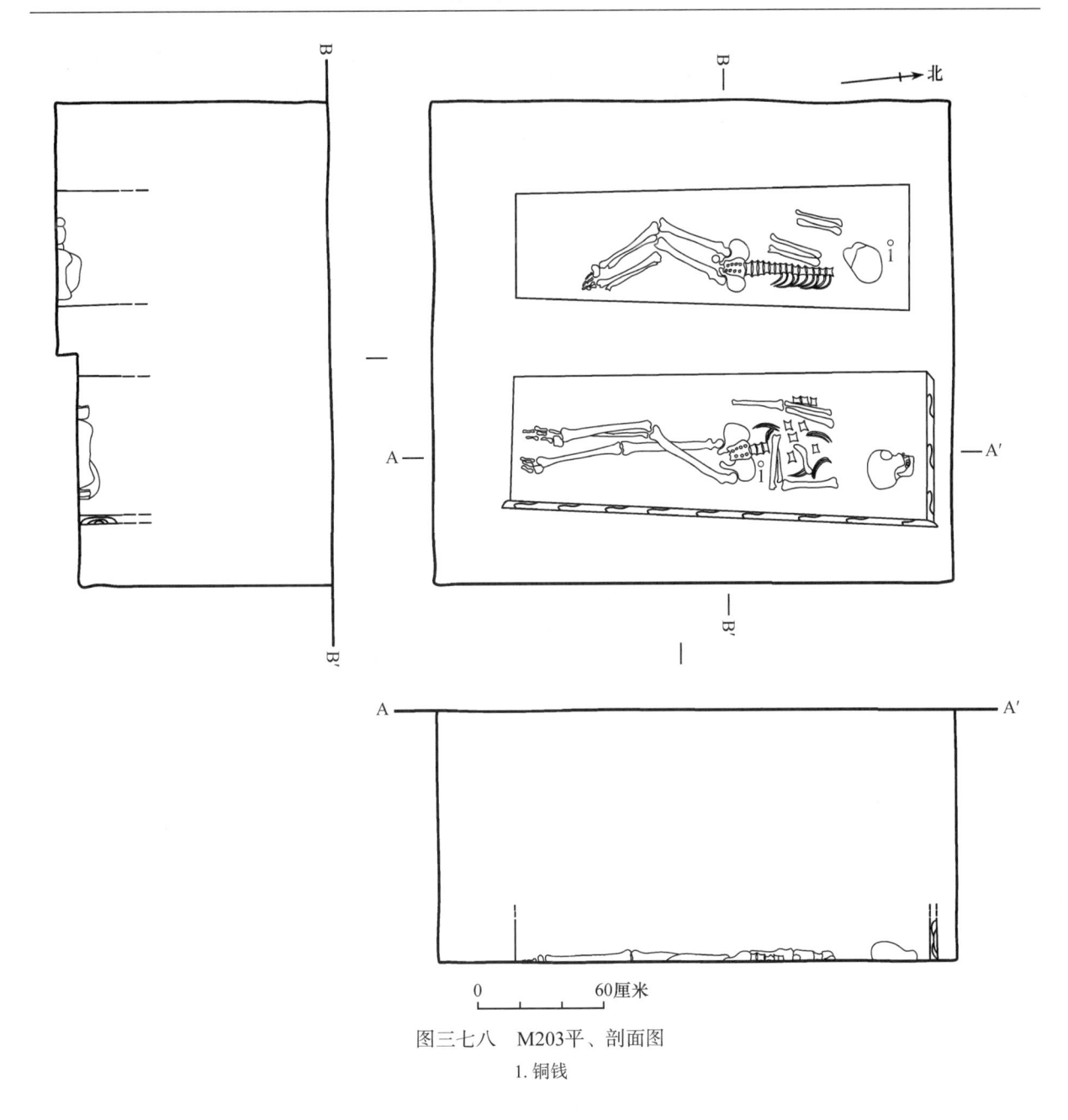

东棺内左盆骨上部出土铜钱1枚；西棺内头骨右上部出土铜钱1枚。

铜钱　2枚。有雍正通宝、嘉庆通宝。

雍正通宝　1枚。M203：1-1，平钱，圆形，方穿，正背面郭缘较宽，正面楷书"雍正通寶"四字，直读，背穿左右为满文"宝泉"局名。钱径2.55、穿径0.55、郭厚0.1厘米（图三七九，1）。

嘉庆通宝　1枚。M203：1-2，平钱，圆形，方穿，正背面郭缘略宽，正面楷书"嘉慶通寶"四字，直读，背穿左右为满文"宝源"局名。钱径2.35、穿径0.65、郭厚0.11厘米（图三七九，2）。

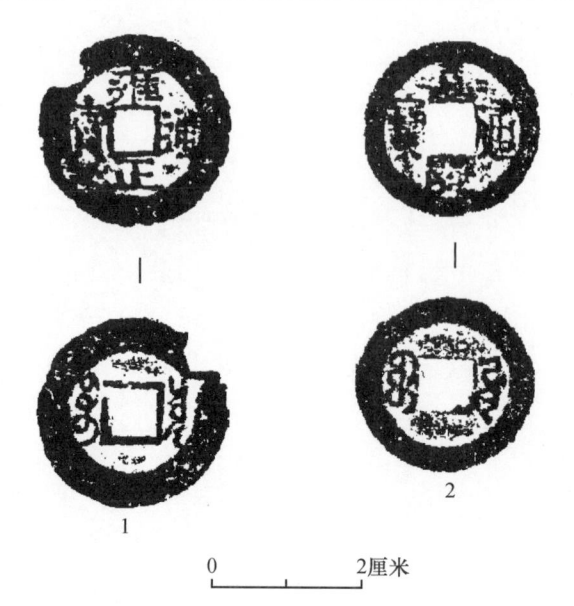

图三七九　M203出土铜钱（拓片）
1. 雍正通宝（M203：1-1）　2. 嘉庆通宝（M203：1-2）

二〇四、M204

1. 墓葬形制

该墓位于发掘区西南部，西邻M203。开口于第1层下，南北向，方向5°。

墓平面呈长方形，竖穴土圹双棺合葬墓。墓口距地表深0.3米，墓底距地表深1.2米。墓圹南北长2.62、东西宽2.22、深0.9米。内填花土，土质松软。内置双棺，棺木已朽。东棺痕长2、宽0.5～0.6米；棺内骨架保存较好，头移位向东，面向上，仰身直肢，为男性。西棺痕长1.9、宽0.5～0.6米；棺内骨架保存较好，头向北，面向西，仰身直肢，为女性（图三八〇）。

2. 随葬品

东棺内头骨左上方出土瓷碗1件；西棺内头骨上方出土银簪1件。

瓷碗　1件。M204：1，敞口，沿外撇，尖圆唇，斜弧腹，下腹折收，矮圈足，内涩底。灰褐色粗胎，上腹部施酱黄色釉，下腹及足底无釉。轮制，体留有轮旋痕迹。口径15.2、底径5.9、高5.4厘米（图三八一，1；图版五六，4）。

银簪　1件。M204：2，簪首呈扁平花瓣状，中部凸起呈圆环形，内镶嵌"福"字纹，体呈圆锥状，末端残。残长6.6厘米（图三八一，2；图版八〇，1）。

第二章 墓葬介绍

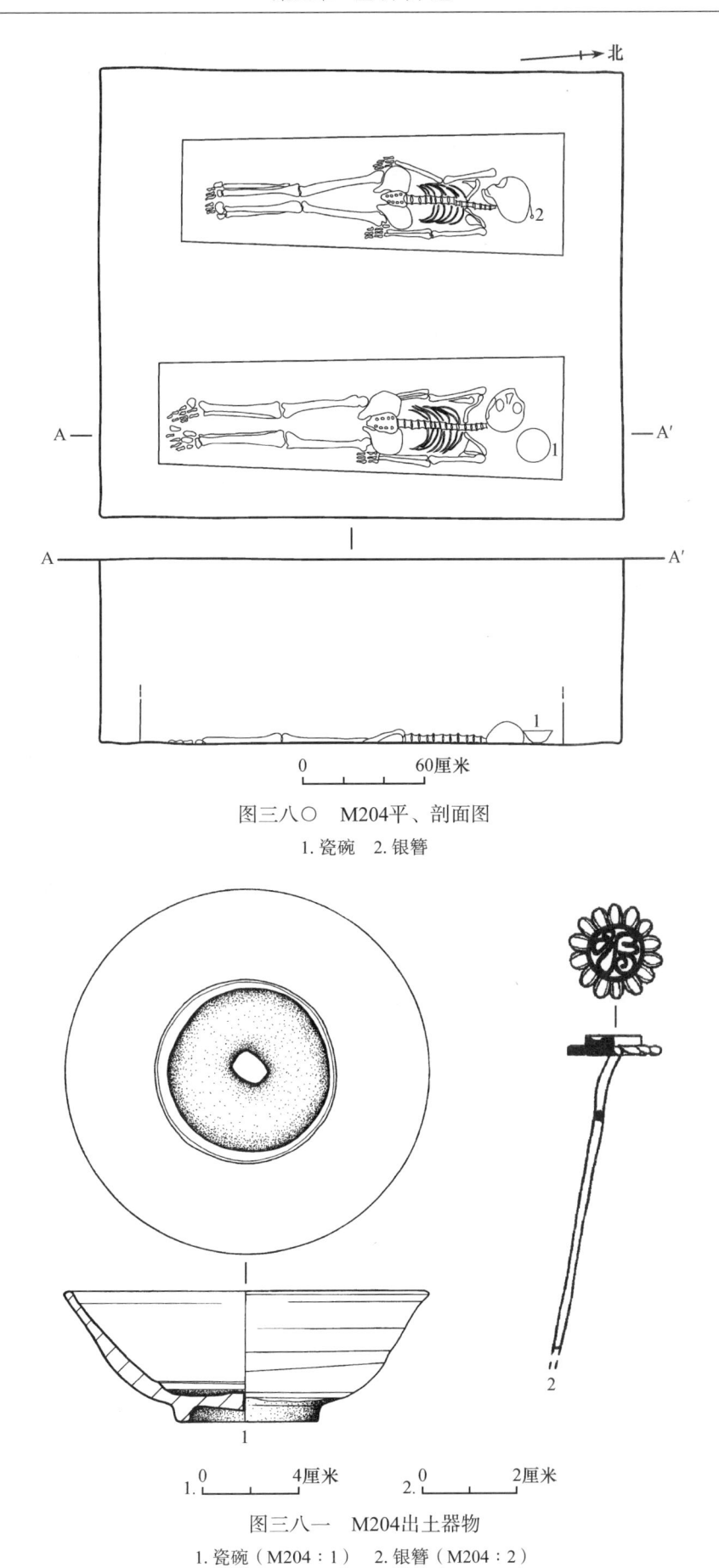

图三八〇 M204平、剖面图
1. 瓷碗 2. 银簪

图三八一 M204出土器物
1. 瓷碗（M204∶1） 2. 银簪（M204∶2）

二〇五、M205

1. 墓葬形制

该墓位于发掘区西南部，东邻M66。开口于第1层下，南北向，方向355°。

墓平面呈长方形，竖穴土圹单棺墓。墓口距地表深0.3米，墓底距地表深1.2米。墓圹南北长2.22、东西宽1.22、深0.9米。内填花土，土质松软。内置单棺，棺木已朽。棺痕长1.9、宽0.6~0.7米；棺内骨架保存稍差，头移位向西，面向下，仰身屈肢，为女性（图三八二）。

2. 随葬品

棺内头骨上部出土银簪2件。

银簪　2件。簪首呈扁平花瓣状，中部凸起呈圆环形，内镶嵌"福"字纹，体呈圆锥状。M205：1，通长8.6厘米（图三八三，1；图版八〇，2）。M205：2，通长10厘米（图三八三，2；图版八〇，3）。

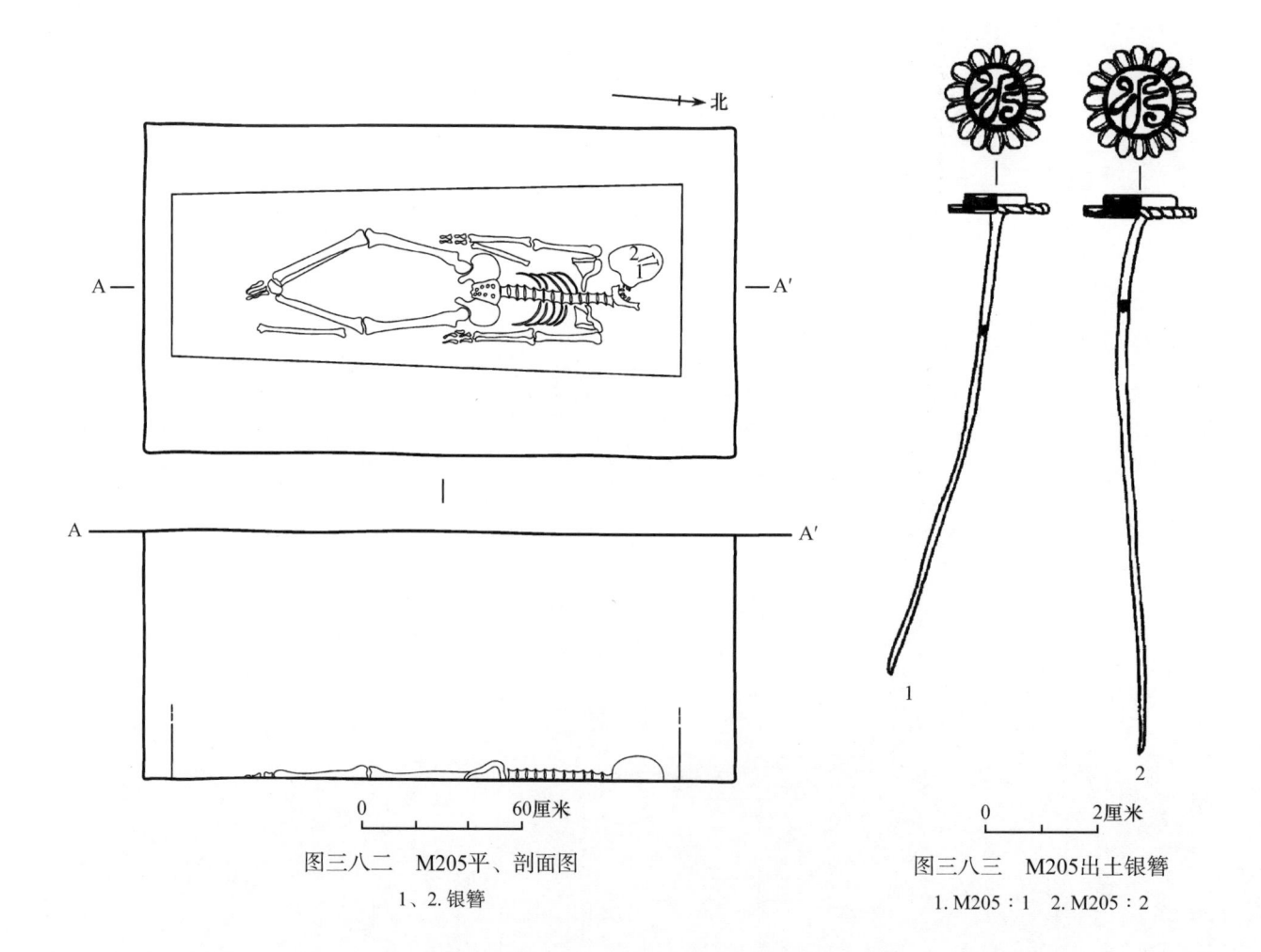

图三八二　M205平、剖面图
1、2. 银簪

图三八三　M205出土银簪
1. M205：1　2. M205：2

二〇六、M206

1. 墓葬形制

该墓位于发掘区西南部，东邻M228。开口于第1层下，南北向，方向5°。

墓平面呈长方形，竖穴土圹单棺墓。墓口距地表深0.3米，墓底距地表深1.2米。墓圹南北长2.3、东西宽1.3、深0.9米。内填花土，土质松软。内置单棺，棺木已朽。棺痕长1.9、宽0.6~0.7米；棺内骨架保存较差，头移位向北，面向上，仰身直肢，为女性（图三八四）。

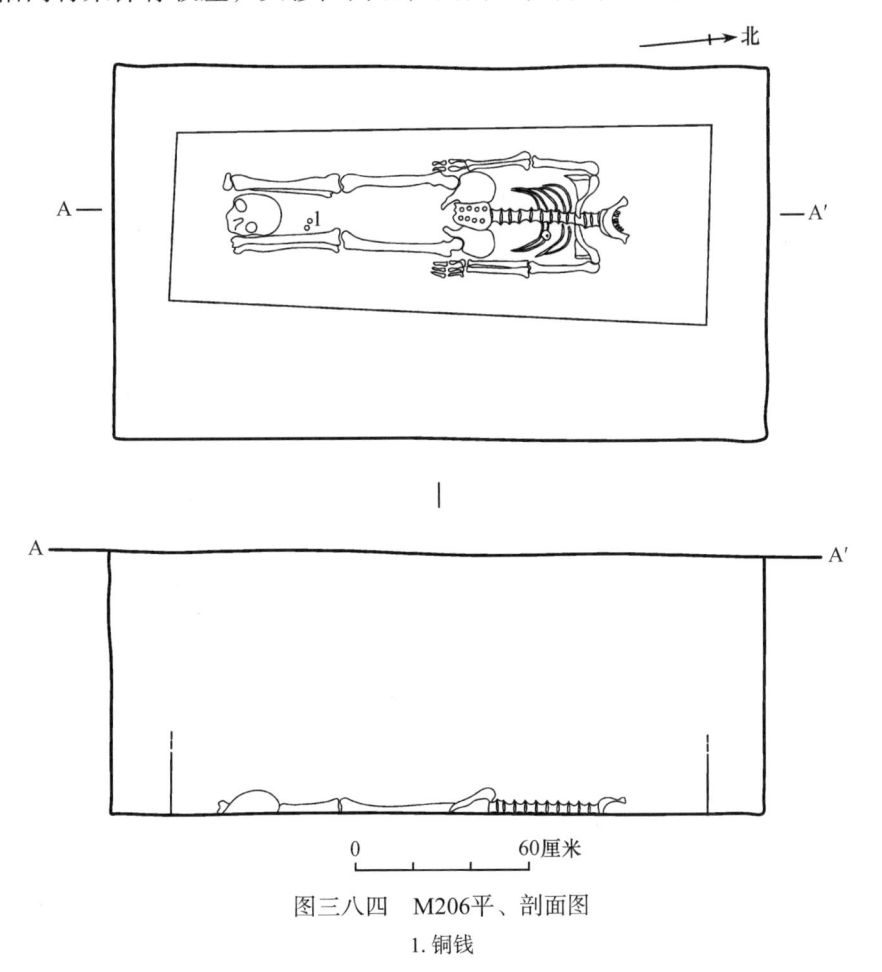

图三八四　M206平、剖面图
1. 铜钱

2. 随葬品

棺内左下肢骨内侧下部出土铜钱2枚，有嘉庆通宝、光绪通宝。

嘉庆通宝　1枚。M206：1-1，平钱，圆形，方穿，正背面郭缘略宽，正面楷书"嘉庆通寶"四字，直读，背穿左右为满文"宝泉"局名。钱径2.25、穿径0.55、郭厚0.11厘米（图三八五，1）。

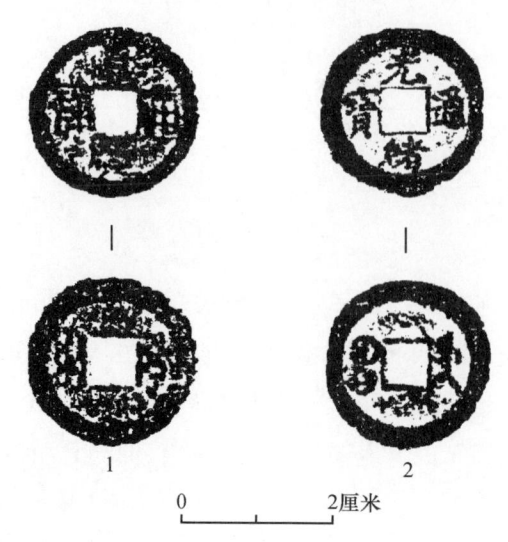

图三八五　M206出土铜钱（拓片）
1. 嘉庆通宝（M206：1-1）　2. 光绪通宝（M206：1-2）

光绪通宝　1枚。M206：1-2，平钱，圆形，方穿，正背面郭缘略宽，正面楷书"光緒通寶"四字，直读，背穿左右为满文"宝源"局名。钱径2.25、穿径0.55、郭厚0.1厘米（图三八五，2）。

二〇七、M207

1. 墓葬形制

该墓位于发掘区西北部，北邻M208。开口于第1层下，东西向，方向95°。

墓平面呈长方形，竖穴土圹单棺墓。墓口距地表深0.3米，墓底距地表深1.2米。墓圹东西长2.7、南北宽1.5、深0.9米。内填花土，土质松软。内置单棺，棺木已朽。棺痕长1.9、宽0.6~0.7米；棺内骨架保存较差，头移位向南，面向东，侧身屈肢，为男性（图三八六）。

2. 随葬品

棺内右上肢骨外侧中部出土铜钱1枚。

康熙通宝　1枚。M207：1，平钱，圆形，方穿，正背面郭缘较宽，正面楷书"康熙通寶"四字，直读，背穿左右为满文"宝源"局名。钱径2.49、穿径0.6、郭厚0.11厘米（图三八七）。

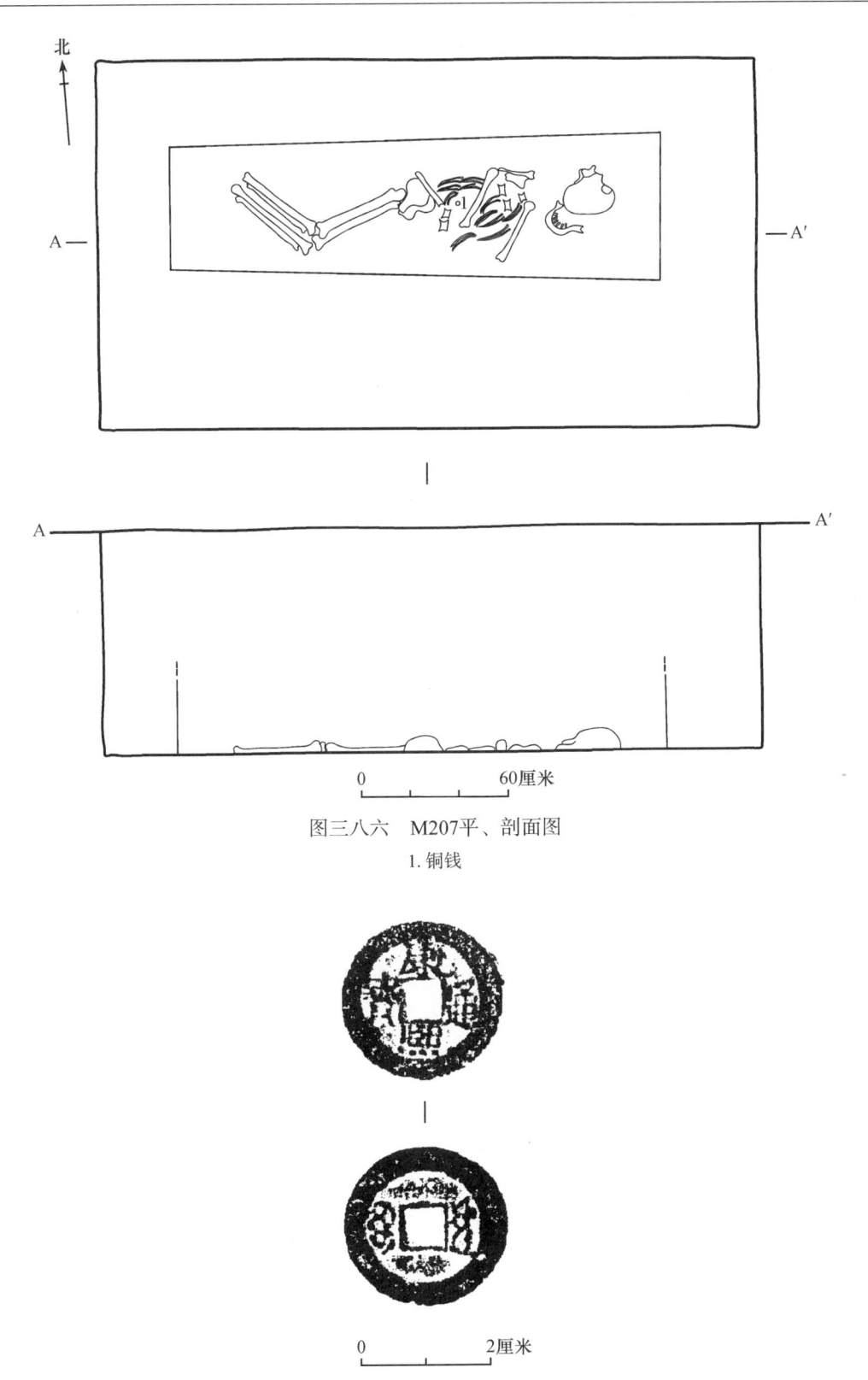

图三八六　M207平、剖面图
1. 铜钱

图三八七　M207出土康熙通宝（M207∶1）（拓片）

二〇八、M208

1. 墓葬形制

该墓位于发掘区西北部，南邻M207。开口于第1层下，东西向，方向95°。

墓平面呈长方形，竖穴土圹双棺合葬墓。墓口距地表深0.3米，墓底距地表深1.6米。墓圹东西长2.63、南北宽2.25、深1.3米。内填花土，土质松软。内置双棺，棺木已朽。南棺痕长2、宽0.5~0.6米；棺内骨架保存较好，头向东，面向北，仰身直肢，为男性。北棺痕长2、宽0.5~0.6米；棺内骨架保存较好，头向东，面向北，仰身直肢，为女性（图三八八）。

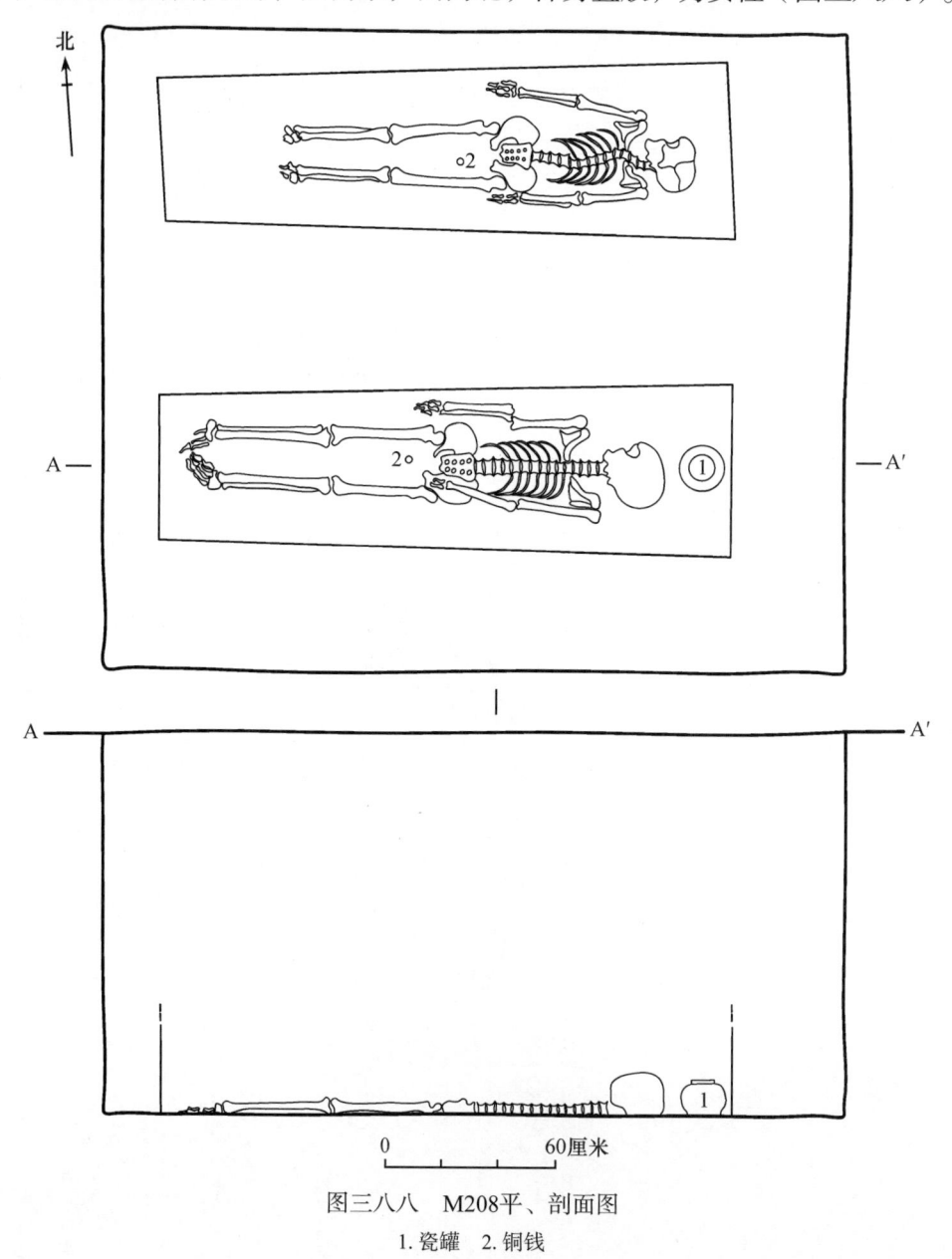

图三八八 M208平、剖面图
1. 瓷罐 2. 铜钱

2. 随葬品

南棺内头骨上方出土瓷罐1件，下肢骨内侧上部出土铜钱1枚；北棺内下肢骨内侧上部出土铜钱1枚。

瓷罐　1件。M208：1，侈口，尖圆唇，斜领，圆肩，鼓腹，矮圈足。灰褐色胎，腹上部及内壁施黑色釉，唇部、下腹及底部无釉。轮制。口径9.6、腹径13.3、底径6.9、高7.6厘米（图三八九，1；图版五〇，4）。

铜钱　2枚。有乾隆通宝、同治重宝。

乾隆通宝　1枚。M208：2-1，平钱，圆形，方穿，正背面郭缘略宽，正面楷书"乾隆通寶"四字，直读，背穿左右为满文"宝源"局名。钱径2.3、穿径0.7、郭厚0.1厘米（图三八九，2）。

同治重宝　1枚。M208：2-2，大平钱，圆形，方穿，正背面郭缘较窄，正面楷书"同治重寶"四字，直读，背穿左右为满文"宝泉"局名，上下楷书"當十"二字。钱径2.85、穿径0.6、郭厚0.15厘米（图三八九，3）。

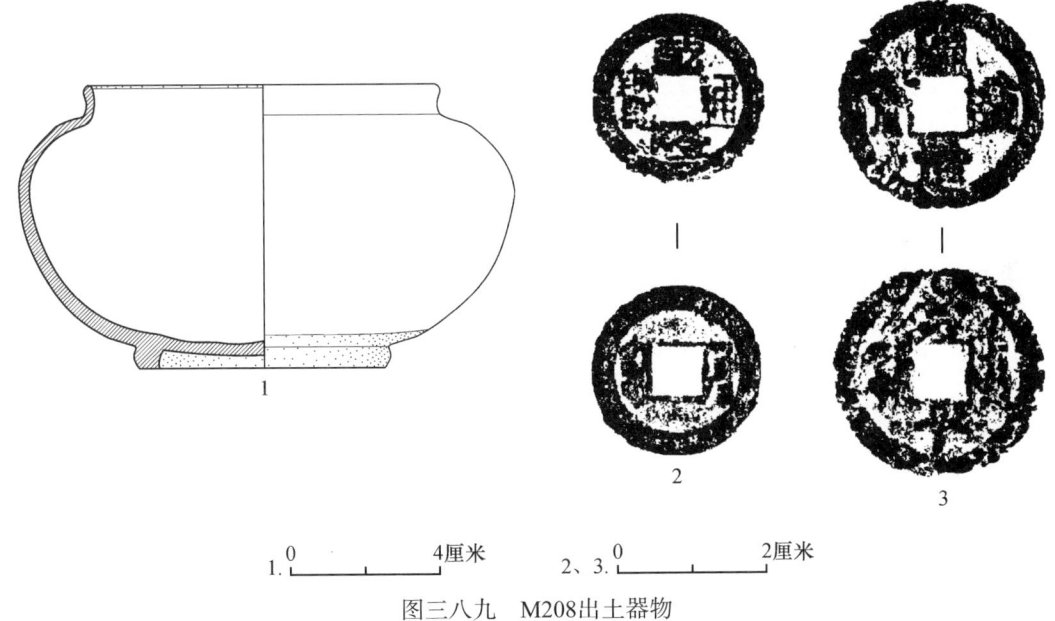

图三八九　M208出土器物
1. 瓷罐（M208：1）　2. 乾隆通宝（M208：2-1）　3. 同治重宝（M208：2-2）

二〇九、M209

1. 墓葬形制

该墓位于发掘区西南部，北邻M202。开口于第1层下，南北向，方向5°。

墓平面呈长方形，竖穴土圹双棺合葬墓。墓口距地表深0.3米，墓底距地表深1.2米。墓圹南北长2.3、东西宽2.5、深0.9米。内填花土，土质松软。内置双棺，棺木已朽。东棺痕长1.9、宽0.6～0.7米；棺内骨架保存较好，头移位向西，面向下，仰身直肢，为男性。西棺痕长1.9、宽0.6～0.7米；棺内骨架保存较好，头向北，面向上，左肋骨及肢骨上部放置长18、宽18～20、厚1厘米的板瓦1块，仰身直肢，为女性（图三九〇）。

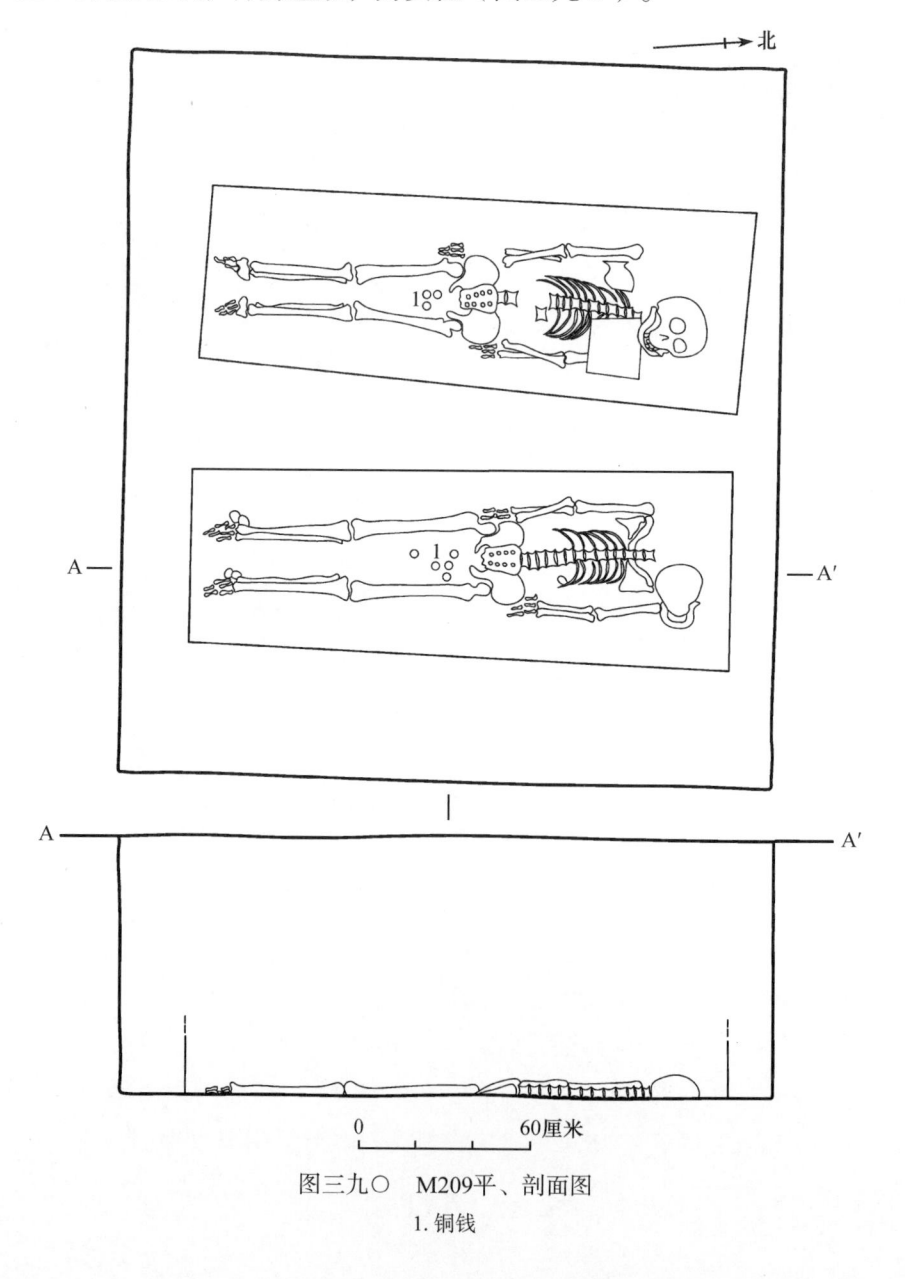

图三九〇 M209平、剖面图
1. 铜钱

2. 随葬品

东棺内下肢骨内侧上部出土铜钱5枚；西棺内下肢骨内侧上部出土铜钱3枚。

嘉庆通宝　8枚。标本M209:1-1，平钱，圆形，方穿，正背面郭缘略宽，正面楷书"嘉慶通寳"四字，直读，背穿左右为满文"宝源"局名。钱径2.4、穿径0.55、郭厚0.11厘米（图三九一）。

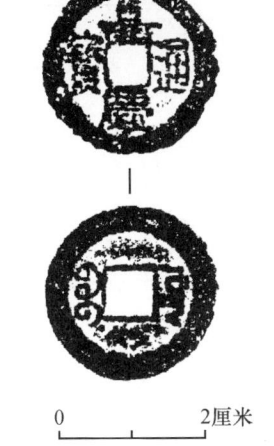

图三九一　M209出土嘉庆通宝（M209:1-1）（拓片）

二一〇、M210

1. 墓葬形制

该墓位于发掘区西南部，西邻M139。开口于第1层下，南北向，方向5°。

墓平面呈不规则形，竖穴土圹三棺合葬墓。墓口距地表深0.3米，墓底距地表深1.1~1.2米。墓圹南北长2.5~2.9、东西宽3.23、深0.8~0.9米。内填花土，土质松软。内置三棺，棺木已朽。东棺痕长2、宽0.6~0.7米；棺内骨架保存较差，头向北，面向西，侧身屈肢，为男性。中棺痕长2、宽0.6~0.7米；棺内骨架保存较好，头向北，面向上，仰身直肢，为女性。西棺痕长1.8、宽0.6~0.7米；棺内骨架保存较好，头向北，面向东，仰身直肢，为女性（图三九二）。

2. 随葬品

中棺内右下肢骨内侧上部出土铜钱1枚；西棺内右下肢骨内侧上部出土铜钱1枚。

铜钱　2枚。有道光通宝、光绪通宝。

道光通宝　1枚。M210:1-1，小平钱，圆形，方穿，正背面郭缘略宽，正面楷书"道光通寳"四字，直读，背穿左右为满文"宝泉"局名。钱径2.2、穿径0.71、郭厚0.1厘米（图三九三，1）。

光绪通宝　1枚。M210:1-2，小平钱，圆形，方穿，正背面郭缘略宽，正面楷书"光緒通寳"四字，直读，背穿左右为满文"宝泉"局名。钱径2.15、穿径0.55、郭厚0.11厘米（图三九三，2）。

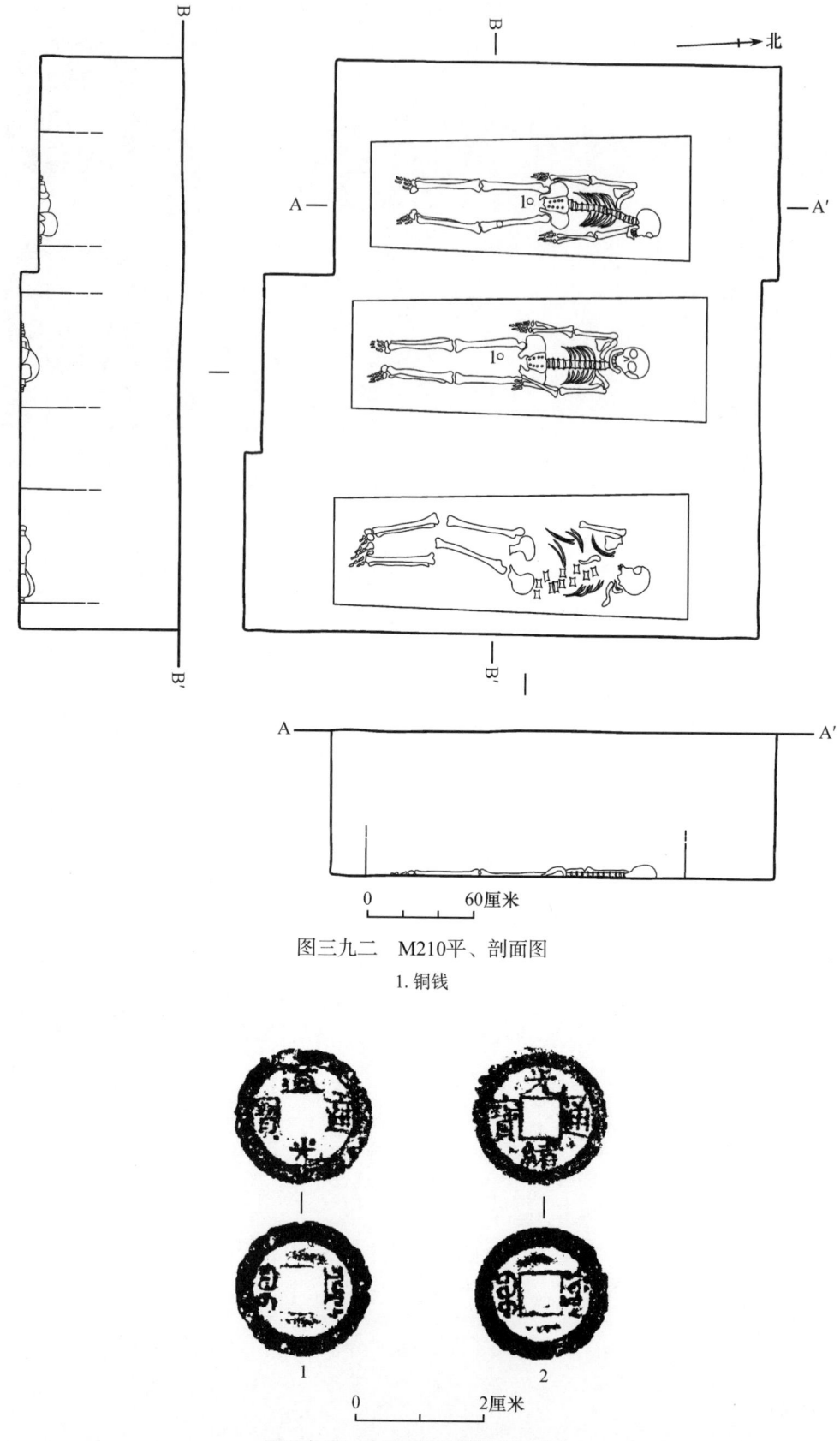

图三九二 M210平、剖面图
1. 铜钱

图三九三 M210出土铜钱（拓片）
1. 道光通宝（M210：1-1）　2. 光绪通宝（M210：1-2）

二一、M211

1. 墓葬形制

该墓位于发掘区西南部，北邻M210。开口于第1层下，南北向，方向355°。

墓平面呈不规则形，竖穴土圹双棺合葬墓。墓口距地表深0.3米，墓底距地表深0.9~1.2米。墓圹南北长2.5~2.9、东西宽1.9、深0.6~0.9米。内填花土，土质松软。内置双棺，东棺残存棺木。东棺长1.9、宽0.5~0.6、残高0.4米，棺板厚0.02~0.04米。棺内骨架保存较好，头向北，面向东，仰身直肢，为男性。西棺棺木已朽，棺痕长2、宽0.5~0.6米；棺内骨架保存较差，头移位向上，面向东，葬式不明，为女性（图三九四）。

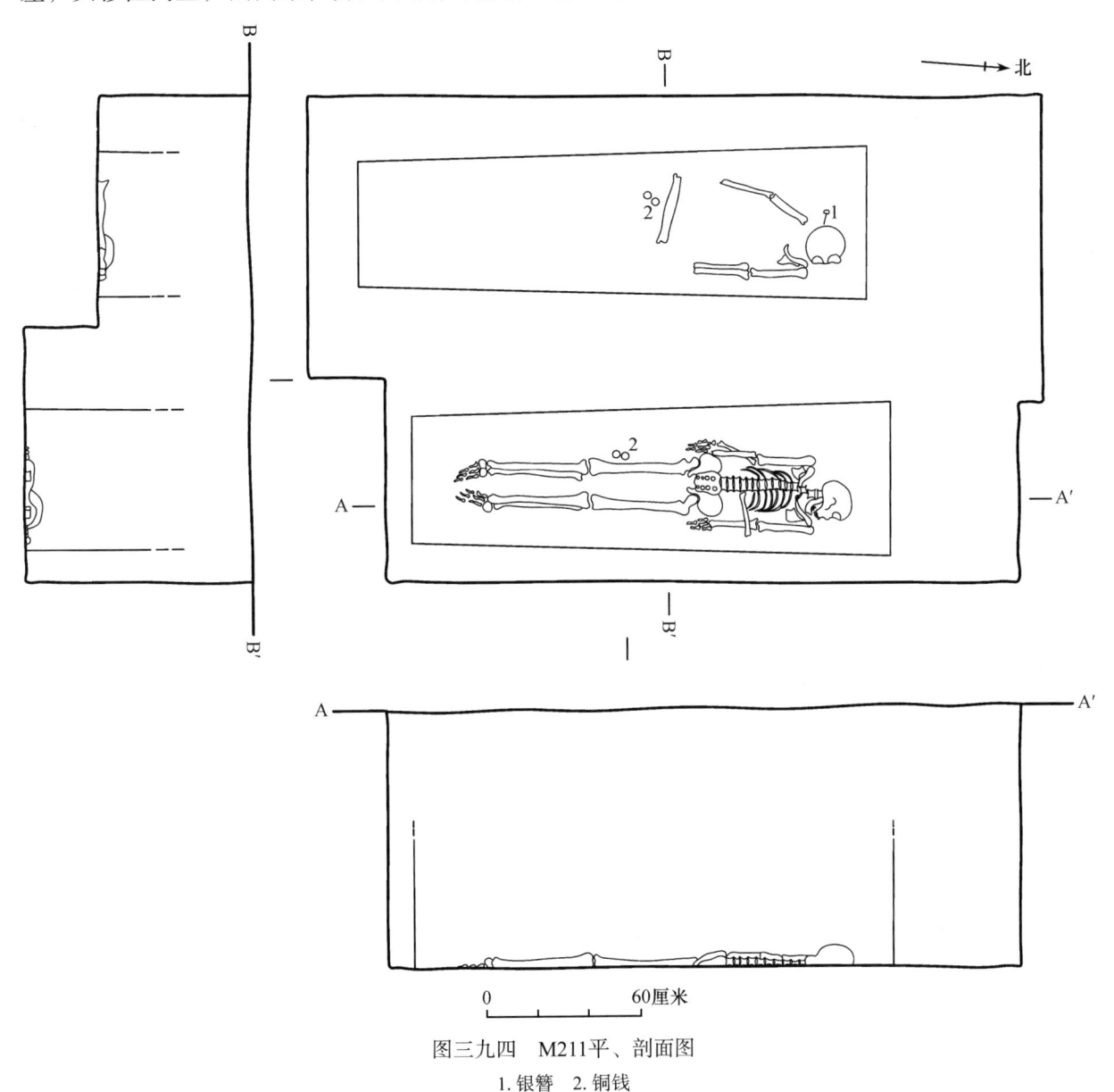

图三九四 M211平、剖面图
1.银簪 2.铜钱

2. 随葬品

东棺内右下肢骨外侧中部出土铜钱2枚；西棺内头骨右侧出土银簪1件，下肢骨下部出土铜钱2枚。

银簪　1件。M211：1，簪首残，体呈圆锥状。残长10.7厘米（图三九五，1）。

铜钱　4枚。有顺治通宝、康熙通宝、嘉庆通宝、道光通宝。

顺治通宝　1枚。M211：2-1，大平钱，圆形，方穿，正背面郭缘较宽，正面楷书"顺治通寶"四字，直读，背穿模糊不清。钱径2.6、穿径0.51、郭厚0.1厘米（图三九五，2）。

康熙通宝　1枚。M211：2-2，大平钱，圆形，方穿，正背面郭缘较宽，正面楷书"康熙通寶"四字，直读，背穿左右为满文"宝泉"局名。钱径2.7、穿径0.71、郭厚0.1厘米（图三九五，3）。

嘉庆通宝　1枚。M211：2-3，平钱，圆形，方穿，正背面郭缘略宽，正面楷书"嘉慶通寶"四字，直读，背穿左右为满文"宝泉"局名。钱径2.25、穿径0.55、郭厚0.11厘米（图三九五，4）。

道光通宝　1枚。M211：2-4，平钱，圆形，方穿，正背面郭缘略宽，正面楷书"道光通寶"四字，直读，背穿左右为满文"宝源"局名。钱径2.25、穿径0.6、郭厚0.15厘米（图三九五，5）。

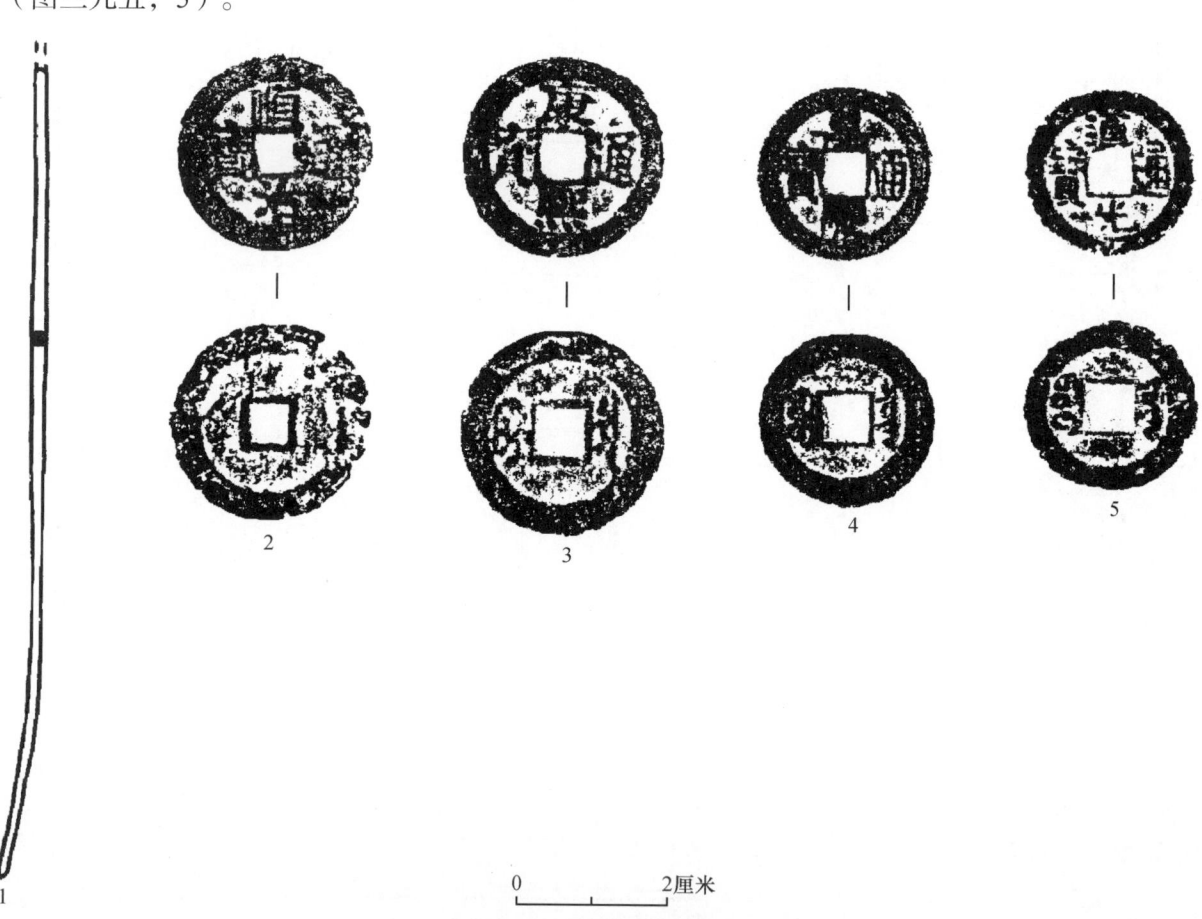

图三九五　M211出土器物

1. 银簪（M211：1）　2. 顺治通宝（M211：2-1）　3. 康熙通宝（M211：2-2）　4. 嘉庆通宝（M211：2-3）
5. 道光通宝（M211：2-4）

二一二、M212

1. 墓葬形制

该墓位于发掘区西南部，北邻M97。开口于第1层下，南北向，方向30°。

墓平面呈长方形，竖穴土圹双棺合葬墓。墓口距地表深0.3米，墓底距地表深1~1.1米。墓圹南北长2.6、东西宽2、深0.7~0.8米。内填花土，土质松软。内置双棺，残存棺木。东棺长2、宽0.6~0.7、残高0.3米，棺板厚0.04米；棺内骨架保存较好，头向东北，面向上，仰身直肢，为男性。西棺长1.8、宽0.52~0.6、残高0.2米，棺板厚0.04米；棺内骨架保存较差，头向东北，面向西北，葬式不明，为女性（图三九六）。

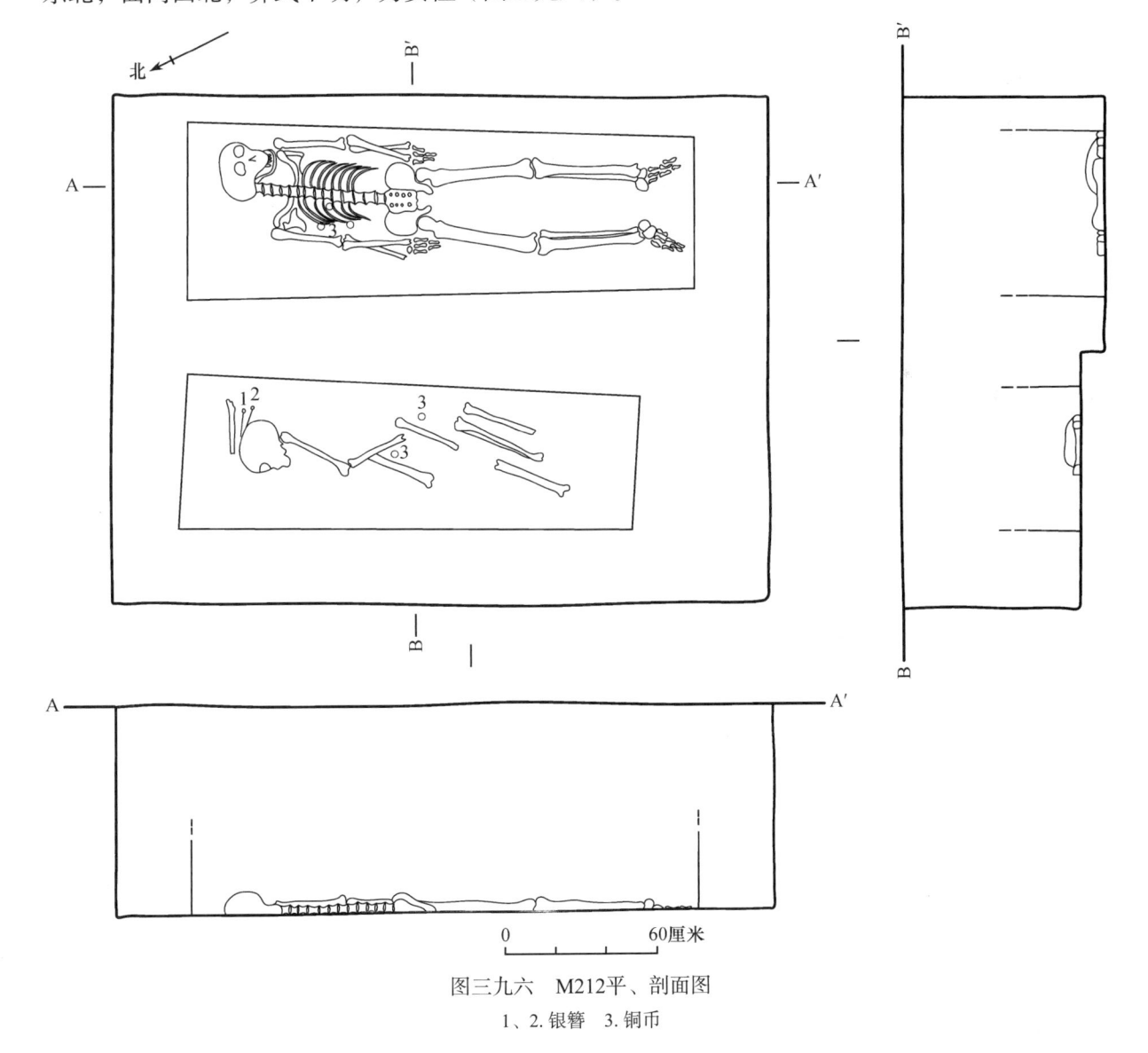

图三九六 M212平、剖面图
1、2. 银簪 3. 铜币

2. 随葬品

东棺内右上肢骨内侧中部及右肋骨中部出土铜币3枚；西棺内头骨上方出土银簪2件，左下肢骨外侧上部及右下肢骨内侧上部出土铜币2枚。

银簪　2件。簪首呈扁平花瓣状，体呈圆锥状。M212：1，通长9.8厘米（图三九七，1）。M212：2，残长8.4厘米（图三九七，2）。

大清铜币　5枚。标本M212：3-1，大平钱，圆形，正背面郭缘较窄，正面珠圈内铸双旗，背面珠圈内铸垂直麦穗纹。钱径3.2、郭厚0.14厘米（图三九七，3）。

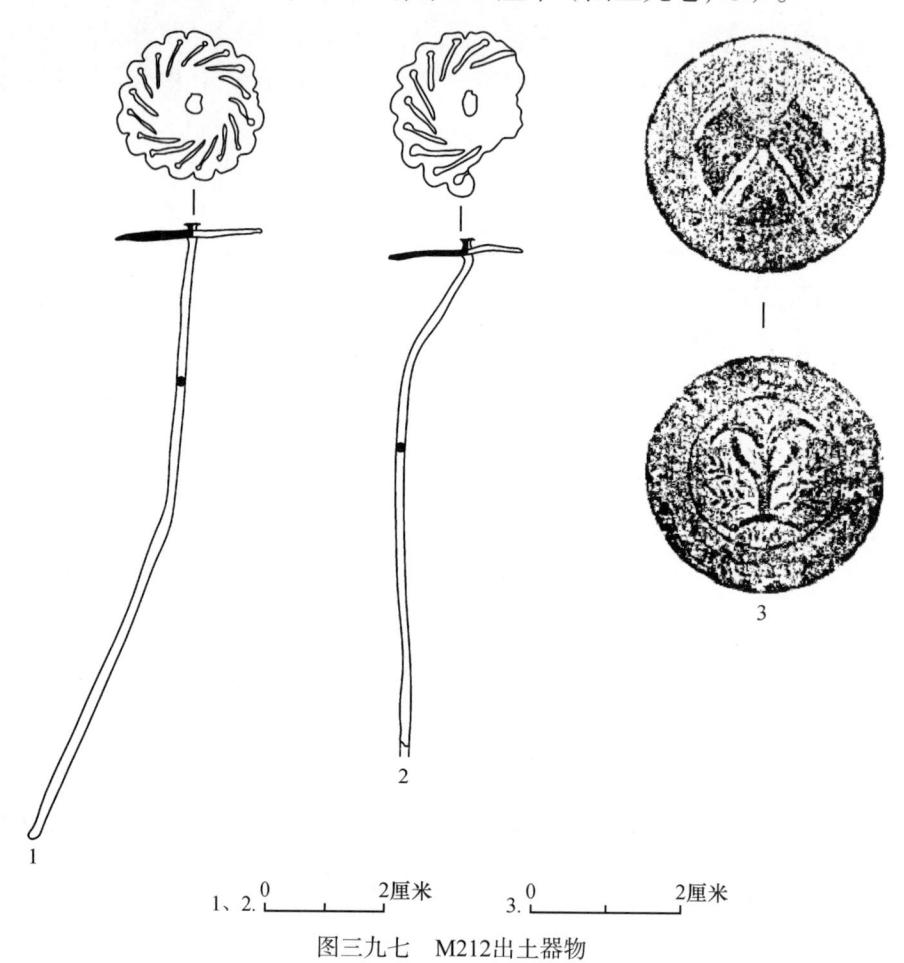

图三九七　M212出土器物
1、2. 银簪（M212：1、M212：2）　3. 大清铜币（M212：3-1）

二一三、M213

1. 墓葬形制

该墓位于发掘区西南部，西邻M142。开口于第1层下，南北向，方向40°。

墓平面呈长方形，竖穴土圹单棺墓。墓口距地表深0.3米，墓底距地表深1.1米。墓圹南北长2.64、东西宽1.22、深0.8米。内填花土，土质松软。内置单棺，棺木已朽。棺痕长1.9、宽0.6~0.7米；棺内骨架保存较好，头向东北，面向上，仰身直肢，为男性（图三九八）。

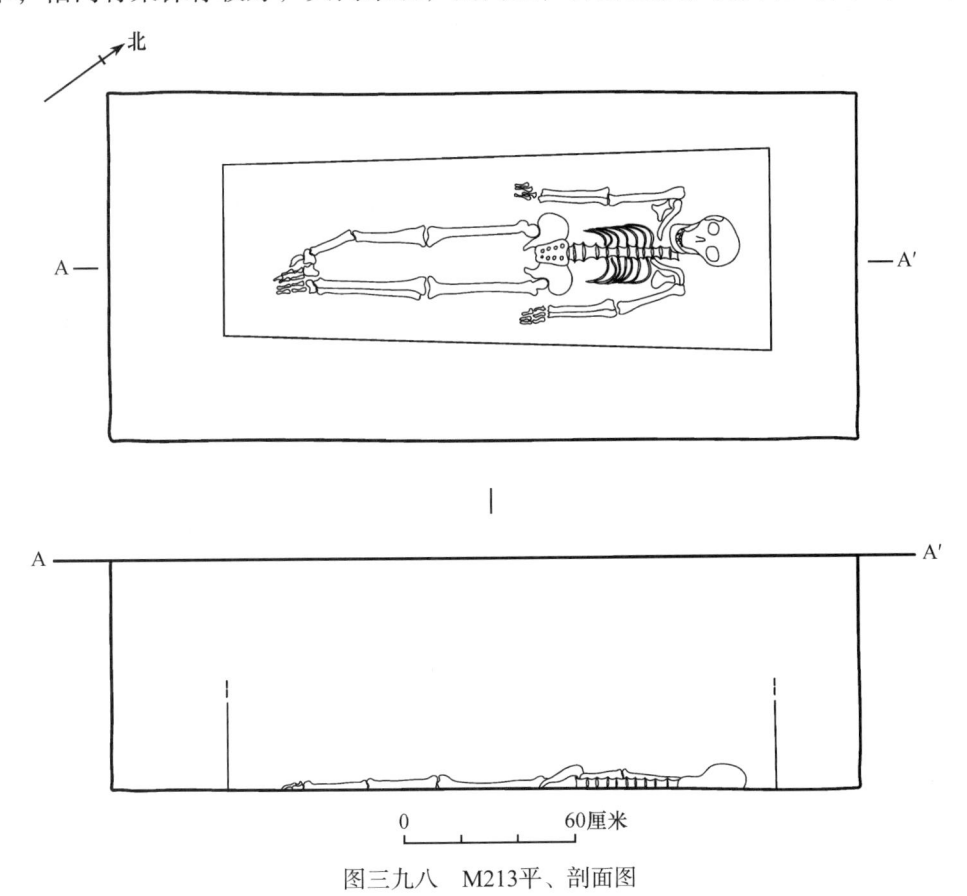

图三九八　M213平、剖面图

2. 随葬品

未发现随葬品。

二一四、M214

1. 墓葬形制

该墓位于发掘区西南部，东北邻M215。开口于第1层下，南北向，方向7°。

墓平面呈不规则形，竖穴土圹双棺合葬墓。墓口距地表深0.3米，墓底距地表深1.2～1.3米。墓圹南北长2.42～2.72、东西宽2.3～2.4、深0.9～1米。内填花土，土质松软。内置双棺，棺木已朽。东棺痕长1.98、宽0.54～0.6米；棺内骨架保存较好，头向北，面向上，仰身直肢，为男性。西棺痕长1.9、宽0.5～0.6米；棺内骨架保存较好，头移位向北，面向西，仰身直肢，为女性（图三九九；图版三九，1）。

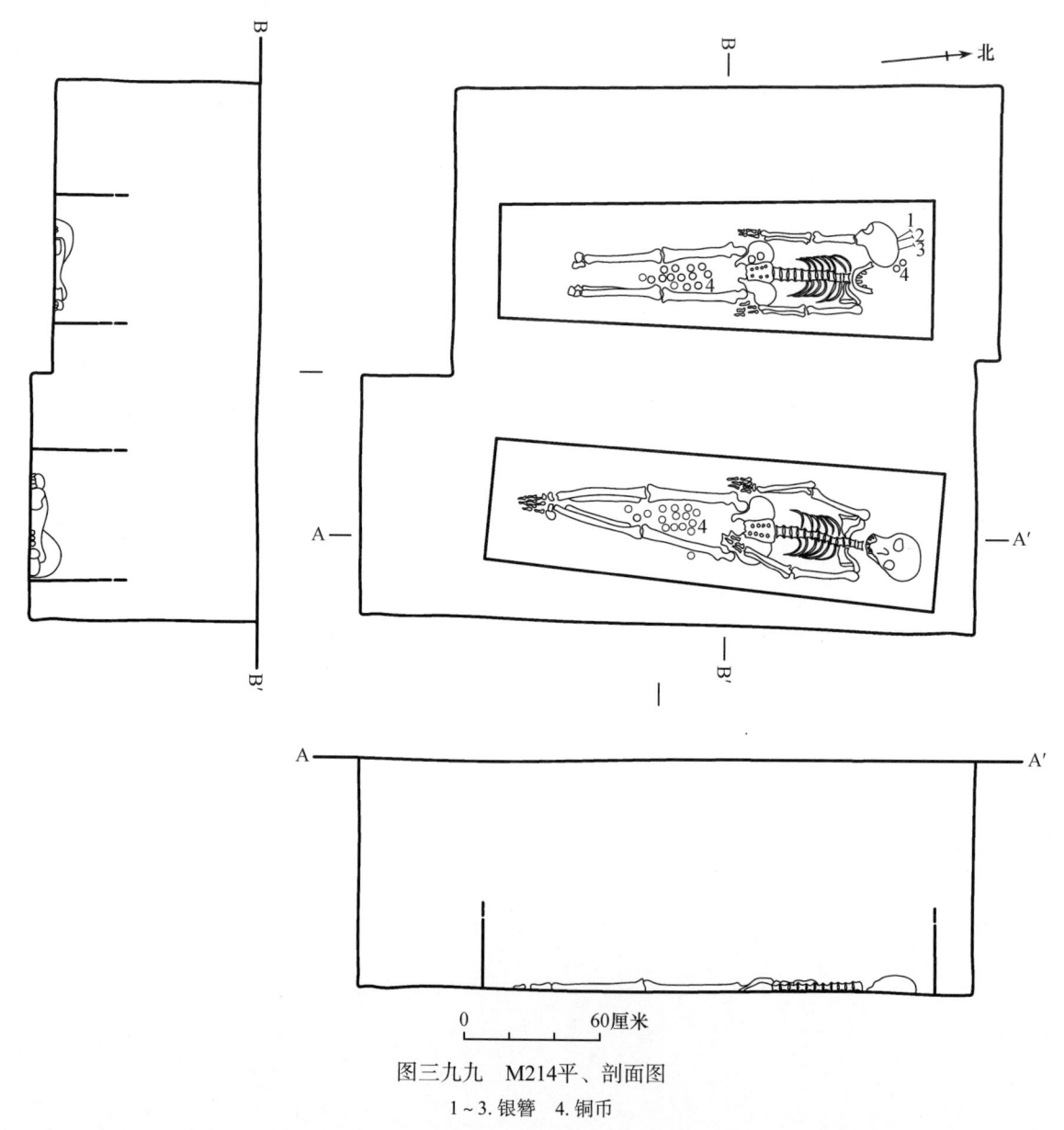

图三九九 M214平、剖面图

1～3. 银簪 4. 铜币

2. 随葬品

东棺内下肢骨内外侧中部出土铜币16枚；西棺内头骨上方出土银簪3件，头骨左上方及下肢骨内侧中部出土铜币14枚。

银簪 3件。M214：1，簪首呈扁平花瓣状，中部凸起呈圆环形，内铸"寿"字纹，体呈圆锥状。通长9厘米（图四〇〇，1；图版八〇，4）。M214：2，簪首呈佛手形，手持金刚杵，体呈圆锥状。通长11.2厘米（图四〇〇，2；图版八〇，5）。M214：3，簪首残，体呈圆锥状，末端残。残长3.7厘米（图四〇〇，3；图版八〇，6）。

大清铜币 30枚。标本M214：4-1，大平钱，圆形，正背面郭缘较窄，正面珠圈内楷书"大清铜幣"四字，直读，齿缘左右楷书"巳酉"二字，背面珠圈内铸蟠龙戏火珠纹。钱径3.3、郭厚0.2厘米（图四〇〇，4）。

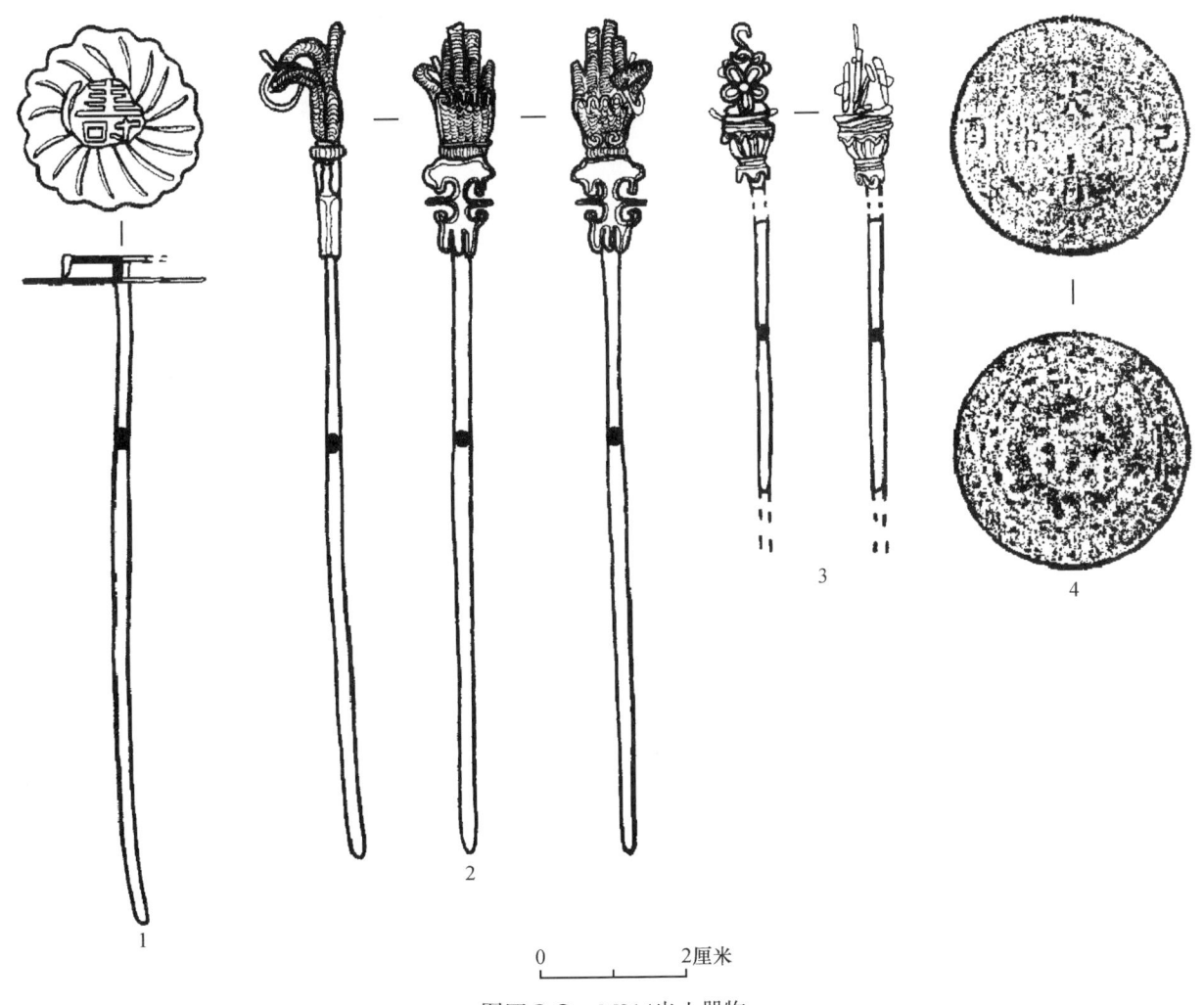

图四〇〇 M214出土器物

1~3. 银簪（M214：1、M214：2、M214：3） 4. 大清铜币（M214：4-1）

二一五、M215

1. 墓葬形制

该墓位于发掘区西南部，东邻M216。开口于第1层下，南北向，方向5°。

墓平面呈正方形，竖穴土圹双棺合葬墓。墓口距地表深0.3米，墓底距地表深0.9~1米。墓圹南北长2.5、东西宽2.5、深0.6~0.7米。内填花土，土质松软。内置双棺，棺木已朽。东棺痕长2、宽0.5~0.6米；棺内骨架保存稍差，头移位向东，面向上，仰身直肢，为男性。西棺痕长1.9、宽0.5~0.6米；棺内骨架保存较差，头向北，面向西，仰身直肢，为女性（图四〇一）。

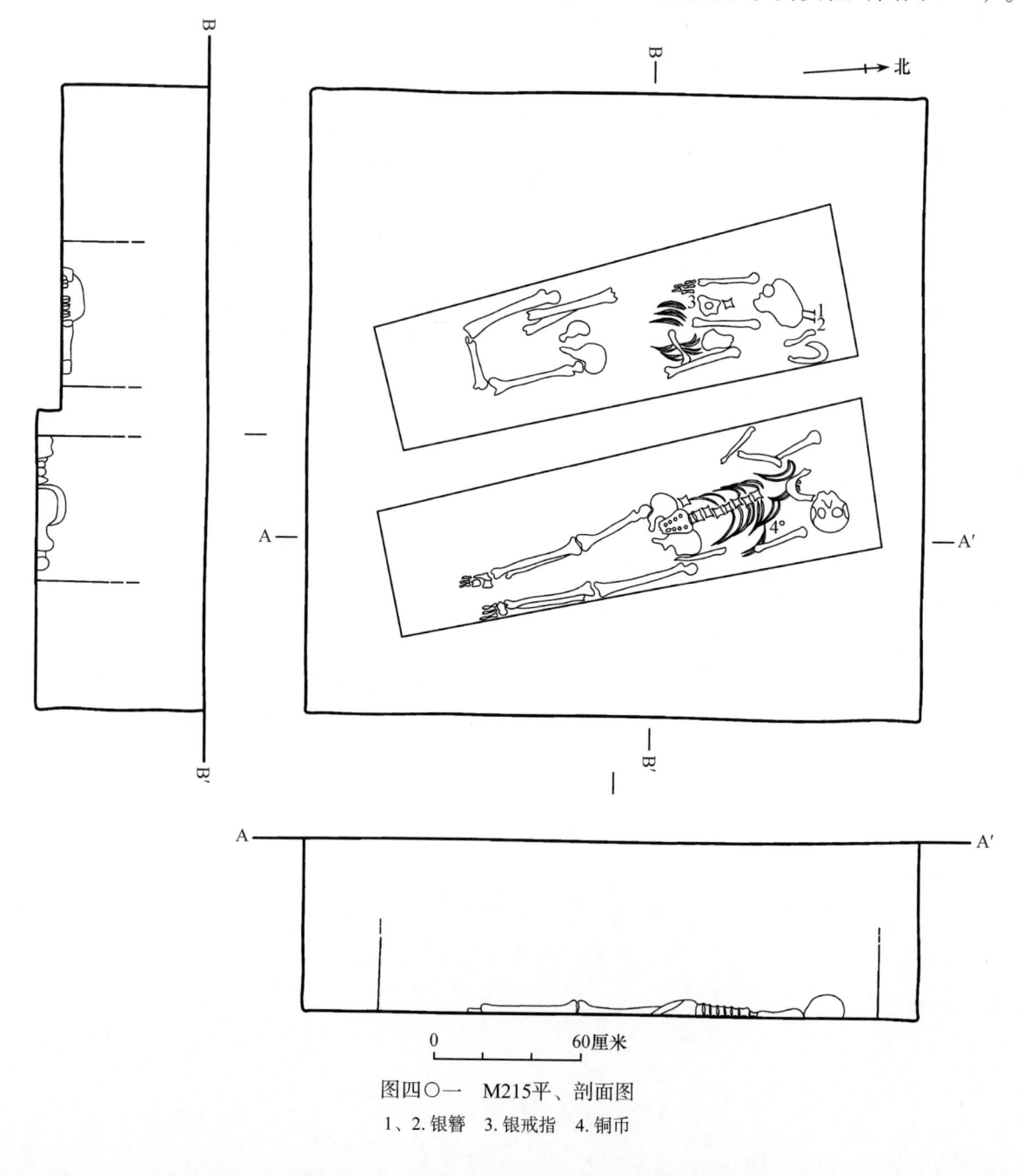

图四〇一 M215平、剖面图
1、2.银簪 3.银戒指 4.铜币

2. 随葬品

东棺内左上肢骨内侧上部出土铜币1枚；西棺内头骨右上方出土银簪2件，右上肢骨内侧下部出土银戒指1件。

银簪　2件。簪首残，体呈圆锥状。M215：1，残长11.6厘米（图四〇二，1）。M215：2，残长11.7厘米（图四〇二，2）。

银戒指　1件。M215：3，圆形，戒面呈花朵状，饰圆珠纹，两端呈扁锥形。直径2厘米（图四〇二，3；图版八九，1）。

铜币　1枚。M215：4，大平钱，圆形，正背面郭缘较窄，正面珠圈内铸双旗，背面珠圈内铸垂直麦穗纹。钱径3.2、郭厚0.12厘米（图四〇二，4）。

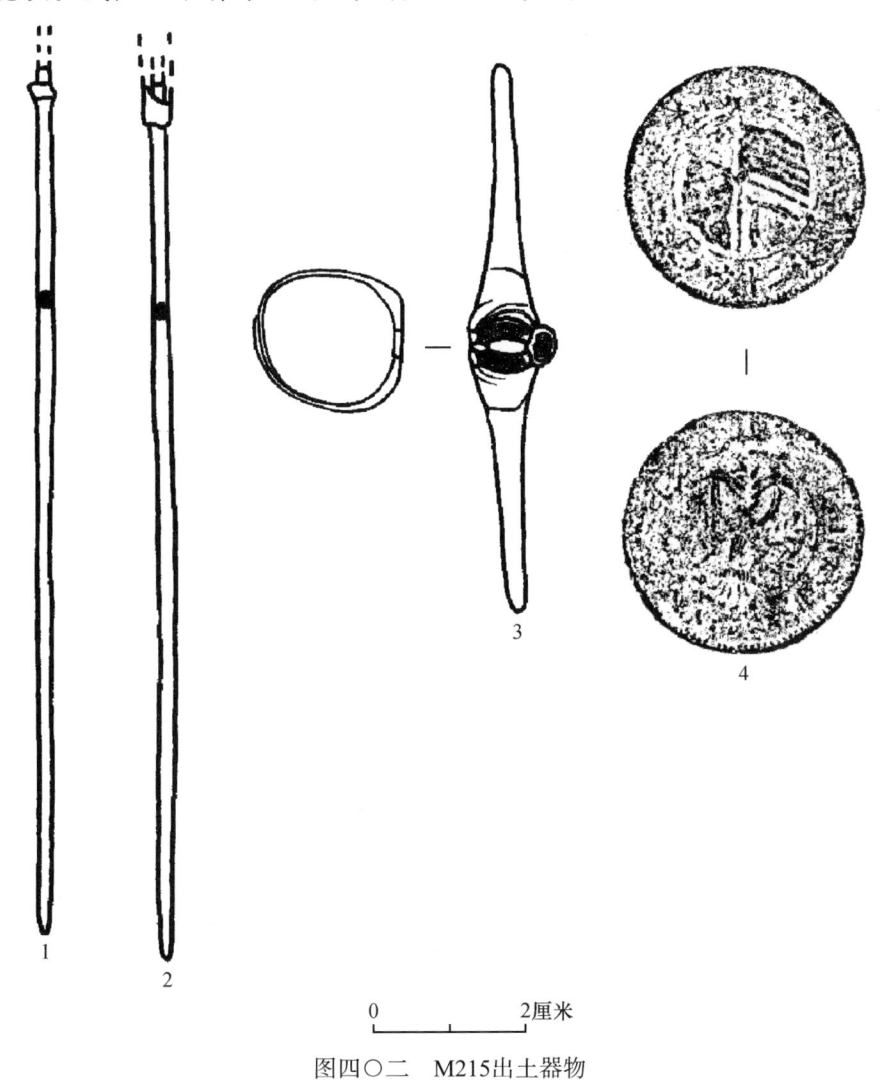

图四〇二　M215出土器物

1、2. 银簪（M215：1、M215：2）　3. 银戒指（M215：3）　4. 铜币（M215：4）

二一六、M216

1. 墓葬形制

该墓位于发掘区西南部，北邻M217。开口于第1层下，南北向，方向5°。

墓平面呈长方形，竖穴土圹双棺合葬墓。墓口距地表深0.3米，墓底距地表深0.9~1.1米。墓圹南北长3.3、东西宽2.5、深0.6~0.8米。内填花土，土质松软。内置双棺，东棺残存棺木。东棺长2、宽0.6~0.7、残高0.4米，棺板厚0.02~0.04米；棺内骨架保存较好，头向北，面向上，仰身直肢，为男性。西棺棺木已朽，棺痕长2、宽0.6~0.7米；棺内骨架保存较好，头移位向西，面向上，仰身屈肢，为女性（图四〇三）。

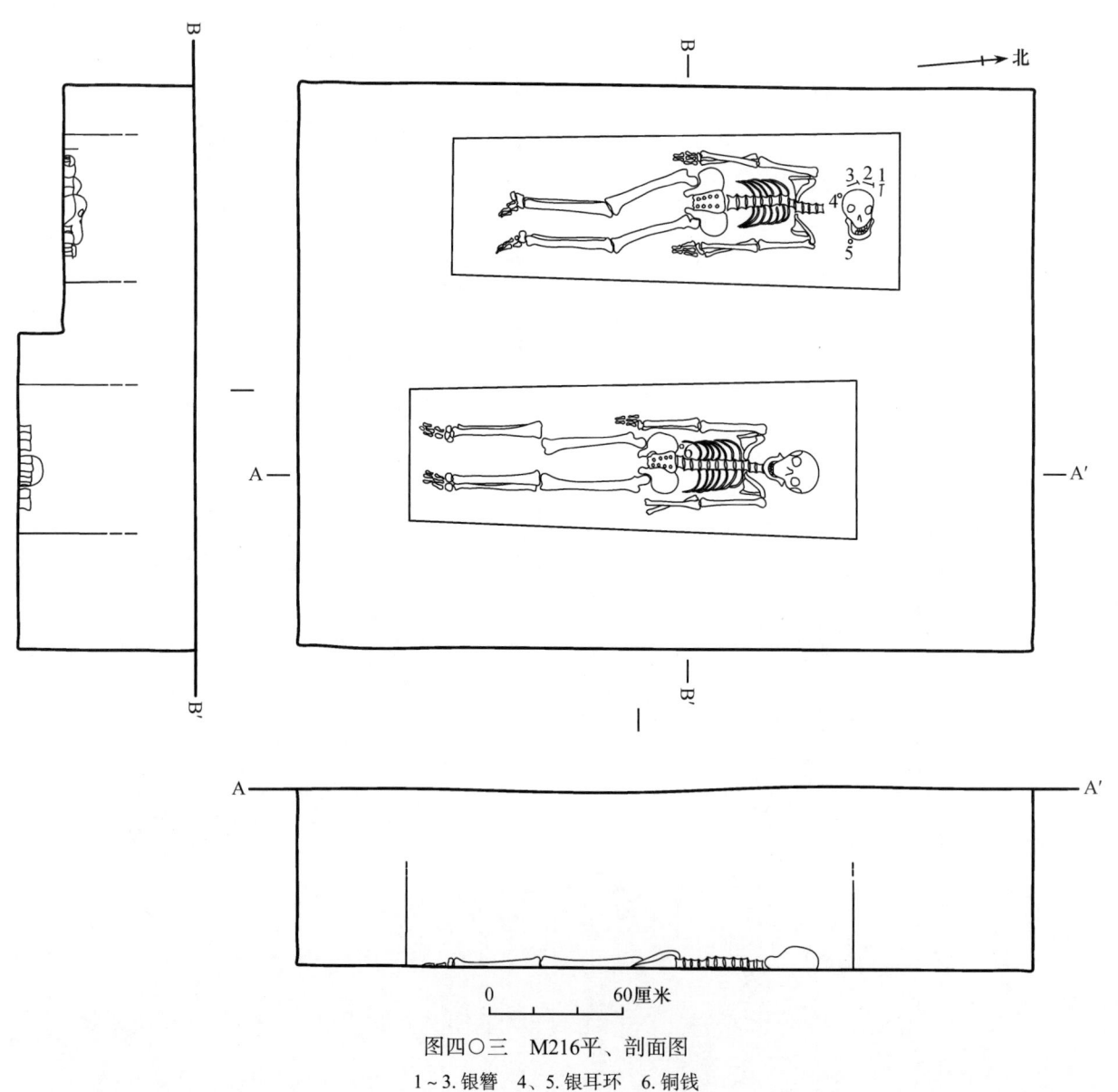

图四〇三　M216平、剖面图
1~3. 银簪　4、5. 银耳环　6. 铜钱

2. 随葬品

东棺内右盆骨上方出土铜钱1枚；西棺内头骨右侧出土银簪3件，头骨下方出土银耳环2件。

银簪　3件。M216：1、M216：2，形制相同。簪首呈扁平花瓣状，中部凸起呈圆环形，内镶嵌"福"字纹，体呈圆锥状，通体鎏金。M216：1，通长9厘米（图四〇四，1；图版八一，1）。M216：2，通长11.9厘米（图四〇四，2；图版八一，2）。M216：3，簪首呈莲藕形，圆帽状托，体呈圆锥状。通长10.8厘米（图四〇四，3；图版八一，3）。

银耳环　2件。形制相同。呈"S"形，一端尖锐呈钩状，另一端呈圆饼状。M216：4，通高3.5厘米（图四〇四，4；图版八六，2）。M216：5，通高3.5厘米（图四〇四，5；图版八六，3）。

道光通宝　1枚。M216：6，平钱，圆形，方穿，正背面郭缘略宽，正面楷书"道光通寳"四字，直读，背穿左右为满文"宝源"局名。钱径2.22、穿径0.59、郭厚0.15厘米（图四〇四，6）。

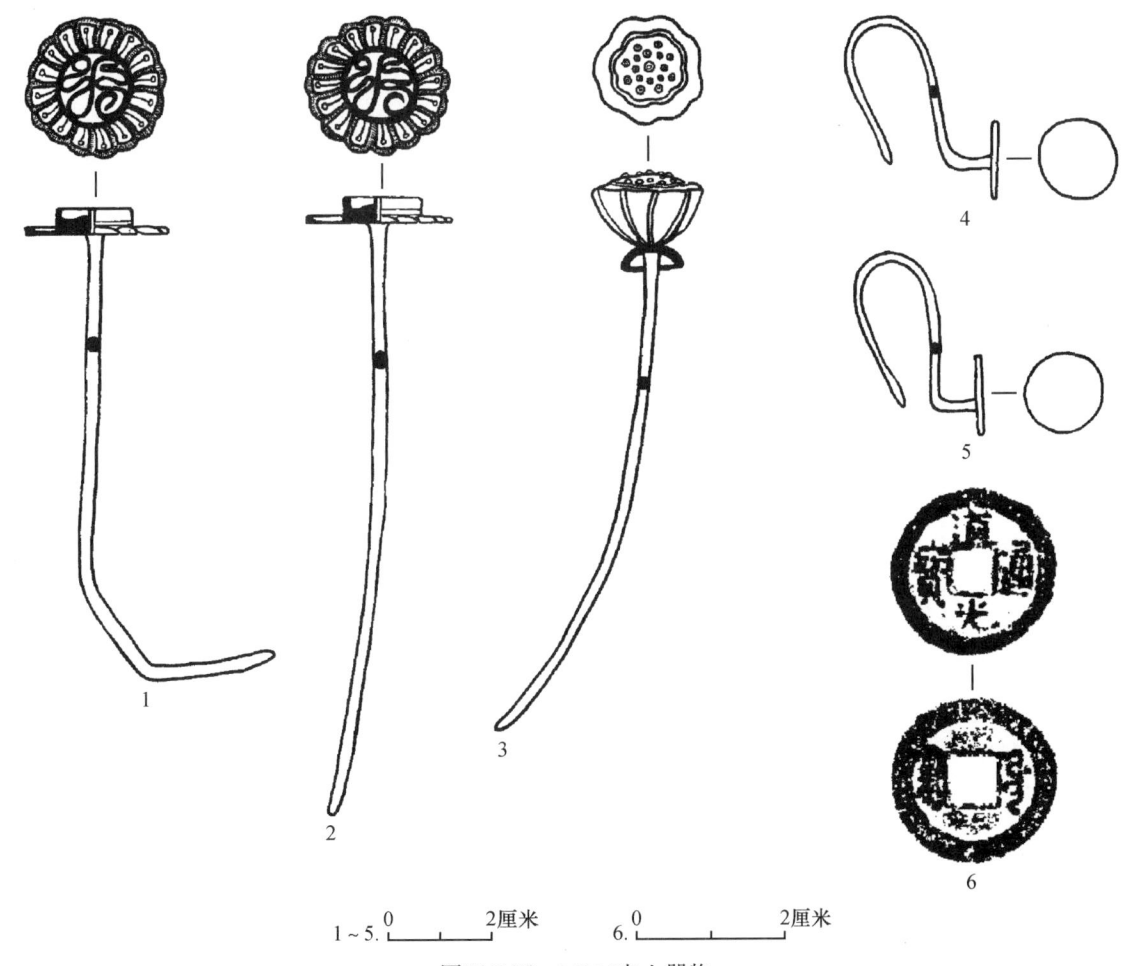

图四〇四　M216出土器物

1~3.银簪（M216：1、M216：2、M216：3）　4、5.银耳环（M216：4、M216：5）　6.道光通宝（M216：6）

二一七、M217

1. 墓葬形制

该墓位于发掘区西南部，南邻M216。开口于第1层下，南北向，方向2°。

墓平面呈长方形，竖穴土圹双棺合葬墓。墓口距地表深0.3米，墓底距地表深0.86~1.1米。墓圹南北长3、东西宽2.3、深0.56~0.8米。内填花土，土质松软。内置双棺，棺木已朽。东棺痕长1.84、宽0.56~0.68米；棺内骨架保存稍差，头移位向北，面向西，仰身直肢，为男性。西棺痕长2、宽0.64米；棺内骨架保存稍差，头移位向北，面向西，仰身直肢，为女性（图四〇五）。

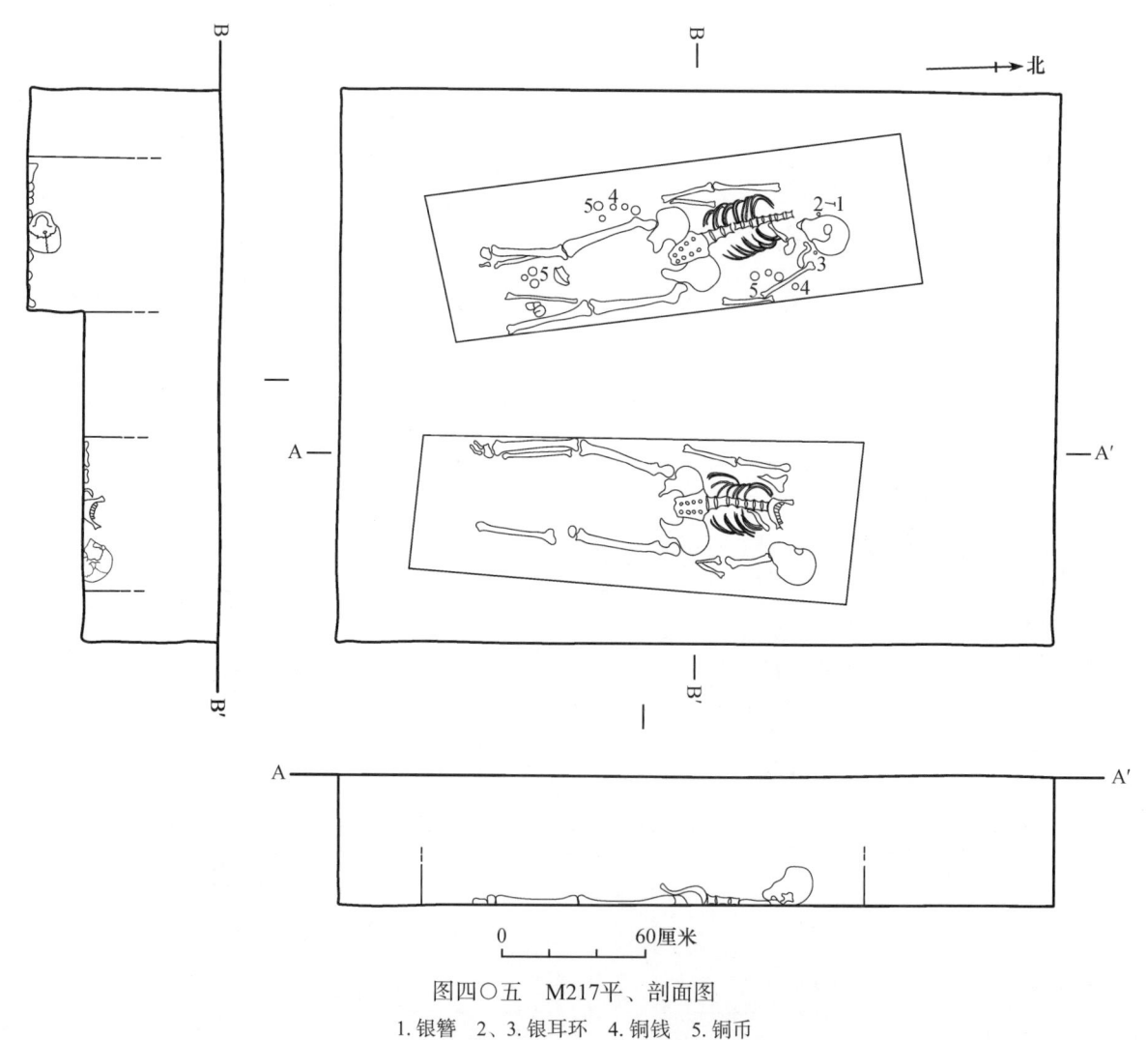

图四〇五 M217平、剖面图
1. 银簪 2、3. 银耳环 4. 铜钱 5. 铜币

2. 随葬品

西棺内头骨右侧出土银簪1件，头骨两侧出土银耳环2件，左上肢骨内外侧中部及右下肢骨外侧上部、内侧下部出土铜钱6枚、铜币6枚。

银簪　1件。M217：1，簪首呈扁平花瓣状，中部凸起呈圆环形，内镶嵌"福"字纹，体残。残长0.5厘米（图四〇六，1；图版八一，4）。

银耳环　2件。M217：2，呈"S"形，一端尖锐呈钩状，另一端呈圆饼状。通高3.1厘米（图四〇六，2；图版八六，4）。M217：3，龙吐须状，一端呈弯曲锥形，另一端镂铸双龙状。直径3.5厘米（图四〇六，3；图版八六，5）。

铜钱　6枚。有雍正通宝、乾隆通宝。

雍正通宝　2枚。标本M217：4-1，大平钱，圆形，方穿，正背面郭缘较宽，正面楷书"雍正通寶"四字，直读，背穿左右为满文"宝泉"局名。钱径2.62、穿径0.55、郭厚0.11厘米（图四〇六，4）。

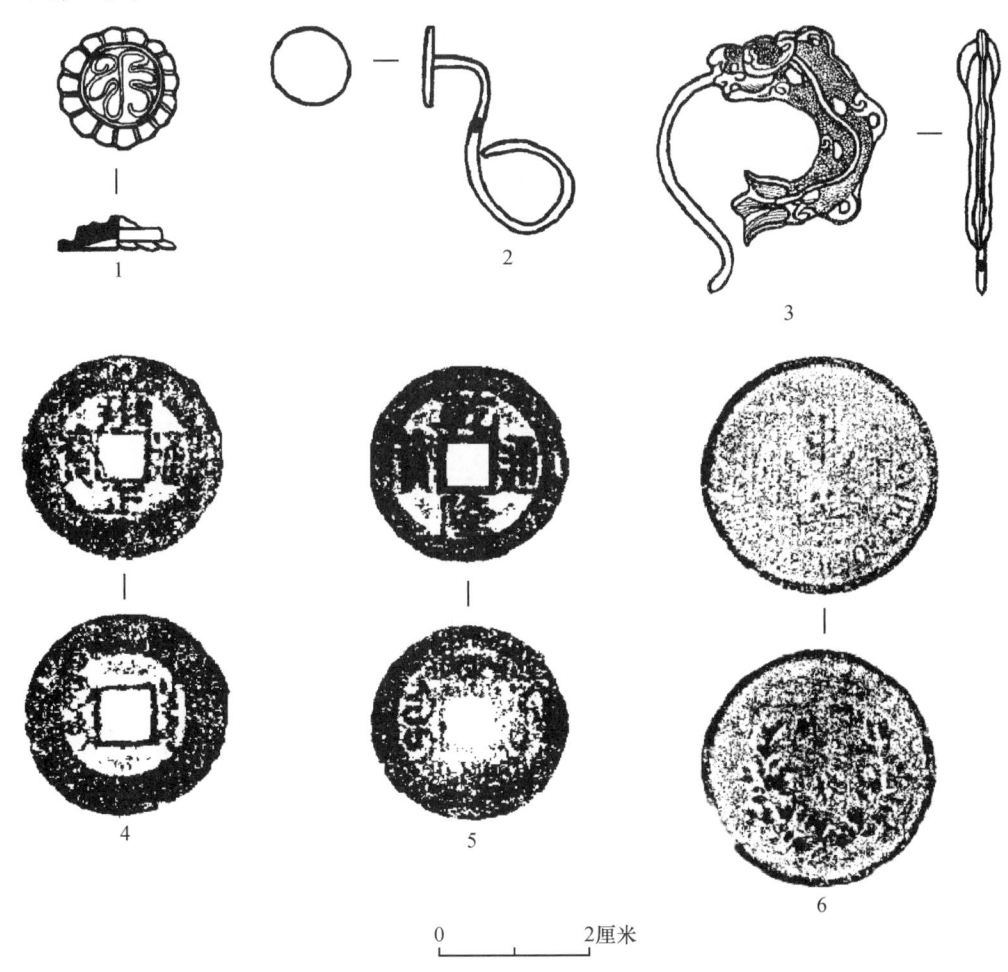

图四〇六　M217出土器物

1. 银簪（M217：1）　2、3. 银耳环（M217：2、M217：3）　4. 雍正通宝（M217：4-1）　5. 乾隆通宝（M217：4-2）
6. 中华铜币（M217：5-1）

乾隆通宝　4枚。标本M217：4-2，平钱，圆形，方穿，正背面郭缘略宽，正面楷书"乾隆通寶"四字，直读，背穿左右为满文"宝源"局名。钱径2.55、穿径0.59、郭厚0.12厘米（图四〇六，5）。

中华铜币　6枚。标本M217：5-1，大平钱，圆形，正背面郭缘较窄，正面珠圈内楷书"中華銅幣"四字，对读，背面铸两组麦穗，中部楷书"雙枚"二字。钱径3.2、郭厚0.13厘米（图四〇六，6）。

二一八、M218

1. 墓葬形制

该墓位于发掘区西南部，东邻M41。开口于第1层下，南北向，方向5°。

墓平面呈长方形，竖穴土圹单棺墓。墓口距地表深0.3米，墓底距地表深2米。墓圹南北长2.2、东西宽1、深1.7米。内填花土，土质松软。内置单棺，棺木已朽。棺痕长1.8、宽0.5~0.6米；棺内未发现骨架，葬式、性别不明（图四〇七）。

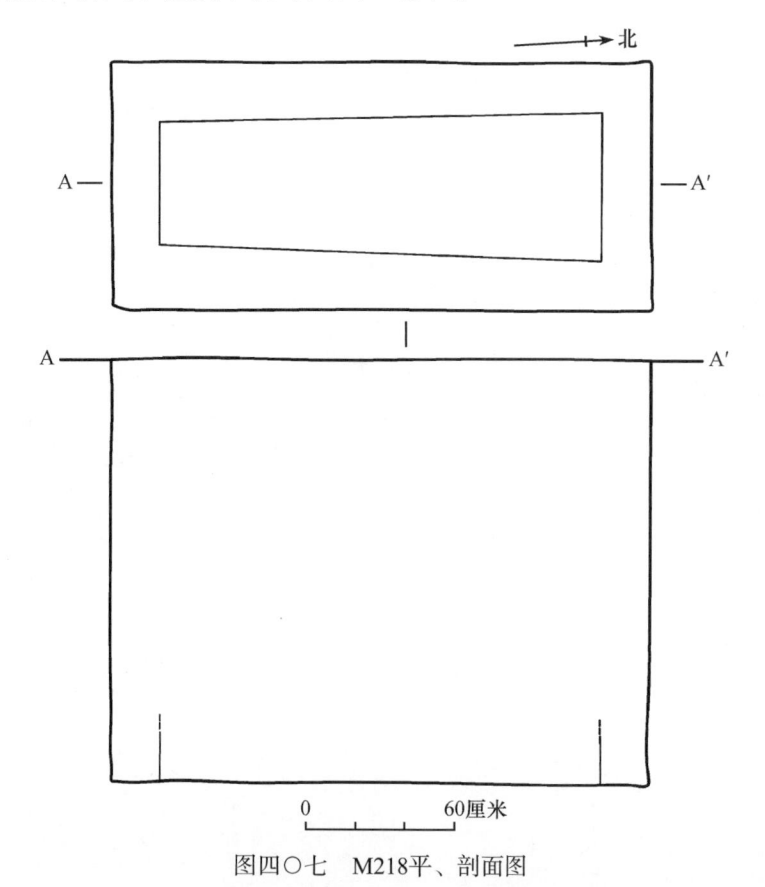

图四〇七　M218平、剖面图

2. 随葬品

未发现随葬品。

二一九、M219

1. 墓葬形制

该墓位于发掘区西南部，西邻M190。开口于第1层下，南北向，方向5°。

墓平面呈长方形，竖穴土圹双棺合葬墓。墓口距地表深0.3米，墓底距地表深1.8米。墓圹南北长2.4、东西宽1.9、深1.5米。内填花土，土质松软。内置双棺，棺木已朽。东棺痕长2、宽0.6~0.7米；棺内骨架保存较好，头向北，面向西，侧身屈肢，为男性。西棺痕长1.9、宽0.5~0.6米；棺内骨架保存较差，头向北，面向下，可辨仰身屈肢，为女性（图四〇八；图版三九，2）。

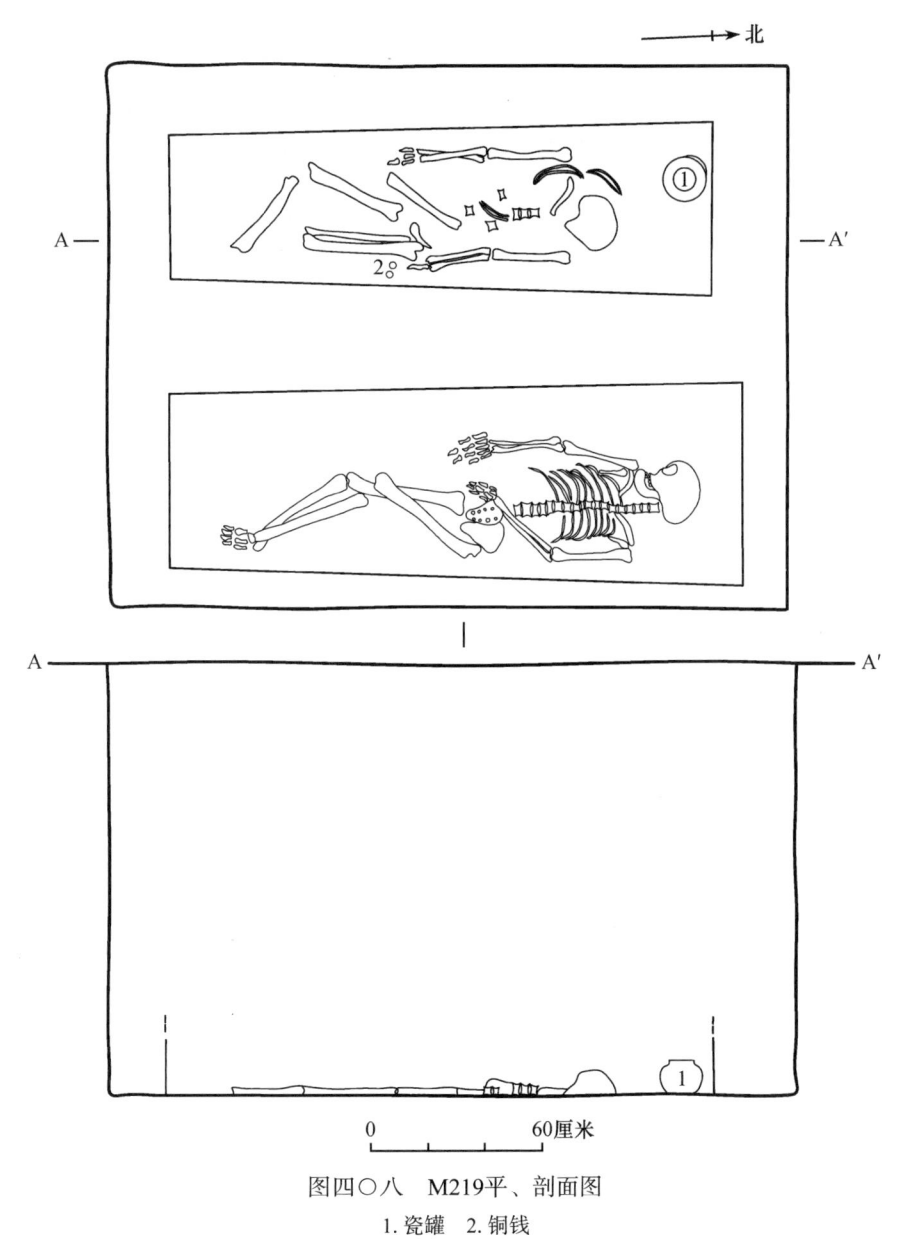

图四〇八 M219平、剖面图
1. 瓷罐 2. 铜钱

2. 随葬品

西棺内头骨右上方出土瓷罐1件，左下肢骨外侧上部出土铜钱2枚。

瓷罐　1件。M219：1，敛口，方圆唇，矮领，圆肩，鼓腹，假圈足。灰褐色胎，腹上部及内壁施黑色釉，唇部、下腹及底部无釉。轮制。口径8.8、腹径13.3、底径8.9、高8.4厘米（图四〇九，1；图版五〇，5）。

康熙通宝　2枚。标本M219：2-1，大平钱，圆形，方穿，正背面郭缘较宽，正面楷书"康熙通寶"四字，直读，背穿左右为满文"宝泉"局名。钱径2.75、穿径0.6、郭厚0.11厘米（图四〇九，2）。

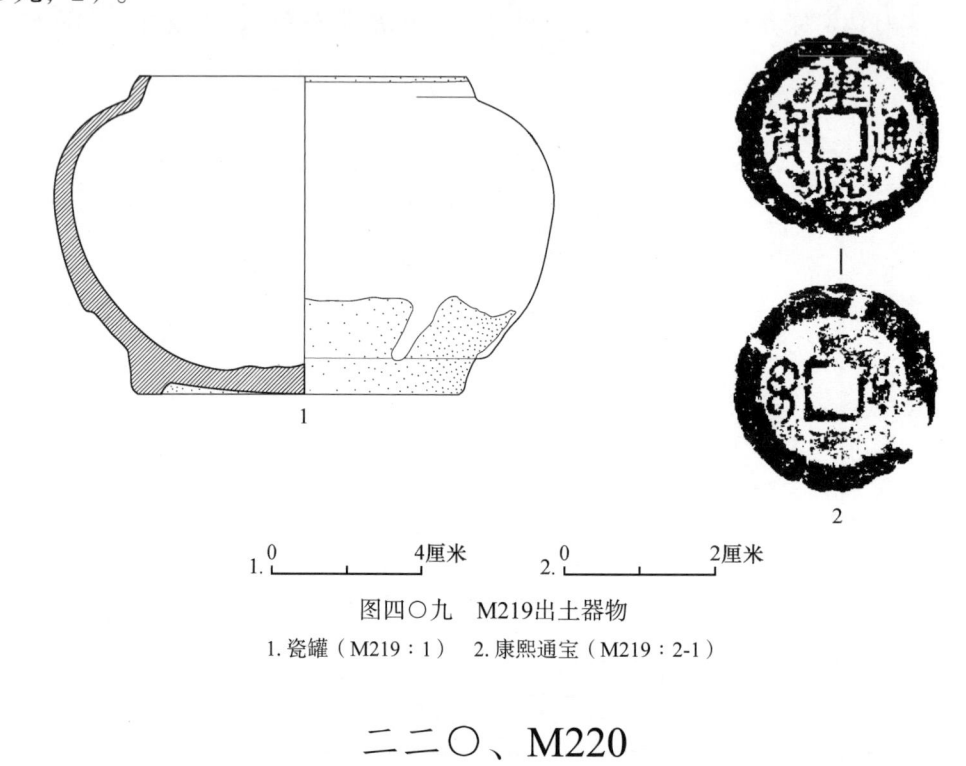

图四〇九　M219出土器物
1.瓷罐（M219：1）　2.康熙通宝（M219：2-1）

二二〇、M220

1. 墓葬形制

该墓位于发掘区西南部，西邻M50。开口于第1层下，南北向，方向2°。

墓平面呈梯形，竖穴土圹单棺墓。墓口距地表深0.3米，墓底距地表深2米。墓圹南北长2.42、东西宽1.96～2.06、深1.7米。内填花土，土质松软。内置单棺，棺木已朽。棺痕长1.8、宽0.6～0.72米；棺内未发现骨架，葬式、性别不明（图四一〇）。

图四一〇　M220平、剖面图
1. 铜钱　2. 铜币

2. 随葬品

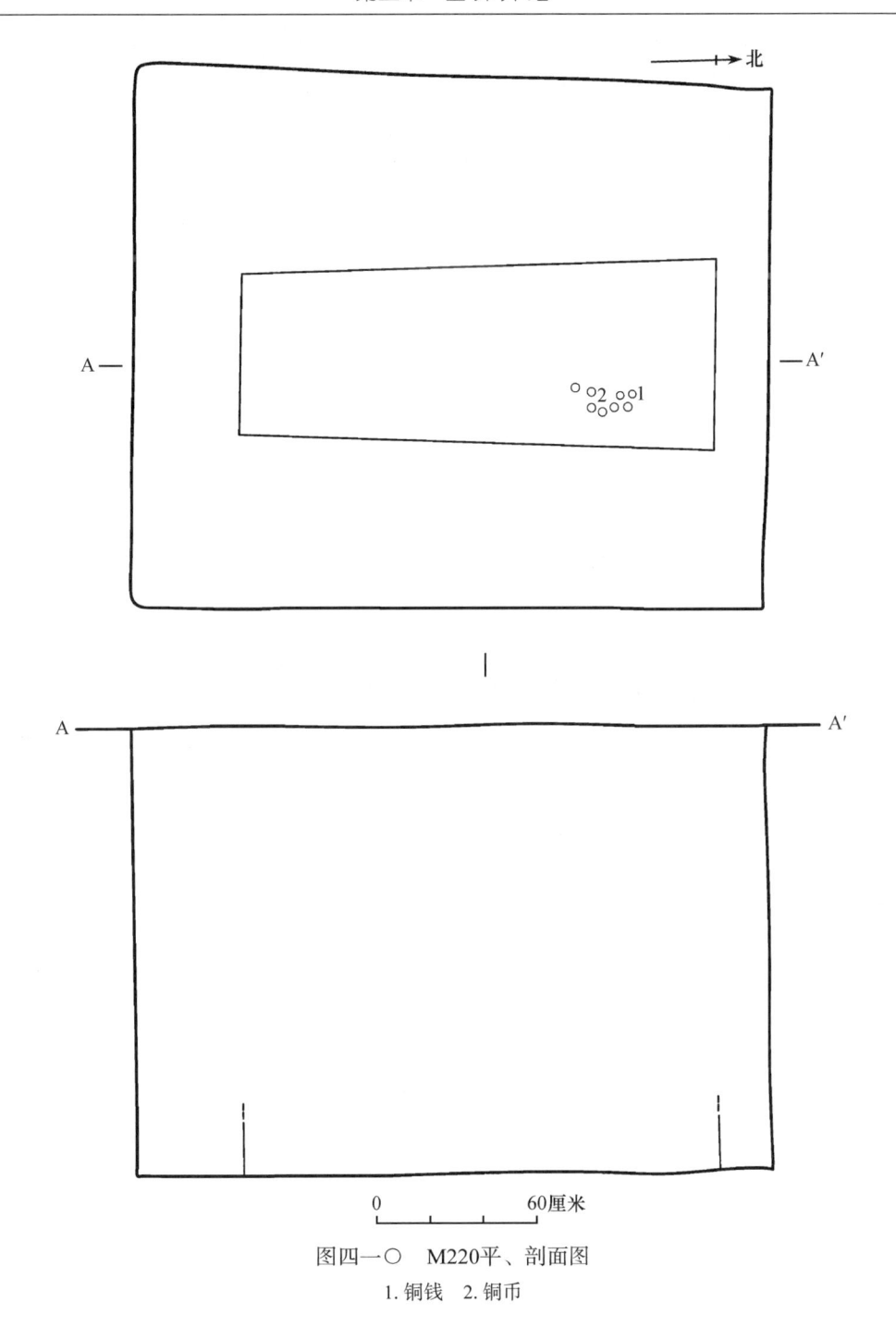

棺内东北部出土铜钱6枚、铜币2枚。

铜钱　6枚。有康熙通宝、雍正通宝、乾隆通宝、道光通宝、光绪通宝。

康熙通宝　1枚。M220：1-1，大平钱，圆形，方穿，正背面郭缘较宽，正面楷书"康熙通寶"四字，直读，背穿左右为满文"宝泉"局名。钱径2.75、穿径0.61、郭厚0.1厘米（图四一一，1）。

雍正通宝　1枚。M220：1-2，大平钱，圆形，方穿，正背面郭缘较宽，正面楷书"雍正通寶"四字，直读，背穿左右为满文"宝泉"局名。钱径2.61、穿径0.51、郭厚0.11厘米（图四一一，2）。

乾隆通宝　2枚。标本M220：1-3，平钱，圆形，方穿，正背面郭缘略宽，正面楷书"乾隆通寶"四字，直读，背穿左右为满文"宝泉"局名。钱径2.4、穿径0.6、郭厚0.1厘米（图四一一，3）。

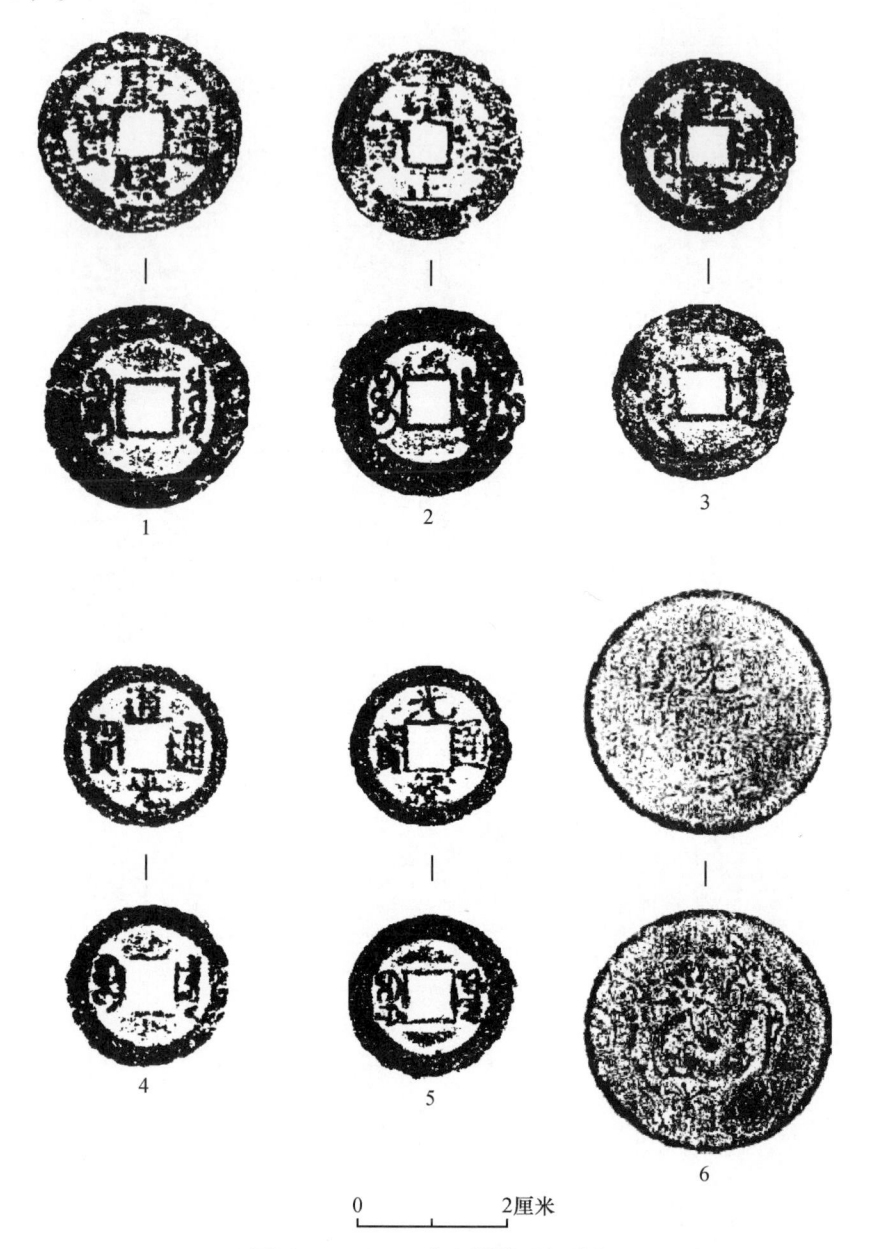

图四一一　M220出土铜钱（拓片）
1.康熙通宝（M220：1-1）　2.雍正通宝（M220：1-2）　3.乾隆通宝（M220：1-3）　4.道光通宝（M220：1-4）
5.光绪通宝（M220：1-5）　6.光绪元宝（M220：2-1）

道光通宝　1枚。M220：1-4，平钱，圆形，方穿，正背面郭缘较窄，正面楷书"道光通寶"四字，直读，背穿左右为满文"宝泉"局名。钱径2.3、穿径0.65、郭厚0.11厘米（图四一一，4）。

光绪通宝　1枚。M220：1-5，平钱，圆形，方穿，正背面郭缘略宽，正面楷书"光緒通寶"四字，直读，背穿左右为满文"宝源"局名。钱径2.25、穿径0.59、郭厚0.11厘米（图四一一，5）。

光绪元宝　2枚。标本M220：2-1，大平钱，圆形，正背面郭缘较窄，正面珠圈内楷书"光緒元寶"四字，直读，背面铸蟠龙戏火珠纹。钱径3.25、郭厚0.12厘米（图四一一，6）。

二二一、M221

1. 墓葬形制

该墓位于发掘区西南部，西邻M222。开口于第1层下，南北向，方向5°。

墓平面呈长方形，竖穴土圹双棺合葬墓。墓口距地表深0.3米，墓底距地表深0.8～0.9米。墓圹南北长2.3、东西宽2.12、深0.5～0.6米。内填花土，土质松软。内置双棺，棺木已朽。东棺痕长1.9、宽0.6～0.7米；棺内骨架保存较好，头向北，面向西，头骨左侧放置长20、宽18～20、厚1厘米的板瓦1块，仰身直肢，为男性。西棺痕长1.9、宽0.6～0.7米；棺内骨架保存较差，头向北，面向下，仰身直肢，为女性（图四一二）。

2. 随葬品

东棺内右下肢骨外侧中部出土铜钱1枚；西棺内头骨上方出土银簪1件、铜扁方1件，下肢骨内侧中部出土铜钱1枚。

银簪　1件。M221：1，簪首呈如意头形，体呈扁条锥状，末端残。残长7.5厘米（图四一三，1；图版八一，5）。

铜扁方　1件。M221：2，首残，体上宽下窄，呈扁条状，末端残。残长4.7厘米（图四一三，2）。

嘉庆通宝　2枚。标本M221：3-1，平钱，圆形，方穿，正背面郭缘略宽，正面楷书"嘉慶通寶"四字，直读，背穿左右为满文"宝泉"局名。钱径2.4、穿径0.7、郭厚0.15厘米（图四一三，3）。

图四一二　M221平、剖面图

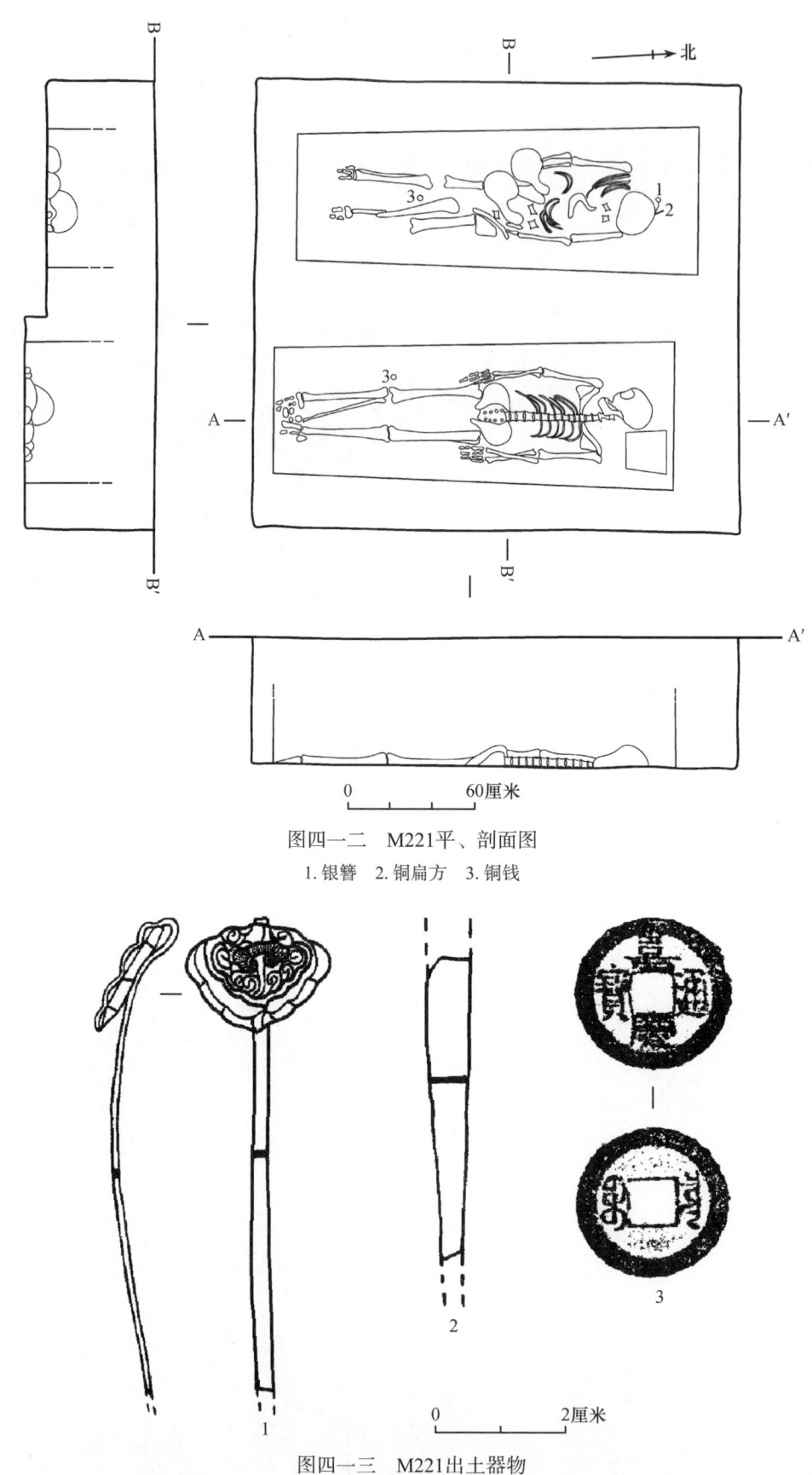

1. 银簪　2. 铜扁方　3. 铜钱

图四一三　M221出土器物

1. 银簪（M221：1）　2. 铜扁方（M221：2）　3. 嘉庆通宝（M221：3-1）

二二二、M222

1. 墓葬形制

该墓位于发掘区西南部，东邻M221。开口于第1层下，南北向，方向5°。

墓平面呈长方形，竖穴土圹单棺墓。墓口距地表深0.3米，墓底距地表深0.8米。墓圹南北长2.3、东西宽1、深0.5米。内填花土，土质松软。内置单棺，棺木已朽。棺痕长1.9、宽0.5~0.6米；棺内骨架保存较好，头向北，面向西，仰身直肢，为男性（图四一四）。

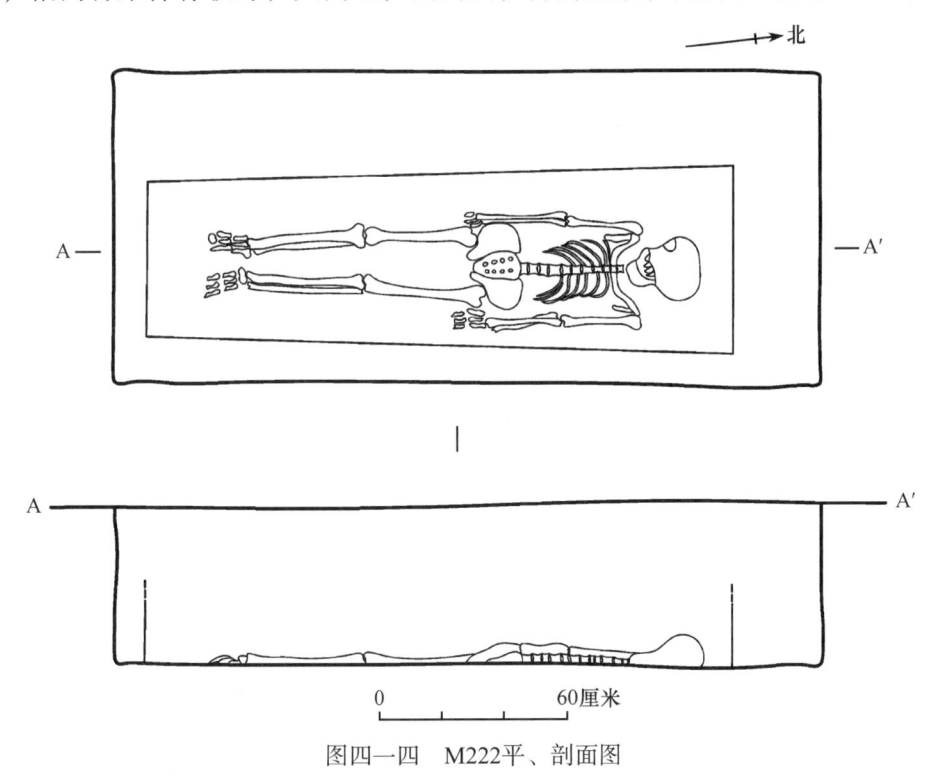

图四一四　M222平、剖面图

2. 随葬品

未发现随葬品。

二二三、M223

1. 墓葬形制

该墓位于发掘区西南部,东邻M222。开口于第1层下,南北向,方向10°。

墓平面呈长方形,竖穴土圹双棺合葬墓。墓口距地表深0.3米,墓底距地表深1.1米。墓圹南北长2.62、东西宽2、深0.8米。内填花土,土质松软。内置双棺,棺木已朽。东棺痕长1.9、宽0.5~0.6米;棺内骨架保存较好,头移位向北,面向下,仰身屈肢,为男性。西棺痕长2、宽0.6~0.7米;棺内骨架保存较好,头移位向西,面向上,仰身直肢,为女性(图四一五;图版四〇,1)。

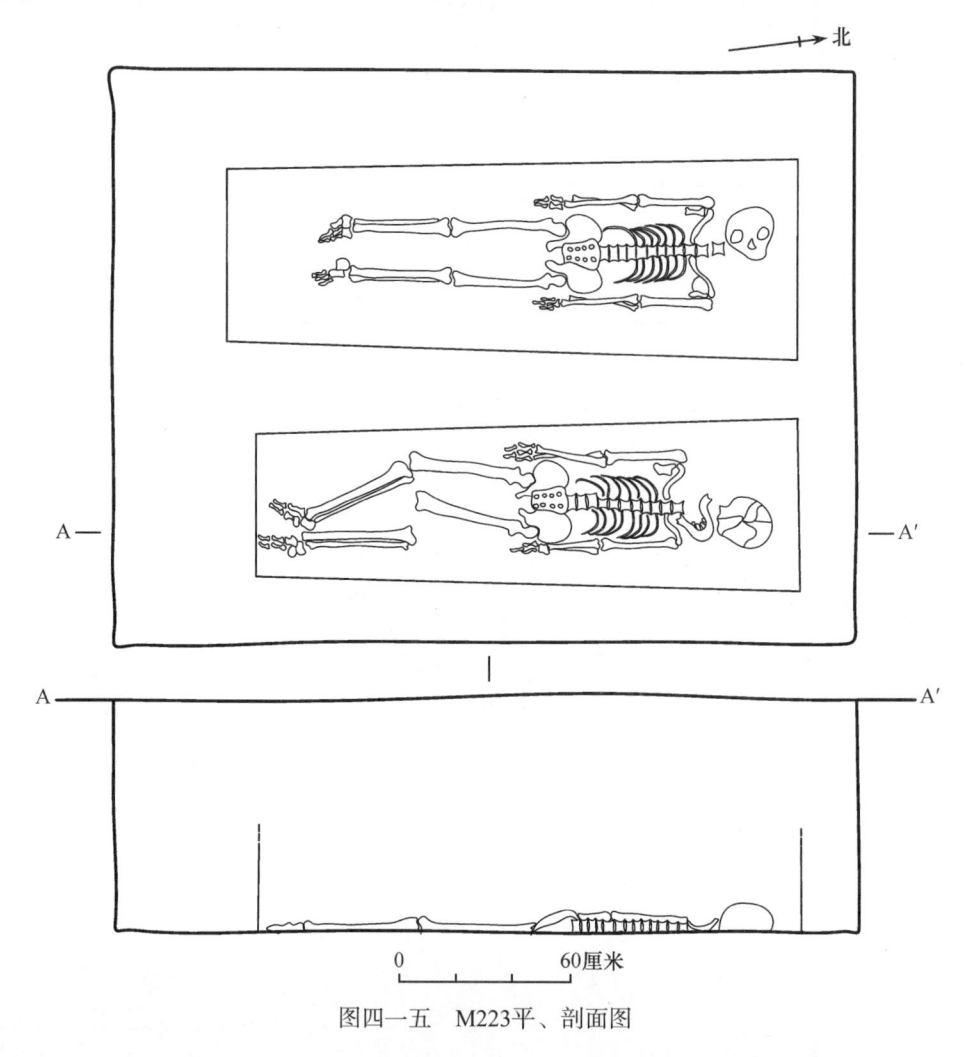

图四一五 M223平、剖面图

2. 随葬品

未发现随葬品。

二二四、M224

1. 墓葬形制

该墓位于发掘区西南部，西邻M88。开口于第1层下，南北向，方向355°。

墓平面呈长方形，竖穴土圹双棺合葬墓。墓口距地表深0.3米，墓底距地表深1~1.1米。墓圹南北长2.3、东西宽1.92、深0.7~0.8米。内填花土，土质松软。内置双棺，棺木已朽。东棺痕长1.9、宽0.5~0.6米；棺内骨架保存较好，头向北，面向东，仰身直肢，为男性。西棺痕长1.8、宽0.5~0.6米；棺内骨架保存较好，头向北，面向上，胸椎骨上方放置长20、宽16~18、厚1厘米的板瓦1块（图版一〇〇，5），仰身直肢，为女性（图四一六；图版四〇，2）。

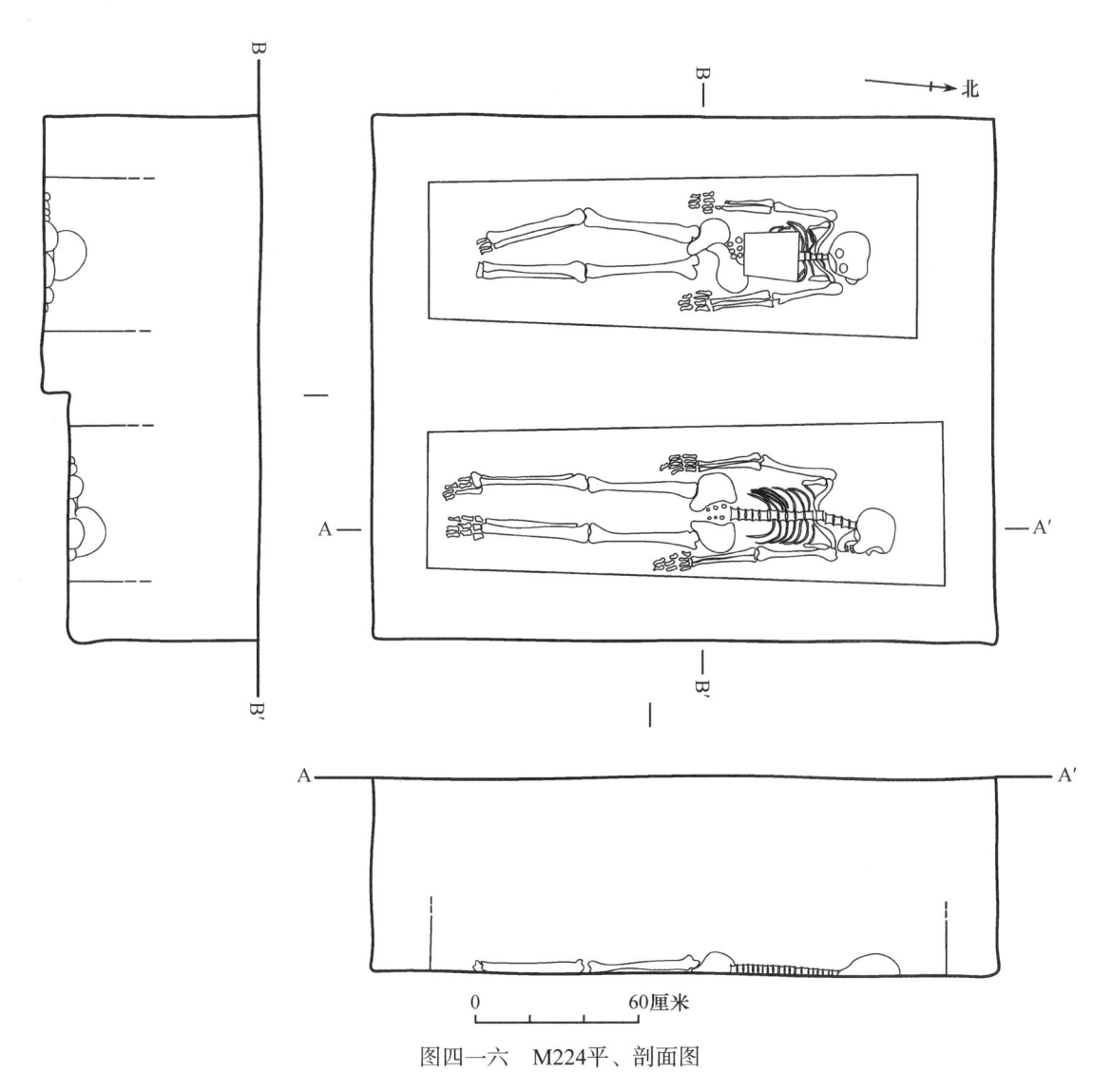

图四一六　M224平、剖面图

2. 随葬品

未发现随葬品。

二二五、M225

1. 墓葬形制

该墓位于发掘区西南部，西邻M226。开口于第1层下，南北向，方向3°。

墓平面呈长方形，竖穴土圹双棺合葬墓。墓口距地表深0.3米，墓底距地表深0.9~1米。墓圹南北长2.3、东西宽1.8、深0.6~0.7米。内填花土，土质松软。内置双棺，棺木已朽。东棺痕长1.84、宽0.5~0.6米；棺内骨架保存较好，头向北，面向东，胸椎骨上方放置长20、宽18~20、厚1厘米的板瓦1块，仰身直肢，为男性。西棺痕长1.9、宽0.5~0.6米；棺内骨架保存较好，头向东北，面向上，仰身直肢，为女性（图四一七；图版四一，1）。

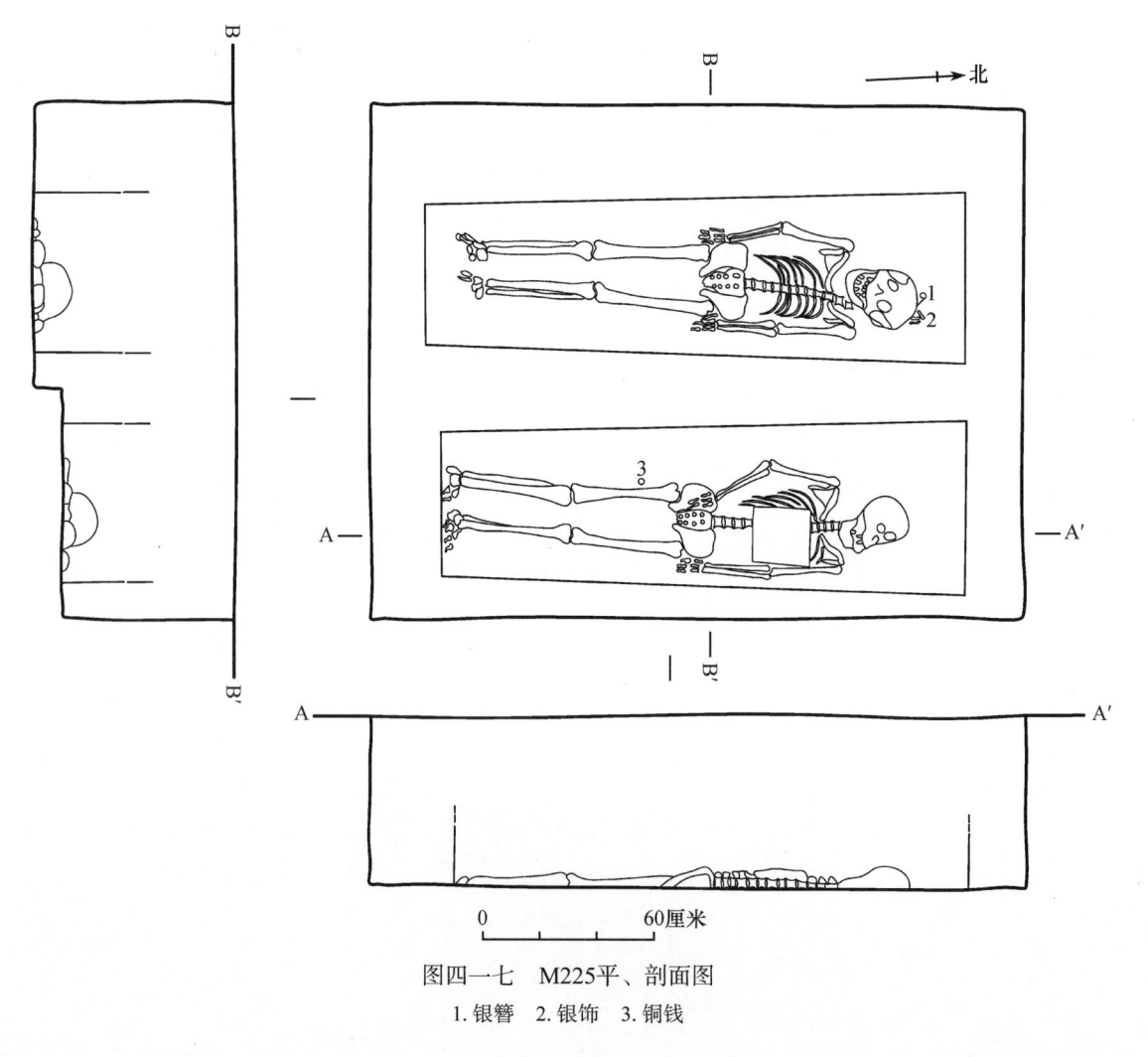

图四一七　M225平、剖面图
1. 银簪　2. 银饰　3. 铜钱

2. 随葬品

东棺内右下肢骨外侧上部出土铜钱1枚；西棺内头骨上方出土银簪1件、银饰1件。

银簪　1件。M225：1，簪首呈花朵状，花蕊包珠，伞状托，体呈圆锥状，末端残。残长9.7厘米（图四一八，1；图版八一，6）。

银饰　1件。M225：2，花枝状，两端花蕊包珠，中部呈蝴蝶状，一端如意首形。通长7.2厘米（图四一八，2；图版九〇，4）。

乾隆通宝　1枚。M225：3，平钱，圆形，方穿，正背面郭缘较宽，正面楷书"乾隆通寶"四字，直读，背穿左右为满文"宝泉"局名。钱径2.5、穿径0.6、郭厚0.1厘米（图四一八，3）。

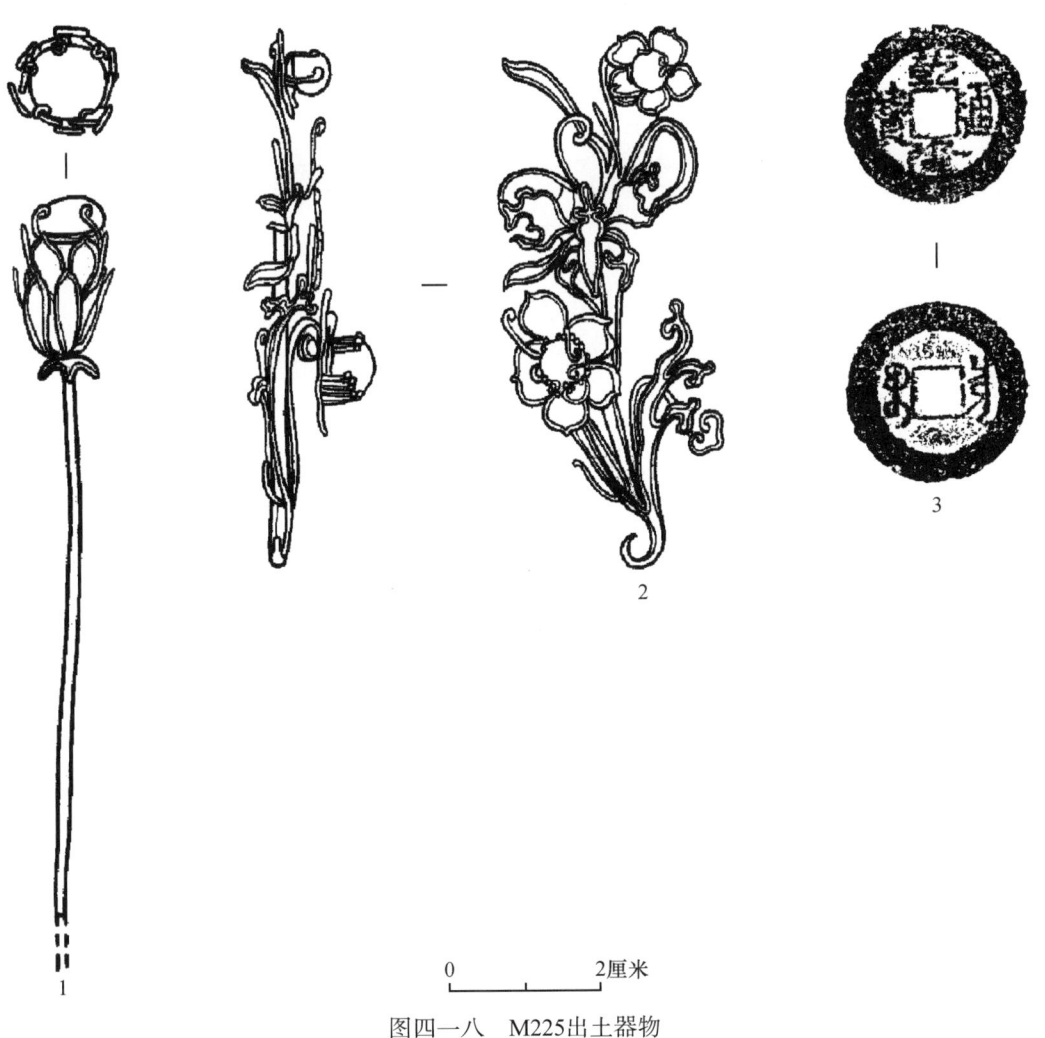

图四一八　M225出土器物
1.银簪（M225：1）　2.银饰（M225：2）　3.乾隆通宝（M225：3）

二二六、M226

1. 墓葬形制

该墓位于发掘区西南部，南邻M83。开口于第1层下，南北向，方向3°。

墓平面呈长方形，竖穴土圹单棺墓。墓口距地表深0.3米，墓底距地表深1.2米。墓圹南北长2.6、东西宽1.2、深0.9米。内填花土，土质松软。内置单棺，棺木已朽。棺痕长2、宽0.5~0.6米；棺内骨架保存稍好，头向北，面向东，仰身直肢，为男性（图四一九）。

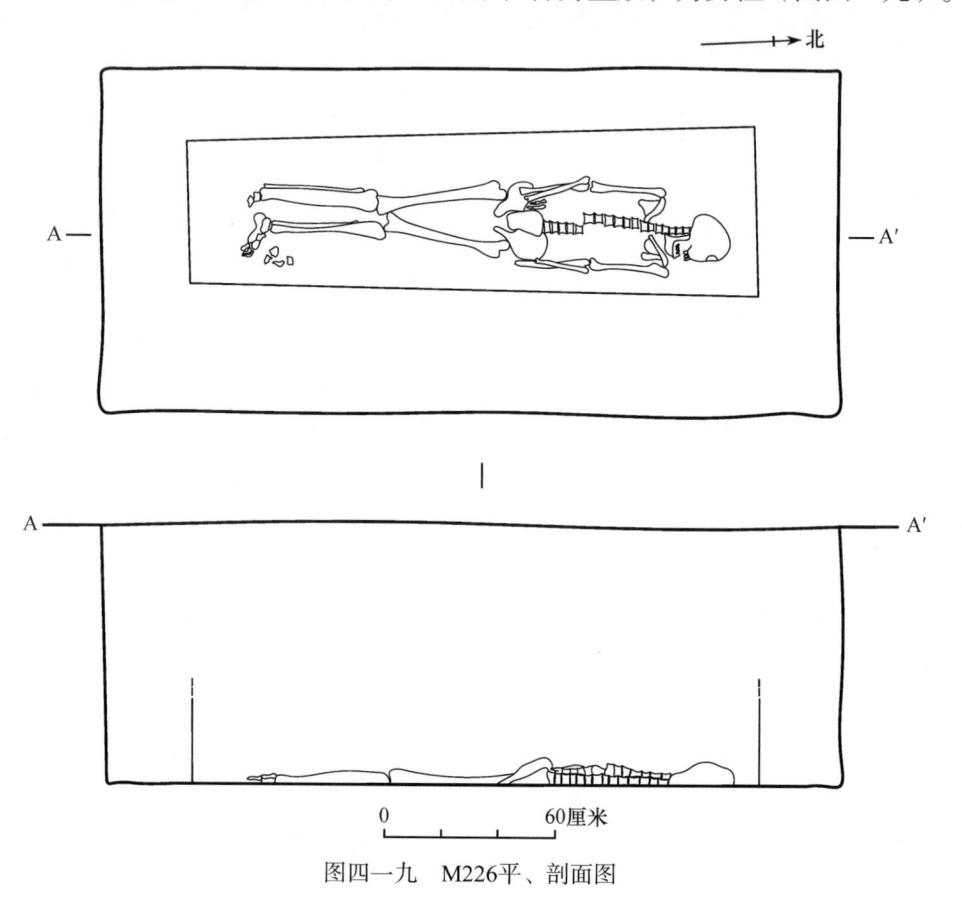

图四一九 M226平、剖面图

2. 随葬品

未发现随葬品。

二二七、M227

1. 墓葬形制

该墓位于发掘区西南部，东邻M200。开口于第1层下，南北向，方向355°。

墓平面呈长方形，竖穴土圹双棺合葬墓。墓口距地表深0.3米，墓底距地表深1~1.1米。墓圹南北长2.3、东西宽2.1、深0.7~0.8米。内填花土，土质松软。内置双棺，棺木已朽。东棺痕长2、宽0.5~0.6米；棺内骨架保存较好，头移位向北，面向上，头骨上方放置长20、宽18~20、厚1厘米的板瓦1块（图版一〇〇，6），仰身屈肢，为男性。西棺痕长1.9、宽0.5~0.6米；棺内骨架保存较好，头向北，面向上，仰身屈肢，为女性（图四二〇；图版四一，2）。

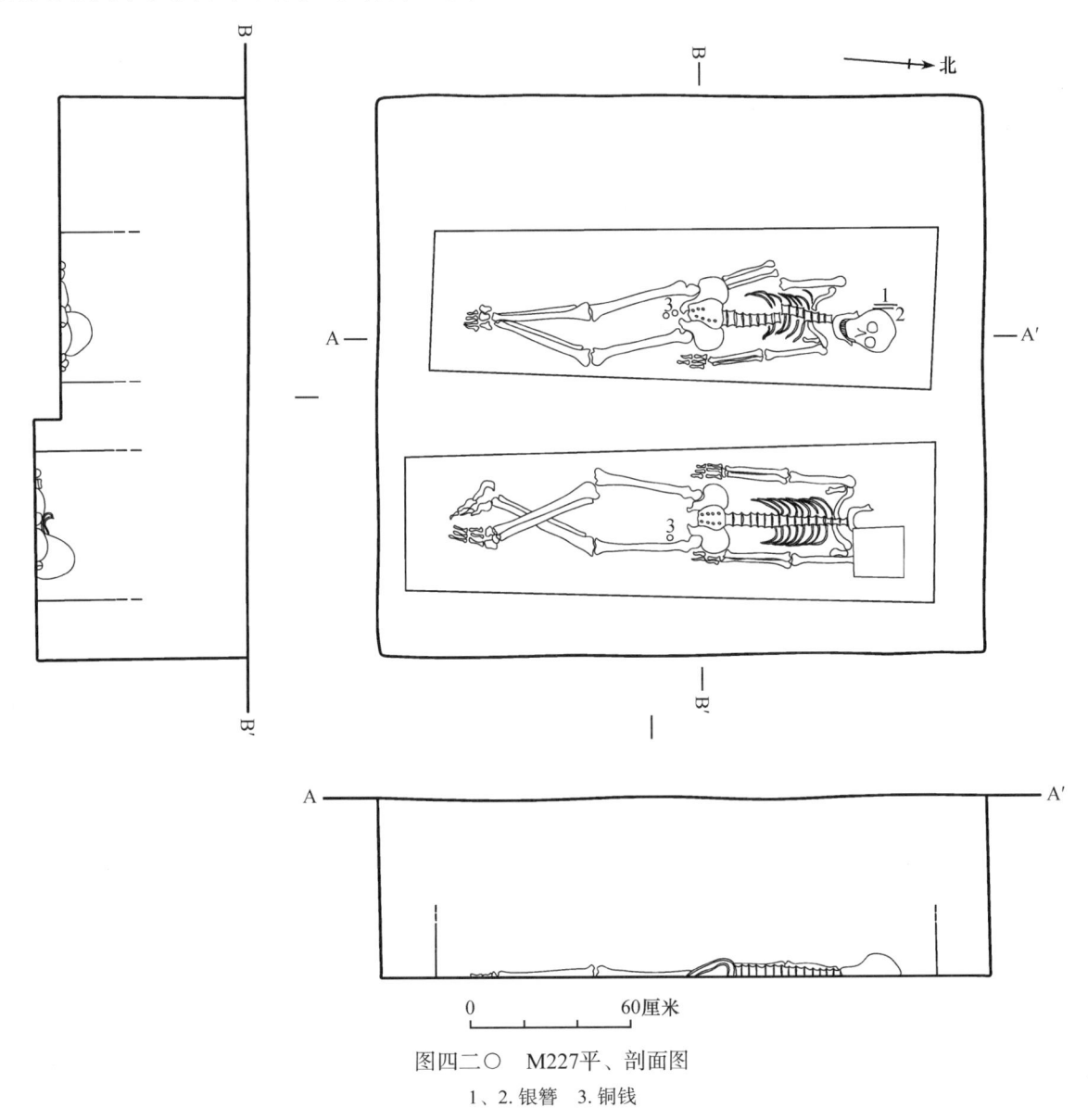

图四二〇　M227平、剖面图

1、2. 银簪　3. 铜钱

2. 随葬品

东棺内左下肢骨内侧上部出土铜钱1枚；西棺内头骨右上方出土银簪2件，下肢骨内侧上部出土铜钱2枚。

银簪　2件。M227：1，首残，体呈四棱锥状。残长11.7厘米（图四二一，1）。M227：2，首残，体呈圆锥状，末端残。残长3.8厘米（图四二一，2）。

铜钱　3枚。有康熙通宝、乾隆通宝。

康熙通宝　1枚。M227：3-1，平钱，圆形，方穿，正背面郭缘较宽，正面楷书"康熙通寶"四字，直读，背穿左右为满文"宝泉"局名。钱径2.4、穿径0.55、郭厚0.1厘米（图四二一，3）。

乾隆通宝　2枚。标本M227：3-2，平钱，圆形，方穿，正背面郭缘略宽，正面楷书"乾隆通寶"四字，直读，背穿左右为满文"宝泉"局名。钱径2.35、穿径0.6、郭厚0.1厘米（图四二一，4）。

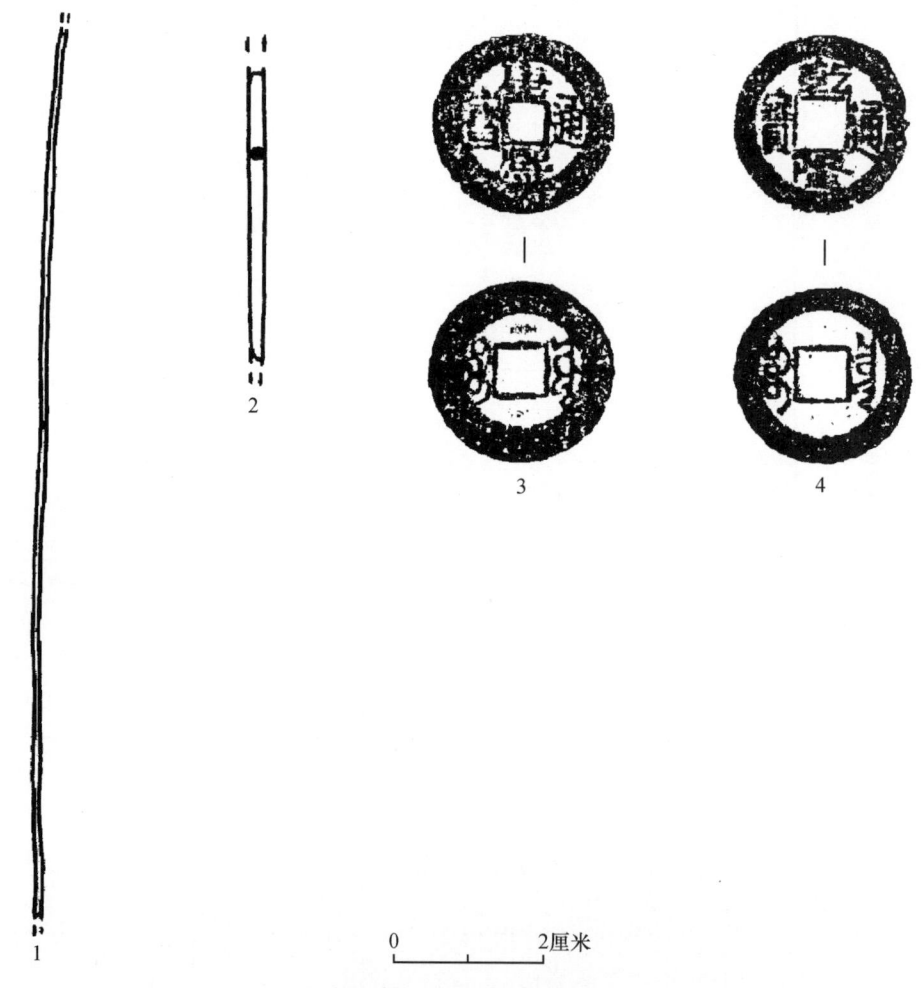

图四二一　M227出土器物

1、2. 银簪（M227：1、M227：2）　3. 康熙通宝（M227：3-1）　4. 乾隆通宝（M227：3-2）

二二八、M228

1. 墓葬形制

该墓位于发掘区西南部，西邻M206。开口于第1层下，南北向，方向10°。

墓平面呈不规则形，竖穴土圹三棺合葬墓。墓口距地表深0.3米，墓底距地表深1.2~1.3米。墓圹南北长2.4~2.6、东西宽2.6、深0.9~1米。内填花土，土质松软。内置三棺，棺木已朽。东棺痕长2、宽0.5~0.6米；棺内骨架保存稍好，头向北，面向东，仰身直肢，为男性。中棺痕长1.9、宽0.5~0.6米；棺内骨架保存较好，头向北，面向东，仰身直肢，为女性。西棺痕长2、宽0.52~0.6米；棺内骨架保存较好，头移位向东，面向南，仰身直肢，为女性（图四二二）。

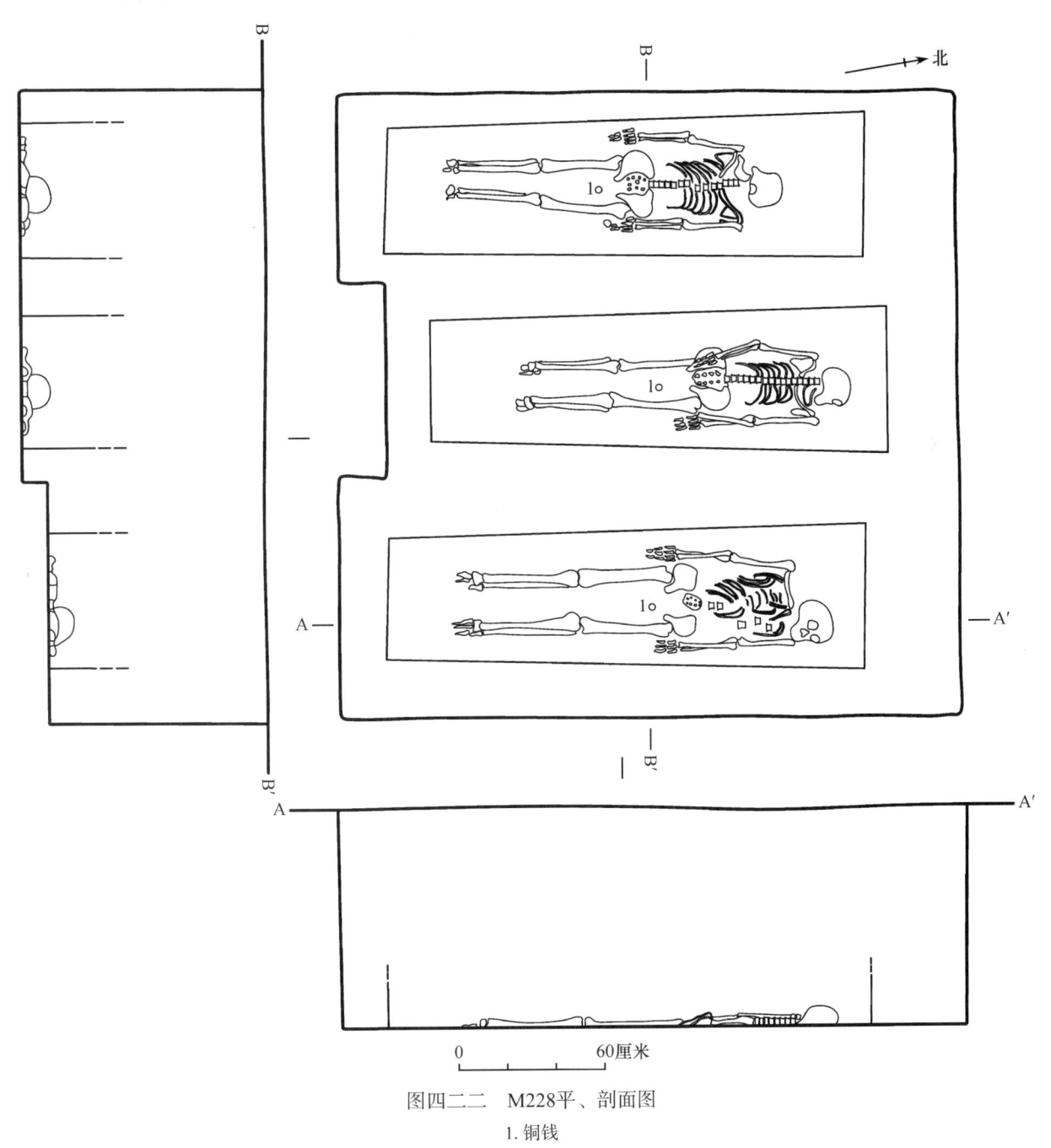

图四二二　M228平、剖面图
1. 铜钱

2. 随葬品

东棺内下肢骨内侧上部出土铜钱1枚；中棺内下肢骨内侧上部出土铜钱1枚；西棺内下肢骨内侧上部出土铜钱1枚。

铜钱　3枚。有咸丰通宝、宽永通宝。

咸丰通宝　2枚。标本M228：1-1，平钱，圆形，方穿，正背面郭缘较窄，正面楷书"咸豐通寶"四字，直读，背穿左右为满文"宝泉"局名。钱径2.2、穿径0.6、郭厚0.11厘米（图四二三，1）。

宽永通宝　1枚。M228：1-2，平钱，圆形，方穿，正背面郭缘略宽，正面楷书"寬永通寶"四字，直读。钱径2.4、穿径0.65、郭厚0.1厘米（图四二三，2）。

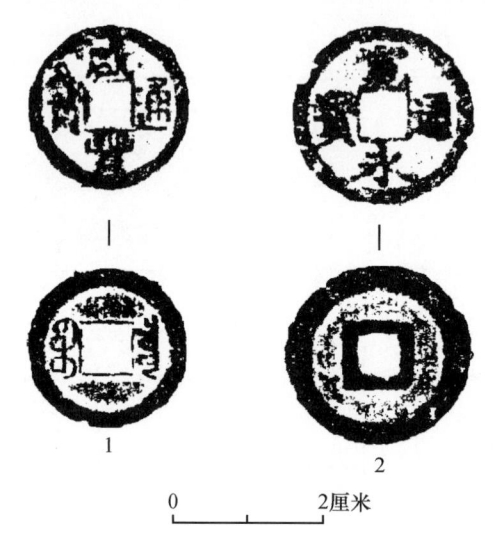

图四二三　M228出土铜钱（拓片）
1. 咸丰通宝（M228：1-1）　2. 宽永通宝（M228：1-2）

第三章 初步研究

第一节 墓葬形制分析

东庄营墓地共发掘墓葬228座，其中明代墓葬6座，清代墓葬222座。墓葬均为竖穴土坑墓，出土了陶器、釉陶器、瓷器、银器、铜器、骨器等随葬器物，具有鲜明的时代特点。

一、明代墓葬

6座。依所葬人数多寡及墓葬形制，分为二型。

单人葬墓 2座。即M104、M186。M104仅出土明晚期万历通宝铜钱，应为明晚期墓葬。M186仅出有北宋时期铜钱治平元宝、熙宁元宝，结合墓葬形制，初步推断为明代墓葬。

双人合葬墓 4座。即M126、M180、M181、M194。M126出土铜钱为北宋时期熙宁元宝，结合所出瓷罐特点，初步推断为明代墓葬。M180出土铜钱为崇祯通宝，M181出土铜钱为万历通宝，M194出土铜钱为万历通宝、天启通宝，结合墓葬及出土瓷罐形制，该3座墓葬时代应为明代晚期。

二、清代墓葬

222座。依所葬人数多寡及墓葬形制，分为四型。

单人葬 52座。即M30、M31、M33、M35、M38、M47、M57、M62~M64、M66、M78、M79、M82、M85、M90、M91、M97、M102、M103、M106、M120、M123、M125、M127、M130、M132、M139、M140、M142、M144、M145、M148、M150、M157、M158、M169、M173、M177、M183、M185、M189、M198、M200、M205~M207、M213、M218、M220、M222、M226。

双人合葬墓　142座。即M3～M29、M32、M36、M37、M39～M43、M45、M46、M48、M49、M51～M53、M56、M58～M61、M65、M68～M70、M72～M77、M80、M81、M83、M84、M87～M89、M93、M95、M96、M98～M101、M105、M108、M110～M112、M114～M116、M118、M119、M121、M122、M124、M128、M129、M131、M133、M135、M136、M138、M141、M143、M146、M147、M151、M153～M156、M159～M163、M165～M168、M170、M171、M174、M175、M179、M182、M184、M187、M188、M190～M193、M196、M199、M201～M204、M208、M209、M211、M212、M214～M217、M219、M221、M223～M225、M227。

三人合葬墓　26座。即M1、M2、M34、M44、M50、M54、M55、M67、M71、M86、M92、M94、M107、M113、M117、M134、M149、M152、M164、M172、M176、M178、M195、M197、M210、M228。

四人合葬墓　2座。即M109、M137。

该批墓葬从墓葬形制、随葬器物特别是出土铜钱，大体可分为三个时期。

清代早期，从顺治至雍正时期（1644年～1735年）。M12、M14、M16、M20、M24～M26、M53、M55、M58、M85、M91、M92、M113、M115～M117、M146、M147、M166～M168、M171、M172、M177、M178、M182、M188、M189、M192、M193、M207、M219，出有清代早期铜钱顺治通宝、康熙通宝、雍正通宝，结合墓葬其他出土器物，该批墓葬年代为清代早期。

清代中期，从乾隆至道光时期（1736年～1850年）。M3、M5～M7、M10、M13、M15、M19、M28、M34、M38、M40、M52、M57、M60、M76～M78、M82、M84、M87、M88、M93～M96、M123、M127、M133、M136、M137、M148、M150、M152、M159～M162、M165、M176、M184、M191、M196、M203、M209、M211、M216、M221、M225、M227，出有清代中期铜钱乾隆通宝、嘉庆通宝、道光通宝，结合墓葬其他出土器物，该批墓葬年代为清代中期。

清代晚期，从咸丰至宣统时期（1851年～1911年）。M4、M21、M35、M42、M44、M45、M50、M68～M72、M74、M81、M86、M89、M98、M100～M103、M107、M109、M111、M112、M118、M120、M121、M125、M128、M130、M132、M134、M135、M138、M139、M142、M143、M149、M151、M175、M185、M195、M199、M200、M206、M208、M210、M212、M214、M215、M217、M220、M228，出有清代晚期铜钱咸丰通宝、咸丰重宝、同治重宝、光绪通宝、光绪元宝、宣统通宝、大清铜币等，结合墓葬其他出土器物，该批墓葬年代为清代晚期，部分出土铜币的墓葬时代已至民国时期。

除上述三期墓葬外，未出土明确纪年铜钱的其他墓葬，结合墓葬形制、其他出土器物及与周围墓葬的关系，初步推断为清代墓葬。

第二节　随葬器物分析

东庄营墓地出土器物多为日常生活用器，按质地有陶器、釉陶器、瓷器、银器、铜器等，其中陶器、釉陶器数量较少，瓷器、银器、铜器数量相对较多，此外，还有少量骨器、玛瑙器、石器等。以下从器物口沿、颈、腹、底、纹饰等方面对其进行类别分析。

一、陶　　器

陶罐　6件。泥质灰陶。依形制特征分二型。

A型　3件。依口沿、肩、腹部特征分三亚型。

Aa型　1件。侈口，平沿，矮领，溜肩，斜腹微弧，平底，肩、腹部置倒鼻形双系（M39∶1）。

Ab型　1件。侈口，方圆唇，矮领，溜肩，弧腹，平底内凹，肩、腹部置倒鼻形双系（M87∶1）。

Ac型　1件。直口，平沿，矮领，溜肩，圆弧腹，平底，肩、腹部置倒鼻形双系（M150∶1）。

B型　3件。依口沿、腹、底部特征分二亚型。

Ba型　1件。侈口，平沿，矮领，溜肩，斜弧腹，平底，领、肩部置倒鼻形双系（M122∶1）。

Bb型　2件。侈口，方圆唇，矮领，溜肩，弧腹，平底内凹，领、肩部置倒鼻形双系（M152∶1、M161∶1）。

陶盆　2件。依口沿、腹部特征分二型。

A型　1件。泥质灰褐陶。敞口，方圆唇，折沿，斜直腹，平底内凹（M105∶1）。

B型　1件。泥质灰陶。敛口，方圆唇，斜平沿，深弧腹，平底内凹（M153∶1）。

釉陶罐　1件。直口，方圆唇，斜领，弧肩，平底微凹，肩上部及口沿内侧施黄绿色釉（M181∶1）。

二、瓷　　器

瓷罐　40件。依口沿、颈、肩、腹、足、底、纹饰特征分七型。

A型　7件。依口沿、颈、肩、腹、足、施釉分七亚型。

Aa型　1件。侈口，方圆唇，矮领，圆肩，弧腹，下腹弧收，矮圈足，体内外施黑色釉（M4∶2）。

Ab型　1件。敛口，方圆唇，斜领微弧，溜肩，弧腹，矮圈足，腹上部及内壁施黑色釉（M94∶1）。

Ac型　1件。敛口，方圆唇，矮领，折肩，弧腹，矮圈足，腹上部及内壁施黑色釉（M116∶1）。

Ad型　1件。敛口，方圆唇，斜领微弧，圆肩，鼓腹，矮圈足，腹上部及内壁施酱绿色釉（M176∶1）。

Ae型　1件。直口，方圆唇，矮领，折肩，弧腹，矮圈足，腹上部及内壁施黑色釉（M177∶1）。

Af型　1件。直口，方圆唇，矮领，圆肩，弧腹，矮圈足，腹上部及内壁施酱色釉（M189∶1）。

Ag型　1件。侈口，尖圆唇，斜领，圆肩，鼓腹，矮圈足，腹上部及内壁施黑色釉（M208∶1）。

B型　13件。依器物口沿、肩、腹、足、施釉分六亚型。

Ba型　6件。敛口，方圆唇，矮领，圆肩，鼓腹，圈足，腹上部及内壁施黑色釉或酱色釉（M13∶1、M23∶1、M111∶1、M167∶1、M192∶1、M219∶1）。

Bb型　2件。敛口，方圆唇，斜领，折肩，弧腹，圈足，腹上部及内壁施酱黑色釉（M15∶2、M112∶1）。

Bc型　2件。敛口，方圆唇，矮领，圆肩，弧腹，圈足，腹上部及内壁施黑色釉（M30∶1、M78∶1）。

Bd型　1件。敛口，方圆唇，斜领，圆肩，鼓腹，圈足，腹上部及内壁施酱色釉（M113∶1）。

Be型　1件。敛口，方圆唇，高领，圆肩，弧腹，圈足，腹上部及内壁施黑色釉（M172∶1）。

Bf型　1件。敛口，方圆唇，矮领，折肩，鼓腹，圈足，腹上部及内壁施酱色釉（M176∶2）。

C型　7件。依器物口沿、肩、腹、足、施釉分三亚型。

Ca型　2件。近直口，方圆唇，斜领，溜肩，斜腹微弧，圈足，腹上部及内壁施黑色釉（M113∶3、M182∶1）。

Cb型　2件。敛口，方圆唇，斜领，圆肩，斜弧腹，圈足，腹上部及内壁施墨绿色釉或黑色釉（M126∶1、M176∶3）。

Cc型　3件。敛口，方圆唇，斜领，溜肩，斜弧腹，内圈足，腹上部及内壁施黑色釉或酱色釉（M126∶2、M179∶1、M179∶2）。

D型　6件。依口沿、肩、腹、足部特征分五亚型。

Da型　1件。近直口，方圆唇，斜领，溜肩，圆弧腹，圈足，领、肩部置对称四系，体施黑色釉（M4∶1）。

Db型　1件。敛口，方圆唇，斜领，溜肩，圆弧腹，圈足，领、肩部置对称四系，体施黑色釉（M113∶2）。

Dc型　2件。敛口，方圆唇，高领，溜肩，弧腹，圈足，领、肩部置对称四系，腹上部及内壁施酱色釉（M180∶1、M180∶2）。

Dd型　1件。敛口，方圆唇，斜领，溜肩，斜弧腹，圈足，领、肩部置对称四系，体施酱黑色釉（M194∶1）。

De型　1件。敛口，方圆唇，高领，圆肩，鼓腹，矮圈足，领、肩部置对称四系，腹上部及内壁施酱色釉（M196∶1）。

E型　5件。依口沿、肩、腹、足部特征分三亚型。

Ea型　3件。敛口，方圆唇，斜领，溜肩，弧腹，圈足，领、肩部置对称倒鼻形双系，腹上部及内壁施酱黄色釉（M15∶1、M129∶1、M197∶1）。

Eb型　1件。敛口，方圆唇，高领，折肩，弧腹，矮圈足，领、肩部置对称双系，腹上部及内壁施黑色釉（M26∶1）。

Ec型　1件。直口，方圆唇，斜领，圆肩，弧腹，圈足，领、肩部置对称双系，腹上部及内壁施墨绿色釉（M115∶1）。

F型　1件。直口，方圆唇，束颈，折肩，弧腹，平底内凹，体施酱黑色釉（M181∶2）。

G型　1件。敛口，方唇，束颈，溜肩，弧腹，平底内凹，底上部饰一周堆纹，体施酱绿色釉（M196∶2）。

瓷盖　2件。蘑菇状，敛口，宽平沿，盖沿方圆唇，外壁施酱色釉或黑色釉（M41∶1、M41∶2）。

瓷碗　22件。依口沿、唇、腹、底、足、纹饰、施釉分五型。

A型　4件。敞口，方唇，浅弧腹，矮圈足，体施青色釉，圈足无釉（M8∶1、M36∶1、M41∶3、M156∶1）。

B型　10件。依腹、纹饰、施釉分五亚型。

Ba型　6件。敞口，沿外撇，尖圆唇，斜弧腹，下腹折收，矮圈足，内涩底，体施酱色釉，下腹及足底无釉（M34∶1、M50∶1、M137∶1、M154∶1、M155∶1、M204∶1）。

Bb型　1件。敞口，尖圆唇，斜弧腹，下腹折收，矮圈足，内涩底，上腹部施酱色釉，内壁施乳白色釉，下腹及足底无釉（M122∶2）。

Bc型　1件。敞口，沿外撇，尖圆唇，斜弧腹，下腹折收，矮圈足，内涩底，腹部施酱黄色釉，内壁施乳白色釉，下腹及足底无釉，口沿内侧饰两周弦纹（M158∶1）。

Bd型　1件。敞口，沿外撇，尖圆唇，斜弧腹，下腹折收，矮圈足，内涩底，腹部施酱黄色釉，内壁施乳白色釉，下腹及足底无釉，口沿内侧饰两周弦纹，腹上部饰两组折枝花卉纹，足内中部楷书"安"字（M159∶1）。

Be型　1件。敞口，沿外撇，尖圆唇，斜弧腹，矮圈足，体施乳白色釉，足底无釉（M178∶1）。

C型　3件。依唇、施釉分三亚型。

Ca型　1件。敞口，沿外撇，尖圆唇，斜弧腹，下腹折收，矮圈足，内涩底，上腹部施黑色釉，下腹部及内壁施乳白色釉，圈足无釉（M43∶1）。

Cb型　1件。敞口，沿外撇，方圆唇，斜弧腹，下腹折收，矮圈足，内涩底，体施黑色釉，内壁施灰白色釉，足底无釉（M69∶1）。

Cc型　1件。敞口，沿外撇，尖圆唇，斜弧腹，下腹折收，矮圈足，内涩底，上腹部施酱色釉，下腹部及内壁施乳白色釉，圈足无釉，腹上部饰七组圆点纹，内侧口沿饰两周弦纹（M174∶2）。

D型　3件。依施釉分二亚型。

Da型　2件。敞口，尖圆唇，斜腹微弧，下腹折收，内涩底，矮圈足，体施黑色釉，下腹及足底无釉（M127∶1、M180∶3）。

Db型　1件。敞口，尖圆唇，斜腹微弧，下腹折收，内涩底，矮圈足，体施乳白色釉，足底无釉（M174∶1）。

E型　2件。依唇、纹饰、施釉分二亚型。

Ea型　1件。敞口，沿外撇，尖圆唇，深弧腹，矮圈足，体施青色釉，足底无釉，口沿及内壁饰两周弦纹，外腹部饰四组缠枝莲纹，内底饰一组折枝莲纹，底中部饰两周不规则弦纹（M46∶1）。

Eb型　1件。敞口，方圆唇，深弧腹，矮圈足，中部一"花押"款，体施青色釉，外腹部饰三组粉彩折枝花卉纹，下腹部饰粉彩莲瓣纹，内底饰一组粉彩折枝花卉纹（M60∶1）。

三、银　　器

银押发　2件。呈弓状，两端呈扁条叶状，上錾刻花卉纹（M71∶1、M138∶1）。

银钗　2件。首呈方棱形，向后弯曲，饰蝙蝠纹，两侧扁平长方形，饰掐丝镂空连环钱纹，上端饰蝙蝠纹，中部饰"寿"字纹，下端饰一组钱文，体呈"U"形，上部饰如意纹，下部圆锥状（M34∶10、M34∶11）。

银簪　178件。依形制特征分二十三型。

A型　1件。首呈扁平水滴形，体呈圆锥状（M10∶1）。

B型　1件。首呈扁平朵状，体呈圆锥状（M10∶2）。

C型　6件。依首部特征、纹饰分二亚型。

Ca型　2件。首呈扁平花瓣状，上部錾刻花卉纹，体呈圆锥状（M13∶2、M13∶3）。

Cb型　4件。首呈扁平花瓣状，体呈圆锥状（M89∶2、M170∶1、M212∶1、M212∶2）。

D型　1件。首呈扁平椭圆形，体呈圆锥状（M68∶4）。

E型　16件。包珠式首，依首、体部特征、纹饰分八亚型。

Ea型　2件。首呈花朵状，花蕊包珠，体呈圆锥状（M18∶1、M134∶7）。

Eb型　5件。首呈花朵状，花蕊包珠，伞状托，体呈圆锥状或残（M29∶1、M86∶1、M137∶2、M201∶3、M225∶1）。

Ec型　2件。首呈花朵状，花蕊包珠，珠已缺失，体上部弯曲呈扁条状，下部圆锥状（M37∶1、M37∶2）。

Ed型　2件。首呈花朵状，花蕊包珠，梅花朵形托，体呈圆锥状（M68∶5、M127∶2）。

Ee型　2件。首呈花朵状，花蕊包珠，体呈圆锥状或残（M72∶1、M202∶2）。

Ef型　1件。花蕊呈包珠形首，珠已缺失，体呈圆锥状（M96∶4）。

Eg型　1件。首呈花瓣状，花蕊包珠，体呈圆锥状（M128∶3）。

Eh型　1件。首呈花朵状，花蕊包珠，下部缠丝龙头纹，体呈圆锥状（M152∶4）。

F型　68件。依首部形制分三亚型。

Fa型　63件。首呈扁平花瓣状，中部凸起呈圆环形，内镶嵌"福""寿"字纹，体呈圆锥状或残（M21∶1、M29∶2、M32∶1、M32∶2、M34∶2～M34∶5、M35∶1、M35∶2、M50∶2、M51∶2、M53∶1、M56∶2、M58∶1、M68∶2、M68∶3、M71∶2、M83∶1、M87∶2、M95∶1、M98∶1、M98∶2、M107∶1～M107∶3、M121∶1、M121∶2、M122∶3、M122∶4、M125∶1、M125∶2、M129∶3、M131∶1、M133∶1、M133∶2、M134∶3、M138∶2、M142∶1、M146∶1、M146∶2、M149∶1～M149∶3、M151∶2、M151∶3、M152∶2、M152∶3、M153∶2、M155∶2、M160∶2、M162∶2、M162∶3、M169∶1、M169∶2、M201∶1、M201∶2、M204∶2、M205∶1、M205∶2、M216∶1、M216∶2、M217∶1）。

Fb型　4件。首呈扁平花瓣状，中部凸起呈圆环形，内铸"福""寿"字纹，体呈圆锥状（M109∶1、M109∶2、M135∶2、M214∶1）。

Fc型　1件。首呈扁平圆形，中部凸起呈圆饼状，顶部錾刻"寿"字纹，体残（M34∶6）。

G型　3件。依首、体部特征、纹饰分三亚型。

Ga型　1件。首呈圆帽状，体残（M34∶7）。

Gb型　1件。首呈圆帽状，顶部錾刻花卉纹，体呈圆柱锥形（M89∶1）。

Gc型　1件。首呈圆帽状，掐丝焊接如意头纹，体呈圆锥状（M149∶5）。

H型　1件。首锤揲两层，掐丝焊接呈圆形，体呈圆锥状（M53∶2）。

I型　1件。首呈花朵状，体呈圆锥形（M71∶3）。

J型　5件。耳勺形首，依体部形制分二亚型。

Ja型　3件。下部呈节状，体呈四棱锥状（M20∶2、M83∶2、M129∶4）。

Jb型　2件。下部呈节状，体呈圆锥状（M162∶4、M165∶1）。

K型　12件。九连环禅杖形首，顶呈葫芦状，体呈圆锥形或残（M34∶8、M34∶9、

M58∶2、M68∶1、M73∶1、M134∶6、M143∶1、M146∶3、M151∶1、M153∶4、M162∶1、M202∶3）。

L型　4件。镂空球式首，依首部形制分二亚型。

La型　2件。首呈镂空花球状，体呈圆锥形（M35∶3、M149∶4）。

Lb型　2件。首镂空呈六面方球状，下部节状，体呈圆锥形（M56∶4、M160∶1）。

M型　7件。依首部形制、纹饰分二亚型。

Ma型　1件。近方形首，四角内凹，四周錾刻"卍"字纹，中部饰花卉纹，圆珠纹衬底（M69∶2）。

Mb型　6件。近方形首，四角内凹，四周空白或饰三角纹，中部饰梅花纹，体呈圆锥状（M99∶1、M99∶2、M134∶1、M134∶2、M184∶1、M184∶2）。

N型　5件。首呈伞状，中部饰花卉纹，圆珠纹衬底，体呈圆锥状（M70∶1、M70∶2、M96∶1、M96∶2、M100∶1）。

O型　8件。依首部形制、纹饰分四亚型。

Oa型　2件。首呈扁平梅花瓣状，圆珠纹衬底（M56∶3、M96∶5）。

Ob型　1件。首呈蝶状，镂铸菊花纹，体呈圆锥状（M70∶3）。

Oc型　3件。首呈蝶状，上部饰梅花纹，圆珠纹衬底，体呈圆锥状（M96∶3、M99∶3、M184∶3）。

Od型　2件。梅花朵形首，体呈圆锥状（M128∶1、M128∶2）。

P型　2件。镂铸双面梅花朵形首，体呈圆锥状（M134∶5、M135∶1）。

Q型　2件。菊花朵形首，体呈圆锥状（M129∶2、M202∶1）。

R型　2件。龙头形首，体呈扁条状，末端圆弧状（M95∶2、M152∶5）。

S型　4件。莲藕式首，依体部形制、纹饰分四亚型。

Sa型　1件。莲瓣形托，体呈圆锥状（M98∶3）。

Sb型　1件。莲瓣形托，下部葫芦状，体呈圆锥状（M122∶5）。

Sc型　1件。梅花瓣形托，体呈圆锥状（M134∶4）。

Sd型　1件。圆帽状托，体呈圆锥状（M216∶3）。

T型　1件。首呈扁平葫芦状，顶部呈圆柱螺丝状，向后弯曲，体呈扁条状，上部錾刻梅花纹（M133∶4）。

U型　3件。依首、体部形制分二亚型。

Ua型　1件。如意头形首，体呈圆锥状（M143∶2）。

Ub型　2件。如意头形首，体呈扁条锥状（M176∶4、M221∶1）。

V型　1件。佛手形首，体呈圆锥状（M214∶2）。

W型　24件。首残，依簪体形制分二亚型。

Wa型　23件。首残，体呈圆锥状（M51∶1、M52∶1、M56∶1、M59∶1、M80∶1、M80∶2、M121∶3、M131∶2、M133∶3、M135∶3、M138∶3、M138∶4、M153∶3、

M154：2、M155：3、M155：4、M167：2、M195：1、M211：1、M214：3、M215：1、M215：2、M227：2）。

Wb型　1件。首残，体呈四棱锥状（M227：1）。

银耳环　26件。依环体形制、纹饰分九型。

A型　3件。体呈"S"形，一端呈钩状，另一端呈花朵形（M18：2、M34：12、M50：3）。

B型　4件。体呈"S"形，一端呈钩状，另一端为半球形（M27：1、M37：3、M72：2、M167：3）。

C型　11件。体呈"S"形，一端呈钩状，另一端呈圆饼形（M35：4、M68：6、M73：2、M108：1、M134：8、M135：4、M162：5、M162：6、M216：4、M216：5、M217：2）。

D型　1件。体呈"S"形，一端呈钩状，另一端残（M70：4）。

E型　2件。体呈"S"形，一端呈钩状，另一端为花蕊包珠状（M80：3、M80：4）。

F型　2件。体呈"S"形，一端呈钩状，另一端为镂空蝙蝠"寿"字形（M124：1、M127：3）。

G型　1件。体呈"S"形，一端呈钩状，另一端为梅花朵状（M128：4）。

H型　1件。体呈"C"形，一端圆锥状，中部呈如意首形，錾刻蝙蝠纹，另一端长条形（M109：3）。

I型　1件。龙吐须状，一端呈弯曲锥形，另一端镂铸双龙纹（M217：3）。

银戒指　14件。依形制特征分八型。

A型　2件。依整体特征、纹饰分二亚型。

Aa型　1件。形体宽扁，戒面中部镂铸蝙蝠纹，一端刻划梅花纹，背面錾刻"德回"二字（M68：7）。

Ab型　1件。形体宽扁，戒面中部錾刻蝙蝠纹，两侧錾刻钩纹，内刻划梅花纹（M134：9）。

B型　1件。戒面镂空花朵状，上面饰梅花纹，两端呈扁锥状（M128：5）。

C型　1件。戒面呈菱形块状，两端呈扁锥状（M128：6）。

D型　2件。圆环形，呈节状（M134：10、M143：4）。

E型　2件。圆环形，呈螺纹状（M184：4、M184：5）。

F型　2件。圆环形，戒面呈扁鼓状，圆珠纹衬底，内饰梅花纹（M134：11、M143：5）。

G型　2件。戒面呈长方形，四周饰圆珠纹，内楷书"吉祥""富贵"字纹，两端呈扁锥形（M142：2、M142：3）。

H型　2件。依整体特征、纹饰分二亚型。

Ha型　1件。圆形，戒面呈桃形，饰梅花纹，两端呈扁锥形（M142：4）。

Hb型　1件。圆形，戒面呈花朵状，饰圆珠纹，两端呈扁锥形（M215：3）。

银饰　4件。依形制特征分四型。

A型　1件。扁平圆形齿轮状，一端焊接椭圆形环，中部穿三股银丝盘绕（M1∶1）。

B型　1件。体扁平，呈弧角星状（M53∶3）。

C型　1件。体呈如意首形，中部呈椭圆形，内饰兰草纹，背面掐丝龙纹（M80∶5）。

D型　1件。花枝状，两端花蕊包珠，中部呈蝴蝶形，一端如意首状（M225∶2）。

银镯　5件。椭圆形，依形制特征分二型。

A型　2件。银条盘绕呈麻花状，接口平齐（M101∶1、M101∶2）。

B型　3件。接口平齐（M143∶3、M152∶6、M152∶7）。

银饰件　1套。上部为蝙蝠形，一条银链连接，中部花篮状，提呈弯曲如意状，篓微鼓呈灯笼状，下方五条银链坠挂有耳勺、刀、镊子、剑、牙签（M134∶12）。

四、铜　　器

铜扁方　3件。体上宽下窄，呈扁条状（M80∶6、M137∶3、M221∶2）。

铜戒指　1件。戒面呈扁鼓状（M43∶2）。

铜扣　5件。依整体特征、纹饰分三型。

A型　2件。上部扁平呈圆饼状，下部焊接椭圆形环，面饰喜上枝头纹或桃枝（M32∶3、M32∶4）。

B型　2件。球形纽，焊接椭圆形环，环已残缺（M101∶3、M101∶4）。

C型　1件。上部呈圆帽状，下部焊接椭圆形环，扣面镂铸喜上枝头纹（M148∶1）。

铜环　1件。圆环形（M39∶2）。

铜顶针　2件。体宽扁长条状，上面饰圆凹点纹（M78∶2、M192∶2）。

铜饰　1件。体呈如意首形，中部呈椭圆形，两端有对称四处穿孔（M86∶3）。

五、其　　他

玛瑙扣　2件。体呈"8"字形，球形纽，上接椭圆形穿孔（M58∶3、M58∶4）。

骨簪　4件。依整体特征分二型。

A型　3件。体呈圆锥状（M27∶2、M27∶3、M86∶2）。

B型　1件。平顶，上宽下窄，体呈扁条状（M155∶5）。

镇墓石　1件。扁平长条形，正、背面楷书"赤""黄"二字（M134∶13）。

六、铜　　钱

东庄营墓地出土的铜钱中，清代铜钱较多，明代铜钱较少，此外有极少的宋代铜钱和日本铜钱。

北宋铜钱有宋英宗时期的治平元宝，宋神宗时期的熙宁元宝、元丰通宝，该墓地北宋时期的铜钱极少，出土于明代及清代墓葬。

明代铜钱中，最早的为明神宗时期的万历通宝、明熹宗时期的天启通宝，最晚为明思宗时期的崇祯通宝。铜钱背穿上方为纪局名，背穿上楷书"户"字者，为北京户部局所铸；背穿上楷书"工"字者，为北京工部局所铸。

清代铜钱中，最早的为清世祖顺治通宝，最晚的为溥仪宣统通宝，此外有康熙通宝、雍正通宝、乾隆通宝、嘉庆通宝、道光通宝、咸丰通宝、咸丰重宝、同治重宝、光绪通宝、宣统通宝。铜钱背穿左右满文为纪局名，主要局名有：背穿左右为满文"宝泉"者，背穿左楷书"一厘"、右楷书"户"字者，背穿左右为满文"宝泉"、上下楷书"当十"者，背穿左右为满文"宝泉"、上下楷书"當拾"者，为北京户部宝泉局所铸。背穿左右为满文"宝源"者，背穿左楷书"一厘"、右楷书"工"字者，为北京工部宝源局所铸。背穿左为满文"同"字、右楷书"同"字者，为山西大同府局所铸。背穿左为满文"临"字、右楷书"臨"字者，背穿右楷书"臨"字者，为山东省临清局所铸。背穿上楷书"東"字者，为云南东川府局所铸。背穿左为满文"宣"字、右楷书"宣"字者，为直隶宣府局所铸。背穿左为满文"河"字、右楷书"河"字者，为河南宝河局所铸。背穿左为满文"宁"字、右楷书"寧"字者，为甘肃宁夏府局所铸。背穿左右为满文"宝濟"字者，为山东济南宝济局所铸。背穿左右为满文"宝直"字者，为保定直隶局所铸。

宽永通宝是日本历史上铸量最大、铸期最长、版别最多的一种钱币，同时也是流入我国数量最多的外国钱币之一。它始铸于日本后水尾天皇宽永三年（1626年）。从1636年开始大量铸造，前后流通240余年，后因德川幕府灭亡而废止。品类繁多，光背最为常见，另背有文字（背"文""元"字最多）、星点、纪年、纪数（背"十六"较少）、纪地及波纹（当四钱）等。背穿上楷书"元"字者，为宽永二年（1625年）所铸。

铜币种类分为四种，即铜币、大清铜币、中华铜币、光绪元宝，出土于清代墓葬，最晚已至民国时期。主要局名有：背齿缘左右楷书"丁未"字、"光绪年造"字者，为（1907年）中央户部所铸。背齿缘左右楷书"巳酉"字、"當制钱二十文"字者，为宣统三年（1909年）中央户部局所铸。背中部楷书"貳拾文"字者，为（1909年）天津度支部造币总厂所铸。背上齿缘楷书"中華民國"字、下"當制钱二十文"字者，为（1912年）中央户部局所铸。背上齿缘楷书"中華民國"字、下"當二十铜元"字者，为（1912年）中央户部局所铸。背中部楷书"雙枚"字者，为（1924年）河北省张家口北造币厂所铸。

第三节　墓地文化内涵分析

　　东庄营墓地墓葬结构简单，随葬品较少，墓主人身份、地位不高，应为平民阶层墓葬。墓中出土的陶器、釉陶器、瓷器、银器、铜器等，为明清墓葬的考古学研究提供了重要资料。墓葬形制中，竖穴土圹木棺墓是该墓地的主要墓葬形制，单人葬、双人合葬及多人合葬为常见埋葬形式。墓葬中木质葬具腐朽程度不一，人骨多数能够有所保存，葬式中以仰身直肢葬为主，此外有一定数量的仰身屈肢葬、侧身屈肢葬。随葬品中，墓主人的头部前方通常放置釉陶罐或瓷罐一件，棺内则随葬时人通常佩戴的头簪、戒指、手镯、耳环等饰件。墓葬中出土本朝或前朝铜钱，明代墓葬中还有少量的宋代铜钱，这也是明清时期墓葬的特点。东庄营墓地墓葬数量较多，从明代到清末，延续时间较长。根据墓葬的分布情况来看，部分分布较为集中的墓葬可能属于家族墓葬。

　　值得关注的是，东庄营墓地部分死者头部盖有瓦片，头端周围或胸部、上肢等人骨上放置瓦片，上有朱砂书绘符箓，应为镇墓习俗。镇墓术是中国古代术数之一，也是古人镇宅术在死后世界的延伸，是"事死如生"观念的表达。考古发现的中国古代镇墓资料显示，镇墓习俗至晚在商代就出现了，此后，这一习俗延续了下来，但形式随时代略有变化。商代个别墓葬用石镇墓，而镇墓石成为中国古代镇墓用物中沿用年代最长者。有学者认为东周时期楚墓中的鹿角兽就是镇墓兽。汉代既有镇墓兽，也有镇墓石和镇墓符箓等。北朝至唐代是镇墓俑、镇墓兽大行的时代，到晚唐出现了用铁牛、铁猪镇墓的习俗。而北魏即已出现的镇墓瓦，到明清时期才流行起来。明清时期以绘符箓的镇墓瓦为代表的镇墓术是当时丧葬礼俗的重要组成部分，也是中国古代镇墓术传统的延续。镇墓术在发展过程中不断吸收其他宗教尤其是道教因素，丰富自身的内容，以镇墓瓦为代表的镇墓术反映了古人对墓葬安全持久的重视。考古发现，用瓦镇墓到明清时期才流行起来，明清时期小型墓葬中随葬的标准镇墓瓦多于中间绘符箓两侧加文字的镇墓瓦，不绘符箓的陶瓦同样有镇墓作用。镇墓瓦都是泥质板瓦，形制相近，大小不一，略呈梯形，瓦背拱起。镇墓瓦在墓中的位置并不固定，有置于墓主头端的，有置于人骨上的，也有置于棺上的盖板或填土中的，如北京大兴北程庄清墓[①]，而东庄营墓地墓主肩部附近板瓦应为木棺盖板腐朽后落入的。随葬镇墓瓦的明清墓多为小型墓葬，墓中随葬品数量较少，墓主身份较低。另外一些墓葬中还有枕瓦的习俗，瓦上并无符箓，可能亦具有镇墓的功能。除镇墓瓦外，明清小型墓葬中还有一些随葬品如石块、砖、买地券也具有镇墓功能，东庄营镇墓石M134:13为青石，扁平长条形，正面楷书"赤"字，背面楷书"黄"字，M102头骨上方放置三石块，这种墓中出土的石块即为镇墓之用。北京出土明代荣禄大夫谷奉买地券[②]、清代随

[①] 北京市文物研究所：《大兴北程庄墓地——北魏、唐、辽、金、清代墓葬发掘报告》，科学出版社，2010年。
[②] 张智勇：《北京出土明代荣禄大夫谷奉买地券考释》，《北京文博文丛》2019年第2辑。

时道买地券[①]可能同样具有镇墓功能。镇墓观念自出现以后，很快发展成为一种流行的社会观念，并稳定沉淀下来，成为一种传统文化，历数千年而延续[②]。

[①] 李伟敏：《通州新出土清随时道买地券考释》，《北京文博文丛》2020年第1辑。
[②] 杨爱国：《明清墓随葬陶瓦与古代镇墓传统》，《中原文物》2022年第5期。

附 表

附表一 墓葬登记表

墓号	层位	方向	形状与结构	墓圹尺寸（长×宽×深）（米）	葬具	葬式	人骨保存情况	性别	随葬品/件	年代
M1	第1层下	4°	不规则形竖穴土圹墓	(2.6~2.72)×(2.83)-(0.78~0.84)	三棺	东：仰身直肢 中：仰身屈肢 西：仰身直肢	东：稍好 中：较好 西：较差	东：男 中：男 西：女	银饰1	清
M2	第1层下	0°	不规则形竖穴土圹墓	(3.3~3.4)×(2.48~2.6)-(0.7~1.02)	三棺	东：不明 中：仰身直肢 西：仰身直肢	东：不明 中：稍好 西：较差	东：不明 中：男 西：女	无	清
M3	第1层下	353°	不规则形竖穴土圹墓	(2.84~2.9)×(1.84~1.96)-(1.12~1.22)	双棺	仰身直肢	东：较好 西：较差	东：男 西：女	铜钱6	清
M4	第1层下	354°	不规则形竖穴土圹墓	(2.2~2.9)×(2.55~2.86)-(1.1~1.12)	双棺	仰身直肢	东：较差 西：较差	东：男 西：女	瓷罐2，铜钱2	清
M5	第1层下	356°	不规则形竖穴土圹墓	(2.46~2.71)×(2.59~2.82)-(0.9~0.92)	双棺	东：仰身直肢 西：仰身屈肢	东：较好 西：较差	东：男 西：女	铜钱7	清
M6	第1层下	4°	梯形竖穴土圹墓	2.41×(1.7~1.76)-(0.54~0.6)	双棺	侧身屈肢	东：稍好 西：较差	东：男 西：女	铜钱3	清
M7	第1层下	1°	梯形竖穴土圹墓	2.5×(1.36~1.5)-(0.54~0.58)	双棺	仰身直肢	东：较好 西：稍差	东：男 西：女	铜钱1	清
M8	第1层下	4°	梯形竖穴土圹墓	2.31×(1.7~1.78)-(0.52~0.62)	双棺	仰身直肢	东：稍差 西：较差	东：男 西：女	瓷碗1	清

续表

墓号	层位	方向	形状与结构	墓圹尺寸（长×宽－深）（米）	葬具	葬式	人骨保存情况	性别	随葬品/件	年代
M9	第1层下	3°	不规则形竖穴土圹墓	(2.52~3.47)×(0.93~2.13)-(0.6~0.7)	双棺	东：仰身直肢 西：侧身屈肢	东：稍好 西：较差	东：男 西：女	无	清
M10	第1层下	3°	梯形竖穴土圹墓	2.5×(1.56~1.64)-(0.72~0.8)	双棺	东：仰身直肢 西：侧身屈肢	东：稍好 西：稍差	东：男 西：女	银簪2、铜钱2	清
M11	第1层下	3°	梯形竖穴土圹墓	2.5×(1.66~1.68)-(0.62~0.66)	双棺	东：仰身直肢 西：侧身屈肢	稍差	东：男 西：女	无	清
M12	第1层下	3°	梯形竖穴土圹墓	2.53×(1.74~1.8)-(0.76~1.22)	双棺	东：仰身直肢 西：仰身不明	东：较差 西：较差	东：男 西：女	铜钱1	清
M13	第1层下	359°	梯形竖穴土圹墓	2.28×(2.15~2.25)-(0.56~0.92)	双棺	东：仰身直肢 西：仰身屈肢	稍差	东：男 西：女	瓷罐1、银簪2、铜钱3	清
M14	第1层下	357°	梯形竖穴土圹墓	2.47×(1.42~1.53)-(0.94~1.02)	双棺	仰身直肢	稍好	东：男 西：女	铜钱2	清
M15	第1层下	356°	梯形竖穴土圹墓	2.3×(1.5~1.58)-(0.54~0.62)	双棺	仰身屈肢	东：稍好 西：稍差	东：男 西：女	铜钱3	清
M16	第1层下	357°	不规则形竖穴土圹墓	(2.3~2.4)×1.9-(0.68~1.02)	双棺	东：仰身直肢 西：仰身屈肢	东：较差 西：稍好	东：男 西：女	无	清
M17	第1层下	358°	梯形竖穴土圹墓	2.91×(1.92~2)-(1.12~1.16)	双棺	仰身直肢	稍好	东：男 西：女	银簪1、银耳环1	清
M18	第1层下	8°	梯形竖穴土圹墓	2.2×(2.16~2.2)-(1.1~1.12)	双棺	仰身直肢	东：稍差 西：稍好	东：男 西：女	铜钱3	清
M19	第1层下	5°	梯形竖穴土圹墓	2.38×(2.72~3.02)-(1.08~1.12)	双棺	仰身直肢	东：较好 西：稍差	东：男 西：女	砂壶1、银簪1、铜钱1	清
M20	第1层下	5°	梯形竖穴土圹墓	2.43×(1.51~1.79)-(0.34~0.78)	双棺	仰身屈肢	东：较好 西：稍好	东：男 西：女	银簪1、铜钱2	清
M21	第1层下	358°	长方形竖穴土圹墓	2.52×1.9-(0.98~1.32)	双棺	侧身屈肢	东：稍好 西：稍差	东：男 西：女	银簪1、铜钱2	清

续表

墓号	层位	方向	形状与结构	墓圹尺寸（长×宽×深）（米）	葬具	葬式	人骨保存情况	性别	随葬品/件	年代
M22	第1层下	355°	不规则形竖穴土圹墓	(2.09~2.51)×(0.79~1.72)-1.02	双棺	侧身屈肢	东：稍差 西：较差	东：男 西：女	无	清
M23	第1层下	5°	梯形竖穴土圹墓	2.4×(1.72~1.8)-1	双棺	仰身屈肢	东：较差 西：稍差	东：男 西：女	瓷罐1	清
M24	第1层下	357°	长方形竖穴土圹墓	2.5×(2.26~2.3)-(1.2~1.4)	双棺	东：仰身直肢 西：仰身屈肢	东：稍差 西：较差	东：男 西：女	铜钱1	清
M25	第1层下	358°	长方形竖穴土圹墓	2.18×(1.76~1.8)-(1.1~1.2)	双棺	东：仰身直肢 西：仰身屈肢	东：稍差 西：较差	东：男 西：女	铜钱2	清
M26	第1层下	358°	梯形竖穴土圹墓	2.22×(2.47~2.56)-1.2	双棺	仰身直肢	较差	东：男 西：女	瓷罐1、铜钱4	清
M27	第1层下	356°	梯形竖穴土圹墓	2.68×(1.98~2.17)-(0.94~1.12)	双棺	东：仰身直肢 西：仰身屈肢	稍差	东：男 西：女	银耳环1、骨管2	清
M28	第1层下	0°	梯形竖穴土圹墓	2.5×(1.87~2)-(1.04~1.22)	双棺	东：仰身直肢 西：仰身屈肢	稍差	东：男 西：女	铜钱1	清
M29	第1层下	359°	梯形竖穴土圹墓	2.62×(1.65~1.7)-(1.02~1.12)	双棺	仰身直肢	稍差	东：男 西：女	银簪2	清
M30	第1层下	3°	长方形竖穴土圹墓	2.79×1.83-(0.72~0.82)	单棺	仰身直肢	稍好	男	瓷罐1	清
M31	第1层下	5°	梯形竖穴土圹墓	2.06×(1.18~1.2)-1.58	单棺	仰身直肢	较好	男	无	清
M32	第1层下	356°	梯形竖穴土圹墓	2.33×(2.03~2.3)-(1.02~1.12)	双棺	仰身直肢	东：较差 西：较好	东：男 西：女	银簪2、铜扣12	清
M33	第1层下	356°	长方形竖穴土圹墓	2.08×(1~1.11)-(0.72~0.82)	单棺	仰身直肢	稍好	男	无	清
M34	第1层下	2°	梯形竖穴土圹墓	2.4×(2.47~2.59)-(1.26~1.38)	三棺	仰身直肢	东：稍差 中：较差 西：较好	东：男 中：女 西：女	瓷碗1、银簪8、银钗2、银耳环1、铜钱4、银簪3、铜钱8	清
M35	第1层下	2°	梯形竖穴土圹墓	2.05×(1.03~1.11)-0.28	单棺	仰身直肢	较好	女	银耳环1、铜币1	清

附表

续表

墓号	层位	方向	形状与结构	墓圹尺寸（长×宽-深）（米）	葬具	葬式	人骨保存情况	性别	随葬品/件	年代
M36	第1层下	1°	不规则形竖穴土圹墓	(2.76~2.88)×1.64-(0.92~1.12)	双棺	东：不明 西：仰身直肢	东：较差 西：稍好	东：不明 西：女	瓷碗1	清
M37	第1层下	3°	梯形竖穴土圹墓	2.28×(1.81~1.93)-(1.02~1.22)	双棺	仰身直肢	较差	东：男 西：女	银簪2、银耳环1	清
M38	第1层下	359°	梯形竖穴土圹墓	2.28×(1.81~1.94)-0.8	单棺	仰身直肢	稍好	男	铜钱1	清
M39	第1层下	5°	梯形竖穴土圹墓	2.39×(1.7~1.8)-(0.86~1)	双棺	仰身直肢	较好	东：男 西：女	陶罐1、铜环1	清
M40	第1层下	2°	梯形竖穴土圹墓	2.47×(1.43~1.62)-(0.94~1.1)	双棺	仰身屈肢	东：较好 西：稍差	东：男 西：女	铜钱6	清
M41	第1层下	2°	不规则形竖穴土圹墓	(2.1~2.52)×(1.95~2)-1.14	双棺	仰身直肢	较差	东：男 西：女	瓷盏2、瓷碗1	清
M42	第1层下	2°	长方形竖穴土圹墓	2.58×2.39-1.3	双棺	东：仰身直肢 西：仰身屈肢	东：稍差 西：较差	东：男 西：女	铜钱1、铜币1	清
M43	第1层下	2°	长方形竖穴土圹墓	2.6×2.11-1.52	三棺	仰身直肢	较差	东：男 中：女 西：女	瓷碗1、铜戒指、铜币1	清
M44	第1层下	2°	梯形竖穴土圹墓	2.38×(2.82~2.95)-1.48	双棺	东：仰身直肢 西：侧身屈肢	东：稍差 西：稍好	东：男 西：女	铜钱7、铜币2	清
M45	第1层下	3°	不规则形竖穴土圹墓	(2.4~2.6)×1.8-(0.8~1.22)	双棺	仰身直肢	东：稍好 西：较差	东：男 西：女	铜钱5、铜币3	清
M46	第1层下	5°	梯形竖穴土圹墓	2.41×(1.8~1.86)-(1.1~1.2)	双棺	仰身直肢	稍差	东：男 西：女	瓷碗1	清
M47	第1层下	5°	梯形竖穴土圹墓	2.5×(1.21~1.3)-1.1	单棺	不明	较好	不明	无	清
M48	第1层下	4°	梯形竖穴土圹墓	2.5×(1.58~1.75)-1.1	双棺	仰身直肢	较差	东：男 西：女	无	清

续表

墓号	层位	方向	形状与结构	墓圹尺寸（长×宽－深）（米）	葬具	葬式	人骨保存情况	性别	随葬品/件	年代
M49	第1层下	15°	长方形竖穴土圹墓	2.28×2-0.3（1.3~1.76）	双棺	仰身屈肢	较差	东：男 西：女	无	清
M50	第1层下	13°	不规则形竖穴土圹墓	（2.53~2.73）×（2.67~3.19）－（1.45~1.55）	三棺	仰身直肢	东：较好 中：较好 西：稍差	东：男 中：女 西：女	瓷碗1、银簪1、银耳环1、铜钱7、铜币2	清
M51	第1层下	0°	长方形竖穴土圹墓	2.4×1.7-（1.1~1.2）	双棺	仰身直肢	较好	东：男 西：女	银簪2	清
M52	第1层下	5°	长方形竖穴土圹墓	2.3×1.8-（0.9~1）	双棺	仰身直肢	东：较好 西：稍好	东：男 西：女	银簪1、铜钱3	清
M53	第1层下	5°	长方形竖穴土圹墓	2.3×2.1-（0.8~0.9）	双棺	东：仰身直肢 西：仰身屈肢	较好	东：男 西：女	银簪2、银饰1、铜钱1	清
M54	第1层下	5°	不规则形竖穴土圹墓	（2.39~2.48）×2.67-（0.8~1）	三棺	东：仰身直肢 中：仰身直肢 西：仰身屈肢	东：较好 中：较好 西：稍好	东：男 中：女 西：女	无	清
M55	第1层下	5°	长方形竖穴土圹墓	2.2×2.8-（1.3~1.4）	三棺	东：仰身直肢 中：仰身直肢 西：侧身屈肢	东：稍好 中：稍好 西：稍好	东：男 中：女 西：女	铜钱1	清
M56	第1层下	356°	梯形竖穴土圹墓	2.5×（2.09~2.18）-（0.8~0.9）	双棺	仰身直肢	东：较好 西：较好	东：男 西：女	银簪4	清
M57	第1层下	356°	梯形竖穴土圹墓	2.66×（1.53~1.71）-0.7	单棺	仰身直肢	稍好	男	铜钱2	清
M58	第1层下	5°	梯形竖穴土圹墓	2.42×（1.81~1.93）-（0.8~0.9）	双棺	东：仰身直肢 西：仰身屈肢	较好	东：男 西：女	银簪2、玛瑙扣2、铜钱2	清
M59	第1层下	3°	不规则形竖穴土圹墓	2.19×（0.69~1.57）-（0.8~1.08）	双棺	仰身直肢	东：较好 西：较差	东：男 西：女	银簪1、铜钱1	清
M60	第1层下	3°	长方形竖穴土圹墓	2.5×1.8-（1~1.22）	双棺	仰身直肢	东：稍好 西：稍差	东：男 西：女	瓷碗1、铜钱1	清

续表

墓号	层位	方向	形状与结构	墓圹尺寸（长×宽×深）（米）	葬具	葬式	人骨保存情况	性别	随葬品/件	年代
M61	第1层下	5°	不规则形竖穴土圹墓	(2.02~2.4)×(0.97~1.85)−(1.1~1.24)	双棺	仰身直肢	东：较好 西：较差	东：男 西：女	无	清
M62	第1层下	5°	长方形竖穴土圹墓	2.1×(0.88~0.9)−0.6	单棺	仰身直肢	稍差	男	无	清
M63	第1层下	5°	长方形竖穴土圹墓	2.2×0.9−0.8	单棺	仰身直肢	较好	男	无	清
M64	第1层下	5°	长方形竖穴土圹墓	2.3×1.2−0.9	单棺	仰身直肢	较好	男	无	清
M65	第1层下	5°	长方形竖穴土圹墓	2.3×2−(1.2~1.3)	双棺	东：仰身屈肢 西：仰身直肢	较好	东：男 西：女	无	清
M66	第1层下	5°	长方形竖穴土圹墓	2.2×1−1.1	单棺	仰身直肢	较好	男	无	清
M67	第1层下	10°	长方形竖穴土圹墓	2.4×2.6−(0.9~1)	三棺	仰身直肢	东：较好 中：较差 西：稍差	东：男 中：女 西：女	无	清
M68	第1层下	5°	长方形竖穴土圹墓	2.4×1.9−(0.4~0.5)	双棺	仰身直肢	东：较好 西：稍差	东：男 西：女	银簪5、银耳环1、银戒指1、铜钱4	清
M69	第1层下	10°	不规则形竖穴土圹墓	(2.5~2.62)×1.9−0.8	双棺	仰身直肢	较好	东：男 西：女	瓷碗1、铜簪1、铜钱3	清
M70	第1层下	5°	长方形竖穴土圹墓	2.6×(2.29~2.3)−0.7	双棺	仰身直肢	较好	东：男 西：女	银簪3、银耳环1、钱2、铜币2	清
M71	第1层下	5°	长方形竖穴土圹墓	2.4×(2.68~2.69)−(0.9~1)	三棺	仰身直肢	东：较好 中：较差 西：较差	东：男 中：女 西：女	银押发1、银簪2、钱2、铜币2	清
M72	第1层下	356°	梯形竖穴土圹墓	2.8×(2.56~2.64)−(0.5~0.6)	双棺	仰身直肢	东：稍好 西：较差	东：男 西：女	银簪1、银耳环1、钱82、铜币6	清
M73	第1层下	355°	长方形竖穴土圹墓	2.4×1.9−0.8	双棺	仰身直肢	较好	东：男 西：女	铜簪1、银耳环1	清
M74	第1层下	5°	长方形竖穴土圹墓	2.4×(2.01~2.09)−0.9	双棺	仰身直肢	较好	东：男 西：女	铜钱3	清

续表

墓号	层位	方向	形状与结构	墓圹 尺寸（长×宽×深）（米）	葬具	葬式	人骨保存情况	性别	随葬品/件	年代
M75	第1层下	5°	长方形竖穴土圹墓	2.4×1.7−（0.7~0.9）	双棺	仰身直肢	东：稍差 西：较好	东：男 西：女	无	清
M76	第1层下	5°	长方形竖穴土圹墓	2.2×2−（0.8~1）	双棺	东：仰身屈肢 西：仰身直肢	较好	东：男 西：女	铜钱5	清
M77	第1层下	5°	不规则形竖穴土圹墓	（2.5~2.6）×（1.7~1.8）−0.7	双棺	仰身直肢	东：较好 西：稍差	东：男 西：女	铜钱1	清
M78	第1层下	5°	长方形竖穴土圹墓	2.6×（1.22~1.23）−0.7	单棺	仰身直肢	较好	男	瓷罐1、铜顶针1、铜钱1	清
M79	第1层下	15°	长方形竖穴土圹墓	2.5×1.1−0.3	单棺	仰身直肢	较好	男	无	清
M80	第1层下	10°	不规则形竖穴土圹墓	（2.31~2.4）×（2.08~2.3）−（0.7~0.8）	双棺	仰身直肢	较好	东：男 西：女	银簪2、银耳环2、银饰1、铜扁方1	清
M81	第1层下	5°	长方形竖穴土圹墓	（2.3~2.4）×（1.7~1.78）−0.7	双棺	仰身直肢	较好	东：男 西：女	铜钱6	清
M82	第1层下	5°	长方形竖穴土圹墓	2.5×1.1−0.6	单棺	仰身直肢	较好	东：男 西：女	铜钱4	清
M83	第1层下	5°	不规则形竖穴土圹墓	（2.62~2.64）×2.3−1	双棺	仰身直肢	较好	男	铜钱2	清
M84	第1层下	5°	不规则形竖穴土圹墓	（2.4~2.5）×（1.88~2）−（0.9~1）	双棺	仰身直肢	较好	东：男 西：女	铜钱1	清
M85	第1层下	5°	长方形竖穴土圹墓	2.3×1.3−0.9	单棺	仰身直肢	稍好	男	银钱1	清
M86	第1层下	5°	不规则形竖穴土圹墓	（2.51~2.8）×（0.8~2.48）−（0.9~1）	三棺	东：仰身直肢 中：侧身屈肢 西：仰身直肢	较好	东：男 中：女 西：女	银簪1、骨簪1、铜饰1、铜钱4	清
M87	第1层下	5°	长方形竖穴土圹墓	2.6×（2.09~2.11）−1.2	双棺	东：仰身直肢 西：侧身屈肢	东：较好 西：较差	东：男 西：女	陶罐1、银簪1、铜钱3	清
M88	第1层下	5°	梯形竖穴土圹墓	（2.41~2.5）×2.1−（0.9~1）	双棺	东：仰身直肢 西：侧身屈肢	东：稍好 西：较好	东：男 西：女	铜钱2	清

续表

墓号	层位	方向	形状与结构	墓圹尺寸（长×宽×深）（米）	葬具	葬式	人骨保存情况	性别	随葬品/件	年代
M89	第1层下	5°	长方形竖穴土圹墓	2.3×1.8-0.8	双棺	仰身屈肢	东：稍好 西：稍差	东：男 西：女	银簪2、铜钱4	清
M90	第1层下	5°	长方形竖穴土圹墓	2.3×(1.28~1.29)-0.8	单棺	仰身直肢	较好	男	无	清
M91	第1层下	355°	长方形竖穴土圹墓	2.5×1.5-1.1	单棺	仰身直肢	稍好	男	铜钱1	清
M92	第1层下	5°	不规则形竖穴土圹墓	(2.45~2.48)×(2.97~3.06)-(1.5~1.6)	三棺	仰身直肢	东：较好 中：较好 西：较差	东：男 中：女 西：女	铜钱3	清
M93	第1层下	2°	长方形竖穴土圹墓	2.7×1.6-(0.9~1.1)	双棺	东：侧身屈肢 西：仰身直肢	较好	东：男 西：女	铜钱2	清
M94	第1层下	5°	正方形竖穴土圹墓	2.5×2.5-(1.1~1.5)	三棺	东：不明 中：仰身直肢 西：仰身直肢	东：不明 中：稍好 西：较好	东：不明 中：男 西：女	瓷罐1、铜钱3	清
M95	第1层下	15°	梯形竖穴土圹墓	2.41×(2.21~2.29)-1.18	双棺	仰身直肢	较差	东：男 西：女	银簪2、铜钱7	清
M96	第1层下	5°	长方形竖穴土圹墓	2.41×2.3-(0.6~0.8)	双棺	仰身直肢	东：稍差 西：较差	东：男 西：女	银簪5、铜钱3	清
M97	第1层下	5°	长方形竖穴土圹墓	2.3×1-0.8	单棺	仰身直肢	较好	女	无	清
M98	第1层下	5°	长方形竖穴土圹墓	2.83×1.92-0.9	双棺	仰身直肢	东：稍差 西：较差	东：男 西：女	银簪3、铜簪2、铜币1	清
M99	第1层下	2°	梯形竖穴土圹墓	3.31×(2.34~2.96)-0.65	双棺	仰身直肢	东：较好 西：稍好	东：男 西：女	银簪3	清
M100	第1层下	10°	梯形竖穴土圹墓	(3.1~3.2)×(2.67~2.68)-(0.44~0.74)	双棺	仰身屈肢	东：较差 西：稍好	东：男 西：女	银镯1、铜扣2、铜钱5	清
M101	第1层下	2°	不规则形竖穴土圹墓	(3.01~3.25)×(2.56~2.94)-(0.66~0.8)	双棺	仰身直肢	较差	东：男 西：女	银镯2、铜钱2	清
M102	第1层下	5°	长方形竖穴土圹墓	2.1×1-0.9	单棺	仰身直肢	较好	男	铜钱2	清

续表

墓号	层位	方向	形状与结构	墓圹尺寸（长×宽－深）（米）	葬具	葬式	人骨保存情况	性别	随葬品/件	年代
M103	第1层下	20°	长方形竖穴土圹墓	2.3×1-0.5	单棺	仰身直肢	较差	男	铜钱2、铜币3	清
M104	第1层下	5°	长方形竖穴土圹墓	2.5×1.2-0.6	单棺	仰身直肢	较好	女	铜钱1	明
M105	第1层下	5°	长方形竖穴土圹墓	2.6×1.8-（0.7~0.8）	双棺	仰身直肢	较好	东：男 西：女	陶盆1	清
M106	第1层下	10°	长方形竖穴土圹墓	2.4×1.4-0.9	单棺	仰身直肢	较好	男	无	清
M107	第1层下	10°	不规则形竖穴土圹墓	3.1×（2.3~2.4）-（0.6~0.7）	三棺	仰身直肢	较好	东：男 中：女 西：女	银簪3、铜钱4	清
M108	第1层下	5°	长方形竖穴土圹墓	2.4×2-0.7	双棺	仰身直肢	较好	东：男 西：女	银耳环1	清
M109	第1层下	5°	不规则形竖穴土圹墓	（3~3.6）×（2.28~2.77）-（1.2~1.5）	四棺	仰身直肢	1号：稍差 2号：较好 3号：较好 4号：稍差	1号：男 2号：女 3号：女 4号：女	银簪2、银耳环1、铜钱2	清
M110	第1层下	2°	梯形竖穴土圹墓	2.7×（1.67~1.79）-（1.29~1.39）	双棺	仰身直肢	较差	东：男 西：女	无	清
M111	第1层下	2°	梯形竖穴土圹墓	2.91×（2.18~2.28）-1.5	双棺	侧身屈肢	较差	东：男 西：女	瓷罐1、铜钱10、铜币8	清
M112	第1层下	2°	不规则形竖穴土圹墓	（3.2~3.3）×（2.3~2.4）-（1.9~2）	双棺	仰身直肢	东：较差 西：较好	东：男 西：女	瓷罐1、铜钱14、铜币4	清
M113	第1层下	355°	不规则形竖穴土圹墓	3.5×（2.28~2.57）-（1.3~1.4）	三棺	仰身直肢	东：较差 中：较差 西：稍好	东：男 中：女 西：女	瓷罐3、铜钱2	清
M114	第1层下	355°	长方形竖穴土圹墓	2.5×2-（0.8~0.9）	双棺	东：侧身屈肢 西：仰身直肢	较好	东：男 西：女	无	清

续表

墓号	层位	方向	形状与结构	墓圹尺寸（长×宽-深）（米）	葬具	葬式	人骨保存情况	性别	随葬品/件	年代
M115	第1层下	355°	长方形竖穴土圹墓	2.5×1.8-（1.4~1.9）	双棺	东：仰身直肢 西：不明	东：较好 西：较差	东：男 西：女	瓷罐1、铜钱4	清
M116	第1层下	5°	长方形竖穴土圹墓	2.8×1.9-（1.1~1.3）	双棺	东：仰身直肢 西：侧身屈肢	东：较好 西：较差	东：男 西：女	瓷罐1、铜钱1	清
M117	第1层下	355°	长方形竖穴土圹墓	2.4×2.6-（0.7~0.8）	三棺	东：仰身直肢 中：仰身直肢 西：侧身屈肢	东：较好 中：较好 西：稍差	东：男 中：男 西：女	铜钱3	清
M118	第1层下	10°	梯形竖穴土圹墓	2.5×（2.3~2.4）-1.1	双棺	仰身直肢	东：较好 西：较好	东：男 西：女	铜钱5	清
M119	第1层下	5°	不规则形竖穴土圹墓	（2.5~2.6）×2.6-（0.9~1.4）	双棺	仰身直肢	东：较好 西：稍差	东：男 西：女	无	清
M120	第1层下	5°	长方形竖穴土圹墓	2.56×2-1.3	单棺	仰身直肢	较好	男	铜钱6、铜币5	清
M121	第1层下	5°	不规则形竖穴土圹墓	2.36×2.14-0.32	双棺	东：仰身直肢 西：仰身直肢	东：较好 西：较差	东：男 西：女	银簪3、铜钱2、铜币1	清
M122	第1层下	2°	长方形竖穴土圹墓	2.58×2.3-1	双棺	东：侧身直肢 西：仰身直肢	东：较差 西：稍差	东：男 西：女	陶罐1、瓷碗1、银簪3	清
M123	第1层下	2°	梯形竖穴土圹墓	2.2×（0.96~1）-0.36	单棺	仰身直肢	稍好	男	铜钱5	清
M124	第1层下	340°	不规则形竖穴土圹墓	（2.5~2.6）×（1.8~1.9）-（0.32~0.5）	双棺	东：仰身直肢 西：仰身直肢	东：稍差 西：较好	东：男 西：女	银耳环1	清
M125	第1层下	5°	长方形竖穴土圹墓	2.5×1.1-0.7	单棺	仰身直肢	较好	女	银簪2、铜钱1	清
M126	第1层下	30°	长方形竖穴土圹墓	2.7×2.2-（1.3~1.4）	双棺	东：仰身屈肢 西：仰身直肢	东：较差 西：较好	东：男 西：女	瓷罐2、铜钱1	明
M127	第1层下	355°	长方形竖穴土圹墓	2.3×1.2-1	单棺	仰身直肢	稍好	女	银簪3、银耳环1、铜钱1	清
M128	第1层下	13°	不规则形竖穴土圹墓	（2.28~2.62）×（1.64~1.8）-（0.7~0.96）	双棺	仰身直肢	东：较好 西：较差	东：男 西：女	瓷碗1、银簪1、银耳环1、铜钱1、戒指2、铜币1	清

续表

墓号	层位	方向	形状与结构	墓圹尺寸（长×宽-深）（米）	葬具	葬式	人骨保存情况	性别	随葬品/件	年代
M129	第1层下	190°	不规则形竖穴土圹墓	2.3×2.3-（0.8~0.9）	双棺	仰身直肢	东：稍好 西：较差	东：女 西：男	瓷罐1、银簪3	清
M130	第1层下	70°	长方形竖穴土圹墓	2.8×1.3-0.5	单棺	不明	不明	不明	铜钱3	清
M131	第1层下	60°	不规则形竖穴土圹墓	(2.26~2.3)×(1.6~1.84)-0.2	双棺	南：仰身直肢 北：仰身屈肢	较差	南：男 北：女	银簪2	清
M132	第1层下	55°	梯形竖穴土圹墓	2.3×(1.3~1.4)-0.66	单棺	仰身直肢	较差	男	铜钱5	清
M133	第1层下	46°	不规则形竖穴土圹墓	(2.2~2.3)×(1.62~1.9)-（0.4~0.5）	双棺	仰身直肢	较差	南：男 北：女	银簪4、铜钱1	清
M134	第1层下	34°	不规则形竖穴土圹墓	(2.54~2.93)×(2.82~2.84)-（0.6~0.9）	三棺	仰身直肢	东：稍好 中：稍差 西：稍差	东：男 中：女 西：女	银簪7、银耳环1、银戒指3、银饰件1、塞石1、铜钱6	清
M135	第1层下	60°	不规则形竖穴土圹墓	2.96×(2.4~2.42)-（0.4~0.6）	双棺	仰身直肢	南：较好 北：较差	南：男 北：女	银簪3、银耳环1、铜钱8、铜币4	清
M136	第1层下	2°	不规则形竖穴土圹墓	(2.6~2.8)×1.8-1.4	双棺	仰身直肢	稍好	东：男 西：女	铜钱1	清
M137	第1层下	5°	不规则形竖穴土圹墓	(2.6~2.7)×3.8-（1.1~1.4）	四棺	仰身直肢	1号：较差 2号：稍差 3号：稍差 4号：较差	1号：男 2号：女 3号：女 4号：女	瓷碗1、银簪1、方1、铜钱4	清
M138	第1层下	5°	长方形竖穴土圹墓	2.7×1.9-（1~1.1）	双棺	东：仰身直肢 西：仰身屈肢	较好	东：男 西：女	银押发1、银簪3、钱4、铜币1	清
M139	第1层下	5°	长方形竖穴土圹墓	2.3×1.2-1	单棺	不明	不明	不明	铜钱25	清
M140	第1层下	50°	正方形竖穴土圹墓	2.1×2.1-0.7	单棺	仰身直肢	稍差	男	无	清
M141	第1层下	355°	正方形竖穴土圹墓	2.4×2.4-0.9	双棺	仰身直肢	东：稍好 西：较差	东：男 西：女	无	清

续表

墓号	层位	方向	形状与结构	墓圹尺寸（长×宽-深）（米）	葬具	葬式	人骨保存情况	性别	随葬品/件	年代
M142	第1层下	325°	长方形竖穴土圹墓	2.6×0.9-0.8	单棺	仰身直肢	较好	女	银簪1、银戒指3、铜币3	清
M143	第1层下	50°	梯形竖穴土圹墓	2.86×(1.86~1.94)-(0.6~0.9)	双棺	仰身直肢	稍好	南：男 北：女	银簪2、银镯1、银戒指2、铜钱1	清
M144	第1层下	60°	长方形竖穴土圹墓	2.86×(1.38~1.42)-0.6	单棺	仰身直肢	较好	男	无	清
M145	第1层下	62°	梯形竖穴土圹墓	2.54×(1.3~1.5)-0.36	单棺	仰身直肢	较好	男	无	清
M146	第1层下	90°	梯形竖穴土圹墓	2.6×(1.92~2.2)-(0.66~0.72)	双棺	南：仰身直肢 北：仰身屈肢	南：较差 北：稍差	南：男 北：女	银簪3、铜钱1	清
M147	第1层下	85°	不规则形竖穴土圹墓	3×(2.25~2.67)-0.3	双棺	仰身直肢	较好	南：男 北：女	铜钱3	清
M148	第1层下	50°	梯形竖穴土圹墓	2.44×(1.26~1.36)-0.4	单棺	不明	较差	不明	铜扣11、铜钱1	清
M149	第1层下	75°	梯形竖穴土圹墓	2.4×(3.52~4.12)-(0.46~0.9)	三棺	南：不明 中：不明 北：仰身直肢	南：较好 中：较差 北：较好	东：男 中：女 西：女	银簪5、铜钱1	清
M150	第1层下	70°	梯形竖穴土圹墓	2.86×(1.3~1.38)-1	单棺	仰身直肢	稍差	男	陶罐1、铜钱1	清
M151	第1层下	87°	梯形竖穴土圹墓	2.6×(2.2~2.26)-0.64	双棺	仰身直肢	南：较好 北：稍差	南：男 北：女	银簪3、铜钱2	清
M152	第1层下	60°	梯形竖穴土圹墓	2.48×(3.1~3.2)-(0.6~0.8)	三棺	仰身直肢	南：较好 中：较差 北：稍差	南：男 中：女 北：女	陶罐1、银簪4、银镯2、铜钱4	清
M153	第1层下	58°	梯形竖穴土圹墓	2.26×(1.82~1.86)-0.7	双棺	仰身直肢	南：较好 北：稍差	南：男 北：女	陶盆1、银簪3	清
M154	第1层下	85°	梯形竖穴土圹墓	2.4×(1.74~1.94)-1.04	双棺	仰身直肢	南：较好 北：稍差	南：男 北：女	瓷碗1、银簪1	清
M155	第1层下	85°	梯形竖穴土圹墓	2.5×(1.8~1.96)-(0.46~0.6)	双棺	仰身直肢	较好	南：男 北：女	瓷碗1、银簪3、骨管1	清

续表

墓号	层位	方向	形状与结构	墓圹尺寸（长×宽×深）（米）	葬具	葬式	人骨保存情况	性别	随葬品/件	年代
M156	第1层下	90°	长方形竖穴土圹墓	2.4×2.23−0.64	双棺	东：侧身屈肢 西：仰身直肢	较差	东：男 西：女	瓷碗1	清
M157	第1层下	75°	长方形竖穴土圹墓	2.6×1.2−0.5	单棺	仰身直肢	较好	男	无	清
M158	第1层下	44°	梯形竖穴土圹墓	2.12×（0.92~0.96）−0.4	单棺	仰身直肢	稍差	男	瓷碗1	清
M159	第1层下	90°	长方形竖穴土圹墓	2.86×1.96−0.38	双棺	不明	较差	不明	瓷碗1、铜钱1	清
M160	第1层下	36°	不规则形竖穴土圹墓	(2.56~2.84)×(2.14~2.3)−(0.9~1.1)	双棺	仰身直肢	东：稍差 西：	南：男 北：女	银簪2、铜钱1	清
M161	第1层下	95°	不规则形竖穴土圹墓	2.54×(2~2.94)−(0.84~1)	双棺	仰身直肢	南：较好 北：稍差	南：男 北：女	陶罐1、银耳环2、铜钱6	清
M162	第1层下	100°	梯形竖穴土圹墓	2.58×(2.46~2.6)−0.76	双棺	仰身直肢	较差	南：男 北：女	银簪4、银耳环2、铜钱6	清
M163	第1层下	98°	梯形竖穴土圹墓	2.6×(2.4~3.28)−0.9	双棺	不明	南：较差 北：不明	南：男 北：不明	无	清
M164	第1层下	82°	不规则形竖穴土圹墓	3.04×(2.6~2.98)−(0.36~0.49)	三棺	仰身直肢	南：较好 中：稍差 北：稍差	南：男 中：女 北：女	无	清
M165	第1层下	94°	梯形竖穴土圹墓	2.5×(1.9~2)−0.4	双棺	侧身屈肢	南：较好 北：稍差	南：男 北：女	银簪1、铜钱5	清
M166	第1层下	84°	梯形竖穴土圹墓	2.5×1.94−(0.28~0.44)	双棺	南：仰身直肢 北：侧身屈肢	南：较好 北：较差	南：男 北：女	铜钱3	清
M167	第1层下	95°	梯形竖穴土圹墓	2.76×(1.95~2.46)−(0.52~0.6)	双棺	南：仰身直肢 北：侧身屈肢	南：较好 北：较好	南：男 北：女	瓷罐1、银簪1、银耳环1、铜钱4	清
M168	第1层下	90°	梯形竖穴土圹墓	2.4×(1.7~1.8)−0.46	双棺	侧身屈肢	南：稍差 北：较好	南：男 北：女	铜钱7	清
M169	第1层下	5°	长方形竖穴土圹墓	2.3×1.3−0.9	单棺	仰身直肢	较好	女	银簪2	清

续表

墓号	层位	方向	形状与结构	墓圹尺寸（长×宽–深）（米）	葬具	葬式	人骨保存情况	性别	随葬品/件	年代
M170	第1层下	5°	长方形竖穴土圹墓	2.7×1.6–（0.6~0.7）	双棺	东：仰身直肢 西：	较好	东：男 西：女	银簪1	清
M171	第1层下	86°	不规则形竖穴土圹墓	(2.38~2.64)×(1~2)–0.5	双棺	侧身屈肢	南：较好 北：较差	南：男 北：女	铜钱1	清
M172	第1层下	92°	梯形竖穴土圹墓	2.6×(2.6~3.04)–(0.9~1.4)	三棺	仰身直肢	南：较差 中：较差 北：较好	南：男 中：女 北：女	瓷罐3、铜钱11	清
M173	第1层下	86°	长方形竖穴土圹墓	2×1–0.5	单棺	不明	较差	不明	无	清
M174	第1层下	86°	不规则形竖穴土圹墓	(2.26~2.44)×(2.54~2.84)–(0.6~0.7)	双棺	南：仰身直肢 北：侧身屈肢	稍差	南：男 北：女	瓷罐2	清
M175	第1层下	88°	梯形竖穴土圹墓	2.7×(1.78~1.96)–0.36	双棺	南：侧身屈肢 北：仰身直肢	较差	南：男 北：女	铜钱7	清
M176	第1层下	87°	梯形竖穴土圹墓	2.5×(4.38~4.6)–(0.74~1)	三棺	南：仰身直肢 中：仰身直肢 北：仰身屈肢	南：较差 中：稍好 北：稍差	南：女 中：男 北：女	瓷罐3、银簪1、铜钱8	清
M177	第1层下	95°	长方形竖穴土圹墓	3.1×1.5–1.5	单棺	仰身屈肢	较好	男	瓷罐1、铜钱2	清
M178	第1层下	95°	不规则形竖穴土圹墓	(2.74~3.16)×(2.22~2.64)–(0.8~1.4)	三棺	南：仰身直肢 中：仰身直肢 北：仰身直肢	南：稍好 中：稍差 北：较差	南：女 中：女 北：男	瓷碗1、铜钱1	清
M179	第1层下	95°	不规则形竖穴土圹墓	(2.5~2.7)×2.3–1.9	双棺	南：仰身直肢 北：仰身直肢	稍差	南：女 北：女	瓷罐2	清
M180	第1层下	95°	长方形竖穴土圹墓	2.7×1.8–(1~1.1)	双棺	仰身直肢	南：稍好 北：较差	南：男 北：女	瓷罐2、瓷碗1、铜钱2	明
M181	第1层下	73°	不规则形竖穴土圹墓	(2.14~2.52)×(1.72~1.98)–(0.94~1.4)	双棺	南：仰身直肢 北：仰身屈肢	南：稍差 北：较差	南：男 北：女	釉陶罐1、铜钱2	明

续表

墓号	层位	方向	形状与结构	墓圹尺寸（长×宽－深）（米）	葬具	葬式	人骨保存情况	性别	随葬品/件	年代
M182	第1层下	80°	长方形竖穴土圹墓	2.6×1.7-1.1	双棺	仰身直肢	较差	南：女 北：男	瓷罐1、铜钱2	清
M183	第1层下	95°	梯形竖穴土圹墓	2.5×(1.4~1.6)-0.6	单棺	仰身直肢	稍好	男	无	清
M184	第1层下	165°	不规则形竖穴土圹墓	(2.43~2.72)×2.36-(0.44~0.68)	双棺	东：仰身屈肢 西：仰身直肢	较差	东：女 西：男	银簪3、银戒指2、铜钱5	清
M185	第1层下	170°	不规则形竖穴土圹墓	(2.7~3)×(1.6~1.7)-0.8	单棺	仰身直肢	较差	男	铜钱2、铜币20	清
M186	第1层下	158°	梯形竖穴土圹墓	2.58×(1.1~1.2)-0.76	单棺	不明	较差	男	铜钱2	明
M187	第1层下	160°	梯形竖穴土圹墓	2.64×(1.7~2)-0.86	双棺	东：不明 北：仰身直肢	东：较差 西：稍好	东：女 西：男	无	清
M188	第1层下	5°	不规则形竖穴土圹墓	(2.5~2.7)×2.1-(0.9~1)	双棺	东：仰身直肢 西：仰身屈肢	东：稍好 西：较好	东：男 西：女	铜钱1	清
M189	第1层下	5°	长方形竖穴土圹墓	2.5×1.7-1.3	单棺	仰身直肢	较好	男	瓷罐1、铜钱2	清
M190	第1层下	355°	长方形竖穴土圹墓	2.3×1.6-(1.5~1.7)	双棺	东：仰身直肢 西：仰身屈肢	较好	东：男 西：女	无	清
M191	第1层下	5°	梯形竖穴土圹墓	2.3×(1.38~1.46)-1.29	双棺	仰身直肢	较好	东：男 西：女	铜钱3	清
M192	第1层下	355°	不规则形竖穴土圹墓	(2.54~2.74)×2.04-(0.6~1)	双棺	仰身直肢	东：较差 西：较好	东：男 西：女	瓷罐1、铜顶针1、铜钱1	清
M193	第1层下	5°	不规则形竖穴土圹墓	(2.2~2.3)×2.3-(1.4~1.5)	双棺	仰身直肢	东：较好 西：较差	东：男 西：女	铜钱2	清
M194	第1层下	5°	长方形竖穴土圹墓	2.6×2.1-(1.3~1.4)	双棺	东：仰身直肢 西：侧身屈肢	东：较好 西：稍差	东：男 西：女	瓷罐1、铜钱2	明
M195	第1层下	355°	不规则形竖穴土圹墓	(2.56~2.76)×2.77-(0.7~1)	三棺	东：仰身直肢 中：仰身直肢 西：仰身直肢	东：稍差 中：较好 西：较好	东：男 中：女 西：女	银簪1、铜钱2	清

续表

墓号	层位	方向	形状与结构	墓圹尺寸（长×宽×深）（米）	葬具	葬式	人骨保存情况	性别	随葬品/件	年代
M196	第1层下	5°	长方形竖穴土圹墓	2.53×1.92-1.5	双棺	东：仰身直肢 西：仰身屈肢	较差	东：男 西：女	瓷罐2、铜钱2	清
M197	第1层下	5°	长方形竖穴土圹墓	2.42×3.45-（0.8~1.9）	三棺	仰身直肢	东：较好 中：稍差 西：较差	东：男 中：女 西：男	瓷罐1	清
M198	第1层下	355°	长方形竖穴土圹墓	2.32×1.2-1.1	单棺	仰身直肢	稍好	男	无	清
M199	第1层下	355°	不规则形竖穴土圹墓	（2.32~2.44）×2.24-（0.9~1）	双棺	侧身屈肢	东：较好 西：稍差	东：男 西：女	铜钱2	清
M200	第1层下	355°	长方形竖穴土圹墓	2.31×1.62-1	单棺	仰身屈肢	较差	男	铜钱2	清
M201	第1层下	5°	不规则形竖穴土圹墓	（2.4~2.58）×1.63-（1.1~1.2）	双棺	仰身直肢	东：较好 西：较差	东：男 西：女	银簪3	清
M202	第1层下	5°	不规则形竖穴土圹墓	（2.32~2.42）×2.43-（0.7~1）	双棺	侧身屈肢	较好	东：男 西：女	银簪3	清
M203	第1层下	5°	长方形竖穴土圹墓	2.5×2.31-（1.2~1.3）	双棺	仰身直肢	较好	东：男 西：女	铜钱2	清
M204	第1层下	5°	长方形竖穴土圹墓	2.62×2.22-0.9	双棺	仰身屈肢	稍差	女	瓷碗1、银簪1	清
M205	第1层下	355°	长方形竖穴土圹墓	2.22×1.22-0.9	单棺	仰身直肢	较差	女	银簪2	清
M206	第1层下	5°	长方形竖穴土圹墓	2.3×1.3-0.9	单棺	仰身直肢	较差	男	铜钱2	清
M207	第1层下	95°	长方形竖穴土圹墓	2.7×1.5-0.9	单棺	侧身屈肢	较好	南：男 北：女	铜钱1	清
M208	第1层下	95°	长方形竖穴土圹墓	2.63×2.25-1.3	双棺	仰身直肢	较好	东：男 西：女	瓷罐1、铜钱2	清
M209	第1层下	5°	长方形竖穴土圹墓	2.3×2.5-0.9	双棺	仰身直肢	较好	东：男 西：女	铜钱8	清

续表

墓号	层位	方向	形状与结构	墓圹尺寸(长×宽×深)(米)	葬具	葬式	人骨保存情况	性别	随葬品/件	年代
M210	第1层下	5°	不规则形竖穴土圹墓	(2.5~2.9)×3.23-(0.8~0.9)	三棺	东:侧身屈肢 中:仰身直肢 西:仰身直肢	东:较差 中:较好 西:较差	东:男 中:女 西:女	铜钱2	清
M211	第1层下	355°	不规则形竖穴土圹墓	(2.5~2.9)×1.9-(0.6~0.9)	双棺	东:仰身直肢 西:不明	东:较好 西:较差	东:男 西:女	银簪1,铜钱4	清
M212	第1层下	30°	长方形竖穴土圹墓	2.6×2-(0.7~0.8)	双棺	东:仰身直肢 西:侧身屈肢	东:较好 西:较差	东:男 西:女	银簪2,铜钱5	清
M213	第1层下	40°	长方形竖穴土圹墓	2.64×1.22-0.8	单棺	仰身直肢	较好	男	无	清
M214	第1层下	7°	不规则形竖穴土圹墓	(2.42~2.72)×(2.3~2.4)-(0.9~1)	双棺	仰身直肢	较好	东:男 西:女	银簪3,铜币30	清
M215	第1层下	5°	正方形竖穴土圹墓	2.5×2.5-(0.6~0.7)	双棺	东:仰身直肢 西:侧身屈肢	东:稍差 西:较差	东:男 西:女	银簪2,银戒指1,币1	清
M216	第1层下	5°	长方形竖穴土圹墓	3.3×2.5-(0.6~0.8)	双棺	较好	较好	东:男 西:女	银簪3,银耳环2,钱1	清
M217	第1层下	2°	长方形竖穴土圹墓	3×2.3-(0.56~0.8)	双棺	仰身直肢	稍差	东:男 西:女	银簪1,银耳环2,钱6,铜币6	清
M218	第1层下	5°	长方形竖穴土圹墓	2.2×1-1.7	单棺	不明	不明	不明	无	清
M219	第1层下	5°	长方形竖穴土圹墓	2.4×1.9-1.5	双棺	东:侧身屈肢 西:仰身直肢	东:较好 西:较差	东:男 西:女	瓷罐1,铜钱2	清
M220	第1层下	2°	梯形竖穴土圹墓	2.42×(1.96~2.06)-1.7	单棺	不明	不明	不明	铜钱6,铜扁方2	清
M221	第1层下	5°	长方形竖穴土圹墓	2.3×2.12-(0.5~0.6)	双棺	仰身直肢	东:较差 西:较差	东:男 西:女	银簪1,铜扁方1,钱2	清
M222	第1层下	5°	长方形竖穴土圹墓	2.3×1-0.5	单棺	仰身屈肢	较好	男	无	清
M223	第1层下	10°	长方形竖穴土圹墓	2.62×2-0.~	双棺	东:仰身屈肢 西:仰身直肢	较好	东:男 西:女	无	清

续表

墓号	层位	方向	形状与结构	墓圹尺寸（长×宽-深）（米）	葬具	葬式	人骨保存情况	性别	随葬品/件	年代
M224	第1层下	355°	长方形竖穴土圹墓	2.3×1.92-（0.7~0.8）	双棺	仰身直肢	较好	东：男 西：女	无	清
M225	第1层下	3°	长方形竖穴土圹墓	2.3×1.8-（0.6~0.7）	双棺	仰身直肢	较好	东：男 西：女	银簪1、银饰1、铜钱1	清
M226	第1层下	3°	长方形竖穴土圹墓	2.6×1.2-0.9	单棺	仰身直肢	稍好	男	无	清
M227	第1层下	355°	长方形竖穴土圹墓	2.3×2.1-（0.7~0.8）	双棺	仰身屈肢	较好	东：男 西：女	银簪2、铜钱3	清
M228	第1层下	10°	不规则形竖穴土圹墓	(2.4~2.6)×2.6-(0.9~1)	三棺	仰身直肢	东：稍好 中：较好 西：较好	东：男 中：女 西：女	铜钱3	清

附表二 铜钱统计表

单位	编号	种类	钱径（厘米）	穿宽（厘米）	郭厚（厘米）	备注
M3:1	1	康熙通宝	2.68	0.56	0.1	背穿左右为满文"宝泉"
	2	乾隆通宝	2.51	0.6	0.1	背穿左右为满文"宝泉"
	3	乾隆通宝	2.3	0.6	0.12	背穿左右为满文"宝源"
M4:3	1	道光通宝	2.21	0.65	0.15	背穿左右为满文"宝泉"
	2	光绪通宝	2.5	0.55	0.15	背穿左右为满文"宝泉"
M5:1	1	康熙通宝	3.12	0.62	0.11	背穿左满文"临"，右楷书"临"
	2	康熙通宝	2.3	0.61	0.1	背穿左右为满文"宝泉"
	3	道光通宝	3.25	0.65	0.15	背穿左右为满文"宝泉"
	4	道光通宝	2.31	0.65	0.15	背穿左右为满文"宝泉"
M6:1	1	康熙通宝	2.8	0.7	0.12	背穿左右为满文"宝泉"
	2	雍正通宝	2.79	0.64	0.11	背穿左右为满文"宝泉"
	3	嘉庆通宝	2.49	0.65	0.12	背穿左右为满文"宝泉"
M7:1	-	乾隆通宝	2.48	0.61	0.12	背穿左右为满文"宝源"
M10:3	1	康熙通宝	2.8	0.6	0.1	背穿左右为满文"宝泉"
	2	嘉庆通宝	2.55	0.6	0.12	背穿左右为满文"宝泉"
M12:1	-	康熙通宝	2.35	0.55	0.05	背穿左右为满文"宝泉"
M13:4	1	康熙通宝	3	0.6	0.1	背穿左右为满文"宝泉"
	2	乾隆通宝	2.45	0.6	0.12	背穿左右为满文"宝泉"
	3	嘉庆通宝	2.8	0.6	0.1	背穿左右为满文"宝晋"
M14:1	1	顺治通宝	2.65	0.65	0.11	背穿左右为满文"宝泉"
M15:3	1	乾隆通宝	2.2	0.65	0.11	背穿左右为满文"宝泉"
M16:1	1	康熙通宝	2.31	0.55	0.11	背穿左右为满文"宝泉"
M19:1	1	乾隆通宝	2.5	0.65	0.1	背穿左右为满文"宝泉"
	2	乾隆通宝	2.35	0.61	0.1	背穿左右为满文"宝源"
M20:3	-	康熙通宝	2.3	0.55	0.11	背穿左右为满文"宝泉"
M21:2	1	嘉庆通宝	2.35	0.59	0.12	背穿左右为满文"宝泉"
	2	光绪通宝	2.3	0.6	0.15	背穿左右为满文"宝泉"
M24:1	-	顺治通宝	2.55	0.64	0.11	背穿右楷书"户"
M25:1	1	康熙通宝	2.74	0.72	0.11	背穿左右为满文"宝泉"
M26:2	1	康熙通宝	2.56	0.6	0.11	背穿左右为满文"宝泉"
	2	康熙通宝	3.04	0.7	0.1	背穿左右为满文"宝源"
M28:1	-	嘉庆通宝	2.3	0.6	0.15	背穿左右为满文"宝泉"
M34:13	1	嘉庆通宝	2.3	0.7	0.15	背穿左右为满文"宝泉"
	2	道光通宝	2.39	0.71	0.11	背穿左右为满文"宝泉"

续表

单位	编号	种类	钱径（厘米）	穿宽（厘米）	郭厚（厘米）	备注
M35：5	1	乾隆通宝	2.45	0.65	0.15	背穿左右为满文"宝泉"
	2	乾隆通宝	1.79	0.65	0.05	背穿左右为满文"宝泉"
	3	道光通宝	1.67	0.65	0.1	背穿左右为满文"宝泉"
	4	光绪通宝	2.28	0.6	0.12	背穿左右为满文"宝泉"
	5	光绪通宝	2	0.64	0.09	背穿左右为满文"宝泉"
	6	光绪通宝	2	0.6	0.06	背穿左右为满文"宝源"
M35：6	-	光绪元宝	2.75	-	0.15	铜币
M38：1	-	乾隆通宝	2.31	0.6	0.15	背穿左右为满文"宝泉"
M40：1	1	嘉庆通宝	2.55	0.58	0.14	背穿左右为满文"宝泉"
	2	道光通宝	2.31	0.62	0.18	背穿左右为满文"宝泉"
M42：1	-	道光通宝	2.25	0.6	0.11	背穿左右为满文"宝泉"
M42：2	-	光绪元宝	2.75	-	0.12	铜币
M44：1	1	康熙通宝	2.45	0.55	0.1	背穿左右为满文"宝泉"
	2	咸丰通宝	2.3	0.7	0.15	背穿左右为满文"宝泉"
	3	光绪通宝	2.2	0.6	0.15	背穿左右为满文"宝泉"
M44：2	1	光绪元宝	3.2	-	0.15	铜币
M45：1	1	康熙通宝	2.4	0.5	0.15	背穿左右为满文"宝泉"
	2	光绪通宝	2.25	0.55	0.1	背穿左右为满文"宝泉"
M45：2	1	大清铜币	2.8	-	0.15	铜币
M50：4	1	元丰通宝	2.53	0.62	0.11	
	2	康熙通宝	2.76	0.6	0.11	背穿左右为满文"宝泉"
	3	嘉庆通宝	2.29	0.6	0.14	背穿左右为满文"宝源"
	4	光绪通宝	2.2	0.55	0.18	背穿左右为满文"宝泉"
	5	宽永通宝	2.45	0.7	0.1	
M50：5	1	光绪元宝	3.48	-	0.1	铜币
	2	大清铜币	3.61	-	0.1	铜币
M52：2	1	嘉庆通宝	2.32	0.61	0.15	背穿左右为满文"宝泉"
M53：4	-	康熙通宝	2.75	0.6	0.15	背穿左右为满文"宝源"
M55：1	-	康熙通宝	2.79	0.6	0.1	背穿左右为满文"宝源"
M57：1	1	乾隆通宝	2.5	0.58	0.1	背穿左右为满文"宝泉"
	2	乾隆通宝	2.32	0.7	0.12	背穿左右为满文"宝泉"
M58：5	1	顺治通宝	2.75	0.65	0.12	背穿左满文"同"，右楷书"同"
	2	雍正通宝	2.7	0.58	0.12	背穿左右为满文"宝泉"
M60：2	-	嘉庆通宝	2.25	0.71	0.1	背穿左右为满文"宝泉"

续表

单位	编号	种类	钱径（厘米）	穿宽（厘米）	郭厚（厘米）	备注
M68：8	1	道光通宝	2.15	0.7	0.1	背穿左右为满文"宝泉"
	2	咸丰通宝	2.28	0.55	0.15	背穿左右为满文"宝泉"
	3	光绪通宝	2.2	0.6	0.11	背穿左右为满文"宝源"
	4	光绪通宝	1.75	0.65	0.11	背穿左右为满文"宝泉"
M69：3	1	乾隆通宝	2.2	0.55	0.15	背穿左右为满文"宝源"
	2	嘉庆通宝	2.49	0.65	0.15	背穿左右为满文"宝蘇"
	3	光绪通宝	2.2	0.55	0.11	背穿左右为满文"宝泉"
M70：5	1	道光通宝	2.25	0.59	0.12	背穿左右为满文"宝泉"
	2	光绪通宝	2.4	0.6	0.15	背穿左右为满文"宝泉"
M70：6	1	大清铜币	3.3	-	0.1	正面左右楷书"丁未"
M71：4	1	道光通宝	2.2	0.6	0.16	背穿左右为满文"宝泉"
M71：5	1	大清铜币	3.31	-	0.12	正面左右楷书"丁未"，背面上方楷书"光绪年造"
M72：3	1	康熙通宝	2.81	0.6	0.11	背穿左右为满文"宝泉"
	2	乾隆通宝	2.5	0.62	0.11	背穿左右为满文"宝源"
	3	嘉庆通宝	2.55	0.6	0.1	背穿左右为满文"宝泉"
	4	咸丰通宝	2.2	0.55	0.15	背穿左右为满文"宝泉"
	5	同治重宝	2.3	0.69	0.08	背穿左右满文"宝泉"，上下楷书"當十"
	6	光绪通宝	2.25	0.55	0.15	背穿左右为满文"宝泉"
	7	宽永通宝	2.4	0.65	0.1	
M72：4	1	铜币	3.2	-	0.15	
M74：1	1	乾隆通宝	2.4	0.65	0.11	背穿左右为满文"宝泉"
	2	同治重宝	2.5	0.8	0.09	背穿左右满文"宝泉"，上下楷书"當十"
M76：1	1	康熙通宝	2.35	0.6	0.1	背穿左右为满文"宝泉"
	2	道光通宝	2.18	0.7	0.11	背穿左右为满文"宝泉"
M77：1	-	乾隆通宝	2.31	0.55	0.15	背穿左右为满文"宝泉"
M78：3	-	乾隆通宝	2.45	0.6	0.11	背穿左右为满文"宝泉"
M81：1	1	乾隆通宝	2.1	0.61	0.15	背穿左右为满文"宝濟"
	2	嘉庆通宝	2.55	0.6	0.1	背穿左右为满文"宝泉"
	3	道光通宝	2.3	0.61	0.11	背穿左右为满文"宝源"
	4	同治重宝	2.2	0.71	0.05	背穿左右满文"宝泉"，上下楷书"當十"
M82：1	1	康熙通宝	2.8	0.58	0.11	背穿左右为满文"宝泉"
	2	嘉庆通宝	2.4	0.58	0.11	背穿左右为满文"宝源"
M84：1	-	乾隆通宝	2.35	0.58	0.11	背穿左右为满文"宝源"
M85：1	-	康熙通宝	2.35	0.55	0.1	背穿左右为满文"宝源"
M86：4	1	顺治通宝	2.35	0.55	0.1	背穿上楷书"東"
	2	咸丰重宝	3.25	0.8	0.3	背穿左右满文"宝泉"，上下楷书"當十"

续表

单位	编号	种类	钱径（厘米）	穿宽（厘米）	郭厚（厘米）	备注
M87：3	1	乾隆通宝	2.35	0.65	0.12	背穿左右为满文"宝源"
	2	道光通宝	2.3	0.6	0.15	背穿左右为满文"宝源"
M88：1	1	乾隆通宝	2.55	0.65	0.11	背穿左右为满文"宝泉"
M89：3	1	道光通宝	2.25	0.6	0.12	背穿左右为满文"宝泉"
	2	咸丰通宝	2	0.61	0.15	背穿左右为满文"宝泉"
M91：1	-	康熙通宝	2.4	0.6	0.1	背穿左右为满文"宝泉"
M92：1	1	天启通宝	2.55	0.55	0.11	背穿楷书"户"
	2	康熙通宝	2.75	0.55	0.11	背穿左右为满文"宝泉"
M93：1	1	乾隆通宝	2.4	0.55	0.1	背穿左右为满文"宝泉"
	2	道光通宝	2.41	0.65	0.15	背穿左右为满文"宝泉"
M94：2	1	乾隆通宝	2.45	0.7	0.1	背穿左右为满文"宝泉"
	2	道光通宝	2.25	0.55	0.15	背穿左右为满文"宝泉"
M95：3	1	雍正通宝	2.55	0.6	0.1	背穿左右为满文"宝泉"
	2	乾隆通宝	2.45	0.6	0.11	背穿左右为满文"宝泉"
	3	嘉庆通宝	2.4	0.6	0.15	背穿左右为满文"宝泉"
M96：6	1	康熙通宝	2.75	0.55	0.1	背穿左右为满文"宝泉"
	2	道光通宝	2.19	0.65	0.15	背穿左右为满文"宝泉"
M98：4	1	道光通宝	2.25	0.6	0.1	背穿左右为满文"宝泉"
M98：5	-	光绪元宝	2.8	-	0.1	铜币
M100：2	1	乾隆通宝	2.45	0.65	0.1	背穿左右为满文"宝泉"
	2	嘉庆通宝	2.2	0.65	0.12	背穿左右为满文"宝泉"
M100：3	1	铜币	3.2	-	0.15	背面上方楷书"中華民國"，下方楷书"當制二十文"
M101：5	-	道光通宝	2.38	0.6	0.11	背穿左右为满文"宝泉"
M101：6	1	铜币	3.2	-	0.18	
M102：1	1	康熙通宝	2.75	0.58	0.1	背穿左满文"宁"，右楷书"寧"
	2	咸丰重宝	3.25	0.75	0.21	背穿左右满文"宝泉"，上下楷书"當十"
M103：1	1	嘉庆通宝	2.4	0.6	0.11	背穿左右为满文"宝泉"
	2	光绪通宝	2.2	0.7	0.15	背穿左右为满文"宝泉"
M103：2	1	光绪元宝	3.25	-	0.15	铜币
M104：1	-	万历通宝	2.51	0.5	0.1	
M107：4	1	乾隆通宝	2.5	0.62	0.11	背穿左右为满文"宝泉"
	2	光绪通宝	2.2	0.55	0.11	背穿左右为满文"宝泉"
M109：4	1	道光通宝	2.09	0.7	0.15	背穿左右为满文"宝泉"
	2	光绪通宝	2.25	0.58	0.11	背穿左右为满文"宝泉"

续表

单位	编号	种类	钱径（厘米）	穿宽（厘米）	郭厚（厘米）	备注
M111:2	1	雍正通宝	2.6	0.55	0.11	背穿左右为满文"宝泉"
	2	乾隆通宝	2.51	0.55	0.1	背穿左右为满文"宝源"
	3	道光通宝	2.2	0.61	0.15	背穿左右为满文"宝泉"
	4	光绪通宝	2.2	0.65	0.15	背穿左右为满文"宝泉"
M111:3	1	大清铜币	3.3	-	0.1	铜币
	2	铜币	3.2	-	0.1	背面中部楷书"贰拾文"
M112:2	1	乾隆通宝	2.4	0.6	0.1	背穿左右为满文"宝武"
	2	嘉庆通宝	2.35	0.65	0.11	背穿左右为满文"宝泉"
	3	道光通宝	2.3	0.6	0.14	背穿左右为满文"宝泉"
	4	光绪通宝	2.25	0.65	0.15	背穿左右为满文"宝泉"
M112:3	1	大清铜币	2.8	-	0.15	铜币
M113:4	1	万历通宝	2.55	0.5	0.1	
	2	康熙通宝	2.8	0.65	0.1	背穿左右为满文"宝泉"
M115:2	1	康熙通宝	2.75	0.65	0.1	背穿左右为满文"宝泉"
M116:2	-	康熙通宝	2.85	0.55	0.11	背穿左右为满文"宝泉"
M117:1	1	康熙通宝	2.45	0.55	0.11	背穿左右为满文"宝泉"
M118:1	1	道光通宝	2.3	0.59	0.15	背穿左右为满文"宝泉"
	2	光绪通宝	2.25	0.55	0.1	背穿左右为满文"宝泉"
M120:1	1	顺治通宝	2.7	0.6	0.1	背穿左满文"临"，右楷书"臨"
	2	嘉庆通宝	2.3	0.55	0.12	背穿左右为满文"宝泉"
	3	道光通宝	2.2	0.7	0.15	背穿左右为满文"宝泉"
M120:2	1	大清铜币	3.3	-	0.15	正面左右楷书"巳西"
M121:4	1	道光通宝	2.15	0.7	0.1	背穿左右为满文"宝泉"
	2	光绪通宝	2.2	0.61	0.1	背穿左右为满文"宝泉"
M121:5	-	铜币	3.25	-	0.1	
M123:1	1	顺治通宝	2.75	0.55	0.11	背穿左右为满文"宝泉"
	2	康熙通宝	2.8	0.65	0.1	背穿左右为满文"宝泉"
	3	嘉庆通宝	2.5	0.6	0.15	背穿左右为满文"宝泉"
M125:3	-	咸丰通宝	2.28	0.6	0.15	背穿左右为满文"宝泉"
M126:3	-	熙宁元宝	2.4	0.7	0.1	
M127:4	1	乾隆通宝	2.4	0.55	0.12	背穿左右为满文"宝泉"
M128:7	-	嘉庆通宝	2.4	0.55	0.1	背穿左右为满文"宝泉"
M128:8	-	大清铜币	3.3	-	0.15	正面左右楷书"巳西"，下楷书"當制二十文"
M130:1	1	嘉庆通宝	2.4	0.58	0.1	背穿左右为满文"宝泉"
	2	光绪通宝	2.25	0.55	0.11	背穿左右为满文"宝泉"
	3	宣统通宝	1.9	0.42	0.09	背穿左右为满文"宝泉"

续表

单位	编号	种类	钱径（厘米）	穿宽（厘米）	郭厚（厘米）	备注
M132：1	1	咸丰通宝	2.3	0.5	0.1	背穿左右为满文"宝源"
	2	光绪通宝	2.3	0.55	0.1	背穿左右为满文"宝泉"
M133：5	-	嘉庆通宝	2.5	0.6	0.11	背穿左右为满文"宝源"
M134：14	1	顺治通宝	2.71	0.5	0.1	背穿左右为满文"宝源"
	2	乾隆通宝	2.11	0.61	0.15	背穿左右为满文"宝泉"
	3	光绪通宝	2.15	0.55	0.08	背穿左右为满文"宝源"
M135：5	1	嘉庆通宝	2.3	0.65	0.1	背穿左右为满文"宝泉"
	2	道光通宝	2.45	0.6	0.11	背穿左右为满文"宝泉"
	3	光绪通宝	2.25	0.61	0.1	背穿左右为满文"宝泉"
	4	光绪通宝	2.25	0.61	0.1	背穿左右为满文"宝泉"
	5	宣统通宝	1.85	0.45	0.09	背穿左右为满文"宝泉"
	6	宽永通宝	2.2	0.68	0.1	背穿上楷书"元"
M135：6	1	铜币	3.3	-	0.13	铜币
M136：1	-	乾隆通宝	2.4	0.59	0.1	背穿左右为满文"宝泉"
M137：4	1	康熙通宝	2.8	0.65	0.1	背穿左右为满文"宝泉"
	2	康熙通宝	2.38	0.62	0.11	背穿左右为满文"宝源"
	3	乾隆通宝	2.31	0.65	0.11	背穿左右为满文"宝源"
M138：5	1	嘉庆通宝	2.35	0.65	0.11	背穿左右为满文"宝泉"
	2	道光通宝	2.25	0.62	0.11	背穿左右为满文"宝源"
	3	光绪通宝	2.19	0.7	0.1	背穿左右为满文"宝泉"
M138：6	-	大清铜币	2.8	-	0.11	正面左右楷书"丁未"，背面上方楷书"光绪年造"
M139：1	1	康熙通宝	2.25	0.5	0.08	背穿左右为满文"宝泉"
	2	道光通宝	2.31	0.61	0.11	背穿左右为满文"宝源"
	3	光绪通宝	2.39	0.55	0.1	背穿左右为满文"宝直"
M142：5	1	铜币	3.2	-	0.15	背面上方楷书"中華民國"，下方楷书"當二十铜元"
M143：6	-	光绪通宝	2.15	0.6	0.12	背穿左右为满文"宝源"
M146：4	-	康熙通宝	2.75	0.55	0.15	背穿左右为满文"宝源"
M147：1	1	康熙通宝	2.35	0.55	0.1	背穿左右为满文"宝泉"
	2	宽永通宝	2.32	0.85	0.1	
M148：2	-	道光通宝	2.3	0.55	0.15	背穿左右为满文"宝源"
M149：6	1	光绪元宝	3.2	-	0.13	铜币
M150：2	-	道光通宝	2.2	0.65	0.15	背穿左右为满文"宝泉"
M151：4	1	康熙通宝	2.25	0.55	0.1	背穿左右为满文"宝泉"
	2	同治重宝	2.8	0.8	0.15	背穿左右满文"宝泉"，上下楷书"當十"
M152：8	1	道光通宝	2.9	0.6	0.15	背穿左右为满文"宝泉"
M159：2	-	道光通宝	2.1	0.7	0.13	背穿左右为满文"宝泉"
M160：3	-	嘉庆通宝	2.49	0.59	0.1	背穿左右为满文"宝泉"

续表

单位	编号	种类	钱径（厘米）	穿宽（厘米）	郭厚（厘米）	备注
M161：2	1	嘉庆通宝	2.25	0.6	0.1	背穿左右为满文"宝泉"
	2	道光通宝	2.3	0.59	0.11	背穿左右为满文"宝泉"
M162：7	1	乾隆通宝	2.29	0.61	0.1	背穿左右为满文"宝源"
	2	嘉庆通宝	2.41	0.59	0.1	背穿左右为满文"宝源"
	3	道光通宝	2.3	0.6	0.15	背穿左右为满文"宝泉"
M165：2	1	康熙通宝	2.8	0.6	0.11	背穿左右为满文"宝泉"
	2	乾隆通宝	2.31	0.7	0.13	背穿左右为满文"宝源"
M166：1	1	康熙通宝	2.55	0.6	0.11	背穿左右为满文"宝泉"
	2	雍正通宝	2.55	0.61	0.11	背穿左右为满文"宝泉"
M167：4	1	康熙通宝	2.3	0.55	0.11	背穿左右为满文"宝泉"
M168：1	1	顺治通宝	2.59	0.5	0.11	背穿左楷书"一厘"，右楷书"工"
	2	康熙通宝	2.58	0.6	0.13	背穿左右为满文"宝泉"
M171：1	-	康熙通宝	2.3	0.6	0.1	背穿左右为满文"宝泉"
M172：2	1	康熙通宝	2.85	0.6	0.1	背穿左右为满文"宝泉"
	2	康熙通宝	2.35	0.55	0.13	背穿左右为满文"宝源"
M175：1	1	康熙通宝	2.79	0.65	0.15	背穿左满文"宣"，右楷书"宣"
	2	咸丰重宝	3.25	0.8	0.25	背穿左右满文"宝泉"，上下楷书"當十"
M176：5	1	顺治通宝	2.73	0.65	0.1	背穿左右为满文"宝泉"
	2	康熙通宝	2.75	0.6	0.1	背穿左右为满文"宝泉"
	3	乾隆通宝	2.15	0.6	0.15	背穿左右为满文"宝源"
M177：2	1	康熙通宝	2.8	0.6	0.13	背穿左右为满文"宝泉"
	2	雍正通宝	2.5	0.65	0.1	背穿左右为满文"宝泉"
M178：2	-	顺治通宝	2.55	0.6	0.1	背穿右楷书"户"
M180：4	1	崇祯通宝	2.61	0.65	0.15	
M181：3	1	万历通宝	2.61	0.65	0.15	
M182：2	1	崇祯通宝	2.6	0.6	0.11	
	2	康熙通宝	2.4	0.6	0.1	背穿左右为满文"宝泉"
M184：6	1	乾隆通宝	2.5	0.68	0.12	背穿左右为满文"宝源"
M185：1	1	雍正通宝	2.6	0.6	0.1	背穿左右为满文"宝泉"
	2	道光通宝	2.2	0.6	0.1	背穿左右为满文"宝泉"
M185：2	1	大清铜币	3.3	-	0.11	铜币
	2	光绪元宝	3.2	-	0.11	铜币
M186：1	1	治平元宝	2.3	0.6	0.1	
	2	熙宁元宝	2.4	0.7	0.1	
M188：1	-	康熙通宝	2.3	0.55	0.11	背穿左右为满文"宝泉"
M189：2	1	康熙通宝	2.79	0.6	0.11	背穿左右为满文"宝泉"

续表

单位	编号	种类	钱径（厘米）	穿宽（厘米）	郭厚（厘米）	备注
M191：1	1	天启通宝	2.55	0.55	0.15	
	2	乾隆通宝	2.25	0.55	0.1	背穿左右为满文"宝泉"
M192：3	-	康熙通宝	2.5	0.69	0.05	背穿左满文"河"，右楷书"河"
M193：1	1	顺治通宝	2.6	0.75	0.15	背穿右楷书"临"
M194：2	1	万历通宝	2.55	0.5	0.1	
	2	天启通宝	2.62	0.55	0.11	背穿上楷书"工"
M195：2	1	乾隆通宝	2.45	0.6	0.1	背穿左右为满文"宝泉"
	2	咸丰通宝	2.4	0.61	0.11	背穿左右为满文"宝源"
M196：3	1	顺治通宝	2.59	0.59	0.15	背穿左楷书"一厘"，右楷书"户"
	2	乾隆通宝	2.4	0.6	0.1	背穿左右为满文"宝泉"
M199：1	1	乾隆通宝	2.5	0.65	0.11	背穿左右为满文"宝泉"
	2	光绪重宝	2.25	0.65	0.1	背穿左右满文"宝泉"，上下楷书"當拾"
M200：1	1	康熙通宝	2.3	0.6	0.1	背穿左右为满文"宝泉"
	2	光绪重宝	2.75	0.75	0.2	背穿左右满文"宝泉"，上下楷书"當拾"
M203：1	1	雍正通宝	2.55	0.55	0.1	背穿左右为满文"宝泉"
	2	嘉庆通宝	2.35	0.65	0.11	背穿左右为满文"宝源"
M206：1	1	嘉庆通宝	2.25	0.55	0.11	背穿左右为满文"宝泉"
	2	光绪通宝	2.25	0.55	0.1	背穿左右为满文"宝源"
M207：1	-	康熙通宝	2.49	0.6	0.11	背穿左右为满文"宝源"
M208：2	1	乾隆通宝	2.3	0.7	0.1	背穿左右为满文"宝源"
	2	同治重宝	2.85	0.6	0.15	背穿左右满文"宝泉"，上下楷书"當十"
M209：1	1	嘉庆通宝	2.4	0.55	0.11	背穿左右为满文"宝源"
M210：1	1	道光通宝	2.2	0.71	0.1	背穿左右为满文"宝泉"
	2	光绪通宝	2.15	0.55	0.11	背穿左右为满文"宝泉"
M211：2	1	顺治通宝	2.6	0.51	0.1	
	2	康熙通宝	2.7	0.71	0.1	背穿左右为满文"宝泉"
	3	嘉庆通宝	2.25	0.55	0.11	背穿左右为满文"宝泉"
	4	道光通宝	2.25	0.6	0.15	背穿左右为满文"宝源"
M212：3	1	大清铜币	3.2	-	0.14	铜币
M214：4	1	大清铜币	3.3	-	0.2	正面左右楷书"巳西"
M215：4	-	铜币	3.2	-	0.12	
M216：6	-	道光通宝	2.22	0.59	0.15	背穿左右为满文"宝源"
M217：4	1	雍正通宝	2.62	0.55	0.11	背穿左右为满文"宝泉"
	2	乾隆通宝	2.55	0.59	0.12	背穿左右为满文"宝源"
M217：5	1	中华铜币	3.2	-	0.13	背面中部楷书"雙枚"
M219：2	1	康熙通宝	2.75	0.6	0.11	背穿左右为满文"宝泉"

续表

单位	编号	种类	钱径（厘米）	穿宽（厘米）	郭厚（厘米）	备注
M220：1	1	康熙通宝	2.75	0.61	0.1	背穿左右为满文"宝泉"
	2	雍正通宝	2.61	0.51	0.11	背穿左右为满文"宝泉"
	3	乾隆通宝	2.4	0.6	0.1	背穿左右为满文"宝泉"
	4	道光通宝	2.3	0.65	0.11	背穿左右为满文"宝泉"
	5	光绪通宝	2.25	0.59	0.11	背穿左右为满文"宝源"
M220：2	1	光绪元宝	3.25	-	0.12	铜币
M221：3	1	嘉庆通宝	2.4	0.7	0.15	背穿左右为满文"宝泉"
M225：3	-	乾隆通宝	2.5	0.6	0.1	背穿左右为满文"宝泉"
M227：3	1	康熙通宝	2.4	0.55	0.1	背穿左右为满文"宝泉"
	2	乾隆通宝	2.35	0.6	0.1	背穿左右为满文"宝泉"
M228：1	1	咸丰通宝	2.2	0.6	0.11	背穿左右为满文"宝泉"
	2	宽永通宝	2.4	0.65	0.1	

后　记

　　本报告为大兴国际机场考古成果及原北京市文物研究所2017年考古成果，也是现北京市考古研究院清理积压报告成果之一。

　　大兴国际机场属于国家重点工程，考古工作自2014年开始。我于新机场启动之初即配合开展考古工作，2016年，当时的所领导找我征询由我来负责新机场考古工作的意见，虽然当时想到此项工作任务艰巨、责任重大，不止考古工作本身需要协调解决的问题很多，更是担心一个人单枪匹马难以担此重任，心里顾虑极大，但考虑到自己作为发掘领队，就应该在工作中勇于担当，多年的考古工作经历也积累了一定的工作经验，况且重大项目也是对人的一种锻炼和考验，遂同意接受这项具有挑战性的工作。此后，新机场考古工作由我完全负责开展。2021年，由于院里调整工作分工，新机场由不同项目负责人承担该项工作，虽然我仍承担着部分工作，但相对而言确实"轻松"了不少，至此也给新机场的考古工作交上了一份自己还算满意的答卷。连续几年的新机场考古工作，我承担完成了数十项的调查、勘探、发掘工作，了解并熟悉了该区域的地质特点和文化堆积情况，积累了一定数量的发掘资料，为后期考古发掘报告的整理编写打下了坚实的基础。

　　大兴国际机场区域属于永定河冲击区，历史上由于永定河反复的泛滥冲击，形成了该地区独特的地质条件和较厚的地层堆积，考古勘探探孔深逾7米，土层黏度大且多沙。由于其属于国家重点工程，很多项目时间紧、任务急，要求在较短时间内完成。另外，恶劣的天气条件，如夏季的炎热降雨、冬季的寒冷冰冻，都给考古工作带来了很大的困难和挑战。此外，与不同建设单位的对接协调、拆迁问题带来的阻挠刁难、与当地村镇部门的反复沟通、疫情期间的举步维艰，凡此种种，不一而论，其中艰辛冷暖，唯己自知。

　　报告的整理工作得到了我院郭京宁院长、张中华副院长的关心和支持，这是我要特别感谢的。整理期间，张中华副院长、综合业务部曾祥江主任协调人员安排，提供了很多帮助。感谢科学出版社责任编辑王蕾女士，认真负责，沟通顺畅，为报告的顺利出版付出了很多辛苦，我的上本考古发掘报告也是由她负责编辑出版，努力勤奋令人印象深刻。感谢为报告的编辑出版给予支持与帮助的各位同仁！

大兴国际机场已于2019年中华人民共和国成立70周年之际投入使用，但其考古工作仍在继续。本书作为新机场的第一本考古发掘报告，抛砖引玉，期待新机场考古更多科研成果不断涌现。

本报告由张智勇执笔。

张智勇

2023年8月

图版一

1. 发掘前地貌

2. 专家验收

发掘前地貌、专家验收

图版二

墓葬整体

图版三

1. M1

2. M3

M1、M3

图版四

1. M5

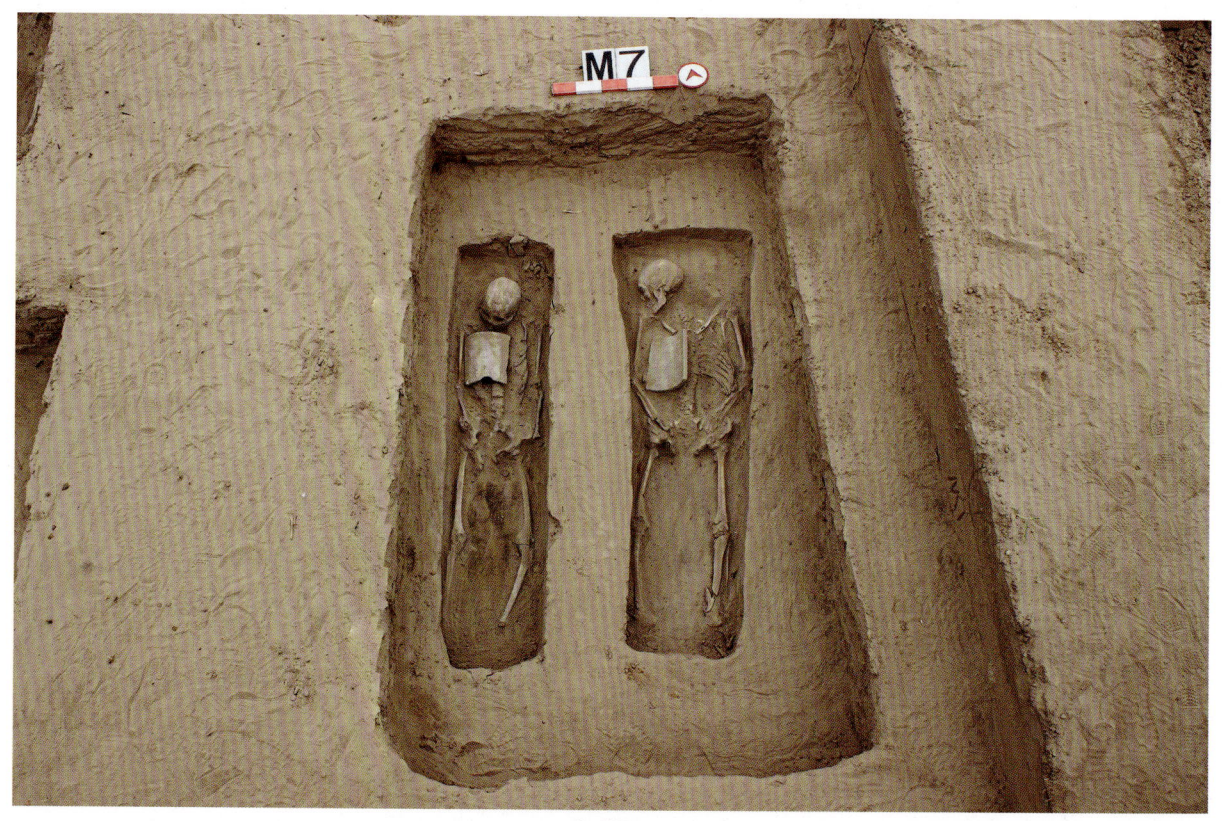

2. M7

M5、M7

1. M13

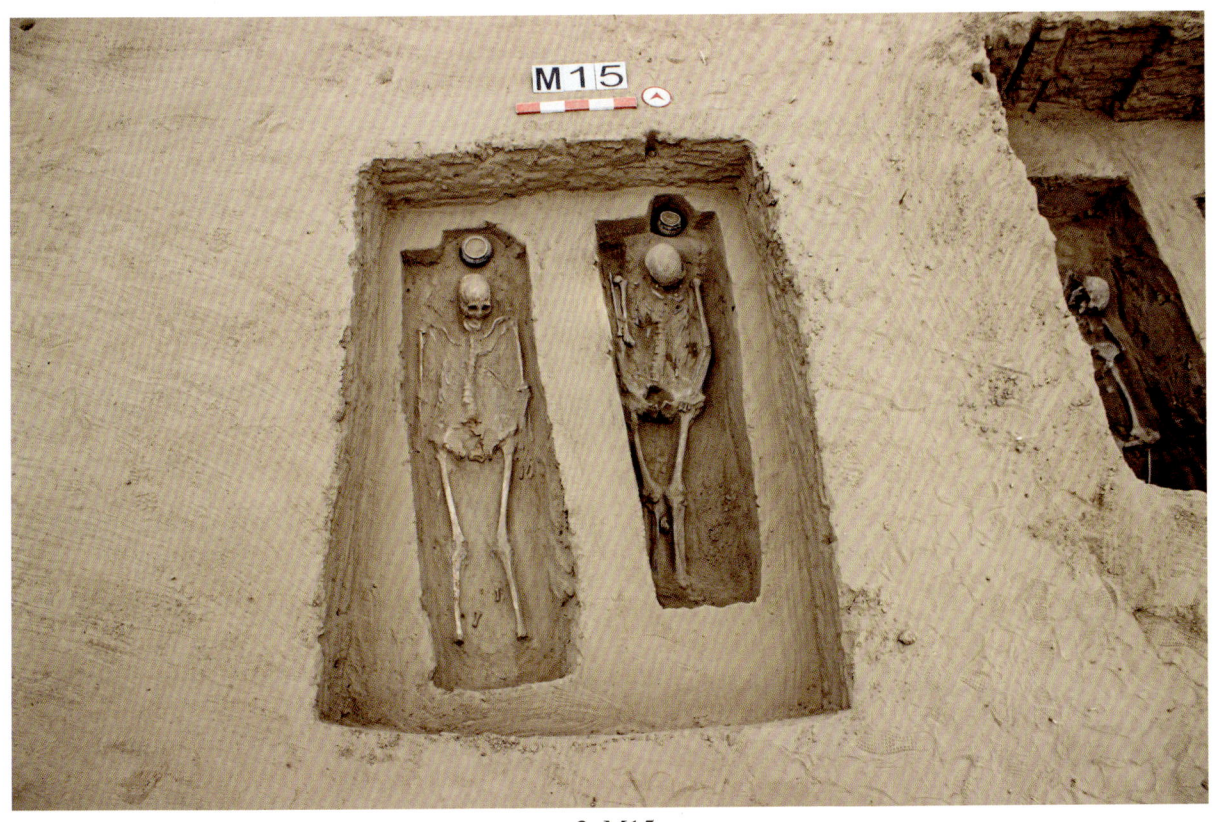

2. M15

M13、M15

图版六

1. M17

2. M21

M17、M21

图版七

1. M23

2. M26

M23、M26

图版八

1. M28

2. M29

M28、M29

1. M31

2. M39

M31、M39

图版一〇

1. M40

2. M42

M40、M42

1. M44

2. M45

M44、M45

图版一二

1. M49

2. M50

M49、M50

图版一三

1. M51

2. M52

M51、M52

图版一四

1. M53

2. M54

M53、M54

1. M55

2. M58

M55、M58

图版一六

1. M63

2. M67

M63、M67

图版一七

1. M73

2. M74

M73、M74

图版一八

1. M77

2. M80

M77、M80

图版一九

1. M83

2. M84

M83、M84

图版二〇

1. M86

2. M87

M86、M87

图版二一

1. M88

2. M89

M88、M89

图版二二

1. M92

2. M93

M92、M93

图版二三

1. M94

2. M107

M94、M107

图版二四

1. M109

2. M114

M109、M114

1. M116

2. M118

M116、M118

图版二六

1. M119

2. M125

M119、M125

图版二七

1. M126

2. M128

M126、M128

图版二八

1. M129

2. M134

M129、M134

图版二九

1. M136

2. M137

M136、M137

图版三〇

1. M146

2. M153

M146、M153

图版三一

1. M154

2. M155

M154、M155

图版三二

1. M167

2. M168

M167、M168

图版三三

1. M171

2. M172

M171、M172

图版三四

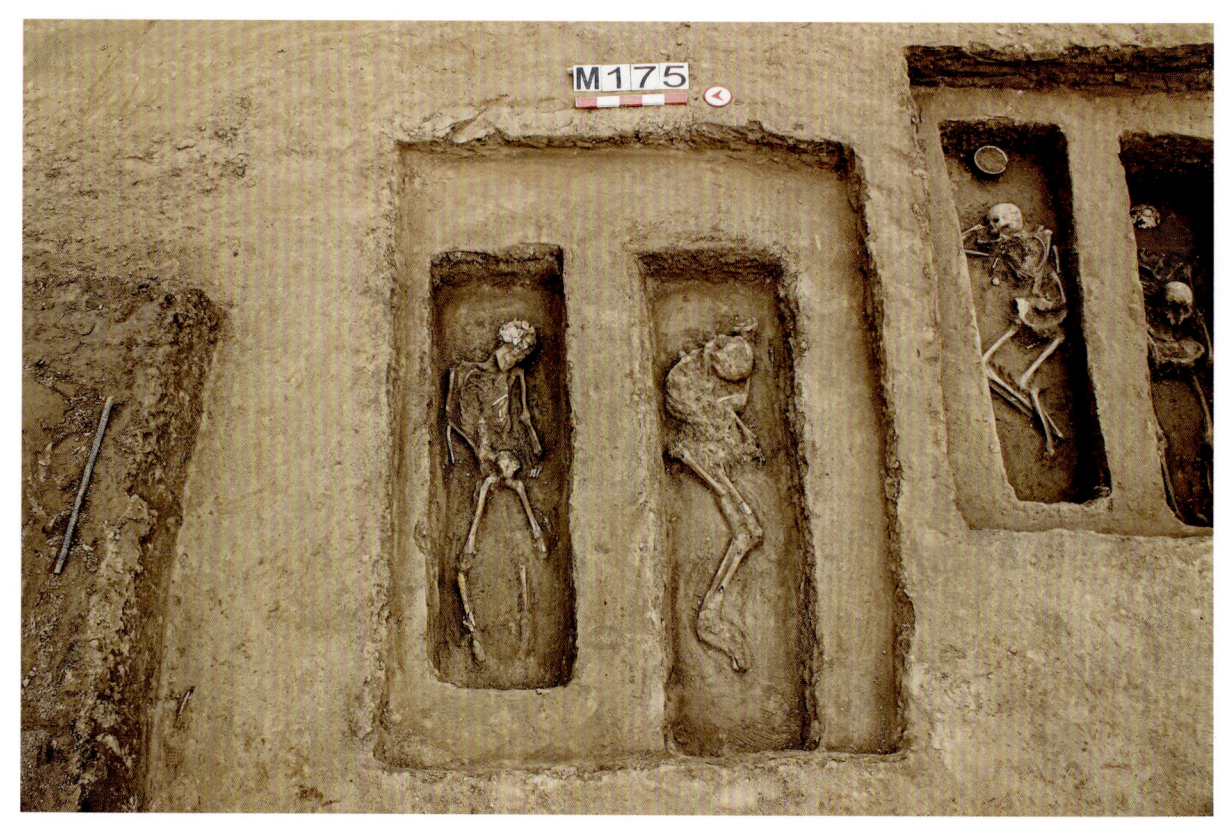

1. M175

2. M178

M175、M178

1. M181

2. M182

M181、M182

图版三六

1. M188

2. M191

M188、M191

1. M194

2. M199

M194、M199

图版三八

1. M201

2. M202

M201、M202

图版三九

1. M214

2. M219

M214、M219

图版四〇

1. M223

2. M224

M223、M224

图版四一

1. M225

2. M227

M225、M227

图版四二

1. 砂壶（M20：1）

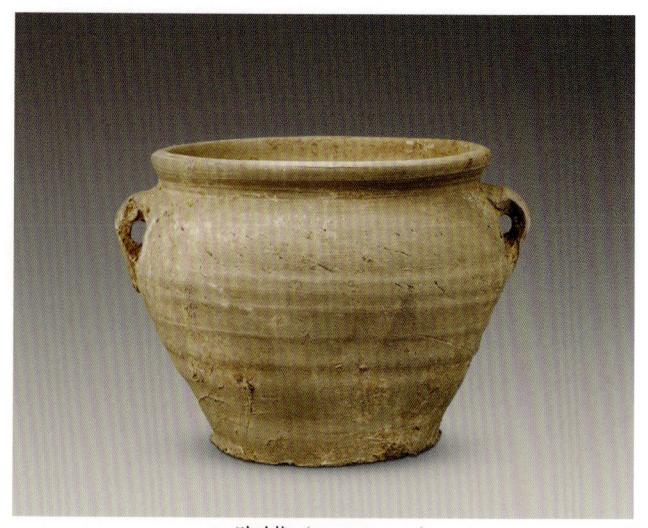

2. 陶罐（M39：1）

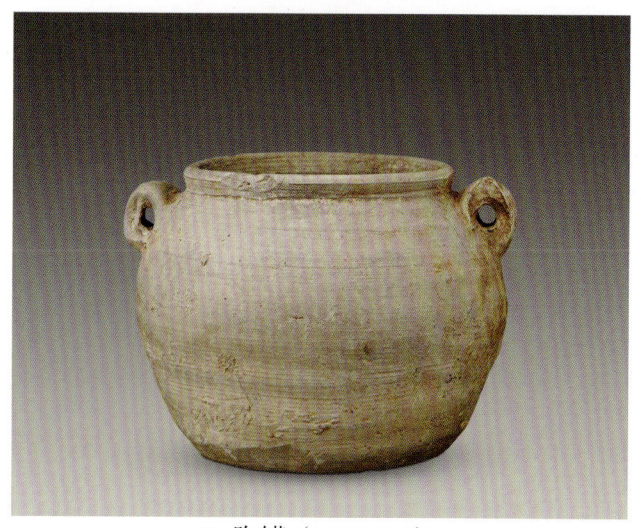

3. 陶罐（M87：1）

4. 陶罐（M122：1）

5. 陶盆（M105：1）

M20、M39、M87、M105、M122出土陶器

图版四三

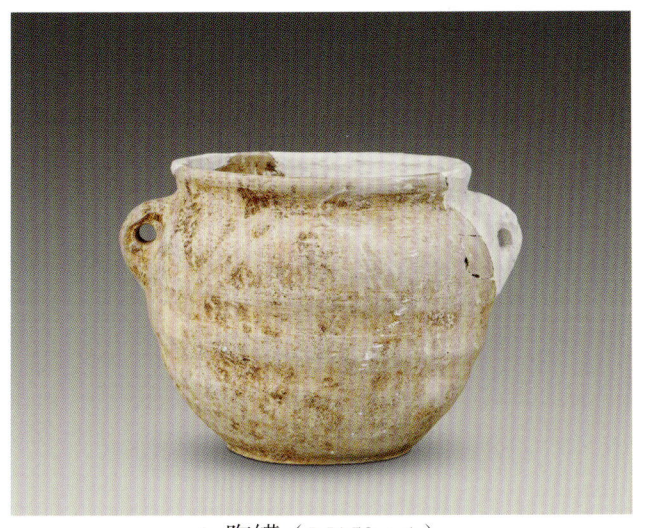

1. 陶罐（M150∶1）

2. 陶罐（M152∶1）

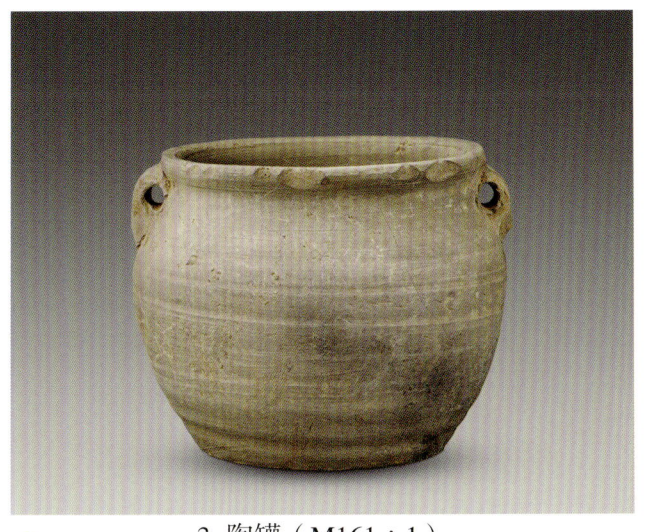

3. 陶罐（M161∶1）

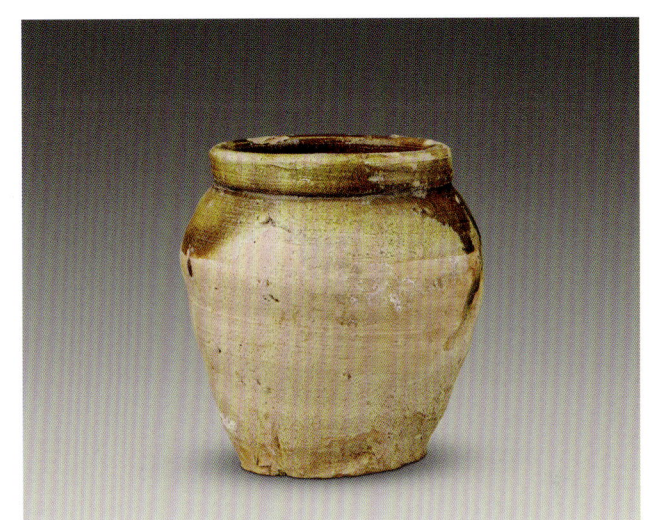

4. 釉陶罐（M181∶1）

5. 陶盆（M153∶1）

M150、M152、M153、M161、M181出土陶器、釉陶器

图版四四

1. M4∶1

2. M4∶2

3. M13∶1

4. M15∶1

5. M15∶2

6. M23∶1

M4、M13、M15、M23出土瓷罐

图版四五

1. M26∶1
2. M30∶1 
3. M78∶1 
4. M94∶1 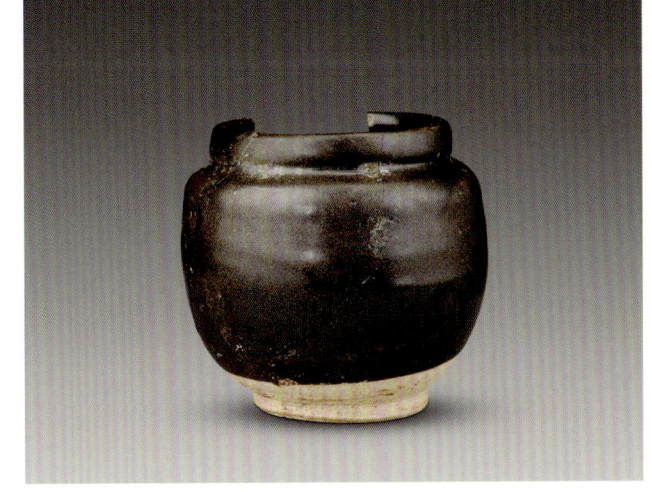
5. M111∶1 
6. M112∶1 

M26、M30、M78、M94、M111、M112出土瓷罐

图版四六

1. M113∶1

2. M113∶2

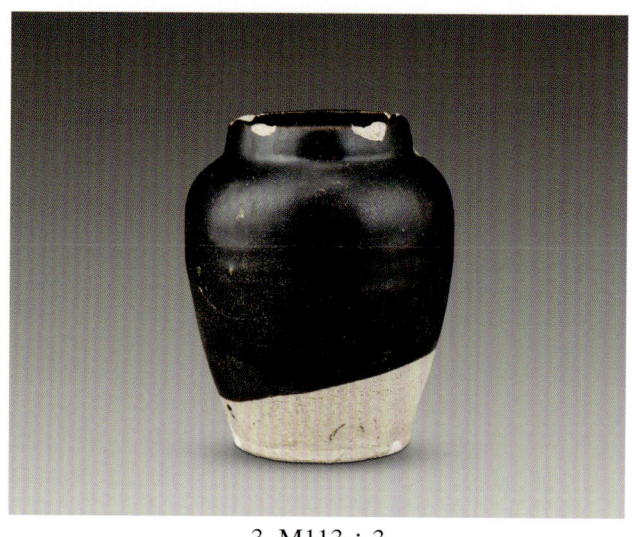

3. M113∶3

4. M115∶1

5. M116∶1

6. M126∶1

M113、M115、M116、M126出土瓷罐

图版四七

1. M126：2

2. M129：1

3. M167：1

4. M172：1

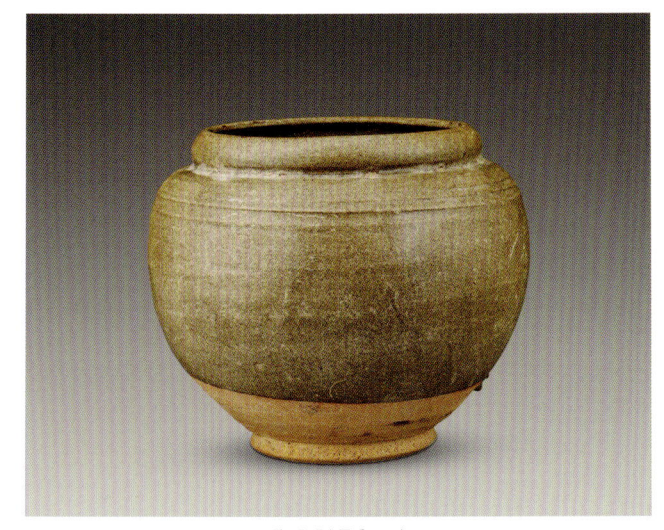

5. M176：1

6. M176：2

M126、M129、M167、M172、M176出土瓷罐

图版四八

1. M176:3

2. M177:2

3. M179:1

4. M179:2

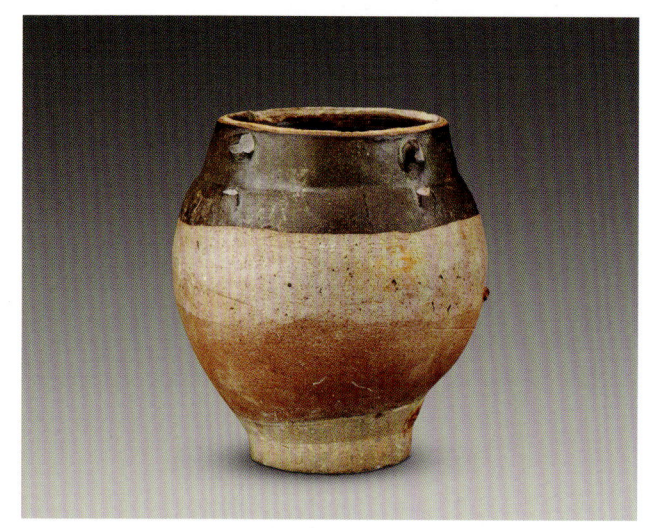

5. M180:1

6. M180:2

M176、M177、M179、M180出土瓷罐

图版四九

1. M181：2

2. M182：1

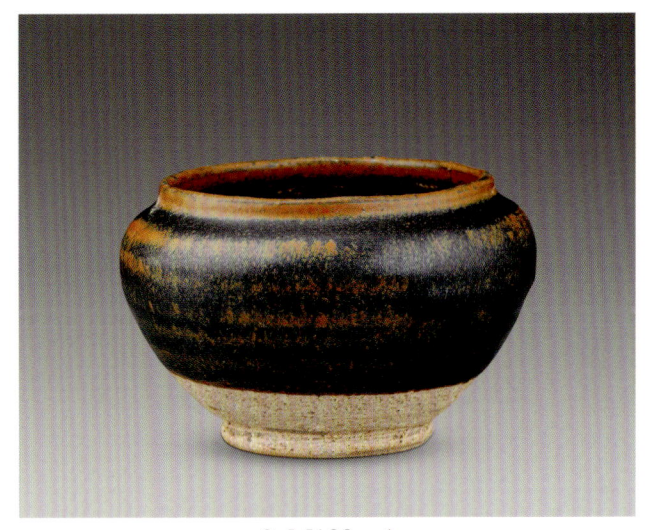

3. M189：1

4. M192：1

5. M194：1

M181、M182、M189、M192、M194出土瓷罐

图版五〇

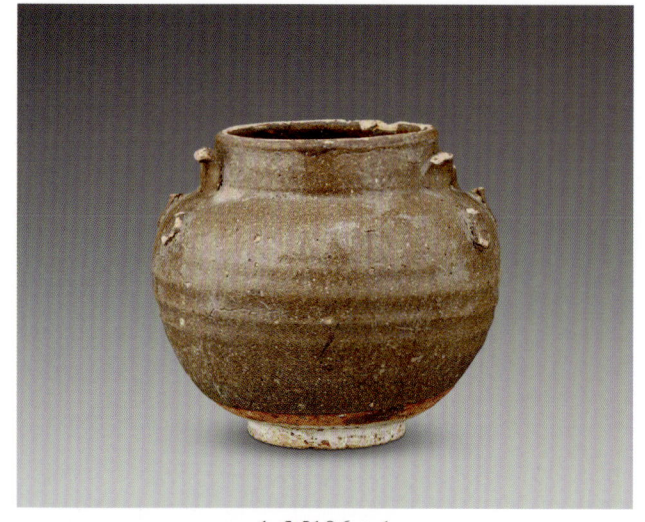

1. M196：1

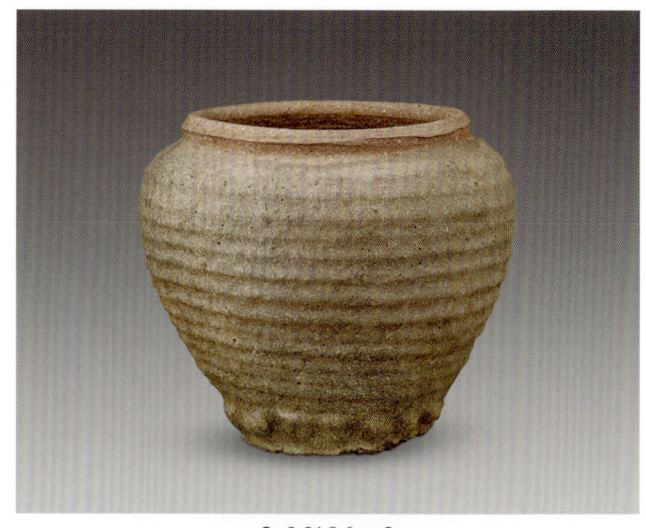

2. M196：2

3. M197：1

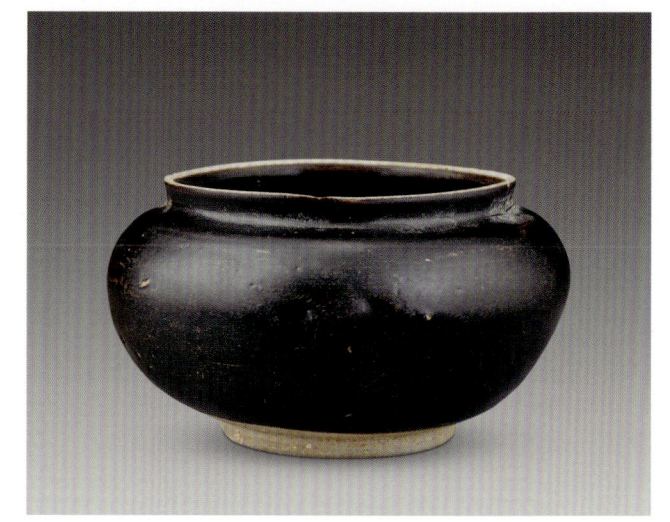

4. M208：1

5. M219：1

M196、M197、M208、M219出土瓷罐

图版五一

1. M46:1

2. M60:1

M46、M60出土瓷碗

图版五二

1. M8∶1

2. M36∶1

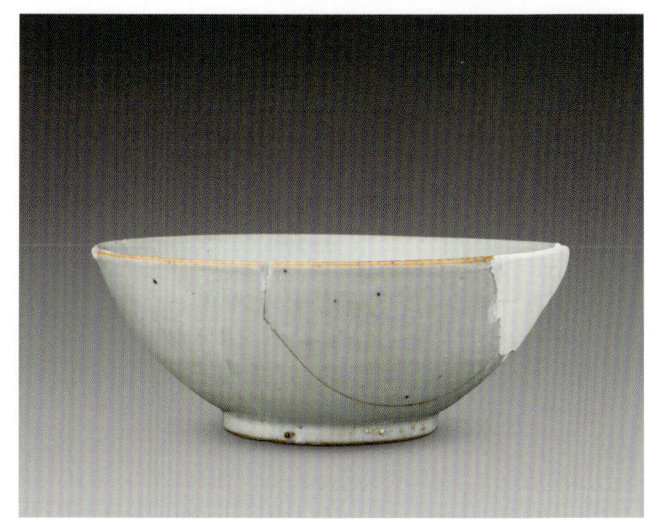

3. M41∶3

4. M156∶1

M8、M36、M41、M156出土瓷碗

图版五三

1. 器盖（M41:1）

2. 器盖（M41:2）

3. 碗（M34:1） 　　　4. 碗（M50:1）

M34、M41、M50出土瓷器

图版五四

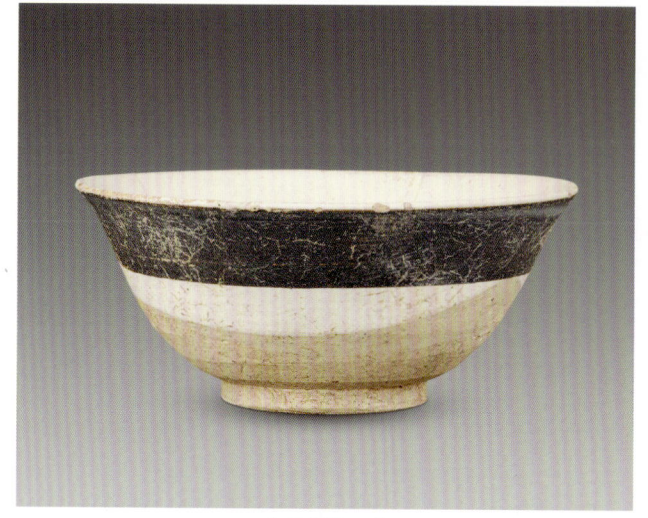

1. M43∶1

2. M69∶1

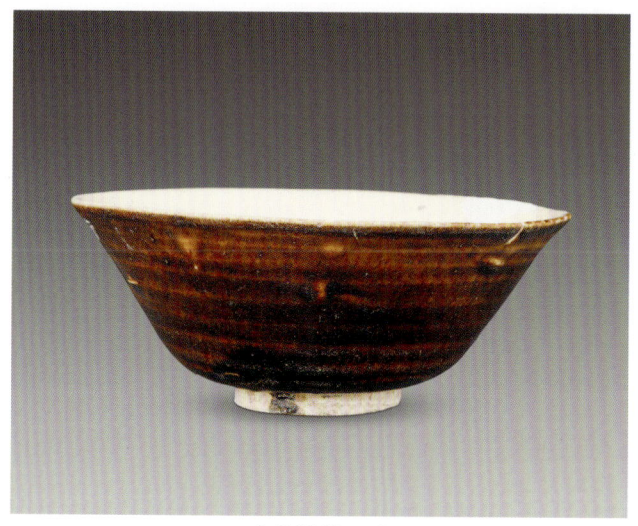

3. M122∶2

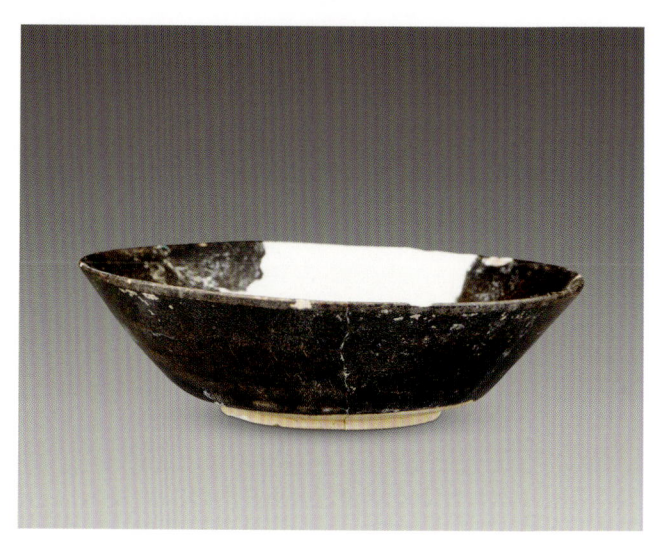

4. M127∶1

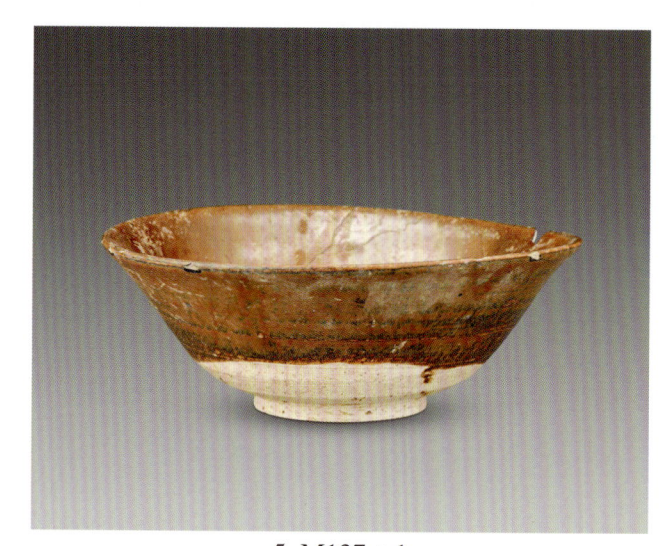

5. M137∶1

6. M155∶1

M43、M69、M122、M127、M137、M155出土瓷碗

图版五五

1. M154∶1

2. M158∶1

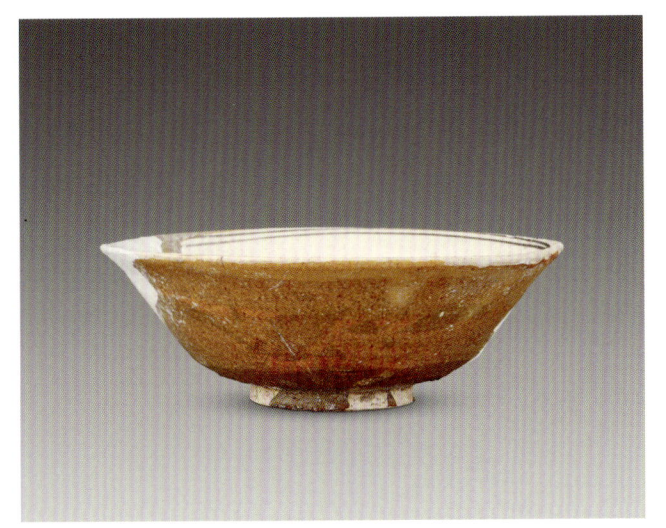

3. M159∶1

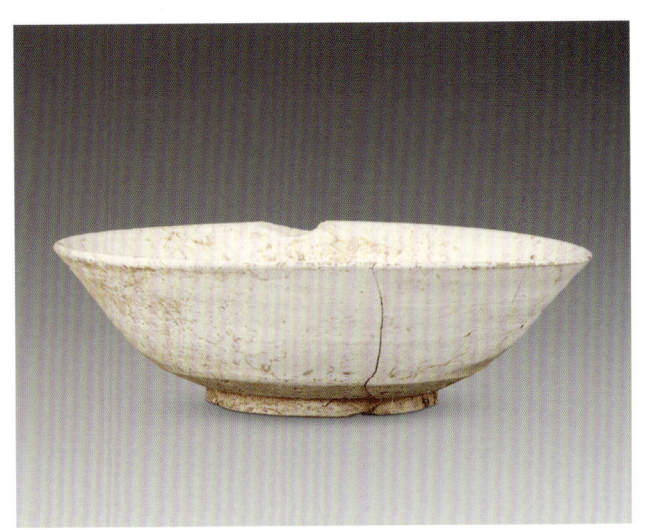

4. M174∶1

M154、M158、M159、M174出土瓷碗

图版五六

1. M174:2

2. M178:1

3. M180:3

4. M204:1

M174、M178、M180、M204出土瓷碗

图版五七

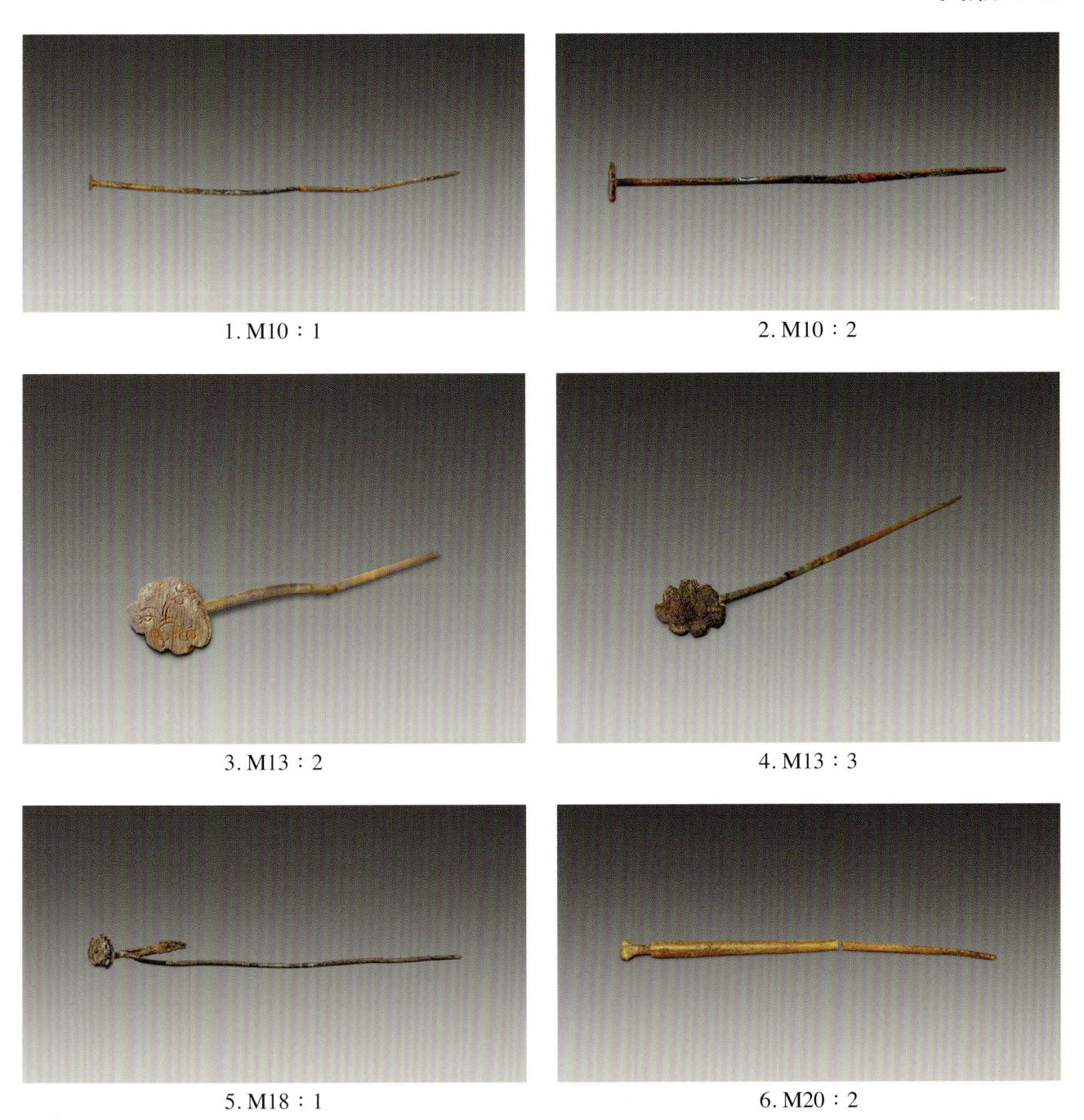

1. M10∶1
2. M10∶2
3. M13∶2
4. M13∶3
5. M18∶1
6. M20∶2

M10、M13、M18、M20出土银簪

图版五八

1. M21:1

2. M29:1

3. M29:2

4. M32:1

5. M34:2

6. M34:3

M21、M29、M32、M34出土银簪

图版五九

1. M34：4

2. M34：5

3. M34：6

4. M34：7

5. M34：8

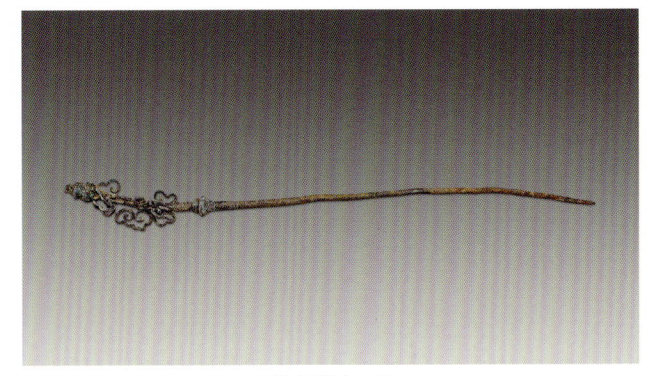

6. M34：9

M34出土银簪

图版六〇

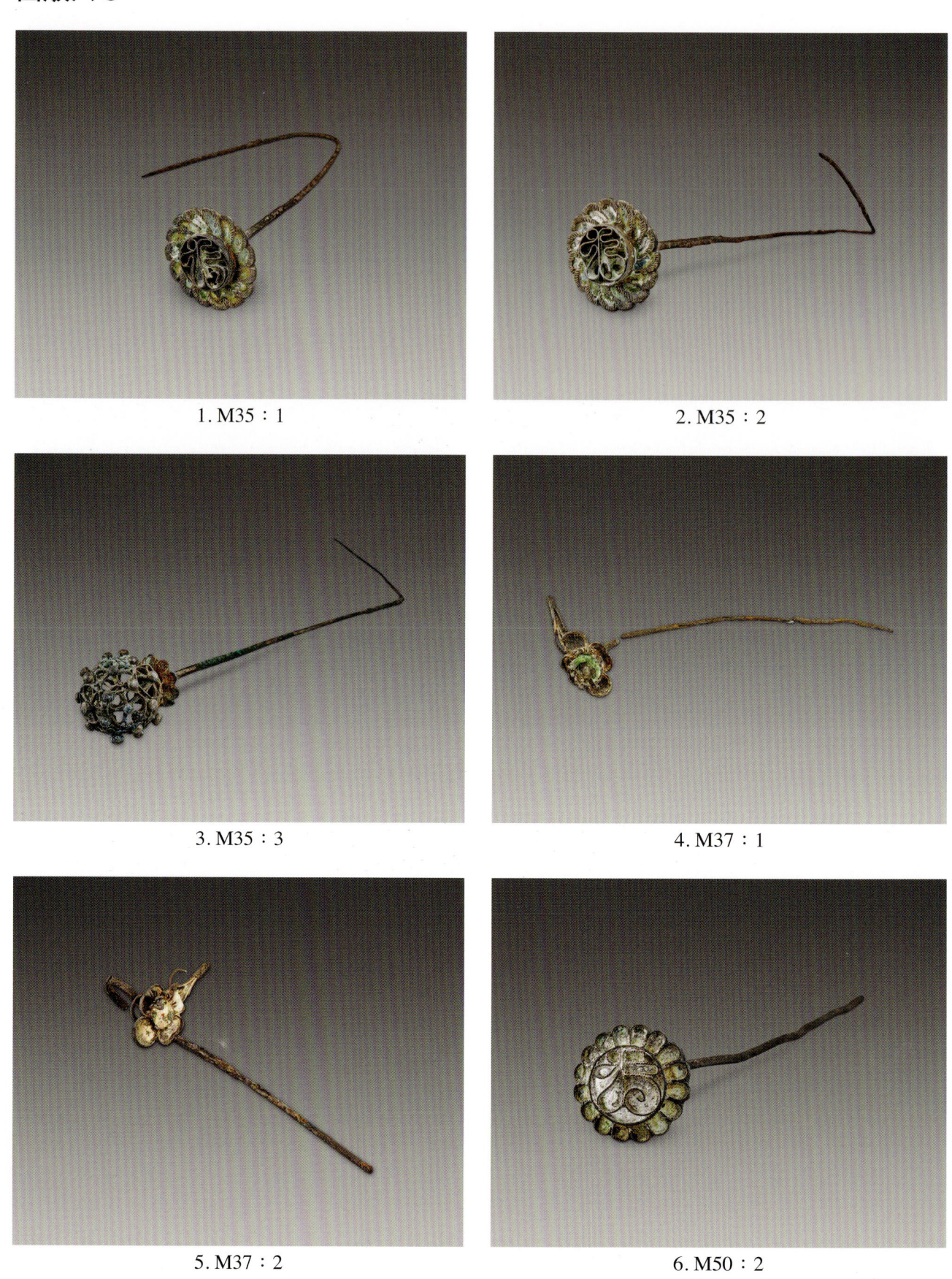

1. M35:1

2. M35:2

3. M35:3

4. M37:1

5. M37:2

6. M50:2

M35、M37、M50出土银簪

图版六一

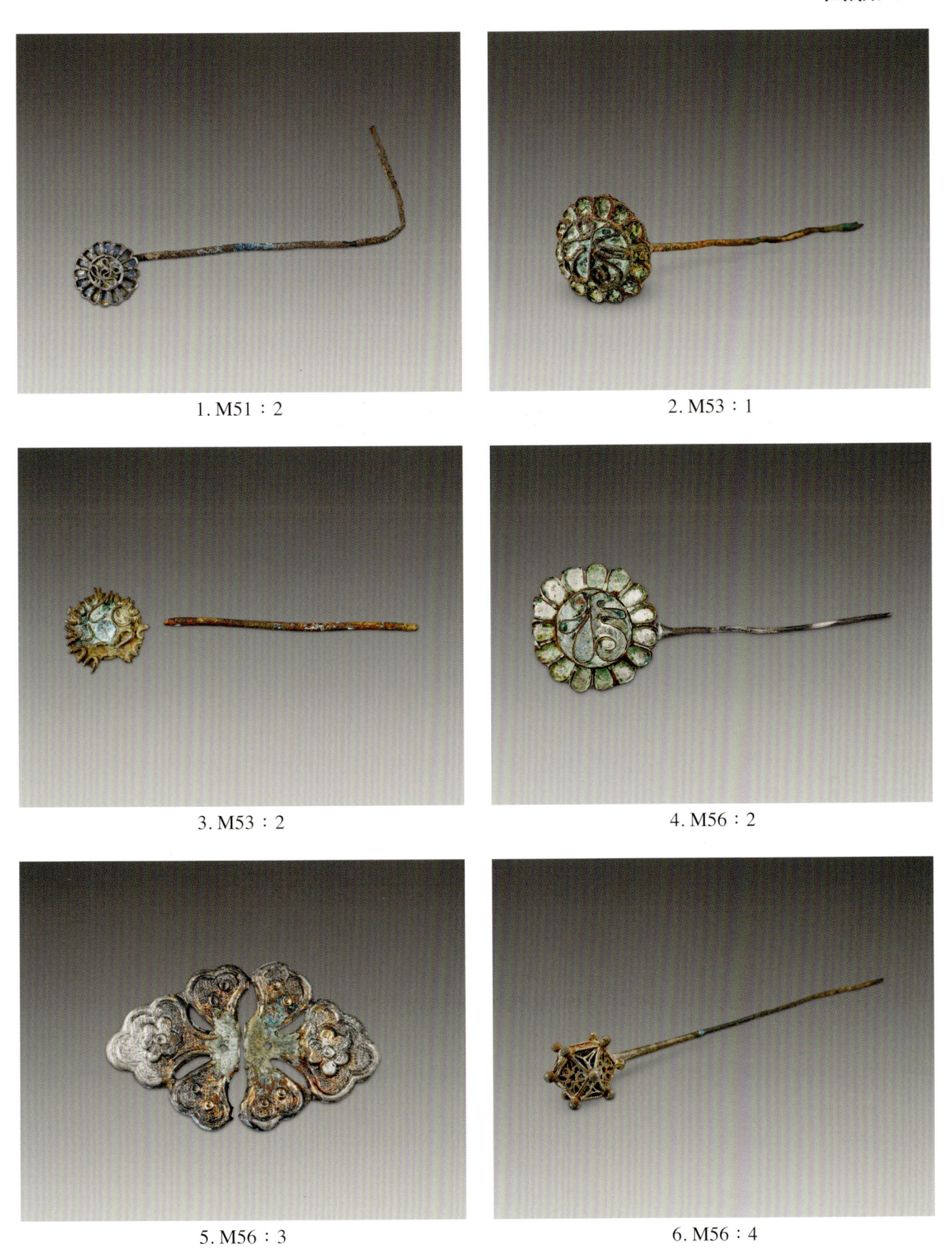

1. M51:2

2. M53:1

3. M53:2

4. M56:2

5. M56:3

6. M56:4

M51、M53、M56出土银簪

图版六二

1. M58∶1

2. M68∶1

3. M68∶2

4. M68∶3

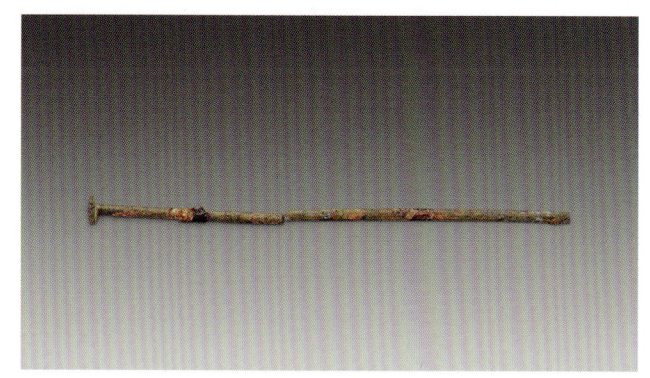

5. M68∶4

6. M68∶5

M58、M68出土银簪

图版六三

1. M69：2

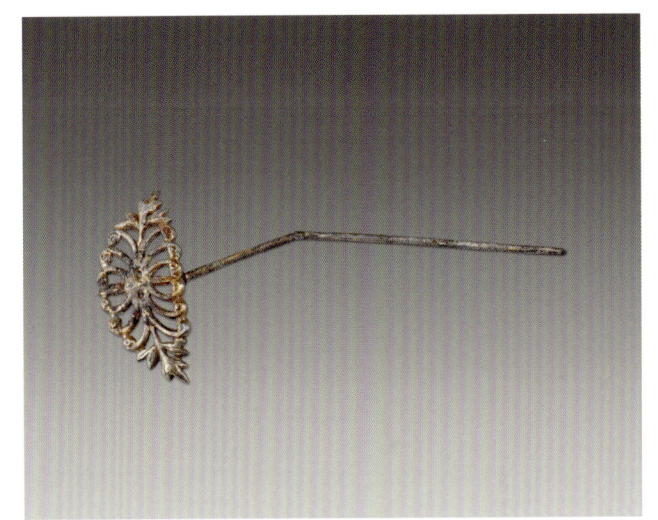

2. M70：1

3. M70：2

4. M70：3

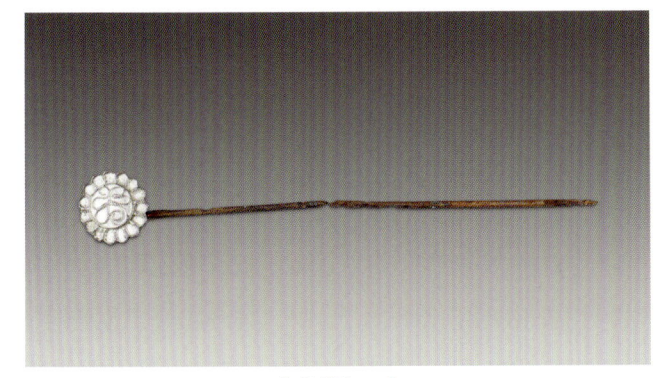

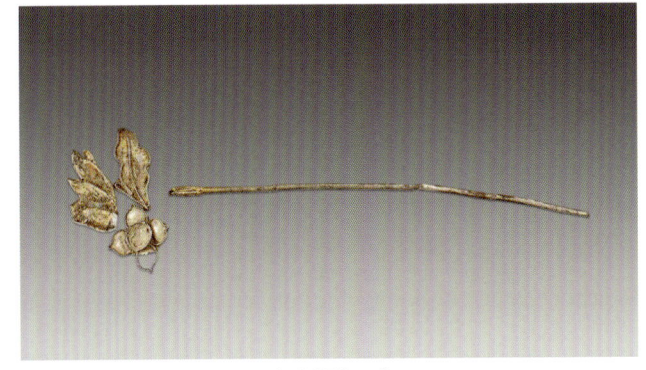

5. M71：2

6. M71：3

M69～M71出土银簪

图版六四

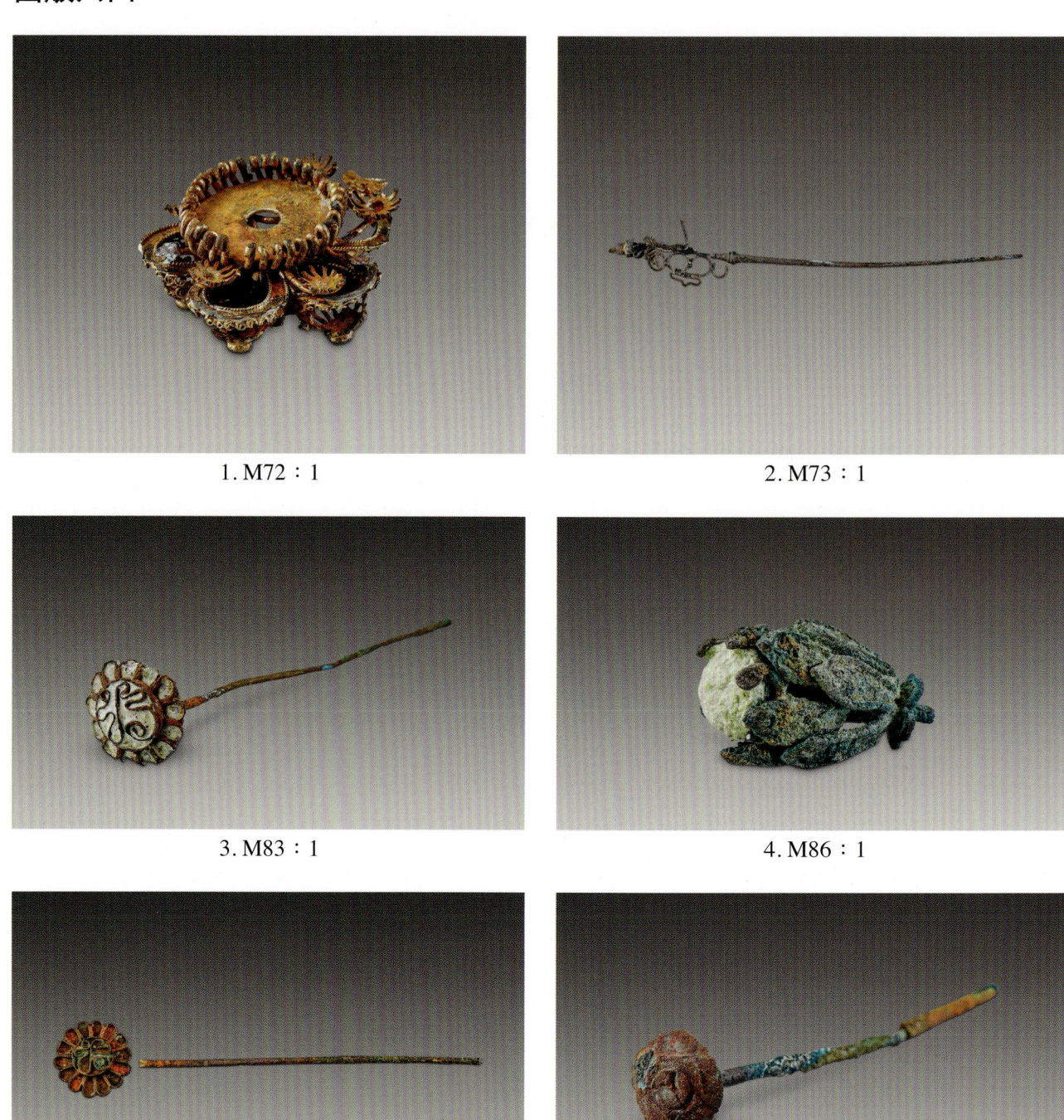

1. M72：1

2. M73：1

3. M83：1

4. M86：1

5. M87：2

6. M89：1

M72、M73、M83、M86、M87、M89出土银簪

图版六五

1. M89:2
2. M95:1
3. M95:2
4. M96:1
5. M96:2
6. M96:3

M89、M95、M96出土银簪

图版六六

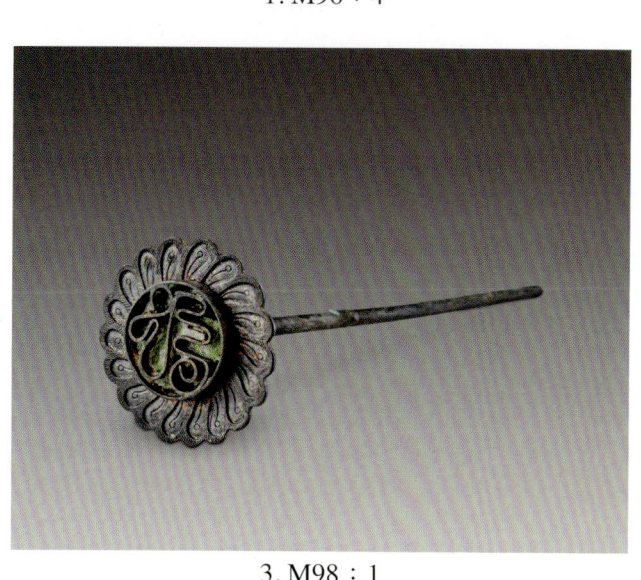

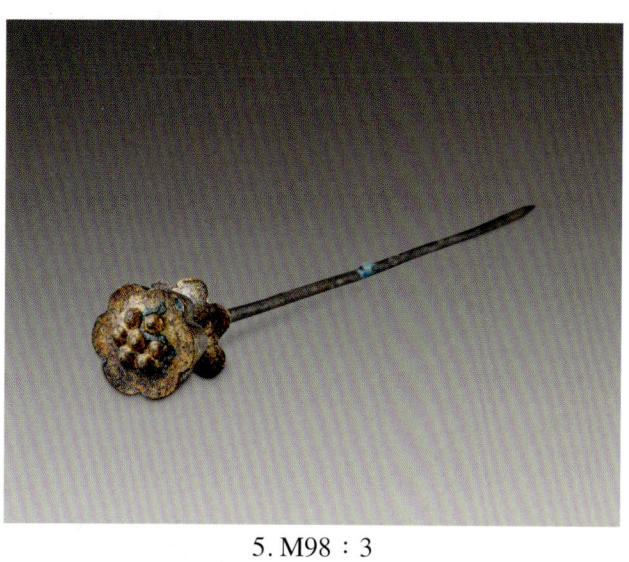

1. M96:4

2. M96:5

3. M98:1

4. M98:2

5. M98:3

6. M99:1

M96、M98、M99出土银簪

图版六七

1. M99:2
2. M99:3
3. M100:1
4. M107:1
5. M107:3
6. M121:1

M99、M100、M107、M121出土银簪

图版六八

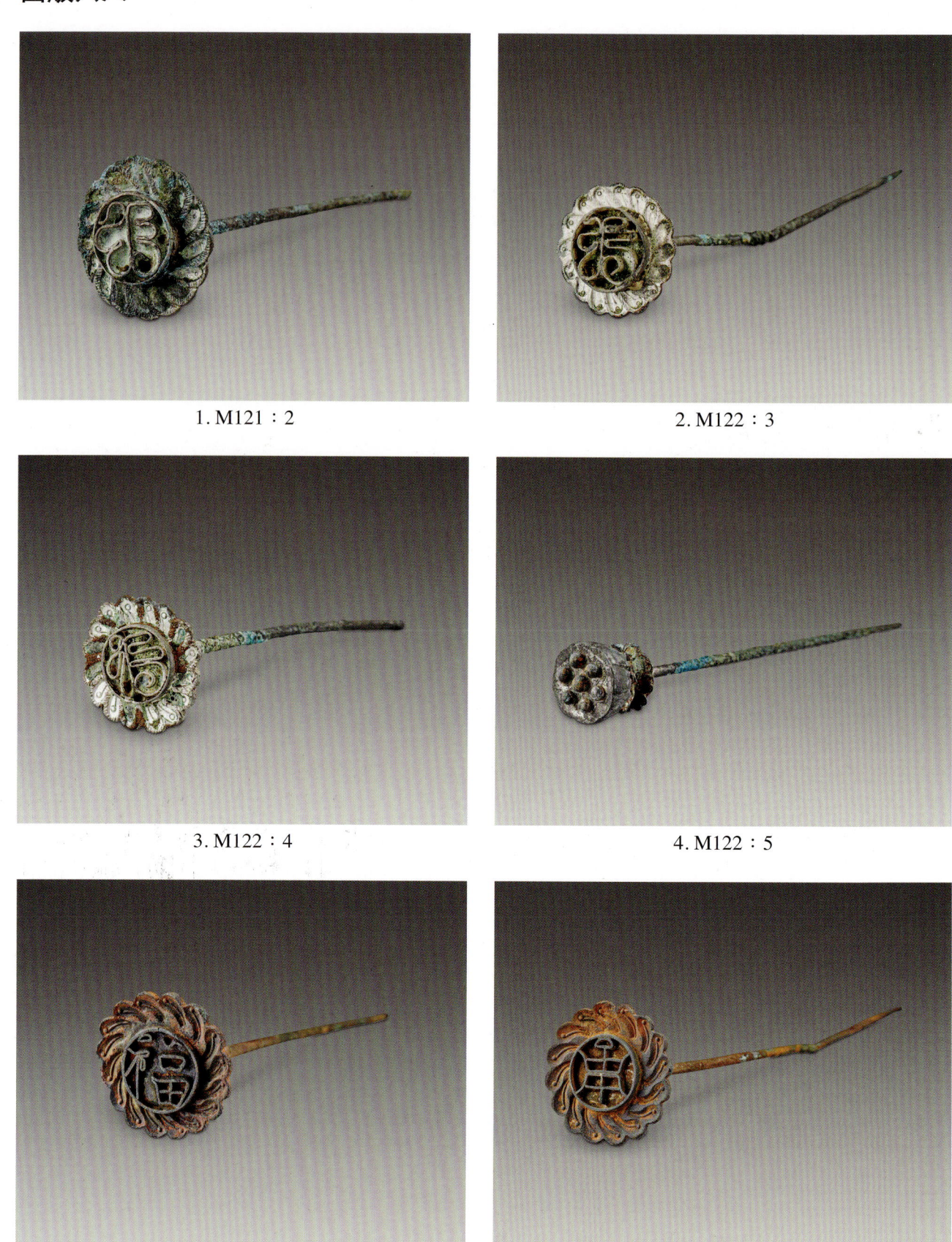

1. M121：2

2. M122：3

3. M122：4

4. M122：5

5. M125：1

6. M125：2

M121、M122、M125出土银簪

图版六九

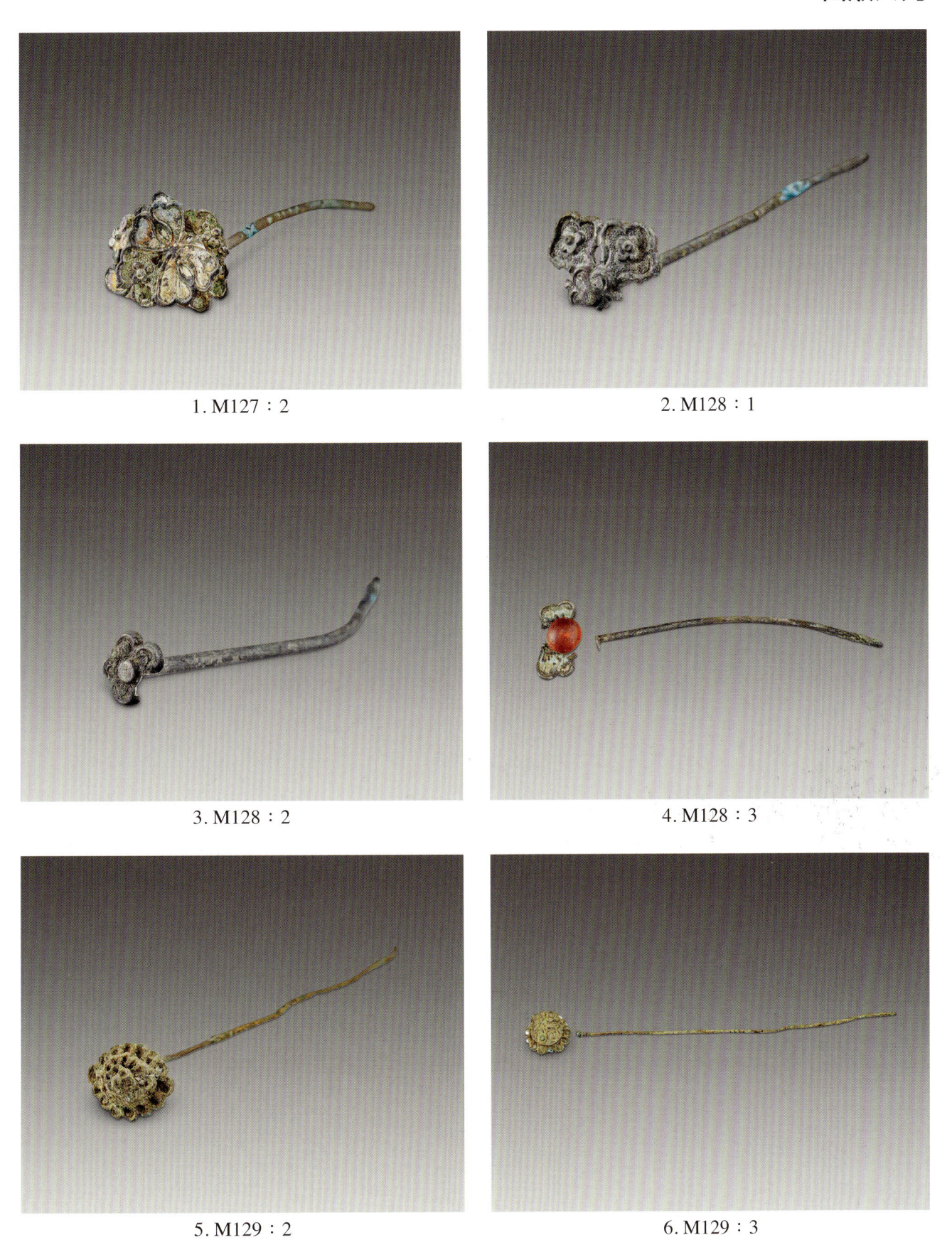

1. M127:2

2. M128:1

3. M128:2

4. M128:3

5. M129:2

6. M129:3

M127~M129出土银簪

图版七〇

1. M129:4
2. M131:1 
3. M133:1 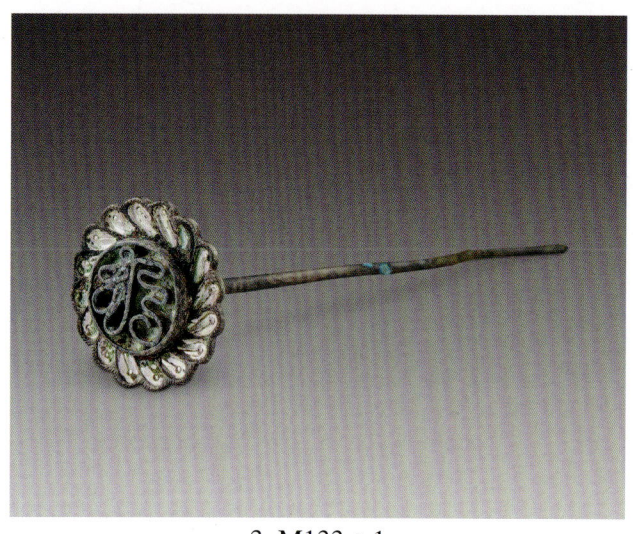
4. M133:2 
5. M133:4 
6. M134:1 

M129、M131、M133、M134出土银簪

图版七一

1. M134∶2

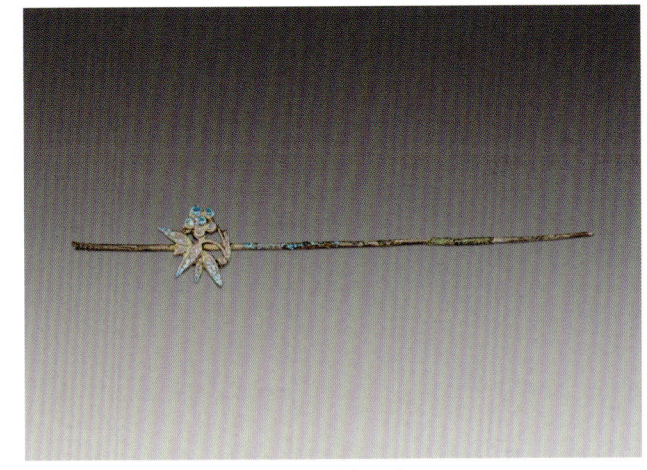

2. M134∶3

3. M134∶4

4. M134∶5

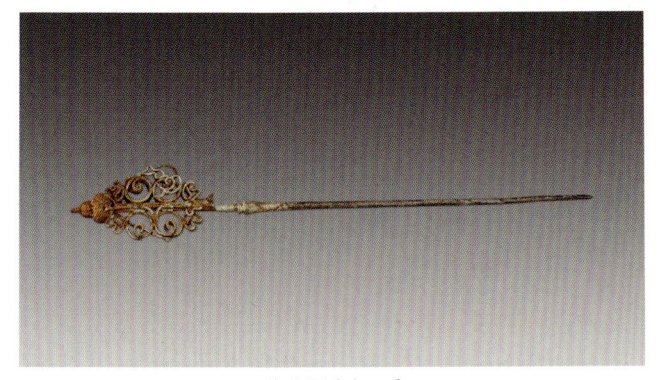

5. M134∶6

6. M134∶7

M134出土银簪

图版七二

M134出土银饰件（M134:12）

图版七三

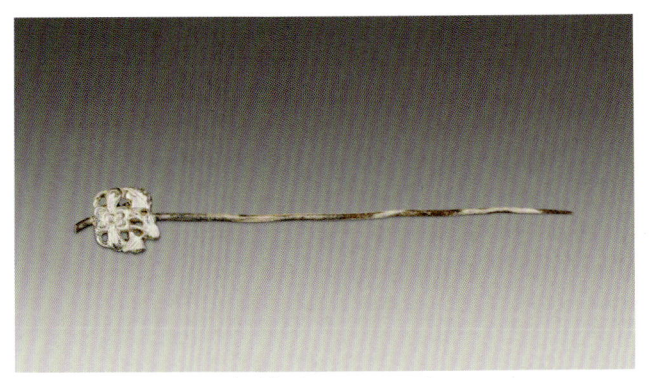

1. 银簪（M135：1）

2. 银簪（M135：2）

3. 银簪（M137：2）

4. 银押发（M138：1）

5. 银簪（M138：2）

6. 银簪（M142：1）

M135、M137、M138、M142出土银器

图版七四

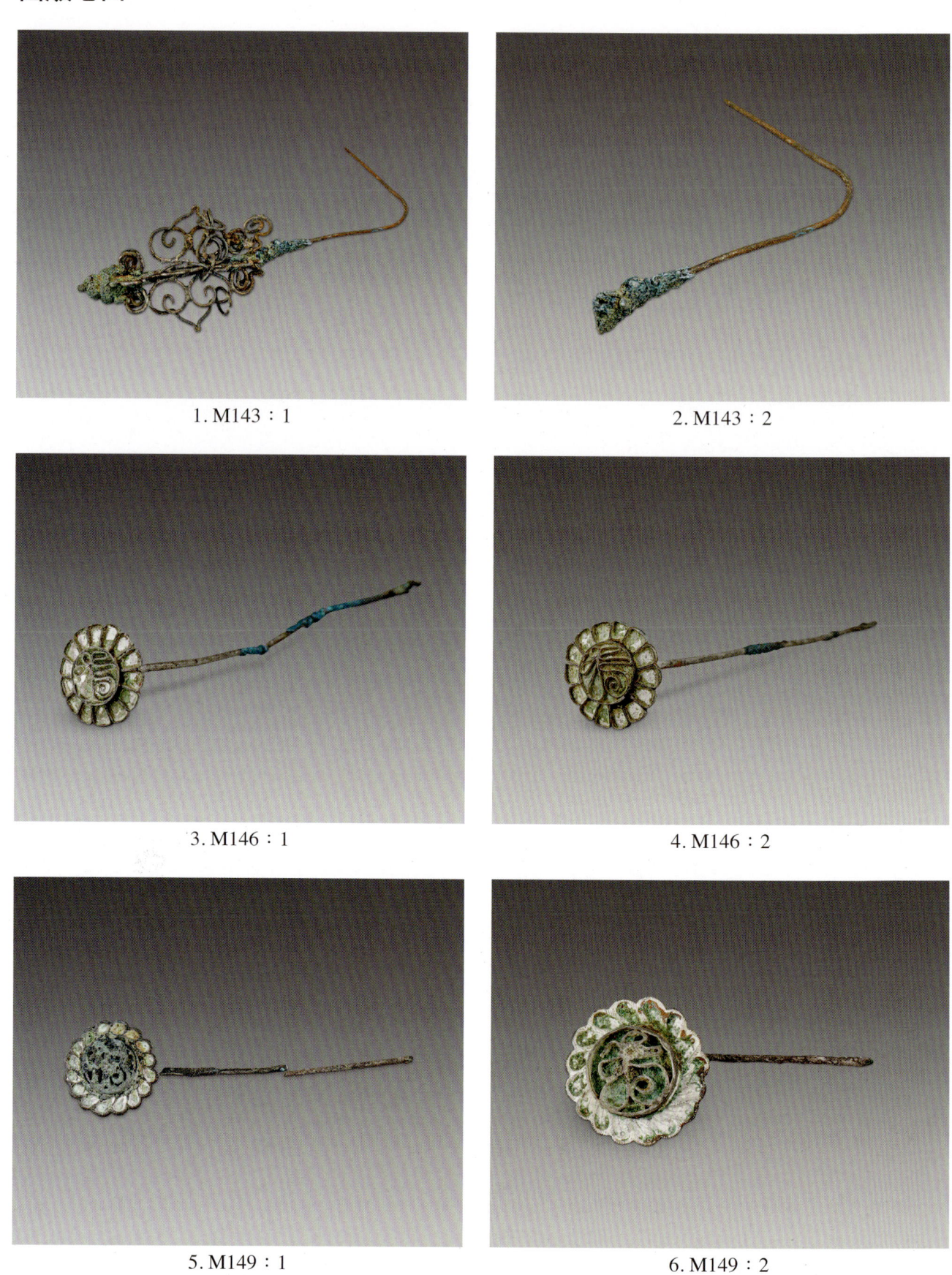

1. M143:1

2. M143:2

3. M146:1

4. M146:2

5. M149:1

6. M149:2

M143、M146、M149出土银簪

图版七五

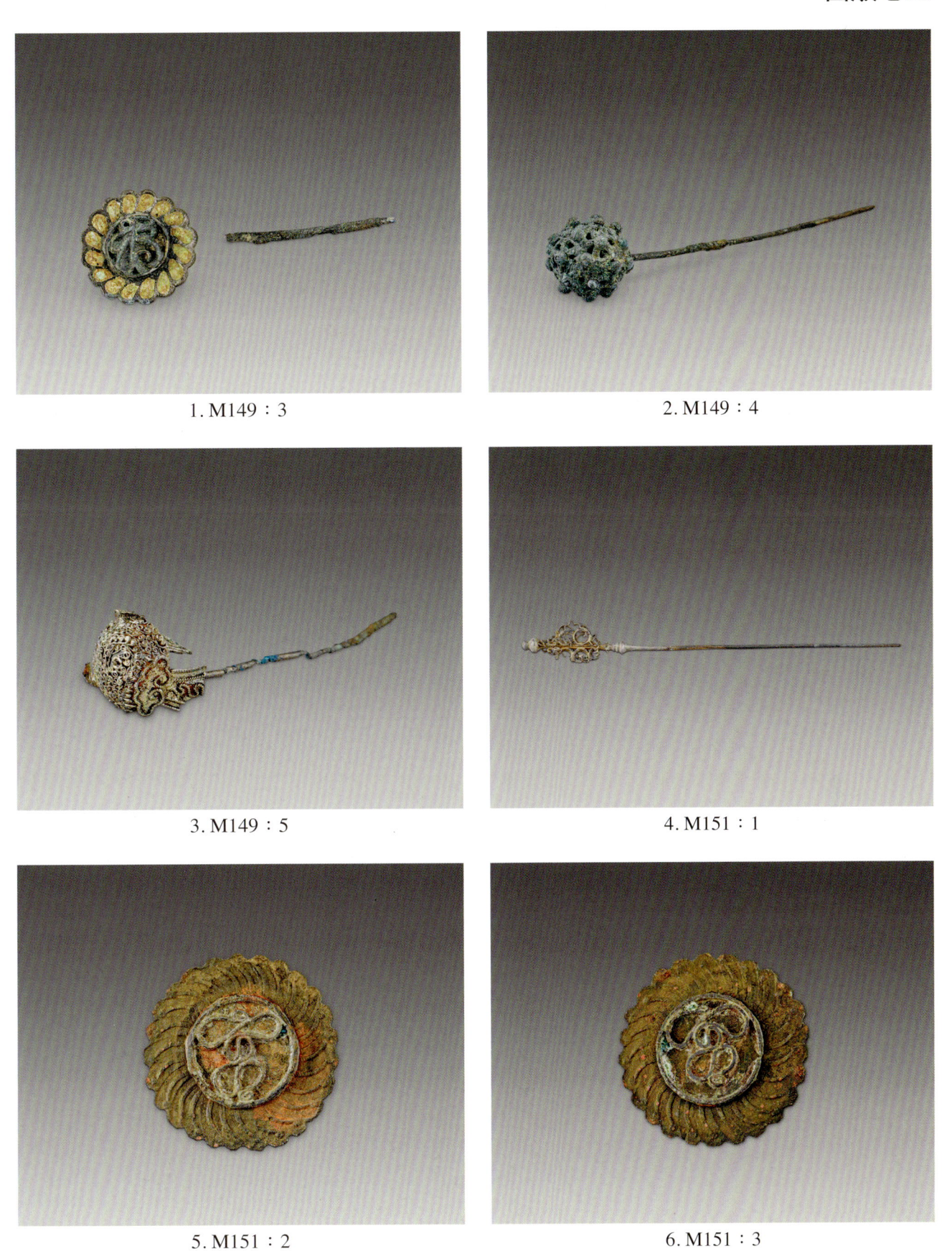

1. M149:3

2. M149:4

3. M149:5

4. M151:1

5. M151:2

6. M151:3

M149、M151出土银簪

图版七六

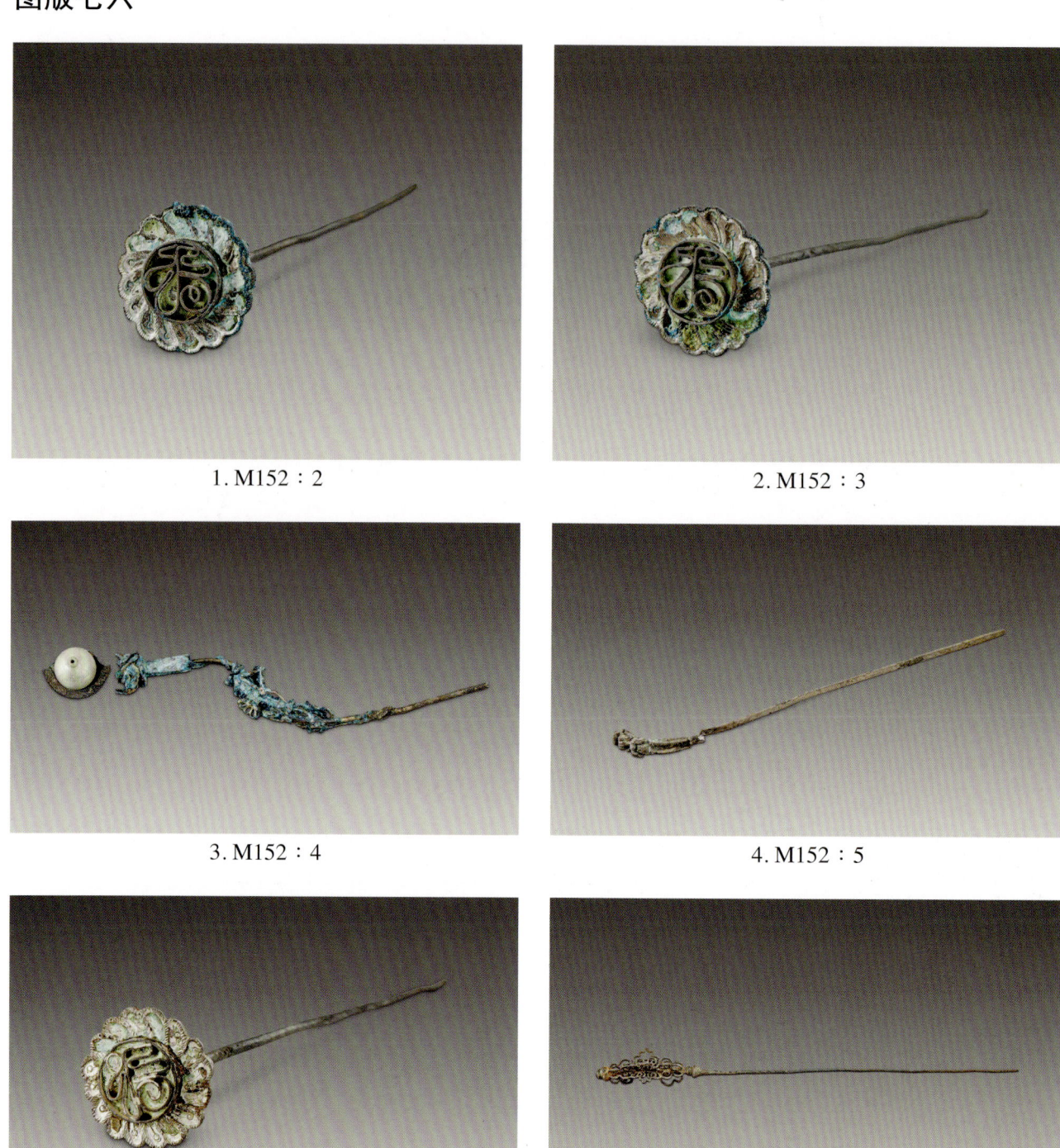

1. M152:2

2. M152:3

3. M152:4

4. M152:5

5. M153:2

6. M153:4

M152、M153出土银簪

图版七七

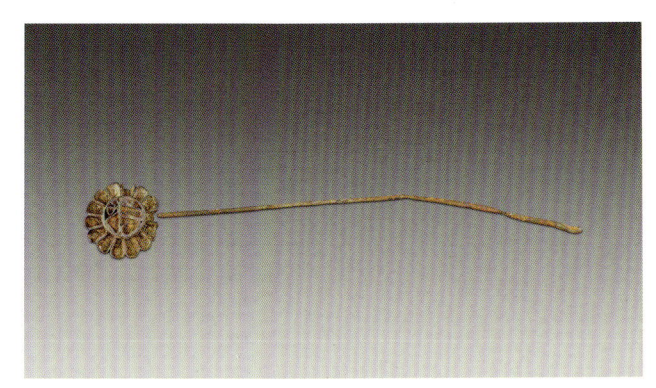

1. M155:2

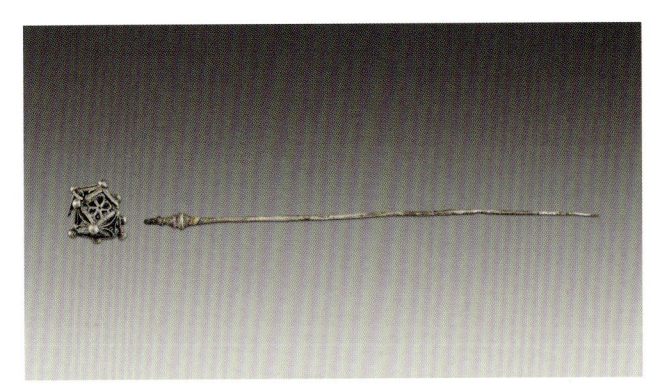

2. M160:1

3. M160:2

4. M162:1

5. M162:2

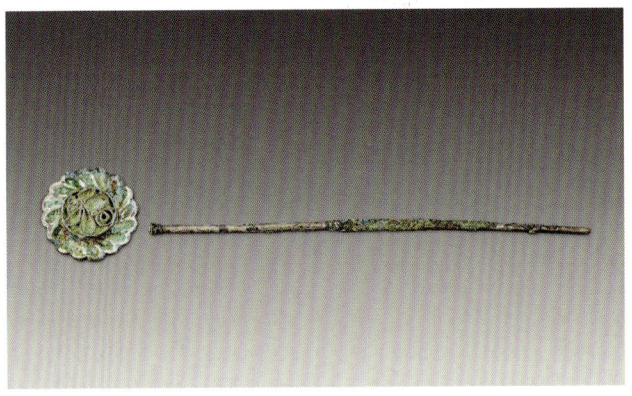

6. M162:3

M155、M160、M162出土银簪

图版七八

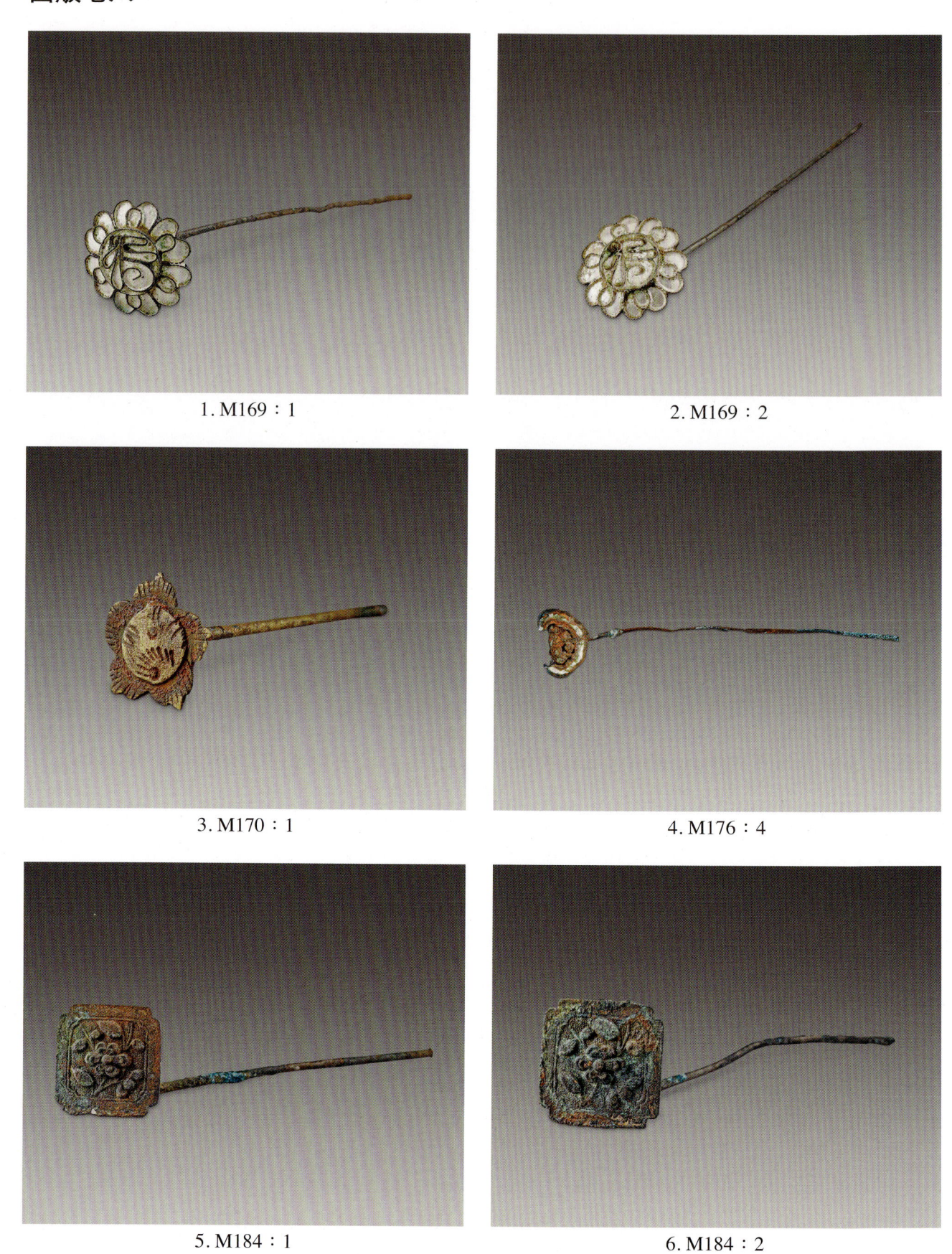

1. M169：1

2. M169：2

3. M170：1

4. M176：4

5. M184：1

6. M184：2

M169、M170、M176、M184出土银簪

图版七九

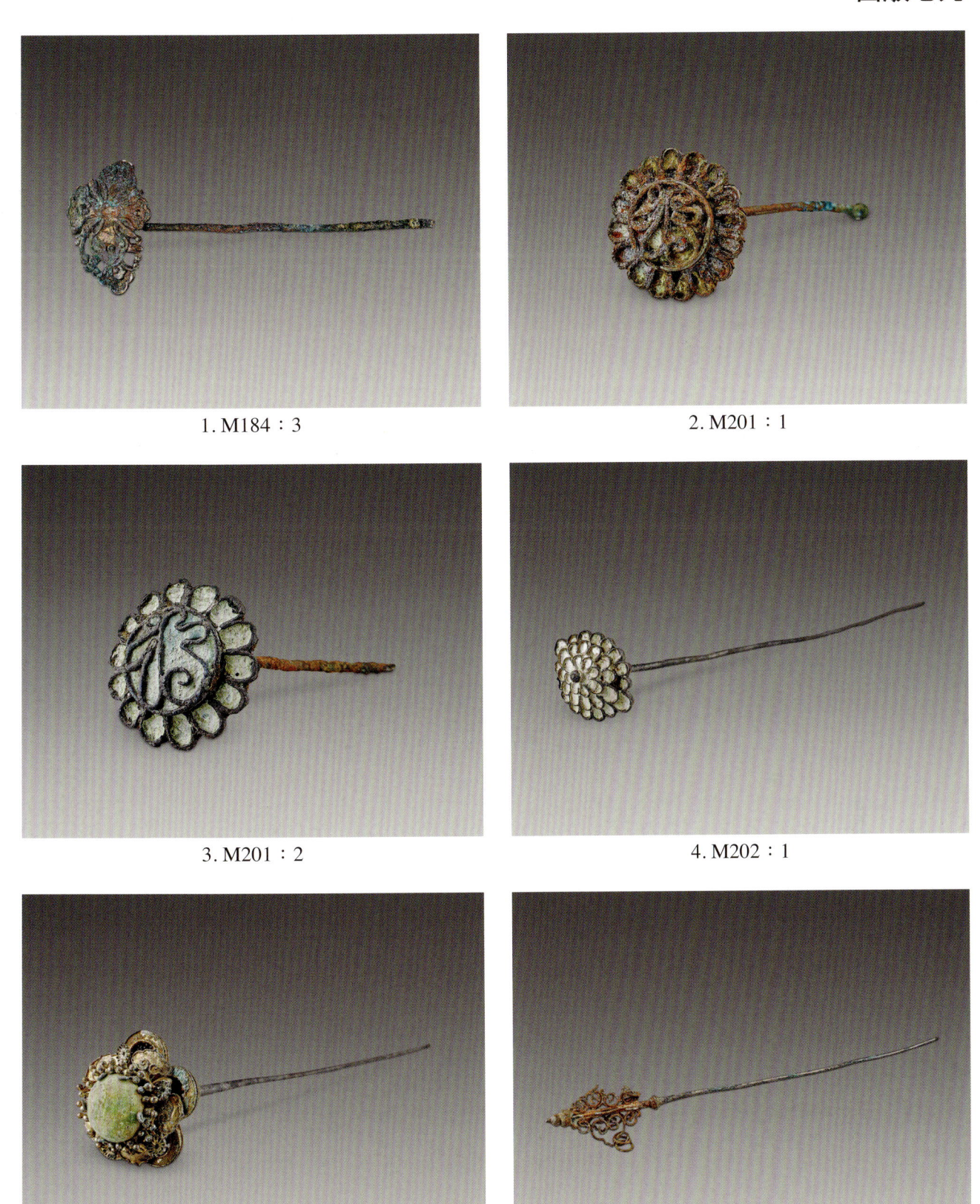

1. M184：3

2. M201：1

3. M201：2

4. M202：1

5. M202：2

6. M202：3

M184、M201、M202出土银簪

图版八〇

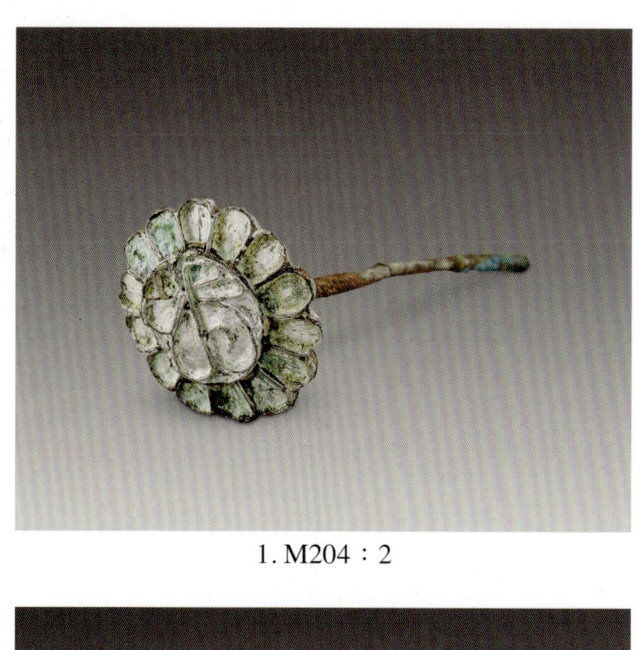

1. M204:2

2. M205:1

3. M205:2

4. M214:1

5. M214:2

6. M214:3

M204、M205、M214出土银簪

图版八一

1. M216:1
2. M216:2 
3. M216:3 
4. M217:1 
5. M221:1 
6. M225:1 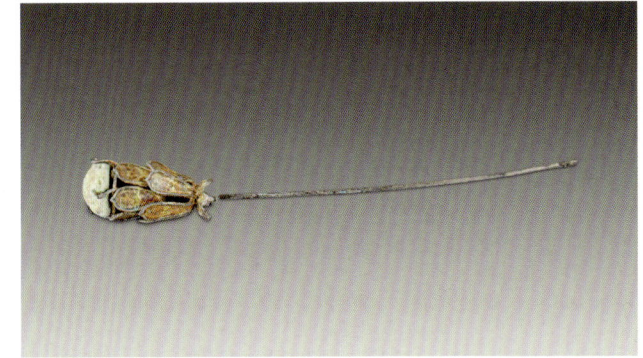

M216、M217、M221、M225出土银簪

图版八二

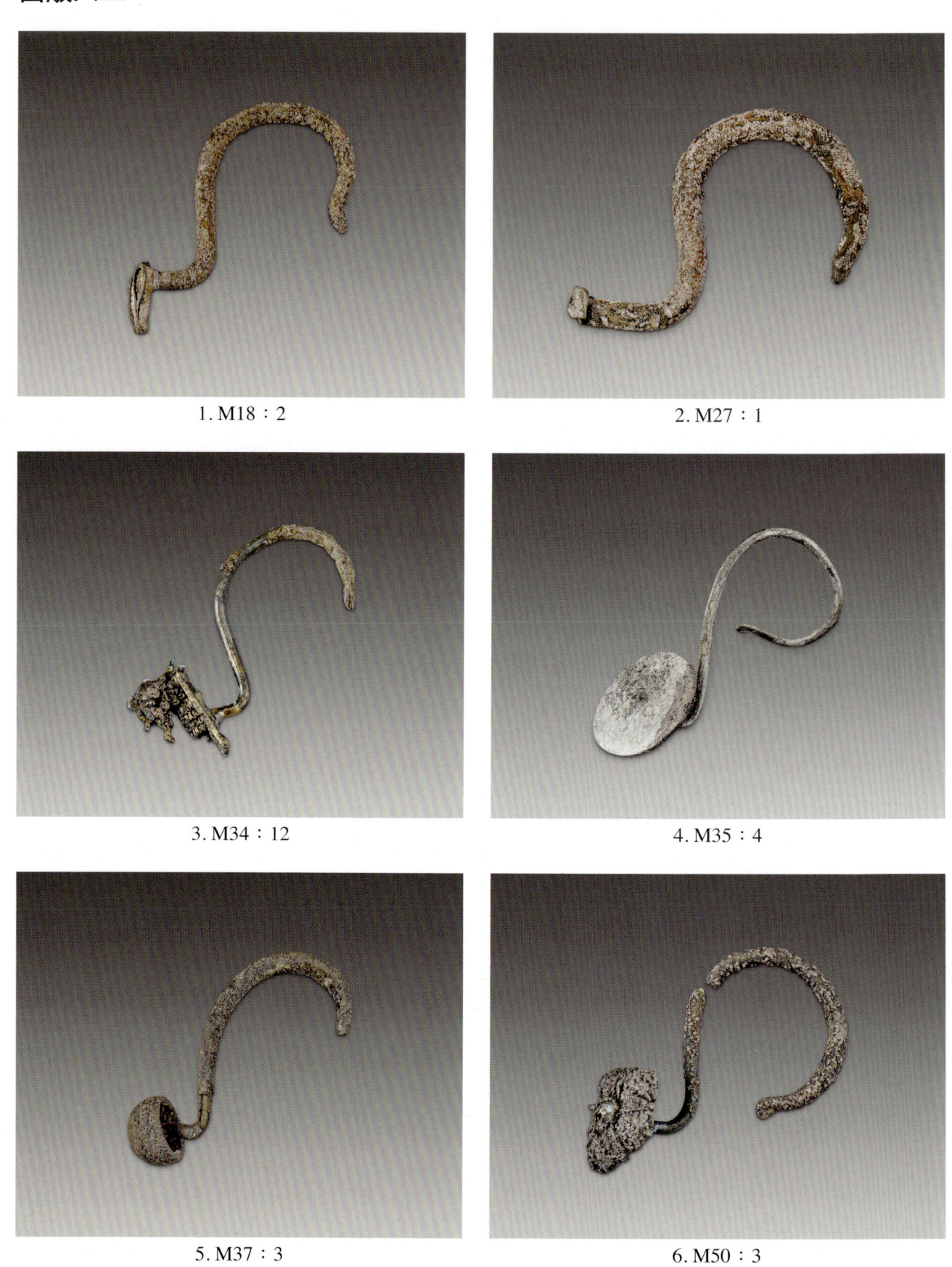

1. M18:2

2. M27:1

3. M34:12

4. M35:4

5. M37:3

6. M50:3

M18、M27、M34、M35、M37、M50出土银耳环

图版八三

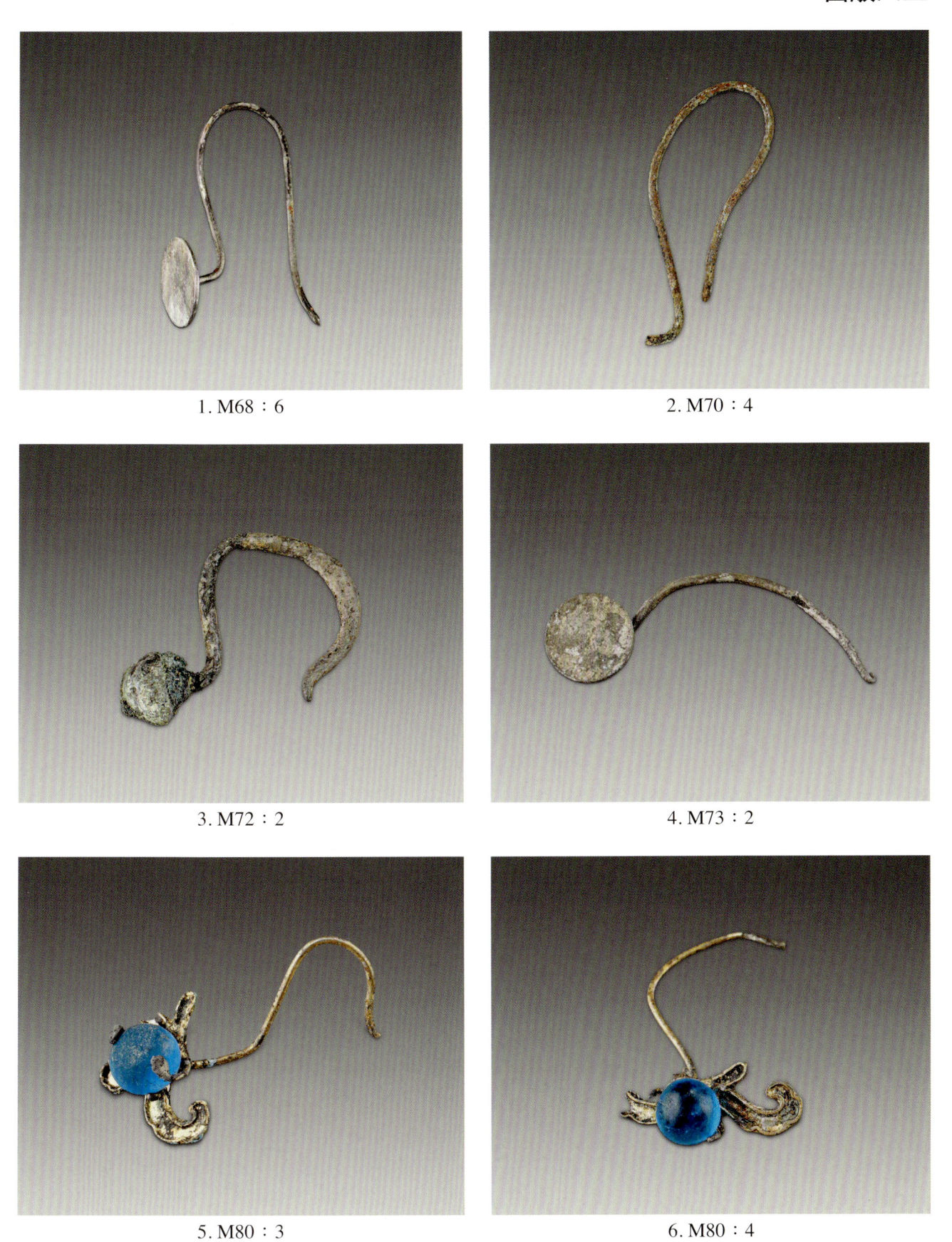

1. M68:6

2. M70:4

3. M72:2

4. M73:2

5. M80:3

6. M80:4

M68、M70、M72、M73、M80出土银耳环

图版八四

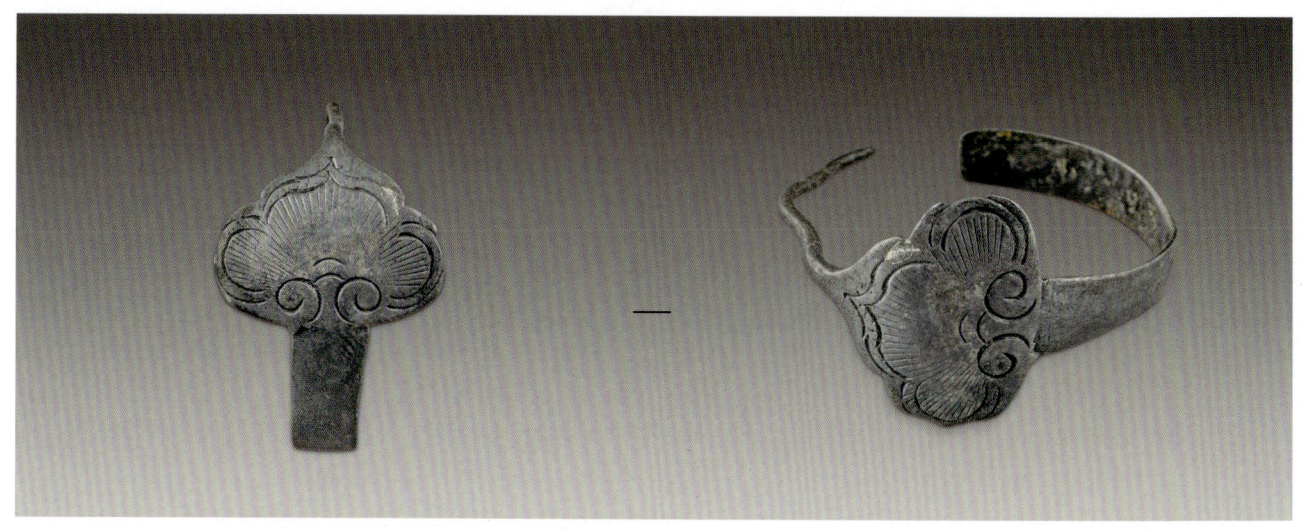

1. M109:3

2. M108:1

3. M124:1

4. M127:3

M108、M109、M124、M127出土银耳环

图版八五

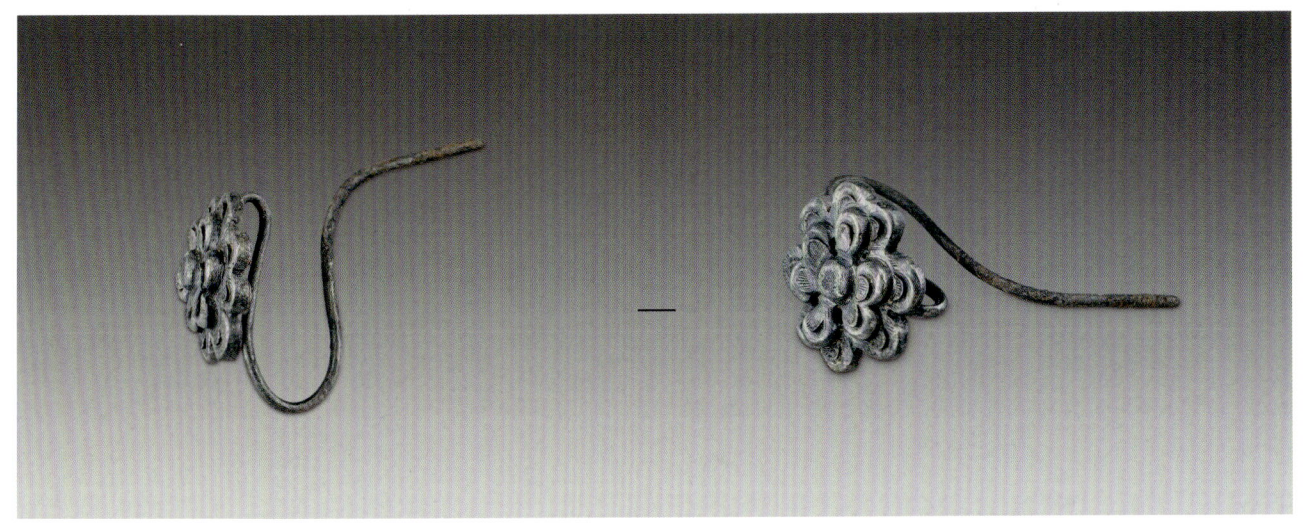

1. M128∶4

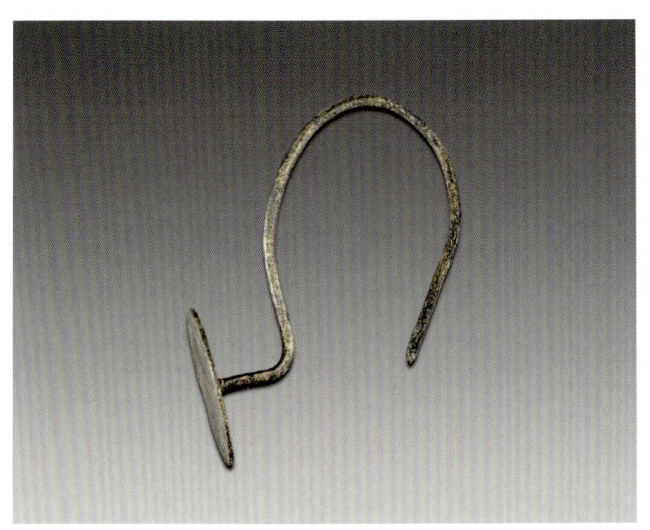

2. M134∶8

3. M135∶4

4. M162∶5

5. M162∶6

M128、M134、M135、M162出土银耳环

图版八六

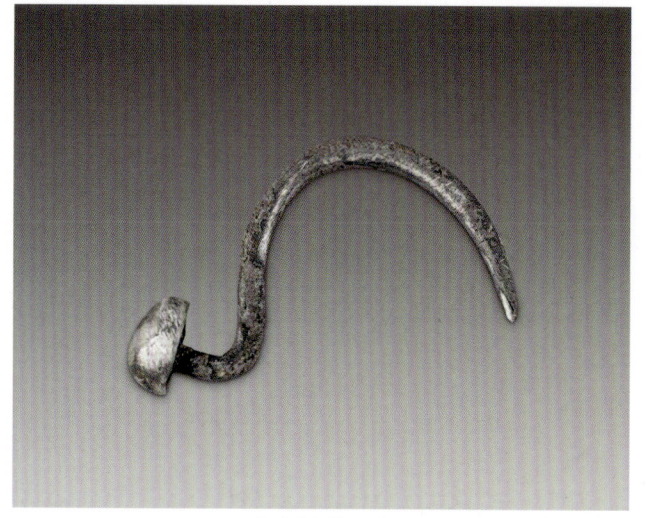

1. M167:3

2. M216:4

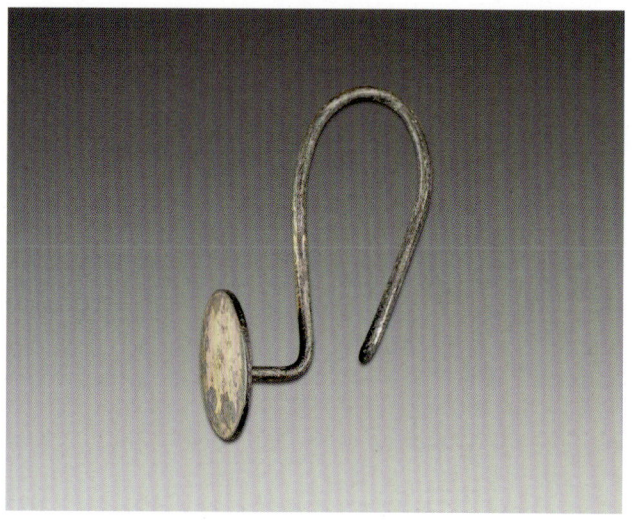

3. M216:5

4. M217:2

5. M217:3

M167、M216、M217出土银耳环

图版八七

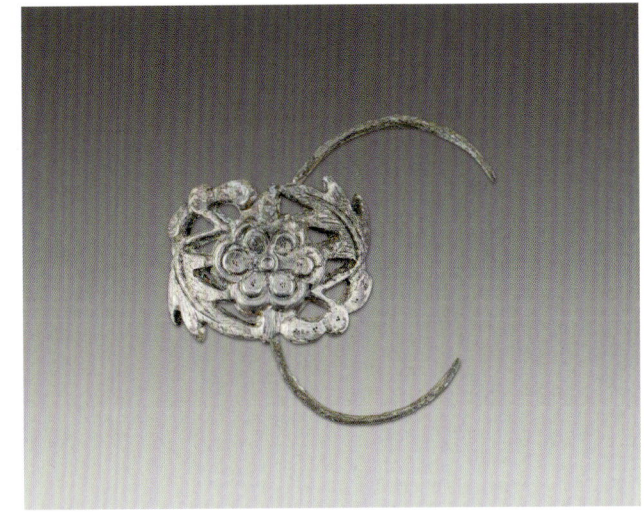

1. M68∶7

2. M128∶5

3. M134∶9

4. M134∶10

5. M134∶11

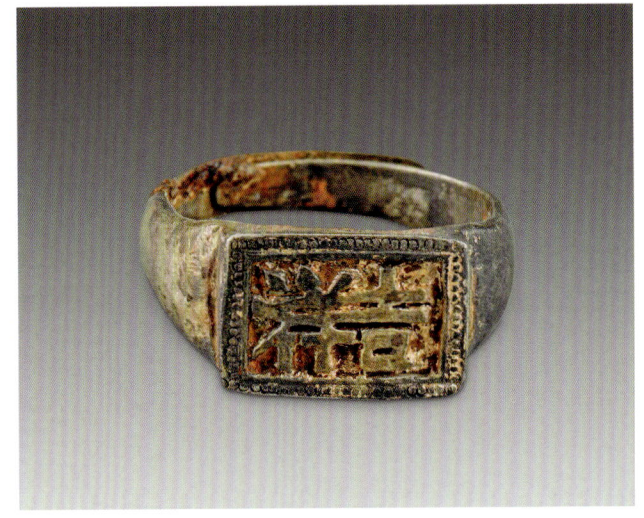

6. M142∶2

M68、M128、M134、M142出土银戒指

图版八八

1. M142:3

2. M142:4

3. M143:4

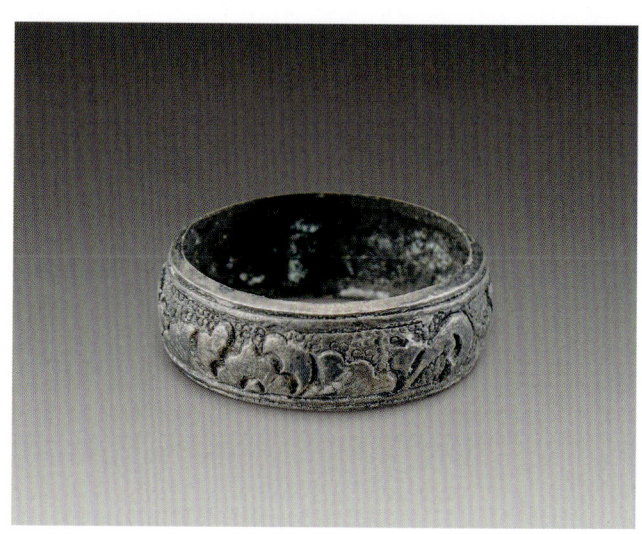

4. M143:5

5. M184:4

6. M184:5

M142、M143、M184出土银戒指

图版八九

1. 银戒指（M215:3）

2. 银镯（M101:1）

3. 银镯（M101:2）

4. 银镯（M143:3）

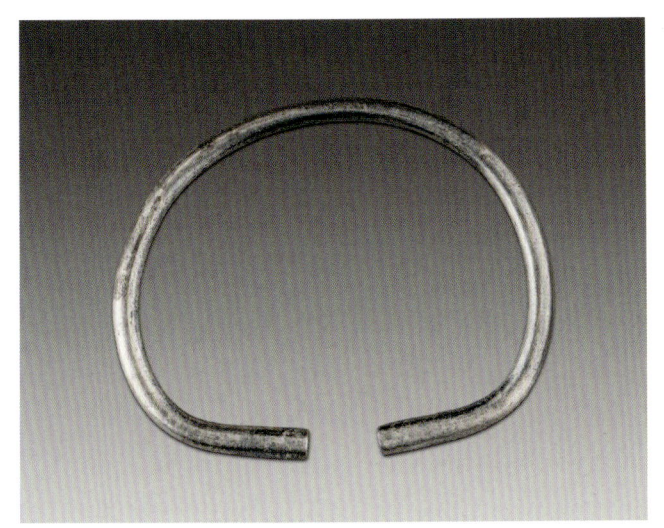

5. 银镯（M152:6）

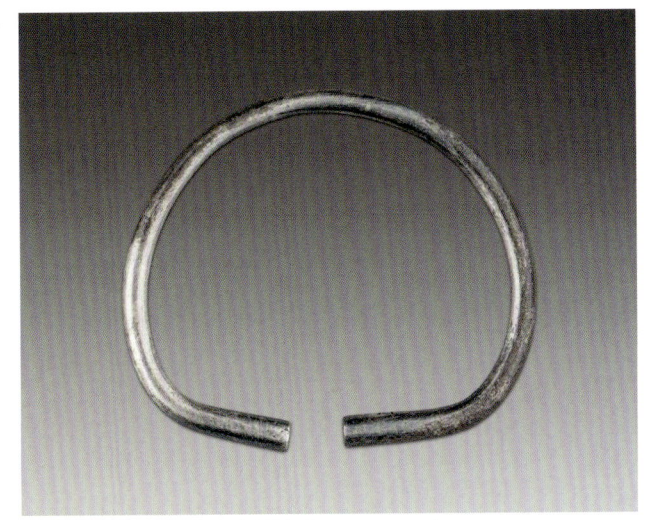

6. 银镯（M152:7）

M101、M143、M152、M215出土银器

图版九〇

1. M1:1

2. M53:3

3. M80:5

4. M225:2

M1、M53、M80、M225出土银饰

图版九一

1. 铜扣（M32∶3）

2. 铜扣（M32∶4）

3. 铜环（M39∶2）

4. 铜戒指（M43∶2）

5. 铜顶针（M78∶2）

6. 铜顶针（M192∶2）

M32、M39、M43、M78、M192出土铜器

图版九二

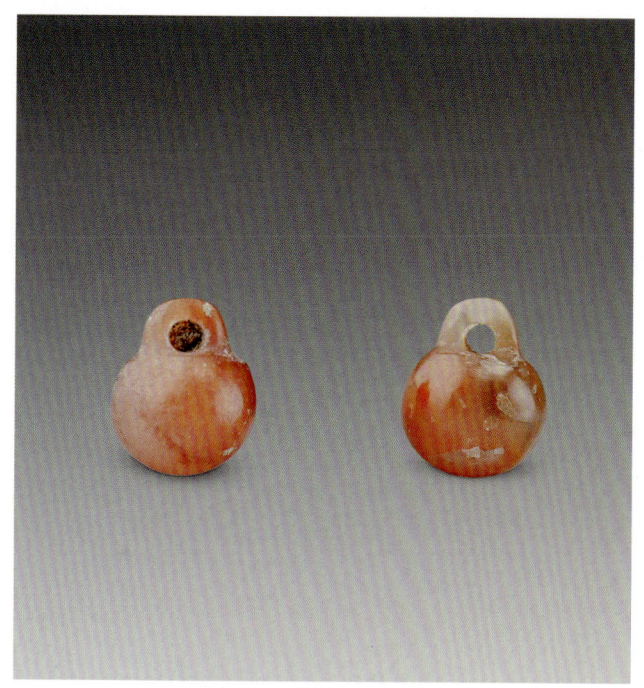

1. 玛瑙扣（M58:3、M58:4）

2. 铜饰（M86:3）

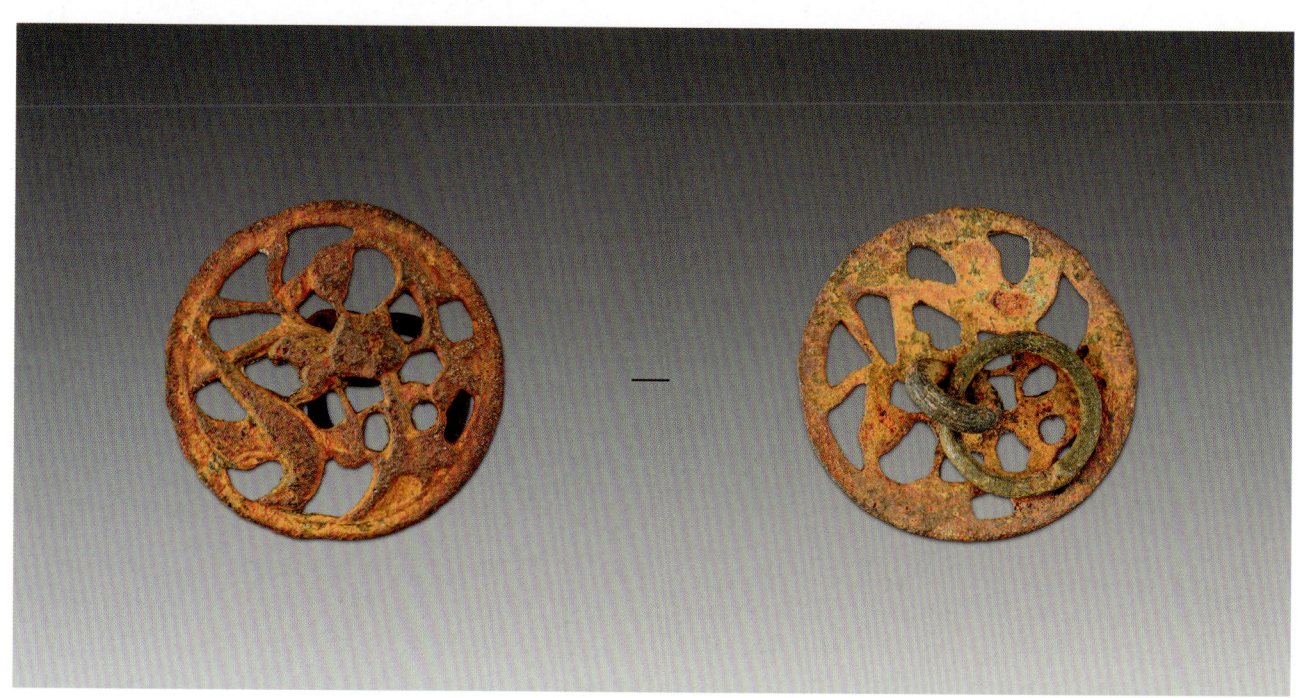

3. 铜扣（M148:1）

M58、M86、M148出土器物

图版九三

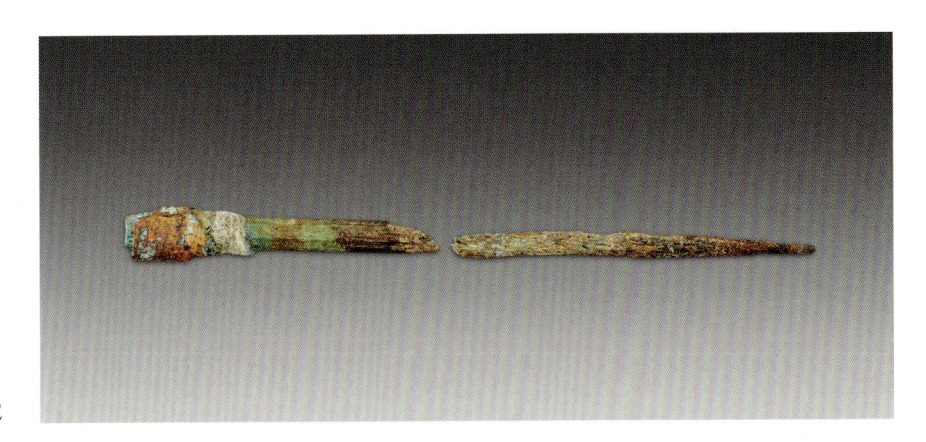

1. M27∶2

2. M27∶3

3. M86∶2

4. M155∶5

M27、M86、M155出土骨簪

图版九四

1. M134∶13（正面）   2. M134∶13（背面）

M134出土镇墓石

图版九五

1. M1板瓦

2. M2板瓦

3. M17板瓦

4. M26板瓦

5. M28板瓦

6. M30板瓦

M1、M2、M17、M26、M28、M30出土板瓦

图版九六

1. M38板瓦
2. M39板瓦 
3. M40板瓦 
4. M49板瓦 
5. M51板瓦 
6. M55板瓦 

M38~M40、M49、M51、M55出土板瓦

图版九七

1. M59板瓦
2. M67板瓦
3. M67板瓦
4. M71板瓦
5. M73板瓦
6. M74板瓦

M59、M67、M71、M73、M74出土板瓦

图版九八

1. M76板瓦

2. M79板瓦

3. M86板瓦

4. M88板瓦

5. M94板瓦

6. M97板瓦

M76、M79、M86、M88、M94、M97出土板瓦

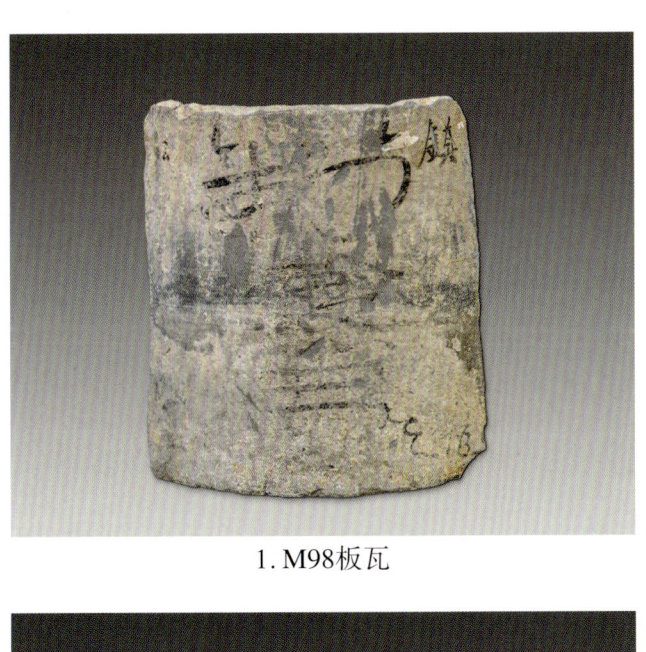

图版九九

1. M98板瓦
2. M104板瓦 
3. M109板瓦 
4. M116板瓦 
5. M118板瓦 
6. M120板瓦 

M98、M104、M109、M116、M118、M120出土板瓦

图版一〇〇

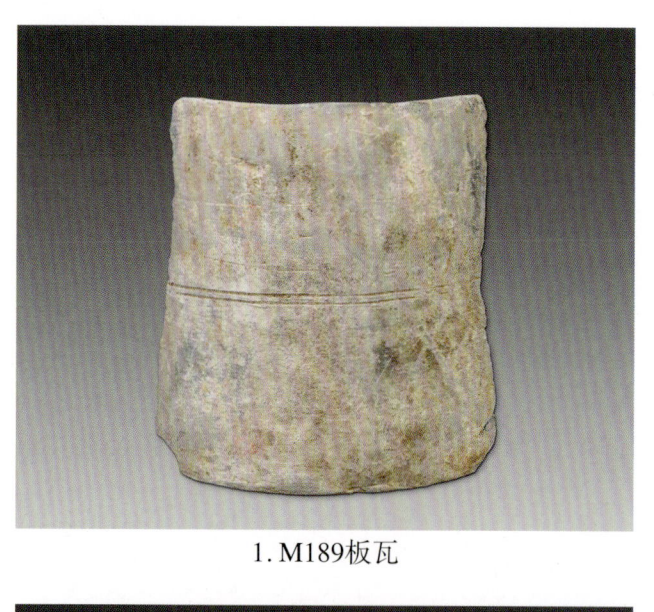

1. M189板瓦

2. M192板瓦

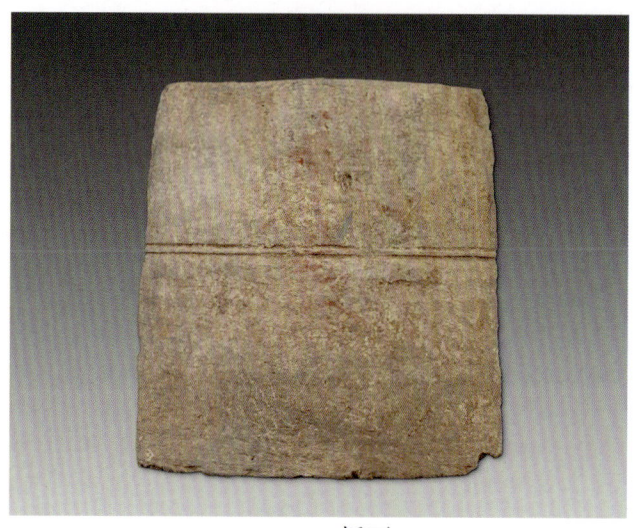

3. M198板瓦

4. M201板瓦

5. M224板瓦

6. M227板瓦

M189、M192、M198、M201、M224、M227出土板瓦